개정판

공인노무사 2차 시험대비

민사소송법 단문사례연습

민일 편저

- 관련 시험 기출문제 다수 수록
- 사례 접근법 압축 제시
- 주요 출제 포인트 맞춤 쟁점 제시

epasskorea

들어가며

공인노무사 시험 대비 단문·사례집을 개정하기에 이르렀습니다.

산업인력공단이 주관하는 자격증 시험 중 민사소송법 주관식 시험이 이루어지는 자격증으로는 공인노무사 시험 및 변리사시험이 있습니다. 이에 필자는 단문·사례집을 출간하여 많은 수험생들의 호평에 힘입어 개정하기에 이르렀습니다.

실전서를 출간하며 주안을 둔 것은 기출사례의 형태를 풀 때, 문제에 대한 접근방식이었습니다. 문제 접근방식을 나름 정리하여 여러분께 선보였으며, 수험시간 등을 고려하여 실제 답안에 가까운 형태의 답안을 보여드릴 수 있도록 하였습니다.
한편, 개정판은 공인노무사시험 뿐만 아니라 변호사시험, 변리사시험 및 법원행시에서의 민사소송법 기출문제를 고루 소개하는 것에 주안을 두었습니다.

원고를 집필하는 과정에서도 대법원 판례가 변경이 되기도 하여 교정 과정 중에도 다시 재집필을 하여야 했기에 나름 많이 고민을 한 작업이 아니었나 싶습니다.

모쪼록 민사소송법 주관식 문제를 대비하시는 모든 수험생들에게 도움이 될 수 있기를 바랍니다.

끝으로 본서를 출간하여 주신 이패스코리아 출판부에 감사 말씀 드리며, 꼼꼼한 작업에 탄복한 바 많습니다. 감사합니다.

2024년 4월
저자 올림

학습방법 및 수험전략

1. **문제 구성**

    공인노무사 2차 시험의 선택과목 중 하나로 2010년부터 시행되고 있는 민사소송법 시험은 2013년 이래 최근 사례형 2문제(총 약 50점)와 단문 2문제로 구성되어서 출제하고 있는 것이 일종의 경향이라 할 수 있다. 그 중 제1문 사례형의 1번 문제는 대개 30점(25점), 2번 문제는 20점(25점), 단문에서 각 25점씩 2문제가 출제되는 것이 현재의 출제경향이며, 현재까지의 공인노무사 시험까지도 이와 같은 경향이 반영되었다.

2. **사례형 대비하기**

    (1) **일 반**

    먼저, 수험에 있어서 가장 쉽다면 쉬울 수 있고, 어렵다면 어렵다 볼 수 있는 문제 출제 형태가 사례형 문제이다. 출제자는 사례형 문제에서 웬만큼 수험생이 쓸 수 있는 형태의 문제를 구성해 출제하고 있기 때문에 생각보다는 쉽게 접근이 가능하다. 다만, 논제를 어느 정도 파악하였다 하더라도 중요한 것은 논제를 파악한 후 이를 답안지에 현출하는 작업 즉, 사례 답안 작성을 위한 연습이 반드시 필요하다는 점이다. 사례형 문제의 답안 쓰는 과정은 노동법에서와 크게 다르지는 않다. 역시 법학에 속하는 영역이기 때문이다.

    (2) **사례형 답안쓰기**

    ① **물음을 정확히 하기**

    사례형 문제풀이를 위해 제일 중요한 것은 사례형 문제 맨 마지막에서 출제자가 무엇을 지시했는지를 명확히 하는 것이다. 만일 [~ 소는 적법한가]라는 물음이라면 소의 적법요건을 판단하라는 의미이므로 본안판단을 내려서는 안된다. 만일 [~ 판결의 효력은 ~에게 미치는가]라 했다면 판결의 효력 중 특히, 기판력이나 반사효 또는 참가적 효력의 문제로 접근하여야 한다. 또한 [판결은 적법한가]라는 물음이라면 ① 처분권주의나 변론주의에 위반한 판결의 문제라거나 ② 소송요건의 흠결을 간과한 판결의 문제인 것이 일반이다.

    ② **배점을 확인하라**

    주관식 필기형 시험에서 무엇보다 중요한 것은 각 문제에 대하여 출제자가 몇 점을 배점했는지이다. 우리는 주어진 시간 내에서만 답안을 작성할 수 있을 뿐이기에, 출제자의 문제 배점 여부에 대하여 각 배점에 맞는 만큼의 서술을 하여야 한다. 이를 위하여는 평소에 내가 주어진 시간 내에 어느 정도의 분량을 필기 논술할 수 있는지를 미리 가늠한 상태에서 시험장에 들어가야 한다는 점을 잊지 말아야 한다. 자칫 잘 모르는 논점의 문제를 잘 쓰려고 하는 노력 때문에 전체 시험을 망치는 결과에 이를 수 있기에 시간 안배는 2차 시험에서 가장 중요한 요소라는 것을 항상 잊지 말아야 한다.

학습방법 및 수험전략

3. **단문형 대비하기**

   단문형 문제를 대비하는 것은 어느 시험이건 어느 과목이건 생각보다 상당히 어렵다. 단문형 학습을 위하여는 반드시 가지고 있는 기본서를 숙독하는 습관이 필요하며, 그 과정에서 각 답안에 빠져서는 안될 기본적인 테마에 대한 암기학습이 병행되어야 한다. 누구나 인정하듯, 이해가 이루어지면 암기는 어느 정도 저절로 이루어지는 것이겠지만, 수험면에서는 이해와 암기의 어느 한쪽도 소홀하면 안된다. 암기를 위한 각종의 소위 '비법' 내지 '두문자' 학습 등의 방법은 어쩌면 수험에서는 이해보다도 선행되어야 할지 모른다. 1년여 만의 학습으로 수험생이 각 제도를 완전히 이해할만한 시간적 여유도 없거니와 설령 이해가 되었다 하여도 이를 답안지에 현출하는 것은 또 전혀 다른 문제이기도 하여서이다.

4. **기출문제는 2차 시험에서는 중요하지 않은가**

   과거 수험가에서는 소위 '따뜻한 문제' 즉, 출제된 지 얼마 안 되는 기출문제는 일단 넘어가고 아직 출제되지 않은 논점을 위주로 공부하는 방식이 적어도 2차 시험 형태의 주관식 공부방법론으로서는 대세였다. 하지만, 공인노무사 시험에서는 과거의 이와 같은 방식의 공부를 하여서는 안된다. 즉, 기출된 문제라 하여도 다시 재기출될 수 있다는 점을 항상 염두하여야 한다. 물론, 민사소송법에서는 상당히 중요한 논점 중에 아직 미기출된 지점이 상당히 많이 있기 때문에 이미 기출된 문제보다는 남아 있는 다른 논점을 위주로 공부하여야 할 것처럼 보이지만, 실제 기출된 문제들은 답안 범위가 상당히 넓다. 즉, 어느 한 논점이 나왔다기보다는 교과서의 많은 분량에 해당하는 지점을 크게 크게 출제하였기에 그 테마 내부의 또 다른 지점이 다시 재기출될 수 있다는 점을 주목하여야 한다. 어쩌면 기출된 문제 중 큰 테마 문제는 다음번에 출제할 테마의 예고편의 역할을 하는 셈이라고 보아야 한다.

5. **어느 논점을 위주로 공부할 것인가**

   (1) 일 반

   수험에 있어 어느 부분이 출제될 것이라는 추측은 금물이다. 출제는 수험생도, 학원가의 강사도 아닌 순수히 출제자의 몫이며 판단이다. 결국, 어느 논점을 주로 공부하면 '확률적으로 더 좋은가'에 대한 답변은 있을 수 있어도, 어느 논점만 하면 된다는 식의 예단은 절대 수험생으로서는 해서는 안되는 지점이라는 것을 잊지 말자. 따라서 수험생은 적어도 가지고 있는 기본서를 충분히 회독을 반복하여 학습하는 것이 가장 안전하며, 시험 직전 불안감을 줄이는 방법이기도 하다.

   (2) 공인노무사 시험이라는 점을 잊지 말자

   과거의 경우 일반적인 단순한 민사소송법 상의 문제가 무작위로 추출이 되곤 하였으나,

최근의 사례형 문제는 주로 공인노무사의 직역에 관한 사례 형태로 출제가 이루어지고 있다. 출제 형태로는 ① 노동관계를 둔감한 일반적인 민사소송 문제와 ② 노동관계가 실제로 문제되었지만 일반적인 민사소송법을 통해 충분히 대비가능한 문제 및 ③ 노동관계를 알지 못하고는 풀 수 없는 민사소송문제의 유형으로 대별할 수 있다.

특히, 2015년 사례형의 경우 리스크관리본부장을 피고로 한 퇴직금 등 청구의 사례에 관한 판례가 출제되었다(위의 ②에 해당하는 출제였다.).

2018년 제1문의 1번 문제는 조합규약에 의한 부제소 합의가 유효일 수 있는지를 다룬 노동법 관련 판례였다(특이한 것은 당해 판례를 알지 못하였다면 일반적인 민사소송법상의 논점만으로는 풀기가 어려웠을 것이다.). 즉, 위 ③의 형태의 출제였다.

6. 역대 기출문제 및 논점 분석

구분	출제경향	배점
2023년	상계항변과 중복제소 사례	25점
	상계항변과 기판력 사례	25점
	장래이행의 소 단문	25점
	부대항소 단문	25점
2022년	예비적 병합에 있어서의 판단누락 사례	25점
	동일선정자단 내의 수인의 선정당사자의 소송수행형태 사례	25점
	소송상 항변 단문	25점
	판결의 편취에 대한 구제수단 단문	25점
2021년	보증인과 주채무자를 공동피고로 한 통상공동소송에서 공동피고 중 1인이 재판상 자백을 한 후 이를 철회할 수 있는지에 관한 사례형 ① 자백철회의 요건 ② 자백철회가 안되는 경우 통상공동소송인 1인의 자백의 효력이 다른 공동피고에 그 효력이 미치는지	25점
	보증인과 주채무자를 공동피고로 한 통상공동소송에서 공동피고 중 1인이 항변과 입증을 하였으나, 다른 공동피고가 불출석한 경우의 문제 - 공동소송인 독립의 원칙에 관한 사례형	25점
	당사자능력 단문	25점
	중간확인의 소 단문	25점
2020년	부동산소재지 특별재판적과 변론관할 사례형	25점
	제소전 당사자 사망과 당사자표시정정 사례형	25점
	석명의무 단문	25점
	유사필수적 공동소송 단문	25점

학습방법 및 수험전략

구분	출제경향	배점
2019년	변제항변을 하지 않은 경우의 변론주의 사례형	30점
	확정판결의 표준시까지 행사하지 않은 형성권(상계권)을 행사하는 것이 기판력에 저촉되는지에 관한 사례형	20점
	합의관할에 관한 단문	25점
	공동소송참가 단문	25점
2018년	노동조합규약상의 부제소합의 사례형	30점
	소액사건에 있어서의 소송대리 사례형	20점
	소송고지 단문	25점
	문서의 증거력 단문	25점
2017년	보조참가의 참가적 효력 관련 사례형	35점
	소송 중 당사자의 사망 사례형 - 소송대리인 없는 사안	15점
	자백간주 단문	25점
	변론종결 뒤의 승계인 단문	25점
2016년	노조원의 상해 사건에 대한 회사 측을 피고로 한 손해배상에 있어 노동조합의 당사자적격 여부 사례형	35점
2016년	파기환송판결 이후 원심의 소송대리인의 대리권의 당연부활 여부 관련 사례형	15점
	공시송달 단문	25점
	청구의 선택적 병합 단문	25점
2015년	A은행의 리스크본부장을 피고로 한 퇴직금지급청구의 소 계속 중 A은행을 예비적 피고로 한 소의 적법 여부 사례형	30점
	A은행을 상대로 한 소장부본을 A은행의 직원이 우체국 창구에서 송달받은 경우, 송달의 적법 여부 사례형	20점
	사물관할 단문	25점
	재소금지 단문	25점
2014년	민법상 조합을 피고로 소를 제기하는 것의 적법 여부 사례형	25점
	해고무효확인의 소에 있어서 법원이 임금지급판결을 내릴 수 있는지 처분권주의 관련 사례형	25점
	부당해고에 대한 임금지급청구와 소권의 실효 준사례형	25점
	중복제소금지 단문	25점

구분	출제경향	배점
2013년	소송대리인의 대리권의 범위 준사례형	20점
	공동수급인 중 1인의 근로자가 공동수급인 모두를 공동피고로 한 소에서 공동수급인 중 1인이 다른 공동피고에 대하여 선정당사자가 될 수 있는지 및 선정당사자가 받은 판결의 효력이 선정자에 미치는지 사례형	30점
	소송상 화해 단문	25점
	문서제출명령	25점
2012년	채권자대위소송의 패소확정판결의 기판력이 채무자에게 미치는지 사례형	50점
	준비서면 부제출의 효과 단문	25점
	반소 단문	25점
2011년	손해배상청구의 소에 있어서의 손해3개설과 처분권주의 사례형	50점
	보조참가인에 대한 재판의 효력 단문	25점
	자백의 구속력 단문	25점
2010년	대여금청구소송에서 대여사실에 대한 다툼과 각종의 증거자료와 소송자료에 대하여 법관이 판단을 함에 있어서 적용되는 원칙인 자유심증주의에 대하여 논술 단문형	50점
	임의적 소송담당 단문	25점
	공동소송인 독립의 원칙	25점

좀 더 자세한 내용 및 수험정보 등은 당사 홈페이지(www.ekorbei.com) 참조

출제경향분석

제1장 민사소송법

절	쟁점	출제경향	배점
	소권의 실효	2014년 단문	25점
	부제소특약의 법적성질, 판단 및 지적의무	2018년 사례 : 강행법규에 반한 부제소합의	30점

제2장 소송의 주체

절	쟁점	출제경향	배점
제1절 법원	부동산소재지 특별재판적 및 변론관할	2020년 사례	25점
	사물관할에 대하여 설명하시오.	2015년 단문	25점
	합의 관할에 관하여 설명하시오.	2019년 단문	25점
제2절 당사자와 소송상 대리인	당사자의 제소전 사망과 당사자표시정정	2020년 사례 2021 당사자능력 단문	25점
	조합의 소송수행방안을 논하시오.	2014년 사례 : 조합을 피고로 해고무효확인의 소 제기의 가부	25점
	변호사대리의 원칙과 그 예외	2018년 사례 : 노동조합원 배우자의 소송대리 가부	20점
	소송대리권의 범위	2013년 사례 : 소송대리인의 대리권의 범위	20점

제3장 소의 제기

절	쟁점	출제경향	배점
제2절 소의 이익	장래이행의 소	2023년 단문	25점
제3절 송달	보충송달	2015년 사례 : 사무원에게 우체국 창구 교부	20점
	공시송달	2016년 단문	25점
제4절 소제기의 효과	중복제소금지	2014년 단문	25점
		2023년 사례 : 상계항변과 중복제소	
제5절 준비서면과 당사자의 출석	준비서면 제출·부제출의 효과	2012년 준비서면 부제출의 효과	25점
제6절 심리의 원칙	처분권주의	2014년 사례 : 해고무효확인의 소에서 나온 임금지급판결	25점
		2011년 사례 : 판례상의 손해3개론과 처분권주의	50점

	변론주의	2019년 변제사실 주장이 없는 경우의 판결 2022년 단문 : 소송상 항변	30점
	석명의무	2020년 단문	25점

제4장 증거

절	쟁점	출제경향	배점
	재판상 자백	2021년 사례 : 자백철회의 요건과 통상공동소송에서의 1인의 자백	25점
	문서제출명령과 부제출 또는 훼손시의 제재	2013년 문세제출명령 단문	25점
	자유심증주의	2010년 준사례 : 금전대여사실 진실 여부에 대한 판단에서의 심리원칙에 관하여 서술	50점

제5장 소송의 종료

절	쟁점	출제경향	배점
	소송상 화해	2013년 단문	25점
	기판력(旣判力) – 실질적 확정력	2023년 사례 : 상계항변과 기판력 2019년 표준시 이후 상계권행사	25점 20점
	판결의 편취에 대한 구제수단	2022년 단문	

제6장 병합소송

절	쟁점	출제경향	배점
제1절 청구의 객관적 병합	청구의 병합 (소의 객관적 병합)	2016년 선택적 병합 단문 2022년 사례 : 예비적 병합과 판단누락	25점
	반소(反訴)	2012년 단문	25점
	중간확인의 소	2021년 단문	25점
제2절 주관적 병합	통상공동소송	2010년 공동소송인 독립의 원칙 단문 2021년 사례 : 통상공동소송에서 1인이 불출석한 경우	25점
	유사필수적 공동소송	2020년 단문	25점

출제경향분석

예비적·선택적 공동소송	2015년 사례 : 주위피고 리스크관리본부장 예비피고 A은행	30점
선정당사자	2013년 사례 : 임금연대채무자들에 대한 소송 중 선정당사자의 선정가부 및 판결의 효력 2022년 사례 : 동일선정자단 내의 수인의 선정당사자	30점 25점
보조참가	2011년 단문 보조참가인에 대한 재판의 효력	25점
소송고지	2018년 단문	25점
공동소송참가	2019년 단문	25점

좀 더 자세한 내용 및 수험정보 등은 당사 홈페이지(www.ekorbei.com) 참조

차례

제1장 민사소송법

쟁점 01 소권의 실효 ·· 18
쟁점 02 소송행위의 철회와 의사의 흠 ······································· 20
쟁점 03 부제소특약의 법적성질, 판단 및 지적의무 ······················ 24
쟁점 04 소송상 형성권의 행사 ·· 29

제2장 소송의 주체

제1절 법원 ·· 31

쟁점 05 외국국가를 상대로 한 소제기 ······································· 31
쟁점 06 국제재판관할권 ·· 32
쟁점 07 전심 관여 제척사유에 관하여 논하시오. ························ 36
쟁점 08 법관의 기피에 관하여 설명하시오. ······························· 40
쟁점 09 토지관할과 재판적 ·· 45
쟁점 10 관련재판적 ··· 51
쟁점 11 사물관할에 대하여 설명하시오.(25점) ··························· 54
쟁점 12 청구병합시의 소송목적의 값 ·· 56
쟁점 13 합의 관할에 관하여 설명하시오. ··································· 59
쟁점 14 변론관할에 대하여 설명하시오. ····································· 66
쟁점 15 소송의 이송 ·· 70

제2절 당사자와 소송상 대리인 ·· 80

제1관 당사자 ··· 80

쟁점 16 성명모용소송의 처리 ··· 80
쟁점 17 당사자의 사망과 소송법상 제문제 ································· 85
쟁점 18 소송계속 중 당사자의 사망 ·· 94

차례

쟁점 19 조합의 소송수행방안을 논하시오. ･････････････････････････････ 101
쟁점 20 이행의 소에 있어서의 당사자적격 ･････････････････････････････ 106
쟁점 21 채권자대위소송의 소송법상 제문제 ････････････････････････････ 107
쟁점 22 임의적 소송담당 ･･･ 115
쟁점 23 소송능력의 소송법상 효과 ･･･････････････････････････････････ 116

제2관 소송법상의 대리인 ･･ 120
쟁점 24 대리권(대표권)의 소멸통지 ･･･････････････････････････････････ 120
쟁점 25 변호사대리의 원칙과 그 예외 ･･･････････････････････････････ 123
쟁점 26 소송대리권의 범위 ･･ 128
쟁점 27 파기환송시 환송전 원심의 구 소송대리인의 대리권의 부활여부 ･･････ 131

제3장 소의 제기

제1절 소의 이익 ･･･ 134
쟁점 28 장래이행의 소 ･･･ 134
쟁점 29 확인의 소의 이익 ･･ 140

제2절 소송물 ･･･ 147
쟁점 30 일부청구에 관한 소송법적 제문제 ･･････････････････････････ 147

제3절 송달 ･･･ 156
쟁점 31 법인에 대한 송달 ･･ 156
쟁점 32 보충송달 ･･ 157
쟁점 33 공시송달 ･･ 161

제4절 소제기의 효과 ··· 167
쟁점 34 중복제소금지 ·· 167
쟁점 35 상계의 항변과 중복제소 ·· 173
쟁점 36 동일권리에 관한 확인의 소와 이행의 소 ············ 177

제5절 준비서면과 당사자의 출석 ·· 179
쟁점 37 준비서면 제출・부제출의 효과 ······························ 179
쟁점 38 변론기일에 있어서의 당사자의 불출석 ················ 183

제6절 심리의 원칙 ··· 192
쟁점 39 소송절차의 이의권 ·· 192
쟁점 40 처분권주의 ··· 194
쟁점 41 변론주의 ·· 200
쟁점 42 적시제출주의 ·· 211
쟁점 43 재판상 자백(裁判上 自白) ······································ 214

제4장 증거

쟁점 44 증인의 출석확보방안 ·· 222
쟁점 45 문서제출명령과 부제출 또는 훼손시의 제재 ······ 224
쟁점 46 문서의 증거력 ·· 228
쟁점 47 증인신문과 당사자본인신문의 차이에 대하여 설명하시오. ················ 235
쟁점 48 자유심증주의 ·· 236
쟁점 49 증명책임의 전환과 완화 ·· 240

차례

제5장 소송의 종료

쟁점 50 소송종료선언 ·· 243
쟁점 51 소의 취하 ·· 246
쟁점 52 청구의 포기·인낙 ··· 259
쟁점 53 소송상 화해 ··· 263
쟁점 54 제소전 화해 ··· 267
쟁점 55 일부판결과 재판누락 ·· 271
쟁점 56 기간의 해태(불준수)와 소송행위의 추후보완 ··························· 275
쟁점 57 기판력(旣判力) – 실질적 확정력 ·· 281
쟁점 58 변론종결 뒤의 승계인 ·· 285
쟁점 59-1 기판력의 객관적 범위 ··· 290
쟁점 59-2 시효중단을 위한 재소와 기판력 ······································· 299
쟁점 59-3 시효중단을 위한 확인의 소 ··· 304
쟁점 60 기판력의 시적 범위 ··· 306
쟁점 61 판결의 편취(騙取) ··· 311

제6장 병합소송

제1절 청구의 객관적 병합 ··· 315

쟁점 62 청구의 병합 (소의 객관적 병합) ··· 315
쟁점 63 청구의 변경 ··· 329
쟁점 64 중간확인의 소 (反訴) ·· 342
쟁점 65 반소(反訴) ··· 345

제2절 주관적 병합 ·· 355

제1관 공동소송 ·· 355

쟁점 66 통상공동소송 ··· 355

쟁점 67 필수적 공동소송 ·· 360
쟁점 68 예비적·선택적 공동소송 ·· 375
쟁점 69 선정당사자 ·· 385

제2관 소송참가 ·· 394
쟁점 70 보조참가 ··· 394
쟁점 71 공동소송적 보조참가 ·· 407
쟁점 72 소송고지 ··· 412
쟁점 73 공동소송참가 ··· 417
쟁점 74 독립당사자참가 ·· 423

제3관 당사자의 변경 ·· 435
쟁점 75 임의적 당사자 변경 ·· 435
쟁점 76 소송물의 양도에 따른 신청에 의한 승계 (특정승계) ························· 440

제7장 상소
쟁점 77 상소의 요건 ··· 454
쟁점 78 상소의 효력 ··· 459
쟁점 79 불이익변경금지 원칙 ·· 462
쟁점 80 병합소송과 불이익변경금지 원칙 ··· 469
쟁점 81 재 심 ··· 482
쟁점 82 준재심 ··· 497

민사소송법 단문사례연습

제1장 민사소송법
제2장 소송의 주체
제3장 소의 제기
제4장 증거
제5장 소송의 종료
제6장 병합소송
제7장 상소

제1장 민사소송법

쟁점 01 소권의 실효

• 2014년 공인노무사

> 甲은 乙회사로부터 해고처분을 받고 임금과 퇴직금을 아무런 조건 없이 모두 수령하였다. 甲이 소를 제기하는 데에 특별한 장애사유가 없었음에도 3년여가 경과한 뒤 乙 회사의 해고처분이 부당하다고 주장하면서 해고일로부터 정년 시까지의 임금의 지급을 구하는 소를 제기한 경우에 **소권의 실효** 여부에 관하여 설명하시오. (25점)

(1) 의의

당사자 일방이 소송상 권능을 장기간 불행사하여 방치한 후 이를 행사하지 않으리라는 상대방의 정당한 기대가 발생하였음에도 새삼 그 소송상의 권능을 행사하는 것이 신의칙에 반하는 유형이다.

(2) 적용요건
① 소송상 권능의 장기간 불행사
② 상대방의 정당한 기대의 형성
③ 이후 소권행사

(3) 소권의 실효여부

㈎ 학 설

① 긍정설

소권도 개인의 처분대상이 될 수 있고, 민사소송법은 「당사자와 소송관계인은 신의에 따라 성실하게 소송을 수행하여야 한다.」(제1조제1항)고 하여 **민법과는 별개의 신의칙 조항을 두고 있다는 점에 비추어** 실체법상의 권리실효와 소송법상의 소권실효는 별개이므로 실체법상의 권리실효라면 청구기각판결, 소권의 실효라면 소각하판결로 판단한다는 견해이다.

② 부정설

부정설은 크게 ⓐ 헌법상의 재판청구권인 소권이 기간의 경과에 의하여 실효된다고 볼 수 없으며, 소권의 불행사는 사실 실체법상의 권리의 불행사이므로 실체법상의 신의칙의 대입으로 청구기각판결을 하면 그만이라는 견해와 ⓑ 소권의 실효는 기본권의 실효를 의미하는데 기본권의 실효를 인정할 수는 없으므로 소권의 남용문제로 해결하자는 견해로 나뉜다.

(나) 판례 - 긍정설의 입장

판례는 「실효의 원칙이라 함은 권리자가 장기간에 걸쳐 그 권리를 행사하지 아니함에 따라 그 의무자인 상대방이 더 이상 권리자가 권리를 행사하지 아니할 것으로 신뢰할 만한 정당한 기대를 가지게 된 경우에 새삼스럽게 권리자가 그 권리를 행사하는 것은 법질서 전체를 지배하는 신의성실의 원칙에 위반되어 허용되지 아니한다는 것을 의미하고, 항소권과 같은 소송법상의 권리에 대하여도 이러한 원칙은 적용될 수 있다고 할 것이다.」고 하여 소권에 있어서도 실효의 원칙을 인정하고 있다.

> 실효의 원칙이라 함은 권리자가 장기간에 걸쳐 그 권리를 행사하지 아니함에 따라 그 의무자인 상대방이 더 이상 권리자가 권리를 행사하지 아니할 것으로 신뢰할 만한 정당한 기대를 가지게 된 경우에 새삼스럽게 권리자가 그 권리를 행사하는 것은 법질서 전체를 지배하는 신의성실의 원칙에 위반되어 허용되지 아니한다는 것을 의미하고, 항소권과 같은 소송법상의 권리에 대하여도 이러한 원칙은 적용될 수 있다고 할 것이다.
> 실효의 원칙이 적용되기 위하여 필요한 요건으로서의 실효기간(권리를 행사하지 아니한 기간)의 길이와 의무자인 상대방이 권리가 행사되지 아니하리라고 신뢰할 만한 정당한 사유가 있었는지의 여부는 일률적으로 판단할 수 있는 것이 아니라 구체적인 경우마다 권리를 행사하지 아니한 기간의 장단과 함께 권리자 측과 상대방 측 쌍방의 사정 및 객관적으로 존재한 사정 등을 모두 고려하여 사회통념에 따라 합리적으로 판단하여야 한다. (대법원 1996.7.30. 선고 94다51840 판결)

민사소송법 단문사례연습

쟁점 02 소송행위의 철회와 의사의 흠

(가) 문제의 소재

소송행위에 의사의 흠이 존재하는 경우 어떻게 처리하여야 하는지에 대한 일반규정이 민사소송법상 규정이 없으므로 이 경우에도 민법상의 의사의 흠에 관한 규정들이 유추적용되는 것인지에 대하여는 견해의 대립이 있다.

(나) 학 설

① 하자고려설(Arens)

각 소송행위의 개별적 특성을 고려하면서 구체적으로 이익을 형량하여 소(상소)의 취하, 청구의 포기·인낙, 소송상의 화해 등의 경우에는 민법의 규정을 유추적용할 수 있다는 견해이다.

② 하자불고려설(통설·판례의 기본적인 태도)

소송절차의 연속성 및 안정성을 이유로 소송행위에 대하여는 민법상의 의사의 흠에 관한 규정을 **유추적용할 수 없으며, 취효적 소송행위는 자유로이 철회가 가능하고 사기·강박에 의한 소송행위는 민사소송법 제451조 1항 5호를 유추하여 소송절차 내에서 재심사유를 고려**하여 취소할 수 있으므로 민법상의 의사의 흠에 관한 규정을 유추적용할 필요도 인정되지 않는다는 견해이다.

그러나 **소송 외에서 하는** 관할의 합의, 소송의 위임, 선정당사자의 선정 등의 경우에는 소송절차와는 직접적인 관련성이 없는 상태에서 **법원의 관여 없이** 이루어지므로 민법상의 규정이 유추적용될 수 있다고 본다.

(다) 판 례

판례는 기본적으로 하자불고려설의 입장에 있다. 다만, 재심사유를 고려함에 있어 판례는 그 경우를 나누어 판단한다.

① 즉, 소송행위가 사기, 강박 등 형사상 처벌을 받을 타인의 행위로 인하여 이루어졌다고 하여도 그 타인의 행위에 대하여 **유죄판결이 확정되고 또 그 소송행위가 그에 부합되는 의사 없이 외형적으로만 존재**할 때에 한하여 재심규정을 유추해석하여 그 효력을 부인할 수 있으며,

② 이와 달리, 타인의 범죄행위가 소송행위를 하는데 **착오를 일으키게 한 정도에 불과할 뿐** 소송행위에 부합되는 의사가 존재할 때에는 그 소송행위의 효력을 다툴 수 없다고 한다.(대법원 1984. 5. 29. 선고 82다카963 판결)

③ 또한, **대리인에 의한 배임사건의 경우,**「형사상 처벌을 받을 다른 사람의 행위」에는 당사자의 대리인이 범한 배임죄도 포함될 수 있으나, 이를 재심사유로 인정하기 위해

서는 단순히 대리인이 문제된 소송행위와 관련하여 배임죄로 유죄판결을 받았다는 것만으로는 충분하지 않고, 대리인의 배임행위에 소송상대방 또는 그 대리인이 **통모하여 가담**한 경우와 같이 대리인이 한 소송행위 효과를 당사자 본인에게 귀속시키는 것이 절차적 정의에 반하여 도저히 수긍할 수 없다고 볼 정도로 대리권에 실질적인 흠이 발생한 경우라야 한다.(대법원 2012. 6. 14. 선고 2010다86112 판결)」고 하였다.

㈑ **검 토**

먼저, 준재심의 소를 특히 규정하고 있는 민사소송법의 태도에 맞지 않고, 민법과 민사소송법 규정의 유추적용은 그 행위의 성질을 기준으로 할 때 원칙적으로 부정함이 타당하므로 하자고려설은 취하기 어렵다.

둘째, 판례의 태도에 따르면 상대방의 기망 등 행위로 소송행위를 무효화하기 위하여 유죄판결의 확정과 의사의 흠이 인정되지 않으면 안 되므로, 지나치게 피해구제의 길을 축소한 것이라고 생각한다.

따라서, 학설상의 하자불고려설의 예에 의하여 판단하는 것이 타당하다고 보여진다.

관련기출
• 2014년 기출 변리사

[甲회사의 대표자 丙이 乙회사와 공모하여 개인적으로 돈을 받기로 하고 제1심 판결에 대한 항소를 취하하였다. 丙은 항소를 취하한 행위에 대하여 업무상 배임죄로 유죄판결을 선고받았고, 그 판결은 확정되었다. 이 경우 丙이 한 항소취하의 효력에 대하여 설명하시오. (10점)]

문. 해법

[사례형 문제풀이 제1원칙 – 최종물음이 무엇인지 : 항소취하의 효력]

[사례형 문제풀이 제2원칙 – 동사에 주목할 것]
1. 항소취하
2. 유죄판결

[사례형 문제풀이 제3원칙 – 동사 중 설문과 유의미한 부분을 찾을 것]

[사례형 문제풀이 제3-2원칙 – 날짜와 액수 등 숫자의 일치 여부 검토]

[사례형 문제풀이 제4원칙 – 여러 사람이나 여러 청구가 나오면 병합요건의 구비여부 검토 후 각각 별개로 나누어 판단할 것]

[사례형 문제풀이 제5원칙 – 배점확인] – 10점이다. 간단히 쓸 수밖에!

답 안

1. 문제의 소재
항소취하와 같은 구속적 소송행위는 소송절차의 명확과 안정을 위하여 그 소송행위의 무효를 주장하기 위하여는 엄격한 요건이 필요하다. 사안의 경우 배임적 대표행위에 의한 항소취하의 효력이 무효인지가 문제이다.

2. 항소취하의 효력 여부
항소취하와 같은 소송행위에 배임적 대표행위와 같은 하자가 있는 경우 판례에 의하면 재심사유를 소송절차 내에서 고려하여 당해 소송행위의 효력을 무효화할 수 있다고 본다. 즉,「형사상 처벌을 받을 다른 사람의 행위로 말미암아 상소 취하를 하여 원심판결이 확정된 경우에도 자백에 준하여 재심사유가 된다고 보아야 한다. 그리고 '형사상 처벌을 받을 다른 사람의 행위'에는 당사자의 대리인이 범한 배임죄도 포함될 수 있으나, 이를 재심사유로 인정하기 위해서는 단순히 대리인이 문제된 소송행위와 관련하여 배임죄로 유죄판결을 받았다는 것만으로는 충분하지 않고, 대리인의 배임행위에 소송상대방 또는 그 대리인이 통모하여 가담한 경우와 같이 대리인이 한 소송행위 효과를 당사자 본인에게 귀속시키는 것이 절차적 정의에 반하여 도저히 수긍할 수 없다고 볼 정도로 대리권에 실질적인 흠이 발생한 경우라야 한다.」

3. 사안의 경우

판례의 견해에 의할 때, 대표자가 개인적인 이익을 도모할 목적으로 상대방과 공모하여 항소취하를 하므로써 업무상 배임죄로 확정판결을 받은 경우, 위 항소취하의 효력은 무효라 보아야 한다.

[1] 형사상 처벌을 받을 다른 사람의 행위로 말미암아 상소 취하를 한 경우, 민사소송법 제451조 제1항 제5호에 준하는 재심사유로 인정할 수 있는지 여부(적극) 및 '형사상 처벌을 받을 다른 사람의 행위'에 당사자의 대리인이 범한 배임죄가 포함되는지 여부(한정 적극)

[2] 어떠한 소송행위에 민사소송법 제451조 제1항 제5호의 재심사유가 있는 경우, 재심절차에서 해당 소송행위의 효력이 당연히 부정되는지 여부(적극)

[3] 재심대상판결 당시 피고 주식회사의 실질적 대표자이던 갑이 소송상대방과 공모하여 개인적으로 돈을 받기로 하고 제1심판결에 대한 항소를 취하한 사안에서, 갑의 항소 취하에 민사소송법 제451조 제1항 제5호의 재심사유가 있다고 판단하면서도 그 효력을 인정하여 피고 회사의 재심청구를 기각한 원심판결에 법리오해의 위법이 있다고 한 사례

[1] 민사소송법 제451조 제1항 제5호는 '형사상 처벌을 받을 다른 사람의 행위로 말미암아 자백을 한 경우'를 재심사유로 인정하고 있는데, 이는 다른 사람의 범죄행위를 직접적 원인으로 하여 이루어진 소송행위와 그에 기초한 확정판결은 법질서의 이념인 정의 관념상 효력을 용인할 수 없다는 취지에서 재심이라는 비상수단을 통해 확정판결의 취소를 허용하고자 한 것이므로, 형사상 처벌을 받을 다른 사람의 행위로 말미암아 상소 취하를 하여 원심판결이 확정된 경우에도 자백에 준하여 재심사유가 된다고 보아야 한다. 그리고 '형사상 처벌을 받을 다른 사람의 행위'에는 당사자의 대리인이 범한 배임죄도 포함될 수 있으나, 이를 재심사유로 인정하기 위해서는 단순히 대리인이 문제된 소송행위와 관련하여 배임죄로 유죄판결을 받았다는 것만으로는 충분하지 않고, 대리인의 배임행위에 소송상대방 또는 그 대리인이 통모하여 가담한 경우와 같이 대리인이 한 소송행위 효과를 당사자 본인에게 귀속시키는 것이 절차적 정의에 반하여 도저히 수긍할 수 없다고 볼 정도로 대리권에 실질적인 흠이 발생한 경우라야 한다.

[2] 어떠한 소송행위에 민사소송법 제451조 제1항 제5호의 재심사유가 있다고 인정되는 경우 그러한 소송행위에 기초한 확정판결의 효력을 배제하기 위한 재심제도 취지상 재심절차에서 해당 소송행위 효력은 당연히 부정될 수밖에 없고, 그에 따라 법원으로서는 위 소송행위가 존재하지 않은 것과 같은 상태를 전제로 재심대상사건의 본안에 나아가 심리·판단하여야 하며 달리 소송행위의 효력을 인정할 여지가 없다.

[3] 재심대상판결 당시 피고 주식회사의 실질적 대표자이던 갑이 소송상대방과 공모하여 개인적으로 돈을 받기로 하고 제1심판결에 대한 항소를 취하한 사안에서, 갑이 항소를 취하한 행위에 대하여 업무상배임죄로 유죄판결을 받고 판결이 확정되었으므로 재심대상판결에는 민사소송법 제451조 제1항 제5호에 준하는 재심사유가 있다고 하면서도, 항소 취하의 효력을 인정하여 피고 회사의 재심청구를 기각한 원심판결에 법리오해의 위법이 있다고 한 사례
(대법원 2012. 6. 14. 선고 2010다86112 판결)

쟁점 03 부제소특약의 법적성질, 판단 및 지적의무

① 의 의
　일정한 법적 분쟁에 대하여 법원에 소를 제기하지 않기로 하는 당사자 사이의 합의를 부제소특약이라 한다.
② 법적 성질 및 허용 여부
　견해대립은 있으나, 부제소특약의 법적 성질을 사법계약으로 봄이 다수설 및 판례의 태도이다.
　그리고, 특별한 사정이 없는 한, 부제소특약을 허용하는 것이 통설 및 판례의 태도이다.
③ 요 건
　㉮ 당사자가 자유로이 처분할 수 있는 권리관계에 대한 것일 것
　㉯ 특정한 권리관계에 관한 것일 것
　　따라서 당사자 간에 향후의 민사상의 일체의 소송을 제기하지 않는다는 포괄적 합의라면 이는 무효가 된다.(2002.2.22. 선고 2000다65086)
　㉰ 합의 시에 당사자가 예상할 수 있는 상황일 것
　㉱ 특약 자체가 강행규정 위반, 반사회질서행위(민법 제103조), 불공정한 방법(민법 제104조)이 아닐 것
④ 소송상 취급
　종래 부제소특약은 항변사항으로 부제소특약이 인정되면 권리보호이익이 없어 소를 각하하여야 한다고 보았으나(사법계약설), 최근 대법원은 부제소특약을 법원의 직권조사사항이라 본 바 있다.
⑤ 부제소특약에 대한 지적의무
　판례는 부제소특약의 위반에 대한 주장이 없음에도 직권으로 판단하여 막바로 소를 각하한 것은 지적의무를 위반한 것이라 하였다.
　즉,「부제소 합의는 소송당사자에게 헌법상 보장된 재판청구권의 포기와 같은 중대한 소송법상의 효과를 발생시키는 것으로서 그 합의 시에 예상할 수 있는 상황에 관한 것이어야 유효하고, 그 효력의 유무나 범위를 둘러싸고 이견이 있을 수 있는 경우에는 당사자의 의사를 합리적으로 해석한 후 이를 판단하여야 한다. 따라서 당사자들이 부제소 합의의 효력이나 그 범위에 관하여 쟁점으로 삼아 소의 적법 여부를 다투지 아니하는데도 법원이 직권으로 부제소 합의에 위배되었다는 이유로 소가 부적법하다고 판단하기 위해서는 그와 같은 법률적 관점에 대하여 당사자에게 의견을 진술할 기회를 주어야 하고, 부제소 합의를 하게 된 동기 및 경위, 그 합의에 의하여 달성하려는 목적, 당사자의 진정한 의사 등에 관하여도 충분히 심리할 필요가 있다. 법원이 그와 같이 하지 않고 직

권으로 부제소 합의를 인정하여 소를 각하하는 것은 예상외의 재판으로 당사자 일방에게 불의의 타격을 가하는 것으로서 석명의무를 위반하여 필요한 심리를 제대로 하지 아니하는 것이다.(대법원 2013. 11. 28. 선고 2011다80449 판결)」

사안연구

A주택재개발조합은 사업을 시행할 건설업체를 공개경쟁입찰을 하여 B를 낙찰자로 선정하고 B와 건설계약을 체결하여 승인결의를 하였다. 한편 위 입찰절차에는 C와 D가 건설공동수급체를 결성하여 입찰절차에 참여한 바 있다.
그리고 위 입찰절차의 입찰지침서에 첨부된 이행각서에 의하면, 입찰절차에 참가하면서 A가 정한 업체 선정방법 및 A조합 총회의 낙찰자 및 계약자의 선정 결과에 대하여 어떠한 이의를 제기하지 않고 이를 따르기로 A와 입찰자들은 약정을 한 바 있다. (일단, 이 약정을 부제소합의로 보고 판단하기로 함)
위 낙찰 이후 C는 B를 낙찰자로 선정한 입찰절차에 하자가 있음을 주장하며 낙찰자지위확인의 소를 제기하였다.

1. C의 단독명의 소제기가 적법한지
합유재산의 보존행위는 합유재산의 멸실·훼손을 방지하고 그 현상을 유지하기 위하여 하는 사실적·법률적 행위로서 이러한 합유재산의 보존행위를 각 합유자 단독으로 할 수 있도록 한 취지는 그 보존행위가 긴급을 요하는 경우가 많고 다른 합유자에게도 이익이 되는 것이 보통이기 때문이다. **민법상 조합인 공동수급체**가 경쟁입찰에 참가하였다가 다른 경쟁업체가 낙찰자로 선정된 경우, 그 공동수급체의 구성원 중 1인이 그 낙찰자 선정이 무효임을 주장하며 무효확인의 소를 제기하는 것은 그 공동수급체가 경쟁입찰과 관련하여 갖는 법적 지위 내지 법률상 보호받는 이익이 침해될 우려가 있어 그 현상을 유지하기 위하여 하는 소송행위이므로 이는 **합유재산의 보존행위**에 해당한다.

2. A와 B 사이의 법률관계에 대하여 C가 제3자로서 무효확인의 소를 제기할 수 있는지.
확인의 소에서 오로지 당사자 사이의 권리관계만이 확인의 대상이 될 수 있는 것은 아니고, 당사자 일방과 제3자 사이의 권리관계 또는 **제3자 사이의 권리관계에 관하여도** 그에 관하여 당사자 사이에 다툼이 있어서 당사자 일방의 권리관계에 불안이나 위험이 초래되고 있고, 다른 일방에 대한 관계에서 그 법률관계를 확정시키는 것이 당사자의 권리관계에 대한 불안이나 위험을 제거할 수 있는 유효·적절한 수단이 되는 경우에는 당사자 일방과 제3자 사이의 권리관계 또는 제3자 사이의 권리관계에 관하여도 확인의 이익이 있다.

3. 위 소가 부제소합의에 위반되었다는 점이 법원의 직권조사사항인지.
특정한 권리나 법률관계에 관하여 분쟁이 있어도 제소하지 아니하기로 합의(이하 '부제소 합의'라고 한다)한 경우 이에 위배되어 제기된 소는 **권리보호의 이익이 없고**, 또한 당사자와 소송관계인은 신의에 따라 성실하게 소송을 수행하여야 한다는 **신의성실의 원칙**(민사소송법 제1조 제2항)에도 어긋나는 것이므로, 소가 부제소 합의에 위배되어 제기된 경우 법원은 직권으로 소의 적법 여부를 판단할 수 있다.

4. 부제소합의에 대한 다툼이 없음에도 법원이 이를 판단하여 소를 각하한 것이 지적의무에 위반한 것인지.
한편 민사소송법 제136조 제1항은 "재판장은 소송관계를 분명하게 하기 위하여 당사자에게 사실상 또는 법률상 사항에 대하여 질문할 수 있고, 증명을 하도록 촉구할 수 있다."라고 규정하고 있고, 그 제4항은 "법원은 당사자가 간과하였음이 분명하다고 인정되는 법률상 사항에 관하여 당사자에게 의견을 진술할 기회를 주어야 한다."라고 규정하고 있다.
부제소 합의는 소송당사자에게 헌법상 보장된 재판청구권의 포기와 같은 중대한 소송법상의 효과를 발생시키는 것으로서 그 합의 시에 예상할 수 있는 상황에 관한 것이어야 유효하고(대법원 1999.

3. 26. 선고 98다63988 판결 등 참조), 그 효력의 유무나 범위를 둘러싸고 이견이 있을 수 있는 경우에는 당사자의 의사를 합리적으로 해석한 후 이를 판단하여야 한다. 따라서 당사자들이 부제소 합의의 효력이나 그 범위에 관하여 쟁점으로 삼아 소의 적법 여부를 다투지 아니하는데도 법원이 직권으로 부제소 합의에 위배되었다는 이유로 소가 부적법하다고 판단하기 위해서는 그와 같은 법률적 관점에 대하여 당사자에게 의견을 진술할 기회를 주어야 하고, 부제소 합의를 하게 된 동기 및 경위, 그 합의에 의하여 달성하려는 목적, 당사자의 진정한 의사 등에 관하여도 충분히 심리할 필요가 있다. 법원이 그와 같이 하지 않고 직권으로 부제소 합의를 인정하여 소를 각하하는 것은 예상 외의 재판으로 당사자 일방에게 불의의 타격을 가하는 것으로서 석명의무를 위반하여 필요한 심리를 제대로 하지 아니하는 것이다.
(대법원 2013. 11. 28. 선고 2011다80449 판결)

관련기출
• 2018년 공인노무사

【문제 1】 甲은 乙 노동조합(이하 '乙'이라 한다)의 조합원이다. 아래의 각 물음에 관하여 논하시오. (단, 아래의 각 물음은 상호 무관함) (50점)

물음 1) 乙은 조합규약에 근거하여 자체적으로 만든 신분보장대책기금관리규정(이하 '관리규정'이라 한다)상의 위로금 지급을 둘러싼 乙과 조합원 간의 분쟁에 관하여 乙을 상대로 일절 소송을 제기할 수 없다는 규정을 두고 있다. 그 후 甲이 乙에 대하여 위 관리규정에 따른 위로금의 지급을 요구하였으나 乙이 이를 거절하였다. 이에 甲은 乙을 피고로 하여 위 관리규정에 따른 위로금지급을 구하는 소를 법원에 제기하였다. 위 소송에서 乙은 甲이 위 관리규정상의 소제기 금지규정에 위반하여 소를 제기한 것이므로 위 소는 소의 이익이 없다고 주장하고 있다. 乙의 주장은 타당한가? (30점)

문. 해법

[사례형 문제풀이 제1원칙 – 최종물음이 무엇인지 : 乙의 주장을 찾는다. → 乙은 甲이 위 관리규정상의 소제기 금지규정에 위반하여 소를 제기한 것이므로 위 소는 소의이익이 없다고 주장]

[사례형 문제풀이 제2원칙 – 동사에 주목할 것]
 1. 일절 소송을 제기할 수 없다는 신분보장대책기금관리규정을 두고 있다.
 2. 소를 제기하였다.
 3. 소의 이익이 없다고 주장하고 있다.

[사례형 문제풀이 제3원칙 – 동사 중 설문과 유의미한 부분을 찾을 것]

[사례형 문제풀이 제3-2원칙 – 날짜와 액수 등 숫자의 일치 여부 검토] * 이 사건 해당 없음

[사례형 문제풀이 제4원칙 – 여러 사람이나 여러 청구가 나오면 병합요건의 구비여부 검토 후 각각 별개로 나누어 판단할 것] * 이 사건 해당 없음

[사례형 문제풀이 제5원칙 – 배점확인] – 30점 어치 써야 하므로, 부제소합의 전반을 모두 쓰며 사례를 풀어야 한다.

답 안

1. 문제의 소재
甲이 제기한 위로금지급청구의 소에서 乙은 乙 노동조합규약상의 乙을 상대로 한 소제기 금지 규정을 들어 이 소는 소의 이익이 없는 부적법한 것이라는 주장을 하고 있는 바, 이것이 소위 부제소 합의에 해당하여 소의 이익이 없는 것인지가 부제소 합의의 요건으로서 문제가 된다. 특히, 설문과 같은 부제소합의의 효력이 인정될 수 있는지가 근로자의 보호에 비추어 문제되고 있다.

2. 부제소합의

(1) 의 의
일정한 법적 분쟁에 대하여 법원에 소를 제기하지 않기로 하는 당사자 사이의 합의를 부제소특약이라 한다.

(2) 법적 성질 및 허용 여부
견해대립은 있으나, 부제소특약의 법적 성질을 사법계약으로 봄이 다수설 및 판례의 태도이다. 그리고, 특별한 사정이 없는 한, 부제소특약을 허용하는 것이 통설 및 판례의 태도이다.

(3) 요 건
① 당사자가 자유로이 처분할 수 있는 권리관계에 대한 것이어야 한다.
② 특정한 권리관계에 관한 것일 것이어야 한다. 따라서 당사자 간에 향후의 민사상의 일체의 소송을 제기하지 않는다는 포괄적 합의라면 이는 무효가 된다.(2002.2.22. 선고 2000다65086)
③ 합의 시에 당사자가 예상할 수 있는 상황일 것을 전제로 인정이 된다.
④ 특약 자체가 실체법상의 강행규정에 의하여 무효이어서는 안된다.

(4) 소송상 취급
종래 부제소특약은 항변사항으로 부제소특약이 인정되면 권리보호이익이 없어 소를 각하하여야 한다고 보았으나(사법계약설), 최근 대법원은 부제소특약을 법원의 직권조사사항이라 본 바 있으며, 다만, 부제소특약의 위반에 대한 주장이 없음에도 직권으로 판단하여 막바로 소를 각하한 것은 지적의무를 위반한 것이라 하였다.

3. 이 사건 노동조합의 신분보장대책관리규정의 법적 성질
노동조합의 규약은 일종의 자치법규의 성격을 갖는다. 다만, 위 자치법규도 역시 강행규정에 위반한 것이어서는 안된다는 제한이 있다.

4. 사안의 경우
사안의 경우 위 부제소합의의 요건 중 특히, 신분보장대책관리규정에 근거한 부제소합의가 유효인지 및 위 부제소합의에 요건 중 당사자가 예상할 수 있는 특정한 법률관계를 대상으로 한 부제소합의라 볼 수 있는지 문제된다.
이에 대하여 판례는 설문과 같은 부제소합의는 ① 당사자가 예상할 수 있는 특정한 법률관계를 대상으로 한 것이 아닌 일률적인 장래의 분쟁에 대한 부제소합의라는 점 및 헌법이 보장하고 있는 재판청구권을 과도하게 제한하는 내용의 부제소합의라는 점을 들어 당해 부제소합의는 무효라 본 바 있다.

5. 결 론

결국, 乙노동조합의 조합규약 중 신분보장대책관리규정에 근거한 설문의 부제소합의는 효력이 없는 것으로 무효로 보아야 하며, 이에 터 잡아 甲의 위로금지급청구가 소의 이익이 없다는 乙의 주장은 타당하지 않으므로 이유 없다고 보아야 한다.

* 참조 판례

「노동조합은 근로자들이 자신들의 이익을 옹호하기 위하여 자주적으로 결성한 임의단체로서 그 내부의 운영에 있어 조합규약 등에 의한 자치가 보장되므로 피고 조합이 조합규약에 근거하여 자체적으로 만든 신분보장대책기금관리규정은 조합규약과 마찬가지로 일종의 자치적 법규범으로서 소속조합원에 대하여 법적 효력을 가진다고 할 것이나(대법원 1998. 2. 27. 선고 97다43567 판결, 2000. 4. 11. 선고 98두1734 판결 들 참조), 그러한 자치적 법규범의 제정에 있어서도 헌법이 보장하고 있는 조합원 개개인의 기본적 인권을 필요하고 합리적인 범위를 벗어나 과도하게 침해 내지 제한하여서는 아니되며 또한 그의 내용이 강행법규에 위반되어서는 아니 되는 등의 제한이 따르는 터이므로 그 제한에 위반된 자치적 법규범의 규정은 무효라고 할 것이다.

헌법 제27조 제1항은 "모든 국민은 헌법과 법률이 정한 법관에 의하여 법률에 의한 재판을 받을 권리를 가진다."고 규정하여 국민의 재판을 받을 권리를 기본적 인권 중의 하나로 보장하고 있고, 법원조직법 제2조 제1항은 "법원은 헌법에 특별한 규정이 있는 경우를 제외한 일체의 법률상의 쟁송을 심판하고, 이 법과 다른 법률에 의하여 법원에 속하는 권한을 가진다."고 규정하여 국민의 재판청구권을 실질적으로 보장하고 있다.

한편, 권리의무의 주체인 당사자 간에서의 부제소합의라도 그 당사자가 처분할 수 있는 특정된 법률관계에 관한 것으로서 그 합의 당시 각 당사자가 예상할 수 있는 상황에 관한 것이어야 유효하게 된다.(대법원 1999. 3. 26. 선고 98다63988 판결 참조)

그러한 법리와 규정 취지들을 고려할 때, 이 사건 신분보장대책기금관리규정에 기한 위로금의 지급을 둘러싼 피고 조합과 조합원 간의 분쟁에 관하여 피고 조합을 상대로 일절 소송을 제기할 수 없도록 정한 피고 조합의 신분보장대책기금관리규정 제11조는 조합원의 재산권에 속하는 위로금의 지급을 둘러싸고 생기게 될 조합원과 피고 조합 간의 법률상의 쟁송에 관하여 헌법상 보장된 조합원의 재판을 받을 권리를 구체적 분쟁이 생기기 전에 미리 일률적으로 박탈한 것으로서 국민의 재판을 받을 권리를 보장한 위의 헌법 및 법원조직법의 규정과 부제소합의 제도의 취지에 위반되어 무효라고 할 것이다.

그럼에도 견해를 달리하여, 피고 조합의 신분보장대책기금관리규정 제11조의 제소금지규정이 유효함을 전제로 원고들의 이 사건 소를 모두 각하한 원심판결에는 국민의 재판을 받을 권리와 제소금지 규정의 효력에 관한 법리를 오해함으로써 판결의 결과에 영향을 끼친 위법이 있으므로 이를 지적하는 상고이유의 주장은 정당하기에 이 법원은 그 주장을 받아들인다. (대법원 2002. 2. 22. 선고 2000다65086 판결)」

쟁점 04 소송상 형성권의 행사

(가) 문제점

해제권·해지권·취소권·상계권 등 사법상의 형성권에 기한 항변의 경우로 특히 소송 내에서 형성권을 행사하여 권리배제규정에 기한 항변을 하는 경우 소송상의 공격방어방법으로 하는 형성권행사의 법적 성질을 무엇으로 볼 것인가가 문제이다. 즉, 이러한 형성권을 소송 내에서 행사는 하였으나 이러한 공격방어방법이 있은 후에 소가 취하되거나 이러한 공격방어방법 자체가 실기 각하되는 경우에 형성권행사의 실체법상의 효과가 그대로 남는 것인지 여부가(특히, 소송상의 상계의 항변과 관련하여 주로 문제가 되고 있음) 문제이다.

(나) 학 설

이에 대하여는 ① 순수한 소송행위일 뿐이라는 **소**송행위설, ② 소송행위와 사법행위의 2행위가 있는 것이며 서로 영향을 받지 않는다는 **병**존설, ③ 소송행위와 사법행위의 성질을 모두 갖춘 1개의 행위라는 **양**성설 및 ④ 기본적으로는 병존설의 입장을 기초로 이 때 사법행위는 소송행위가 유효할 것을 조건으로 한 것이라는 **신**병존설의 견해대립이 있다. 특히, 다수설인 병존설에 의하면 외관상으로는 1개의 행위일지라도 사법상의 의사표시와 이러한 사법상의 의사표시가 있었다는 법원에 대한 사실상의 진술로서의 소송행위라는 두 행위가 존재하므로, 전자에 대하여는 사법상의 효과가 후자에 대하여는 소송법상의 효과가 발생한다.[1]

(다) 판 례

판례는 과거 **해제권 관련 사안**에서「소제기로써 계약해제권을 행사한 후 그 뒤 그 소송을 취하하였다 하여도 해제권은 형성권이므로 그 행사의 효력에는 아무런 영향을 미치지 아니한다.(대법원 1982.5.11. 선고 80다916 판결)」고 하여 병존설의 입장에 있었으나, **최근 상계권 관련 사안**에서「소송상 방어방법으로서의 상계항변은 통상 수동채권의 존재가 확정되는 것을 전제로 하여 행하여지는 일종의 예비적 항변으로서 소송상 상계의 의사표시에 의해 확정적으로 효과가 발생하는 것이 아니라 당해 소송에서 수동채권의 존재 등 상계에 관한 법원의 실질적 판단이 이루어지는 경우에 비로소 실체법상 상계의 효과가 발생한다.(대법원 2014.6.12. 선고 2013다95964 판결)」고 하여 신병존설의 입장에서 판시한 바 있다.

---

1) 이영섭, 신민사소송법, 154면.

관련기출
• 2009년 변리사

[甲은 乙에게 수상레저용 보트를 판매하였는데, 乙이 그 잔대금을 지급하지 않자 乙을 상대로 잔대금 5,000만원의 지급을 구하는 소를 제기하였다.
(1) 乙은 변론기일에서 "구매한 보트를 운행하던 중 엔진부분의 하자로 화재가 발생하여 수리비용으로 5,000만원이 소요되었으니, 상계하여 달라"고 주장하였다.
가. 이에 대하여 법원은 그 주장이 "변론준비절차에서 제출되지 아니하였을 뿐 아니라 변론종결에 임박하여 제출된 것이므로 실기한 방어방법에 해당한다."는 이유로 각하하였다면 乙이 가진 손해배상채권은 어떠한 영향을 받게 되는가? (10점)]

문. 해법

[사례형 문제풀이 제1원칙 – 최종물음이 무엇인지 : 손해배상채권에의 영향]

[사례형 문제풀이 제2원칙 – 동사에 주목할 것]
  1. 상계 주장
  2. 실기 각하

[사례형 문제풀이 제3원칙 – 동사 중 설문과 유의미한 부분을 찾을 것]

[사례형 문제풀이 제3-2원칙 – 날짜와 액수 등 숫자의 일치 여부 검토]

[사례형 문제풀이 제4원칙 – 여러 사람이나 여러 청구가 나오면 병합요건의 구비여부 검토 후 각각 별개로 나누어 판단할 것]

[사례형 문제풀이 제5원칙 – 배점확인] – 10점이다. 간단히 쓸 수밖에!

답안

1. 문제의 소재

2. 소송상 상계권 행사
   (1) 학 설 ① 병존설 ② 양성설 ③ 신병존설
   (2) 판 례
   (3) 검 토

3. 사안의 경우
   판례에 의하면 소송상 상계의 주장이 실기 각하된 경우, 상계권에 관한 실질적인 판단은 없었으므로 실체법상으로도 상계의 효과는 발생하지 않으므로, 乙이 가지고 있는 손해배상채권은 소멸하지 않고 여전히 존재하게 된다.

제2장 소송의 주체

제1절 법원

쟁점 05 외국국가를 상대로 한 소제기

종래에 판례는 종래 외국국가를 피고로 우리나라가 재판권을 행사할 수 없다는 절대적 면제주의를 취한 바 있었으나, 1998.12.17. 선고 97다39216 대법원 전원합의체 판결로 과거의 절대적 면제주의의 태도를 변경하여 상대적 면제주의로 전향하였다.

> **상대적 면제주의를 채택한 사안 — 대법원 1998.12.17. 선고 97다39216 전원합의체 판결[해고무효확인]**
> 미합중국 산하의 비세출자금기관인 '육군 및 공군 교역처'(The United States Army and Air Force Exchange Service)에 고용되어 미군 2사단 소재 캠프 케이시(Camp Cacey)에서 근무하다가 1992. 11. 8. 정당한 이유 없이 해고되었다고 주장하면서 미합중국을 피고로 하여 위 해고의 무효확인과 위 해고된 날로부터 원고를 복직시킬 때까지의 임금의 지급을 구함에 대하여, … 원심은 … 이 사건 소는 우리나라의 법원에 재판권이 없어 부적법하다고 판단하였다.
> 국제관습법에 의하면 국가의 주권적 행위는 다른 국가의 재판권으로부터 면제되는 것이 원칙이라 할 것이나, 국가의 사법적(私法的) 행위까지 다른 국가의 재판권으로부터 면제된다는 것이 오늘날의 국제법이나 국제관례라고 할 수 없다. 따라서 우리나라의 영토 내에서 행하여진 외국의 사법적 행위가 주권적 활동에 속하는 것이거나 이와 밀접한 관련이 있어서 이에 대한 재판권의 행사가 외국의 주권적 활동에 대한 부당한 간섭이 될 우려가 있다는 등의 특별한 사정이 없는 한, 외국의 사법적 행위에 대하여는 당해 국가를 피고로 하여 우리나라의 법원이 재판권을 행사할 수 있다고 할 것이다. 이와 견해를 달리한 대법원 1975.5.23. 자 74마281 결정은 이를 변경하기로 한다.
> **우리나라 법원이 외국을 제3채무자로 하는 채권압류 및 추심명령을 발령할 재판권을 가지는지 여부(한정 적극) 및 추심명령에 대한 재판권이 인정되지 않는 경우에는 추심금 소송에 대한 재판권 역시 인정되지 않는지 여부(적극)**
> 피압류채권이 외국의 사법적 행위를 원인으로 하여 발생한 것이고 그 사법적 행위에 대하여 해당 국가를 피고로 하여 우리나라 법원이 재판권을 행사할 수 있다고 하더라도, 피압류채권의 당사자가 아닌 집행채권자가 해당 국가를 제3채무자로 한 압류 및 추심명령을 신청하는 경우, 우리나라 법원은, 해당 국가가 국제협약, 중재합의, 서면계약, 법정에서 진술 등의 방법으로 사법적 행위로 부담하는 국가의 채무에 대하여 압류 기타 우리나라 법원에 의하여 명하여지는 강제집행의 대상이 될 수 있다는 점에 대하여 명시적으로 동의하였거나, 우리나라 내에 그 채무의 지급을 위한 재산을 따로 할당해 두는 등 우리나라 법원의 압류 등 강제조치에 대하여 재판권 면제 주장을 포기한 것으로 볼 수 있는 경우 등에 한하여 해당 국가를 제3채무자로 하는 채권압류 및 추심명령을 발령할 재판권을 가진다고 볼 것이다. 그리고 이와 같이 우리나라 법원이 외국을 제3채무자로 하는 추심명령에 대하여 재판권을 행사할 수 있는 경우에는 그 추심명령에 기하여 외국을 피고로 하는 추심금 소송에 대하여도 역시 재판권을 행사할 수 있다고 할 것이고, 반면 추심명령에 대한 재판권이 인정되지 않는 경우에는 추심금 소송에 대한 재판권 역시 인정되지 않는다고 보아야 한다.(대법원 2011.12.13. 선고 2009다16766 판결)

쟁점 06 국제재판관할권

(1) 의 의
국제재판관할권이란, 섭외적 민사사건의 재판권이 국내법원에 있는가 외국법원에 있는가에 대한 문제이다.

(2) 판단기준

(가) 문제점
국제재판관할의 합의가 있는 경우 또는 대한민국 법원에 복종할 의사가 있는 경우에는 재판권이 국내법원에 생김에는 문제가 없다. 다만, 그러하지 않은 경우에 국제재판관할권을 인정하는 기준에 대하여는 견해의 대립이 있다.

(나) 학 설

> ① 역추지설(逆推知說) : 민사소송법상의 토지관할에 관한 규정을 역으로 미루어 보아 민사소송법상 토지관할이 국내에 있다면 국내법원에 재판권을 인정할 수 있다는 견해이다.
> ② 관할배분설(조리설 : 다수설) : 국제민사소송법상의 기본이념인 조리, 즉, 어느 나라에서 재판하는 것이 사건의 해결에 도움을 주고 당사자에게도 공평하며, 효율적·경제적인지에 대한 것을 따져서 국제재판관할을 인정하자는 견해이다.
> ③ 수정역추지설(특단의 사정설) : 원칙적으로 역추지설의 견해를 따르나, 이 기준에 의해 우리나라에서 재판관할권을 갖는 것이 심히 부당한 '특단의 사정'이 있는 경우 관할배분설의 기준에 의할 것이라는 견해이다.[2]

(다) 판 례
종래 역추지설의 입장이었으나, 외국인 상호간의 이혼사건을 위시로 일반사건에 관하여도 관할배분설로 기울어 가고 있다거나,[3] 이제는 관할배분설이 확고한 판례라고 보기도 한다.[4]

즉, 판례는 '국제재판관할에 관하여 조약이나 일반적으로 승인된 국제법상의 원칙이 아직 확립되어 있지 않고 성문법규도 없는 이상 당사자 사이의 공평, 재판의 적정, 신속을 기한다는 기본이념에 따라 조리에 의하여 결정함이 상당한데 우리 민사소송법의 토지관할에 관한 규정도 이 기본이념에 따라 제정된 것이므로 이에 의한 내국재판적이 존재할 때에는 국제적 재판관할권도 존재한다.(1992.7.28. 91다41897)'거나 '내국재판적의 존재로 국제재판관할권이 인정되는 경우에도 사건과 관할법원 사이에 실질적 관련이 없는 등 조리에 반하는 특별한 사정이 있는 경우

---

[2] 이시윤, 전게서, 54면.
[3] 이시윤, 전게서. 54면.
[4] 강현중, 민사소송법. 제5판. 813면.

에는 국제적 재판관할권을 부정할 수 있다.(1995.11.21. 93다39607)'고 하여 토지관할과 조리를 결합하는 입장을 취하고 있다.

(라) **검 토**
국제화시대에 이르러 국제적 재판관할권을 고려함에 있어서는 관할배분설이 가장 타당하다. 다만, 국제적 재판관할권의 기준은 조리에 의하여야 하는데 토지관할에 관한 규정은 국제적 재판관할권에 관한 조리의 징표라 할 수 있으므로 관할배분설에 의하더라도 민사소송법이 정한 토지관할규정을 무시할 수는 없으므로 결국 수정역추지설과 관할배분설은 실제에 있어서 큰 차이는 없다.5)

(마) **개정 국제사법에의 관할배분설의 입장반영**
개정된 국제사법은 제2조 제1항에서 「법원은 당사자 또는 분쟁이 된 사안이 대한민국과 실질적 관련이 있는 경우에 국제재판관할권을 가진다. 이 경우 법원은 실질적 관련의 유무를 판단함에 있어 국제재판관할 분배의 이념에 부합하는 합리적인 원칙에 따라야 한다.」하여 관할배분설의 입장을 반영하였다.

(3) **구체적 판단**

(가) **토지관할이 인정되지만 재판권이 부정되는 경우**
판례는 외국인 상호간의 가사사건의 경우 피고의 주소지가 국내에 없는 경우라면 국제재판관할을 인정하지 않는다.

(나) **토지관할이 부정되지만 재판권이 인정되는 경우**
① 긴급보충관할에 의하여 재판권을 인정하는 경우
국내에 토지관할 등이 없어 실질적 관련성이 인정되지는 않지만 예외적으로 일정한 경우에 국내법원에 국제재판관할을 인정할 것인가의 문제를 긴급보충관할의 문제라 한다. 이의 인정여부에 관하여는 견해가 대립한다.
② 변론관할로 인한 국제재판관할 발생
판례는 실질적 관련성이 없는 사안이어도 변론관할에 의하여 국제재판관할이 인정될 수 있다고 본다.

(4) **국제재판관할권 흠결의 효과**

(가) **소송요건**
민사재판권의 존재는 소송요건이고 공익성이 강하여 직권조사사항에 해당하므로 재판권이 없다면 소는 부적법 각하된다.

(나) **재판권 없음이 명백한 경우**
재판권 없음이 명백한 경우는 소장부본을 송달할 수 없는 경우가 되므로 재판장의 명령으로 소장을 각하하여야 한다는 것이 판례의 태도이다.(대법원 1975.5.23. 자 74마281 결정)6)

---

5) 강현중, 전게서. 813면.

(다) 재판권 없음을 간과한 판결의 효력

판결확정 전이라면 상소제기가 가능하고, 판결확정 후라면 재심사유는 아니므로 재심의 소를 제기할 수는 없다. 다만, 재판권이 미치지 않는 자에 대하여는 기판력·집행력 등 판결의 효력은 발생하지 않으므로 결국 당연무효의 판결이 된다.

【국제재판관할 관련 판례】

(1) 제조물책임 소송에 있어서 손해 발생지의 외국 법원에 국제재판관할권이 있는지(대법원 1995.11.21. 선고 93다39607 판결[집행])

물품을 제조하여 판매하는 제조자의 불법행위로 인한 손해배상 책임에 관한 제조물책임 소송에 있어서 손해 발생지의 외국 법원에 국제재판관할권이 있는지 여부는 제조자가 당해 손해 발생지에서 사고가 발생하여 그 지역의 외국 법원에 제소될 것임을 합리적으로 예견할 수 있을 정도로 제조자와 손해 발생지와의 사이에 실질적 관련이 있는지 여부에 따라 결정함이 조리상 상당하고, 이와 같은 실질적 관련을 판단함에 있어서는 예컨대 당해 손해 발생지의 시장을 위한 제품의 디자인, 그 지역에서의 상품광고, 그 지역 고객들을 위한 정기적인 구매상담, 그 지역 내에서의 판매 대리점 개설 등과 같이 당해 손해 발생지 내에서의 거래에 따른 이익을 향유하려는 제조자의 의도적인 행위가 있었는지 여부가 고려될 수 있다.

(2) 외국인 사이의 가사사건(대법원 2006.5.26. 선고 2005므884 판결[이혼및위자료등])

[표준설시] 외국인 간의 가사사건에 관하여 우리나라의 법원에 재판관할권이 있는지 여부는, 우리나라 가사소송법상의 국내토지관할에 관한 규정을 기초로 외국인 사이의 소송에서 생기는 특성을 참작하면서 당사자 간의 공평과 함께 소송절차의 적정하고 원활한 운영과 소송경제 등을 고려하여 조리와 정의 관념에 의하여 이를 결정하여야 할 것이다.

① 외국인 사이의 이혼사건—미합중국 미주리 주에 법률상 주소를 두고 있는 미합중국 국적의 남자(원고)가 대한민국 국적의 여자(피고)와 대한민국에서 혼인 후, 미합중국 국적을 취득한 피고와 거주기한을 정하지 아니하고 대한민국에 거주하다가 피고를 상대로 이혼, 친권자 및 양육자지정 등을 청구한 사안

원·피고 모두 대한민국에 상거소(常居所)를 가지고 있고, 혼인이 대한민국에서 성립되었으며, 그 혼인생활의 대부분이 대한민국에서 형성된 점 등을 고려하면 위 청구는 대한민국과 실질적 관련이 있다고 볼 수 있으므로 국제사법 제2조 제1항의 규정에 의하여 대한민국 법원이 재판관할권을 가진다고 할 수 있고, 원·피고가 선택에 의한 주소(domicile of choice)를 대한민국에 형성했고, 피고가 소장 부본을 적법하게 송달받고 적극적으로 응소한 점까지 고려하면 국제사법 제2조 제2항에 규정된 '국제재판관할의 특수성'을 고려하더라도 대한민국 법원의 재판관할권 행사에 아무런 문제가 없다고 한 사례.

② 외국에서 이혼 및 출생자에 대한 양육자지정의 재판이 선고된 외국인 부부 사이의 출생자에 관하여 부부 중 일방인 청구인이 상대방을 상대로 친권을 행사할 자 및 양육자의 변경심판을 청구하고 있는 사건(대법원 1994.2.21. 자 92스26 결정)

외국에서 이혼 및 출생자에 대한 양육자지정의 재판이 선고된 외국인 부부 사이의 출생자에 관하여 부부 중 일방인 청구인이 상대방을 상대로 친권을 행사할 자 및 양육자의 변경심판을 청구하고 있는 사건에 있어서, 우리나라의 법원이 재판권을 행사하기 위하여는, 상대방이 우리나라에 주소를 가지고 있을 것을 요하는 것이 원칙이고, 그렇지 않는 한 상대방이 행방불명 또는 이에 준하는 사정이

---

6) 위 판례는 절대적 면제주의를 인정하던 경우의 사안이지만, 재판권 없음이 분명한 경우에 소장각하명령을 내린다는 점은 변경이 없으므로 본문과 같다는 것이다. 다만, 이에 대하여는 소송요건이므로 소각하판결을 하여야 할 것이라는 견해도 존재한다.

있거나 상대방이 적극적으로 응소하고 있는 등의 예외적인 경우를 제외하고는, 우리나라의 법원에 재판관할권이 없다고 해석하는 것이 상당하다.

(3) 2002년 김해공항 인근에서 발생한 중국 항공기 추락사고로 사망한 중국인 승무원의 유가족이 중국 항공사를 상대로 대한민국 법원에 손해배상청구소송을 제기한 사안에서, 대한민국 법원의 국제재판관할권을 인정한 사례

[1] 법원이 국제재판관할권의 유무를 판단함에 있어서 당사자 간의 공평, 재판의 적정, 신속 및 경제를 기한다는 기본이념에 따라 국제재판관할을 결정하여야 하고, 구체적으로는 소송당사자들의 공평, 편의 그리고 예측가능성과 같은 개인적인 이익뿐만 아니라 재판의 적정, 신속, 효율 및 판결의 실효성 등과 같은 법원 내지 국가의 이익도 함께 고려하여야 하며, 이러한 다양한 이익 중 어떠한 이익을 보호할 필요가 있을지 여부는 개별 사건에서 법정지와 당사자의 실질적 관련성 및 법정지와 분쟁이 된 사안과의 실질적 관련성을 객관적인 기준으로 삼아 합리적으로 판단하여야 한다.

[2] 2002년 김해공항 인근에서 발생한 중국 항공기 추락사고로 사망한 중국인 승무원의 유가족이 중국 항공사를 상대로 대한민국 법원에 손해배상청구소송을 제기한 사안에서, 민사소송법상 토지관할권, 소송당사자들의 개인적인 이익, 법원의 이익, 다른 피해유가족들과의 형평성 등에 비추어 위 소송은 대한민국과 실질적 관련이 있다고 보기에 충분하므로, 대한민국 법원의 국제재판관할권을 인정한 사례(대법원 2010.7.15. 선고 2010다18355 판결)

(4) 긴급보충관할과 관련한 냉동청어 사안

이 사건 소송은 매매계약에 따라 정해진 임시가격과 최종가격의 차액 정산, 즉 매매대금의 지급과 관련된 분쟁으로서, 대한민국 회사가 일본 회사에게 러시아에서 선적한 냉동청어를 중국에서 인도하고, 인도인 중국에서 청어 더미의 일정 수량을 해동시켜 최종적으로 검품을 한 결과에 따라 임시가격과 최종가격의 차액을 정산하기로 하였기 때문에, 중국에서 이 사건 청어에 대하여 최종적인 검품이 이루어졌는지 여부 및 그 결과가 무엇인지가 주로 문제되고 있으므로 분쟁이 된 사안과 가장 실질적 관련이 있는 법원은 이 사건 청어의 인도지로서 최종 검품의 예정지였던 중국 법원이었다고 할 것이나, 앞서 본 바와 같이 피고가 원고를 상대로 하여 중국 법원에 제기한 소가 각하되었고, 청어에 포함된 성자(성자)의 비율을 직접 확인할 수 있는 증거인 이 사건 청어가 더 이상 존재하지 않으며, 피고가 이 사건 청어를 인도받고 처분해 버린 시점으로부터 약 5년이 경과하여 이제 와서 대한민국 법원의 국제재판관할을 부정한다면 당사자의 권리구제를 도외시하는 결과를 야기할 수 있는 점, 피고가 이 사건 본소에 대하여 반소를 제기하고 있으므로, 원·피고 사이의 분쟁을 종국적으로 일거에 해결할 필요성이 있는 점, 원고가 대한민국 회사로서 우리나라에서 계약의 체결과 관련된 서류를 팩스로 전송받는 방법으로 이 사건 계약을 체결하였고, 이 사건 정산금을 송금받기로 한 곳이 대한민국인 점 등을 고려할 때, 대한민국에도 당사자 또는 분쟁이 된 사안과 실질적 관련이 있다고 할 것이고, 따라서 대한민국 법원에 국제재판관할권을 인정할 수 있다고 할 것이다.(대법원 2008. 5. 29. 선고 2006다71908 판결)

(5) 국제재판관할에서 변론관할이 인정된 예

일본국에 주소를 둔 재외동포 갑이 일본국에 주소를 둔 재외동포 을을 상대로 3건의 대여금채무에 대한 변제를 구하는 소를 대한민국 법원에 제기한 사안에서, 3건의 대여금 청구 중 2건은 분쟁이 된 사안과 대한민국 사이에 실질적 관련성이 있어 대한민국 법원에 국제재판관할권이 인정되고, 나머지 1건도 당사자 또는 분쟁이 된 사안과 법정지인 대한민국 사이에 실질적 관련성이 있다고 볼 수는 없지만 변론관할에 의하여 대한민국 법원에 국제재판관할권이 생겼다고 봄이 타당하다고 한 사례.(대법원 2014. 4. 10. 선고 2012다7571 판결)

쟁점 07 전심 관여 제척사유에 관하여 논하시오.

1. 서 설
법관이 불복사건의 이전심급의 재판에 관여한 경우 민사소송법 제41조 제5호는 제척사유로 삼고 있다. 이 경우를 「**전심관여**」라 부르며, 심급제도의 효율성을 관철하기 위한 제척사유에 해당한다.

2. 전심관여제척의 요건
(1) 「**이전심급**」의 재판에 관여하였을 것

① 불복사건의 '이전심급'이란, 상소에 의하여 상소심의 심판대상이 되어 있는 하급심의 모든 재판(종국판결뿐만 아니라 상급심판결을 받을 중간적 재판도 포함7))을 의미한다.8) 따라서 상고심에서의 제1심판결 역시 이전심급에 해당한다.

② 다만, 다음과 같은 경우는 이전심급이라 할 수 없다.

> 〈이전심급재판 부정례〉
> ① 재심에 있어서 재심대상이 된 확정판결(1978.7.6. 선고 78마147)
> ② 청구이의의 소에 있어서 그 대상이 된 확정판결
> ③ 본안소송에 있어서 가압류·가처분의 재판
> ④ 강제집행정지신청에 있어서 대상이 된 판결(1969.11.4. 선고 69그17)
> ⑤ 본안소송의 재판장에 대한 기피신청사건의 재판에 관여한 법관이 다시 환송사건에 관여 (1991.12.27. 선고 91마631)
> ⑥ 민사특별절차(지급명령신청사건, 조정신청사건 등)나 소액사건에서 지급명령이나 조정갈음 결정 또는 이행권고결정에 대하여 상대방이 이의하여 소송절차 내지 변론절차로 이행된 경우의 지급명령 등
> ⑦ 소송상 화해의 관여법관이 화해내용에 따른 목적물인도소송에 관여하는 것(1969.12.9. 선고 69다1232)

③ **상고심에서 파기환송 또는 파기이송 등이 있는 경우**에도 환송 전 원심재판에 관여한 법관은 관여할 수 없는데, 이는 민사소송법 제436조 제3항의 특별규정에 의한 것이지, 전심에 해당하기 때문에 제41조에 의하여 제척이 되는 것은 아니다.

다만, **항소심에서 취소환송이나 취소이송이 있는 경우**에는 상고심에서와 같은 특별 규정이 마련되어 있지 않으므로 어떠한 제척도 인정되지 않는다.

---
7) 대법원 1997.6.13. 선고 96다56115 판결
8) 법원행정처, 전게서, 71면.

(2) 전심사건과 **동일한 사건일 것**

전심에 관여한 사건과 동일한 사건일 때에 제척이 되는 것이지, 사건이 다를 때에는 전심관여에 의한 제척이 인정되지 않는다.[9]

(3) **관여**

법관의 제척원인이 되는 전심관여라 함은 <u>최종변론과 판결의 합의</u>에 관여함을 말하는 것이고 그 전의 변론이나 증거조사에 관여한 경우는 포함되지 아니한다.(대법원 1994.8.12. 선고 92다23537 판결) 따라서, 최종변론전의 변론준비·변론·증거조사, 기일지정과 같은 소송지휘에의 관여는 관여가 아니다.

또한 판결의 성립에 관여하였다고 보기 위하여는 이미 성립된 판결을 외부에 발표하는 절차에 불과한 판결의 선고에만 관여하는 것도 관여가 아니다.(대법원 1962.5.24. 선고 4294민상251·252 판결)

(4) 다른 법원의 **촉탁**에 따라 그 직무를 수행한 경우가 아닐 것

3. 제척의 재판

① 제척이유의 유무는 당해 법관과 그 소속합의부의 **직권조사사항**이다.
② 조사결과 제척이유 있음이 명백하면 스스로 물러난 후 조서에 기재하면 된다.
③ 제척이유유무에 관한 의문이 존재 시「법원은 제척의 이유가 있는 때에는 직권으로 또는 당사자의 신청에 따라 제척의 재판을 한다.(제42조)」
④ 제척은 법률규정에 의한 당연배제규정이므로 제척재판은 제척의 의미상 확인적, 선언적 의미만을 갖는다.[10]

(1) 직권에 의한 제척의 재판

직권에 의한 제척재판절차는 실제로는 당해 법관 자신 또는 같은 재판부 소속의 다른 법관의 요청에 의하여 개시된다는 점을 제외하고는 신청에 의한 제척재판절차와 같다. 따라서 당해 법관을 제외한 다른 법관으로 구성된 합의부에서 관할하게 된다.
(법 제46조 제1항·제2항)

(2) 신청에 의한 제척의 재판

① 제척신청의 방식과 절차는 기피신청의 경우와 같다.
② 따라서 이 때의 신청도 신청권이 있는 신청에 해당한다.
③ 단, 기피신청과는 달리 제척신청의 경우에는 신청 시기에 대한 제한은 없다.

---

9) 대법원 1983. 1.18. 선고 82누473 판결
10) 이시윤, 전게서, 73면.

4. 제척의 효과

(1) 직무집행으로부터의 법률상의 당연배제

당사자의 지(知), 부지(不知), 주장여부 등에 불구하고 직무수행이 배제된다.

(2) 재판, 기일지정 등 법관으로서 행할 수 있는 일체의 소송행위에 관여불가

제척사유가 있는 경우, 재판·기일지정 등 법관으로서 할 수 있는 일체의 소송행위는 인정되지 않는다.

다만, ① 종국판결의 선고에 관여하거나 ② 긴급을 요하는 행위는 가능하며, ③ 제척신청각하결정이 확정되기 전이라 하여도 직무수행은 가능하다.(제48조 단서)

(3) 제척규정에 위배한 관여행위의 효력

본질적인 절차상의 흠으로 **무효행위**가 되고, 판결확정 전에는 절대적 상고이유(제424조 제1항 제2호), 판결확정 후에는 재심사유(제451조 제1항 제2호)가 된다.

관련기출
• 2016년 법원행시

A 토지의 소유자인 乙은 A 토지를 점유하고 있는 甲을 상대로 토지인도를 구하는 소를 제기하였다. 제1심에서 乙이 법관을 상대로 기피신청을 하였으나 소속법원 합의부의 기각결정이 내려졌다. 그 후 패소한 乙이 항소하였는데, 항소심의 재판장이 제1심의 기피신청재판에 관여한 법관이라면 제척사유에 해당하는지 설명하시오. (15점) - 2016년 34회 법원행시 (본래 15점 형)

문. 해 법

[사례형 문제풀이 제1원칙 - 최종물음이 무엇인지 : 기피신청재판에 관여한 법관이 제척사유인지]

[사례형 문제풀이 제2원칙 - 동사에 주목할 것]
 1. 1심 기피재판부 관여 법관
 2. 항소심 재판장이 됨

[사례형 문제풀이 제3원칙 - 동사 중 설문과 유의미한 부분을 찾을 것]

[사례형 문제풀이 제3-2원칙 - 날짜와 액수 등 숫자의 일치 여부 검토]

[사례형 문제풀이 제4원칙 - 여러 사람이나 여러 청구가 나오면 병합요건의 구비여부 검토 후 각각 별개로 나누어 판단할 것]

[사례형 문제풀이 제5원칙 - 배점확인] - 15점이다. 간단히

답 안

1. 문제의 소재
설문에서 민사소송법 제41조의 법관의 제척사유로 검토될 수 있는 것은 "법관이 불복사건의 이전심급의 재판에 관여" 한 소위 전심관여에 해당하는지 이다.

즉, 제1심 법관에 대한 기피신청에 대한 기피재판부의 법관이 불복사건의 전심관여 법관이라 할 수 있는지가 문제된다.

2. 전심관여의 제척사유

(1) 일반적인 해당요건
전심관여에 해당하기 위하여는 ① 문제가 된 불복사건의 이전심급으로 상·하급심의 관계에 있는 재판으로 종국판결이나 상급심의 판단을 받아야 할 중간적 재판의 관계에 있어야 한다. 그리고, ② 전심사건과 동일한 사건이어야 하며, ③ 이전심급재판의 최종변론과 판결의 합의에 관여하여야 한다.

(2) 기피재판부의 법관으로 관여한 것이 전심관여인지
판례는 「본안사건의 재판장에 대한 기피신청사건의 재판에 관여한 법관이 다시 위 본안사건에 관여한다 하더라도 이는 민사소송법 제41조 제5호 소정의 전심재판관여에는 해당하지 아니한다. (대법원 1991. 12. 27. 자 91마631 결정)」고 하였다.

3. 사안의 해결
설문의 경우 제1심에서의 기피재판에 관여한 항소심의 재판장은 전심관여의 제척사유에 해당하지 않는다.

쟁점 08 법관의 기피에 관하여 설명하시오.

1. 의 의
「당사자는 법관에게 공정한 재판을 기대하기 어려운 사정이 있는 때에는 기피신청을 할 수 있다.(제43조 제1항)」 이를 법관 등에 대한 기피제도라 하는데 이는 재판의 공정을 기하기 위함이다. 당사자의 신청에 의하여 배제가 된다는 점이 제척이나 회피와 다르다.

2. 기피이유
「'법관에게 공정한 재판을 기대하기 어려운 사정이 있는 때'라 함은 우리 사회의 평균적인 일반인의 관점에서 볼 때, 법관과 사건과의 관계, 즉 법관과 당사자 사이의 특수한 사적 관계 또는 법관과 해당 사건 사이의 특별한 이해관계 등으로 인하여 법관이 불공정한 재판을 할 수 있다는 의심을 할 만한 객관적인 사정이 있고, 그러한 의심이 단순한 주관적 우려나 추측을 넘어 합리적인 것이라고 인정될 만한 때를 말한다. 그러므로 평균적 일반인으로서의 당사자의 관점에서 위와 같은 의심을 가질 만한 객관적인 사정이 있는 때에는 실제로 법관에게 편파성이 존재하지 아니하거나 헌법과 법률이 정한 바에 따라 공정한 재판을 할 수 있는 경우에도 기피가 인정될 수 있다.[11]」

3. 절 차
(1) 신청

(가) 신청자

당사자 또는 보조참가인만이 할 수 있고, 소송대리인은 고유의 기피권은 없으며, 당사자의 대리인으로서만 할 수 있다.[12]

(나) 신청방식

① **서면 또는 말**로 할 수 있다.(법제161조)

② 「합의부의 법관에 대한 제척 또는 기피는 **그 합의부에**, 수명법관(受命法官)·수탁판사(受託判事) 또는 단독판사에 대한 제척 또는 기피는 **그 법관에게** 이유를 밝혀 신청하여야 한다.(제44조 제1항)」

(다) 이유와 소명방법의 서면제출(동조 제2항)

① 「제척 또는 기피하는 이유와 소명방법은 신청한 날부터 **3일 이내에 서면으로 제출**하여야 한다.(제44조 제2항)」 따라서 다른 소명제도와는 달리 보증금공탁이나 선서로 갈음할 수 없고, 서면으로 소명하여야 한다.

---

11) 대법원 2019.1.4. 자 2018스563 결정
12) 이시윤, 전게서, 76면.

② 다만,「증인신문신청의 각하를 기피원인 사실로 삼고 있을 때와 같이 본안사건의 기록상 기피원인 사실이 명백한 사항일 경우에는 기피신청인은 그 사실을 달리 소명할 필요가 없다.(^{1978.10.23. 자}_{78마255})」

(라) 신청 시기
① 「당사자가 법관을 기피할 이유가 있다는 것을 **알면서도 본안**에 관하여 변론하거나 **변론준비기일에서 진술을 한 경우에는 기피신청을 하지 못한다.**(^{제43조}_{제2항})」
② 신청 시기에 제한이 있다는 점에서 직권조사사항으로 절차의 단계에서이면 어느 시기에도 신청을 할 수 있는 제척제도와 다르다.

(2) **기피신청에 대한 재판**

(가) 기피신청을 받은 법원 또는 법관에 의한 **간이각하결정**
「제척 또는 기피신청이 제44조의 규정(예 이유를 밝히지 않고 한 신청, 소정기간 내에 소명방법의 서면제출이 없는 경우, 수명법관에 대한 기피신청을 당해법관 아닌 소속합의부에 한 경우 등)에 어긋나거나 소송의 지연을 목적으로 하는 것이 분명한 경우에는 신청을 받은 법원 또는 법관은 결정으로 이를 각하한다.(^{제45조}_{제1항})」 이를 간이각하결정이라 한다.

(나) 합의부에 의한 재판
① 의견서의 작성·제출
간이각하결정을 하는 경우를 제외하고는 당해 법관은 바로 제척 또는 기피신청에 대한 의견서를 제출하여야 한다.(^{제45조}_{제2항})
② 기피재판부의 결정
㉠ 「제척 또는 기피신청에 대한 재판은 그 신청을 받은 법관의 소속 법원 합의부에서 결정으로 하여야 한다.(^{제46조}_{제1항})」
㉡ 「제척 또는 기피신청을 받은 법관의 소속 법원이 합의부를 구성하지 못하는 경우에는 바로 위의 상급법원이 결정하여야 한다.(^{동조}_{제3항})」 주의할 것은 지방법원 지원의 경우 고등법원이 아니라 지방법원 본원이 바로 위의 상급법원이 된다.
㉢ 「제척 또는 기피신청을 받은 법관은 제척 또는 기피재판에 관여하지 못한다. 다만, 의견을 진술할 수 있다.(^{제46조}_{제2항})」

(3) **불복**
① 기피결정에 대하여는 불복할 수 없으며, 간이각하결정이나 기피신청기각결정에 대하여는 **즉시항고**를 할 수 있다.(^{제47조}_{제1·2항})
② 특히, **간이각하결정에 대한 즉시항고에는 집행정지의 효력이 없다.**(^{제47조}_{제3항})
③ 문제가 되는 것은 기피신청의 대상이 **지방법원 항소부 소속 법관**이고 소속 법원의 다른 합의부에서 기피신청을 기각하여 즉시항고가 제기된 경우인데, 이 경우 즉시항

고의 관할법원은 **대법원**으로 보는 것이 실무례이며 판례의 태도이다.(대법원 2008.5.2.자 2008마427 결정)13)

(4) 기피신청과 본안소송절차의 정지(기피신청의 효과)(제48조)

(가) **본안절차의 정지 및 예외**

법원은 제척 또는 기피신청이 있는 경우에는 그 재판이 확정될 때까지 소송절차를 정지하여야 한다.

다만, ① 제척 또는 기피신청의 **각**하 또는 ② 종국**판**결(終局判決)을 선고하거나 ③ 증거보전행위, 멸실염려가 있는 증거조사의 시행, 집행정지명령, 가압류·가처분의 발령 등의 **긴**급을 요하는 행위는 할 수 있다.(제48조)

(나) **기피신청이 있어서 소송절차를 정지하여야 함에도 불구하고 소송행위를 한 경우의 처리**

① 소송행위를 한 경우

㉮ 소송절차를 정지하여야 함에도 소송행위를 한 경우 그 행위는 위법한 행위이며, 상고이유 및 재심사유에 해당한다.

㉯ 흠의 치유

이에 대하여는 ① 치유**적극**설, ② 치유**소극**설 및 ③ 모든 경우가 아니라 당사자의 소송상 이익이 해하여지지 않은 때, 즉, 신청인이 충분한 소송행위를 한 때에 한하여 치유된다고 보는 **절충설**14)이 있다. 기피신청기각·각하결정이 확정된 경우에는 흠이 치유되어 적법하게 된다.

생각건대, 신청인이 충분한 소송행위를 한 경우에만 치유가 가능하다고 봄이 타당하다. 판례도 기피신청으로 인하여 소송절차가 정지되었음에도 기일을 지정하여 통지하고 당사자의 **쌍방불출석**을 이유로 사건을 소취하간주시킨 사안에서 특별한 사정이 없는 이상, 그 후 위 기피신청을 각하하는 결정이 확정되었다는 사정만으로 민사소송법 제48조의 규정을 위반하여 쌍방불출석의 효과를 발생시킨 절차 위반의 흠결이 치유된다고 할 수 없다(대법원 2010.2.11. 선고 2009다78467, 78474 판결)고 본 바 있다.

② 판결선고에 이른 경우

㉮ 기피신청 후 변론종결행위를 하고 판결에 나아간 경우 - 「법원이 기피신청

---

13) 「민사소송법 제442조의 규정에 비추어 볼 때 항소법원의 결정에 대하여는 대법원에 재항고하는 방법으로 다투어야만 하는바, 지방법원 항소부 소속 법관에 대한 제척 또는 기피신청이 제기되어 민사소송법 제45조 제1항의 각하결정 또는 소속 법원 합의부의 기각결정이 있은 경우에 이는 항소법원의 결정과 같은 것으로 보아야 하므로 이 결정에 대하여는 대법원에 재항고하는 방법으로 다투어야 한다.」는 것이 판례의 취지. 법원행정처, 전게서 78면. 이에 대하여 그 즉시항고의 성질을 제1심 법원의 결정에 대한 불복으로 보면 고등법원이 관할이라는 견해도 있다.

14) 이시윤, 정동윤·유병현, 김홍규, 강태원

을 받았음에도 소송절차를 정지하지 아니하고 변론을 종결하여 판결 선고 기일을 지정하였다고 하더라도 종국판결에 대한 불복절차에 의하여 그 당부를 다툴 수 있을 뿐 이에 대하여 별도로 항고로써 불복할 수 없다.(대결 2000.4.15. 자 2000그20)」

㉯ 변론종결 후 기피신청이 있고 판결에 이른 경우

「변론종결 후 기피신청을 받은 법관이 소송절차를 정지하지 않고 종국판결을 선고하였다 하더라도 위법일 것은 없다.」따라서 판결에 대해 항소를 했다면 그 뒤의 소송절차를 정지시키지 않았다 하여도 위법이 아니다.(대법원 1966.5.24. 선고 66다517 판결) 이 경우,「그 담당 법관을 그 사건의 심리재판에서 배제하고자 하는 기피신청의 목적은 사라지는 것이므로 기피신청에 대한 재판을 할 이익이 없으므로 기피재판부는 기피신청을 각하할 수 있다.(대법원 2008.5.2. 자 2008마427 결정)」

기피신청 부분에 대한 출제 유형

1. **쌍불취하간주로 종료된 사건 유형**
   - 기피신청 이후에 이루어진 기일지정 및 통지에 이은 쌍불취하간주에 대한 기일지정신청 이후 원심법원이 시정하여야 하는지 또는 원심법원이 소송종료선언을 내린 경우 이에 대한 상소의 형태로 불복
   - 이후 상소심이 원심의 위법 여부에 대하여 판단할 때 하자 치유 여부 검토

2. **판결이 선고까지 된 사건 유형**
   (1) 불복의 형식
     - 별도의 항고가 아닌 판결에 대한 상소를 해야 됨
   (2) 상소심의 판단
     ㉮ 기피신청 후 원심이 소송행위를 하고 판결에까지 나아간 경우 상소심의 판단
       ① 문제점 – 원심에 위법 있음
       ② 기피재판부의 처리 – 기피신청 각하할 수 있음
       ③ 상소심의 판단 – 위법의 하자 치유 여부 논의 (판결 선고 후 기피신청 각하나 기각결정이 확정된 경우)
       - 하자의 치유 여부 논의
     ㉯ 변론종결 후 기피신청이 있고 판결에 이른 경우 – 적법

관련문제

甲(주소지 서울)은 乙(주소지 대전)에게 1억 원을 대여한 바 있고, 이행기를 2023. 11. 5. 로 정하였으나, 이행기에 이르러도 乙은 甲에게 대여금을 반환하지 않고 있다. 이에 甲은 乙을 상대로 한 대여금반환청구의 소를 제기하면서 자신의 일시 거주지인 광주지방법원에 그 소를 제기하였고, 이 사건은 당해 법원 A법관에 의하여 진행되게 되었다. (다음 각 설문은 독립적임)

(1) 이후 乙은 변론기일에 출석하여 바로 A법관에 대한 기피신청을 하였다. A법관에 대한 기피신청은 당해 법원의 합의부가 진행하고 있던 바, A법관은 다시 변론기일을 정하여 甲·乙 양 당사자에게 통지하였고, 이에 양 당사자 모두 불출석하자, 다시 변론기일을 정하여 통지하였으나, 다시 모두 불출석하였다. 이후 1월이 지난 후, 당해 기피사건에 대한 기피재판부의 기피신청기각결정이 나왔는데, 이 결정은 그대로 확정되었다. 이에 소를 제기한 甲이 확인하여 본 바에 의하면 당해 사건은 소취하간주로 종결되었다는 안내를 받아서, 甲은 다시 기일지정신청을 통하여 소취하간주의 효력은 위법이라 주장하며 기일을 속행하여 줄 것을 주장하였다. 甲의 이 주장은 타당한가.

답 안

Ⅰ. 1. (1)의 해결

1. 문제의 소재

2. 법관에 대한 기피신청에 의한 소송절차 정지

 (1) 법 제48조 기재

 (2) 소송절차를 진행한 경우 하자치유가 가능한지

  (가) 학 설
   ① 하자치유부정설
   ② 하자치유긍정설
   ③ 절충설 – 충분한 소송행위를 하여 절차권이 보장되었는지 여부에 따름

  (나) 판 례 – 절충설의 입장
   * 대판 2010.2.11. 2009다78467 등 판시

  (다) 검 토

3. 사안의 적용

판례의 견해에 의할 때, 쌍방당사자의 불출석으로 인한 소취하간주로 사건을 종결시켰음은 당사자들의 충분한 소송행위에 의한 절차권이 보장되어 있지 않으므로 위법의 하자는 치유되지 않음 따라서, 기일지정신청은 이유 있고, 기일을 속행하여 주어야 하므로 甲의 주장은 타당함

쟁점 09 토지관할과 재판적

Ⅰ. 의의와 종류

1. 토지관할의 의의
① 토지관할이란, 소재지를 달리하는 동종 법원 사이의 1심 재판권의 분담관계를 정한 것으로 1심 사건을 어느 지방법원에 제기하여야 하는지에 대한 문제이다.
② 이 때 토지관할의 발생 원인이 되는 관련지점을 「재판적」이라고 한다.[15]
③ 재판적의 종류로는 ㈎ 모든 사건에 공통되는 보통재판적과 ㈏ 법률이 특별한 종류나 내용의 사건에 대하여 따로이 마련한 특별재판적이 있다.

2. 재판적의 경합
하나의 사건임에도 수개의 법원이 재판적을 가질 수 있는데, 이를 재판적의 경합이라 한다. 이 경우, 원고로서는 재판적을 갖는 수개의 법원 중 어느 것을 선택하여 소를 제기할 수 있게 된다.

Ⅱ. 보통재판적

1. 일반

> 제2조(보통재판적) 소(訴)는 피고의 보통재판적(普通裁判籍)이 있는 곳의 법원이 관할한다.

2. 구체적 적용

(1) 사람의 보통재판적

> 제3조(사람의 보통재판적) 사람의 보통재판적은 그의 주소에 따라 정한다. 다만, 대한민국에 주소가 없거나 주소를 알 수 없는 경우에는 거소에 따라 정하고, 거소가 일정하지 아니하거나 거소도 알 수 없으면 마지막 주소에 따라 정한다.
> 제4조(대사공사 등의 보통재판적) 대사(大使)·공사(公使), 그 밖에 외국의 재판권 행사대상에서 제외되는 대한민국 국민이 제3조의 규정에 따른 보통재판적이 없는 경우에는 이들의 보통재판적은 대법원이 있는 곳으로 한다.

(2) 법인 기타 사단, 재단의 경우의 보통재판적

> 제5조(법인 등의 보통재판적)
> ① 법인, 그 밖의 사단 또는 재단의 보통재판적은 이들의 주된 사무소 또는 영업소가 있는 곳에 따라 정하고, 사무소와 영업소가 없는 경우에는 주된 업무담당자의 주소에 따라 정한다.
> ② 제1항의 규정을 외국법인, 그 밖의 사단 또는 재단에 적용하는 경우 보통재판적은 대한민국에 있는 이들의 사무소·영업소 또는 업무담당자의 주소에 따라 정한다.

---

[15] 이시윤, 전게서, 89면.

(3) 국가의 보통재판적

> 제6조(국가의 보통재판적) 국가의 보통재판적은 그 소송에서 국가를 대표하는 관청 또는 대법원이 있는 곳으로 한다.

이 경우, 국가를 대표하는 관청은 법무부를 의미하며 따라서 법무부소재지(수원지법 안양지원)나 대법원소재지(서울중앙지법)가 국가의 보통재판적이 된다.

(4) 보통재판적을 정할 수 없는 때의 처리

> 규칙 제6조(보통재판적) 법 제3조 내지 법 제6조의 규정에 따라 보통재판적을 정할 수 없는 때에는 대법원이 있는 곳을 보통재판적으로 한다.

Ⅲ. 특별재판적

1. 독립재판적(제7조 내지 제24조)

   (1) 근무지의 특별재판적

   > 제7조(근무지의 특별재판적) 사무소 또는 영업소에 계속하여 근무하는 사람에 대하여 소를 제기하는 경우에는 그 사무소 또는 영업소가 있는 곳을 관할하는 법원에 제기할 수 있다.

   (2) 거소지 및 의무이행지의 특별재판적

   > 제8조(거소지 또는 의무이행지의 특별재판적) 재산권에 관한 소를 제기하는 경우에는 거소지 또는 의무이행지의 법원에 제기할 수 있다.

   (가) 거소지(동조 전단)

   보통재판적에 의하여 주소가 없는 경우에 거소가 보통재판적이 될 수 있으나, 재산권에 관한 소에 대하여는 직접 독립한 재판적으로 규정해두었다.

   (나) 의무이행지(동조 후단)

   ① 이 경우 의무의 원인에는 계약상 의무와 법정채무(불법행위·부당이득·사무관리)를 모두 포함한다.

   ② 의무이행지는 채무의 성질 또는 의사표시로 변제장소를 정하지 아니한 경우에 특정물인도 이외의 채무변제는 채권자의 주소지에서 하도록 하여 지참채무를 원칙으로 하므로(민법 제467조 제2항), 채무이행에 관한 소송은 채권자의 주소지 관할법원에 제기할 수 있다.

   ③ 다만, 부동산등기의무의 이행지는 법 제21조의 등기·등록에 관한 특별재판적에 의하여야 할 것이지, 등기청구권자의 주소지를 의무이행지로 볼 것은 아니다.(대법원 2002.5.10. 2002마1156)

   ④ 또한 이 경우 의무를 전제로 하는 재산권상의 권리관계에 관한 소라면 이

행의 소·확인의 소 여부를 불문하고 인정되는 재판적이다.[16)]

⑤ 「사해행위취소의 소에 있어서의 의무이행지는 '취소의 대상인 법률행위의 의무이행지'가 아니라 '취소로 인하여 형성되는 법률관계에 있어서의 의무이행지'라고 보아야 한다.(대법원 2002.5.10. 자 2002마1156 결정 : 결국 사해행위 취소로 수익자나 전득자가 원상회복의무를 이행하여야 하는 곳이 의무이행지이다.)」

- 구체적으로 사해행위 취소의 소에서 원상회복으로 원물반환을 구하는 경우에는 '등기할 공무소 소재지'를 의무이행지로 볼 것이지만, 원상회복으로 가액배상을 구하는 경우에는 채권자의 주소지를 의무이행지로 보아야 한다.

(3) 어음·수표의 지급지 특별재판적

> 제9조(어음수표 지급지의 특별재판적) 어음수표에 관한 소를 제기하는 경우에는 지급지의 법원에 제기할 수 있다.

(가) 어음·수표 등의 경우에는 어음·수표 등의 채무자가 수인인 경우가 많으므로 제9조에 의하여 '지급지'에 소를 제기할 수 있는 것으로 하였다.

(나) 다만, 이득상환청구나 소구통지의 해태로 인한 손해배상청구와 같은 어음·수표법상의 권리에 관한 소는 이에 해당하지 않는다.[17)]

(4) 군사용의 청사 소재지 또는 군용 선박의 선적 소재지에 하는 특별재판적

> 제10조(선원·군인·군무원에 대한 특별재판적)
> ② 군인·군무원에 대하여 재산권에 관한 소를 제기하는 경우에는 군사용 청사가 있는 곳 또는 군용 선박의 선적이 있는 곳의 법원에 제기할 수 있다.

(5) 선적 소재지에 하는 특별재판적

> 제10조(선원·군인·군무원에 대한 특별재판적)
> ① 선원에 대하여 재산권에 관한 소를 제기하는 경우에는 선적(船籍)이 있는 곳의 법원에 제기할 수 있다.
> 제13조(선적이 있는 곳의 특별재판적) 선박 또는 항해에 관한 일로 선박소유자, 그 밖의 선박이용자에 대하여 소를 제기하는 경우에는 선적이 있는 곳의 법원에 제기할 수 있다.

(6) 선박 소재지에 하는 특별재판적

> 제14조(선박이 있는 곳의 특별재판적) 선박채권(船舶債權), 그 밖에 선박을 담보로 한 채권에 관한 소를 제기하는 경우에는 선박이 있는 곳의 법원에 제기할 수 있다.

---

16) 다만, 본조는 피고주소지주의에 의해 피고를 보호하려는 보통재판적의 취지가 몰각되는 문제가 있다.
17) 법원행정처, 전게서, 56면.

(7) 재산 소재지에 하는 특별재판적

> 제11조(재산이 있는 곳의 특별재판적) 대한민국에 주소가 없는 사람 또는 주소를 알 수 없는 사람에 대하여 재산권에 관한 소를 제기하는 경우에는 청구의 목적 또는 담보의 목적이나 압류할 수 있는 피고의 재산이 있는 곳의 법원에 제기할 수 있다.

(8) 사무소·영업소가 있는 곳에 하는 특별재판적

> 제12조(사무소·영업소가 있는 곳의 특별재판적) 사무소 또는 영업소가 있는 사람에 대하여 그 사무소 또는 영업소의 업무와 관련이 있는 소를 제기하는 경우에는 그 사무소 또는 영업소가 있는 곳의 법원에 제기할 수 있다.

다만, 이 규정은 사무소 또는 영업소가 있는 사람을 피고로 하는 경우에 적용이 될 뿐, 이 자가 원고인 경우에는 적용되지 않는다.

(9) 회사, 그 밖의 사단의 보통재판적 소재지에 하는 특별재판적

> 제15조(사원 등에 대한 특별재판적) ① 회사, 그 밖의 사단이 사원에 대하여 소를 제기하거나 사원이 다른 사원에 대하여 소를 제기하는 경우에는 그 소가 사원의 자격으로 말미암은 것이면 회사, 그 밖의 사단의 보통재판적이 있는 곳의 법원에 소를 제기할 수 있다.
> ② 사단 또는 재단이 그 임원에 대하여 소를 제기하거나 회사가 그 발기인 또는 검사인에 대하여 소를 제기하는 경우에는 제1항의 규정을 준용한다.
> 제16조(사원 등에 대한 특별재판적) 회사, 그 밖의 사단의 채권자가 그 사원에 대하여 소를 제기하는 경우에는 그 소가 사원의 자격으로 말미암은 것이면 제15조에 규정된 법원에 제기할 수 있다.
> 제17조(사원 등에 대한 특별재판적) 회사, 그 밖의 사단, 재단, 사원 또는 사단의 채권자가 그 사원·임원·발기인 또는 검사인이었던 사람에 대하여 소를 제기하는 경우와 사원이었던 사람이 그 사원에 대하여 소를 제기하는 경우에는 제15조 및 제16조의 규정을 준용한다.

(10) 불법행위지에 하는 특별재판적

> 제18조(불법행위지의 특별재판적)
> ① 불법행위에 관한 소를 제기하는 경우에는 행위지의 법원에 제기할 수 있다.
> ② 선박 또는 항공기의 충돌이나 그 밖의 사고로 말미암은 손해배상에 관한 소를 제기하는 경우에는 사고선박 또는 항공기가 맨 처음 도착한 곳의 법원에 제기할 수 있다.

(가) 불법행위의 의미
① 일반적 불법행위뿐만 아니라 무과실책임 등을 지는 특수불법행위를 모두 포함한다.
② 또한 불법행위의 요건사실 전부의 발생지만이 불법행위지인 것은 아니며, 예를 들어 손해발생지와 가해지가 다른 경우에 손해발생지와 가해지가 모두 불법행위지가 된다.[18]

③ 이 경우 불법행위에 가담한 이상 직접 행위자뿐만 아니라 방조자 및 교사자 역시 본조에 모두 포함된다.

> **2002년 김해공항 인근에서 발생한 중국 항공기 추락사고로 사망한 중국인 승무원의 유가족이 중국 항공사를 상대로 대한민국 법원에 손해배상청구소송을 제기한 사안에서, 대한민국 법원의 국제재판관할권을 인정한 사례 — 불법행위지 법리도 고려**
> 원고들이 내세우고 있는 이 사건 소송의 청구원인은 피고 회사의 불법행위 또는 근로계약상 채무불이행으로 인한 손해배상청구이므로, 불법행위지(이 사건 사고의 행위지 및 결과발생지 또는 이 사건 항공기의 도착지) 및 피고 회사의 영업소 소재지가 속한 대한민국 법원에 민사소송법상 토지관할권이 존재한다고 봄이 상당한데, 당사자 또는 분쟁이 된 사안이 대한민국과 실질적 관련이 있는지를 판단하는 데 있어서 민사소송법상 토지관할권 유무가 여전히 중요한 요소가 됨을 부인할 수 없다.(대법원 2010.7.15. 선고 2010다18355 판결)

(나) 채무불이행의 경우 **쟁점**

채무불이행의 경우에도 본조가 적용되는지에 대하여는 견해의 대립이 있다. 즉, ① 본조가 적용된다는 긍정설[19]과 적용할 수 없다는 부정설[20]이 존재한다. 부정설은 이 경우 제25조상의 관련재판적에 의하여 채무불이행지에 재판적이 발생할 수는 있다고 한다.

(다) 선박 또는 항공기의 충돌이나 그 밖의 사고로 말미암은 소 제기시의 특별재판적(제18조 제2항)

이 경우 '맨 처음 도착한 곳'이란 사고선박 또는 항공기가 외국의 육상지점을 거치지 않고 처음 직접 도착한 국내의 지점만 의미하며, 충돌한 두 선박 등이 각각 다른 지점에 처음에 도착한다면 그 두 곳 모두가 재판적이 형성되어 경합한다.[21]

(11) 해난구조의 경우의 특별재판적

> **제19조(해난구조에 관한 특별재판적)** 해난구조(海難救助)에 관한 소를 제기하는 경우에는 구제된 곳 또는 구제된 선박이 맨 처음 도착한 곳의 법원에 제기할 수 있다.

(12) 부동산 소재지에 하는 특별재판적 **쟁점**

> **제20조(부동산이 있는 곳의 특별재판적)** 부동산에 관한 소를 제기하는 경우에는 부동산이 있는 곳의 법원에 제기할 수 있다.

본조의 적용범위는 다음과 같다.

---

18) 이시윤, 전게서, 93면.
19) 강현중 전게서, 93면, 송상현, 93면, 정동윤·유병현, 민사소송법(제2판) 129면 등
20) 이시윤, 전게서, 93면.
21) 법원행정처, 전게서, 57면.

(가) 부동산에 대한 물권에 기인한 소
물권의 존부확인의 소·물권에 기한 인도청구나 방해배제 등이 포함된다.

(나) 부동산에 대한 채권에 기인한 소
① 부동산에 대한 채권에 기인한 소란, 부동산의 인도나 이전등기 등의 청구를 의미한다.(예 서울에 거주하는 원고가 대전 거주의 피고에 대하여 수원에 있는 아파트의 이전등기를 청구하는 소송을 수원지방법원에 제기하는 경우에 동조가 적용된다.)
② 다만, 부동산 매매 등에 따른 매매대금지급 또는 임료지급의 소는 이에 해당하지 않는다.

(13) 등기·등록지에 하는 특별재판적

> 제21조(등기등록에 관한 특별재판적) 등기등록에 관한 소를 제기하는 경우에는 등기 또는 등록할 공공기관이 있는 곳의 법원에 제기할 수 있다.

(14) 피상속인의 보통재판적 소재지에 하는 특별재판적

> 제22조(상속·유증 등의 특별재판적) 상속(相續)에 관한 소 또는 유증(遺贈), 그 밖에 사망으로 효력이 생기는 행위에 관한 소를 제기하는 경우에는 상속이 시작된 당시 피상속인의 보통재판적이 있는 곳의 법원에 제기할 수 있다.
> 제23조(상속·유증 등의 특별재판적) 상속채권, 그 밖의 상속재산에 대한 부담에 관한 것으로 제22조의 규정에 해당되지 아니하는 소를 제기하는 경우에는 상속재산의 전부 또는 일부가 제22조의 법원관할 구역안에 있으면 그 법원에 제기할 수 있다.

(15) 지식재산권 등에 관한 특별재판적

> 제24조(지식재산권 등에 관한 특별재판적)
> ① 특허권, 실용신안권, 디자인권, 상표권, 품종보호권(이하 "특허권등"이라 한다)을 제외한 지식재산권과 국제거래에 관한 소를 제기하는 경우에는 제2조 내지 제23조의 규정에 따른 관할법원 소재지를 관할하는 고등법원이 있는 곳의 지방법원에 제기할 수 있다. 다만, 서울고등법원이 있는 곳의 지방법원은 서울중앙지방법원으로 한정한다. 〈개정 2011.5.19, 2015. 12.1〉
> ② 특허권등의 지식재산권에 관한 소를 제기하는 경우에는 제2조부터 제23조까지의 규정에 따른 관할법원 소재지를 관할하는 고등법원이 있는 곳의 지방법원의 전속관할로 한다. 다만, 서울고등법원이 있는 곳의 지방법원은 서울중앙지방법원으로 한정한다. 〈신설 2015.12.1〉
> ③ 제2항에도 불구하고 당사자는 서울중앙지방법원에 특허권등의 지식재산권에 관한 소를 제기할 수 있다. 〈신설 2015.12.1〉

쟁점 10 관련재판적

(1) 의의

관련재판적이란, 원고가 하나의 소로 여러 개의 청구를 하는 경우에 그 여러 개 가운데 하나의 청구에 대한 토지관할권이 존재한다면 원래 그곳에 재판적이 없던 다른 사건도 동시에 재판적이 발생하는 것을 의미한다.

이에는 ① 독립당사자참가(제79조), 중간확인의 소(제264조), 반소(제269조)에 의한 관련재판적과 ② 법 제25조에 의한 병합청구의 관련재판적의 둘이 있다.

(2) **병합청구**의 관련재판적

> 제25조(관련재판적)[22] ① 하나의 소로 여러 개의 청구를 하는 경우에는 제2조 내지 제24조의 규정에 따라 그 여러 개 가운데 하나의 청구에 대한 관할권이 있는 법원에 소를 제기할 수 있다.
> ② 소송목적이 되는 권리나 의무가 여러 사람에게 공통되거나 사실상 또는 법률상 같은 원인으로 말미암아 그 여러 사람이 공동소송인(共同訴訟人)으로서 당사자가 되는 경우에는 제1항의 규정을 준용한다.

(가) 적용요건

① 적용대상

㉮ **토**지관할에 한하여 적용

관련재판적은 토지관할의 경우에만 인정되며, 사물관할 등에는 그 적용이 없다. 사물관할은 병합청구가 있는 경우 법제 27조에 의하여 처리되기 때문이다.

㉯ **제2조 내지 제24조의 규정에 따라 그 여러 개 가운데 하나의 청구에 대한 관할권이 있는 법원일 것**

다만, 해석에 의하여 어느 하나의 청구에 대하여 합의관할·변론관할 또는 지정관할에 의하여 생긴 관할에 대하여도 관련재판적은 인정될 수 있다.(통설)[23]

② **하**나의 소로 여러 개의 청구를 하는 경우일 것

하나의 소로 여러 개의 청구를 하는 경우에는 제2조 내지 제24조의 규정에 따라 그 여러 개 가운데 하나의 청구에 대한 관할권이 있는 법원에 소를 제기할 수 있다. 청구병합에 관한 다른 요건이 충족되어 있다면 그 중 어느 청구에 대한 관할이 있는 한 관할권 없는 다른 청구에 대하여도 그 법원에 관할이 발생한다.

---

[22] 법 제65조와 반드시 비교하여 두어야 한다.
[23] 정동윤·유병현, 전게서, 130면.

③ **전**속관할이 없을 것
관련재판적은 어느 하나의 청구에 대하여 전속관할이 형성되어 있다면 그 사건에 대하여는 인정될 수 없다.
④ **주관적 병합**(공동소송)과 병합청구의 관련재판적의 문제
 ㉠ 일단, 객관적 병합에 관하여 동 규정의 적용이 있다는 것에는 이미 법문이 이를 인정하고 있었으므로 문제가 없었으나, **과거에는** 법 제25조 제2항과 같은 규정이 없어서 주관적 병합이 이에 포함되는지에 대하여는 견해의 대립이 있었고 당시 판례는 부정적 입장이었다.
 ㉡ 그러나, **1990년 민사소송법 개정**으로 제25조에 2항이 입법되면서 이 논의는 종결되었다. 따라서 법 제65조의 전문에 해당하는 공동소송의 경우에도 관련재판적이 발생할 수 있게 되었다. 즉, ⓐ 소송목적이 되는 권리나 의무가 여러 사람에게 공통되거나 ⓑ 사실상 또는 법률상 같은 원인으로 말미암아 그 여러 사람이 공동소송인(共同訴訟人)으로서 당사자가 되는 경우에는 관련재판적이 발생한다.
 ㉢ 주의할 것은 **제65조 후문의 관계 즉, 동종의 소송물로써 동종의 원인**을 갖는다는 점으로는 관련재판적이 인정되지는 않는다는 점이다.
 ㉣ 신의칙에 위반된 관련재판적 주장은 배척된다. 즉,「민사소송의 일방 당사자가 다른 청구에 관하여 관할만을 발생시킬 목적으로 본래 제소할 의사 없는 청구를 병합한 것이 명백한 경우에는 **관할선택권의 남용으로서 신의칙에 위배**되어 허용될 수 없으므로, 그와 같은 경우에는 관련재판적에 관한 민사소송법 제25조의 규정을 적용할 수 없다.(대법원 2011. 9. 29. 자 2011마62 결정)」

(나) 효과
① 관련재판적에 의해 관할이 없던 다른 청구에 대하여도 관할이 발생한다.(관할**창**설)
② 그리고 관련재판적이 발생하면 그 후 관련재판적이 발생한 다른 청구가 수소법원을 벗어난다 하여도 처음의 청구에 대한 재판적은 그대로 유지된다.(관할**항**정)

(3) **기타 관련재판적**
병합청구의 관련재판적 이외에 중간확인의 소, 반소, 독립당사자참가소송 및 재심의 소에서 각 관련재판적이 인정되어 있다. 이외 형사사건에 있어서의 배상명령의 재판적 등도 있다.

관련기출
• 2017년 변리사

甲(주소지 관할법원; 서울중앙지방법원)은 소유자인 乙(주소지 관할법원; 인천지방법원)로부터 경기도 수원에 위치한 임야 1,000 평방미터(소재지 관할법원; 수원지방법원)을 매수하였다. 그 후 甲이 매매대금을 지급하였음에도 乙이 이전등기를 해주지 않았다. 이에 甲은 乙을 상대로 매매를 원인으로 한 소유권이전등기청구의 소를 제기함에 있어 이 기회에 乙에게 빌려준 5천만 원도 돌려받고자 대여금반환청구를 병합하게 되었다. (다음 각 물음은 독립적임)

(1) 甲은 乙을 상대로 위 소를 수원지방법원에 제기하였다. 동 법원은 이 청구들에 대하여 관할권을 갖는지 설명하시오.

답안

1. **문제의 소재**

2. **소유권이전등기청구 부분**
    (1) **보통재판적** - 인천지방법원
    (2) **특별재판적**
    등기등록지인 수원지방법원. 특히, 등기등록지 특별재판적을 적용함에 있어서는 의무이행지 특별재판적을 적용하지 아니하다는 것을 답안에 기재하여야 함

3. **대여금청구 부분**
    (1) **보통재판적** - 인천지방법원
    (2) **특별재판적** - 의무이행지 서울중앙지방법원

4. **관련재판적**
    만일 수원이나 서울중앙지방법원으로 제소 시 민소법 제25조에 의하여 관련재판적 인정

쟁점 11 사물관할에 대하여 설명하시오.(25점)

• 2015년 공인노무사

Ⅰ. 개념
제1심 소송사건을 다루는 지방법원 단독판사와 지방법원 합의부 사이에서 사건의 경중을 기준으로 재판권의 분담을 정한 것을 사물관할이라 한다.24)

Ⅱ. 합의부 관할
1. 재정합의사건(법원조직법 제32조 제1항 제1호, 민소법 제34조 제3항)
① 단독판사의 법정관할에 속하는 것을 합의부에서 심판할 것으로 합의부가 스스로 결정한 사건을 재정합의사건이라 한다.
② 주의할 것은, 소액사건 중에도 재정합의사건에 해당할 수 있는 사정이 있다면 재정합의결정을 받을 수 있다.25) 소액사건은 고유의 사물관할이 있는 것이 아니고 민사단독사건 중에서 소가에 따라 특례로 처리하는 것뿐이기 때문이다.26)

2. 소송목적의 값이 5억원을 초과하는 민사사건과 민사소송 등 인지법 제2조 제4항의 사건
(1) 소송목적의 값이 5억원을 초과하는 민사사건(단, 이에 대한 예외는 동조 단서 각호 참조) : 특히 주의할 것은, 하나의 소로 여러 개의 청구를 하는 경우에는 그 여러 청구의 값을 모두 합하여 소송목적의 값을 정하므로(제27조 제1항), 각각의 청구가 단독판사사건에 해당하여도 합산액이 5억원을 초과하면 합의부의 심판대상이 된다.
(2) 재산권상의 소로써 소송목적의 값을 계산할 수 없는 것과 비재산권을 목적으로 하는 소송(민사소송 등 인지법 제2조 제4항)27) : 이에 해당하는 경우에는 사물관할은 합의부이되, 이 소장에 붙여야 할 인지표준액으로서의 소가는 5,000만원과 1억원의 둘이 있다.

3. 견련청구
본소가 합의부관할일 경우에 이에 병합하여 제기하는 ① 반소(제269조), ② 중간확인의 소(제264조), 독립당사자참가(제79조) 등의 관련청구는 소가에 무관하게 본소와 함께 합의부의 관할에 속한다.28)

---

24) 이시윤, 전게서, 83면.
25) 법원행정처, 전게서, 42면. 결국 이에 의하여 합의부에서 심판을 하면 제2심판결을 고등법원에서 받게 되어 소액사건의 상고이유제한규정을 적용받지 아니할 수 있으므로 서로 엇갈리는 하급심판결이 있는 사건의 경우에는 재정합의결정의 활용이 권장된다.
26) 1974.7.23. 자 74마71. 다만, 이 판시는 단독판사가 지방법원합의부로 사건을 이송한 사건에서 한 판단이다.
27) 다만, 주의할 것은 이하의 소가는 첨부인지의 기준이 되는 것일 뿐, 사물관할문제는 아니다.
28) 이시윤, 전게서, 84면 ; 강현중, 전게서, 86면에는 다음과 같이 기술하고 있는 바, 오히려 이 부분 서술은 강현중 교수의 서술이 더 정확한 서술이라 여겨진다. 「본소와 반소, 중간확인의 소, 독립당사자참가 등 관련되는 청구들 중 어느 하나의 청구가 합의부관할에 속하는 경우에는 다른 청구의 관련청구의 소송목적의 값이 1억원 이하인 경우에도 본소와 함께 합의부의 관할에 속한다.」

Ⅲ. 단독판사의 관할

제1심 민사사건 중에 합의부 관할사건을 제외한 사건은 단독판사가 관할한다.[29]

1. 소송목적의 값이 5억원 이하인 사건

소송목적의 값이 5억원 이하인 사건의 경우 일반적으로 단독사건에 해당한다.

2. 소송목적의 값이 5억원 초과 여부를 불문하고 단독사건인 경우 (민사 및 가사소송의 사물관할에 관한 규칙 제2조 단서)

> (가) 수표금·약속어음금 청구사건
> (나) 은행·농업협동조합·수산업협동조합·축산업협동조합·산림조합·신용협동조합·신용보증기금·기술신용보증기금·지역신용보증재단·새마을금고·상호저축은행·종합금융회사·시설대여회사·보험회사·신탁회사·증권회사·신용카드회사·할부금융회사 또는 신기술사업금융회사가 원고인 대여금·구상금·보증금 청구사건
> (다) 자동차손해배상보장법에서 정한 자동차·원동기장치자전거·철도차량의 운행 및 근로자의 업무상재해로 인한 손해배상 청구사건과 이에 관한 채무부존재확인사건
> (라) 단독판사가 심판할 것으로 합의부가 결정한 사건

3. 재정단독사건 (민사 및 가사소송의 사물관할에 관한 규칙 제2조 제4호)

단독판사가 심판할 것으로 합의부가 결정한 사건은 단독판사의 관할에 속한다.

---

[29] 이시윤, 전게서, 85면에는 이 이외에 단독판사의 관할로 견련청구사건을 들고, 본소가 단독판사의 관할일 경우에 이에 병합제기하는 중간확인의 소, 반소, 독립당사자참가, 청구의 변경을 예로 드는 바, 이는 전게서가 제시한 바와 같이 소가의 합산원칙에 대한 배제를 뜻하는 것으로 보아 이 부분 서술에서는 제외하였다.

쟁점 12 청구병합시의 소송목적의 값

> 제27조(청구를 병합한 경우의 소송목적의 값)
> ① 하나의 소로 여러 개의 청구를 하는 경우에는 그 여러 청구의 값을 모두 합하여 소송목적의 값을 정한다.
> ② 과실·손해배상·위약금 또는 비용의 청구가 소송의 부대목적이 되는 경우에는 그 값은 소송목적의 값에 넣지 아니한다.

(가) 합산의 원칙

「하나의 소로 여러 개의 청구를 하는 경우에는 그 여러 청구의 값을 모두 합하여 소송목적의 값을 정한다.(제27조 제1항)」 이를 소가합산의 원칙이라 한다.

① 예를 들어 대여금청구 6천만원과 매매대금청구 5천만원을 청구하는 경우와 같이 1개의 소로 여러 개의 청구를 하는 경우에는 그 여러 청구의 경제적 이익이 독립한 별개의 것인 때에는 합산하여 소송목적의 값을 산정한다.(예 1개의 부동산에 설정된 수개의 저당권에 대하여 등기원인의 무효를 원인으로 말소를 구하는 것)[30]

② 주의할 점은, 원고로써 제기한 병합이어야 한다는 것이며, 피고제기의 반소는 본소와 합산하지 않는다.

③ 다만, 병합을 법원이 하는 경우라면 합산하여 처리하지 않는다. 따라서 그 관할의 유무는 원고가 청구를 확장하였거나 또는 별개의 청구를 추가한 경우와는 달리 역시 소송제기당시를 표준으로 하여야 할 것이므로 병합된 각개청구의 소송물가격의 합산액을 표준으로 할 것이 아니다.(대법원 1966.09.28. 자 66마322 결정)」

(나) 예 외

① 중복청구의 흡수주의

「1개의 소로써 주장하는 수개의 청구의 경제적 이익이 동일하거나 중복되는 때에는 중복되는 범위 내에서 흡수되고, 그 중 가장 다액인 청구의 가액을 소가로 한다.(인지규칙 제20조)」

> 중복청구의 예
> ㉮ 소의 예비적·선택적 병합
> ㉯ 본래의 청구와 대상청구의 병합(예 건물에 대한 소유권확인청구를 구하다가 그 건물이 화재로 멸실되어 손해배상청구로 교환적 청구변경신청서를 제출하는 경우)
> ㉰ 수인의 연대채무자가 당사자로 되는 경우
> ㉱ 주채무자와 보증인이 당사자로 되는 경우

---

[30] 법원행정처, 전게서, 113면, 114면.

㉤ 동일 부동산에 대하여 취득자 및 전득자를 상대로 소유권이전등기말소등기절차의 이행을 구하는 경우
㉥ 동일한 권원에 기하여 확인 및 이행청구를 병합한 경우
㉦ 선택채권의 경우
㉧ 동일부동산에 경료된 소유권이전등기와 근저당권설정등기의 말소를 1개의 소로 청구하는 경우 : 가장 다액을 기준으로 하므로 소유권이전등기말소에 관한 소가를 기준으로 함.
㉨ 소유권보존등기가 이루어진 후 이에 터 잡아 근저당권설정등기가 경료된 후 그 소유등기명의가 전전이전된 동일 부동산에 대하여 소유권보존등기, 근저당권설정등기, 소유권이전등기의 각 말소를 구하는 경우(1998.7.27. 선고 98마938)
㉩ 예비적·선택적 공동소송의 경우 : 공동소송인들의 수에 관계없이 1인을 기준으로 하여 소송목적의 값을 산정함.
㉪ 1개의 소로서 비재산권을 목적으로 하는 소송과 그 소송의 원인이 된 사실로부터 발생하는 재산권에 관한 소송을 병합한 경우에는 액수가 많은 소송목적의 값에 따라 인지를 붙임(민인 제2조 제5항)
  (예) 해고무효확인청구와 그 해고가 무효임을 전제로 하는 임금지급청구가 병합된 경우는 가장 다액인 것 기준(1994.8.31. 선고 94마1390)
  다만, 비재산권상의 소와 관련 없는 재산권상의 청구라면 원칙에 의하여 합산한다.
㉫ 어음금지급청구와 원인채권상의 금원지급청구의 병합

② 수단청구의 불산입

「1개의 청구가 다른 청구의 수단에 지나지 않을 때에는 특별한 규정이 있는 경우를 제외하고, 그 가액은 소가에 산입하지 아니한다. 다만, 수단인 청구의 가액이 주된 청구의 가액보다 다액인 경우에는 그 다액을 소가로 한다.(인지규칙 제21조)」

수단청구에 해당하는 예로는 대지인도를 구하기 위하여 그 지상건물의 철거를 동시에 청구하는 경우 및 수익자에 대한 사해행위취소 및 원상회복청구와 채무자에 대한 금전지급청구가 병합된 경우를 들 수 있다.[31]

③ 부대청구의 불산입

「과실·손해배상·위약금 또는 비용의 청구가 소송의 부대목적이 되는 경우에는 그 값은 소송목적의 값에 넣지 아니한다.(제27조 제2항)」

(예) 원금과 이자를 함께 청구하는 경우 이자는 불산입·부동산인도와 그 부동산에 관한 임료 상당의 손해배상금 또는 부당이득금의 경우에도 임료 등은 부동산인도소송의 부대목적이 되므로 불산입)

그러나 이러한 청구를 별도로 독립하여 청구하는 경우에는 그 자체만을 별도로 소송목적의 값으로 정하게 된다.[32]

(다) 비재산권상의 청구의 병합의 경우

「1개의 소로써 수개의 비재산권을 목적으로 하는 청구를 병합한 때에는 각 청구의 소가를 합산한다. 다만, 청구의 목적이 1개의 법률관계인 때에는 1개의 소로 본다.(인지규칙 제22조 (비재산권상의 청구의 병합))」

---

31) 법원행정처, 전게서, 116면.
32) 법원행정처, 전게서, 115면.

⑷ 재산권상의 청구와 비재산권상의 청구의 병합

① 「1개의 소로써 비재산권을 목적으로 하는 청구와 재산권을 목적으로 하는 청구를 병합한 때에는 각 청구의 소가를 합산한다.(인지규칙 제23조 제1항)」

② 다만, 1개의 소로서 비재산권을 목적으로 하는 소송과 그 소송의 원인이 된 사실로부터 발생하는 재산권에 관한 소송을 병합한 경우에는 다액을 기준으로 한다.(인지규칙 제23조 제1항에서 인지법 제2조 제5항 제외함)

③ 「수개의 비재산권을 목적으로 하는 청구와 그 원인된 사실로부터 생기는 재산권을 목적으로 하는 청구를 1개의 소로써 제기하는 때에는 (비재산권상의 청구병합에 관한 인지규칙) 제22조의 규정에 의한 소가와 재산권을 목적으로 하는 청구의 소가 중 다액을 소가로 한다.(인지규칙 제3조 제2항)」

⑸ 수개의 소장에 의한 소

「1개의 소로써 병합제기할 수 있는 권리를 수개의 소장으로 나누어 소를 제기하는 경우에는 각각 별도로 소가를 산정한다.(인지규칙 제24조)」

병합청구의 소송목적의 값 계산 시, 합산·흡수·불산입 등의 원칙은 원고가 1개의 소장에 의하여 원시적으로 여러 청구를 병합제기한 경우에만 적용되고 비록 병합요건이 충족되어 있었다 하여도 별개의 소장으로 제소하는 경우라면 적용되지 않고 각각 별도로 소가를 산정한다.

제소 이후 소송계속 중에 병합결정이 있는 경우라 하여도 이미 결정된 소송목적의 값 및 첩부인지에 관하여는 아무런 영향을 미치는 것은 아니다.[33]

---

[33] 법원행정처, 전게서, 117면.

쟁점 13 합의 관할에 관하여 설명하시오.

관련기출 •2019년 공인노무사

합의관할에 관하여 설명하시오. (25점)

제29조(합의관할) ① 당사자는 합의로 제1심 관할법원을 정할 수 있다.
② 제1항의 합의는 일정한 법률관계로 말미암은 소에 관하여 서면으로 하여야 한다.

Ⅰ. 의의

당사자의 합의에 의하여 생긴 관할을 합의관할이라 하는데, 이는 주로 당사자의 편의를 위해 인정된 것이다.

Ⅱ. 합의의 법적 성질 및 하자

① 관할합의는 소송행위 중 소송상의 합의에 해당하므로 소송행위의 유효요건을 갖추어야 함이 원칙이다.
② 관할합의는 소송행위이기는 하나 법원의 관여없이 당사자 사이에서 체결되는 것이므로 합의의 의사표시에 흠이 존재하는 경우 민법의 의사표시에 관한 규정이 **유추적용**된다는 것이 다수설의 입장이다.

Ⅲ. 요건

1. 제1심법원에 대한 합의일 것

따라서 지방법원 단독판사와 합의부의 관할사건에 대하여만 합의가 가능하며, 항소심·상고심 법원에 관한 합의는 인정되지 않는다.

2. **임**의관할에 대한 합의일 것

전속관할에 대하여는 합의관할이 인정되지 않으며(제31조), 임의관할인 한 토지관할뿐만 아니라 사물관할에도 관할합의가 가능하다.

3. 합의대상인 소송이 **특정될 것**(제29조 제2항)

합의대상인 법률관계가 특정되어야 한다. 따라서 앞으로 진행할 모든 법률관계에 관한 소송에 대한 이른바 포괄적 합의의 경우 법률관계가 특정되지 않아 무효이다.

4. **서면**방식의 합의일 것(제29조 제2항)

서면방식이어야 하나 동일서면일 것은 요하지 않으며 별개의 서면도 무방하고, 시기를 달리하여 작성되어도 무방하다.

5. 합의시기의 제한 없음

① 관할합의의 시기에 대하여는 아무런 제약은 없으며, 소제기 전 뿐만 아니라 소제기 후에도 관할합의를 할 수 있다.

② 다만, 소제기후의 경우에는 관할항정의 원칙상($제33조$) 관할은 변경되지 않고 손해나 지연을 피하기 위하여 이송을 신청하는 전제로서의 의미밖에 없다.34)

6. 관할법원이 **특정**될 것

특정한 법원인 한 반드시 1개의 법원일 필요는 없으나, 전국의 모든 법원을 관할법원으로 하거나 원고가 지정하는 법원에 관할권을 인정하는 합의($^{1977.11.9.선}_{고77마284}$)는 허용되지 않는다.

Ⅳ. 유형

1. 전속적 합의와 부가적 합의

(1) 의의

법정관할 이외에 하나 또는 여러 개의 법원을 덧붙이는 합의를 부가적 합의라 하고, 특정의 법원에만 관할을 인정하고 그 밖의 법원의 관할을 배제하는 합의를 전속적 합의라 한다.

관할합의가 이 둘 중 어느 것인지가 의사의 해석에 의하여 분명하다면 그에 따르면 된다.

(2) 관할합의가 전속적 합의인지 부가적 합의인지 불분명한 경우

㈎ 학 설

이에 대하여 ① 관할합의가 당사자의 이익을 위해 인정되는 것인 이상 당사자에 유리하게 **항**상 **부**가적 합의로 보아야 한다는 견해(한종렬)와 ② **약**관에 의한 관할합의라면 **부**가적 합의라 할 것이나, 그 밖의 경우에는 부가적 합의라 볼 특별한 사정이 없는 한 전속적 합의라 보아야 한다는 견해(정동윤·유병현) 및 ③ 법정관할법원 **중**의 하나를 특정하는 합의는 **전**속적 합의로, 법정관할 법원 이외의 법원을 관할법원으로 합의하면 부가적 합의로 해석하는 견해가 있다.

㈏ 판 례

판례($^{1963.5.15.선}_{고63다111}$)와 통설은 법정관할법원 중의 하나를 특정하는 합의는 전속적 합의로, 법정관할 법원 이외의 법원을 관할법원으로 합의하면 부가적 합의로 해석하여 위 ③의 견해를 따른다.

2. 국제재판관할 합의

(1) 문제점

① 국내법원 이외에 외국법원도 관할법원으로 하는 부가적 합의는 우리나라의 재판권을 배제하는 경우가 아니어서 특별히 문제가 되지 않는다.

---

34) 정동윤·유병현, 전게서, 134면.

② 문제는 외국법원만을 전속적인 관할법원으로 하는 전속적 합의 또는 국내법원을 전속적으로 한 관할합의의 경우 당사자가 합의에 반하여 어느 나라의 법원에 소를 제기한 경우에 어떻게 처리할 것인가가 문제된다.

(2) 위 (1) ②에서 전속적 합의에 반하여 어느 국가의 법원에 제소한 경우의 처리에 대한 판례의 태도(전속적 합의가 유효하므로 이에 반한 제소라고 보아 소각하 판결을 할 수 있는 요건)

이 합의가 유효하기 위하여는, ① 당해 사건이 다른 국가 법원의 **전**속관할에 속하지 아니하고, ② 지정된 **국**가의 법원이 그 나라의 법상 당해 사건에 대하여 관할권을 가져야 하는 외에, ③ 당해 사건이 그 국가 법원에 대하여 **합**리적인 관련성을 가질 것이 요구된다고 할 것이고, ④ 한편 전속적인 관할합의가 현저하게 불합리하고 불공정한 경우에는 그 관할합의는 **공**서양속에 반하는 법률행위에 해당하는 점에서도 무효이다.(1997.9.9. 선고 96다20093 ; 2011.4.28. 선고 2009다19093)35)

(3) 쟁점 법정관할법원 중 하나를 관할법원으로 하기로 약정한 경우 다른 국가의 국제재판관할권의 배제 여부

「당사자들이 법정관할법원에 속하는 여러 관할법원 중 어느 하나를 관할법원으로 하기로 약정한 경우, 그와 같은 약정은 그 약정이 이루어진 국가 내에서 재판이 이루어질 경우를 예상하여 그 국가 내에서의 전속적 관할법원을 정하는 취지의 합의라고 해석될 수 있지만, 특별한 사정이 없는 한 다른 국가의 재판관할권을 완전히 배제하거나 다른 국가에서의 전속적인 관할법원까지 정하는 합의를 한 것으로 볼 수는 없다. 따라서 채권양도 등의 사유로 외국적 요소가 있는 법률관계에 해당하게 된 때에는 다른 국가의 재판관할권이 성립할 수 있고, 이 경우에는 위 약정의 효력이 미치지 아니하므로 관할법원은 그 국가의 소송법에 따라 정하여진다고 봄이 상당하다.(2008.3.13. 선고 2006다68209)」

V. 관할합의의 효력

1. 법정관할의 변동

(1) 법정관할의 **변**경

합의의 내용대로 법정관할이 변경된다. 따라서 ① 부가적 합의라면 부가된 법원에도 관할이 발생하고, ② 전속적 합의라면 다른 법원의 관할은 배제된다.

(2) **변론**관할은 발생가능

합의관할이 전속관할인 것은 아니므로 변론관할이 발생할 수는 있다. 즉, 합의된 법원이 아닌 다른 법원에 제소하여 부적법한 경우라 하여도 피고가 이에 응소하면 변론관할에 의하여 관할이 인정될 수 있다.

---

35) ①②③④의 구분은 필자

(3) 편의이송의 문제(제35조)
　(가) 부가적 합의의 경우
　　지연방지 편의이송 및 손해방지 편의이송 모두 가능하다.
　(나) 전속적 합의의 경우
　　지연방지라는 공익적 목적의 편의이송은 가능하나, 손해방지목적의 경우는 합의에 의하여 이미 사익은 확보되어 있으므로 이송이 불가능하다.

2. 관할합의의 효력이 미치는 주관적 범위

(1) 당사자와 포괄승계인
　이 경우는 관할합의의 효력이 당연히 미치게 된다.
(2) 소송물의 특정승계인의 경우
　관할의 합의는 소송법상의 합의이기는 하지만, 실체적으로 보면 그 권리관계에 부착된 권리행사의 조건과 같은 성질의 것이어서 결국 당해 권리의 성질에 의해 경우를 나누어 살펴보아야 한다.36)
　(가) 권리관계가 당사자 사이에 그 내용을 **자유**로이 정할 수 있는 성질인 경우(예 지명채권) 지명채권과 같이 당사자들이 자유롭게 정할 수 있는 경우는 승계인에게 그 합의의 효력이 미친다는 것이 판례이다.(2006.3.2.자 2005마902)
　(나) 권리관계의 내용이 법률상 **정형**화되어 있고, 당사자가 자유로이 변경할 수 없는 성질인 경우(예 물권, 어음채권)
　　이 경우는 정형화된 권리의 내용을 신뢰한 승계인을 보호하여야 하기 때문에 승계인은 그 합의에 구속되지 않는다.(1994.5.26. 자 94마536)
(3) 일반 제3자의 경우
　합의의 효력은 당사자 사이에서만 발생하는 것이므로 일반 제3자에게는 미치지 않는다. 예컨대, 채권자와 보증인간의 관할합의가 주채무자에게 미치는 것은 아니다.(1988.10.25. 선고 87다카1728)

3. 관할합의 약관의 문제
　약관의 규제에 관한 법률 제14조는 "고객에 대하여 부당하게 불리한 소제기 금지조항 또는 재판관할의 합의조항은 무효로 한다."고 하여 소비자를 보호하는 규정을 두고 있다.

---

36) 정동윤 · 유병현, 전게서, 135면.

관련기출
• 2014년 변리사

일본 동경에 주소를 두고 음식점을 운영하던 甲은 동경에 주소를 두고 있는 乙에게 2004.7.4. 500만 엔을 변제기 2004.9.4. 로 정하여 대여하였다. 그 차용증서는 일본의 문구점에서 그 내용의 대부분이 인쇄된 상태로 판매되고 있는 것으로서, '만일 본건에 관하여 분쟁이 생긴 때에는 채권자의 주소지 법원을 제1심 관할법원으로 하기로 합의한다.'는 취지가 부동문자로 인쇄되어 있었다. 그런데 甲은 2013.3.27. 서울 서초구 서초동에 주소를 두고 있는 丙에게 기존의 채무를 청산하려고 위 대여금 채권을 양도하였고, 채권을 양도받은 丙은 乙을 상대로 서울중앙지방법원에 양수금청구의 소를 제기하였다.

乙이 '이 사건 소는 합의관할을 위반하였기 때문에 서울중앙지방법원은 국제재판관할권이 없어 부적법하다.'라고 항변을 하고 있다. 위 乙의 항변이 적법한지 여부에 대하여 논하시오. (20점)

문. 해 법

[사례형 문제풀이 제1원칙 - 최종물음이 무엇인지 : 합의관할에 위반한 국제재판관할인지]

[사례형 문제풀이 제2원칙 - 동사에 주목할 것]
  1. 일본 내에서 甲과 乙이 합의관할
  2. 甲이 丙에게 채권양도
  3. 丙이 서울중앙지방법원에 제소
  4. 국제재판관할합의에 위반 주장

[사례형 문제풀이 제3원칙 - 동사 중 설문과 유의미한 부분을 찾을 것]

[사례형 문제풀이 제3-2원칙 - 날짜와 액수 등 숫자의 일치 여부 검토]

[사례형 문제풀이 제4원칙 - 여러 사람이나 여러 청구가 나오면 병합요건의 구비여부 검토 후 각각 별개로 나누어 판단할 것]

[사례형 문제풀이 제5원칙 - 배점확인] - 20점 : 합의관할의 주관적 범위 및 국제재판관할합의

해 설

1. 문제의 소재

2. 관할합의의 주관적 범위
 사안과 같은 채권양도의 경우 지명채권의 양도라면 당사자들이 자유롭게 처분이 가능한 경우이므로 관할합의의 효력은 이를 양수받은 채권양수인에게도 미친다고 봄이 판례이다.

3. 국제재판관할합의
 (1) **유효 여부**
  판례는 대한민국의 재판권이 인정되고, 타 국가의 재판권에 전속되지 않으며, 합리적인 필요가 있고, 공서양속에 반하지 않는 경우 국제재판관할합의를 인정하고 있다.

(2) 특히, 전속적 관할합의로 인하여 다른 국가의 재판관할이 배제되는지

「당사자들이 법정관할법원에 속하는 여러 관할법원 중 어느 하나를 관할법원으로 하기로 약정한 경우, 그와 같은 약정은 그 약정이 이루어진 국가 내에서 재판이 이루어질 경우를 예상하여 그 국가 내에서의 전속적 관할법원을 정하는 취지의 합의라고 해석될 수 있지만, 특별한 사정이 없는 한 다른 국가의 재판관할권을 완전히 배제하거나 다른 국가에서의 전속적인 관할법원까지 정하는 합의를 한 것으로 볼 수는 없다. 따라서 채권양도 등의 사유로 외국적 요소가 있는 법률관계에 해당하게 된 때에는 다른 국가의 재판관할권이 성립할 수 있고, 이 경우에는 위 약정의 효력이 미치지 아니하므로 관할법원은 그 국가의 소송법에 따라 정하여진다고 봄이 상당하다.(2008.3.13. 선고 2006다68209)」

4. 사안의 해결

관련기출
• 2013년 사법시험

A회사는 2010.3.2.부터 B회사와 원단 공급계약을 체결하고 B회사에 원단을 납품하여 왔다. A회사가 B회사에 대금지급을 독촉하자, B회사는 그 동안의 거래대금을 지급하였을 뿐만 아니라 A회사가 흠 있는 원단을 공급함으로써 막대한 손해를 보았다고 주장하고 있다. 이에 A회사는 B회사를 상대로 원단 대금 1억 원의 지급을 구하는 물품대금청구의 소를 제기하였다.

A회사와 B회사는 원단 공급계약을 체결하면서 그 공급계약서에 원단 공급과 관련하여 분쟁이 발생할 경우 'B회사가 지정하는 법원'에 제소한다는 합의 내용을 써넣었다. 그럼에도 A회사는 B회사와 아무런 상의도 하지 않은 채 A회사 본점 소재지를 관할하는 법원에 소를 제기하였다. 위 법원에 관할권이 있는가? (20점) - 2013년 제55회 사법시험 제1문 (본래 10점 형)

1. 문제의 소재

A회사와 B회사 간의 관할합의에 의하여 B회사가 지정하는 법원에 제소하기로 하였음에도 A회사가 B회사와의 상의도 없이 A회사 본점 소재지를 관할하는 법원에 소를 제기한 것에 관할합의의 위반이 있는 것은 아닌지가 문제된다.

그리고 관할합의가 무효라면 이 사건 정당한 토지관할은 어디에 있는지가 문제된다.

2. 이 사건 관할합의의 유효 여부

(1) 관할합의의 일반적인 요건

관할합의에 대한 제29조는「당사자는 합의로 제1심 관할법원을 정할 수 있다. 이 합의는 일정한 법률관계로 말미암은 소에 관하여 서면으로 하여야 한다.」고 규정하고 있다.

즉, 일반적으로 관할합의는 ① 1심 임의관할의 문제로써 ② 일정한 법률관계로 말미암은 소에 대하여 ③ 시기제한은 없이 서면방식으로 ④ 관할법원을 특정하여 합의하여야 한다.

(2) 설문의 경우 관할법원이 특정된 것인지 및 결론

이와 유사한 사안에서 판례는「당사자중 "일방이 지정하는 법원을 관할 법원으로 한다."는 내용의 관할에 관한 합의는 피소자의 권리를 부당하게 침해하고 공평의 원칙에 어긋나는 결과가 되어 무효이다.(대법원 1977. 11. 9. 자 77마284 결정)」라고 판시한 바 있다.

따라서 판례에 의하면 위 설문의 합의는 B회사가 일방적으로 지정하는 법원을 관할 법원으로 하는 합의로써 관할합의의 요건을 갖추지 못하여 무효이다.

3. 관할합의가 인정되지 않는 경우 이 사건 정당한 토지관할 법원

(1) 보통재판적의 검토

소는 피고의 보통재판적이 있는 곳의 법원이 관할한다.(제2조) 그리고 사안과 같이 회사 즉, 법인이 피고인 경우 민사소송법 제5조에 의하여 주된 사무소 또는 영업소가 있는 곳에, 만일 이것이 없는 경우 주된 업무담당자의 주소에 보통재판적이 존재한다.

사안에서 A회사는 B회사를 상대로 원단 대금 1억 원의 지급을 구하는 물품대금청구의 소를 제기하는 경우로 본래의 보통재판적 소재지는 B회사 주된 사무소나 영업소 소재지 관할법원에 소를 제기할 수 있다.

(2) 특별재판적의 검토

사안과 같이 A회사는 B회사를 상대로 원단 대금 1억 원의 지급을 구하는 물품대금청구의 소를 제기하는 경우는 민사소송법 제8조의 특별재판적이 검토될 수 있다.

즉, 재산권에 관한 소를 제기하는 경우에는 거소지 또는 의무이행지의 법원에 제기할 수 있으므로, 사안의 경우 금전 지급을 구하는 채무에 있어서의 일반적인 의무이행지는 지참채무의 원칙상 원고 채권자의 주소지 관할법원에 토지관할이 발생할 수 있다.

따라서 원고 A회사는 A회사의 주된 사무소 소재지 관할 법원에 소를 제기할 수도 있다.

4. 사안의 결론

결국, 사안에서의 A회사와 B회사의 관할합의는 무효이므로, 법정관할 중 특별재판적이 있는 A회사의 본점 소재지 관할 지방법원에 소를 제기한 것에는 위법이 없으며 적법한 관할이 인정된다.

쟁점 14 변론관할에 대하여 설명하시오.

I. 변론관할의 의의

원고가 관할권 없는 1심법원에 제소하였는데 「피고가 제1심 법원에서 관할위반이라고 항변하지 아니하고 본안에 대하여 변론하거나 변론준비기일에서 진술하면 그 법원은 관할을 가진다.($^{제30}_{조}$)」 이를 변론관할이라고 한다.

II. 요건

1. 소가 관할권 없는 제1심법원에 제소되었을 것

   (1) 임의관할에 위배한 소제기일 것

   이 경우 관할권위반은 토지관할이나 사물관할 등 임의관할위반을 의미하며, 전속관할위반인 경우에는 변론관할이 발생하지 않는다.($^{제31}_{조}$)

   (2) 소제기 당시에는 적법한 관할이 있었으나, 청구취지확장이나 반소제기 등으로 인하여 관할위반이 된 경우

   이 경우에도 변론관할이 인정될 수 있다.

   예컨대, 「본소가 단독사건인 경우에 피고가 반소로 합의사건에 속하는 청구를 한 때에는 법원은 직권 또는 당사자의 신청에 따른 결정으로 본소와 반소를 합의부에 이송하여야 한다. 다만, 반소에 관하여 제30조의 규정에 따른 관할권(변론관할)이 있는 경우에는 그러하지 아니하다.($^{제269조}_{제2항}$)」

2. 피고가 이의 없이 본안에 대하여 변론 또는 변론준비절차에서 진술할 것

   (1) '본안'에 관하여 변론하거나 변론준비절차에서 진술

   (가) 본안에 관한 진술

   ① 본안에 대한 진술을 하였다는 것의 의미는 원고의 청구의 당부에 관한 실체사항의 문제이므로, 실체사항이 아닌 절차사항(예 기피신청, 기일변경신청, 소각하판결의 신청 따위)는 본안에 관한 진술이 아니다.

   ② 특히, 피고가 [청구기각판결]을 구하기만 하고 변론에 나아가지 않은 경우가 문제인데, 변론관할을 인정하는 것이 통설의 태도이다.[37]

   (2) 변론 또는 진술의 의미

   (가) 구두변론

   변론은 변론기일이나 변론준비기일에 출석하여 '말'로 적극적으로 하여야 한다.[38]

---

37) 다만, 이에 대한 반대의 견해로 김홍규. 다만, 신법은 답변서의 내용이 구체적일 것을 요하므로 논의의 실익은 없다.

㈏ 피고 불출석의 경우 또는 출석무변론의 경우
　이 경우는 변론한 것으로 볼 수 없어서 변론관할이 생기지 않는다.

㈐ 피고가 변론기일에 준비서면만 제출하고 불출석한 경우
　「응소관할이 생기려면 피고의 본안에 관한 변론이나 준비절차에서의 진술은 현실적인 것이어야 하므로 피고의 불출석에 의하여 답변서 등이 법률상 진술 간주되는 경우는 이에 포함되지 아니한다.(1980.9.26.자 80마403)」

3. 피고의 명시적 또는 묵시적인 관할위반의 항변이 없을 것

Ⅲ. 효과

1. 관할의 발생
관할위반에 불구하고 본안진술을 한 경우에는 그 시점부터 당해 법원에 관할이 발생하는 것이므로, 그 이후 다시 관할위반의 항변을 할 수도 없고, 이의 없는 본안진술의 의사표시의 흠을 주장할 수도 없다.

2. 당해 사건에 한정
다만, 변론관할의 발생은 당해 사건에 한정되는 것으로 소 취하 또는 각하 후 다시 소를 제기하는 경우 이전 소송에서의 변론관할발생이 후소의 관할위반여부에 영향을 미치지 않는다. 즉, 후소에서는 관할위반의 항변이 다시 가능하다.

관련기출　　　　　　　　　　　　　　　　　　　　　　　　• 2020년 공인노무사

甲(수원에 주소를 두고 살고 있음)은 대전에 소재한 자기 토지를 乙(대구에 주소를 두고 살고 있음)에게 매도하고 매매잔대금 1억 원을 받지 못하여, 그 지급을 구하는 소를 대전지방법원에 제기하였다. 이후에 甲은 乙이 소제기 이전에 사망하였다는 사실과 乙의 유일한 상속인인 丙(대구에 주소를 두고 살고 있음)이 있다는 사실을 알게 되었다. 甲은 피고를 丙으로 바꾸는 신청을 하였고 법원은 당사자표시정정하여 피고를 丙으로 바꾸었다. 다음 물음에 답하시오. (50점) (단, 아래의 각 물음은 상호 독립적임)

물음 1) 丙은 변론기일에 출석하여 위 매매대금은 모두 지급되었으므로 甲의 이 사건 소에 대하여 청구기각을 구한다는 진술을 하였다. 위 법원에 관할권이 인정되는지를 논하시오. (25점)

답안

1. 문제의 소재
수원 주소의 원고 甲이 대구 주소의 피고 망 乙 (상속인 丙 주소 대구)을 상대로 대전 소재 토지에 대한 매매대금지급청구의 소를 대전지방법원에 제기한 것이 토지관할을 위반한 것인지 및 이에 대하여 청구기각의 진술만을 한 것에 변론관할을 인정할 수 있는지가 문제된다.

---
38) 이시윤, 전게서, 103면.

2. 토지관할

(1) 보통재판적

사건의 피고를 乙로 보건 丙으로 보건 모두 대구에 주소를 두고 있으므로, 이 사건 소송의 보통재판적은 대구지방법원에 있다.

(2) 특별재판적

(개) 의무이행지 특별재판적

사안은 금전지급청구의 소로 민사소송법 제8조에 의하여 지참채무의 원칙상 의무이행지인 채권자 원고 甲의 주소지인 수원지방법원에 의무이행지 특별재판적이 있다.

(내) 부동산 있는 곳의 특별재판적

사안의 토지는 대전에 소재하고 있는데, 민사소송법 제20조는 「부동산에 관한 소를 제기하는 경우에는 부동산이 있는 곳의 법원에 제기할 수 있다」고 하여 특별재판적을 별도로 인정하고 있다.

문제는 사안과 같이 부동산에 관한 매매계약에 관한 모든 청구권 관계에 제20조의 특별재판적을 인정할 수 있는지 아니면 부동산 자체만에 국한하는지이다.

학설로는 ① 사안과 같이 부동산에 관한 계약 중 그 반대급부에 해당하는 매매대금채권이나 임료채권 등에 대하여 제20조를 적용할 수 있다는 적용긍정설과 ② 제20조는 부동산 자체에 대한 물권적 청구권이나 채권적 청구권에 한하여 적용할 수 있다는 적용부정설이 대립한다.

생각건대, 적용긍정설에 의하면 부동산에 관한 모든 소송에 제20조가 적용되는 결과가 되어 재판적의 범위가 지나치게 넓어지게 되는 문제가 있으므로, 적용부정설이 타당하다고 생각된다.

결국, 사안의 경우, 제20조가 적용될 수는 없으므로 대전지방법원에 특별재판적은 없다.

(3) 재판적의 경합 및 소결론

사안의 경우, 수원지방법원이나 대구지방법원에 토지관할이 있음에도, 적법한 토지관할이 아닌 대전지방법원에 제소한 것은 관할을 지키지 못한 위법이 있다.

3. 변론관할

(1) 문제점

사안의 경우, 적법한 토지관할이 아닌 대전지방법원에 소를 제기하였고, 이는 임의관할의 위반일 뿐, 변론관할이 발생할 여지는 있다. 그러나, 피고 丙은 변론기일에 출석하여 청구기각의 진술만을 하였을 뿐임에도 변론관할이 인정될 수 있는지가 문제이다.

(2) 변론관할 (제30조)

민사소송법 제30조는 「피고가 제1심 법원에서 관할위반이라고 항변하지 아니하고 본안에 대하여 변론하거나 변론준비기일에서 진술하면 그 법원은 관할권을 가진다.」고 하여 변론관할을 인정하고 있다.

변론관할이 인정되기 위하여는 ① 임의관할을 위반한 제소가 있을 것, ② 피고가 본안에 관하여 변론기일에서 변론하거나 변론준비기일에 진술하였을 것이 요구된다.

특히, '본안에 관한' 진술이 있어야 하는데, 피고가 단순히 청구기각을 구하는 진술만을 한 경우, ① 이 경우에는 변론을 한 바 없으므로 변론관할을 인정할 수 없다는 견해와 ② 피고의 의사는 본안에 관하여 다툴 뜻이 있으므로 변론관할을 인정할 수 있다는 견해가 대립한다.

생각건대, 변론관할은 관할을 위반한 제소이지만, 전속관할이 아닌 한 당사자의 의사를 기준으로 관할을 인정하는 것이 소송경제와 신속의 이념에 부합한다는 점에서, 변론관할 인정설이 타당하다고 보여진다.

4. 사안의 적용

사안의 경우, 대전지방법원에 한 제소는 관할을 위반한 제소이지만, 피고 丙이 변론기일에 청구기각의 진술을 구하여 본안에 대하여 다툴 뜻을 명확히 한 이상 변론관할이 인정되므로, 결국, 대전지방법원에는 이 사건 소에 대한 토지관할이 존재한다.

쟁점 15 소송의 이송

목 차		
Ⅰ. 의의 　1. 이송의 개념 　2. 구별개념 Ⅱ. 이송의 원인 　1. 관할위반 이송(34①) 　　(1) 적용범위 　　　(가) 제1심법원 사이 　　　(나) 그 밖의 법원 간 　　　　① 상급심에 1심으로 소를 제기한 경우 　　　　② 상소할 법원이 잘못된 경우 　　　　　ⓐ 원심법원제출주의를 위반한 경우 　　　　　ⓑ 원심법원제출은 하였으나 상소장에 상소할 법원을 잘못 표시한 경우 　　　　③ 재심의 소를 제기할 법원을 그르친 경우 　　　　④ 일반법원과 전문법원 사이 　　　　⑤ 법원과 행정기관 사이의 이송 부정 　　　　⑥ 지급명령신청에 관할위반이 있는 경우	(2) 직권이송과 당사자의 신청권 인정여부 　(가) 직권이송 　(나) 예외적으로 이송을 하지 않는 경우 　(다) 당사자의 신청권 부정 2. 재량이송 　(1) 현저한 손해 또는 지연을 피하기 위한 이송 　　(가) 의의 　　(나) 요건 　(2) 지방법원 단독판사로부터 합의부로의 이송(34②) 3. 지식재산권 등에 관한 소송의 이송 (36) 　(1) 산업재산권에 관한 이송 　(2) 산업재산권 이외의 지식재산권 및 국제거래에 관한 소의 이송 4. 반소제기에 의한 이송(269) 5. 상소심에서의 환송에 갈음한 이송 (419・436)	Ⅲ. 이송의 절차 　1. 직권 또는 당사자의 신청 　2. 재 판 　　(1) 형 식 　　(2) 의견진술 등 　　(3) 즉시항고 Ⅳ. 이송의 효과 　1. 이송결정의 구속력 　　(1) 일 반 　　(2) 전속관할위반 이송결정의 구속력 문제 　　(3) 구속력의 예외 　2. 소송계속의 소급적 이전 등 　　(1) 소송계속의 소급적 이전 　　(2) 이송 전 소송행위의 효력 　　(3) 소송기록의 송부 　　(4) 긴급처분

Ⅰ. 의의

　1. 개념

　　소송의 이송이란, 어느 법원에 일단 계속된 소송을 그 법원의 재판에 의하여 다른 법원에 이전하는 것을 말하는데,[39] 이는 소송촉진과 소송경제에 의하여 인정되는 제도이다.

---

[39] 이시윤, 전게서, 106면.

2. 구별개념 - 이부, 소송기록의 송부와의 구별

소송이송	이부	소송기록의 송부
법원의 교체 또는 변경	법원 내의 단독판사 사이나 합의부사이의 사건의 송부	① 상소 시에 하는 소송기록의 송부와 ② 상소나 항고를 잘못 한 경우의 소송기록의 송부가 있다. 특히, ②의 경우를 기준으로 본다.
관할법원의 이전	사무분담의 재조정	②를 기준으로 할 때 상소의 잘못을 시정하는 것

Ⅱ. 이송의 원인

> 제34조(관할위반 또는 재량에 따른 이송) ① 법원은 소송의 전부 또는 일부에 대하여 관할권이 없다고 인정하는 경우에는 결정으로 이를 관할법원에 이송한다.
> ② 지방법원 단독판사는 소송에 대하여 관할권이 있는 경우라도 상당하다고 인정하면 직권 또는 당사자의 신청에 따른 결정으로 소송의 전부 또는 일부를 같은 지방법원 합의부에 이송할 수 있다.
> ③ 지방법원 합의부는 소송에 대하여 관할권이 없는 경우라도 상당하다고 인정하면 직권으로 또는 당사자의 신청에 따라 소송의 전부 또는 일부를 스스로 심리·재판할 수 있다.
> ④ 전속관할이 정하여진 소에 대하여는 제2항 및 제3항의 규정을 적용하지 아니한다.

1. 관할위반에 의한 이송(제34조 제1항)

(1) 적용범위

(가) 제1심법원 사이의 사물관할이나 토지관할의 위반

전속관할이건 임의관할이건 가리지 않고 제1심법원 사이에서는 관할위반을 원인으로 이송이 가능하다. 문제는 이러한 관할위반이송은 제1심법원 사이에 적용됨이 원칙이므로 이를 그 밖의 법원 간에 있어서도 유추적용할 수 있는지이다.

(나) 그 밖의 법원 간의 유추적용의 구체적인 경우

① 상급심에 1심으로 소를 제기한 경우(예 지방법원에 제기할 소를 고등법원에 제1심으로 제기한 경우)		이송을 인정하는 것이 다수설·판례의 태도이다.
② 상소할 법원이 잘못된 경우	원심법원제출주의에 위반한 경우(예 상소장을 원심법원이 아닌 상소심법원으로 제출한 경우)40)	(1) 학설 이에 대하여는 ① 제34조를 유추적용하여 이송을 긍정하는 견해로, 상소장제출시를 기준으로 상소기간준수 여부에 대한 판단을 하는 견해,41) ② 이송을 부정하여 상소가 다시 적법한 법원에 온 때를 기준으로 상소기간준수여부를 판단하는 견해(방순원), ③ 소송의 이송

쟁점	문제가 아니라 소장제출 법원을 그르친 경우이므로 소장제출 시에 상소제기한 것으로 보는 견해(호문혁) 등이 있다. (2) **판례** 판례는 **소송기록을 송부**하는 방식으로 처리한다. 다만, 항소기간의 도과여부에 대하여는「항소제기기간의 준수여부는 항소장이 제1심법원에 접수된 때를 기준으로 하여 판단하여야 하며 비록 항소장이 항소제기기간 내에 제1심법원 이외의 법원에 제출되었다 하더라도 항소제기의 효력이 있는 것은 아니다.(1992.4.15. 자 92마146 ; 1985.5.24. 자 95마178)」고 한다.42)
원심법원에 제출은 하였으나 상소장에 상소할 법원을 잘못 표시한 경우	ⓐ 원심법원에 상소는 제기하였으나 고등법원을 항소법원으로 표시하여야 함에도 지방법원 합의부로 한 경우 : 법원은 상소장의 표시에 상관없이 적법한 심급관할 있는 고등법원으로 소송기록을 송부하여야 한다. 「특별항고만이 허용되는 재판에 대한 불복으로서 당사자가 특히 특별항고라는 표시와 항고법원을 대법원으로 표시하지 아니하였다고 하더라도 그 항고장을 접수한 법원으로서는 이를 특별항고로 보아 소송기록을 대법원에 송부함이 마땅하다.(대법원 1999.7.26. 자 99마2081 결정)」 ⓑ ⓐ의 경우에 접수법원이 적법한 법원이 아닌 기재된 바에 따른 법원으로 소송기록을 송부한 경우 송부 받은 법원의 처리 : 적법한 법원으로 이송하여야 한다.(판례)43)
③ 재심의 소를 제기할 법원을 그르친 경우	민사소송법 제451조 제3항에 의하면 항소심에서 사건에 대한 본안판결이 있은 후에는 제1심판결에 대하여 재심의 소를 제기하지 못하므로 재심의 소를 항소심법원에 제기하여야 함에도 제1심법원에 제기한 경우, 판례는 재심사유가 항소심판결에 관한 것으로 인정되거나 재심사유가 제1심판결과 항소심판결에 공통된 경우에 한하여 이송을 긍정한다.44) 다만, 이 경우 재심제기기간의 준수여부는 제1심법원접수시를 기준으로 하며 이송법원에 제기한 때를 기준으로 보지 않는다.45)

---

40) 이에 대하여는 ① 이송긍정설(송상현, 정동윤, 유병현, 강현중, 김홍규), ② 이송부정설(방순원), ③ 소송의 이송 문제가 아니라 소장제출 법원을 그르친 경우이므로 소장제출 시에 상소제기한 것으로 보는 견해(호문혁) 등이 있다.
41) 송상현, 정동윤·유병현, 강현중, 김홍규
42) 다만, 「상고인이 상고장에 불복대상 판결을 서울고등법원 판결로 명시하여 서울고등법원에 상고장을 제출하려는 의사를 분명히 가지고 있었으나 다만 이를 현실로 제출함에 있어서 서울고등법원이 서울지방법원과 동일한 청사 내에 위치하고 있는 관계로 서울지방법원 종합접수과를 서울고등법원 종합접수실로 혼동, 착각하여 서울지방법원에 상고장을 접수시키고 접수담당 공무원도 이를 간과하여 접수한 경우, 접수담당 공무원이 접수 당일 착오 접수를 발견하고 지체 없이 상고장을 서울고등법원으로 송부하였는지

④ 일반법원과 전문법원 간의 이송

㉮ 가사사건을 민사법원에 제소한 경우

판례는 이송을 인정하였다.(1980.11.25. 선고 80마446) 가사소송법도 이제는 이를 인정하고 있다.(동법 제13조)46)

㉯ 행정사건을 민사법원에 제소한 경우

판례는 수소법원으로서는 만약 그 행정소송에 대한 관할도 동시에 가지고 있다면 행정소송으로, 관할을 가지고 있지 않다면 관할법원으로 이송할 것이라고 한다.(1996.2.15. 선고 94다31235 전원합의체) 다만, 이송 후 각하될 것이 명백한 경우라면 그러하지 아니하다.(대전합 2009.9.17. 2007다2428)

여부와 같은 우연한 사정에 의하여 상고인의 상고제기기간 도과 여부가 결정된다는 것은 불합리하므로, 이러한 경우에는 상고인이 원심법원인 서울고등법원의 종합접수실로 혼동, 착각하고 서울지방법원 종합접수과에 상고장을 제출한 날을 기준으로 하여 상고제기기간 준수 여부를 가려 보는 것이 상고인의 진정한 의사에도 부합하고 상고인에게 회복할 수 없는 손해도 방지할 수 있는 타당한 처리이다.(대법원 1996.10.25. 자 96마1590 결정)」

43) 「항고인이 통상항고로 불복할 수 있는 사건인 원심법원의 피고경정신청 기각결정에 대하여 불복하면서 제출한 서면에 '특별항고장', '대법원 귀중'이라고 기재하였더라도 이는 통상항고로 보아야 한다는 이유로, 대법원에 기록 송부된 사건을 그 관할법원인 항고법원으로 이송한 사례(대법원 1997.3.3. 자 97으1 결정)」
「제1심 재판장이 항소장각하명령을 한 후 항고기각 및 재항고기각이 된 사건에 관하여 제1심 재판장의 항소장각하명령에 준재심사유인 판단누락이 있다고 주장하면서 재항고기각결정을 준재심대상결정으로 기재하여 대법원에 준재심신청을 한 경우, 그 준재심사유가 제1심 재판장의 명령에 관한 것임이 그 주장 자체나 소송기록에 의하여 분명하다면, 준재심신청인의 의사는 제1심 재판장의 명령을 대상으로 한 것으로서 다만 준재심신청서에 준재심을 할 결정의 표시를 잘못 기재하여 제출하였다고 할 것이므로, 준재심관할법원인 제1심법원에 이송함이 상당하다.(대법원 2002.12.9. 자 2001재마14 결정)」

44) 이에 대하여 무조건 이송하여야 할 것이라는 견해에 정동윤·유병현, 전게서, 145면.

45) 대법원 1984.2.28. 선고 83다카1981 전원합의체 판결
「민사소송법 제422조 제3항의 규정에 의하면 항소심에서 사건에 대하여 본안판결을 한 때에는 제1심판결에 대하여 재심의 소를 제기하지 못하도록 되어 있으므로, 항소심판결이 아닌 제1심판결에 대하여 제1심법원에 제기된 재심의 소는 재심대상이 아닌 판결을 대상으로 한 것으로서 재심의 소송요건을 결여한 부적법한 소송이며 단순히 재심의 관할을 위반한 소송이라고 볼 수는 없다.
그러나 항소심에서 본안판결을 한 사건에 관하여 제기된 재심의 소가 과연 제1심판결을 대상으로 한 것인가 또는 항소심판결을 대상으로 한 것인가의 여부는 재심소장에 기재된 재심을 할 판결의 표시만 가지고 판단할 것이 아니라 재심의 이유에 기재된 주장내용을 살펴보고 재심을 제기한 당사자의 의사를 참작하여 판단하여야 할 것인바, 재심소장에 재심을 할 판결로 제1심판결을 표시하고 있다고 하더라도 재심의 이유에서 주장하고 있는 재심사유가 항소심판결에 관한 것이라고 인정되는 경우(항소심판결과 제1심판결에 공통되는 재심사유인 경우도 같다)에는 그 재심의 소는 항소심판결을 대상으로 한 것으로서 재심을 할 판결의 표시는 잘못 기재된 것으로 보는 것이 타당하므로, 재심소장을 접수한 제1심법원은 그 재심의 소를 부적법하다 하여 각하할 것이 아니라 재심 관할법원인 항소심법원에 이송하여야 할 것이다. … 재심의 소가 재심제기기간 내에 제1심법원에 제기되었으나 재심사유 등에 비추어 항소심판결을 대상으로 한 것이라 인정되어 위 소를 항소심법원에 이송한 경우에 있어서 재심제기기간의 준수여부는 민사소송법 제36조 제1항의 규정에 비추어 제1심법원에 제기된 때를 기준으로 할 것이지 항소법원에 이송된 때를 기준으로 할 것은 아니다.」

46) 정동윤·유병현, 전게서, 146면.

㊁ **비송**
비송사건임에도 소의 형식으로 민사소송절차에 따라 소를 제기하거나 그 역의 경우 판례는 이를 부적법 각하할 것이라고 하여 이송을 인정하지 않는다.[47]

⑤ 법원과 행정기관간의 이송(예 특허법원이 특허심판원에 이송하는 것)
이는 허용되지 않는다. 이송규정은 법원간의 이송을 전제로 하는 것이기 때문이다.

⑥ 지급명령신청에 관할위반이 있는 경우
지급명령의 신청이 전속관할 규정에 어긋난 경우에는 신청을 각하하며 이송하지 않는다.(제465조)

(2) 직권이송과 당사자의 신청권 인정여부

(가) 직권이송
법 제34조 제1항은 법원은 소송의 전부 또는 일부에 대하여 관할권이 없다고 인정하는 경우에는 결정으로 이를 관할법원에 이송한다고 규정하고 있으므로 관할위반이송의 경우 직권으로 이송을 하여야 한다.

(나) 예외적으로 이송을 하지 않는 경우
지방법원 합의부의 경우 그 관할에 속하지 않는 단독판사의 사건을 전속관할이 아닌 한 상당하다고 인정될 경우 이송하지 아니할 수 있다.(제34조 제3항)

(다) 당사자의 신청권 부정
판례는 '당사자가 관할위반을 이유로 한 이송신청을 한 경우에도 이는 단지 법원의 직권발동을 촉구하는 의미밖에 없는 것이고, 따라서 법원은 이 이송신청에 대하여는 재판을 할 필요가 없고, 설사 법원이 이 이송신청을 거부하는 재판을 하였다고 하여도 항고가 허용될 수 없으므로 항고심에서는 이를 각하하여야 한다.(대법원 1993.12.6. 자 93마524 전원합의체 결정[소송이송])'고 하여 당사자의 신청권을 인정하지 않고 있다. 즉, 판례는 이 경우 즉시항고도 특별항고도 모두 인정하지 않고 있다.

2. 재량이송(심판의 편의에 의한 이송)

(1) 현저한 손해 또는 지연을 피하기 위한 이송

> **제35조(손해나 지연을 피하기 위한 이송)** 법원은 소송에 대하여 관할권이 있는 경우라도 현저한 손해 또는 지연을 피하기 위하여 필요하면 직권 또는 당사자의 신청에 따른 결정으로 소송의 전부 또는 일부를 다른 관할법원에 이송할 수 있다. 다만, 전속관할이 정하여진 소의 경우에는 그러하지 아니하다.

(가) 의의
관할위반이 아님에도 다른 관할법원으로 이송하는 경우를 의미한다.(예 1개의 소

---

[47] 이에 대하여 다수설은 이송을 인정하여야 한다고 본다.

송에 대한 관할법원이 둘 이상일 때 그 중 어느 법원에 하는 이송)
  (나) 요건
    ① 현저한 손해나 지연을 방지하기 위한 것
      ㉮ 현저한 손해의 의미
        주로 피고에게 소송수행상의 부담이 발생하여 소송경제가 해하여진다는 의미로 사익적 규정에 해당한다. 다만, 원고 측의 손해를 도외시하여서는 안되므로, 상대방측이 소송을 수행하는데 많은 비용과 시간이 소요된다는 사정만으로는 현저한 손해 또는 소송의 지연을 가져올 사유가 된다고 단정하여서는 안된다.(1998.8.14. 자)48)
      ㉯ 지연의 의미
        법원의 시간과 노력이 과도하여 소송촉진이 저해된다는 의미로, 공익적 규정에 해당한다.
    ② 직권 또는 당사자의 신청
    ③ 전속관할이 아닐 것
        전속관할이 정하여진 경우에는 제35조에 의한 이송은 인정되지 않는다.49)
    ④ 관할합의의 경우50)
      ㉮ 전속적 관할합의
        당사자 사이에 전속적 관할의 합의를 한 경우라도 법원은 현저한 지연이나 공익상의 필요를 이유로 다른 법정관할법원에 이송할 수 있으나, 현저한 손해를 피하기 위한 이송은 관할합의에 의하여 이미 사익은 확

---

48) 수형자가 국가를 상대로 손해배상을 청구한 사안에서, 대한민국이 수형자의 관리주체로서 부담하는 '수형자의 민사소송을 위한 장거리 호송에 소요되는 상당한 인적·물적 비용'은 행정적인 부담이지 소송상대방으로서 부담하는 것이 아니어서, 민사소송법 제35조에서 말하는 '현저한 손해 또는 지연을 피하기 위하여 이송이 필요한 사정'에 해당되지 않는다고 본 사례(대법원 2010.03.22. 자 2010마215 결정)

49) (지방법원 단독판사의 1심에 있어서의) 본소 피고가 항소 후 지방법원 합의부의 관할에 속하는 반소를 제기하면서 이송신청을 하였는데, 원심이 민사소송법 제34조, 제35조를 들어 이송결정을 한 사안 본소에 대하여 제1심법원의 토지관할 및 변론관할이 인정되어 위 소송의 항소심은 제1심법원의 항소사건을 담당하는 원심법원의 관할에 속하며, 지방법원 합의부가 지방법원 단독판사의 판결에 대한 항소사건을 제2심으로 심판하는 도중에 지방법원 합의부의 관할에 속하는 반소가 제기되었더라도 이미 정하여진 항소심 관할에는 영향이 없고, 민사소송법 제35조는 전속관할인 심급관할에는 적용되지 않아 손해나 지연을 피하기 위한 이송의 여지도 없다는 이유로 원심결정을 파기한 사례(대법원 2011.7.14. 자 2011그65 결정)

50)

[정리]	이송			
	관할위반이송	편의이송(제35조)		재량이송 (제34조 제2항·제3항)
		손해방지	지연방지	
전속관할	O	×	×	×
임의관할	O	O	O	O
전속적 합의관할	O	×	O	O
부가적 합의관할	O	O	O	O

보되어 있으므로 허용되지 않는다.
㉴ 부가적 관할합의
현저한 손해를 피하기 위한 이송 및 지연방지이송 모두가 가능하다.

(2) **지방법원 단독판사로부터 합의부로의 이송**(제34조 제2항)

소액사건의 경우도 고유의 사물관할이 있는 것은 아니므로 제34조 제2항에 따라 지방법원합의부로 이송할 수 있다.(대결 1974. 8.1. 74마71)

3. 지식재산권 등에 관한 소송의 이송(제36조)

> **제36조(지식재산권 등에 관한 소송의 이송)** ① 법원은 특허권등을 제외한 지식재산권과 국제거래에 관한 소가 제기된 경우 직권 또는 당사자의 신청에 따른 결정으로 그 소송의 전부 또는 일부를 제24조 제1항에 따른 관할법원에 이송할 수 있다. 다만, 이로 인하여 소송절차를 현저하게 지연시키는 경우에는 그러하지 아니하다.
> ② 제1항은 전속관할이 정하여져 있는 소의 경우에는 적용하지 아니한다.
> ③ 제24조 제2항 또는 제3항에 따라 특허권등의 지식재산권에 관한 소를 관할하는 법원은 현저한 손해 또는 지연을 피하기 위하여 필요한 때에는 직권 또는 당사자의 신청에 따른 결정으로 소송의 전부 또는 일부를 제2조부터 제23조까지의 규정에 따른 지방법원으로 이송할 수 있다.〈신설 2015.12.1〉
>
> **제24조(지식재산권 등에 관한 특별재판적)** ① 특허권, 실용신안권, 디자인권, 상표권, 품종보호권(이하 "특허권등"이라 한다)을 제외한 지식재산권과 국제거래에 관한 소를 제기하는 경우에는 제2조 내지 제23조의 규정에 따른 관할법원 소재지를 관할하는 고등법원이 있는 곳의 지방법원에 제기할 수 있다. 다만, 서울고등법원이 있는 곳의 지방법원은 서울중앙지방법원으로 한정한다.〈개정 2011.5.19, 2015.12.1〉
> ② 특허권등의 지식재산권에 관한 소를 제기하는 경우에는 제2조부터 제23조까지의 규정에 따른 관할법원 소재지를 관할하는 고등법원이 있는 곳의 지방법원의 전속관할로 한다. 다만, 서울고등법원이 있는 곳의 지방법원은 서울중앙지방법원으로 한정한다.〈신설 2015.12.1〉
> ③ 제2항에도 불구하고 당사자는 서울중앙지방법원에 특허권등의 지식재산권에 관한 소를 제기할 수 있다.〈신설 2015.12.1〉

(1) **산업재산권(특허권, 실용신안권, 디자인권, 상표권, 품종보호권)에 관한 소**

이 경우, 법 제2조부터 제23조까지의 규정에 따른 관할법원 소재지를 관할하는 고등법원 있는 곳의 지방법원이 전속관할이지만(제24조 제2항), 당사자는 서울중앙지방법원에 소를 제기할 수도 있고(제24조 제3항), 나아가 법원은 현저한 손해 또는 지연을 피하기 위하여 필요한 때에는 직권 또는 당사자의 신청에 따른 결정으로 소송의 전부 또는 일부를 제2조부터 제23조까지의 규정에 따른 지방법원으로 이송할 수 있게 하였다.(제36조 제3항) 전속관할임에도 재량이송을 인정한 점이 특색이다.

(2) 산업재산권 이외의 지식재산권 및 국제거래에 관한 소

이 경우, 법 제2조부터 제23조까지의 규정에 따른 관할법원 소재지를 관할하는 고등법원 있는 곳의 지방법원에 소를 제기할 수 있으며(제24조 제1항), 나아가 법원은 특허권 등을 제외한 지식재산권과 국제거래에 관한 소가 제기된 경우 직권 또는 당사자의 신청에 따른 결정으로 그 소송의 전부 또는 일부를 제24조 제1항에 따른 관할법원에 이송할 수 있다. 다만, 이로 인하여 소송절차를 현저하게 지연시키는 경우에는 그러하지 아니하다.(제36조 제1항)

4. 반소제기에 의한 이송(제269조)

「본소가 단독사건인 경우에 피고가 반소로 합의사건에 속하는 청구를 한 때에는 법원은 직권 또는 당사자의 신청에 따른 결정으로 본소와 반소를 합의부에 이송하여야 한다. 다만, 반소에 관하여 제30조의 규정에 따른 관할권(변론관할)이 있는 경우에는 그러하지 아니하다.(제269조 제2항)」

5. 상소심에서의 환송에 갈음한 이송(제419조, 제436조)

항소심에서 전속관할 위반을 이유로 제1심판결이 취소된 경우 판결로 사건을 정당한 전속관할있는 법원으로 이송하여야 하며, 상고심 역시 마찬가지이다.

Ⅲ. 이송의 절차

1. 직권 또는 당사자의 신청

(1) 신청권

다만, 관할위반이송의 경우에는 당사자의 신청권이 인정되지 않음과 이 경우 동 신청에 대한 기각결정 즉시항고도 특별항고도 인정되지 않음은 이미 본 바와 같다.

(2) 신청방식

「이송신청은 기일에 출석하여 하는 경우가 아니면 서면으로 하여야 한다.(규칙 제10조 제2항)」
「소송의 이송신청을 하는 때에는 신청의 이유를 밝혀야 한다.(규칙 제10조 제1항)」

2. 재판

(1) 형식

이송여부의 재판은 결정에 의함이 원칙이나(따라서 변론을 거칠 필요는 없음), 상소심에서 원판결을 취소(또는 파기)하고 이송하는 경우에는 예외적으로 판결의 형식으로 한다.

(2) 의견진술의 기회 및 의견을 들어야 하는 경우

이송신청이 있는 때에는 법원은 결정에 앞서 상대방에게 의견을 진술할 기회를 주어야 한다.(규칙 제11조 제1항) 다만, 관할위반이송결정의 경우 당사자에게 이송신청권이 없으므로 의견진술규정의 적용에서 배제된다.

직권으로 이송결정을 하는 때에는 당사자의 의견을 들을 수 있다.(규칙 제11조 제2항)

(3) 즉시항고

「이송결정과 이송신청의 기각결정에 대하여는 즉시항고를 할 수 있다.(제39조)」 이송결정과 관할위반 이외의 사유로 인한 이송신청기각결정의 경우에 즉시항고가 가능하다.

Ⅳ. 이송의 효과

1. 이송결정의 구속력

(1) 일반

「소송을 이송받은 법원은 이송결정에 따라야 한다. 소송을 이송받은 법원은 사건을 다시 다른 법원에 이송하지 못한다.(제38조)」 이를 이송결정의 구속력이라 한다.

(2) 전속관할위반의 이송에 구속력이 있는지 쟁점

(가) 학설

전속관할을 위반한 이송결정에도 구속력이 존재하는지에 대하여 ① 구속설(다수설)과 ② 비구속설의 대립이 있다.

비구속설은 전속관할위반을 절대적 상고이유로까지 삼고 있는 민사소송법의 취지를 볼 때, 전속관할을 위반한 이송결정에는 구속력이 발생하지 않는다고 보며, 이에 반해 구속설은 제38조의 법문언상 이를 배제하고 있지 않고, 지연을 피하여야 할 공익적 요청이 전속관할이라 하여 예외일 수 없다는 점을 이유로 한다.

(나) 판례

판례는 전속관할위반의 이송에도 원칙적으로 구속력이 있다고 본다.

다만 심급관할을 위배한 이송결정의 기속력은 이송받은 상급심 법원에는 미치지 않고, 이송받은 하급심 법원에는 미친다고 본다.(1995.5.15. 자 94마1059·1060)

즉, 「이송결정의 기속력은 당사자에게 이송결정에 대한 불복방법으로 즉시항고가 마련되어 있는 점이나 이송의 반복에 의한 소송지연을 피하여야 할 공익적 요청은 전속관할을 위배하여 이송한 경우라고 하여도 예외일 수 없는 점에 비추어 볼 때, 당사자가 이송결정에 대하여 즉시항고를 하지 아니하여 확정된 이상 원칙적으로 전속관할의 규정을 위배하여 이송한 경우에도 미친다. 그런데 **심급관할을 위배하여 이송한 경우**에 이송결정의 기속력이 **이송받은 상급심 법원에도 미친다고 한다면** ① **당사자의 심급의 이익을 박탈**하여 부당할 뿐만 아니라, ② **이송을 받은 법원이 법률심인 대법원인 경우**에는 직권조사 사항을 제외하고는 새로운 소송자료의 수집과 사실확정이 불가능한 관계로 당사자의 사실에 관한 주장, 입증의 기회가 박탈되는 불합리가 생기므로, 심급관할을 위배한 이송결정의 기속력은 이송받은 상급심 법원에는 미치지 않는다고 보아야 하나, 한편 그 기속력이 **이송받은 하급심 법원에도 미치지 않는다고 한다면** ① 사건이 **하급심과 상급심 법원 간에 반복하여 전전이송**되는 불합리한 결과를 초래하게 될 가능성이 있어 이송결정의 기속력을 인정한 취지에 반하는 것일 뿐더러 ② **민사소송의 심급의 구조상** 상급심의 이송결정은 특별한 사정이 없는 한 하급심을 구속하게 되는바 이와 같은 법리에도 반하게 되므로, 심급관할을 위배한 이송결정의 기속력은 이송받은 하급심 법원에는 미친다고 보아야한다.」는 것이다.

(3) 구속력의 예외

이송받은 후라도 소의 변경 등 사정변경이 있는 경우라면 구속력은 미치지 않는다고 보아야 하므로 이 경우에는 다른 관할법원으로 이송할 수 있다.

2. 소송계속의 소급적 이전, 긴급처분 및 소송기록의 송부

(1) 소송계속의 소급적 이전

「이송결정이 확정된 때에는 소송은 처음부터 법원에 계속된 것으로 본다.(제40조 제1항)」 따라서 이송결정이 있어도 소제기시에 시효중단·기간준수의 효력이 유지된다.

(2) 이송 전 소송행위의 효력

이송 전에 행한 소송행위가 이송 후에도 효력을 유지하는지에 대하여 ① 관할위반이송과 그 이외의 이송을 나누어 관할위반이송에서는 소송행위의 효력이 실효된다는 견해(이영섭)와 ② 이송의 종류를 불문하고 소송행위의 효력은 유지된다는 통설의 견해가 나뉜다.

생각건대, 이송결정이 확정된 때에는 소송계속이 유지되는 이상 변론의 일체성도 유지되므로 이송의 종류를 나눌 필요 없이 소송행위의 효력은 유지된다고 보아야 한다는 점에서 소송행위의 효력은 어느 이송이건 유지된다고 보아야 한다.

(3) 소송기록의 송부

이송결정을 한 법원의 법원사무관등은 그 결정의 정본을 소송기록에 붙여 이송받을 법원에 보내야 한다.(제40조 제2항)

(4) 긴급처분

「법원은 소송의 이송결정이 확정된 뒤라도 급박한 사정이 있는 때에는 직권으로 또는 당사자의 신청에 따라 필요한 처분을 할 수 있다. 다만, 기록을 보낸 뒤에는 그러하지 아니하다.(제37조)」 이는 소송기록이 아직 이송법원에 있는 경우에 급박한 사정이 있다면 증거조사나 가압류·가처분 등의 처분을 할 수 있게 한 것이다.

제2절　당사자와 소송상 대리인

제1관 당사자

쟁점 16　성명모용소송의 처리

Ⅰ. 의의

원고가 타인의 명의로 소를 제기하거나[51] 피고의 명의를 사칭하여 타인이 소송을 수행하는 경우[52]를 말하는데, 여기에는 원고 측의 모용과 피고 측의 모용의 경우가 있다. 이 경우 당사자가 누구인지에 대한 당사자확정문제가 발생한다.

Ⅱ. 당사자 확정

1. **학설**

   (1) **실체법설**

   소송목적인 권리관계 즉, 실체법상 권리관계의 주체인 자가 당사자라는 견해로, 실질적 당사자개념을 전제로 한 학설로서 형식적 당사자개념을 취할 경우에는 취하기 어려운 견해이다.

   (2) **소송법설**

   ㈎ **의사설**: 원고나 법원이 당사자로 삼으려는 자가 당사자가 된다는 견해로, 원고의 의사로 당사자가 확정되는 경우 원고확정은 곤란해지고, 법원의 의사에 의할 경우 원고에 의한 소송물 및 당사자의 확정을 원고에게 일임한 처분권주의에 반하는 문제점이 있다.

   ㈏ **행위설**: 소송상 당사자로 취급되거나 당사자로 행동하는 자가 당사자라는 견해로, 어떠한 행위가 당사자로 행동하는 것인지를 알 수 없어 결국 그 기준에 문제점이 발생한다.

   ㈐ **형식적 표시설**: 소장에 당사자로 표시된 자가 당사자라는 견해이다.

   ㈑ **실질적 표시설(통설·판례의 주류)**: 소장의 당사자란의 기재뿐만 아니라 청구의 취지·원인 그 밖의 일체의 기재사항 등 소장의 전체를 기준으로 합리적으로 해석 판단하여야 한다는 견해이다.

   ㈒ **규범분류설**: 소송이 개시되는 때에는 표시설에 의하나, 소송 진행 뒤에는 누가 당사자로 행동하였는가 및 누가 절차보장을 받았는가를 기준으로 정하여야 한

---

[51] 형사소송에서는 통상 이를 성명모용소송이라 한다.
[52] 형사소송에서는 이를 위장출석이라 한다.

다는 견해이다.

2. **판례**

   판례는 주류적으로, 당사자가 누구인가는 소장에 기재된 표시 및 청구의 내용과 원인사실 등 소장의 전취지를 합리적으로 해석하여 확정하여야 할 것이라고 하여 실질적 표시설의 입장이다.

   그러나 당사자의 제소전 사망의 경우 사실상의 피고가 사망자의 상속인이므로 상속인으로의 표시정정이 허용된다고 함으로써 의사설을 따른 예도 있다.[53] 즉,「당사자가 누구인가는 소장에 기재된 표시 및 청구의 내용과 원인 사실 등 소장의 전취지를 합리적으로 해석하여 확정하여야 할 것이고, 소장에 표시된 원고에게 당사자능력이 인정되지 않는 경우에는 소장의 전취지를 합리적으로 해석한 결과 인정되는 올바른 당사자능력자로 그 표시를 정정하는 것은 허용되며, 소장에 표시된 당사자가 잘못된 경우에 당사자표시를 정정케 하는 조치를 취함이 없이 바로 소를 각하할 수는 없다. (2001.11.13. 99두2017)」

3. **법원의 조치** (이하 표시설에 의하여 피모용자로 확정된 경우를 전제)

   (1) 소송수행 중 성명모용사실이 발견된 경우

   ① 원고 측이 모용된 경우 피모용자의 추인이 없는 한 판결로써 소를 각하한다. 이 경우의 소송비용은 모용자가 부담한다.

   ② 피고 측이 모용된 경우라면 모용자의 소송관여를 배척하고 진정한 피고를 소환한다.

   (2) 성명모용사실을 간과한 판결의 효력

   (가) 모용자의 소송행위의 효력

   ① 표시설이나 의사설에 의하는 경우 당사자는 피모용자가 되므로 모용자의 행위는 무권대리인의 행위와 같이 무효가 된다.

   ② 행위설에 의하는 경우라면 모용자가 당사자가 되므로 모용자의 소송행위의 효력은 유효하게 된다.

   (나) 판결의 효력을 받는 자

   ① 표시설이나 의사설에 의하는 경우 판결의 효력은 피모용자에게 미치고, 피모용자는 확정전이라면 상소를 제기할 수 있고(제424조 제1항 제4호), 판결확정 이후라면 재심의 소를 제기할 수 있다.(제451조 제1항 제3호) 만일 동 판결이 피모용자에 유리한 판결일 경우 원용의 자유도 인정된다.

   ② 행위설에 의한다면 모용자가 당사자가 되므로 모용자에게 판결의 효력이 미친다.

---

[53] 판례가 당사자표시정정을 인정하였다 하여도 실질적 표시설에 의하더라도 표시정정을 허용할 수 있지 않을까. (민일)

(3) 판결확정 후 피모용자의 별소제기의 가부
① 표시설이나 의사설에 의하는 경우 피모용자는 재심으로 구제를 받는 것은 별론으로 하고, 판결의 효력을 받는 자이므로 별소를 제기한다면 기판력에 저촉된다.
② 행위설에 의한다면 판결의 효력이 모용자에게만 미치게 되므로 피모용자의 별소제기는 적법하여 가능하다.

Ⅲ. 송달과정에서의 피고모용의 경우

(1) 문제의 소재
원고가 피고의 주소를 허위로 표시하여 피고 아닌 다른 사람으로 하여금 송달을 받게 하여 자백간주에 의한 편취판결을 받은 경우 피모용자의 구제책이 문제된다.

(2) 학설
이에 대하여 ㉠ 판결정본 송달은 마치 무권대리인에 의한 송달수령과 마찬가지이므로 송달은 무효이고, 따라서 항소기간이 진행되지 않으므로 언제나 항소가 가능하다는 항소설과 ㉡ 송달은 일단 유효하므로 판결이 확정된 것이고 이에 대하여 제173조의 상소추후보완을 하거나 제451조 1항 11호의 재심사유에 해당하여 재심을 제기할 수 있다고 보는 상소추후보완 및 재심설(다수설)의 대립이 있다.

(3) 판례
판례는 이 경우 항소설을 취하고 있다. 즉, 제소자가 상대방의 주소를 허위로 기재함으로써 그 허위주소로 소송서류가 송달되어 그로 인하여 상대방 아닌 다른 사람이 그 서류를 받아 의제자백의 형식으로 제소자 승소의 판결이 선고되고 그 판결정본 역시 허위의 주소로 보내어져 송달된 것으로 처리된 경우에는 상대방에 대한 판결의 송달은 부적법하여 무효이므로 상대방은 아직도 판결정본의 송달을 받지 않은 상태에 있어 이에 대하여 상소를 제기할 수 있다[54]고 하며, 또한「민사소송법 제451조 제1항 제11호에 '당사자가 상대방의 주소 또는 거소를 알고 있었음에도 불구하고 허위의 주소나 거소로 하여 소를 제기한 때'를 재심사유로 규정하고 있으나 이는 공시송달의 방법에 의하여 상대방에게 판결정본을 송달한 경우를 말하는 것」이라고 하여 항소설의 입장에 있다.[55]

---

54) 대법원 1995.5.9. 선고 94다41010 판결
55)「제소자가 상대방의 주소를 허위로 기재함으로써 그 허위주소로 소송서류가 송달되어 그로 인하여 상대방 아닌 다른 사람이 그 서류를 받아 의제자백의 형식으로 제소자 승소의 판결이 선고되고 그 판결정본 역시 허위의 주소로 보내어져 송달된 것으로 처리된 경우에는 상대방에 대한 판결의 송달은 부적법하여 무효이므로 상대방은 아직도 판결정본의 송달을 받지 않은 상태에 있어 이에 대하여 상소를 제기할 수 있을 뿐만 아니라, 위 사위판결에 기하여 부동산에 관한 소유권이전등기나 말소등기가 경료된 경우에는 별소로서 그 등기의 말소를 구할 수도 있다.(대법원 1995.5.9. 선고 94다41010 판결)」
다만,「참칭대표자를 대표자로 표시하여 소송을 제기한 결과 그 앞으로 소장부본 및 변론기일소환장이 송달되어 변론기일에 참칭대표자의 불출석으로 의제자백 판결이 선고된 경우, 이는 적법한 대표자가 변

관련기출
• 2009년 변리사

甲이 乙을 상대로 A부동산의 소유권이전등기절차의 이행을 구하는 소를 제기하였다. 법원이 乙의 주소지로 소장부본을 송달하였는데, 丙이 마치 자기가 乙인양 수령하였고 乙의 명의로 변호사 丁을 선임하여 丁이 乙의 소송대리인으로서 소송을 수행하였다.

(1) 이 소송의 피고는 누구인가? (10점)
(2) 소송계속 중 법원이 이러한 사실을 알게 되었을 경우 법원은 어떠한 조치를 취하여야 하는가? (5점)
(3) 법원이 이러한 사실을 모르고 청구를 인용하는 판결을 한 경우 乙이 취할 수 있는 소송상의 구제수단은 무엇인가? (5점)

답안

1. 설문 (1)의 해결

(1) 문제점

성명모용소송에서 당사자로 확정되는 자가 누구인지가 문제되고 있다.

(2) 당사자확정

(가) 학 설

당사자의 확정에 관하여는 ① 원고나 법원의 의사에 따라야 한다는 의사설, ② 소송에서 당사자로 행동을 한 자가 당사자라는 행동설, ③ 소장에 당사자로 표시된 자가 당사자라는 형식적 표시설, ④ 소장의 당사자란의 기재뿐만 아니라 청구의 취지·원인 그 밖의 일체의 기재사항 등 소장의 전체를 기준으로 합리적으로 해석 판단하여야 한다는 실질적 표시설 및 ⑤ 소송이 개시되는 때에는 표시설에 의하나, 소송 진행 뒤에는 누가 당사자로 행동하였는가 및 누가 절차보장을 받았는가를 기준으로 정하여야 한다는 규범분류설 등의 대립이 있다.

(나) 판 례

판례는 주류적으로, 당사자가 누구인가는 소장에 기재된 표시 및 청구의 내용과 원인 사실 등 소장의 전취지를 합리적으로 해석하여 확정하여야 할 것이라고 하여 실질적 표시설의 입장이다.

그러나 당사자의 제소전 사망의 경우 사실상의 피고가 사망자의 상속인이므로 상속인으로의 표시정정이 허용된다고 함으로써 의사설을 따른 예도 있다. 즉, 「당사자가 누구인가는 소장에 기재된 표시 및 청구의 내용과 원인 사실 등 소장의 전취지를 합리적으로 해석하여 확정하여야 할 것이고, 소장에 표시된 원고에게 당사자능력이 인정되지 않는 경우에는 소장의 전취지를 합리적으로 해석한 결과 인정되는 올바른 당사자능력자로 그 표시를 정정하는 것은 허용되며, 소장에 표시된 당사자가 잘못된 경우에 당사자표시를 정정케 하는 조치를 취함이 없이 바로 소를 각하할 수는 없다.(2001.11.13. 99두2017)」

론기일소환장을 송달받지 못하였기 때문에 실질적인 소송행위를 하지 못한 관계로 위 의제자백 판결이 선고된 것이므로, 민사소송법 제422조 제1항 제3호 소정의 재심사유에 해당한다.(대법원 1999. 2. 26. 선고 98다47290 판결)」고 본 판례도 있다.

(3) 검토 및 사안의 경우

의사설은 원고나 법원의 의사를 기준으로 한다고 하지만 그 객관적인 판단기준이 문제이고, 행동설은 당사자로서 행동을 하는 것은 무엇을 말하는지가 문제이며, 규범분류설은 소송의 단계를 나누어 판단하는 이유가 무엇인지가 불명확하므로, 판례의 취지에 따라서 소장의 전취지를 합리적으로 해석하여야 한다는 실질적 표시설의 입장이 타당하다고 보아야 한다.

사안의 경우, 원고 甲이 乙을 피고로 소송을 제기한 경우, 이는 실질적 표시설의 입장에서 판단하면 당사자로 확정된 자는 乙이라 하여야 한다.

2. 설문 (2)의 해결

(1) 모용자 丙에 의하여 선임된 대리인 丁의 소송대리권

소송대리권 수여 역시 소송행위이고, 모용자 丙이 乙명의로 변호사 丁을 선임하였다면 이는 무권대행 내지 명의위조에 의한 것이므로, 무권대리 규정이 유추적용되어, 결국, 변호사 丁은 소송대리권이 없다.

(2) 법원의 조치

사안에서 당사자가 乙로 확정된 이상, 법원으로서는 소송계속 중 이 사실을 알게 된 경우, 확정된 당사자인 피모용자 乙을 소송절차에 참여케 하기 위하여 소환하여야 하고, 모용자 丙이 선임한 변호사 丁의 소송관여를 배척하여야 한다.

3. 설문 (3)의 해결

법원이 성명모용사건임을 간과하고 본안판결을 내린 경우, ① 이 판결은 당연무효판결이라 할 수는 없고, 유효한 판결이지만, ② 정당한 당사자 乙의 소송참여 없이 이루어진 위법한 판결로 乙로써는 상소를 통하여 구제받을 수 있다.

문제는 ③ 만일, 판결정본이 계속하여 丙이나 丁에게 송달되었다면 송달이 무효인지에 대하여 ㉠ 이는 무권대리인에게의 송달과 유사하므로 무효라는 견해와 ㉡ 송달은 유효라는 견해가 대립하나, 판례는 송달을 무효로 보고 있다.

나아가, ④ 위 판결이 상소기간을 도과하여 형식적으로 확정된 경우, 재심 및 추후보완상소가 가능한지에 대하여, ㉠ 판결정본 송달이 유효임을 전제로 민사소송법 제451조 제1항 제11호의 '당사자가 상대방의 주소 또는 거소를 알고 있었음에도 불구하고 허위의 주소나 거소로 하여 소를 제기한 때'에 해당하므로 재심 및 추후보완상소가 가능하다는 송소추후보완 및 재심설과 ㉡ 송달이 무효인 이상 상소기간은 진행되지 않으므로 추후보완의 대상이 아니고, 또한 판결은 실질적으로 확정된 것이 아니므로 재심의 대상도 될 수 없으며, 당사자는 언제나 상소를 통하여 구제받을 수 있다는 상소설의 대립이 있다. 판례는 상소설의 입장으로 민사소송법 제451조 제1항 제11호 재심사유는 공시송달에 의한 판결서 송달에 국한하여 적용하고 있다.

쟁점 17 당사자의 사망과 소송법상 제문제

1. **제소전 이미 당사자가 사망한 경우**

   (1) **당사자확정문제의 발생**

   제소전에 이미 당사자가 사망한 경우에는 당사자확정의 문제로 해결하게 된다. (논의 생략)

   (2) **법원의 조치**

   (가) 소송 진행 중의 발견시의 조치

   ① **표시설**에 따르는 경우

   사자(死者)가 당사자가 되므로 결국 소를 부적법 각하하여야 한다. 보정방법으로는 당사자변경의 문제가 발생한다.[56]

   ② **의사설**에 따르는 경우 (판례: 1983.12.27. 선고 82다146)

   원고의 의사는 상속인을 피고로 함에 있으므로 상속인이 당사자가 되며, 동일성이 인정되는 표시에 있어서의 착오가 있는 것으로 보아 당사자표시정정만으로 소를 적법하게 보정할 수 있게 된다.

   > **사망사실을 알고 사망자를 상대로 한 소를 제기한 경우의 당사자표시정정**
   > 채무자 갑의 을 은행에 대한 채무를 대위변제한 보증인 병이 채무자 갑의 사망사실을 알면서도 그를 피고로 기재하여 소를 제기한 사안에서, 채무자 갑의 상속인이 실질적인 피고이고 다만 소장의 표시에 잘못이 있었던 것에 불과하므로, 보증인 병은 채무자 갑의 상속인으로 피고의 표시를 정정할 수 있고, 따라서 당초 소장을 제출한 때에 소멸시효중단의 효력이 생긴다.(2011.3.10. 2010다99040)
   >
   > **이미 사망한 자를 상대로 소를 제기한 경우, 상고심에 이르러 당사자표시정정의 방법으로 흠결을 보정할 수 있는지 여부(소극)**
   > 민사소송에서 소송당사자의 존재나 당사자능력은 소송요건에 해당하고, 이미 사망한 자를 상대로 한 소의 제기는 소송요건을 갖추지 않은 것으로서 부적법하며, 상고심에 이르러서는 당사자표시정정의 방법으로 그 흠결을 보정할 수 없다.(대법원 2012.6.14. 선고 2010다105310 판결 : 사안은 공유물분할청구소송에서 피고 1인이 소송 전 사망한 사실을 들어 상고심에 이르러 당사자표시정정신청을 한 사안)

   (나) 이미 사망한 당사자를 상대로 한 소송임을 간과한 본안판결의 효력

   ① **표시설**에 의하는 경우

   표시설에 의할 때 당사자는 사망자이고, 결국 대립당사자구조를 간과한 판결

---

[56] 위 논의는 형식적 표시설을 전제로 한 것이고, 실질적 표시설에 의하면 상속인을 당사자로 확정될 수 있다는 지적이 있다.

이 되므로 판결이 확정된다 하여도 이는 당연무효판결이 된다.

그리고 당사자는 사자(死者)이므로 상속인에게 그 판결의 효력이 미치지 않지만, 상속인이 현실적으로 소송에 관여하여 소송을 수행하고 실질적인 소송수행관계가 성립되었다면 신의칙상 판결의 효력을 상속인에게 미치게 하자는 견해가 있다.[57]

② **의사설**에 의하는 경우

의사설에 의한다면 당사자는 상속인이므로 상속인에 대하여 당연히 판결의 효력이 미치게 된다.

③ 당연무효판결인 경우의 구제책

당연무효판결에 대한 구제방법으로 ⓐ 먼저, **재심은 인정되지 않는다.** 재심사유가 아니기 때문이다. ⓑ문제는 상소도 허용되지 않는가이며, 이에 대하여는 견해가 대립하지만, **판례는 제소전 사망당사자를 상대로 한 소송에서는 상소도 허용하지 않는다.**

> 당사자가 소제기 이전에 이미 사망하여 주민등록이 말소된 사실을 간과한 채 본안 판단에 나아간 원심판결은 당연무효라 할 것이나, 민사소송이 당사자의 대립을 그 본질적 형태로 하는 것임에 비추어 사망한 자를 상대로 한 상고는 허용될 수 없다 할 것이므로, 이미 사망한 자를 상대방으로 하여 제기한 상고는 부적법하다. (대법원 2000. 10. 27. 선고 2000다33775 판결)
>
> 소 제기 당시 이미 사망한 당사자와 상속인이 공동원고로 표시된 손해배상청구의 소가 제기된 경우, 이미 사망한 당사자 명의로 제기된 소 부분은 부적법하여 각하되어야 할 것일 뿐이고, 소의 제기로써 상속인이 자기 고유의 손해배상청구권뿐만 아니라 이미 사망한 당사자의 손해배상청구권에 대한 자신의 상속분에 대해서까지 함께 권리를 행사한 것으로 볼 수는 없다.(대법원 2015.8.13. 선고 2015다209002 판결)
>
> 사망자를 피고로 하는 소제기는 원고와 피고의 대립당사자 구조를 요구하는 민사소송법상의 기본원칙이 무시된 부적법한 것으로서 실질적 소송관계가 이루어질 수 없으므로, 그와 같은 상태에서 제1심판결이 선고되었다 할지라도 판결은 당연무효이며, 판결에 대한 사망자인 피고의 상속인들에 의한 항소나 소송수계신청은 부적법하다. 이러한 법리는 소제기 후 소장부본이 송달되기 전에 피고가 사망한 경우에도 마찬가지로 적용된다.(대법원 2015.1.29. 선고 2014다34041 판결)

---

57) 이시윤, 전게서, 123면.

관련기출
• 2020년 공인노무사

甲(수원에 주소를 두고 살고 있음)은 대전에 소재한 자기 토지를 乙(대구에 주소를 두고 살고 있음)에게 매도하고 매매잔대금 1억 원을 받지 못하여, 그 지급을 구하는 소를 대전지방법원에 제기하였다. 이후에 甲은 乙이 소제기 이전에 사망하였다는 사실과 乙의 유일한 상속인 丙(대구에 주소를 두고 살고 있음)이 있다는 사실을 알게 되었다. 甲은 피고를 丙으로 바꾸는 신청을 하였고 법원은 당사자표시정정하여 피고를 丙으로 바꾸었다. 다음 물음에 답하시오. (50점) (단, 아래의 각 물음은 상호 독립적임)

물음 2) 丙은 이 사건 법원의 당사자표시정정은 부적법하다고 주장하였다. 丙의 이 주장이 타당한지를 논하시오. (25점)

답 안

1. 문제의 소재
사안의 경우, 원고 甲의 피고 乙에 대한 제소 당시, 피고 乙은 이미 사망한 상태였고, 乙의 정당한 상속인은 丙이었으므로, 甲의 당사자표시정정신청이 가능한지가 당사자의 확정 및 그 보정방법과 관련하여 문제된다.

2. 당사자의 확정
(1) 학 설

당사자확정에 관하여는 ① 소장에 표시된 자를 당사자로 보아야 한다는 형식적 표시설, ② 소장의 전취지를 합리적으로 해석하여 확정하여야 한다는 실질적 표시설, ③ 원고와 법원의 의사를 기준으로 하여야 한다는 의사설, ④ 실제로 소송을 수행한 자를 당사자로 보아야 한다는 행위설 및 ⑤ 소송이 개시된 때에는 표시설에 의하나 소송 진행 뒤에는 당사자로 행동하였는가 및 누가 절차보장을 받았는지를 기준으로 하여야 한다는 규범분류설의 대립이 있다.

(2) 판 례

판례는 주류적으로 당사자가 누구인가는 소장에 기재된 표시 및 청구의 내용과 원인사실 등 소장의 전취지를 합리적으로 해석하여 확정하여야 한다는 실질적 표시설의 입장에 있다.

(3) 소결론

사안의 경우, 원고 甲은 제소전에 이미 사망한 乙을 피고로 하여 소를 제기하였고, 소송물은 매매대금지급청구로서, 소장에 기재된 표시 및 청구의 내용과 원인사실 등을 합리적으로 해석한다면 당사자는 그 상속인인 丙이라 하여야 할 것이다.
(종래의 수험서대로, '판례가 제소 전 사망 사건의 경우 상속인으로의 당사자표시정정을 인정하고 있다는 점에서 적어도 제소 전 사망 사건의 경우 의사설을 따르고 있는 듯하다.'고 결론을 낼 수도 있음)

3. 제소전 사망을 소송수행 중 발견하여 보정하기 위한 방법
(1) 학 설

소송수행 중 당사자가 사망한 사실을 확인하고 이를 보정하기 위하여, ① 앞서 본 실질적 표시설이나 의사설에 의한다면 동일한 당사자의 표시를 잘못한 것에 불과하므로 당사자표시정정에 의할 수 있다.

그러나, ② 형식적 표시설에 의한다면 당사자는 사망자 乙이고, 乙과 丙은 동일한 법인격이 아니므로 乙에서 丙으로서의 보정을 위하여는 당사자 변경 중 피고경정에 의하여야 한다.

(2) 판 례

판례는 제소전 당사자 사망을 발견한 경우, 당사자표시정정을 허용하고 있다.

(3) 소결론

사안의 경우, 甲의 당사자표시정정신청은 받아들여질 수 있다.

4. 사안의 결론

사안의 경우 원고 甲의 당사자표시정정신청에 대하여 丙이 부적법하다고 하는 주장은 받아들여질 수 없다.

2. 소송대리인에게 소송위임을 한 후 제소전에 당사자가 사망한 경우

「당사자가 사망하더라도 소송대리인의 소송대리권은 소멸하지 아니하므로(민사소송법 제95조 제1호), 당사자가 소송대리인에게 소송위임을 한 다음 소 제기 전에 사망하였는데 소송대리인이 당사자가 사망한 것을 모르고 당사자를 원고로 표시하여 소를 제기하였다면 소의 제기는 적법하고, 시효중단 등 소 제기의 효력은 상속인들에게 귀속된다. 이 경우 민사소송법 제233조 제1항이 유추적용되어 사망한 사람의 상속인들은 소송절차를 수계하여야 한다.(2016.4.29. 선고 2014다210449)」

[1] 당사자가 소송대리인에게 소송위임을 한 다음 소 제기 전 사망하였는데 소송대리인이 이를 모르고 사망한 당사자를 원고로 표시하여 소를 제기한 경우, 소 제기가 적법한지 여부(적극) 및 이때 상속인들이 소송절차를 수계하여야 하는지 여부(적극)

[2] 당사자가 사망하였으나 소송대리인이 있어 소송절차가 중단되지 아니한 경우, 판결이 상속인들 전원에 대하여 효력이 있는지 여부(적극) / 이 경우 항소는 소송수계절차를 밟은 다음에 제기하여야 하는지 여부(원칙적 적극) 및 제1심 소송대리인이 상소제기에 관한 특별수권이 있는 경우, 항소심에서 소송수계절차를 거치면 되는지 여부(적극)

[3] 상속인들에게서 항소심소송을 위임받은 소송대리인이 소송수계절차를 취하지 아니한 채 사망한 당사자 명의로 항소장 등을 제출한 경우, 상속인들이 항소심에서 수계신청을 하고 소송대리인의 소송행위를 추인하면 하자가 치유되는지 여부(적극) 및 이때 추인이 묵시적으로 가능한지 여부(적극)

[판결요지]

[1] 당사자가 사망하더라도 소송대리인의 소송대리권은 소멸하지 아니하므로(민사소송법 제95조 제1호), 당사자가 소송대리인에게 소송위임을 한 다음 소 제기 전에 사망하였는데 소송대리인이 당사자가 사망한 것을 모르고 당사자를 원고로 표시하여 소를 제기하였다면 소의 제기는 적법하고, 시효중단 등 소 제기의 효력은 상속인들에게 귀속된다. 이 경우 민사소송법 제233조 제1항이 유추적용되어 사망한 사람의 상속인들은 소송절차를 수

계하여야 한다.

[2] 당사자가 사망하였으나 소송대리인이 있는 경우에는 소송절차가 중단되지 아니하고 (민사소송법 제238조, 제233조 제1항), 소송대리인은 상속인들 전원을 위하여 소송을 수행하게 되며, 판결은 상속인들 전원에 대하여 효력이 있다. 이 경우 심급대리의 원칙상 판결정본이 소송대리인에게 송달되면 소송절차가 중단되므로 항소는 소송수계절차를 밟은 다음에 제기하는 것이 원칙이다. 다만 제1심 소송대리인이 상소제기에 관한 특별수권이 있어 상소를 제기하였다면 상소제기 시부터 소송절차가 중단되므로 항소심에서 소송수계절차를 거치면 된다.

[3] 소송절차 중단 중에 제기된 상소는 부적법하지만 상소심법원에 수계신청을 하여 하자를 치유시킬 수 있으므로, 상속인들에게서 항소심소송을 위임받은 소송대리인이 소송수계절차를 취하지 아니한 채 사망한 당사자 명의로 항소장 및 항소이유서를 제출하였더라도, 상속인들이 항소심에서 수계신청을 하고 소송대리인의 소송행위를 적법한 것으로 추인하면 하자는 치유되고, 추인은 묵시적으로도 가능하다. (대법원 2016. 4. 2. 선고 2014다210449 판결)

관련기출

• 2024년 변호사

甲은 乙에게 그랜드피아노 10대를 판매하였으나 乙로부터 대금을 지급받지 못하였다. 甲은 乙을 상대로 1억 원의 대금청구의 소를 제기하기 위하여 2022. 2. 10. A변호사를 선임하였고, 소송위임장에 상소제기에 관한 특별수권을 부여하는 내용이 명시되었다.

甲은 2022. 2. 18. 사망하였으나 그 이전에 이미 소송위임장과 소송관련 문서가 완성되어 있었기 때문에 A변호사는 甲의 사망 사실을 알지 못한 채 2022. 2. 25. 乙을 상대로 1억 원의 대금청구의 소를 제기하였다. 제1심 계속 중 甲의 상속인 丙과 丁은 각자 소송수계신청서를 제출하였다. 제1심법원은 심리를 마친 후 상속인 丙과 丁을 원고(소송수계인)로 표시하여 원고 전부패소 판결을 선고하였고, 판결정본은 A변호사와 乙에게 각 송달되었다. A변호사, 丙, 丁은 제1심판결에 대하여 항소를 제기하지 않았다.

甲의 상속인으로는 丙과 丁 이외에 戊가 있었는데, 戊는 해외에 장기 거주하는 관계로 위 소송계속 사실을 알지 못하였으므로, 수계신청이나 항소제기를 한 바는 없었다.

〈문제〉
(1) A변호사가 甲의 사망 이후에 소를 제기한 것이 적법한지와, (2) A변호사에게 판결정본이 송달되어 2주가 경과한 시점에서 戊에 대한 판결이 확정되는지에 대하여 각 판단하고 근거를 서술하시오. (20점)

[문제의 해결]

1. (1)의 해결

(1) 결론

A변호사가 甲의 사망 이후에 소를 제기하는 것은 적법하다.

(2) 근 거
(가) 쟁 점
물음의 쟁점은 소송대리인 선임 후 당사자가 사망한 이후 이를 알지 못한 소송대리인이 소를 제기한 경우, 소 제기 전 당사자의 사망에 준할 것인지 아니면 소송계속 중 당사자의 사망 규정을 유추적용할 것인지가 문제된다.

(나) 관련법리
1) 판례의 태도
「당사자가 사망하더라도 소송대리인의 소송대리권은 소멸하지 아니하므로(민사소송법 제95조 제1호), 당사자가 소송대리인에게 소송위임을 한 다음 소 제기 전에 사망하였는데 소송대리인이 당사자가 사망한 것을 모르고 당사자를 원고로 표시하여 소를 제기하였다면 소의 제기는 적법하고, 시효중단 등 소 제기의 효력은 상속인들에게 귀속된다. 이 경우 민사소송법 제233조 제1항이 유추적용되어 사망한 사람의 상속인들은 소송절차를 수계하여야 한다.(대법원 2016. 4. 29. 선고 2014다210449 판결)」

2) 판례에 반대하는 견해
소 제기 전 당사자가 사망하였다면, 소송대리인이 선임되었다는 사정 여하에 따라 달리 취급할 것 없이 소제기는 부적법하다고 보아야 함이 논리적이라는 이유로 판례에 반대하는 견해도 있다.

(다) 사안의 적용
사안의 경우, 甲은 2022. 2. 10. A변호사를 선임하였고, 이후 甲은 2022. 2. 18. 사망하였으나 A변호사는 甲의 사망 사실을 알지 못한 채 2022. 2. 25. 乙을 상대로 소를 제기하였던 것인 바, 판례의 법리에 입각하여 본다면, 소송대리인 선임행위는 소송행위이고, 이후 당사자의 사망은 소송대리권 불소멸특칙사유에 해당하므로(민사소송법 제95조 제1호), 소송대리권은 여전히 존재한다. 따라서, 소송대리권 있는 소송대리인에 의하여 제기된 이 소는 적법하다.

2. (2)의 해결
(1) 결 론
戊에 대한 판결은 확정되지 않고 상소로 이심된다.

(2) 근 거
(가) 쟁 점
소송대리인이 존재하여 소송절차의 중단 없이 소송이 계속되어 나온 판결의 효력이 공동상속인에게 미치는지, 이후 소송대리인에 의하여 상소가 이루어진 경우 상소인에서 누락된 공동상속인 戊가 발견된 경우, 그 자에 대한 판결은 확정된 것인지 여부가 쟁점이 된다.

(나) 관련법리
1) 당사자 지위의 당연승계 여부
소송계속 중 당사자가 사망한 경우 당사자지위의 당연승계 여부에 관하여 ① 당연승계를 부정하는 견해와 ② 당연승계를 인정하는 견해가 있다.
판례는 「소송대리인은 상속인들 전원을 위하여 소송을 수행하게 된다」고 하여 당연승계를 인정하는 입장에 있다.(대법원 1992. 11. 5. 자 91마342 결정)
따라서, 이후 소송대리인은 공동상속인들을 위한 소송대리인이 된다.

2) 판결의 효력이 미치는 당사자
위 법리에 의하여 당사자지위의 당연승계를 인정한다면, 그 사건의 판결은 상속인들 전원에 대하여 효력이 있다는 것이 판례의 태도이다.(위 결정)
3) 소송대리인에게 상소의 특별수권이 있는 경우, 상소인으로 표시되지 않은 누락 상속인에 관한 부분의 확정 여부
사안과 같은 물품대금채권은 상속인들에게 그 상속분에 의하여 포괄승계되므로, 공동상속인들의 소송은 통상공동소송의 실질을 갖는다. 따라서, 통상공동소송에서 상소하지 않은 나머지 당사자의 부분은 원칙적으로 공동소송인 독립의 원칙에 의하여 분리 확정되어야 하지만, 사안과 같이 공동상속인이 존재함을 모르는 소송대리인이 상소인 표시를 누락한 경우에까지 위와 같이 분리 확정되는 것인지가 문제된다.
이에 관하여 ① 상소인으로 표시되어 있지 아니한 이상 분리 확정된다는 견해와, ② 누락된 공동상속인의 부분은 소송절차가 중단되어 있다고 보자는 중단설 및 ③ 당사자확정의 법리를 상소에도 적용하여 상소인으로 확정하여야 할 자는 상소 전체를 실질적으로 판단하여 그 실질이 상속인들 전원이 상소한 것으로 볼 수 있는 이상 전부 상소가 제기된 것으로 보아야 한다는 확정차단설의 대립이 있다.
판례로는 종래 판결확정이 되었다고 본 예도 있으나, 최근 사실관계가 다른 사안에서 확정차단설의 입장에서, 누락된 공동상속인도 상소당사자의 확정에 따른 법리에 의하여 실질적으로 상소인인 것으로 보아 그 부분도 같이 상소가 이루어진 것으로 보았다.(대법원 2010. 12. 23. 선고 2007다22859 판결)
(다) 사안의 적용
甲의 사망 이후 A는 그 공동상속인들인 丙, 丁, 戊 모두를 위한 소송대리인에 해당하고, 그들을 위하여 수행한 소송에서의 판결은 그들 모두에 대하여 효력이 발생한다. 한편, 소송대리인 A는 상소에 관한 특별수권을 받은 상태이므로, 항소를 제기할 수 있고, 이 때 공동상속인 중 丙과 丁만을 항소인으로 표시하였으나, 사안의 성질은 물품대금채권의 이행청구이고 특별한 사정이 없는 한 戊는 상소를 하지 않을 것이라고 보기는 어려우므로, 항소장의 전체적 취지에 비추어 볼 때, 항소인으로 표시되지 않은 누락 공동상속인 戊에 대한 부분도 항소가 이루어진 것으로 보아야 하므로, 결국, 戊에 대한 부분도 판결은 확정되지 않는다고 보아야 한다.

답 안

1. 문제의 소재
사안의 경우, 원고 甲의 피고 乙에 대한 제소 당시, 피고 乙은 이미 사망한 상태였고, 乙의 정당한 상속인은 丙이었으므로, 甲의 당사자표시정정신청이 가능한지가 당사자의 확정 및 그 보정방법과 관련하여 문제된다.

2. 당사자의 확정
(1) 학 설
당사자확정에 관하여는 ① 소장에 표시된 자를 당사자로 보아야 한다는 형식적 표시설, ② 소

장의 전취지를 합리적으로 해석하여 확정하여야 한다는 실질적 표시설, ③ 원고와 법원의 의사를 기준으로 하여야 한다는 의사설, ④ 실제로 소송을 수행한 자를 당사자로 보아야 한다는 행위설 및 ⑤ 소송이 개시된 때에는 표시설에 의하나 소송 진행 뒤에는 당사자로 행동하였는가 및 누가 절차보장을 받았는지를 기준으로 하여야 한다는 규범분류설의 대립이 있다.

(2) 판 례
판례는 주류적으로 당사자가 누구인가는 소장에 기재된 표시 및 청구의 내용과 원인사실 등 소장의 전취지를 합리적으로 해석하여 확정하여야 한다는 실질적 표시설의 입장에 있다.

(3) 소결론
사안의 경우, 원고 甲은 제소전에 이미 사망한 乙을 피고로 하여 소를 제기하였고, 소송물은 매매대금지급청구로서, 소장에 기재된 표시 및 청구의 내용과 원인사실 등을 합리적으로 해석한다면 당사자는 그 상속인인 丙이라 하여야 할 것이다.
(종래의 수험서대로, '판례가 제소 전 사망 사건의 경우 상속인으로의 당사자표시정정을 인정하고 있다는 점에서 적어도 제소 전 사망 사건의 경우 의사설을 따르고 있는 듯하다.'고 결론을 낼 수도 있음)

3. 제소전 사망을 소송수행 중 발견하여 보정하기 위한 방법

(1) 학 설
소송수행 중 당사자가 사망한 사실을 확인하고 이를 보정하기 위하여, ① 앞서 본 실질적 표시설이나 의사설에 의한다면 동일한 당사자의 표시를 잘못한 것에 불과하므로 당사자표시정정에 의할 수 있다.
그러나, ② 형식적 표시설에 의한다면 당사자는 사망자 乙이고, 乙과 丙은 동일한 법인격이 아니므로 乙에서 丙으로서의 보정을 위하여는 당사자 변경 중 피고경정에 의하여야 한다.

(2) 판 례
판례는 제소전 당사자 사망을 발견한 경우, 당사자표시정정을 허용하고 있다.

(3) 소결론
사안의 경우, 甲의 당사자표시정정신청은 받아들여질 수 있다.

4. 사안의 결론
사안의 경우 원고 甲의 당사자표시정정신청에 대하여 丙이 부적법하다고 하는 주장은 받아들여질 수 없다.

3. 소제기 후 부본송달 전 사망한 경우

소송계속의 성립시기를 부본송달 시로 보는 통설과 판례에 의한다면 제소전의 사망의 경우와 동일하게 처리하면 된다.[58]

4. 소송계속 중 사망한 경우 (아래 참조)

5. 변론종결 후 사망한 경우

(1) 일반

① 이 경우에도 이미 피고는 사망자로 확정이 된 경우이므로 당사자확정의 문제는 없다.
② 소송대리인이 있는 경우에는 특별수권이 없는 한, 판결선고와 판결정본송달까지는 소송절차의 중단 없이 진행이 되므로 특별한 문제는 없다.
③ 소송대리인이 없는 경우에는 소송절차의 중단 중에도 판결선고는 가능하나(제247조 제1항), 그 이후 행위인 판결정본의 송달행위부터는 소송절차가 중단이 되므로 중단을 해소한 이후에야 유효한 송달이 가능하다.[59]

> 피고가 변론종결 후에 사망한 상태에서 판결이 선고된 경우, 망인에 대한 판결정본의 공시 송달은 무효이고, 상속인이 소송절차를 수계하여 판결정본을 송달받기 전까지는 그에 대한 항소제기기간이 진행될 수도 없다고 한 사례 (대법원 2007. 12. 14. 선고 2007다52997판결)

(2) 판결이 확정된 경우의 기판력문제

소송절차중단 이후 적법한 수계신청이 존재하는 경우와 판결확정 이후의 사망의 경우에는 상속인은 제218조 제1항의 변론종결 후의 승계인에 해당하여 기판력을 받게 된다. 그러나 강제집행단계에서는 상속인에 대한 승계집행문을 받아야 한다.

---

58) 다만, 이 때 소송대리인에게의 사건의뢰 후 또는 법원에의 소장발송 이후 당사자가 사망한 경우에는 제233조의 규정을 유추하여 상속인에게의 소송수계를 인정해야 할 것이라는 견해가 있다. 이시윤, 전게서, 123면.
59) 정동윤·유병현, 전게서, 169면.

쟁점 18 소송계속 중 당사자의 사망

Ⅰ. 소송물이 일신전속적이어서 소송이 승계될 성질이 아닌 경우

이 경우에는 소송절차의 중단 문제없이 바로 소송은 종료된다.

Ⅱ. 소송물이 승계될 성질의 것인 경우

1. 상속인 등 소송을 수계할 자가 없는 경우

이 경우는 대립당사자구조가 해소되어 소송이 종료되므로 이에 대한 다툼이 있다면 소송종료선언을 하게 된다.

2. 상속인 등이 존재하는 경우

(1) 소송절차의 중단 및 수계여부의 문제

소송 중 당사자가 사망한 경우 소송절차의 중단 및 수계의 문제로써 **당사자확정의 문제는 없다.**

(2) 당사자지위의 당연승계 인정여부

㈎ 학설

소송계속 중 당사자가 사망한 경우 당사자지위를 상속인이 당연히 승계하는 것인지 여부에 대하여 학설은 ① 형식적 당사자 개념을 인정하면서 실체법상의 포괄승계를 인정함은 옳지 못하므로 당연승계를 인정할 수는 없고 수계절차에 의하여 당사자로 표시가 되어야 당사자지위를 인정할 수 있다는 **당연승계 부정설**60)과 ② 물론, 당사자 사망의 경우 상속인 지위를 당연히 포괄승계받는 것은 아니어야 하지만, 그렇다면 새로운 소송이 필요하게 되는 소송불경제의 문제를 피하기 위하여 법이 당연승계를 인정한 것으로 보아야 한다는 **당연승계 긍정설**61)의 대립이 있다.

㈏ 판례

판례는 **당사자지위의 당연승계를 인정**하고 있다. 따라서 소가 부적법해지는 것은 아니라고 본다.

즉, 「대립당사자 구조를 갖추고 적법한 소가 제기되었다가 소송도중 어느 일방의 당사자가 사망함으로 인해서 그 당사자로서의 자격을 상실하게 된 때에는 그 대립당사자 구조가 없어져 버린 것이 아니고, **그때부터 그 소송은 그의 지위를 당연히 이어 받게 되는 상속인들과의 관계에서 대립당사자 구조를 형성하여 존재하게 되는 것**」이라고 한다.(1995.5.23. 선고 94다28444전합)

---

60) 호문혁.
61) 위 논거는 김용진. 전게서 256면의 요지이다.

(3) 소송대리인이 없는 경우
    (가) 소송절차의 중단
        이 경우에는 소송절차가 중단이 된다. 다만, 중단해소사유인 수계신청 등이 있으면 절차는 속행된다.
    (나) 절차중단의 적용범위
        이는 공동소송이 제기된 경우에 문제가 되는데, 결국 공동소송의 유형에 의하여 결정된다.
        ① 통상공동소송인 경우 : 당해 사망자 측과 그 상대방 사이에서만 소송절차가 중단된다.
        ② 필수적 공동소송인 경우 : 필수적 공동소송인 전부에 대하여 소송절차가 중단된다.
    (다) 절차 중단 중의 소송행위의 효력
        소송절차 중단 중에는 법 제247조에 의하여 인정되는 판결의 선고를 제외하고는 일체의 소송행위를 할 수 없으며, 이 경우 기간의 진행도 정지된다. 따라서 이에 불구하고 어떠한 소송행위가 이루어진 경우 **원칙적으로 위법**한 것이나, 다만 이는 유동적 무효인 것이어서 이후에 적법한 수계절차가 이루어진다면 당해 **하자는 치유**된다.
    (라) 소송절차의 중단을 간과한 판결의 효력
        ① 학설
            이에 대하여는 ⓐ 당사자지위의 당연승계를 긍정하는 입장에서 볼 경우에는 대립당사자구조가 소멸된 경우는 아니므로 결국 적법한 수계인의 참여권한을 배제한 절차상의 위법만이 존재하는 것이기 때문에 소송절차의 중단을 간과한 판결은 **유효판결**로써 **상소**나 **재심**의 대상이 될 뿐이라고 봄이 통설의 태도이다. ⓑ 이에 반하여 판결이 유효하다고 봄은 상속인의 절차권을 침해하는 것이고, 특히, 당사자 지위의 당연승계를 부정하는 입장에서는 당사자 사망 이후에 나온 판결이므로 결국 **무효판결**이라고 보는 견해[62]도 있다.
        ② 판례
            판례는 위법한 유효판결이라는 입장이다. 즉, 「소송계속 중 어느 일방 당사자의 사망에 의한 소송절차 중단을 간과하고 변론이 종결되어 판결이 선고된 경우에는 그 판결은 소송에 관여할 수 있는 적법한 수계인의 권한을 배제한 결과가 되는 **절차상 위법은 있지만** 그 판결이 **당연무효라 할 수는 없고,** 다만 그 판결은 대리인에 의하여 적법하게 대리되지 않았던 경우와 마찬가

---

[62] 박영식. 민사판례연구 1권 290면 참조

지로 보아 대리권흠결을 이유로 **상소 또는 재심**에 의하여 그 취소를 구할 수 있을 뿐이므로, 판결이 선고된 후 적법한 상속인들이 수계신청을 하여 판결을 송달받아 상고하거나 또는 사실상 송달을 받아 상고장을 제출하고 상고심에서 수계절차를 밟은 경우에도 그 수계와 상고는 적법한 것이라고 보아야 하고, 그 상고를 판결이 없는 상태에서 이루어진 상고로 보아 부적법한 것이라고 각하해야 할 것은 아니다.(1995.5.23. 선고 94다28444 전합)」

⑷ **소송수계를 신청할 법원**

수계신청은 중단 당시 소송이 계속된 법원에 하여야 하는데, 종국판결이 송달이 된 이후에는 수계신청을 원심법원에 하여야 하는지 상소법원에 하여야 하는지에 대하여 ① **원심법원설**과 ② **선택설**의 대립이 있으나, 판례는 원심법원 또는 상소심법원에 선택적으로 할 수 있다고 하여 선택설의 입장을 취하고 있다.

(4) 소송대리인이 있는 경우

⑺ **소송절차 중단 없음**

법 제238조는 「소송대리인이 있는 경우에는 제233조 제1항, 제234조 내지 제237조의 규정을 적용하지 아니한다.」고 하여 소송절차의 중단을 인정하지 않고 있다.

즉, 당사자가 사망하였으나 소송대리인이 있어 소송절차가 중단되지 아니한 경우 원칙적으로 소송수계라는 문제가 발생하지 아니하고 소송대리인은 상속인들 전원을 위하여 소송을 수행하게 된다.(→ 당사자 지위의 당연승계를 인정)(1992.11.5. 91마342) 주의할 것은, 당사자가 사망하더라도 소송대리인이 있어 소송절차가 중단되지 않은 경우에는 상속인은 소송절차를 수계하지도 못한다는 뜻으로 풀이될 수는 없으므로(1972.10.31. 72다1271) 수계신청은 할 수 있다.

⑻ **상속인의 소송대리인**

이 경우 소송대리인은 수계절차 없이 바로 피상속인의 당사자의 지위를 이어받은 **상속인의 소송대리인**이 된다.

⑼ **소송대리인에 의한 판결의 효력이 미치는 당사자**

당사자지위의 당연승계를 인정한다면, 「그 사건의 판결은 상속인들 전원에 대하여 효력이 있다.(1992.11.5. 91마342)」

<u>그리고, 이때 상속인이 밝혀진 경우에는 상속인을 소송승계인으로 하여 신당사자로 표시할 것이지만 상속인이 누구인지 모를 때에는 망인을 그대로 당사자로 표시하여도 무방하며, 가령 신당사자를 잘못 표시하였다 하더라도 그 표시가 망인의 상속인, 상속승계인, 소송수계인 등 망인의 상속인임을 나타내는 문구로 되어 있으면 잘못 표시된 당사자에 대하여는 판결의 효력이 미치지 아니하고 여전히 정당한 상속인에 대하여 판결의 효력이 미친다.</u>(1992.11.5. 91마342)

⑷ 소송대리인의 권한 소멸 – 심급대리의 문제

심급대리원칙을 인정하는 입장에서 볼 때, 심급대리의 원칙상 소송대리인에게 상소제기의 특별수권이 없는 한, 판결정본이 송달된 시점부터 당해 소송대리인의 권한은 소멸하므로 이때부터는 다시 소송절차는 중단된다.

⑸ 소송대리인에게 상소의 특별수권이 있는 경우

① 만일 소송대리인에게 상소에 관한 특별수권까지 있다면 판결이 송달된 이후에도 소송절차가 중단되지 않으므로(1992.11.5. 91마342), 소송대리인이 본인을 위하여 상소를 제기하지 않는다면 동 판결은 상소기간의 도과로 확정된다.

② 문제는 예컨대, A와 B의 소송에서 C가 B를 위하여 소송대리를 하고 있던 중, B가 사망하였고, C가 B의 상속인으로 甲과 乙만을 상속인으로 알고 상소하였으나, 차후 丙도 상속인임이 밝혀진 경우, 丙에 대한 소송관계가 어떠한 지이다.

ⓐ 학설

이에 대하여는 ①항소인이 甲과 乙이므로 丙에 대한 판결부분은 확정된다는 **확정설**[63], ②丙에 대한 소송은 중단되어 있는 것으로 보아야 한다는 **중단설**,[64] ③丙에 대한 소송도 확정되지 않고 상소가 제기된 것으로 보아야 한다는 이른바 **확정차단설**이 있다.

ⓑ 판례

판례는 丙에 대한 부분은 판결이 **확정**되었다고 보아야 하므로, 이후 상소심에서 丙에 대한 수계신청은 허용될 수 없다고 본 바 있다.[65]

그러나 최근에는 사실관계가 다소 다른 사안에서 丙에 대한 항소까지 있는 것으로 보았다.[66]

---

63) 이시윤, 정동윤/유병현, 김홍엽 등
64) 호문혁
65) 「이 사건 제1심판결의 효력은 당사자표시에서 누락되었음에도 불구하고 위 망 남○○의 정당한 상속인에게도 그들의 상속지분만큼 미치는 것이고 통상의 경우라면 심급대리의 원칙상 이 판결의 정본이 소송대리인에게 송달된 때에 소송절차는 중단되는 것이며, 소송수계를 하지 아니한 상속인에 관하여는 현재까지도 중단상태에 있다고 할 것이나, 기록에 의하면 이 사건의 경우 망 남○○의 소송대리인이었던 임○○ 변호사는 상소 제기의 특별수권을 부여받고 있었으므로(소송대리위임장에 부동문자로 특별수권이 부여되어 있다) 항소제기기간은 진행된다고 하지 않을 수 없어 제1심판결 중 위 남○○, 남○○의 상속지분에 해당하는 부분은 그들이나 소송대리인이 항소를 제기하지 아니한 채 항소제기기간이 도과하여 이미 그 판결이 확정되었다고 하지 않을 수 없다.(대법원1992.11.5. 자 91마342 결정)」
66) 이 판례가 필수적 공동소송관계라면 모르거니와 그것이 아니라면 문제라는 지적에 이시윤.

제1심 소송계속 중 사망한 당사자의 소송대리인이 제기한 항소가 소송수계인으로 표시되지 아니한 망인의 공동상속인들 모두에게 효력이 미치는 제1심판결 전부에 대하여 제기된 것으로 보아야 하므로 위 항소로 인하여 제1심판결 전부에 대하여 확정이 차단되었음에도 불구하고, 제1심에서 수계신청을 하지 아니한 공동상속인들에 대한 제1심판결이 이미 확정된 것으로 오인하여 위 공동상속인들이 항소심에서 제출한 소송수계신청을 기각한 원심판결을 파기한 사례

제1심 소송계속 중 원고가 사망하자 공동상속인 중 갑만이 수계절차를 밟았을 뿐 나머지 공동상속인들은 수계신청을 하지 아니하여 갑만을 망인의 소송수계인으로 표시하여 원고패소 판결을 선고한 제1심판결에 대하여 상소제기의 특별수권을 부여받은 망인의 소송대리인이 항소인을 제1심판결문의 원고 기재와 같이 "망인의 소송수계인 갑"으로 기재하여 항소를 제기하였고, 항소심 소송계속 중에 망인의 공동상속인 중 을 등이 소송수계신청을 한 사안에서, 수계적격자인 망인의 공동상속인들 전원이 아니라 제1심에서 실제로 수계절차를 밟은 갑만을 원고로 표시한 제1심판결의 효력은 그 당사자표시의 잘못에도 불구하고 당연승계에 따른 수계적격자인 망인의 상속인들 모두에게 미치는 것인데, 위와 같은 제1심판결의 잘못된 당사자표시를 신뢰한 망인의 소송대리인이 판결에 표시된 소송수계인을 그대로 항소인으로 표시하여 그 판결에 전부 불복하는 위 항소를 제기한 이상, 그 항소 역시 소송수계인으로 표시되지 아니한 나머지 상속인들 모두에게 효력이 미치는 위 제1심판결 전부에 대하여 제기된 것으로 보아야 할 것이므로, 위 항소로 인하여 제1심판결 전부에 대하여 확정이 차단되고 항소심 절차가 개시되었으며, 다만 제1심에서 이미 수계한 갑외에 망인의 나머지 상속인들 모두의 청구부분과 관련하여서는 항소제기 이후로 소송대리인의 소송대리권이 소멸함에 따라 민사소송법 제233조에 의하여 그 소송절차는 중단된 상태에 있었다고 보아야 할 것이고, 따라서 원심으로서는 망인의 정당한 상속인인 을 등의 위 소송수계신청을 받아들여 그 부분 청구에 대하여도 심리 판단하였어야 함에도, 을 등이 망인의 당사자 지위를 당연승계한 부분의 제1심판결이 이미 확정된 것으로 오인하여 위 소송수계신청을 기각한 원심판결을 파기한 사례(대법원 2010.12.23. 선고 2007다22859 판결)

관련기출
• 2024년 변호사

甲은 乙에게 그랜드피아노 10대를 판매하였으나 乙로부터 대금을 지급받지 못하였다. 甲은 乙을 상대로 1억 원의 대금청구의 소를 제기하기 위하여 2022. 2. 10. A변호사를 선임하였고, 소송위임장에 상소제기에 관한 특별수권을 부여하는 내용이 명시되었다.
甲은 2022. 2. 18. 사망하였으나 그 이전에 이미 소송위임장과 소송관련 문서가 완성되어 있었기 때문에 A변호사는 甲의 사망 사실을 알지 못한 채 2022. 2. 25. 乙을 상대로 1억 원의 대금청구의 소를 제기하였다. 제1심 계속 중 甲의 상속인 丙과 丁은 각자 소송수계신청서를 제출하였다. 제1심법원은 심리를 마친 후 상속인 丙과 丁을 원고(소송수계인)로 표시하여 원고 전부패소 판결을 선고하였고, 판결정본은 A변호사와 乙에게 각 송달되었다. A변호사, 丙, 丁은 제1심판결에 대하여 항소를 제기하지 않았다.
甲의 상속인으로는 丙과 丁 이외에 戊가 있었는데, 戊는 해외에 장기 거주하는 관계로 위 소송계속 사실을 알지 못하였으므로, 수계신청이나 항소제기를 한 바는 없었다.

〈 문제 〉
(1) A변호사가 甲의 사망 이후에 소를 제기한 것이 적법한지와, (2) A변호사에게 판결정본이 송달되어 2주가 경과한 시점에서 戊에 대한 판결이 확정되는지에 대하여 각 판단하고 근거를 서술하시오. (20점)

답안

1. (1)의 해결

2. (2)의 해결
   (1) 결론
   戊에 대한 판결은 확정되지 않고 상소로 이심된다.
   (2) 근거
   (가) 쟁점
   소송대리인이 존재하여 소송절차의 중단 없이 소송이 계속되어 나온 판결의 효력이 공동상속인에게 미치는지, 이후 소송대리인에 의하여 상소가 이루어진 경우 상소인에서 누락된 공동상속인 戊가 발견된 경우, 그 자에 대한 판결은 확정된 것인지 여부가 쟁점이 된다.
   (나) 관련법리
   1) 당사자 지위의 당연승계 여부
   소송계속 중 당사자가 사망한 경우 당사자지위의 당연승계 여부에 관하여 ① 당연승계를 부정하는 견해와 ② 당연승계를 인정하는 견해가 있다.
   판례는 「소송대리인은 상속인들 전원을 위하여 소송을 수행하게 된다.」고 하여 당연승계를 인정하는 입장에 있다.(대법원 1992. 11. 5. 자 91마342 결정)
   따라서, 이후 소송대리인은 공동상속인들을 위한 소송대리인이 된다.
   2) 판결의 효력이 미치는 당사자
   위 법리에 의하여 당사자지위의 당연승계를 인정한다면, 그 사건의 판결은 상속인들 전원에 대하여 효력이 있다는 것이 판례의 태도이다.(위 결정)

3) 소송대리인에게 상소의 특별수권이 있는 경우, 상소인으로 표시되지 않은 누락 상속인에 관한 부분의 확정 여부

사안과 같은 물품대금채권은 상속인들에게 그 상속분에 의하여 포괄승계되므로, 공동상속인들의 소송은 통상공동소송의 실질을 갖는다. 따라서, 통상공동소송에서 상소하지 않은 나머지 당사자의 부분은 원칙적으로 공동소송인 독립의 원칙에 의하여 분리 확정되어야 하지만, 사안과 같이 공동상속인이 존재함을 모르는 소송대리인이 상소인 표시를 누락한 경우에까지 위와 같이 분리 확정되는 것인지가 문제된다.

이에 관하여 ① 상소인으로 표시되어 있지 아니한 이상 분리 확정된다는 견해와, ② 누락된 공동상속인의 부분은 소송절차가 중단되어 있다고 보자는 중단설 및 ③ 당사자확정의 법리를 상소에도 적용하여 상소인으로 확정하여야 할 자는 상소 전체를 실질적으로 판단하여 그 실질이 상속인들 전원이 상소한 것으로 볼 수 있는 이상 전부 상소가 제기된 것으로 보아야 한다는 확정차단설의 대립이 있다.

판례로는 종래 판결확정이 되었다고 본 예도 있으나, 최근 사실관계가 다른 사안에서 확정차단설의 입장에서, 누락된 공동상속인도 상소당사자의 확정에 따른 법리에 의하여 실질적으로 상소인인 것으로 보아 그 부분도 같이 상소가 이루어진 것으로 보았다.(대법원 2010. 12. 23. 선고 2007다22859 판결)

(다) 사안의 적용

甲의 사망 이후 A는 그 공동상속인들인 丙, 丁, 戊 모두를 위한 소송대리인에 해당하고, 그들을 위하여 수행한 소송에서의 판결은 그들 모두에 대하여 효력이 발생한다. 한편, 소송대리인 A는 상소에 관한 특별수권을 받은 상태이므로, 항소를 제기할 수 있고, 이 때 공동상속인 중 丙과 丁만을 항소인으로 표시하였으나, 사안의 성질은 물품대금채권의 이행청구이고 특별한 사정이 없는 한 戊는 상소를 하지 않을 것이라고 보기는 어려우므로, 항소장의 전체적 취지에 비추어 볼 때, 항소인으로 표시되지 않은 누락 공동상속인 戊에 대한 부분도 항소가 이루어진 것으로 보아야 하므로, 결국, 戊에 대한 부분도 판결은 확정되지 않는다고 보아야 한다.

쟁점 19 조합의 소송수행방안을 논하시오.

조합의 당사자능력		×		-소장- 원고 : 동백홍농계 피고 : 을
조합원 전원의 소송		○	합유 → 실체법상 관리처분권이 공동귀속 → 고유필수적 공동소송(원칙)	-소장- 원고 : A, B, C 피고 : 을
업무집행 조합원이 소송대리인	임의대리	원칙 : × 예외 : ○(중액이하 단독사건 + 법원허가)		-소장- 원고 : A 및 B, C의 소송대리인 업무집행조합원 A 피고 : 을
	법령상 대리	○(다수)	-소장- 원고 : 동백홍농계의 업무집행조합원 A 피고 : 을	-소장- 원고 : A, B, C의 업무집행조합원 A 피고 : 을
업무집행 조합원이 당사자	선정당사자 (법률이 허용한 임의적 소송담당)	○ 단, 조합이 피고인 경우에는 이 방법은 어려움	-소장- 원고(선정당사자) : A 피고 : 을	-별지목록- 선정자 A, B, C
	임의적 소송담당(허용의 명문규정이 없는 경우)	○(즉, 포괄적 관리처분의 수권 또는 고유의 이익이 있는 경우 가능 : 통설·판례)	조합의 경우, 포괄적 관리처분수권이 있는 경우에 해당	-소장- 원고(동백홍농계의 업무집행조합원) : A 피고 : 을

(1) 서설

조합재산은 합유임이 민법 제272조에 의하여 인정되므로 실체법상의 관리처분권설에 의하면 합유물에 대한 보존행위를 제외하고는 소송수행권은 조합원 전원에게 귀속되게 되는 고유필수적 공동소송임이 원칙이 된다.

다만, 이는 소송수행에 있어서 상당히 불편하므로 어떠한 다른 소송수행방안이 있을 수 있는지가 문제된다.

(2) 조합의 간편한 소송수행방안

(가) 조합의 당사자능력

이와 관련하여 학설의 대립은 있으나, 당사자능력이 부정된다는 것이 통설이다.[67] 이에 반하여 조합에 대하여 당사자능력을 인정하는 견해도 있다.[68] 조합과 비법인사단의 구별이 용이하지 않다는 점, 소송수행에 있어서의 번잡함을 피할 수 있다는 점, 대표자나 관리인이 정하여져 있어 외부에 대하여 조직의 존재에 대한 인식이 가능하다면 당사자능력을 부여해도 문제가 발생하지 않는다는 점을 그 근거로 한다.

판례는 민법상의 조합의 실체를 가지고 있다면 소송상의 당사자능력이 없다고 보아 이러한 소는 부적법한소라고 본 바 있다.

민사소송법 제52조가 비법인사단을 전제로 당사자능력을 인정하고 있으므로, 조합의 경우에는 당사자능력을 부정함이 타당하다.

(나) 업무집행조합원이 소송상의 대리인이 되는 경우

변호사 아닌 업무집행조합원이 조합소송에 있어서 소송상의 대리인이 될 수 있는지가 문제된다.

① 업무집행조합원이 소송대리인이 되어 소송을 수행하는 것은 원칙적으로 허용되지 않는다. 다만, 예외적으로 단독사건에서 법원의 허가를 얻은 경우에는 가능하다. (제88조 제1항)

② 문제는 업무집행조합원이 법률상 소송대리인이 되어 소송을 수행할 수 있는지인데, 이에 대하여 ⓐ 민법 제709조에 의하면 조합의 업무를 집행하는 조합원은 그 업무집행의 대리권있는 것으로 추정한다고 규정하고 있으므로, 업무집행조합원이 법령상의 소송대리인이 될 수 있다고 보는 긍정설(다수설)과 ⓑ 상법 제11조와 민법 제709조는 문언상 엄연한 차이가 존재한다는 이유로 부정하는 반대견해(호문혁)가 있다.[69]

---

67) 다만, 변호사법 제58조의26은 법무조합의 경우 민법상의 조합규정이 준용됨에도 불구하고 당사자능력을 인정하고 있는 예외가 있다.
68) 강현중, 김홍규·강태원.
69) 이에 대한 판례로는 다음과 같은 것이 있으나 이 판례는 계약체결의 여부에 대한 문제로서, 법률상 소송대리인이 가능한지 여부에 대한 직접적인 판시로 보이지는 않는다.(민일) 「민법 제709조에 의하면 조합계약으로 업무집행자를 정하였거나 또는 선임한 때에는 그 업무집행조합원은 조합의 목적을 달성하는 데 필요한 범위에서 조합을 위하여 모든 행위를 할 대리권이 있는 것으로 추정되지만, 위 규정은 임의규정이라고 할 것이므로 당사자 사이의 약정에 의하여 조합의 업무집행에 관하여 조합원 전원의 동의를 요하도록 하는 등 그 내용을 달리 정할 수 있고, 그와 같은 약정이 있는 경우에는 조합의 업무집행은 조합원 전원의 동의가 있는 때에만 유효하다 할 것이어서, 조합의 구성원이 위와 같은 약정의 존재를 주장·입증하면 조합의 업무집행자가 조합원을 대리할 권한이 있다는 추정은 깨어지고 업무집행자와 사이

⑷ 업무집행조합원이 스스로 당사자가 되는 방안
① 업무집행조합원이 임의적 소송담당 중 선정당사자가 되어 소송수행하는 방안(제53조)
조합의 경우에는 제65조 전단 중 소송목적이 되는 권리나 의무가 여러 사람에게 공통되는 경우에 해당하므로 결국, 민사소송법 제53조 제1항에 의하여 업무집행조합원이 선정당사자가 되어 하는 소송수행은 가능하다.
② 업무집행조합원이 임의적 소송담당을 하는 방안
㉮ 문제점
임의적 소송담당이란 본래의 권리의무의 귀속주체에게서 소송수행권을 부여받아 제3자가 당사자로서 소송을 수행하는 것을 의미하는데, 명문규정이 없는 경우에 있어서도 임의적 소송담당을 인정할 수 있는지에 대하여는 임의소송금지, 소송신탁금지 및 변호사대리원칙에의 위배문제가 발생하므로 그 허용여부가 문제된다.
㉯ 다수설
법 제87조의 변호사대리원칙과 신탁법 제7조상의 소송신탁금지를 잠탈할 염려가 없고 이를 인정할 만한 합리적인 이유가 있는 경우에는 임의적 소송담당도 인정될 수 있다는 견해로, 이 때 합리적인 필요가 있는 경우로는 포괄적 관리·처분의 수권과 수탁자 고유의 이익이 존재하는 경우를 들고 있다.
㉰ 판례
판례도 다수설과 마찬가지의 태도를 보이고 있다. 즉, 「임의적 소송신탁은 우리나라 법제하에서는 그 허용되는 경우라는 것은 극히 제한적이라고 밖에 할 수 없을 것이나 **탈법적 방법에 의한 것이 아니고**(소송대리를 변호사에 한하게 하고 소송신탁을 금지하는 것을 피하는 따위) 이를 **인정하는 합리적 필요가 있다**고 인정되는 경우가 있을 것이므로 따라서 민법상의 조합에 있어서 조합규약이나 조합결의에 의하여 자기의 이름으로 조합재산을 관리하고 대외적 업무를 집행할 권한을 수여받은 **업무집행조합원은 조합재산에 관한 소송에 관하여 조합원으로부터 임의적 소송신탁을 받아 자기의 이름으로 소송을 수행하는 것은 허용된다.**」고 하였다.

> **업무집행조합원의 임의적 소송담당은 허용**
> 민사소송중 재산권상의 청구에 관하여는 소송물인 권리 또는 법률관계에 관하여 관리처분권을 갖는 권리주체에게 당사자적격이 있다고 함이 원칙이나 비록 제3자라고 하더라도 법률이 정하는 바에 따라 일정한 권리나 법률관계에 관하여 당사자적격이 부여되는 경우와 본래의 권리주체로부터 그의 의사에 따라 소송수행권을 수여 받음으로써 당

에 법률행위를 한 상대방이 나머지 조합원에게 그 법률행위의 효력을 주장하기 위하여는 그와 같은 약정에 따른 조합원 전원의 동의가 있었다는 점을 주장·입증할 필요가 있다. (대법원 2002. 1. 25. 선고 99다62838 판결)」

> 사자적격을 인정하는 경우도 허용된다고 풀이할 것이다. 물론 이와 같은 임의적 소송신탁은 우리나라 법제하에서는 그 허용되는 경우라는 것은 극히 제한적이라고 밖에 할 수 없을 것이나 탈법적 방법에 의한 것이 아니고(소송대리를 변호사에 한하게 하고 소송신탁을 금지하는 것을 피하는 따위)이를 인정하는 합리적 필요가 있다고 인정되는 경우가 있을 것이므로 따라서 민법상의 조합에 있어서 조합규약이나 조합결의에 의하여 자기의 이름으로 조합재산을 관리하고 대외적 업무를 집행할 권한을 수여받은 업무집행조합원은 조합재산에 관한 소송에 관하여 조합원으로부터 임의적 소송신탁을 받아 자기의 이름으로 소송을 수행하는 것은 허용된다고 할 것이다.(대법원 1984.2.14. 선고 83다카1815 판결)

③ 소송행위를 주목적으로 다른 조합원들로부터 채권을 양수하는 방안 이는 강행법규에 위반한 소송신탁이므로 허용되지 않는다.

(3) 조합의 당사자능력흠결을 간과한 판결의 효력

(가) 판결의 효력

① 조합의 당사자능력이 부정된다면 이를 간과한 판결은 무효판결이어야 한다고 보는 견해(호문혁)와 ② 조합의 경우는 당사자가 부존재(비실재인이거나 사망자인 경우)한 경우와는 다르며, 사회적 실재가 인정되므로 판결을 당연무효로까지 보기는 어렵다는 이유로, 조합에 판결의 효력이 미친다는 유효설이 다수설의 태도이다.

(나) 간과판결에 대한 구제책

① 판결 확정 전

판결이 유효라는 견해에 의할 때, 판결이 확정되기 전이라면 당사자능력 간과의 위법은 있으므로 이를 이유로 상소를 제기할 수 있다.

② 판결 확정 후

판결이 유효하다는 유효설의 태도에 있어서도 이것을 재심사유로 삼을 수 있는가에 대하여는 다시 견해가 대립되어 있다.70)

이에 대하여는 ⓐ 재심가능설도 있으나, ⓑ 다수설은 조합의 경우 일단 사회생활단위로서 소송상 행동하여 판결을 받은 것이기 때문에 다시 재심의 소로 다툴 이익이 없다는 이유로 재심사유로서 소송능력의 흠이라는 법 제451조 제1항 3호의 사유를 유추적용하기 어렵다는 점을 들어 재심도 불가능하다는 재심불가설의 입장이다.

---

70) 판결이 무효라는 견해에 의하면 재심은 인정되지 않게 된다.

관련기출
• 2014년 공인노무사

근로자 甲은 해고를 당한 후 사용자인 乙회사를 상대로 해고무효 확인의 소를 제기하고자 한다. 그런데 乙회사는 명칭만 회사일 뿐 A, B, C 3인이 공동으로 출자해서 설립한 민법상 조합에 불과하다. 다음 물음에 답하시오. (50점) (다만 아래 각 지문은 상호 무관함)

(1) 甲은 乙회사를 피고로 해서 해고무효 확인의 소를 제기할 수 있는지 논하시오. (25점)

답안

1. 설문 (1)의 해결

(1) 문제점

설문은 민법상 조합을 피고로 한 소제기가 가능한지에 대한 것으로, 조합의 소송수행방안 중 조합의 당사자능력에 관한 문제이다.

(2) 조합의 당사자능력 인정 여부

민법상 조합에 불과한 단체에 대하여 당사자능력을 인정할 수 있는가와 관련하여 학설의 대립은 있으나, 당사자능력이 부정된다는 것이 통설이다.[71] 이에 반하여 조합에 대하여 당사자 능력을 인정하는 견해도 있다.[72] 조합과 비법인사단의 구별이 용이하지 않다는 점, 소송수행에 있어서의 번잡함을 피할 수 있다는 점, 대표자나 관리인이 정하여져 있어 외부에 대하여 조직의 존재에 대한 인식이 가능하다면 당사자능력을 부여해도 문제가 발생하지 않는다는 점을 그 근거로 한다.

판례는 민법상의 조합의 실체를 가지고 있다면 소송상의 당사자능력이 없다고 보아 이러한 소는 부적법한 소라고 본 바 있다.

민사소송법 제52조가 비법인사단을 전제로 당사자능력을 인정하고 있으므로, 조합의 경우에는 당사자능력을 부정함이 타당하다.

2. 사안의 경우

위에서 살펴본 바와 같이, 민법상 조합에 불과한 단체는 당사자능력을 인정할 수 없으므로, 이 사안에서 원고 甲이 乙회사 자체를 당사자로 하여 소를 제기할 수는 없고, 만일 이러한 소를 제기하였다면 당사자능력이 없는 자를 상대로 한 소로써 부적법하여 각하판결의 대상이 된다.

---

[71] 다만, 변호사법 제58조의26은 법무조합의 경우 민법상의 조합규정이 준용됨에도 불구하고 당사자능력을 인정하고 있는 예외가 있다.
[72] 강현중, 김홍규·강태원.

쟁점 20 이행의 소에 있어서의 당사자적격

1. **일반**

   이행의 소에 있어서의 당사자적격은 원칙적으로 원고의 주장 자체에 의하여 당사자적격의 유무가 판단되며, 그 판단은 청구의 당부의 판단에 흡수되는 것이니, 자기의 급부청구권을 주장하는 자가 정당한 원고이고, 의무자라고 주장된 자가 정당한 피고이다.(1994.6.14. 선고 94다14797) 즉, 이 경우 이행청구권이 실제로 존재하는지 혹은 피고의 이행의무가 실제로 존재하는지는 본안에서 판단할 문제이므로, 본안판단 결과 원고에게 이행청구권이 존재한다면 청구인용이 될 것이고, 원고에게 이행청구권이 존재하지 않거나 피고에게 이행의무가 존재하지 않는다면 청구기각의 판결을 하여야 하는 것이므로, 소각하 판결을 하여서는 안 된다.

2. **예외적인 판례**

   (1) 판례

   다만, 판례는 예외적으로 ① 등기의무자, 즉 등기부상의 형식상 그 등기에 의하여 권리를 상실하거나 기타 불이익을 받을 자(등기명의인이거나 그 포괄승계인)가 아닌 자를 상대로 한 등기의 말소절차이행을 구하는 소는 당사자적격이 없는 자를 상대로 한 부적법한 소이다.(2009.10.15. 2006다43903; 1994.2.25. 선고 93다39225)라고 한 바 있으며, ② 가등기의 이전에 의한 부기등기는 기존의 가등기에 의한 권리의 승계관계를 등기부상에 명시하는 것뿐으로 그 등기에 의하여 새로운 권리가 생기는 것이 아닌 만큼 가등기의 말소등기청구는 양수인만을 상대로 하면 족하고, 양도인은 그 말소등기청구에 있어서의 피고적격이 없다(2000.4.11. 선고 2000다5640; 1994.10.21. 선고 94다17109)고 판단한 바 있다.[73]

   마찬가지로 ③ 「등기명의인 아닌 사람을 상대로 권리변경등기나 경정등기에 대한 승낙의 의사표시를 청구하는 소는 당사자적격이 없는 사람을 상대로 한 부적법한 소이다.(대법원 2015.12.10. 선고 2014다87878 판결)」

   (2) 반대견해

   판례에 반대하는 견해는 이는 당사자적격을 그르친 경우가 아니라 피고본안적격을 그르친 경우라 하여야한다고 본다.(통설)

---

73) 법원행정처, 전게서 264면. 이러한

쟁점 21 채권자대위소송의 소송법상 제문제

소쟁점 채권자대위소송의 법적성질 및 당사자적격

1. 의의

   채권자대위소송의 법적 성질이 제3자의 소송담당인지 여부에 대하여는 다음과 같은 견해의 대립이 있다.

2. 학설

   (1) 병행형 소송담당설

   채권자대위권은 채무자의 권리를 대위행사하는 것으로서, 그 소송물은 채무자의 제3자에 대한 권리이므로 채권자대위소송의 법적 성질은 제3자의 소송담당으로 우리 민법이 인정하고 있다고 보며, 이 때 채무자의 소송수행권도 인정되므로 병행형 소송담당이라는 견해이다.

   이 견해에 의하면 채권자대위소송에서 ① 채권자의 피보전채권의 존재 여부, ② 채무자가 이미 자신의 권리를 행사하였는가 및 ③ 보전의 필요성의 문제는 당사자적격의 문제이므로 피보전채권이 존재하지 않는다면 소는 부적법하게 된다고 본다.

   (2) 채권자의 고유권리설

   채권자대위소송은 채무자를 위하여 채권자가 그 권리를 행사하는 것이 아니라, 채권자 고유의 이익을 위하여 제기하는 것이므로 이는 소송담당으로 보기 어렵다는 견해이다. 이 견해에 의하면 채권자대위소송에서 피보전채권의 존재 여부는 본안의 문제이지 당사자적격의 문제는 아니라고 본다.

   (3) 절충설(김홍엽)

   채권자대위소송의 사실을 채무자가 알기 전에는 병행형 소송담당, 안 후에는 민법 제405조 제2항으로 인하여 채무자라도 그 권리를 처분해서는 안되므로 갈음형 소송담당이라는 견해이다.

3. 판례

   판례는 ① 채권자대위소송에 있어서 대위에 의하여 보전될 채권자의 채무자에 대한 권리가 인정되지 아니할 경우에는 채권자 스스로 원고가 되어 채무자의 제3채무자에 대한 권리를 행사할 **당사자적격이 없게** 되므로 그 대위소송은 **부적법하여 각하**될 수밖에 없다 (대법원 1990.12.11. 선고 88다카4727 판결)고 하여 법정소송담당이라는 입장이다.

   마찬가지로 ② 채권자대위권은 채무자가 제3채무자에 대한 권리를 행사하지 아니하는 경우에 한하여 채권자가 자기의 채권을 보전하기 위하여 행사할 수 있는 것이어서 채권자가 대위권을 행사할 당시는 이미 채무자가 권리를 재판상 행사하였을 때에는 설사 패소의 본안판결을 받았더라도 채권자는 채무자를 대위하여 채무자의 권리를 행사할 **당사자적격이 없다**(대법원 1992.11.10 선고 92다30016 판결)고 하여 역시 법정소송담당설의 입장이다.

소쟁점　채권자대위소송과 중복제소의 문제

1. 채권자대위소송 계속 중에 채무자가 동일 내용의 후소를 제기한 경우
   (1) 학설
      (가) 중복소송부정설
         채권자대위소송의 법적 성질을 **소송담당으로 보지 않는 태도**로 결국 채권자대위소송은 자기의 실체법상의 권리인 채권자대위권을 행사하는 것이므로 채권자대위소송과 채무자의 소송은 서로 소송물 자체가 달라서 기판력이 미치지 않으므로 중복소송으로 볼 수 없다는 견해이다.
      (나) 중복소송해당설(다수설·판례)
         당사자는 동일하지 않지만, 채권자대위소송의 법적 성질은 법정소송담당이므로 결국 기판력을 받는 관계에 있기 때문에 중복소송에 해당한다는 견해이다.
      (다) 제한적(한정적) 긍정설
         채무자는 채권자대위소송의 계속을 **알았을 때에 한하여** 기판력을 받는다는 것이 대법원의 태도라면 이를 논리적으로 관철한다면 채무자가 알았을 경우 중복소송에 해당할 것이고, 그러하지 않은 경우라면 기판력이 미치는 관계가 아니어서 중복제소에 해당하지 않을 것이라는 견해이다.
   (2) 판례
      판례는 「채권자가 채무자를 대위하여 제3채무자를 상대로 제기한 채권자대위소송이 법원에 계속중 채무자와 제3채무자 사이에 채권자대위소송과 소송물을 같이하는 내용의 소송이 제기된 경우, 양 소송은 동일소송이므로 **후소는 중복제소금지원칙에 위배되어 제기된 부적법한 소송**이라 할 것이나, 이 경우 전소, 후소의 판별기준은 소송계속의 발생시기의 선후에 의할 것이다.(1992.5.22. 선고 91다41187)」고 판시하여, 이 경우 채무자가 채권자대위소송이 진행 중임을 알았는지 여부에 불문하고 중복제소에 해당한다고 본다.
   (3) 검토 – 판례의 태도에 대한 비판
      기판력에 관하여는 채무자가 알았던 경우에만 기판력이 미친다고 보는 판례의 태도

에 비추어 볼 때, 중복제소에 있어서는 채무자가 채권자대위소송의 계속 중임을 알았는지에 불구하고 중복제소에 해당한다고 보는 판례의 태도는 논리 일관적이지 못하다는 비판이 가해지고 있다.

2. 채무자 자신의 자기 권리에 관한 소송이 계속 중에 채권자가 채권자대위소송을 제기하는 경우

   (1) 학설

   (가) 중복소송부정 및 청구기각설
   채권자대위소송이 **소송담당이 아니라** 채권자의 고유한 실체법상의 권리라는 전제 하에 중복제소는 아니고 실체법상의 요건불비이므로 결국 청구기각함이 타당하다는 견해이다.

   (나) 중복소송부정 및 소각하설 (최근 판례)
   이 경우는 채권자대위소송의 **당사자적격의 문제**로 보아 부적법 각하하여야 한다는 견해이다.

   (다) 중복소송해당설(판례·통설)
   이 경우에 판례는 중복소제기에 해당한다고 보며 통설도 마찬가지이다. 그 이론적 설명으로는 판결의 효력 중 반사효를 받는 관계이기 때문으로 본다.

   (2) 판례

   종래 판례는 「채권자가 채무자를 상대로 제기한 소송이 계속 중 제3자가 채권자를 대위하여 같은 채무자를 상대로 청구취지 및 원인을 같이하는 내용의 소송을 제기한 경우에는 양 소송은 동일소송이므로 후소는 중복제소금지규정에 저촉된다.(1981.7.7. 선고 80다2751)」고 하여 **중복제소**로 인정하고 있었다.

   그러나 최근 ①「채권자대위권은 채무자가 제3채무자에 대한 권리를 행사하지 아니하는 경우에 한하여 채권자가 자기의 채권을 보전하기 위하여 행사할 수 있는 것이어서 채권자가 대위권을 행사할 당시는 이미 채무자가 권리를 재판상 행사하였을 때에는 설사 패소의 본안판결을 받았더라도 채권자는 채무자를 대위하여 채무자의 권리를 행사할 **당사자적격이 없다.**(대법원 1992.11.10. 선고 92다30016 판결)」거나 또는 ②「채권자대위권은 채무자가 제3채무자에 대한 권리를 행사하지 아니하는 경우에 한하여 채권자가 자기의 채권을 보전하기 위하여 행사할 수 있는 것이어서, 채권자가 대위권을 행사할 당시에 이미 채무자가 그 권리를 재판상 행사하였을 때에는 **채권자는 채무자를 대위하여 채무자의 권리를 행사할 수 없다.**(대법원 2009.3.12. 선고 2008다65839 판결)」고 하여74) 후소인 채권자대위소송을 **당사자적격을 상실한 부적법한 소**로 보고 있다.

---

74) 「그런데 비법인사단이 사원총회의 결의 없이 제기한 소는 소제기에 관한 특별수권을 결하여 부적법하고, 그 경우 소제기에 관한 비법인사단의 의사결정이 있었다고 할 수 없다. 따라서 비법인사단인 채무자 명의로 제3채무자를 상대로 한 소가 제기되었으나 사원총회의 결의 없이 총유재산에 관한 소가 제기되었다는 이유로 각하판결을 받고 그 판결이 확정된 경우에는 채무자가 스스로 제3채무자에 대한 권

3. 채권자대위소송의 계속 중 다른 채권자가 또 다시 채권자대위소송을 제기하는 경우

(1) 학설

(가) 중복소송부정설
채권자대위소송의 법적 성질을 **소송담당으로 보지 않는 태도**로 결국 채권자대위소송은 자기의 실체법상의 권리인 채권자대위권을 행사하는 것이므로 어느 채권자의 대위소송과 다른 채권자의 대위소송은 ① 서로 당사자가 다르고 ② 소송물도 달라서 기판력이 미치지 않으므로 중복소송으로 볼 수 없다는 견해이다.

(나) 중복소송해당설(다수설·판례)
당사자는 동일하지 않지만, 채권자대위소송의 법적 성질은 **법정소송담당**이므로 결국 두 경우 모두 피대위권리가 소송물이라는 점이 동일하므로 중복소송이라고 보아야 한다는 견해이다.

(다) 제한적(한정적) 긍정설
채무자는 채권자대위소송의 계속을 **알았을 때에 한하여** 기판력을 받는다는 것이 대법원의 태도라면 이를 논리적으로 관철한다면 채무자가 알았을 경우 중복소송에 해당할 것이고, 그러하지 않은 경우라면 기판력이 미치는 관계가 아니어서 중복제소에 해당하지 않을 것이라는 견해이다.

(2) 판례
「채권자대위소송의 계속 중 다른 채권자가 같은 채무자를 대위하여 같은 제3채무자를 상대로 법원에 출소한 경우 두 개 소송의 소송물이 같다면 나중에 계속된 소는 중복제소금지의 원칙에 위배하여 제기된 부적법한 소가 된다 할 것(이다)(1994.11.25. 선고 94다12517,94다12524)」고 본다.

(3) 검토
먼저 ① 기판력에 대한 판례의 태도를 논리일관하여 간다면 한정적 긍정의 결론을 취하여야 할 것인데, 채무자가 알았는지 여부를 불구하고 중복제소에 해당한다고 보는 것은 논리적으로 일관적이지 못한 태도인 것으로 보이지만, ② 대위채권자들 상호간에는 반사효가 미치게 되어 공동소송참가를 할 수 있는 관계이므로 판결의 모순·저촉을 피하기 위하여는 중복소송이라고 보아야 한다는 견해가 타당하다고 보여진다.

리를 행사한 것으로 볼 수 없다.(대법원 2018. 10. 25. 선고 2018다210539 판결)」

> **주의!) 채권자대위소송 계속 중 다른 채권자가 동일한 채무자를 대위하여 채권자대위권을 행사하면서 공동소송참가신청을 한 경우, 참가신청이 적법한지 여부(한정 적극) 및 원고가 일부 청구임을 명시하여 피대위채권의 일부만을 청구한 것으로 볼 수 있는 경우, 참가인의 공동소송참가신청이 적법한지 여부(원칙적 적극)**
>
> 채권자대위소송이 계속 중인 상황에서 다른 채권자가 동일한 채무자를 대위하여 채권자대위권을 행사하면서 공동소송참가신청을 할 경우, 양 청구의 소송물이 동일하다면 민사소송법 제83조 제1항이 요구하는 '소송목적이 한쪽 당사자와 제3자에게 합일적으로 확정되어야 할 경우'에 해당하므로 참가신청은 적법하다. 이때 양 청구의 소송물이 동일한지는 채권자들이 각기 대위 행사하는 피대위채권이 동일한지에 따라 결정되고, 채권자들이 각기 자신을 이행 상대방으로 하여 금전의 지급을 청구하였더라도 채권자들이 채무자를 대위하여 변제를 수령하게 될 뿐 자신의 채권에 대한 변제로서 수령하게 되는 것이 아니므로 이러한 채권자들의 청구가 서로 소송물이 다르다고 할 수 없다. 여기서 원고가 일부 청구임을 명시하여 피대위채권의 일부만을 청구한 것으로 볼 수 있는 경우에는 참가인의 청구금액이 원고의 청구금액을 초과하지 아니하는 한 참가인의 청구가 원고의 청구와 소송물이 동일하여 중복된다고 할 수 있으므로 소송목적이 원고와 참가인에게 합일적으로 확정되어야 할 필요성을 인정할 수 있어 참가인의 공동소송참가신청을 적법한 것으로 보아야 한다.(대법원 2015.7.23. 선고 2013다30301 판결)

소쟁점   채권자대위소송과 기판력

1. **채권자대위소송의 기판력이 채무자에게 미치는지**

   (1) **학설**

   이에 대하여 ① 이 경우의 채권자는 소송담당자가 아니라는 이유로 채무자에게 **기판력이 미치지 않는다는 부정설**, ② 병행형 소송담당자로서 그 권리귀속주체인 채무자에게도 기판력이 미친다는 **긍정설** 및 ③ 채무자가 고지 등을 받아 채권자대위소송이 진행 중임을 알았을 경우라면 기판력이 채무자에게도 미친다는 **절충설**(판례)의 견해대립이 있다.

   (2) **판례**

   채무자가 고지 등을 받아 채권자대위소송이 진행 중임을 알았을 경우라면 기판력이 채무자에게도 미친다는 절충설의 입장에 있다.

   즉,「채권자가 채권자대위권을 행사하는 방법으로 제3채무자를 상대로 소송을 제기하고 판결을 받은 경우에는 **어떠한 사유로 인하였던 적어도 채무자가** 채권자 대위권에 의한 소송이 제기된 사실을 알았을 경우에는 그 판결의 효력은 채무자에게 미친다.(1975.5.13. 74다1664전합판)」고 한다.

다만, 이는 채권자대위소송에서 피대위권리에 대한 본안판단이 있는 경우를 의미하므로, 채권자대위소송에서 피보전채권이 존재하지 않는다는 이유로 소각하판결을 받아 확정된 경우까지 이후 제기된 채무자의 제3채무자에 대한 소에 기판력이 미친다는 의미는 아니다.(2014.1.23. 2011다108095)

2. 채무자가 제3채무자를 상대로 한 소송의 판결이 채무자의 채권자가 동일한 제3채무자를 상대로 한 채권자대위소송에 미치는지

   (1) 학설

   ① 법률요건적 효력설

   채권자대위소송의 법적 성질을 소송담당이 아닌 채권자의 **고유권**이라는 입장에서, 채무자의 권리불행사가 있어야 한다는 것은 채권자대위권의 요건이므로, 이 경우 채권자대위권의 **요건을 흠결하여 청구기각**을 하여야 한다는 견해이다.

   ② 기판력 긍정설

   채권자대위소송의 법적 성질을 소송담당으로 보는 입장에서 채무자의 확정판결 이후 다시 대위소송을 제기하는 채권자도 채무자와 동일하다고 보아야 하므로 기판력이 미친다는 견해이다.

   ③ 반사효설

   채권자대위소송의 법적 성질을 소송담당으로 보면서도, 이 경우는 기판력의 문제가 아닌 반사효가 미치는 관계라 보아야 한다는 견해이다.

   ④ 당사자적격흠결설

   채권자대위소송의 법적 성질을 소송담당으로 보는 입장에서도 이 경우는 채권자대위소송을 제기하기 위한 **당사자적격의 흠결로 보아 각하**하여야 한다는 견해이다.

   (2) 판례

   종래 판례는 「채권자가 채무자를 대위하여 제3자를 상대로 제기한 소송과 이미 판결 확정이 되어 있는 채무자와 그 제3자간의 기존 소송이 당사자만 다를 뿐 실질적으로 동일 내용의 소송이라면, 위 확정판결의 효력이 채권자대위권행사에 의한 소송에 미친다.(1979.3.13. 76다688)」고 보고 있다.

   그러나 최근 「채권자대위권은 채무자가 제3채무자에 대한 권리를 행사하지 아니하는 경우에 한하여 채권자가 자기의 채권을 보전하기 위하여 행사할 수 있는 것이기 때문에 채권자가 대위권을 행사할 당시 이미 채무자가 그 권리를 재판상 행사하였을 때에는 설사 패소의 확정판결을 받았더라도 채권자는 채무자를 대위하여 채무자의 권리를 행사할 당사자적격이 없다.(1993.3.26. 92다32876)」고 하여 당사자적격의 문제로 본 바도 있다.

3. 채권자대위소송의 기판력이 다른 채권자의 채권자대위소송에 미치는지

(1) 학설

① **기판력이 미치지 않는다는 견해**

채권자대위소송의 법적 성질을 소송담당이 아닌 채권자의 **고유권**이라는 입장에서, 채권자들이 각각 고유의 권리를 행사하는 경우이므로 기판력이 미치지 않는다는 견해이다.

② **기판력이 미친다는 견해**

채권자대위소송의 법적 성질이 소송담당이라는 입장에서, 이 경우에도 기판력의 확장을 인정할 필요가 있다는 견해로, 결국 소송물은 동일하다는 이유에서이다.

③ **채무자가 알았던 경우에만 기판력이 미친다는 견해**

채권자대위소송이 진행되었음을 채무자가 알아서 채무자에 대한 기판력이 발생한다면 다른 채권자에게도 기판력이 확장된다는 견해이다.

④ **반사효설**

이 경우에는 기판력이 미치는 주관적 범위에 속한다고 보기는 어려우므로, 반사효가 미치는 것으로 보자는 견해이다.

(2) 판례

판례는 채무자가 알았던 경우에는 기판력이 미친다는 입장이다.

즉,「어느 채권자가 채권자대위권을 행사하는 방법으로 제3채무자를 상대로 소송을 제기하여 판결을 받은 경우, **어떠한 사유로든 채무자가 채권자대위소송이 제기된 사실을 알았을 경우**에 한하여 그 판결의 효력이 채무자에게 미치므로, 이러한 경우에는 그 후 다른 채권자가 동일한 소송물에 대하여 채권자대위권에 기한 소를 제기하면 전소의 기판력을 받게 된다고 할 것이지만, 채무자가 전소인 채권자대위소송이 제기된 사실을 알지 못하였을 경우에는 전소의 기판력이 다른 채권자가 제기한 후소인 채권자대위소송에 미치지 않는다.(1994.8.12. 93다52808)」고 한다.

관련기출
• 2012년 공인노무사

A는 甲에 대하여 1년치 임금을 체불하고 있었다. A는 자신의 명의로 되어 있는 재산이 거의 없고 다만 乙에 대하여 매매대금 채권을 가지고 있을 뿐이었는데, 이 채권의 변제기가 도래하였는데도 그 지급을 청구하지 않았다. 이에 甲은 A가 乙에 대하여 갖고 있는 위 채권을 대위행사하여 乙을 피고로 하는 소를 제기하였다. 그러나 甲의 청구를 기각하는 판결이 선고되었다. 승소 가능성이 적다고 판단한 甲은 항소를 제기하지 않았고, 결국 판결이 확정되었다. 이 판결의 기판력이 A에게도 미치는지 논하시오. (50점)

> **답안**
>
> 1. 문제의 소재
>   설문의 사안은 채권자가 제기한 채권자대위소송의 기판력이 채무자에게 미치는지에 대한 문제이다.
>
> 2. 채권자가 제기한 대위소송의 기판력이 채무자에게 미치는지
>   (1) 학 설
>   (2) 판례의 태도
>
> 3. 사안의 경우
>   웬만하면 판례의 태도에 따라 결론을 낼 것!!!

소쟁점 채권자대위소송과 재소금지

1. 문제의 소재

채권자대위소송을 제기한 대위채권자가 본안종국판결 이후 소를 취하한 후, 채무자가 소를 제기한 경우, 소취하 이후의 제소금지규정이 적용되는가가 문제이다.

2. 학 설

학설로는 ① 채권자대위소송의 법적 성질을 소송담당으로 보는 전제 하에 기판력에서와 궤를 같이 하여 피대위자인 채무자가 채권자대위소송이 제기된 사실을 알았다면 이후 채무자의 소제기는 금지되는 재소라고 보는 견해와 ② 채권자대위소송의 법적 성질을 채권자의 고유권으로 보는 전제하에 재소금지의 제재규정의 적용을 받지 않는다는 견해[75]로 나뉜다.

3. 판 례

판례는「채권자대위권에 의한 소송이 제기된 사실을 피대위자가 **알게 된 이상**, 그 대위소송에 관한 종국판결이 있은 후 그 소가 취하된 때에는 피대위자도 (…) 재소금지규정의 적용을 받아 그 대위소송과 동일한 소를 제기하지 못한다.(1996.9.20. 선고 93다20177·20184)」는다고 본다.

---

75) 송상현·박인환. 488면 ; 호문혁. 650면.

쟁점 22 임의적 소송담당

1. **의의**

    권리관계의 주체인 자가 그의 의사에 의하여 자기의 권리에 대한 소송수행권을 부여한 경우를 임의적 소송담당이라 한다.

2. **법률이 명문으로 임의적 소송담당을 인정한 경우**

    법률규정에 의하여 임의적 소송담당을 인정한 경우로는 ① 선정당사자(제53조), ② 추심위임배서의 피배서인(어음법제18조) 및 ③ 금융기관의 연체대출금의 회수위임을 받은 한국자산관리공사 등이 있다.

3. **명문규정이 없는 경우**

    (1) **문제점**

    임의적 소송담당이란 본래의 권리의무의 귀속주체에게서 소송수행권을 부여받아 제3자가 당사자로서 소송을 수행하는 것을 의미하는데, 명문규정이 없는 경우에 있어서도 임의적 소송담당을 인정할 수 있는지에 대하여는 임의소송금지, 소송신탁금지 및 변호사대리원칙에의 위배문제가 발생하므로 그 허용여부가 문제된다.

    (2) **다수설**

    법 제87조의 변호사대리원칙과 신탁법 제7조상의 소송신탁금지를 잠탈할 염려가 없고 이를 인정할 만한 합리적인 이유가 있는 경우에는 임의적 소송담당도 인정될 수 있다는 견해로, 이 때 합리적인 필요가 있는 경우로는 포괄적 관리·처분의 수권과 수탁자 고유의 이익이 존재하는 경우를 들고 있다.

    (3) **판례**

    판례도 다수설과 마찬가지의 태도를 보이고 있다. 즉, 「임의적 소송신탁은 우리나라 법제하에서는 그 허용되는 경우라는 것은 극히 제한적이라고 밖에 할 수 없을 것이나 **탈법적 방법에 의한 것이 아니고**(소송대리를 변호사에 한하게 하고 소송신탁을 금지하는 것을 피하는 따위)이를 **인정하는 합리적 필요가 있다**고 인정되는 경우가 있을 것이므로 따라서 민법상의 조합에 있어서 조합규약이나 조합결의에 의하여 자기의 이름으로 조합재산을 관리하고 대외적 업무를 집행할 권한을 수여받은 **업무집행조합원은 조합재산에 관한 소송에 관하여 조합원으로부터 임의적 소송신탁을 받아 자기의 이름으로 소송을 수행하는 것은 허용된다.**」고 하였다.

쟁점 23 소송능력의 소송법상 효과

1. 소송행위의 유효요건

   (1) 소송행위의 무효

   소송능력은 개개의 소송행위의 유효요건이므로 소송무능력자가 스스로 하거나 받은 소송행위는 모두 무효이다.[76] 이 점에서 행위무능력자의 법률행위가 취소할 수 있는 행위임에 그치는 민법과는 다르다. 이를 구체적으로 살펴보면 다음과 같다.

(가) 소송무능력자의 소제기행위	이 행위도 무효이다. 다만, 이를 방치할 것이 아니라 소각하판결로 정리하여야 한다.[77]
(나) 소송대리인의 선임행위, 청구의 포기·인낙행위 등	이러한 행위들도 모두 무효이다.
(다) 소송무능력자의 기일에의 출석	이 경우 소송무능력자가 기일에 출석하여 변론하였다 하여도 기일불출석으로 취급하며 소송무능력자의 기일관여를 배척하여야 한다.
(라) 소송무능력자에의 기일통지나 판결정본 등의 송달	역시 무효로 보게 되며, 특히 판결정본의 송달의 경우 상소기간은 진행하지 않고 판결은 확정되지 않는다.[78]

   (2) 유동적 무효와 추인

   > 제60조(소송능력 등의 흠과 추인) 소송능력, 법정대리권 또는 소송행위에 필요한 권한의 수여에 흠이 있는 사람이 소송행위를 한 뒤에 보정된 당사자나 법정대리인이 이를 추인(追認)한 경우에는, 그 소송행위는 이를 한 때에 소급하여 효력이 생긴다.

   (가) 유동적 무효와 추인

   소송무능력자의 소송행위는 무효라 할 것이지만, 절대적 무효인 것은 아니고 유동적 무효에 해당한다. 따라서 추후 능력을 취득하여 소송무능력자의 하자가 보정된 본인이나 법정대리인이 이를 추인하면 소급하여 유효한 것이 된다.(제60조)

   (나) 추인권자

   능력이 보정된 당사자나 법정대리인이 추인권자가 된다.

   (다) 추인의 방법

   추인은 법원 또는 상대방에 대하여 명시 또는 묵시의 의사표시로 할 수 있다.

---

76) 정동윤·유병현, 전게서, 183면.
77) 이시윤, 전게서, 142면.
78) 이시윤, 전게서, 142면.

(라) **추인의 시기**
추인의 시기에는 제한이 없으므로 상급심에서도 하급심에서 한 행위에 대하여 추인이 가능하다. 따라서 이는 상고심이나 재심단계에서도 할 수 있다.

(마) **추인의 범위**
① 일부추인의 원칙적 불허
추인은 원칙적으로 과거의 소송행위 전체에 대해 일괄적으로 하여야 하며 절차 중의 개개의 소송행위를 선별하여 하는 일부추인은 허용될 수 없다.[79]
② 예외적 일부추인의 허용
소송의 혼란을 야기할 염려가 없는 경우에는 일부추인도 허용된다. 즉, 소의 취하를 제외하고 나머지 소송행위만 추인하는 경우는 이를 허용할 수 있다.

(바) **추인의 효력**
추인이 있는 경우 추인의 효력은 소급한다. 그리고 민법과 달리 이 경우에는 소급효는 절대적으로 발생한다. 따라서 제3자의 유무에 불구하고 추인의 소급효는 인정된다.

(사) **추인거절의 경우**
「일단 추인거절의 의사표시가 있은 이상 그 무권대리행위는 확정적으로 무효로 귀착되므로 그 후에 다시 이를 추인할 수는 없다.(2008.8.21. 선고 2007다79490)」

2. 소송능력의 조사 및 보정

(1) **직권조사사항**
소송능력 유무는 법원이 절차의 어느 단계에서도 조사하여야 하는 직권조사사항이다.[80]

(2) **보정**

> **제59조(소송능력 등의 흠에 대한 조치)** 소송능력·법정대리권 또는 소송행위에 필요한 권한의 수여에 흠이 있는 경우에는 법원은 기간을 정하여 이를 보정(補正)하도록 명하여야 하며, 만일 보정하는 것이 지연됨으로써 손해가 생길 염려가 있는 경우에는 법원은 보정하기 전의 당사자 또는 법정대리인으로 하여금 일시적으로 소송행위를 하게 할 수 있다.

법원이 소송능력의 흠을 발견한 경우 당해 행위를 배척하여야 함이 원칙이나, 즉시 배척할 것은 아니고, 추인의 여지가 있으므로 기간을 정하여 그 보정을 명하여야 하고, 만일 보정하는 것이 지연됨으로써 손해가 생길 염려가 있는 경우에는 법원은 보정하기 전의 당사자 또는 법정대리인으로 하여금 보정을 조건으로 일시적으로 소송행위를 하게 할 수 있다.(제59조)

---

79) 정동윤·유병현, 전게서. 184면.
80) 이시윤, 전게서, 143면.

이는 집행정지나 급히 하여야 하는 증거조사 등이 가능하게 하기 위한 것이지만 이후에 추인을 못 받으면 이것 역시 무효가 된다.[81]

3. 소송능력의 흠이 소송에 미치는 영향

　(1) 소제기시의 소송능력의 흠결
　　① 소송능력 구비여부는 소송요건이기도 하므로 소송무능력자에 의한 소제기도 부적법하며, 소송무능력자에 대한 소장부본의 송달은 부적법한 것이 된다. 따라서 변론종결시까지 보정되지 않는 한 소를 부적법 각하하여야 한다.
　　② 이 때 소송비용도 무능력자인 원고가 부담한다.

　(2) 소제기 이후의 소송능력의 흠결 - 소송절차의 중단 및 수계
　　소제기 후에 피성년후견개시 등이 난 경우와 같이 소제기 이후에 소송능력이 흠결된 경우 소 자체가 부적법해지는 것은 아니므로 소 각하를 할 것은 아니고 법정대리인이 수계할 때까지 소송절차는 중단이 되며, 소송대리인이 있는 경우라면 중단되지 않는다.(제235조, 제238조)

　(3) 소송능력에 관하여 당사자 간에 다툼이 있는 경우
　　(가) 조사 후의 처리
　　　조사결과 소송능력이 없음이 판명되면 소각하판결로 정리할 것이나, 있는 것으로 판명되면 절차를 속행한 후 중간판결이나 종국판결의 이유에서 판단하면 된다.
　　(나) 소송능력을 다투는 한도 내에서의 소송행위
　　　소송능력을 다투는 한도 내에서는 소송무능력자로 판명이 되었다 하여도 유효하게 소송행위를 할 수 있다.
　　　즉, 소송무능력을 이유로 한 소각하판결이 난 경우 ① 소송무능력자라도 상소를 제기할 수도 있고, ② 소송 무능력자나 그가 선임한 소송대리인에게의 판결정본이 송달되어도 상소기간이 진행되며, ③ 소송무능력자 본인도 자신이 제기한 소를 취하할 수 있다.[82]

　(4) (소송무능력자가 제기하여) 소송능력의 흠결이 있음에도 간과한 본안판결의 효력
　　(가) 유효판결
　　　소송무능력자가 제기하여 소송능력의 흠결이 있음에도 법원이 이를 간과하여 본안판결을 내렸다 하여도 당연무효의 판결이 되는 것은 아니다.(통설)
　　(나) 소송무능력자 측이 승소한 경우
　　　이 경우 상대방 측에서 소송능력의 흠을 이유로 상소나 재심을 제기할 수 없고, 소송무능력자 측에서도 상소나 재심을 제기할 수 없다.

---

81) 정동윤·유병현, 전게서, 185면.
82) 이시윤, 전게서, 144면.

(다) **소송무능력자측이 패소한 경우**

확정 전에는 상소로 다툴 수 있으며, 확정 후에는 법 제451조 제1항 제3호의 '법정대리권의 흠'에 해당하므로 재심이 가능하다.

다만, 이렇게 상소나 재심이 가능한 경우라도 판결 이후의 적법한 추인이 있다면 상소나 재심의 이유가 없게 된다.

제2관 소송법상의 대리인

쟁점 24 대리권(대표권)의 소멸통지

> 제63조(법정대리권의 소멸통지) ① 소송절차가 진행되는 중에 법정대리권이 소멸한 경우에는 본인 또는 대리인이 상대방에게 소멸된 사실을 통지하지 아니하면 소멸의 효력을 주장하지 못한다. 다만, 법원에 법정대리권의 소멸사실이 알려진 뒤에는 그 법정대리인은 제56조 제2항의 소송행위(소의 취하, 화해, 청구의 포기·인낙 또는 제80조의 규정에 따른 탈퇴 ; 필자주)를 하지 못한다.
> ② 제53조의 규정에 따라 당사자를 바꾸는 경우에는 제1항의 규정을 준용한다.

(1) 구 법정대리인의 소송행위의 효력

  (가) 제1항 본문의 해석

「민사소송법 제63조 제1항은 법인 대표자의 대표권이 소멸한 경우에도 이를 상대방에게 통지하지 아니하면 그 소멸의 효력을 주장하지 못한다고 규정하고 있는바, 그 취지는 법인 대표자의 대표권이 소멸하였다고 하더라도 당사자가 그 대표권의 소멸사실을 알았는지의 여부, 모른 데에 과실이 있었는지의 여부를 불문하고 그 사실의 통지 유무에 의하여 대표권의 소멸 여부를 획일적으로 처리함으로써 소송절차의 안정과 명확을 기하기 위함에 있으므로, 법인 대표자의 대표권이 소멸된 경우에도 그 통지가 있을 때까지는 다른 특별한 사정이 없는 한 소송절차상으로는 그 대표권이 소멸되지 아니한 것으로 보아야 한다.($^{2007.5.10.\ 선고}_{2007다7256}$)

따라서 대표권 소멸사실의 통지가 없는 상태에서 구 대표자가 한 항소취하는 유효하고, 그 후 신 대표자가 항소취하에 이의를 제기하였다고 하여 달리 볼 것은 아니다. 즉, 이 경우에는 대리권소멸 이후 통지 이전까지는 소송절차의 중단($^{제235}_{조}$)의 효과가 생기지 아니한다.[83]

  (나) 2002년 개정법에 의한 제1항 단서의 신설

과거 제1항 본문의 규정만 있었기 때문에 법정대리인이나 구 대표자가 상대방과 통모하여 본인에게 손해를 입힐 의도로 소를 취하하는 등의 소송행위를 한 경우에도 이를 유효한 것으로 보았으나, 단서의 신설로 법원에 법정대리권의 소멸사실이 알려진 뒤에는 그 법정대리인은 소의 취하, 청구의 포기·인낙, 화해, 소송탈퇴의 소송행위를 하지 못하게 되었다.

---

[83] 정동윤·유병현, 전게서, 205면.

(2) 소멸통지 이전의 새로운 대표자의 행위 - 유효

「소송절차의 진행 중 법인의 새로운 대표자가 민사소송법 제59조, 제60조(현행 제63조, 필자주)에 의한 법인의 구대표자의 대표권 소멸을 상대방에게 통지하지 아니하고 법인이 청구한 재심소송을 취하한 것은 유효하다.(1975.5.13. 선고 75다76)」

관련기출   • 2010년 변리사

종중 A의 대표자 甲은 종중총회의 결의 없이 종중소유의 재산인 부동산의 처분 권한을 乙에게 수여하였는 바, 乙은 동 부동산을 임의로 丙에게 처분하여 이전등기를 경료해 주고 그 대금을 착복하였다. 이에 종중대표자 甲은 종중결의를 통해 종중 A를 원고로 하여 丙을 상대로 이전등기말소청구의 소를 제기하였다. 소송 진행 중 종중대표자 甲이 乙과 공모하여 종중재산을 착복하려 했다는 것을 알게 된 종중 A의 종중원들은 甲을 해임하고 丁을 종중의 새로운 대표자로 선출하였다.(아래 두 문제는 서로 무관함)

(1) 甲은 대표권이 상실된 사실을 소송상대방인 丙에게 통지하지 아니하고 변론기일에 출석하여 이 사건 소를 취하한다고 진술하였고 상대방인 피고 丙 역시 소 취하에 동의하였다. 종중 A의 새로운 대표자 丁은 종전 대표자 甲의 소 취하가 무효라고 주장하면서 그 효력을 다투고자 한다. **적절한 방법**은 무엇인지 논하고 아울러 **丁의 주장이 인용될 수 있는지** 여부에 대하여 논하시오.(20점)

답 안

1. 설문 (1)의 해결

(1) 문제점

설문은 소취하의 효력을 다투는 방법을 묻고, 나아가 대표권이 소멸된 경우 민사소송법 제63조에 의한 대표권 소멸사실에 대한 통지를 상대방에게 하지 않고 소를 취하한 경우, 이 소취하가 유효인지를 묻고 있다.

(2) 소취하의 효력을 다투는 방법

(가) 기일지정신청 (규칙 제67조)

소취하의 효력을 다투는 방법에 대하여는 민사소송규칙 제67조가 규정하고 있으며, 이 규정을 같은 규칙 제128조가 항소취하에도 준용하고 있다.

소의 취하가 부존재 또는 무효라는 것을 주장하는 당사자는 기일지정신청을 할 수 있고, 이 신청이 있는 때에는 법원은 변론을 열어 신청사유에 관하여 심리하여야 한다.

법원이 이에 따라 심리한 결과 신청이 이유 없다고 인정하는 경우에는 판결로 소송의 종료를 선언하여야 하고, 신청이 이유 있다고 인정하는 경우에는 취하 당시의 소송정도에 따라 필요한 절차를 계속하여 진행하고 중간판결 또는 종국판결에 그 판단을 표시하여야 한다.

(나) 별도의 소취하무효확인의 소를 제기하는 것이 가능한지

소취하의 효력을 다투는 방법에 대하여 이미 민사소송규칙 제67조에 의하여 기일지정신청에 의한 불복이 가능하므로, 이와 별도로 소취하무효확인의 소를 제기한다면 이는 별도의 간편한 구제절차가 마련되어 있음에도 이루어진 소로써 소의 이익이 없어 각하될 것으로 보인다.

(3) 丁의 주장의 타당성

(가) 민사소송법 제63조의 대표권 소멸통지

① 본문의 해석

통지하지 아니하면 그 소멸의 효력을 주장하지 못한다고 규정하고 있는바, 그 취지는 법인 대표자의 대표권이 소멸하였다고 하더라도 당사자가 그 대표권의 소멸사실을 알았는지의 여부, 모른 데에 과실이 있었는지의 여부를 불문하고 그 사실의 통지 유무에 의하여 대표권의 소멸 여부를 획일적으로 처리함으로써 소송절차의 안정과 명확을 기하기 위함에 있으므로, 법인 대표자의 대표권이 소멸된 경우에도 그 통지가 있을 때까지는 다른 특별한 사정이 없는 한 소송절차상으로는 그 대표권이 소멸되지 아니한 것으로 보아야」한다.(2007.5.10. 선고 2007다7256)

따라서「대표권 소멸사실의 통지가 없는 상태에서 구 대표자가 한 항소취하는 유효하고, 그 후 신 대표자가 항소취하에 이의를 제기하였다고 하여 달리 볼 것은 아니다.」즉, 이 경우에는 대리권소멸 이후 통지 이전까지는 소송절차의 중단($^{제235}_{조}$)의 효과가 생기지 아니한다.[84]

② 2002년 개정법에 의한 제1항 단서의 신설

과거 제1항 본문의 규정만 있었기 때문에 법정대리인이나 구 대표자가 상대방과 통모하여 본인에게 손해를 입힐 의도로 소를 취하하는 등의 소송행위를 한 경우에도 이를 유효한 것으로 보았으나, 단서의 신설로 법원에 법정대리권의 소멸사실이 알려진 뒤에는 그 법정대리인은 소의 취하, 청구의 포기·인낙, 화해, 소송탈퇴의 소송행위를 하지 못하게 되었다.

2. 사안의 경우

사안에서 만일 甲의 대표권 소멸사실이 법원에 알려지지 않았다면 상대방에 대하여 대표권 소멸통지가 이루어지지 않은 상태에서 이루어진 甲의 소취하에 대하여 甲의 행위가 무효임을 주장할 수 없게 될 것이므로 丁의 주장은 인용될 수 없을 것이지만, 법원에 알려진 경우라면 설령 대표권소멸사실이 상대방에게 통지되지 않았다 하여도 소취하는 무효라는 丁의 주장은 인용될 수 있다.

---

84) 정동윤·유병현, 전게서, 205면.

쟁점 25 변호사대리의 원칙과 그 예외

(1) 변호사대리의 원칙

> 제87조(소송대리인의 자격) 법률에 따라 재판상 행위를 할 수 있는 대리인 외에는 변호사가 아니면 소송대리인이 될 수 없다.

원칙적으로 소송위임에 의한 소송대리인은 변호사(제87조) 또는 변호사의 업무를 행하는 법무법인·법무법인(유한)·법무조합(변호사법참조)이 아니면 될 수 없는 바, 이를 변호사대리의 원칙이라 한다.[85]

(2) 변호사대리원칙의 예외

(가) 소액사건

> 소액사건심판법 제8조(소송대리에 관한 특칙)
> ① 당사자의 배우자·직계혈족 또는 형제자매는 법원의 허가 없이 소송대리인이 될 수 있다.
> ② 제1항의 소송대리인은 당사자와의 신분관계 및 수권관계를 서면으로 증명하여야 한다. 그러나 수권관계에 대하여는 당사자가 판사의 면전에서 구술로 제1항의 소송대리인을 선임하고 법원사무관등이 조서에 이를 기재한 때에는 그러하지 아니하다.

다만, 상소심에서는 이 예외가 인정되지 않으므로 다시 변호사대리원칙에 의한다.

(나) 단독판사가 심판하는 사건 중 법원의 허가를 받은 때

> 제88조(소송대리인의 자격의 예외)
> ① 단독판사가 심리·재판하는 사건 가운데 그 소송목적의 값이 일정한 금액 이하인 사건에서, 당사자와 밀접한 생활관계를 맺고 있고 일정한 범위안의 친족관계에 있는 사람 또는 당사자와 고용계약 등으로 그 사건에 관한 통상사무를 처리·보조하여 오는 등 일정한 관계에 있는 사람이 법원의 허가를 받은 때에는 제87조를 적용하지 아니한다.
> ② 제1항의 규정에 따라 법원의 허가를 받을 수 있는 사건의 범위, 대리인의 자격 등에 관한 구체적인 사항은 대법원규칙으로 정한다.
> ③ 법원은 언제든지 제1항의 허가를 취소할 수 있다.

---

[85] 법원행정처, 전게서(Ⅰ), 3466면.

> **규칙 제15조(단독사건에서 소송대리의 허가)**
> ① 단독판사가 심리·재판하는 사건으로서 다음 각 호의 1에 해당하는 경우에는 변호사가 아닌 사람도 법원의 허가를 받아 소송대리인이 될 수 있다. 〈개정 2015.1.28〉
> 1. 민사 및 가사소송의 사물관할에 관한 규칙 제2조 각호에 해당하는 사건
> 2. 제1호에 해당하지 않는 사건으로서 민사 및 가사소송의 사물관할에 관한 규칙 제4조 각호에 해당하지 아니하는 사건
> ② 제1항과 법 제88조 제1항의 규정에 따라 법원의 허가를 받을 수 있는 사람은 다음 각호 가운데 어느 하나에 해당하여야 한다.
> 1. 당사자의 배우자 또는 4촌 안의 친족으로서 당사자와의 생활관계에 비추어 상당하다고 인정되는 경우
> 2. 당사자와 고용, 그 밖에 이에 준하는 계약관계를 맺고 그 사건에 관한 통상사무를 처리·보조하는 사람으로서 그 사람이 담당하는 사무와 사건의 내용 등에 비추어 상당하다고 인정되는 경우
> ③ 제1항과 법 제88조 제1항에 규정된 허가신청은 서면으로 하여야 한다.
> ④ 제1항과 법 제88조 제1항의 규정에 따른 허가를 한 후 사건이 민사 및 가사소송의 사물관할에 관한 규칙 제2조 본문(다만, 같은 조 각 호의 사건은 제외한다)에 해당하게 된 때에는 법원은 허가를 취소하고 당사자 본인에게 그 취지를 통지하여야 한다. 〈개정 2010.12.13〉

① 비변호사대리가 허용되는 사건의 범위
  ㉮ 단독판사가 심리·재판하는 사건 중 1억원 이하인 사건
    ㉠ **사건의 범위** : 이러한 사건으로는 ⓐ 소송목적의 값이 제소 당시 또는 청구취지 확장(변론의 병합 포함) 당시 1억원 이하의 단독사건 및 ⓑ 이러한 사건을 본안으로 하는 민사신청사건 및 이에 부수하는 신청사건이 있다.
    ㉡ **기준시점** : 소송목적의 값의 기준시점은 소제기 당시, 청구취지 확장 당시 또는 병합 당시이므로, 변론진행 도중에 청구취지가 감축되거나 일부취하·각하 등에 의하여 1억원 이하로 내려갔다 하여도 비변호사의 소송대리를 허가할 수 없으나, 소송대리 허가 후 청구취지의 확장이나 병합 등으로 그 이상이 되었다면 법원은 허가를 취소하고 당사자 본인에게 그 취지를 통지하여야 한다.(규칙 제15조 제4항)
      단, 소액사건의 경우에는 변론병합으로 1억원을 초과하게 되었다 하여도 개개사건이 소액사건의 특성을 잃지 않기 때문에(1992.7.24. 선고 91다43176) 소송대리 허가의 취소 등은 적용되지 않는다.
    ㉢ **상소심** : 1심 단독판사의 사물관할에 속하는 민사소송이라 하더라도 상소심에서는 합의부가 심판하므로 변호사대리원칙이 다시 적용된다.
  ㉯ **제소전 화해, 독촉, 증거보전, 공시최고, 강제집행, 민사조정 등 사건**
    단독판사의 관할인 한 본안사건이 없는 이러한 사건에서도 법원의 허가를 받아 비변호사대리가 허용될 수 있다.
② 허가신청의 방식 : 서면이어야 한다.(규칙 제15조 제3항)
③ 허가 및 허가취소의 결정[86]

- ㉮ **허가재판** : 허가의 재판은 별도의 재판서를 작성하지 않고 허가신청서의 허부란에 날인을 하고 그 아래에 결정일자를 적거나, 변론기일에 말로 고지하고 변론조서에 기재하는 것이 보통이다.
- ㉯ **허가취소재판** : 허가를 한 사건이 그 후 합의부사건이 된 경우에는 소송대리허가결정은 후발적으로 위법하게 되며 이 때 당해 허가결정이 당연히 실효되는 것은 아니기 때문에 법원은 소송대리허가를 취소하여야 한다.(규칙 제15조 제4항) 이 때의 취소는 의무적이다. 허가취소결정에 대하여는 독립하여 불복할 수 없다.

(다) 민사조정사건

① 일 반
- 조정사건은 원칙적으로 조정담당판사의 단독사건이다.
- 조정사건에서 조정담당판사의 허가를 얻어 대리인으로 될 수 있는 자의 자격에는 아무런 제한이 없으므로 변호사 아닌 자가 조정담당판사의 허가를 얻어 당사자의 대리인이 될 수 있다.(민사조정규칙 제6조 제2항)
- 즉, 당사자와 밀접한 생활관계를 맺고 있고 일정 범위 안의 친족관계에 있는 사람 또는 당사자와 고용계약 등으로 그 사건에 관한 통상사무를 처리·보조하여 오는 등 일정한 관계에 있는 사람이 법원의 허가를 얻은 때에는 조정대리가 가능하다.(민사조정법 제38조 준용 / 민소법 87조·88조)
- 조정사건이 소액사건에 해당하면 소액법 제8조가 준용되므로 당사자의 배우자·직계혈족·형제자매는 조정담당판사의 허가 없이도 조정대리인이 될 수 있다.(민사조정규칙 제6조 제2항 단서)

② 소송사건이 조정에 회부된 경우로 기존 소송대리인이 있었던 경우
- 소송사건이 조정에 회부된 경우, 소송대리인은 조정에 관하여도 당사자를 대리할 수 있다. 다만, 화해 또는 조정에 관한 권한이 있음을 서면으로 증명하여야 한다.(민사조정규칙 제6조 제3항)
- 소송사건에서 비변호사대리에 대한 허가가 있다면 조정대리허가로도 유효하다고 본다. 절차상의 번거로움 및 절차의 지연을 방지하기 위하여서이다.
- 물론, 이 경우 조정담당판사는 언제든지 소송대리에 대한 비변호사대리허가를 취소할 수도 있다.

---

86) 법원행정처, 전게서(Ⅰ), 349면 이하.

③ 조정절차에서 소송절차로 이행 내지 복귀된 경우
조정절차는 비송사건이라는 점에서 소송절차와 구별되므로 조정절차에서 조정담당판사의 허가를 얻어 대리인이 된 자는 소송으로 복귀된 경우 대리인의 자격이 상실된다고 본다.

⒭ 기 타
① 가사소송사건의 경우 단독사건이건 합의사건이건 모두 변호사 아닌 자도 재판장의 허가를 얻어 대리인이 될 수 있다.(가사소송법 제7조 제2항)
② 배상명령신청사건의 경우 법원의 허가를 얻어 피해자의 배우자·직계혈족·형제자매 등이 소송행위를 대리할 수 있다.(소송절차촉진법 제27조)
③ 산업재산권에 관한 심판청구에서는 변리사도 소송대리인이 될 수 있다.
④ 비송사건에서는 소송능력자이기만 하면 소송대리인이 될 수 있다.(비송사건절차법 제6조)

관련기출
• 2018년 공인노무사

【문제 1】 甲은 乙 노동조합(이하 '乙'이라 한다)의 조합원이다. 아래의 각 물음에 관하여 논하시오. (단, 아래의 각 물음은 상호 무관함) (50점)
물음 2) 甲은 乙에 대하여 5천만원의 위로금 지급을 구하는 소를 제기하였다. 甲(제한능력자가 아님)의 배우자(공인노무사로 제한능력자가 아님)가 위 소송을 대리할 수 있는가? (20점)

답안

1. 문제의 소재
설문은 소송 당사자의 배우자가 소송을 대리할 수 있는 요건을 주로 물어 보고 있으므로 소송상의 대리인 중 임의대리인으로 변호사가 아닌 자의 소송대리의 문제에 해당한다. 설문은 특히, 그 중 단독사건에 있어서의 배변호사대리 또는 소액사건에 있어서의 비변호사대리가 허용되는 경우를 묻고 있다.

2. 비변호사 대리가 허용되는 일반적인 경우
통상적으로 소송상의 임의대리에 있어 비변호사대리가 허용되는 경우로는 ① 법률상의 소송대리인, ② 단독사건에 있어서의 소송대리인 및 ③ 소액사건에 있어서의 소송대리인, ④ 조정절차에 있어서의 조정대리인, ⑤ 형사배상명령에 있어서의 대리인, ⑥ 가사사건의 대리인 및 ⑦ 비송사건에서의 대리인 등의 경우가 있다.

3. 설문의 경우
① 설문의 경우, 소송목적의 값이 5천만 원으로 소액사건에 있어서의 비변호사대리는 적용될 수 없고, 다만, 단독사건에는 해당이 되므로 그에 의하여 소송대리가 허용될 수 있는지를 살펴보기로 한다.
② 민사소송법 제88조에 의하면 단독판사가 심리·재판하는 사건 가운데 그 소송목적의 값이 일정한 금액 이하인 사건에서, 당사자와 밀접한 생활관계를 맺고 있고 일정한 범위안의 친족관계에 있는 사람 또는 당사자와 고용계약 등으로 그 사건에 관한 통상사무를 처리·보조하여 오는 등 일정한 관계에 있는 사람이 법원의 허가를 받은 때에는 변호사가 아니더라도 소송대리인이 될 수 있으며, 동 규칙 15조에 의하여 이러한 사건은 소송목적의 값이 1억 원 이하인 사건이어야 한다.
③ 사안에서 甲의 소송의 소송목적의 값은 1억 원 이하인 5천만 원의 지급으로 구하는 소로써, 乙은 배우자로서 甲과 친족관계에 있으므로 법원의 허가를 받아 소송대리인이 될 수 있다.

쟁점 26 소송대리권의 범위

1. 법률상의 소송대리인의 대리권 범위
실체법에 정해 놓고 있는데, 통상 일체의 재판상의 행위를 할 수 있는 것으로 규정하고 있으며, 약정으로 권한을 제한한다 하여도 소송법상으로는 효력이 없다.

2. 소송위임에 의한 소송대리인

> **제90조(소송대리권의 범위)** ① 소송대리인은 위임을 받은 사건에 대하여 반소(反訴)·참가·강제집행·가압류·가처분에 관한 소송행위 등 일체의 소송행위와 변제(辨濟)의 영수를 할 수 있다.
> ② 소송대리인은 다음 각호의 사항에 대하여는 특별한 권한을 따로 받아야 한다.
> 1. 반소의 제기
> 2. 소의 취하, 화해, 청구의 포기·인낙 또는 제80조의 규정에 따른 탈퇴
> 3. 상소의 제기 또는 취하
> 4. 대리인의 선임
>
> **제91조(소송대리권의 제한)** 소송대리권은 제한하지 못한다. 다만, 변호사가 아닌 소송대리인에 대하여는 그러하지 아니하다.

(1) 일반
변호사인 소송대리인은 대리권을 제한하지 못하지만, 변호사 아닌 소송대리인의 경우에는 제한이 인정된다.(제91조 단서)

(2) 소송대리권의 범위 및 제한
변호사인 소송대리인이라 하여도 제90조 제2항의 특별수권사항의 제한은 있다.

(가) 일반
① **특별수권사항을 제외한 일체의 소송행위**
원칙적으로 위임받은 사건에 대하여 일체의 소송행위(예 소제기, 소의 변경, 중간확인의 소, 상대방의 반소나 제3자의 참가에 대한 응소, 공격방어방법의 제출, 증거신청, 증거조사 등)와 그 소송에 관계된 강제집행·보전처분 등에 관한 소송행위를 할 수 있다.[87]

② **사법(私法)행위**
법 제90조 제1항은 '변제의 영수'만을 규정하고 있으나, 이는 예시적인 규정으로 소송대리인은 당해 사건에 대한 공격방어방법의 전제로 본인의 상계권, 취소권, 해제·해지권, 백지어음의 보충권, 매매예약의 완결권 등의 실체법상의 형성권을 행사할 수 있다.

---

[87] 법원행정처, 전게서(I), 354면.

다만, 재판외 화해계약과 같은 재판 외의 행위에 대하여는 대리권의 범위에 당연히 포함된다고 보지는 않는다.

(나) 소송대리권의 제한

① 특별수권사항(법 제90조 제2항)

ⓐ 반소의 제기

이는 자신이 하는 반소의 제기를 의미하며, 상대방 제기의 반소에 대한 응소는 특별수권사항이 아니다.

ⓑ 소의 취하, 화해, 청구의 포기·인낙 또는 제80조의 규정에 따른 탈퇴소의 취하를 위하여는 특별수권이 필요하지만, 상대방이 하는 소취하에 대한 동의에는 특별수권이 필요없다.(1984.3.13 선고 82므40)

ⓒ 상소의 제기 또는 취하

㉮ 불상소합의, 상고권의 포기 역시 특별수권사항이다.

㉯ 상대방 제기의 상소에 피상소인으로서 하는 응소 이를 특별수권사항으로 보는 것이 통설과 판례의 태도이다.[88]

㉰ 원판결이 파기환송되었을 경우의 환송 전 원심의 구 소송대리인의 대리권이 부활하는지의 문제 **(아래 세부쟁점 참조)**

판례는 원판결이 파기환송된 경우 환송 전 원심의 구 소송대리인의 대리권은 당연부활된다는 입장이다.

㉱ 원판결의 파기환송 후 환송법원의 판결에 대한 다시 하는 재상고시 구 상고심 법원의 소송대리인의 대리권이 부활하는지

재상고시의 소송대리인의 대리권은 부활하지 않는다고 본다.(1996.4.4. 선고 96마148)

㉲ 재심제기가 특별수권사항인지(긍정)

「재심의 소의 절차에 있어서의 변론은 재심 전 절차의 속행이기는 하나 재심의 소는 신소의 제기라는 형식을 취하고 재심 전의 소송과는 일응 분리되어 있는 것이며, 사전 또는 사후의 특별수권이 없는 이상 재심 전의 소송의 소송대리인이 당연히 재심소송의 소송대리인이 되는 것이 아니다.(1991.3.27. 자 90마970)」

ⓓ 복대리인의 선임

• 소송대리인의 복대리인 선임은 특별수권사항에 속하며, 만일 특별수권을 받아 복대리인을 선임한 경우, 복대리인 역시 본인의 대리인이므로 통상의 소송대리인과 같은 권한을 갖는다. 다만, 원대리인의 권한을 초과할

---

88) 그 이유는 소송대리권은 판결정본이 적법하게 송달되면 종료되는 것이어서 상소심까지 소송대리권이 연장되지 않는다는 '심급대리의 원칙'을 인정하기 때문이다. 다만, 이에 대한 반대의 견해에 이시윤, 전게서, 161면. 그 논거는 다음과 같다. ① 심급대리원칙을 부정하고 변호사의 대리권이 사건의 종국적 완결로 종료되는 것으로 보아야 하며, ②「상소의 제기」라는 문언의 반대해석상으로도 그러하다는 것이다.

수는 없으므로 복대리인은 다시 복대리인을 선임할 수는 없다.
- 주의할 것은, 소송대리인의 사망이나 사임에 의하여 복대리인의 대리권이 당연히 소멸되는 것은 아니다.[89]

② 소송대리인이 수인인 경우
ⓐ 각자대리
소송위임에 의한 소송대리인의 수인인 경우 각자가 당사자를 대리하며, 이에 어긋나는 약정은 효력이 없다.(제93조)

ⓑ 소송서류의 송달
여러 사람이 공동으로 대리권을 행사하는 경우의 소송서류의 송달은 그 가운데 한 사람에게만 하면 되는데(법제180조), 공동대리인이 연명으로 송달받을 대리인 1인을 지정하여 신고한 경우 그 대리인에게 송달하여야 한다.(규칙제49조)

ⓒ 수인의 소송대리인이 모순된 행위를 한 경우
모순되는 행위가 수인의 소송대리인에 의해 동시에 행해지면 모두 무효로 볼 것이지만, 때를 달리하여 행해지면 뒤의 행위로 앞의 행위를 철회한 것으로 보고 철회할 수 없는 것이면 뒤의 행위가 무효이다.[90]

---

89) 이시윤, 전게서, 163면.
90) 법원행정처, 전게서(Ⅰ) 357면.

쟁점 27 파기환송 시 환송 전 원심의 구 소송대리인의 대리권의 부활여부

1. 문제점

파기환송 시 환송 전 원심의 구 소송대리인의 대리권이 부활될 것인지는 먼저 ① 우리 법제상 소송대리인의 심급대리원칙을 인정할 것인지, ② 만일 심급대리원칙을 인정한다면 심급이 종료되면 소송대리권도 소멸하지만 파기환송판결의 법적 성질을 중간판결로 볼 것인지, 따라서 원심의 소송대리권 및 상고심 소송대리인의 대리권은 어떻게 판단하여야 할지가 문제된다.

2. 심급대리원칙의 인정 여부

(1) **학설**

이에 대하여는 ① 제90조 제2항 제3호의 문언은 '상소의 제기 또는 상소의 취하'를 특별수권사항으로 보고 있지만, 상소심에서의 소송행위 전체를 특별수권으로 규정하고 있지 않으므로 심급에 한정하여 대리권이 존재한다고 보기는 어렵다는 **심급대리원칙 부정설**과 ② 제90조 제2항 제3호의 문언은 '상소의 제기 또는 상소의 취하'를 특별수권사항으로 보고 있지만, 상소심에서의 응소도 마찬가지로 특별수권사항이라 하여야 하므로 결국, 소송대리권은 심급대리가 원칙이라 할 수밖에 없다는 **심급대리원칙 긍정설(다수설)**이 대립한다.

(2) **판례**

판례는 위임받은 소송대리권의 범위는 특별한 사정이 없는 한 당해 심급에 한정된다고 하여 **심급대리원칙을 긍정하는 입장**이다.

3. 파기환송판결의 법적 성질

(1) **학설**

파기환송판결이 종국판결인지 중간판결인지가 문제된다. 이에 대하여 ① 파기환송판결 이후에는 다시 환송 후 항소심이 계속되어 속행되므로 결국, 파기환송판결은 환송 후 항소심을 위한 일종의 중간판결의 성질을 갖는다는 **중간판결설**과[91] ② 파기환송판결도 상고심을 종료시키는 효력이 있으므로 종국판결이라는 **종국판결설**이 있으나, 종국판결설이 논리적으로 타당하며, 통설의 태도이다.

---

[91] 만일 중간판결설에 의하면 항소심은 아직 종료되지 않으므로 구 소송대리인의 소송대리권은 부활하는 것과 마찬가지인 셈이 되며, 이 때 상고심 소송대리인의 소송대리권은 파기환송판결을 받기 위한 한도에서의 대리권이라 볼 수 있으므로, 수권행위의 해석상 상고심 소송대리인의 소송대리권은 파기 환송판결 송달 이후부터는 소멸된다고 보아야 하지 않을까 (민일)

(2) 판례

판례는 환송판결도 당해 사건에 대해 재판을 마치고 그 심급을 이탈시키는 판결인 점에서 종국판결로 보아야 한다고 하여 종국판결설의 입장이다.(1995.2.14. 93재다27·34 전합)

(3) 검토

환송판결도 상고심의 종결을 초래하는 것은 당연하므로 종국판결설의 입장이 타당하다고 보여진다.

4. 구 소송대리인의 대리권의 부활 인정 여부

(1) 문제의 소재

파기환송판결의 법적 성질을 종국판결로 본다 하여도 환송 전 항소심 판결도 종국판결인 이상 환송 전 항소심판결의 정본송달로 이미 구 소송대리인의 소송대리권은 소멸되었다고 볼지 여부가 문제된다.

(2) 학설

이에 대하여는 ① 환송 후 항소심은 환송 전 항소심의 속행이라는 점을 강조하여, 구 소송대리인의 소송대리권이 다시 부활되어야 한다는 **당연부활 긍정설**과 ② 환송 전 항소심판결도 종국판결인 이상 구 소송대리인의 소송대리권은 이미 소멸되었다고 보아야 하며, 당연부활을 인정하는 것은 본인의 의사를 지나치게 무시하는 셈이 되어 부당하다는 것을 이유로 당연부활을 인정할 것은 아니라는 **당연부활 부정설**이 있다.

(3) 판례

이에 대하여 판례는 **구 소송대리인의 대리권이 부활한다**고 본다.(1985.5.28. 선고 84후102)

따라서 상고심으로부터 파기·환송받은 항소심에서, **환송 전 항소심의 소송대리인에게 한 송달은 적법**한 것이며, 만일 소송대리인이 판결정본을 송달받고도 당사자에게 그 사실을 알려 주지 않아 당사자가 그 판결정본의 송달사실을 모르고 있다가 상고제기 기간이 경과된 이후 비로소 그러한 사실을 알게 되었다 하여도 민사소송법 제173조의 당사자가 책임질 수 없는 사유에 의한 불변기간의 도과에 해당한다고 볼 수 없다고 한다.(1984.6.14. 선고 84다카744)

관련기출 • 2013년 공인노무사

乙과 丙은 도급계약에 따라 함께 사업을 수행하고 있고, 임금지급에 대하여 연대책임 관계에 있다. 그런데 수급인인 丙은 소속 근로자인 甲에게 임금을 지급하지 못하고 있다. 이에 甲은 乙과 丙을 공동피고로 하여 임금청구의 소를 제기하였다. 이때 다음 물음에 대하여 각각 논하시오. (50점)

(1) 위 소송에서 甲이 변호사 A를 소송대리인으로 선임한 경우 소송대리인 A의 대리권의 범위는? (20점)

답 안

1. 설문 (1)의 해결

사안은 사실상 단문형 준사례문제이다. 위의 쟁점 25의 [2. 소송위임에 의한 소송대리인] 부분의 아래에 표시된 부분을 기재하면 된다. 사안은 변호사 A만 선임되었으므로 소송대리인이 수인인 경우는 기재하지 않아도 된다.

[(1) 일반 (2) 소송대리권의 범위 및 제한 (가) 일반 (나) 소송대리권의 제한 ① 특별수권사항]

관련기출
• 2020년 변호사

甲은 乙로부터 X건물을 대금 1억 원에 매수하였다. 甲이 乙을 상대로 위 매매를 원인으로 한 소유권이전등기청구의 소를 제기하였다. 1심에서 패소한 甲은 변호사 A를 선임하여 위 소의 항소심을 수행하게 하였으나 항소기각 판결을 선고받자 변호사 B를 선임하여 상고를 제기하였다. 상고심 법원은 원심을 파기하여 항소심으로 환송하는 판결을 선고하였다. 환송 후 항소심 법원은 변론기일 통지서를 변호사 A에게 송달하였다. 위 송달은 적법한가?

답 안

1. 문제의 소재

2. 심급대리 인정여부 if (○)
  (1) 학 설 - ① 인정설 ② 부정설
  (2) 판 례 - 긍정

3. 파기환송판결의 법적성질
  (1) 학 설 - ① 중간적 재판설 ② 종국판결설
  (2) 판 례 - 종국판결설

4. 구 소송대리인의 대리권 당연부활 여부
  (1) 학 설 - ① 당연부활긍정설 ② 당연부활부정설
  (2) 판 례 - 당연부활긍정

5. 사안의 적용

환송 전 항소심의 구 소송대리인 A의 대리권은 특별한 사정이 없는 한 부활되므로, A에게 한 송달은 적법하다.

제3장 소의 제기

제1절 소의 이익

쟁점 28 장래이행의 소

관련기출 • 2023년 공인노무사

장래이행의 소에 관하여 설명하시오. (25점)

목 차

1. 의의 2. 청구적격 　(1) 일반적 　**장. 기. 개. 예** 　(2) 구체적인 경우 　　① **기**한부·**조**건부 청구권 　　② **선**이행의무자의 청구 　　③ 장래의 계속적인 부당이득반환 청구 또는 장래의 불법행위에 기한 손해배상청구	3. 미리 청구할 필요 　① 이행의무의 **성질**에 의한 경우 　② 의무자의 **태도**로 인하여 미리 청구할 필요가 인정되는 경우 　③ 현재이행의 소와 병합제기하는 장래이행의 소 　④ 형성의 소와 병합하는 이행의 소	4. 장래이행판결과 사정변경 및 정기금판결변경의 소 　(1) 문제점 　(2) 차액청구가 가능한지 - 판례상의 명시적 일부청구 의제론 　(3) 정기금판결변경의 소

> **제251조(장래의 이행을 청구하는 소)** 장래에 이행할 것을 청구하는 소는 미리 청구할 필요가 있어야 제기할 수 있다.

① 의의

　변론종결시를 표준으로 이행기가 장래에 도래하는 이행청구를 주장하는 소를 장래이행의 소라 한다.

② 청구적격(권리보호자격 ; 대상적격)

　㉠ 일반적으로 장래이행의 소는 다음과 같은 요건을 갖추어야 청구적격이 인정될 수 있다. ⓐ **장**래 이행기가 도래할 것 ⓑ 장래 발생할 청구권의 **기**초관계가 변론종결시까지 존재할 것 ⓒ 청구권발생의 **개**연성이 존재할 것 ⓓ 그 상태가 원고 주장의 장래 시점까지 계속될 것이 확실히 **예**상이 될 것

ⓒ **구체적인 경우**

ⓐ 기한부·조건부청구권의 경우 : 일반적으로는 장래이행의 소를 제기할 수 있다.92)

ⓑ 선이행(의무자의)청구

A. 원칙 : 먼저 자신의 채무를 이행하여야 하는 선이행 의무자가 제기한 이행의 청구는 원칙적으로 허용되지 않는다. 예를 들어, 저당권이나 양도담보 등 담보권의 채무자가 장차 피담보채무를 지급하는 것을 조건으로 한 저당권설정등기말소청구나 양도담보에 의한 소유권이전등기말소청구 등이 그러한 예이다.

B. 예외 : 다만, 먼저 자기 의무를 이행하여도 상대방의 채무이행을 기대할 수 없는 사정 등의 경우에는 이행청구가 받아들여질 수 있다.

ⓒ 장래의 계속적인 부당이득반환청구 또는 장래의 불법행위에 기한 손해배상청구
이 경우 원고 주장의 장래 시점까지 침해가 존속될 것이 확정적으로 예상되면 이러한 청구가 가능하다는 것이 판례의 태도이다.(대법원 1975.4.22. 선고 74다1184 전원합의체 판결) 즉, 「장래의 이행을 명하는 판결을 하기 위하여는 채무의 이행기가 장래에 도래하는 것뿐만 아니라 의무불이행사유가 그 때까지 존속한다는 것을 변론종결 당시에 확정적으로 예정할 수 있는 것이어야 하며 이러한 책임기간이 불확실하여 변론종결 당시에 확정적으로 예정할 수 없는 경우에는 장래의 이행을 명하는 판결을 할 수 없다.(2002.6.14. 선고 2000다37517)」

따라서, 「(토지임대차계약이 종료되었으나, 동시이행항변 등에 의하여 적법한

---

92) 다만, 「조건부 이행청구를 **부정**한 예외적인 예
   ⑴ 토지거래허가 이전에 허가조건부 이전등기청구 부정
      토지거래허가구역 내의 토지에 대하여 매매계약을 체결한 경우 이는 유동적 무효이기는 하나 아직 허가받기 전의 상태 이어서 아무런 효력이 없으므로 권리의 이전 또는 설정에 관한 어떠한 이행청구도 할 수 없다고 보아야 하므로 허가가 있을 것을 조건으로 소유권이전등기절차의 이행을 청구할 수도 없는 것으로 보고 있다.(1991.12.24. 선고 90다12243 전원합의체)
   ⑵ 대항요건을 갖추지 못한 채권양수인의 조건부 장래이행의 소 부정
      채권을 양수하기는 하였으나 아직 양도인에 의한 통지 또는 채무자의 승낙이라는 대항요건을 갖추지 못하였다면 채권양수인은 현재는 채무자와 사이에 아무런 법률관계가 없어 채무자에 대하여 아무런 권리주장을 할 수 없기 때문에 채무자에 대하여 채권양도인으로부터 양도통지를 받은 다음 채무를 이행하라는 청구는 장래이행의 소로서의 요건을 갖추지 못하여 부적법하다.(1992.8.18. 선고 90다9452·9469)
   ⑶ 제권판결취소판결의 확정을 조건으로 한 수표금 청구 부정
      제권판결에 대한 취소판결의 확정 여부가 불확실한 상황에서 그 확정을 조건으로 한 수표금 청구는 장래이행의 소의요건을 갖추었다고 보기 어려울 뿐만 아니라, 제권판결 불복의 소의 결과에 따라서는 수표금 청구소송의 심리가 무위에 그칠 우려가 있고, 제권판결 불복의 소가 인용될 경우를 대비하여 방어하여야 하는 수표금 청구소송의 피고에게도 지나친 부담을 지우게 된다는 점에서 이를 쉽사리 허용할 수 없다.(대법원 2013.9.13. 선고 2012다36661 판결)」

점유인 경우에서) 토지를 인도하는 날까지[93]」 또는 「시(市)가 토지를 매수할 때까지」로 기간을 정한 경우 장래의 부당이득반환청구는 그 책임기간이 불확실한 경우이므로 장래의 부당이득반환청구는 허용되지 않으나(1991.10.8. 선고 91다17139),[94] 「도로폐쇄에 의한 점유종료일」의 장래의 부당이득반환청구는 가능하다.(1993.3.9. 선고 91다46717)
주의할 것은, 과거 「토지소유자의 소유권상실일까지」의 부당이득반환청구가 가능하다는 것이 판례였으나, 최근 「'원고의 소유권 상실일까지'라는 기재는 이행판결의 주문 표시로서 바람직하지 않다.」고 판례가 실무를 변경하였다.(2019.2.14. 선고 2015다244432)

③ 미리 청구할 필요

장래 이행의 소는 미리 청구할 필요가 있는 경우에 권리보호이익이 인정되는 바, 이는 이행의무의 성질, 의무자의 태도를 고려하여 개별적으로 판정하여야 한다.[95]

㉮ 이행의무의 성질에 의한 경우

정기행위나 부양료청구 등 이행이 제때에 이루어지지 않으면 채무본지에 따른 이행이 되지 않는 경우, 이행지체로 회복할 수 없는 손해가 발생할 경우 또는 장래의 계속적 불법행위에 기한 손해배상청구나 부당이득반환청구 등은 그 성질상 미리 청구할 필요가 인정된다.

㉯ 의무자의 태도에 의해 미리 청구할 필요가 인정되는 경우

의무자가 이미 의무의 존재·이행기·조건 등을 다투고 있어서 이행기에 이르러 즉시 이행이 기대될 수 없는 경우에는 미리 청구할 필요가 인정된다.

㉰ 현재의 이행의 소와 병합제기하는 장래 이행의 소

---

93) 「장래의 이행을 명하는 판결을 하기 위하여는 채무의 이행기가 장래에 도래하는 것뿐만 아니라 의무불이행사유가 그 때까지 존속한다는 것을 변론종결 당시에 확정적으로 예정할 수 있는 것이어야 하며 이러한 책임기간이 불확실하여 변론종결 당시에 확정적으로 예정할 수 없는 경우에는 장래의 이행을 명하는 판결을 할 수 없다 할 것인바(대법원 1987. 9. 22. 선고 86다카2151 판결, 1991. 6. 28. 선고 90다카25277 판결 등 참조), 앞에서 본 바와 같이 피고의 이 사건 1토지 및 이 사건 2토지 중 일부에 대한 각 점유는 동시이행항변권 또는 유치권의 행사에 따른 것이어서 적법한 것이기는 하나 피고가 위 각 토지를 그 본래의 목적에 따라 사용·수익함으로써 실질적인 이득을 얻고 있다는 이유로 임료 상당의 금원의 부당이득을 명하고 있는 이 사건의 경우, 피고가 원고들에게 이 사건 1, 2토지를 인도하지 아니하더라도 원심이 이행을 명한 '인도하는 날' 이전에 이 사건 1, 2토지의 사용·수익을 종료할 수도 있기 때문에 의무불이행사유가 '인도하는 날까지' 존속한다는 것을 변론종결 당시에 확정적으로 예정할 수 있는 경우에 해당한다고 단정할 수는 없다 할 것이어서 그 때까지 이행할 것을 명하는 판결을 할 수 없다 할 것이다. (대법원 2002. 6. 14. 선고 2000다37517 판결 [건물철거등])」
94) 「토지 소유자가 시를 상대로 "시가 위 토지를 매수할 때까지"로 기간을 정한 장래의 차임 상당 부당이득반환청구는 장차 시가 위 토지를 매수하거나 수용하게 될는지 또는 그 시점이 언제 도래할지 불확실할 뿐만 아니라 시가 매수하거나 수용하지 아니하고 도로폐쇄조치를 하여 점유사용을 그칠 수도 있고 소유자가 위 토지를 계속하여 소유하지 못할 수도 있는 것이어서 위 장래의 기간 한정은 의무불이행의 사유가 그때까지 계속하여 존속한다는 보장이 성립되지 아니하는 불확실한 시점이라 아니할 수 없을 것이므로 이에 대한 장래의 이행을 명할 수는 없다.(대법원 1991.10.8. 선고 91다17139 판결)」
95) 이시윤, 전게서, 201면.

㉠ 원금의 지급청구에 병합한 원금의 완납에 이르기까지의 지연이자와 손해금청구 또는 부동산의 인도청구에 병합한 인도하기까지의 임료나 임료상당손해배상금의 지급청구 : 이 경우 현재의 이행의 소인 주된 청구가 다투어지는 이상 장래의 이행인 나머지의 이행도 기대하기 어려우므로 미리 청구할 필요가 인정된다.

㉡ 본래의 목적물 인도청구와 대상청구의 병합의 문제

ⓐ 변론종결 후의 집행불능에 대비한 대상청구를 단순병합한 경우 : 만일 이러한 장래 이행의 소를 인정하지 않는다면 인도판결이 집행불능에 이르게 된 경우 다시 대상청구를 할 수밖에 없으므로 소송경제상 미리 청구할 필요가 인정된다.

ⓑ 변론종결 전의 이행불능에 대비한 대상청구의 예비적 병합의 경우 : 불특정물채권의 경우 이행불능의 문제가 발생하지 않으므로 대상청구가 문제되지 않으나, 특정물채권의 경우에는 이행불능을 대비하여 대상청구를 병합한다면 이는 현재 이행의 소가 되므로 장래 이행의 소와의 병합문제는 발생하지 않으며, 다만, 주된 청구인 목적물인도 청구와 현재 이행의 소인 대상청구가 예비적으로 병합된 모습이 될 뿐이다.[96]

㉣ 형성의 소에 병합하여 형성의 효과에 따라 발생하는 권리의 이행을 청구하는 경우

• 「제권판결 불복의 소와 같은 형성의 소는 그 판결이 확정됨으로써 비로소 권리변동의 효력이 발생하게 되므로 이에 의하여 형성되는 법률관계를 전제로 하는 이행소송 등을 병합하여 제기할 수 없는 것이 원칙이다.(2013.9.13. 선고 2012다36661)」

• 공유물분할청구소송의 판결이 확정되기 전에는 분할물의 급부를 청구할 권리가 없다.(1969.12.29. 선고 68다2425)

---

[96] 주의판례! 본래적 급부청구에 이를 대신할 전보배상을 부가하여 대상청구를 병합하는 것이 허용되는지 여부(적극) 및 대상청구를 본래의 급부청구에 예비적으로 병합한 경우, 본래의 급부청구가 인용되면 예비적 청구에 대한 판단을 생략할 수 있는지 여부(소극)
채권자가 본래적 급부청구에 이를 대신할 전보배상을 부가하여 대상청구를 병합하여 소구한 경우 대상청구는 본래적 급부 청구권이 현존함을 전제로 하여 이것이 판결확정 전에 이행불능되거나 또는 판결확정 후에 집행불능이 되는 경우에 대비하여 전보배상을 미리 청구하는 경우로서 양자의 병합은 현재 급부청구와 장래 급부청구의 단순병합에 속하는 것으로 허용된다. 이러한 대상청구를 본래의 급부청구에 예비적으로 병합한 경우에도 본래의 급부청구가 인용된다는 이유만으로 예비적 청구에 대한 판단을 생략할 수는 없다.(대법원 2011.08.18. 선고 2011다30666 판결 – 갑이 을을 상대로 주위적으로 근저당권설정등기의 회복등기절차 이행을 구하면서, 예비적으로 을이 병과 공모하여 등기를 불법말소한 데 대한 손해배상금과 지연손해금 지급을 구하였는데, 제1심법원이 주위적 청구를 인용하면서 예비적 청구를 기각하였고, 갑이 기각된 부분에 대하여 항소를 제기하자, 원심법원이 주위적 청구가 인용되어 전부 승소한 갑에게는 항소를 제기할 이익이 없다는 이유로 이 부분 항소를 각하한 사안에서, 위 예비적 청구는 주위적 청구인 근저당권설정등기 회복의무가 이행불능 또는 집행불능이 될 경우를 대비한 전보배상으로서 대상청구라고 보아야 하고, 이러한 주위적·예비적 병합은 현재 급부청구와 장래 급부청구의 단순병합에 속하므로, 갑이 항소한 부분인 예비적 청구의 당부를 판단하여야 함에도 주위적 청구가 인용된 이상 예비적 청구는 판단할 필요가 없다고 보아 이 부분 항소를 각하한 원심판결에는 법리오해 등의 위법이 있다고 한 사례)

- 다만, 양육자지정청구를 하면서 양육자로 지정되는 경우 지급받을 양육비의 액수와 그 채무명의를 미리 확정하여 둘 필요가 있는 경우에는 양육자지정청구와 함께 장래의 이행을 청구하는 소로서 양육비지급청구를 동시에 할 수 있다(1988.5.10. 선고 88므92, 88므108)고 한 경우도 있다.

④ 장래 이행판결과 사정변경 및 정기금판결에 대한 변경의 소

㉮ 문제점

토지임료에 상당하는 부당이득금반환을 청구하여 인용판결이 확정되었으나 그 소송의 사실심 변론종결 후에 임료가 현저하게 상당하지 아니하게 되는 등 경제적 사정의 변경으로 당사자 간의 형평을 심하게 해할 특별한 사정이 생긴 때, 새로 소를 제기하여 전소 판결에서 인용된 임료액과 적정한 임료액의 차액에 상당하는 부당이득금의 반환을 청구할 수 있는지가 기판력과 관련하여 문제된다.

㉯ 차액청구가 가능한지[97] (판례상의 명시적 일부청구 의제론)

판례는「일부청구임을 명시하지는 아니하였지만 명시한 경우와 마찬가지로 그 청구가 일부청구이었던 것으로 보아, 전소판결의 기판력이 그 일부청구에서 제외된 위 차액에 상당하는 부당이득금의 청구에는 미치지 않는 것이라고 해석함이 옳다.(1993.12.21. 선고 92다46226 전원합의체)」고 하여 일부청구로 의제하여 차액청구를 인정하고 있다.

㉰ 정기금판결에 대한 변경의 소

> 제252조(정기금판결과 변경의 소) ① 정기금(定期金)의 지급을 명한 판결이 확정된 뒤에 그 액수산정의 기초가 된 사정이 현저하게 바뀜으로써 당사자 사이의 형평을 크게 침해할 특별한 사정이 생긴 때에는 그 판결의 당사자는 장차 지급할 정기금 액수를 바꾸어 달라는 소를 제기할 수 있다.
> ② 제1항의 소는 제1심 판결법원의 전속관할로 한다.

㉠ 의의 : 개정법은 위와 같은 사안을 해결하기 위하여 정기금판결변경의 소를 신설하였다. 이 소는 확정된 판결을 변경하는 소송법상의 형성의 소에 속한다.

㉡ 요건

ⓐ 소송요건

A. 관할 : 전소의 제1심 판결법원의 전속관할이다.

B. 당사자 : 전소의 당사자 및 전소의 기판력이 미치는 제3자가 당사자가 된다.

C. 정기금판결일 것 : 정기금의 지급을 명하는 판결이란, <u>정기금배상판결만이 아닌 정기금방식의 연금·임금·이자지급판결 등도 해당</u>되며, 변론종

---

[97] 학설 중에는 ⓐ 위와 같은 판례의 일부청구 의제론을 지지하는 견해와 ⓑ 변론종결 후에 발생한 사유라 보아 기판력의 시적범위의 문제로 보아 차액청구를 인정하는 견해가 있다.

결 전에 발생한 손해에 대한 정기금판결 뿐만 아니라 변론종결 후에 발생할 장래의 손해에 대한 정기금판결도 이에 포함된다. 본 소는 정기금판결에 대한 소이므로 일시금배상판결은 이에 포함되지 않는다.
D. 전소의 소송물과 동일하여야 하는지 : 이에 대하여는 견해의 대립이 있다. 즉, 전소의 소송물과 동일한 것이어야 정기금변경의 소가 가능하므로 후유증과 같이 별개의 소송물인 경우에는 별도의 청구를 하여야 한다는 견해(소송물동일설)[98])와 소송물이 동일할 필요는 없으므로 후유증과 같은 경우라도 정기금판결변경의 소가 인정된다는 견해(소송물별개설)[99])가 대립되어 있다.
E. 판결이 확정되었거나 확정판결과 동일한 효력이 인정되는 경우일 것
F. 일반적 소송요건의 구비 : 정기금판결변경의 소도 일반적인 소송요건은 당연히 구비하여야 하므로, 이미 정기금판결에 대한 강제집행이 종료한 후에는 감액을 구하는 소의 권리보호이익이 없다.

ⓑ 재판절차
A. 기존 정기금판결과의 관계 : 변경판결에 의하여 종전의 정기금판결이 소멸되는 것은 아니므로 변경의 소를 제기한다 하여도 반드시 기존 정기금판결의 강제집행이 정지되는 것은 아니다. 결국 기존 정기금판결의 강제집행 이전에 강제집행정지를 신청하여야 한다.
B. 판결주문 : 법원이 청구를 인용하는 경우 원판결의 금액을 증·감액으로 변경하는 주문을 내면 된다. 즉, 반드시 원판결을 취소한다는 주문을 낼 필요는 없다.

---

98) 이시윤, 전게서, 569면.
99) 호문혁, 전게서, 625면.

쟁점 29 확인의 소의 이익

목 차		
1. 의 의 2. 대상적격 　(1) 「권리 또는 법률관계의 확인」을 구할 것 　(2) 「현재의」 권리나 법률관계에 대한 확인을 구할 것 　　① 과거의 법률관계에 대한 확인의 경우 　　　ⓐ 원칙 　　　ⓑ 예외-과거의 법률행위의 효력의 진의가 현재의 권리 법률관계에 관련되어 있는 경우(선해적법), 과거의 포괄적 법률관계의 확인 　　② 장래의 법률관계에 대한 확인의 경우	③ 권리 또는 법률관계의 주체 문제 　ⓐ 원칙-자기의 권리 또는 법률관계일 것 　ⓑ 예외-타인의 권리관계이지만 자기의 권리영역에 영향을 미치는 경우 3. 권리보호의 필요-즉시 확정의 법률상 이익 　(1) 법률상 이익 　(2) 위험이나 불안이 현존할 것 　　① 적극적 확인의 소 　　② 소극적 확인의 소 　(3) 확인의 소제기가 불안제거에 유효 적절한 수단일 것	① 자기의 소유권을 상대방이 다투는 경우 ② 채권자라고 주장하는 자들 간에 채권귀속에 관한 다툼이 있는 경우 ③ 당해 소송에서 재판을 받을 것이 예정된 절차사항의 확인 ④ 보충성 4. 확인의 이익의 소송상 효과 　(1) 직권조사사항 　(2) 흠결 시 　(3) 간과판결 시 5. 증서 진부 확인의 소 (250)

⑺ 의의

확인의 소는 권리 또는 법률관계의 존부 확정을 목적으로 하는 소인데, 소송요건으로서 「확인의 이익」을 요구하는 것이 학설과 판례의 일치된 태도이다.

그리고, 「확인의 이익 등 소송요건은 직권조사사항으로서 당사자가 주장하지 않더라도 법원이 직권으로 조사하여 판단하여야 하고, 사실심 변론종결 이후에 소송요건이 흠결되거나 그 흠결이 치유된 경우 상고심에서도 이를 참작하여야 한다.[100]」

⑻ 확인의 소의 대상적격(청구적격 ; 권리보호자격)

① 「권리 또는 법률관계」의 확인을 구할 것

특정한 구체적인 권리관계가 아닌 사실관계(역사적 사실, 자연현상 등)나 손해배상청구에 있어서 그 법률요건인 과실의 유무를 구하는 것과 같은 법률요건사실 등은 그 대상이 될 수 없다.[101]

---

[100] 대법원 2020. 1. 16. 선고 2019다247385 판결 [청구이의의소등]
[101] 따라서 종손이라는 지위의 확인을 구하거나, 통일교가 기독교의 종교단체인지의 여부에 대한 확인, 별도로 보존등기된 2개의 건물이 동일건물이라는 확인을 구하는 것 등은 확인의 소의 대상이 되지 않는

다만, 예외적으로 증서진부확인의 소(제250조)는 민사소송법상 허용되어 있다.

② 「현재의」 권리나 법률관계에 대한 확인을 구하는 경우일 것

㉮ 과거의 법률관계에 대한 확인의 경우

㉠ 원칙 : 원칙적으로 과거의 권리나 법률관계에 대한 확인을 구하는 것은 인정되지 않는다.102)

㉡ 예외

ⓐ 과거의 법률행위의 효력확인의 진의가 현재의 권리·법률관계에 관련되어 있는 경우(선해적 법성의 원리) : 예컨대, 매매계약무효확인의 소는 단순히 과거의 법률행위인 매매계약무효확인을 구하는 것에 그치는 것이 아니라 현재 매매계약에 기한 채권채무가 존재하지 않는다는 확인을 구하는 취지로 해석되어 확인의 이익이 긍정된다.(1966.3.15. 선고 63다17)103) 이는 매매계약의 해제확인을 구하는 경우에도 마찬가지이다.(1962.10.26. 선고 82다108)

> **징계처분 무효확인**
>
> 갑이 무효확인을 구하는 징계처분은 '2개월 무급정직 및 유동대기, 징계기간 중 회사 출입금지'로서 이미 그 징계기간인 2개월이 경과하였음이 명백하므로 그 무효확인을 구하는 소는 확인의 이익이 없어 부적법하다고 판단한 원심에 대하여, 정직기간 동안의 임금 미지급 처분의 실질을 갖는 징계처분의 무효 여부에 관한 확인 판결을 받아 현재의 권리 또는 법률상 지위에 대한 위험이나 불안을 제거할 수 있어 확인의 이익이 있다고 보아 원심판결을 파기한 사례(대법원 2010.10.14. 선고 2010다36407 판결)

ⓑ 과거의 포괄적 법률관계의 확인104)(과거의 법률행위가 현재의 권리 또는 법률관계를

다.
102) (1) 저당권의 실행으로 이미 소멸된 근저당권의 피담보채권의 부존재와 경매절차의 무효확인을 구하는 청구의 확인의 이익 유무(소극)
저당권의 실행으로 이미 소멸된 근저당권의 피담보채권이 존재하지 아니한다거나 이미 종료된 임의경매절차의 무효확인을 구하는 청구는 과거의 권리 또는 법률관계에 대한 확인을 구하는 것에 지나지 않을 뿐만 아니라 경락인이 아닌 당사자를 상대로 그와 같은 확인판결을 얻는다고 한들 그 확인판결의 효력이 경락인에게 미칠 수 없는 이상 원고들의 권리 또는 법적 지위의 불안을 해소하는 유효, 적절한 수단이라고 볼 수 없으므로 확인의 이익이 있다고 할 수 없다.(1993.6.29. 선고 92다43821)
(2) 구 사립학교법 제53조의2 제2항의 규정에 의하여 기간을 정하여 임용된 사립학교 교원이 임용기간 만료 전에 직위해제 또는 면직처분을 받은 후 그 임용기간이 만료된 경우, 위 직위해제 또는 면직처분의 무효확인을 구할 소의 이익이 있는지 여부(소극)(대법원 2000.5.18. 선고 95재다199 전원합의체 판결)
(3) 이사가 임원개임의 주주총회결의에 의하여 임기 만료 전에 해임당하고 그 후임이사의 선임이 있었다가 그 후 다시 후임이사가 선임되었으나 그 선임의 주주총회결의가 부존재로 인정되는 경우 당초의 선임결의의 무효확인을 구할 법률상 이익이 있는지 여부(적극)(대법원 1992.2.28. 선고 91다8715 판결)
103) 법원행정처, 전게서(Ⅱ), 88면.

성립시키는 전제인 경우)¹⁰⁵) : 신분관계소송(예 혼인·입양무효확인 등), 사단관계소송(예 주주총회결의무효확인등) 및 행정소송의 경우 등 과거의 경우이더라도 일체의 분쟁의 직접적·획일적 해결에 유효적절한 수단이 된다면 허용된다.¹⁰⁶)

ⓒ 장래의 법률관계에 대한 확인의 경우
장래의 법률관계에 대한 확인은 허용되지 않으나, 조건부·기한부 권리는 확인의 대상이 된다.

③ 권리 또는 법률관계의 주체문제

㉮ 원칙 – 「자기의 권리 또는 법률관계일 것」
직접 분쟁의 당사자가 아닌 자에 대하여 확인을 구하는 것은 특별한 사정이 없는 한 그 확인을 받아도 법률상 지위의 불안제거에 별다른 실효가 있는 것은 아니기 때문에 그 확인을 구할 법률상의 이익이 없어 부적법하다.

㉯ 예외 – 타인의 권리관계이지만 자기의 권리영역에 영향을 미치는 경우
「확인의 소는 반드시 당사자간의 법률관계에 한하지 아니하고, 당사자의 일방과 제3자 사이 또는 제3자 상호간의 법률관계도 그 대상이 될 수 있는 것이지만, 위와 같은 법률관계의 확인이 확인의 이익이 있기 위하여는 그 법률관계에 따라 원고의 권리 또는 법적 지위에 현존하는 위험, 불안이 야기되어야 하고, 그 위험, 불안을 제거하기 위하여 그 법률관계를 확인의 대상으로 한 확인 판결에 의하여 즉시로 확정할 필요가 있고 또한 그것이 가장 유효적절한 수단이 되어야 하는 것(1995.10.12. 선고 95다26131)」이다.¹⁰⁷)

⒟ 권리보호의 필요 (즉시 확정의 법률상 이익)

① 법률상의 이익일 것
법률상의 이익이 아닌 반사적인 사실상·경제상의 이익은 확인의 이익이 없다.¹⁰⁸)

② 현존하는 위험이나 불안이 존재할 것

---

104) 이시윤, 전게서, 204면.
105) 정동윤·유병현, 전게서, 372면.
106) 이시윤, 전게서, 204면.
107) ① 근저당권자가 물상보증인을 상대로 피담보채무의 확정을 위한 확인의 소를 제기할 확인의 이익이 있는지 여부(적극) – 근저당권자가 근저당권의 피담보채무의 확정을 위하여 스스로 물상보증인을 상대로 확인의 소를 제기하는 것이 부적법하다고 볼 것은 아니며, 물상보증인이 근저당권자의 채권에 대하여 다투고 있을 경우 그 분쟁을 종국적으로 종식시키는 유일한 방법은 근저당권의 피담보채권의 존부에 관한 확인의 소라고 할 것이므로, 근저당권자가 물상보증인을 상대로 제기한 확인의 소는 확인의 이익이 있어 적법하다.(대법원 2004.3.25. 선고 2002다20742 판결)
② 제2번 저당권자가 제1번 저당권자와 담보물권의 소유권자를 상대로 제1번 저당채무의 부존재확인을 구하는 경우 확인의 이익이 있다.
108) 예컨대, 회사의 자산에 대하여 주주가 갖는 이익, 명예회복이나 재취업상의 불이익을 제거하기 위한 이익 등의 경우에는 사실상의 이익에 불과하여 확인의 이익이 없다.

㉮ 적극적 확인의 소의 이익

㉠ 자기의 권리 또는 법적 지위가 타인으로부터 부인당하거나 이와 양립되지 않는 주장을 당하게 되는 경우에 불안이 현존하게 된다.[109)110)]

㉡ 예외적으로 당사자 사이에 다툼이 없는 경우이더라도 ⓐ소멸시효의 완성단계에 달한 경우라거나 ⓑ 원고주장과 반대의 공부(예등기부, 가족관계부등)상 기재가 있는 경우에는 법적 불안이 있는 경우이므로 확인의 이익이 인정될 수 있다.[111)]

㉯ 소극적 확인의 소의 이익

타인이 그 자신에게 권리가 없음에도 있다고 주장하는 경우에 확인의 이익이 인정된다.[112)]

③ 확인의 소의 제기가 불안제거에 유효·적절한 수단일 것

㉮ 자기의 소유권을 상대방이 다투는 경우 소유권의 귀속에 관하여 다툼이 있는 경우에 적극적으로 자기의 소유권확인을 구하지 아니하고 소극적으로 상대방 소유권의 부존재확인을 구하는 것은 그 소유권의 귀속에 관한 분쟁을 근본적으로 해결하는 즉시확정의 방법이 되지 못하므로 확인의 이익이 없는 것이나, 다만 원고에게 내

---

109) 이시윤, 전게서, 205면.
110) 따라서 어느 토지에 관하여 이미 제3자명의의 소유권보존등기가 경료되었을 경우 그 제3자에 대한 소유권보존등기말소청구가 가장 유효적절한 수단인 것이므로 원칙적으로 국가를 상대로 소유권확인청구를 하는 것은 소익이 없는 것이다.(대법원 1994.3.11. 선고 93다57704)
111) 공탁관이 가족관계증명서, 제적등본 등의 첨부서류만으로는 출급청구인이 진정한 상속인인지 여부를 심사할 수 없는 경우에는 공탁물출급청구를 불수리할 수밖에 없다. 그러한 경우에는 공탁물출급청구권확인을 구하는 것이 출급청구인이 진정한 상속인이라는 실질적 권리관계를 확정하는 데 가장 유효, 적절한 수단이 되고, 정당한 공탁물수령권자는 그 법률상 지위의 불안이나 위험을 제거하기 위하여 공탁자를 상대방으로 하여 그 공탁물출급청구권의 확인을 구하는 소송을 제기할 이익이 있다.(대법원 2014.4.24. 선고 2012다40592 판결)
112) 담보권 실행을 위한 경매절차에서 근저당권자가 유치권자로 권리신고를 한 자에 대하여 유치권부존재확인의 소를 구할 법률상 이익이 있다고 한 사례(대법원 2004.9.23. 선고 2004다32848 판결)

* **유치권 일부 부존재 확인의 소**

채무자의 부존재 확인청구가 채무자가 자인하는 금액을 제외한 나머지 채무의 부존재 확인을 구하는 것이라면, 이와 같은 소극적 확인소송에 있어서 그 부존재 확인을 구하는 목적인 법률관계가 가분하고 또 분량적으로 그 일부만이 존재하는 경우에는 청구를 전부 기각할 것이 아니라 그 존재하는 법률관계의 부분에 대하여 일부 패소의 판결을 하여야 한다.(대법원 2007. 5. 31. 선고 2007다6772 판결 등 참조) 부동산 임의경매를 신청한 근저당권자는 그 경매절차에서 유치권을 신고한 사람을 상대로 유치권 전부의 부존재뿐만 아니라 경매절차에서 유치권을 내세워 대항할 수 있는 범위를 초과하는 유치권의 부존재 확인을 구할 법률상 이익이 있으므로, 심리 결과 상대방이 유치권의 피담보채권으로 주장하는 금액의 일부만 경매절차에서 유치권으로 대항할 수 있는 것으로 인정되는 경우에는 법원은 특별한 사정이 없는 한 그 유치권 부분에 대하여 일부 패소의 판결을 하여야 하는데(대법원 2016. 3. 10. 선고 2013다99409 판결 참조), 이는 부동산 임의경매절차에서의 매수인이 유치권을 신고한 사람을 상대로 유치권의 부존재 확인청구를 하는 경우에도 마찬가지이다. 그리고 소극적 확인소송에 있어서는 원고가 먼저 청구를 특정하여 채무발생원인 사실을 부정하는 주장을 하면 채권자인 피고는 권리관계의 요건사실에 관하여 주장·증명책임을 부담한다. (대법원 2011. 11. 24. 선고 2011다70756 판결 등 참조)(대법원 2018. 7. 24. 선고 2018다221553 판결)

세울 소유권이 없고 피고의 소유권이 부인되면 그로써 원고의 법적 지위의 불안이 제거되어 분쟁이 해결될 수 있는 경우에는 피고의 소유권의 소극적 확인을 구할 이익이 있다고 할 것이다.(1984.3.27.선고 83다카2337)」

　㉮ 채권자라고 주장하는 자들 간에 채권귀속에 관한 다툼이 있는 경우
　　스스로 채권자라고 주장하는 어느 한 쪽이 상대방에 대하여 그 채권이 자기에게 속한다는 채권의 귀속에 관한 확인을 구하는 청구는 그 확인의 이익이 있다. 그러나 상대방 주장의 그 제3자에 대한 권리 또는 법률관계가 부존재한다는 확인을 구하는 것은 확인의 이익이 없다.(2004.3.12.선고 2003다49092)
　㉯ 당해 소송에서 재판을 받을 것이 예정된 절차사항의 확인 예를 들어 소송요건 존부확인의 소를 제기하거나 소취하의 유·무효확인의 소 등의 당해 소송 내에서 어차피 해결될 사항을 별도로 소로 제기하는 경우에는 확인의 이익이 없다.
　㉰ 확인의 소의 보충성
　　㉠ 이행의 소가 가능한 경우
　　　ⓐ 원칙 : 이행의 소가 가능한 경우에는 확인의 소를 제기할 수 없음이 원칙이다. 이행의 소 자체로 분쟁의 근본적 해결이 가능하므로, 집행력이 없는 확인의 소는 이익이 없기 때문이다.113)
　　　ⓑ 예외 : 예외적으로 다음의 경우에는 확인의 소가 인정된다.

> ⅰ) 목적물의 압류
> ⅱ) 현재 손해액수가 판명나지 않은 경우
> ⅲ) 확인판결 이후 피고의 임의이행이 기대가능한 경우(예 피고가 국가나 공공단체이어서 책임재산이 확실한 경우)
> ⅳ) 이행청구권의 기초가 되는 기본적인 권리나 법률관계를 확인함에 의하여 파생되는 분쟁들을 일거에 해결할 수 있고 즉시 확정의 현실적 필요성이 있는 경우
> 　(예 건물명도청구가 가능하다 하여도 당해 명도 청구권발생의 기초가 되는 소유권을 확인하는 청구는 허용)

　　㉡ 형성의 소가 가능한 경우
　　　이 경우에도 확인의 이익은 부정된다. 예를 들어 이혼청구를 할 수 있음에도 제기한 이혼권존재확인의 소는 부적법하다.
　㉱ 국가를 상대로 한 토지 및 건물의 소유권확인청구의 정리
　　㉠ 토지소유권의 확인 : 「국가를 상대로 한 토지소유권확인청구는 어느 토지가 미등기이고, 토지대장이나 임야대장상에 등록명의자가 없거나 등록명의자가 누

---

113) ① 근저당권설정자가 피담보채무부존재확인의 소를 제기한 경우 확인의 이익 부정(2000.4.11.선고 2000다5640)
　　② 미등기매수인의 사용·수익·처분권 확인의 소는 소유권이전등기의무이행 소구가 가능하므로 부정 (대법원 2008. 7.10. 선고 2005다41153 판결)

구인지 알 수 없을 때와 그밖에 국가가 등록명의자인 제3자의 소유를 부인하면서 계속 국가소유를 주장하는 등 특별한 사정이 있는 경우에 한하여 그 확인의 이익이 있다.(1994.3.11.선고 93다57704)」114)

ⓒ 건물소유권확인 : 「건물의 경우 가옥대장이나 건축물관리대장의 비치·관리업무는 당해 지방자치단체의 고유사무로서 국가사무라고 할 수도 없는 데다가 당해 건물의 소유권에 관하여 국가가 이를 특별히 다투고 있지도 아니하다면, 국가는 그 소유권 귀속에 관한 직접 분쟁의 당사자가 아니어서 이를 확인해 주어야 할 지위에 있지 않으므로, 국가를 상대로 미등기건물의 소유권 확인을 구하는 것은 그 확인의 이익이 없어 부적법하다.(1999.5.28.선고 99다2188)」

(라) 증서의 진정여부를 확인하는 소

> **제250조(증서의 진정여부를 확인하는 소)** 확인의 소는 법률관계를 증명하는 서면이 진정한지 아닌지를 확정하기 위하여서도 제기할 수 있다.

「증서진부확인의 소는 서면이 그 작성명의자에 의하여 작성되었는가 그렇지 않으면 위조 또는 변조되었는가를 확정하는 소송이다.(1991.12.10.선고 91다15317)」

① 법률관계를 증명하는 서면일 것

이는 그 기재내용 자체로부터 직접 일정한 현재의 법률관계의 존재가 증명될 수 있는 처분문서를 의미하므로 단지 과거의 사실관계를 증명하는 서면은 보고문서에 불과하여 해당할 수 없다.115)

② 진정여부의 문제일 것

이는 서면이 당해 작성명의인에 의하여 작성되었는지 위조나 변조된 것인지를 의미하는 것이고 내용의 진정, 즉, 기재내용이 사실인지 여부를 의미하는 것은 아니다.

③ 확인의 소의 일반적 요건을 갖출 것

증서진부확인의 소의 경우도 확인의 소의 일반요건을 갖추어야 하므로 확인의 이익이 존재하는 경우이어야 한다.

---

114) 「토지대장상 소유자 표시 중 주소 기재가 일부 누락된 경우는 등록명의자가 누구인지 알 수 없는 경우에 해당하여 그 토지대장에 의하여 소유권보존등기를 신청할 수 없고, 토지대장상 토지소유자의 채권자는 토지소유자를 대위하여 토지대장상 등록사항을 정정할 수 없으므로, 토지대장상 토지소유자의 채권자는 소유권보존등기의 신청을 위하여 토지소유자를 대위하여 국가를 상대로 소유권확인을 구할 이익이 있다. (대법원 2019.5.16. 선고 2018다242246 판결)」

115)
○	유가증권, 정관, 매매계약서, 차용증서, 해약통지서
×	대차대조표, 회사결산보고서, 세금계산서, 당사자본인신문조서, 영수증, 전단서

참고 - 유치권 부존재 확인의 소의 정리

구 분		경매절차 진행 중 유치권 신고가 있는 경우	매각되어 종료된 경우	
			유치권 신고나 주장이 있었던 경우	유치권 신고나 주장이 없었던 경우
근저당권자의 소제기		확인의 이익 ○ [116]	확인의 이익 X [117]	확인의 이익 ○ [118]
소유자의 소제기	소유자가 채무자인 경우	확인의 이익 ○	확인의 이익 X [119]	확인의 이익 ○ [120]
	소유자가 채무자가 아닌 경우	확인의 이익 ○	확인의 이익 X	확인의 이익 X

---

[116] 「원심은 이 사건 부동산에 관하여 유치권의 부존재 확인을 구할 이익이 없으므로 원고의 이 사건 유치권부존재확인의 소는 부적법하다는 피고의 항변에 대하여, 유치권자가 경락인에 대하여 그 피담보채권의 변제를 청구할 수는 없다 할 것이지만 유치권자는 여전히 자신의 피담보채권이 변제될 때까지 유치목적물인 부동산의 인도를 거절할 수 있어 부동산 경매절차의 입찰들은 낙찰 후 유치권자로부터 경매목적물을 쉽게 인도받을 수 없다는 점을 고려하여 입찰을 하게 되고 그에 따라 경매목적 부동산이 그만큼 낮은 가격에 낙찰될 우려가 있다고 할 것인바, 이와 같은 저가낙찰로 인해 원고의 배당액이 줄어들 위험은 경매절차에서 근저당권자인 원고의 법률상 지위를 불안정하게 하는 것이므로 위 불안을 제거하는 원고의 이익을 단순한 사실상·경제상의 이익으로 볼 수 없고,... (대법원 2004. 9. 23. 선고 2004다32848 판결 [유치권부존재확인])」

[117] 「근저당권자에게 담보목적물에 관하여 각 유치권의 부존재 확인을 구할 법률상 이익이 있다고 보는 것은 경매절차에서 유치권이 주장됨으로써 낮은 가격에 입찰이 이루어져 근저당권자의 배당액이 줄어들 위험이 있다는 데에 근거가 있고(대법원 2016. 3. 10. 선고 2013다99409 판결, 대법원 2004. 9. 23. 선고 2004다32848 판결 등 참조), 이는 소유자가 그 소유의 부동산에 관한 경매절차에서 유치권의 부존재 확인을 구하는 경우에도 마찬가지이다. 위와 같이 경매절차에서 유치권이 주장되었으나 소유부동산 또는 담보목적물이 매각되어 그 소유권이 이전되어 소유권을 상실하거나 근저당권이 소멸하였다면, 소유자와 근저당권자는 유치권의 부존재 확인을 구할 법률상 이익이 없다.(대법원 2020. 1. 16. 선고 2019다247385 판결 [청구이의의소등])」

[118] 「한편, 민법 제575조는 '매매의 목적물이 유치권의 목적이 된 경우에 매수인이 이를 알지 못한 때에는 이로 인하여 계약의 목적을 달성할 수 없는 경우에 한하여 매수인은 계약을 해제할 수 있다. 기타의 경우에는 손해배상만을 청구할 수 있다.'고 규정하고 있고, 같은 법 제578조 제1항, 제2항은 '① 경매의 경우에는 경락인은 전 8조의 규정에 의하여 채무자에게 계약의 해제 또는 대금감액의 청구를 할 수 있다. ② 전항의 경우에 채무자가 자력이 없는 때에는 경락인은 대금의 배당을 받은 채권자에 대하여 그 대금 전부나 일부의 반환을 청구할 수 있다.'고 규정하고 있다. 위와 같이 경매절차에서 유치권이 주장되지 아니한 경우에는, 담보목적물이 매각되어 그 소유권이 이전됨으로써 근저당권이 소멸하였더라도 채권자는 유치권의 존재를 알지 못한 매수인으로부터 위 각 규정에 의한 담보책임을 추급당할 우려가 있고, 위와 같은 위험은 채권자의 법률상 지위를 불안정하게 하는 것이므로, 채권자인 근저당권자로서는 위 불안을 제거하기 위하여 유치권 부존재 확인을 구할 법률상 이익이 있다. 반면 채무자가 아닌 소유자는 위 각 규정에 의한 담보책임을 부담하지 아니하므로, 유치권의 부존재 확인을 구할 법률상 이익이 없다.(대법원 2020. 1. 16. 선고 2019다247385 판결 [청구이의의소등])」

[119] 위 대법원 2020. 1. 16. 선고 2019다247385 판결 참조
[120] 위 대법원 2020. 1. 16. 선고 2019다247385 판결 참조

제2절 소송물

쟁점 30 일부청구에 관한 소송법적 제문제[121]

1. 일부청구의 허용성[122]

예를 들어, 甲이 乙에게 금5천만원의 채권을 가지고 있었는데, 그 중 2천만원을 먼저 청구하고 잔부 3천만원을 나중에 청구하는 경우를 일부청구의 문제라 하는데, 이의 처리와 관련하여 견해가 대립한다.

먼저, ① 판례와 통설은 이른바 「명시설」을 채택하여, 일부청구임을 명시적으로 밝혔다면 양자는 서로 별개의 소송물이지만, 명시적으로 밝힌 바 없다면 동일한 소송물로 처리한다. 이 때 일부청구임을 명시하는 방법으로는 일부청구하는 채권의 범위를 잔부청구와 구별하여 심리의 범위를 특정할 수 있는 정도의 표시를 하여 전체 채권의 일부로서 우선 청구하고 있는 것임을 밝히는 것으로 충분하다.(1989.6.27.선고 87다카2478)

이러한 통설과 판례의 태도와 달리 ② 명시여부를 불문하고 일부청구는 모두 각각이 독립한 별개의 소송물이라는 일부청구긍정설과 ③ 채권의 전부가 소송물인 것이고 일부청구는 단순히 인용한도액을 정함에 불과하다는 일부청구 부정설도 있다.

2. 일부청구 계속 중의 잔부청구와 중복소제기 문제

일부청구가 계속 중에 잔부청구를 하는 것이 중복소제기에 해당하는지에 대하여 다음과 같은 견해의 대립이 있다.

(1) 학설

(가) 중복소송부정설(독립소송설)

일부청구제기 시 **그 범위 내에서만 소송계속의 효과가 발생**하므로 잔부청구를 하여도 중복소제기에 해당하지 않는다는 견해이다.

(나) 단일절차병합설

일부청구 계속 중의 잔부청구가 **중복소제기에 해당하는 것은 아니지만**, 일부청구가 사실심에 계속 중인 경우 별소로 잔부를 청구하는 것은 소권의 남용에 해당하므로, 이부(移部), 이송(移送), 변론의 병합으로 **절차의 단일화**를 꾀할 것이고, 이것이 안될 경우 후소를 각하하여야 한다는 견해이다.

(다) 중복소송설

일부청구가 계속 중에 있는 경우라 하여도 같은 소송절차 내에서 **청구취지의 확장**에 의하여 잔부청구가 가능하므로 별소로 잔부청구를 하는 것은 중복된 소제기에

---

121) 이하 서술의 순서는 정동윤·유병현, 전게서, 255면 이하의 서술체제를 기본적으로 따른다.
122) 기타 상세는 본서 '일부청구' 부분 별도 참조.

해당하므로 부적법하다는 견해이다.
  - (라) **명시적 일부청구설**
    명시적 일부청구의 경우 당해 일부만이 소송물이므로 잔부청구를 별소로 제기하여도 중복소제기에 해당하지 않으나, **묵시적 일부청구**의 경우에는 채권의 전부가 소송물이기 때문에 별소로 잔부청구를 하는 것은 중복소제기에 해당한다는 견해이다.

(2) **판례**
과거 판례는 중복소송설을 취하고 있었으나, 이제 명시적 일부청구설을 따르고 있다. 즉, 「전 소송에서 불법행위를 원인으로 치료비청구를 하면서 일부만을 특정하여 청구하고 그 이외의 부분은 별도소송으로 청구하겠다는 취지를 **명시적으로 유보한 때**에는 그 전소송의 소송물은 그 청구한 일부의 치료비에 한정되는 것이고 전 소송에서 한 판결의 기판력은 유보한 나머지 부분의 치료비에까지는 미치지 아니한다 할 것이므로 전소송의 계속중에 동일한 불법행위를 원인으로 유보한 나머지 치료비청구를 별도소송으로 제기하였다 하더라도 중복제소에 해당하지 아니한다.(1985. 4. 9. 선고 84다552)」

(3) **검토 – 명시적 일부청구설에 의한 처리**
명시적 일부청구긍정설을 따르는 경우 명시적 일부청구설을 따르는 것이 타당할 것이나, 다만 명시적 일부청구의 경우라도 별소로 잔부청구를 하는 것보다는 **전소청구 취지의 확장**에 의하는 것이 바람직할 것이다. 따라서 일부청구에 대한 사실심 계속 중에 별소로 잔부청구를 하는 것은 **소권의 남용**에 해당할 수 있다.(1996. 3. 8. 선고 95다46319 판결의 방론참조) 다만, 후소의 제소 당시에 전소가 사실심에 계속되어 있더라도 후소의 변론종결시 이전에 전소의 사실심변론이 종결되면 더 이상 청구취지의 확장이 불가능하므로 이 경우는 소권남용으로 볼 수 없다.

3. **일부청구와 시효중단의 범위**
일부청구의 경우 당해 일부청구내의 채권에 대하여 시효중단효가 발생함은 문제가 없으나, 잔부채권에 대하여도 시효중단효가 미치는지에 대하여는 견해의 대립이 있다.

(1) **학설**
  - (가) **일부중단설(판례의 주류적 입장)**
    명시적인지 묵시적인지 여부를 불문하고 시효중단효는 실제 청구한 부분에만 미치는 것이고, 청구하지 아니한 잔부에 대하여는 미치지 않는다는 견해로 원고에게 가장 불리한 견해이다.
  - (나) **전부중단설**
    명시적인지 묵시적인지 여부를 불문하고 당해 일부청구만의 청구라 하여도 채권자의 권리행사가 있는 이상 더 이상 이러한 채권자를 권리위에 잠자는 자로 볼 수 없으므로 잔부에 대하여도 전부 시효중단효가 미친다는 견해이다. 원고에게 가장 유리한 견해이다.

(다) **절충설(다수설·최근 판례)**
　　명시적 일부청구의 경우에는 그 일부만이 소송물이므로 시효중단효는 당해 일부에 한하여 발생하는 것이나, 묵시적 일부청구의 경우에는 전부에 대하여 시효중단효가 미친다는 견해이다.

(2) **판례**
　　판례는 ① 하나의 채권 중 일부에 관하여만 판결을 구한다는 취지를 명백히 하여 소송을 제기한 경우에는 소 제기에 의한 소멸시효중단의 효력이 그 일부에 관하여만 발생하고, 나머지 부분에는 발생하지 않고, ② 다만 소장에서 청구의 대상으로 삼은 채권 중 일부만을 청구하면서 소송의 진행경과에 따라 장차 청구금액을 확장할 뜻을 표시한 경우 실제 청구금액을 확장하지 않았다면 나머지 부분에 관하여는 소멸시효중단의 효력이 발생하지 않지만, ③ 해당 소송이 종료될 때까지 실제로 청구금액을 확장한 경우에는 소 제기 당시부터 채권 전부에 관하여 재판상 청구로 인한 시효중단의 효력이 발생하나, ④ 소장에서 청구의 대상으로 삼은 채권 중 일부만을 청구하면서 소송의 진행경과에 따라 장차 청구금액을 확장할 뜻을 표시하였더라도 그 후 채권의 특정 부분을 청구범위에서 명시적으로 제외하였다면, 그 부분에 대하여는 애초부터 소의 제기가 없었던 것과 마찬가지이므로 재판상 청구로 인한 시효중단의 효력이 발생하지 않는다고 한다.[123] ⑤ 한편 이와 같은 경우에도 소를 제기하면서 장차 청구금액을 확장할 뜻을 표시한 채권자는 장래에 나머지 부분을 청구할 의사를 가지고 있는 것이 일반적이라고 할 것이므로, 다른 특별한 사정이 없는 한 당해 소송이 계속 중인 동안에는 나머지 부분에 대하여 권리를 행사하겠다는 의사가 표명되어 최고에 의해 권리를 행사하고 있는 상태가 지속되고 있는 것으로 보아야 하고, 채권자는 당해 소송이 종료된 때부터 6월 내에 민법 제174조에서 정한 조치를 취함으로써 나머지 부분에 대한 소멸시효를 중단시킬 수 있다.[124]

---

[123] 대법원 2022. 5. 26. 선고 2020다206625 판결
[124] 대법원 2022. 5. 26. 선고 2020다206625 판결

4. 일부청구에 대한 기판력의 범위

일부청구에 대한 판결이 확정된 경우 당해 판결의 기판력이 잔부청구에도 미치는지에 대하여는 견해의 대립이 있다. 이는 결국 일부청구의 허용성에 관한 견해 중 어느 것을 취하는지에 따라 다르게 된다.

(1) 학설

(가) 일부청구부정설

일부청구가 일정한 표준에 의하여 특정되지 않는다면 ① 피고의 응소의 어려움 및 ② 법원의 판단부담 내지 판결의 모순 저촉이 초래될 문제가 있으며, ③ 분쟁의 1회적 해결에 난점이 있으므로 일부청구는 인정될 수 없고, ④ 일부청구에 불구하고 전부를 소송물로 제시한 것으로 보아야 하고, 금액은 인용한도액을 확정한 것에 그친다는 견해이다.

이 견해를 유지한다면 결국 그 **소송물은** 일부청구라 하여도 **채권 전부**이므로 전부 채권에 대하여 기판력이 미치게 되므로 잔부청구를 하는 것은 기판력에 저촉된다.

(나) 일부청구긍정설

가분적 채권의 일부청구는 그것이 채권의 일부임을 명시하지 않아도 잔부와 다른 소송물로 보는 견해이다. ① 소송물은 처분권주의에 의하여 원고의 의사에 의하여 정하여져야 하고, ② 일부청구를 허용하여야 할 필요성도 존재하며, ③ 기판력은 주문에 포함된 것에만 미침이 민사소송법의 태도(제216조 제1항)이므로 잔부에 대하여는 기판력도 미치지 않고, ④ 게다가 제216조 제2항에 의하면 상계의 경우 '대등한 액에 한하여' 기판력이 미치는 것으로 하여 기판력의 가분성을 인정하고 있는 점과 궤를 같이 하여야 한다는 것이다.

이 견해의 경우, 일부청구에 대한 판결의 기판력은 **일부에 대하여서만** 미치므로 잔부청구에 대하여는 기판력이 미치지 않는다고 본다.

(다) 명시설

명시적 일부청구의 경우에는 소송물이 명시하여 청구한 그 일부이므로 잔부에는 기판력이 미치지 아니하나, 묵시적 일부청구의 경우 소송물이 채권전부이므로 잔부청구를 하는 것은 기판력에 저촉된다.

(2) 판례

판례는 **명시설**을 취하여 「불법행위의 피해자가 일부청구임을 명시하여 그 손해의 일부만을 청구한 경우 그 일부청구에 대한 판결의 기판력은 잔부청구에 미치지 아니하는 것(1986.12.23.선고 86다카536)」이라고 판단하고 있다.

5. 변론종결 이후의 사정변경에 의한 추가청구와 명시적 일부청구의제이론

(1) 문제의 소재

전소의 변론종결 이후 임료상승이나 병세악화 등의 사정변경이 발생한 경우에 변경되어 상당하지 않게 된 부분의 차액 상당액을 청구할 수 있는지에 대하여 전소의 기판력에 저촉되는지의 문제가 발생한다.

(2) **판례**

이에 대하여 판례는 **명시적인 일부청구를 한 것으로 의제**하여 차액상당분의 청구를 허용하고 있다.

즉,「전소의 사실심 변론종결 후에 전소판결의 기초가 된 사정이 위와 같이 변경됨으로 말미암아 전소판결에서 인용된 임료액이 현저하게 상당하지 아니하게 된 경우에는, **일부청구임을 명시하지는 아니하였지만 명시한 경우와 마찬가지로 그 청구가 일부청구이었던 것으로 보아**, 전소판결의 기판력이 그 일부청구에서 제외된 위 차액에 상당하는 부당이득금의 청구에는 미치지 않는 것이라고 해석함이 옳다고(1993.12.21. 선고 92다46226 전합판)」고 판단하고 있다.125)

(3) **판례에 대한 비판론**

위와 같은 판례의 태도에 대하여 이는 기판력의 표준시를 판단하면 해결될 것이므로, 굳이 명시적 일부청구를 의제할 필요가 없다는 비판이 있다.(이시윤)

나아가 만일 전소판결의 형태가 정기금판결의 형태라면 이제는 정기금판결변경의 소를 통하여 이러한 문제를 해결할 수도 있게 되었다.

---

125) 토지 소유자가 임료 상당 부당이득의 반환을 구하는 장래이행의 소를 제기하여 승소판결이 확정된 후 임료가 상당하지 아니하게 되는 등 사정이 있는 경우 새로 부당이득반환을 청구할 수 있는지 여부 (대법원 1993. 12. 21. 선고 92다46226 전원합의체 판결)
[다수의견] 토지의 소유자가 법률상 원인 없이 토지를 점유하고 있는 자를 상대로 장래의 이행을 청구하는 소로서, 그 점유자가 토지를 인도할 때까지 토지를 사용 수익함으로 인하여 얻을 토지의 임료에 상당하는 부당이득금의 반환을 청구하여, 그 청구의 전부나 일부를 인용하는 판결이 확정된 경우에, 그 소송의 사실심 변론종결 후에 토지의 가격이 현저하게 앙등하고 조세 등의 공적인 부담이 증대되었을 뿐더러 그 인근 토지의 임료와 비교하더라도 그 소송의 판결에서 인용된 임료액이 상당하지 아니하게 되는 등 경제적 사정의 변경으로 당사자간의 형평을 심하게 해할 특별한 사정이 생긴 때에는, 토지의 소유자는 점유자를 상대로 새로 소를 제기하여 전소 판결에서 인용된 임료액과 적정한 임료액의 차액에 상당하는 부당이득금의 반환을 청구할 수 있다고 봄이 상당하다.
[별개의견] 토지의 소유자가 법률상 원인 없이 점유하고 있는 자를 상대로 장래이행의 소로서 임료 상당의 부당이득금반환을 청구하는 사건에 있어서는 당사자는 장래 발생할 임료 상당 부당이득금의 액수에 관하여 구체적으로 주장입증하기가 현실적으로 불가능하기 때문에 그 변동가능성을 어느 정도 예상하면서도 장래 발생할 임료 상당 부당이득금의 액수는 변론종결 당시의 그것과 별 차이가 없으리라는 전제하에서 공격과 방어를 하게 되고, 법원 또한 이러한 전제하에서 그 임료 상당액을 판단하게 되는 것이므로 그 후 경제사정의 변동 등으로 그 액수가 변론종결 당시 예상할 수 없을 정도로 증감되어 전소의 인용액이 도저히 상당하다고 할 수 없을 정도가 되었다면 이러한 사정의 변경은 전소의 변론종결시까지 주장할 수 없었던 사유가 그 후 새로 발생한 것으로 보아야 할 것이어서, 소유자는 증액된 부분을 부당이득반환으로서 구할 수 있고 그 반면에 점유자는 청구이의의 소로서 감액된 부분에 대한 집행력의 배제를 주장할 수 있다.

6. 후유증에 의한 손해배상청구와 일부청구이론

(1) 문제의 소재
불법행위에 기한 손해배상의 문제에 있어서 전소의 확정판결이후 새로이 발생한 후유증에 대하여 이를 청구할 수 있음에 대하여는 학설과 판례가 대체로 일치하고 있으나, 문제는 이에 대한 소송법적 근거가 무엇인지에 대하여 견해의 대립이 있다.

(2) 학설

(가) 잔부청구설(명시적 일부청구이론의 원용설)
전소의 청구는 전 손해액 중의 일부를 청구한 것으로 본 후, 후유증에 의한 후발손해는 잔부청구에 해당하여 전소의 기판력을 받지 않으므로 허용된다는 견해이다.

(나) 별개소송물설
전소에서 객관적으로 예측할 수 없었던 후유증에 의한 후발손해는 표준시까지 배상을 청구할 수 있었던 손해가 아니라 오히려 표준시 이후에 발생한 새로운 사유에 의한 손해이므로 새로운 소송물로 보아야 하며, 따라서 후유증에 의한 손해에 대한 배상청구는 전소의 기판력을 받는 관계가 아니므로 허용된다는 견해이다

(3) 판례
불법행위에 기한 손해배상의 문제에 있어서 전소의 확정판결 이후 새로이 발생한 후유증에 대하여 판례는 후유증에 의한 손해배상청구권은 **별개의 소송물**로 잔부에 대한 지급청구를 한다 하여 전소송의 기판력에 저촉되는 것은 아니라고 본다.

> **후유증청구는 별개소송물**
> 불법행위로 인한 적극적 손해의 배상을 명한 전소송의 변론종결 후에 새로운 적극적 손해가 발생한 경우에 그 소송의 변론종결당시 그 손해의 발생을 예견할 수 없었고 또 그 부분청구를 포기하였다고 볼 수 없는 등 특별한 사정이 있다면 전소송에서 그 부분에 관한 청구가 유보되어 있지 않다고 하더라도 이는 전소송의 소송물과는 별개의 소송물이므로 전소송의 기판력에 저촉되는 것이 아니다.(1980.11.25. 선 고 80다1671)

7. 일부청구와 과실상계

(1) 문제의 소재 및 견해의 대립
불법행위에 기한 손해배상청구금액이 1,000만원이고, 피해자인 채권자의 과실이 30%가 인정되며 채권자가 이중 600만원을 일부청구한다고 가정하여 보자.

이 경우 ① 원고 청구액수인 600만원을 기준으로 하여 이 금액의 30%를 과실상계하여 채권자 과실분 180만원을 공제한 420만원을 지급하라고 할지(안분설) 아니면 ② 1,000만원을 기준으로 먼저 과실상계를 30%를 한 후 나온 액수인 700만원을 기준으로 원고의 일부청구액수인 600만원을 비교한 후 청구금액인 600만원을 인용할 것인지(외측설)에 대하여 견해의 대립이 있다.

(2) 판례

판례는 외측설을 따른다. 즉, 「1개의 손해배상청구권 중 일부가 소송상 청구되어 있는 경우에 과실상계를 함에 있어서는 손해의 전액에서 과실비율에 의한 감액을 하고 그 잔액이 청구액을 초과하지 않을 경우에는 그 잔액을 인용할 것이고 잔액이 청구액을 초과할 경우에는 청구의 전액을 인용하는 것으로 풀이하는 것이 일부 청구를 하는 당사자의 통상적 의사라고 할 것이다.(1976.6.22.선고 75다819)」고 한다.

(3) 판례에 대한 검토

일부청구를 긍정하는 판례의 기본적인 태도에 따른다면 오히려 안분설을 따르는 것이 논리적임에도 판례는 과실상계에 대하여는 외측설을 취하여 논리가 수미일관하지 못하다는 비판이 가해지고 있다.

8. 일부청구에 대한 상계의 범위

이에 대하여는 앞서 본 과실상계에 대한 논의가 그대로 적용이 된다. 판례는 여기에서도 외측설을 따르고 있다.

> **상계에서도 외측설**
>
> 「원고가 피고에게 합계금 5,151,900원의 금전채권 중 그 일부인 금 3,500,000원을 소송상 청구하는 경우에 이를 피고의 반대채권으로써 상계함에 있어서는 위 금전채권 전액에서 상계를 하고 그 잔액이 청구액을 초과하지 아니할 경우에는 그 잔액을 인용할 것이고 그 잔액이 청구액을 초과할 경우에는 청구의 전액을 인용하는 것으로 해석하는 것이 일부 청구를 하는 당사자의 통상적인 의사이고 원고의 청구액을 기초로 하여 피고의 반대채권으로 상계하여 그 잔액만을 인용한 원심판결은 상계에 관한 법리를 오해한 위법이 있다 할 것이다.(1984.3.27.선고 83다323, 83다카1037)」고 보고 있다.

9. 일부청구에서의 청구취지확장과 청구의 변경

일부청구에서 청구취지를 확장하는 경우, 이를 청구의 변경, 즉, 추가적 변경이 있는 것으로 보는 것이 판례(1966.9.20.선고 66다1014) 및 다수설의 태도이다.

10. 일부청구에서의 전부승소와 상소의 이익존재여부

(1) 상소의 이익의 판단기준

(가) 학설

① 형식적 불복설(통설 · 판례)

주문을 기준으로 판결주문이 당사자의 신청보다 양적 또는 질적으로 불리한지를 기준으로 상소이익여부를 판단하는 견해로 전부승소자의 경우 상소이익이 원칙적으로 없다고 본다. 다만, 예외적으로 기판력 그 밖의 판결의 효력으로 인하여 별소의 제기가 허용되지 않는 경우라면 형식적 불복설의 예외를 인정하여 실질적 불복설에 의하여야 할 것이라고 본다.

② 실질적 불복설
　　당사자가 상급심에서 원재판보다 실체법상 더 유리한 판결을 받을 가능성이 있다면 상소의 이익이 존재한다는 견해가 실질적 불복설이다. 이 견해에 따르면 전부승소자라도 더 유리한 판결을 받기 위하여 상소가 가능하다.
③ 절충설
　　원고에 대하여는 형식적 불복설, 피고에 대하여는 실질적 불복설에 의하여 상소이익 여부를 판단하는 견해이다.
④ 신실질적 불복설
　　기판력을 포함한 판결의 효력, 즉, 집행력이 미치는지 여부까지도 기준으로 하여, 원판결 확정시 기판력을 비롯한 그 이외의 판결의 효력에 있어서도 불이익이 있다면 상소의 이익을 인정하는 견해이다.

(나) 판례
「상소는 자기에게 불이익한 재판에 대하여서만 제기할 수 있는 것이고, 재판이 상소인에게 불이익한 것인지의 여부는 재판의 주문을 표준으로 하여 상소제기 당시를 기준으로 판단되어야 한다.(1994.11.4.선고 94다21207)」. (형식적 불복설) 다만, 예외적으로 기판력 그 밖의 판결의 효력으로 인하여 별소의 제기가 허용되지 않는 경우라면 **형식적 불복설의 예외**를 인정한다.(예외를 인정하는 형식적 불복설)」

(2) 일부청구에서의 전부승소와 상소의 이익존재여부
　(가) 명시적 일부청구의 경우
　　　명시적 일부청구의 경우에는 일부청구에 대한 전부승소자는 소의 변경이나 청구취지의 확장을 위한 상소는 인정되지 않고 결국 별소로 잔부청구를 하면 그만이다.
　(나) 묵시적 일부청구의 경우 – 형식적 불복설의 예외 인정
　　　이 경우에 형식적 불복설을 관철한다면 상소의 이익을 인정할 수 없을 것이나, 묵시적 일부청구의 경우 상소의 이익을 인정하지 않는다면 기판력 때문에 잔부청구는 결국 실현할 수 없게 되는 문제점이 발생하므로 이 경우에는 예외를 인정하여 청구취지의 확장을 위한 상소를 인정하여야 한다는 것이 통설과 판례[126]의 태도이다.

---

126) 대법원 1997.10.24. 선고 96다12276 판결

관련기출
• 2016년 변리사

원고는 B청구가 일부청구임을 명시하지 아니한 채 A, B 청구를 병합한 소를 제기하였는데, 제1심 법원은 A청구를 전부 기각, B청구를 전부 인용하는 하나의 판결을 선고하였다. [아래 (1), (2) 설문 상호간, 가., 나. 설문 상호간은 각 독립적임]

(1) 피고는 항소를 제기하지 아니하였는데, 원고가 B청구의 청구취지를 확장하는 신청과 함께 항소를 제기하였다면 그 항소는 적법한지 설명하시오.
(2) 위 판결에 대하여 피고만이 항소를 제기하였다.
　가. 원고는 항소심에서 B청구의 청구취지를 확장할 수 있는지 설명하시오.

답 안

1. **문제 (1)의 해결**
　(1) **문제의 소재**
　(2) **상소의 이익 판단기준**
　　(가) **학 설** - ① 예외를 인정하는 형식적 불복설, ② 실질적 불복설, ③ 신실질적 불복설, ④ 절충설
　　(나) **판 례** - 예외를 인정하는 형식적 불복설
　(3) **사안의 적용**
　　묵시적 일부청구에서 전승한 원고가 상소의 이익이 있는지 → 상소이익 인정 → 항소심 계속 중이므로 청구취지 확장 가능

2. **문제 (2)의 해결**
　(1) **문제의 소재**
　(2) **청구취지확장서 제출의 의미 - 부대항소 의제 (판례)**
　(3) **사안의 적용**
　　피고의 항소 시 → 항소심 계속 중 → 청구취지확장서 제출 시 판례는 부대항소 의제 → 확장 가능

제3절 송달

쟁점 31 법인에 대한 송달

① 민사소송법상 법인 등에 대하여는 법정대리와 법정대리인에 대한 규정이 준용되므로(제64조) 법인에 대한 송달은 그 대표자가 송달받을 사람이 된다.[127] 대표자가 수인인 경우 그 가운데 어느 한사람에게 송달함으로 족하다.(제180조)

② 법인에 대한 송달은 송달받을 사람이 법인의 대표자이므로 그 대표자의 주소지로 송달함이 원칙이다. 그러나 법인의 주소지(본점 소재지)도 적법한 송달장소이므로 당사자가 특별히 송달할 장소를 대표자의 주소지로 표시하지 않은 경우에는 송달의 가능성, 송달받을 자의 편의 등을 고려하여 법인등기부등본 등에 나타난 법인의 주소지(본점 소재지)로 송달을 실시할 수 있다.

③ 법인의 주소지(본점 소재지)로 먼저 송달을 실시하였다가 송달불능된 경우(법인의 주소지로 송달되다가 도중에 송달불능된 경우 포함)에는 법인등기부등본 등에 나타난 법인의 대표자의 주소지로 송달을 실시하여야 한다.

④ 법인이 송달장소를 신고하여 그 곳으로 송달이 실시되어 오다가 송달불능된 경우에는 곧바로 발송송달을 실시하여서는 아니 되며, 법인등기부등본 등에 나타난 법인 대표자의 주소지 및 법인의 주소지로 송달을 실시하여 보아야 한다.(2001.8.24. 선고 2001다31592 등 참조)

> **대표자가 겸임하는 별도의 법인의 영업소 또는 사무소는 제외**
>
> 법인인 소송당사자에게 법적효과가 발생할 소송행위는 그 법인을 대표하는 자연인의 행위이거나 그 자연인에 대한 행위이어야 할 것이므로 동 법인에게로 소장, 기일소환장 및 판결 등 서류는 그 대표자에게 송달하여야 하고, 그 송달은 법인 대표자의 주소, 거소, 영업소 또는 사무소에서 함이 원칙인데(구 민사소송법(2002.1.26. 법률 제6626호로 전문 개정되기 전의 것) 제170조 제1항), 여기에서 '영업소 또는 사무소'라 함은 당해 법인의 영업소 또는 사무소를 말한다고 보아야 하므로, 그 대표자가 겸임하고 있는 별도의 법인격을 가진 다른 법인의 영업소 또는 사무소는 그 대표자의 근무처에 불과하다.(2003.4.25. 선고 2000다60197)

---

127) 법원행정처, 전게서(Ⅱ), 257면.

쟁점 32 보충송달

> **제186조(보충송달·유치송달)** ① 근무장소 외의 송달할 장소에서 송달받을 사람을 만나지 못한 때에는 그 사무원, 피용자 또는 동거인으로서 사리를 분별할 지능이 있는 사람에게 서류를 교부할 수 있다.
> ② 근무장소에서 송달받을 사람을 만나지 못한 때에는 제183조제2항의 다른 사람 또는 그 법정대리인이나 피용자 그 밖의 종업원으로서 사리를 분별할 지능이 있는 사람이 서류의 수령을 거부하지 아니하면 그에게 서류를 교부할 수 있다.
> ③ 서류를 송달받을 사람 또는 제1항의 규정에 의하여 서류를 넘겨받을 사람이 정당한 사유 없이 송달받기를 거부하는 때에는 송달할 장소에 서류를 놓아둘 수 있다.

(1) **총설**

법 제186조 제1항·제2항의 경우를 보충송달이라 하며, 보충송달을 받을 수 있는 자를 「수령대행인」(주소·거소·영업소·사무소 등의 사무원·피용자·동거인, 근무장소의 고용주·고용주의 법정대리인·피용자·종업원 등)이라 한다.[128]

(2) **근무장소 이외의 송달장소에서 하는 보충송달**(동조 제1항)

(가) **사무원·피용자**

① 수령대행인이 될 수 있는 사무원·피용자는 반드시 고용관계에 있어야 하는 것은 아니고, 평소 본인을 위하여 사무 등을 보조하는 자이면 무방하며(2010.10.14. 선고 2010다48455), 송달장소에 거주할 필요도 없으며, 일시적으로 머무는 경우도 모두 포함된다. 운전기사·가정부 등의 가사사용인도 이에 포함된다.

② 아파트 경비원이나 그의 사무실이 입주하여 있는 빌딩의 관리인이나 수위에게는 보충송달을 할 수 없다.(1976.4.27. 선고 76다192) 그러나, 아파트의 경비원이어도 세대별 우편함이 설치되지 않아 평소 경비원이 모든 우편물을 수령하여 각 세대별로 전달하여 오는 등 특별한 사정이 있는 경우에는 그 경비원에게 한 보충송달은 적법하다고 본 바 있다.(2000.7.4. 선고 2000두1164)[129]

(나) **동거인**

① **「동거인」의 의미**

동거인이란, 「송달을 받을 자와 동일한 세대에 속하여 생활을 같이 하는 자를 말하는 것으로서, 일시적인 동거라도 이에 해당하며, 반드시 법률상 친족관계에 있어야 하는 것은 아니다.(2000.10.28. 자 2000마5732)」

---

128) 법원행정처, 전게서(Ⅱ), 276면.
129) 법원행정처, 전게서(Ⅱ), 277면.

② 「동거인」에 포함되지 않는 경우
이 외에 송달받을 사람과 같은 건물 내에 거주하여도 세대를 달리하는 건물주와 임차인 사이(1983.12.30.), 「수송달자가 동일 송달장소에 거주하더라도 세대를 달리하는 가옥의 사람(가옥임차인의 식모)(1981.4.14. 선고 80다1662)」, 세대를 달리하는 소송상대방의 아들(1982.9.14. 선고 81다카864), 동일 주택의 일부 임차인 상호간, 동일 아파트의 세대가 다른 거주자 상호간, 집주인과 하숙생 사이에서는 특별한 경우가 아니라면 보충송달을 할 수 없다.
다만, 이러한 경우라 하여도 위에서 말한 「특별한 경우」가 있다면 보충송달이 가능한데, 인장을 교부하거나 우편물 수령의 위임을 받은 경우가 특히 이에 해당한다.

③ 부부
- 부부의 경우 일반적으로 「동거인」에 포함된다.
- 일방이 이혼소송을 제기한 경우에는 비록 같은 건물 내에 거주하여 있다 하더라도 보충송달에서의 「동거인」에 해당한다고 볼 수는 없다.130)
- 이혼한 처라도 사정에 의하여 사실상 동일 세대에 소속되어 생활을 같이 하고 있다면 여기에서 말하는 수령대행인으로서의 동거자가 될 수 있다.(2000.10.28. 자 2000마5732)

(다) 사리를 분별할 지능
사리를 분별할 지능이 있는 자란, 송달의 취지를 이해하고 영수한 서류를 송달받을 사람에게 교부하는 것을 기대할 수 있는 판단능력을 구비한 사람을 의미하는 바, 반드시 성년자일 필요는 없다.

(3) 근무장소에서의 보충송달(제186조 제2항)

① 근무장소의 송달의 보충성 구비
「근무장소에서의 송달을 규정한 민사소송법 제183조 제2항에 의하면, 근무장소에서의 송달은 송달 받을 자의 주소 등의 장소를 알지 못하거나 그 장소에서 송달할 수 없는 때에 한하여 할 수 있는 것이므로 소장, 지급명령신청서 등에 기재된 주소 등의 장소에 대한 송달을 시도하지 않은 채 근무장소로 한 송달은 위법하다.(2004.7.21. 자 2004마535)」

② 서류를 교부받을 사람이 송달받을 사람의 고용주나 그의 법정대리인, 피용자, 그 밖의 종업원에 해당할 것

③ 사리분별의 지능이 있을 것

④ 수령대행인의 서류수령의 거부가 없을 것
수령대행인의 서류수령의 거부가 없어야 보충송달이 가능한 것이므로 결국 근무장소에서의 수령대행인에 대한 유치송달은 허용되지 않는다.(186조 제3항에서 제2항 준용 배제)

---

130) 법원행정처, 전게서(Ⅱ), 278면.

(4) 보충송달이 유효하기 위한 전제로서의 송달장소

「보충송달은 위 법 조항에서 정하는 '송달장소'에서 하는 경우에만 허용되고 송달장소가 아닌 곳에서 사무원, 고용인 또는 동거자를 만난 경우에는 그 사무원 등이 송달받기를 거부하지 아니한다 하더라도 그 곳에서 그 사무원 등에게 서류를 교부하는 것은 보충송달의 방법으로서 부적법하다. (따라서) 우체국 창구에서 송달받을 자의 동거자에게 송달서류를 교부한 것은 부적법한 보충송달이(다)($^{2001.8.31.\ 자}_{2001마3790}$)」 이 경우에는 나아가 조우송달로 보아도 부적법하므로 조우송달도 할 수 없다.

(5) 보충송달의 효력

보충송달이 적법하였다면 수령대행인에게의 교부 시에 송달의 효력이 발생하고 당해 서류가 본인에게 전달되었는지 여부는 불문한다.

관련기출　　　　　　　　　　　　　　　　　　　　　　　• 2010년 변리사

甲은 乙과 丙이 공유하고 있는 이 사건 토지를 매수하였음을 이유로, 乙과 丙을 피고로 하여 이 사건 토지에 관한 소유권이전등기청구의 소를 제기하였다.

(2) 피고 丙은 다음 변론기일에 출석하여, "지난 변론기일에 불출석한 이유는, 자신이 부재중인 동안 집으로 송달된 소장 및 변론기일통지서를 그의 아들 A(만 15세, 고등학교 1학년)가 수령하고 이 사실을 자신에게 전달하지 않아 발생한 것이다. 따라서 이 송달은 무효이다."라고 주장하였다. 피고 丙의 이 주장은 타당한지 논하시오. (10점)

답안

1. 설문 (2)의 해결

(1) **근무장소 외의 장소에서의 보충송달**

민사소송법 제186조는 '근무장소 외의 송달할 장소에서 송달받을 사람을 만나지 못한 때에는 그 사무원, 피용자 또는 동거인으로서 사리를 분별할 지능이 있는 사람에게 서류를 교부할 수 있다.'고 한다. 이를 근무장소 외의 송달장소에서의 보충송달이라 한다.

위 보충송달이 적법하기 위하여는 ① 근무장소 외의 송달할 장소이어야 하고, ② 송달받을 사람을 만나지 못한 때이어야 하며, ③ 그 사무원, 피용자 또는 동거인 중 사리분별지능이 있는 자이어야 한다.

보충송달이 적법하다면, 송달서류를 송달받을 사람에게 전달하지 않았다 하여도 송달로서의 효력이 발생한다.

(2) **사안의 경우**

사안의 경우 송달받을 丙의 주소지에서 이루어졌으며, 문제가 되는 것은 동거인 중 사리분별지능이 있는 자이어야 하는데, 아들로서 만 15세의 고등학교 1학년 정도에 이르렀다면 특별한 사정이 없는 한 사리분별지능이 있다고 판단이 되므로 동거인에 대한 송달로서 적법하다.

따라서, 위 소장 및 변론기일통지서를 송달받은 그의 아들 A가 이를 송달받을 사람인 丙에게 전달하지 않았다 하여도 송달로서 유효이므로 피고 丙의 주장은 타당하지 않다.

관련기출
• 2015년 공인노무사

피고 A은행에 대한 소장부본을 A은행 사무원인 丙에게 우체국 창구에서 교부하였다면, 이러한 송달은 적법한가? (20점)

답 안

1. 설문의 해결

(1) 문제점

A은행에 대한 소장부본을 A은행의 대표자의 주소지나 법인의 주된 사무소에서 송달하지 못하고, 그 사무원에게 우체국창구에서 교부한 것이 보충송달로서 적법한지 및 조우송달로 보아 적법이라고 할 수 있는지가 문제된다.

(2) 보충송달로 적법한지

사안의 경우 丙이 송달받은 장소는 우체국 창구이므로 '송달받을 자의 주소지, 거소지, 영업소나 사무소'가 아니다. 따라서 민사소송법 제186조 제1항에서 정한 장소가 아니므로 적법한 보충송달장소라 할 수 없어 보충송달로 부적법하다.

(3) 조우송달로 적법한지

조우송달이 적법하기 위하여는 송달받을 사람 본인에 대한 송달이어야 한다고 봄이 판례이다. 따라서 송달장소 아닌 장소에서의 조우송달이 적법하려면 송달받은 자가 A은행의 대표자에 대한 송달이어야 할 것이나 단순한 피용자인 사무원에 불과한 丙에게 한 송달이므로 조우송달로도 부적법하다.

쟁점 33 공시송달

공시송달에 대하여 설명하시오. (25점)

• 2016년 공인노무사

> **제194조(공시송달의 요건)** ① 당사자의 주소등 또는 근무장소를 알 수 없는 경우 또는 외국에서 하여야 할 송달에 관하여 제191조의 규정에 따를 수 없거나 이에 따라도 효력이 없을 것으로 인정되는 경우에는 법원사무관등은 직권으로 또는 당사자의 신청에 따라 공시송달을 할 수 있다. 〈개정 2014.12.30〉
> ② 제1항의 신청에는 그 사유를 소명하여야 한다.
> ③ 재판장은 제1항의 경우에 소송의 지연을 피하기 위하여 필요하다고 인정하는 때에는 공시송달을 명할 수 있다. 〈신설 2014.12.30〉
> ④ 재판장은 직권으로 또는 신청에 따라 법원사무관 등의 공시송달처분을 취소할 수 있다. 〈신설 2014.12.30〉
>
> **제195조(공시송달의 방법)** 공시송달은 법원사무관등이 송달할 서류를 보관하고 그 사유를 법원게시판에 게시하거나, 그 밖에 대법원규칙이 정하는 방법에 따라서 하여야 한다.

(1) 공시송달의 요건

　(가) 공시송달이 허용되는 경우일 것

공시송달이 허용되지 않는 경우	
① 지급명령(제462조 단서), 화해권고결정, 조정에 갈음하는 결정·이행권고결정	
② 증인·감정인에 대한 출석요구서 및 당사자본인신문을 위한 출석요구서	
③ 제3채무자에 대한 진술최고서의 송달(민사집행법 제237조) 등	
우편·공시송달 모두 불가능한 경우	이행권고결정·화해권고결정·조정에 갈음하는 결정
공시송달이 불가능한 경우	지급명령결정

　(나) 당사자의 주소·거소·영업소·사무소와 근무장소를 알 수 없는 경우 또는 외국에서 할 송달의 불가능의 경우 – 공시송달의 보충성

　　① 당사자의 주소·거소·영업소·사무소와 근무장소를 알 수 없는 경우

　　　(가) 당사자가 소송무능력자인 경우

　　　　이 경우에는 법정대리인의 주소 등 또는 근무장소를 알 수 있는지 여부를 기준으로 하여 정한다.

　　　(나) 법인의 경우

　　　　이 경우 사실상 해산상태에 있거나 그 밖의 이유로 영업소·사무소가 폐쇄 또는 이전한 경우뿐만 아니라 그 대표자의 주소·거소·근무장소 등 어느 것도 알 수 없는 경우이어야 한다.[131] 단, 「법인의 대표자가 사망하여 버리고 달리 법인을 대표할 자도 정하여지지 아니하였기 때문에 법인에 대하여 송달을 할 수 없는

때에는 공시송달도 할 여지가 없는 것이라고 보아야 할 것이다.($^{1991.10.22.\ 선}_{고\ 91다9985}$)」132)

② 외국에서 할 송달이 불가능한 경우
외교관계가 없거나, 사법공조의 조약·협정 또는 관행이 없고 대한민국 법원의 촉탁을 거절한 적이 없는 경우 또는 당해 국가가 전란·천재지변 중에 있어서 촉탁한다 하여도 실효를 거둘 수 없는 경우 등이 이러한 경우에 속한다.133)

(2) 공시송달의 절차
  (가) 직권에 의한 공시송달
  (나) 신청에 의한 공시송달
    ① 신청 시기
      소장제출 시부터 소송종료 후 판결송달 시까지 언제든지 가능함이 원칙이다.
    ② 신청사유의 소명
      공시송달을 신청함에 있어서는 그 사유를 소명하여야 한다.($^{제194조}_{제2항}$) 예 주민등록말소자 등본 또는 불거주확인서, 야간·공휴일송달의 실패 등
    ③ 공시송달 허부 재판
      ㉮ 공시송달요건이 소명된 경우
        공시송달의 요건이 소명되면 법원은 공시송달명령을 내려야 한다. 따라서 「공시송달요건에 해당한다고 볼 여지가 충분한 데도 불구하고 공시송달신청에 대한 허부재판을 도외시한 채 주소보정 흠결을 이유로 소장각하명령을 한 것은 위법하다.($^{2003.12.12.\ 자}_{2003마1694}$)」
      ㉯ 신청기각
        소명부족 또는 소재판명으로 신청을 기각하는 경우 신청인은 통상의 항고에 의하여 불복이 가능하다.
      ㉰ 신청허가
        신청허가재판에 대하여는 항고할 수 없다.
      ㉱ 공시송달명령의 효력
        공시송달명령이 있는 경우, 취소가 없다면 당해 심급에 있어서는 계속 그 효력이 지속되므로 그 심급에서는 어떠한 송달서류이든 계속하여 공시송달의 방법

---

131) 법원행정처, 전게서(Ⅱ), 298면.
132) 「민사소송법 제179조 소정의 공시송달의 요건이 갖추어지지 아니하였다고 하더라도, 재판장의 명에 의하여 공시송달이 된 이상 원칙적으로 공시송달의 효력에는 영향이 없는 것이나, 법인에 대한 송달은 같은 법 제60조 및 제166조에 따라서 그 대표자에게 하여야 되는 것이므로 법인의 대표자가 사망하여 버리고 달리 법인을 대표할 자도 정하여지지 아니하였기 때문에 법인에 대하여 송달을 할 수 없는 때에는 공시송달도 할 여지가 없는 것이라고 보아야 할 것이다.(대법원 1991.10.22. 선고 91다9985 판결)」
133) 법원행정처, 전게서(Ⅱ), 299면.

으로 송달이 가능하며, 공시송달명령 이후의 공시송달은 법원사무관등이 직권으로 실시한다.[134]

(다) 공시송달의 주체

2014년 개정 전 민사소송법은 공시송달명령의 주체를 재판장으로 한정하였었다. 그러나 2014년 개정으로 이제는 법원사무관등이 공시송달을 하는 것으로 하고, 재판장은 법원사무관등의 공시송달처분을 취소하거나 예외적으로 공시송달명령을 할 수 있는 것으로 하였다.

(3) 공시송달의 실시방법 (제195조, 규칙 제54조 참조)

> **제195조(공시송달의 방법)** 공시송달은 법원사무관등이 송달할 서류를 보관하고 그 사유를 법원게시판에 게시하거나, 그 밖에 대법원규칙이 정하는 방법에 따라서 하여야 한다.

공시송달의 실시방법에 대하여는 ① 법원게시판 게시, ② 관보·공보 또는 신문 게재, ③ 전자통신매체를 이용한 공시의 세 가지 종류가 있으며, 이 중 어느 하나의 방법으로 공시하면 된다.

특히, 외국에서 할 송달이 불가능한 경우의 공시송달에 대하여 구법은 법원사무관등이 그 사유를 외국 주재의 대한민국의 대사·공사 또는 영사에게 등기우편으로 통지하도록 하였으나, 2002년 개정법에 의하여 폐지되었기 때문에 이제는 국내에서의 공시송달과 동일한 방법으로 이루어지게 되었다.

(4) 공시송달의 효력

(가) 송달의제 및 공시송달의 효력발생시기

> **제196조(공시송달의 효력발생)** ① 첫 공시송달은 제195조의 규정에 따라 실시한 날부터 2주가 지나야 효력이 생긴다. 다만, 같은 당사자에게 하는 그 뒤의 공시송달은 실시한 다음 날부터 효력이 생긴다.
> ② 외국에서 할 송달에 대한 공시송달의 경우에는 제1항 본문의 기간은 2월로 한다.
> ③ 제1항 및 제2항의 기간은 줄일 수 없다.

① 공시송달의 효력발생시기 (제196조 참조)

② 공시송달 효력발생 이전에 교부가 이루어진 경우

공시송달의 효력발생 이전에 본인이 찾아와 교부받으면 「당해 사건으로 출석한 사람에게 하는 직접송달」인 것이므로, 영수증을 받은 때에 송달의 효력이 발생한다. (제177조 제2항)

---

134) 법원행정처, 전게서(Ⅱ), 303면.

나아가 공시송달 중에 통상의 방법으로 송달이 행하여진 경우에는 공시송달명령은 취소하지 않더라도 당연히 효력을 상실하게 되므로, 다시 그 사람에게 공시송달을 하려면 새로운 공시송달명령의 절차가 필요하다. 다만, 공시송달명령이 있은 후 수송달자의 주소가 판명되거나 수송달자가 출석한 경우에는 주소보정을 명하는 한편 공시송달을 취소하고 그 후 다시 소재불명이 된 때에는 발송송달이 가능하다.

③ 공시송달 효력발생 이후에 교부가 이루어진 경우

공시송달의 효력이 발생한 이후에는 이미 송달의 효력이 발생하므로 그 이후 소송서류를 교부하였다 하여도 이는 단순한 사실행위에 지나지 않는 것이므로 이미 발생한 송달의 효력이 좌우되는 것은 아니다. 따라서 상소기간 등도 공시송달의 효력발생일로부터 진행되는 것이지 영수증기재의 수령일자로부터 기산되는 것이 아님을 주의하여야 한다.[135]

(나) 공시송달요건에 흠이 있는 경우의 공시송달의 효력 쟁점

① 2014년 개정 전 해석론

㉮ 재판장의 공시송달명령이 없음에도 실행한 공시송달

절대 무효이다.

㉯ 공시송달이 법정요건을 갖추지 못하였음에도 공시송달명령이 내려진 경우

「공시송달명령에 의하여 공시송달을 한 이상 공시송달의 요건을 구비하지 않은 흠결이 있다 하더라도 공시송달의 효력에는 영향이 없다.」고 보아 유효하다는 것이 통설과 판례(1984.3.15. 자 84마20 전원합의체)의 태도이다.

따라서 공시송달이 무효임을 전제로 한 재송달은 불가능하고,[136] 공시송달명령에 대하여 불복할 수도 없다.

그러나 잘못된 공시송달명령으로 심리가 진행되어 패소한 경우 송달받을 사람은 그 선택에 의해 추후보완항소나 재심[137]을 제기하여 구제를 받을 수 있으므로, 예컨대, 공시송달로 진행된 후 제1심판결에 대해 추완항소장이 제출된 경우 항소심은 1심의 공시송달명령을 취소할 필요 없이 항소심을 진행하면 된다.

② 2014년 개정 후 해석론

위 ①과 같은 해석은 재판장의 명령에 의한 공시송달이 이루어진 경우에 대한 해석론으로, 법원사무관등이 행하는 공시송달에 대하여는 추후 판례를 기대할 일이다.

---

135) 법원행정처, 전게서(Ⅱ), 307면 참조.
136) 이시윤, 전게서, 393면.
137) 「당사자가 상대방의 주소 또는 거소를 알고 있었음에도 있는 곳을 잘 모른다고 하거나 주소가 거소를 거짓으로 하여 소를 제기한 때」에 해당하게 된다.

(다) 공시송달의 경우에는 적용이 없는 규정

공시송달로 진행한 사건의 경우 자백간주 등의 기일해태의 불이익, 답변서제출의무, 변론준비절차, 외국판결의 승인규정 등의 적용이 없다.

관련기출
• 2013년 사법시험

법원은 A회사가 제기한 소의 소장 부본을 소장에 적힌 B회사의 본점 소재지로 송달하였으나 이미 다른 곳으로 본점을 이전하여 '이사불명'으로 송달 불능되었다. 법원이 A회사에 주소보정을 명하였으나 A회사는 B회사에 대한 최근의 등기사항증명서(법인등기부등본)을 제출하였고, 그 등기사항증명서에는 B회사의 본점 소재지가 소장에 적힌 것과 같았다. 이에 법원은 더 이상의 별다른 조치 없이, 송달가능한 B회사의 주소를 알 수 없다는 이유로 공시송달명령을 하고, 공시송달로 심리를 진행한 끝에 A회사 승소판결을 선고하여 그 판결도 공시송달로 확정되었다.
위 공시송달은 적법·유효한가?
B회사가 위 판결에 대하여 구제받을 수 있는 방법은 무엇인가? (10점)

답안

1. 설문의 해결

(1) 문제점

사안의 경우 공시송달의 요건을 결한 경우 공시송달의 효력은 유효인지 및 유효이지만 위법한 경우 그 구제책으로는 어떠한 것이 있는지가 문제이다.

(2) 법인에의 송달

판례는 「법인인 소송당사자에게 효과가 발생할 소송행위는 그 법인을 대표하는 자연인의 행위거나 그 자연인에 대한 행위라야 할 것이므로 소송당사자인 법인에의 소장, 기일소환장 및 판결 등 서류는 그 대표자에게 송달하여야 하는 것이니 그 대표자의 주소, 거소에 하는 것이 원칙이고, 법인의 영업소나 사무소에도 할 수 있으나, 법인의 대표자의 주소지가 아닌 소장에 기재된 법인의 주소지로 발송하였으나 이사불명으로 송달불능된 경우에는, 원칙으로 되돌아가 원고가 소를 제기하면서 제출한 법인등기부등본 등에 나타나 있는 법인의 대표자의 주소지로 소장 부본 등을 송달하여 보고 그 곳으로도 송달되지 않을 때에 주소 보정을 명하여야 하므로, 법인의 주소지로 소장 부본을 송달하였으나 송달불능되었다는 이유만으로 그 주소 보정을 명한 것은 잘못이므로 그 주소 보정을 하지 아니하였다는 이유로 한 소장각하명령은 위법하다. (대법원 1997. 5. 19. 자 97마600 결정)」

사안의 경우 B회사의 본점소재지에 대한 송달이 이루어지지 않는다면, 등기부상 나타난 대표자의 주소지로 송달을 시도하였어야 하는데, 이를 거치지 않고 막 바로 공시송달을 명하였으므로 공시송달은 위법하다.

(3) 공시송달의 요건을 흠결한 경우 송달의 효력

종래, 판례는 공시송달의 요건을 결한 경우라 하여도 재판장의 명에 의하여 이루어진 이상, 공시송달은 유효라고 보고 있다.

(4) **B회사의 구제책**

요건을 결한 공시송달도 유효이지만, 위법한 송달이었으므로 상소를 통한 구제가 가능하며, 상소제기기간이 지난 경우에는 상소 추후보완 또는 재심의 소 제기가 가능하다. 상소 추후보완으로 구제를 받을 것인지 재심을 통할 것인지는 당사자의 선택에 있으며, 추후보완기간이나 재심의 소 제기기간의 도과 여부는 서로 영향을 받지 않는다.

제4절 소제기의 효과

쟁점 34 중복제소금지
중복된 소제기의 금지에 대하여 설명하시오. (25점)

• 2014년 공인노무사

목 차	
1. 의의 2. 요건 (1) 당사자의 동일 ㈎ 전소와 후소의 당사자가 동일할 것 ㈏ 후소의 당사자가 기판력의 확장으로 전소 판결의 효력을 받을 경우 ① 일 반 ② 주주대표소송 ③ 채권자대위소송의 문제 ④ 채권자취소소송의 경우 - 중복제소 부정 ⑤ 채무자의 이행의 소와 추심의 소의 관계 (2) 소송물의 동일 ㈎ 청구취지가 같은 경우 - 소송물 이론과 관계 ㈏ 청구취지가 다른 경우 ① 원 칙 ② 문제되는 경우 ㉮ 공격방어방법을 이루는 항변으로 주장된 권리 ㉠ 원 칙	㉡ 선결적 법률관계나 선결관계의 경우 ㉢ 상계항변의 경우 ㉯ 심판형식이 다른 경우 ㉠ 동일한 권리에 관하여 원고가 하는 적극적 확인청구와 피고의 소극적 확인청구 ㉡ 동일 권리관계에 대한 원고의 적극적 확인청구와 피고의 적극적 확인청구 ㉢ 동일 권리에 관한 확인청구와 이행청구의 문제 ㉰ 일부청구의 경우 (3) 시간적 요건 - 전소 소송계속 중 후소제기 ㈎ 전·후소의 판단기준 ㈏ 전소가 부적법한 경우 ㈐ 후소 ㈑ 전소와 후소의 관계 3. 효 과 (1) 소극적 소송요건 (2) 중복제소임을 간과한 본안판결의 효력

1. 의의

「법원에 계속되어 있는 사건에 대하여 당사자는 다시 소를 제기하지 못한다.(조259)」이를 중복제소금지라고 한다.

2. 요건

(1) **주관적 요건 - 당사자의 동일**

㈎ **전소와 후소의 당사자가 동일할 것**

전소와 후소의 당사자가 동일하여야 함이 원칙이다. 이 경우 전소와 후소의 원·피고가 바뀌어 있다 하여도 동일성에는 문제가 없으므로 무방하다.

⑷ 후소의 당사자가 기판력의 확장으로 전소의 판결의 효력을 받는 경우

이 경우는 법 제218조의 기판력의 주관적 범위에 상응하는 것이므로 당사자가 동일하지는 않더라도 동일사건에 해당한다. 예컨대, 소송담당자의 소 계속 중에 피담당자가 제소를 하는 것은 중복제소에 해당되어 금지된다.

다만, 특히 문제가 되는 것은 주주대표소송과 채권자대위소송 및 채권자취소소송의 경우이다.

① 주주대표소송의 경우

주주대표소송은 제3자의 소송담당에 해당하므로 주주대표소송 중에 회사가 다시 소를 제기한다면 중복제소에 해당할 수 있을 것으로 보이나, 판례는 주주대표소송 중에 회사가 공동소송참가를 하는 것이 중복제소를 금지하는 제234조에 반하는 것이 아니라고 보고 있다.(2002.3.15. 선고 2000다9086)

② 채권자대위소송과 중복제소의 문제

채권자대위소송 역시 제3자의 소송담당에 해당하지만, 판례는 문제되는 아래의 세 경우 모두 중복제소에 해당한다고 보고 있다.

③ 채권자취소소송의 경우 - 중복제소 부정

채권자대위와는 달리 어느 채권자의 채권자취소소송 중에 다른 채권자가 제기하는 채권자취소소송은 중복제소가 아니다. 참고로 판례는 기판력문제에서도 이와 같이 보고 있다.

④ 채무자의 이행의 소와 추심의 소와의 관계

㉠ 채권이 가압류된 경우 채무자가 제3채무자에 대하여 이행청구를 할 수 있는지(긍정)

일반적으로 채권에 대한 가압류가 있더라도 이는 채무자가 제3채무자로부터 현실로 급부를 추심하는 것만을 금지하는 것일 뿐 채무자는 제3채무자를 상대로 그 이행을 구하는 소송을 제기할 수 있고 법원은 가압류가 되어 있음을 이유로 이를 배척할 수는 없는 것이 원칙이다. 왜냐하면 채무자로서는 제3채무자에 대한 그의 채권이 가압류되어 있다 하더라도 채무명의를 취득할 필요가 있고 또는 시효를 중단할 필요도 있는 경우도 있을 것이며 또한 소송계속 중에 가압류가 행하여진 경우에 이를 이유로 청구가 배척된다면 장차 가압류가 취소된 후 다시 소를 제기하여야 하는 불편함이 있는데 반하여 제3채무자로서는 이행을 명하는 판결이 있더라도 집행단계에서 이를 저지하면 될 것이기 때문이다.(대법원 2002.4.26. 선고 2001다59033 판결)

㉡ 채권에 대한 압류 및 추심명령이 있는 경우 압류채무자가 제3채무자를 상대로 이행청구할 수 있는 원고적격이 있는지(부정)

㉢ 채무자가 제3채무자를 상대로 먼저 제기한 이행의 소가 법원에 계속되어 있는 상태에서, 압류 및 추심명령을 받은 압류채권자가 제3채무자를 상대로 나중에 제기한 추심의 소가 민사소송법 제259조가 규정하는 중복된 소제기의 금지에 위배되어 부적법한지 여부(소극)(대법원 2013.12.18. 선고 2013다

2021.2.0 전원합의체 판결)

[다수의견] 채무자의 제3채무자에 대한 금전채권 등에 대하여 압류 및 추심명령이 있으면 민사집행법 제238조, 제249조 제1항에 따라 압류 및 추심명령을 받은 압류채권자(이하 '압류채권자'라고만 한다)만이 제3채무자를 상대로 압류된 채권의 이행을 청구하는 소를 제기할 수 있고, 채무자는 압류 및 추심명령이 있는 채권에 대하여 제3채무자를 상대로 이행의 소를 제기할 당사자적격을 상실하므로, 압류 및 추심명령이 있는 채권에 대하여 채무자가 제기한 이행의 소는 부적법한 소로서 본안에 관하여 심리·판단할 필요 없이 각하하여야 하고, 이러한 사정은 직권조사사항으로서 당사자의 주장이 없더라도 법원이 이를 직권으로 조사하여 판단하여야 한다.

따라서 채무자가 제3채무자를 상대로 제기한 이행의 소가 이미 법원에 계속되어 있는 상태에서 압류채권자가 제3채무자를 상대로 제기한 추심의 소의 본안에 관하여 심리·판단한다고 하여, 제3채무자에게 불리하게 과도한 이중응소의 부담을 지우고 본안심리가 중복되어 당사자와 법원의 소송경제에 반한다거나 판결의 모순·저촉의 위험이 크다고 볼 수 없다. 오히려 압류채권자가 제3채무자를 상대로 제기한 추심의 소를 중복된 소제기에 해당한다는 이유로 각하한 다음 당사자적격이 없는 채무자의 이행의 소가 각하 확정되기를 기다려 다시 압류채권자로 하여금 추심의 소를 제기하도록 하는 것이 소송경제에 반할 뿐 아니라, 이는 압류 및 추심명령이 있는 때에 민사집행법 제238조, 제249조 제1항과 대법원판례에 의하여 압류채권자에게 보장되는 추심의 소를 제기할 수 있는 권리의 행사와 그에 관한 실체판단을 바로 그 압류 및 추심명령에 의하여 금지되는 채무자의 이행의 소를 이유로 거부하는 셈이어서 부당하다고 하지 않을 수 없다.

한편 압류채권자는 채무자가 제3채무자를 상대로 제기한 이행의 소에 민사소송법 제81조, 제79조에 따라 참가할 수도 있으나, 채무자의 이행의 소가 상고심에 계속 중인 경우에는 승계인의 소송참가가 허용되지 아니하므로 압류채권자의 소송참가가 언제나 가능하지는 않으며, 압류채권자가 채무자가 제기한 이행의 소에 참가할 의무가 있는 것도 아니다.

그러므로 채무자가 제3채무자를 상대로 제기한 이행의 소가 법원에 계속되어 있는 경우에도 압류채권자는 제3채무자를 상대로 압류된 채권의 이행을 청구하는 추심의 소를 제기할 수 있고, 제3채무자를 상대로 압류채권자가 제기한 추심의 소는 채무자가 제기한 이행의 소에 대한 관계에서 민사소송법 제259조가 금지하는 중복된 소제기에 해당하지 않는다고 봄이 타당하다.

(2) 객관적 요건 - 소송물의 동일

(가) 청구취지가 같은 경우

판례가 따르는 구이론에 의하면 청구취지가 같다 하여도 바탕이 되는 실체법상의 권리가 다르면 동일사건이 아니라는 결론에 이른다.[138]

---

138) 다만, 신이론에 의하면 이 경우 실체법상의 권리가 다르다고 하여도 공격방어방법의 차이일 뿐이므로 소송물이 동일하여 중복소송에 해당한다고 본다.

(나) 청구취지가 다른 경우
① 원칙
기본적으로 청구취지가 다르면 신·구이론을 막론하고 소송물은 다르다고 봄이 원칙이다. 다만, 청구취지가 다름에도 소송물이 동일한 것인지가 문제되는 다음의 경우들이 있다.
② 문제되는 경우
㉮ 공격방어방법을 이루는 항변으로 주장된 권리
㉠ 원칙
전소에서 항변으로 주장된 권리를 후소에서 소송물로 삼아 소를 제기하는 경우 중복소송에 해당하지 않음이 원칙이다. 예를 들어 동시이행항변이나 유치권항변으로 이미 제출한 반대채권을 별소로 다시 청구한다 하여도 중복소송에 해당하지 않는다.
㉡ 선결적 법률관계나 선결관계의 경우

> 예1. 등기말소청구의 소가 계속중 별소로 동일 부동산에 대한 소유권확인을 구하거나(후소가 전소의 선결적 법률관계인 경우) 그 역의 경우, 즉, 소유권확인의 소가 계속중 동일 부동산에 대한 말소등기청구를 하는 경우(전소가 후소의 선결관계인 경우)
> 예2. 이자지급청구소송이 계속 중에 원금채무부존재확인의 소를 제기하거나(후소가 전소의 선결적 법률관계인 경우) 그 역의 경우, 즉, 원금채무부존재확인의 소 계속 중 이자지급청구소송이 제기된 경우 (전소가 후소의 선결관계인 경우)

위와 같은 경우 예1·예2의 경우 중 후소가 전소의 선결적 법률관계이거나 전소가 후소의 선결관계인 경우 모두 전소의 소송물이 후소의 소송물과 다르므로 중복제소로 보지 않는다. 후소는 허용된다.
㉢ 상계항변의 경우 (아래 세부쟁점 참조)
㉯ 심판형식이 다른 경우(동일한 권리관계에 대하여 제기하는 소의 청구취지가 다른 경우)
㉠ 동일한 권리에 관하여 원고가 하는 적극적 확인청구와 피고의 소극적 확인청구

> 예1. ○○건물이 원고(甲)의 소유임을 확인한다. (계속중) ○○ 건물이 원고(甲)의 소유가 아님을 확인한다.
> 예2. 원고(甲)의 피고(乙)에 대한 ○○채권이 존재한다. (계속중) 원고(乙)의 피고(甲)에 대한 ○○채무가 존재하지 아니함을 확인한다.

원고 甲이 어느 건물의 소유권존재확인의 소송을 제기하여 계속 중 피고가 甲에게 당해 건물이 소유권이 존재하지 아니함을 확인하는 소를

제기한 경우, 피고의 청구는 원고청구의 기각을 구하는 것 이상의 의미는 없으므로 동일사건에 해당한다.

주의해야 할 판례로는 「채권자가 (병존적)채무인수자를 상대로 제기한 채무이행청구소송(전소)과 채무인수자가 채권자를 상대로 제기한 원래 채무자의 채권자에 대한 채무부존재확인소송(후소)은 그 청구취지와 청구원인이 서로 다르므로 중복제소에 해당하지 않는다.(다만, 필자주) 채무인수자를 상대로 한 채무이행청구소송이 계속중, 채무인수자가 별소로 그 채무의 부존재 확인을 구하는 것은 소의 이익이 없다.($^{2001.7.24.\ 선고\ 2001다22246}_{판결근처당권말소}$)」가 있다.

ⓒ **동일 권리관계에 대한 원고의 적극적 확인청구와 피고의 적극적 확인청구**
예컨대, 동일 부동산에 대하여 甲과 乙 서로 자신소유임을 주장하는 적극적 확인의 소를 제기한 경우 양자는 동일사건에 해당하지 않는다.

ⓒ **동일 권리에 관한 확인청구와 이행청구** (아래 세부쟁점 참조)

(3) **시간적 요건 - 전소의 소송계속 중 후소를 제기하였을 것**

(가) **전후소의 판단기준**
어느 것이 후소인지는 소제기시가 아니라 소장부본송달의 선후가 그 기준이 된다. 또한 이 경우 「비록 소제기에 앞서 가압류, 가처분 등의 보전절차가 경료되어 있다 하더라도 이를 기준으로 전소, 후소여부를 결정할 것은 아니다.($^{1990.4.27.\ 선고\ 88}_{다카25274·25281}$)」

(나) **전소**
「중복제소금지는 소송계속으로 인하여 당연히 발생하는 소송요건의 하나로서, 이미 동일한 사건에 관하여 전소가 제기되었다면 설령 그 전소가 소송요건을 흠결하여 부적법하다고 할지라도 후소의 변론종결시까지 취하·각하 등에 의하여 소송계속이 소멸되지 아니하는 한 후소는 중복제소금지에 위배하여 각하를 면치 못하게 된다.($^{1998.2.27.\ 선}_{고\ 97다45532}$)」

(다) **후소**
후소는 단일의 독립된 소인 경우에 한정되지 않고, 병합청구이건 다른 소송에서 소변경된 것이건, 반소나 소송참가의 방법으로 제기되었건 여부는 불문한다. 또한 동일 법원에 제기되었는지 여부도 불문한다.

(라) **전소와 후소의 관계**
중복된 소제기에 해당하는 경우에도 전소나 후소 중 어느 한 쪽이 취하·각하되어 중복상태가 해소되면 나머지 한 쪽은 적법하게 된다.($^{1967.11.21.\ 선}_{고\ 67누76}$) 그러나 만약 후소에 관하여 먼저 제1심판결이 선고된 후 항소되었다가 원고가 항소심에서 그 소를 취하한 때에는 전소가 종국판결 후에 소를 취하한 자의 재소금지에 해당하게 되어 원고는 전소마저 유지할 수 없게 되며 각하를 면할 수 없다는 것이 판례의 태도이다.($^{1967.10.31.\ 선}_{고\ 67다1848}$)139)

3. 효과

(1) 소극적 소송요건
중복소제기금지는 소극적 소송요건으로 직권조사사항이다. 따라서 이에 위배될 경우 피고의 항변을 기다릴 필요 없이 후소를 부적법 각하하여야 한다.

(2) 중복제소임을 간과한 본안판결의 효력
① 중복제소이어서 각하되어야 함에도 법원이 이를 간과한 본안판결을 내린 경우 판결이 무효인 것은 아니고 유효하다.(1995.12.5. 94다59028)
② 다만, 중복제소임을 간과한 위법은 있으므로 판결확정 전에는 상소가 가능하다.
③ 판결확정 후라면 중복제소라는 것 자체로는 재심사유에 해당하지 않으나, 전후의 양 판결이 모두 확정되고 양자 간에 모순저촉이 발생한 경우에는 법 제451조 제1항 제10호 재심사유에 해당하여 재심제기가 가능해진다.
④ 주의할 것은 이 경우 재심의 대상이 되는 판결은 어느 것이 먼저 제소된 것인지 여부를 불문하고 뒤에 확정된 판결에 재심사유가 존재하게 된다. 확정된 전소판결의 기판력이 후소에 대한 판결이 확정되었다는 이유로 실효되는 것도 아니다.

---

139) 법원행정처, 전게서(Ⅱ), 80면 참조.

쟁점 35 상계의 항변과 중복제소★★★ 세부쟁점

관련기출
• 2009년 변리사

甲은 乙에게 수상레저용 보트를 판매하였는데, 乙이 그 잔대금을 지급하지 않자 乙을 상대로 잔대금 5,000만 원의 지급을 구하는 소를 제기하였다.

乙은 변론기일에서 "구매한 보트를 운행하던 중 엔진부분의 하자로 화재가 발생하여 수리비용으로 5,000만 원이 소요되었으니, 상계하여 달라"고 주장하였다.

乙이 위와 같은 진술을 한 직후 甲을 상대로 "甲으로부터 구매한 보트를 운행하던 중 엔진부분의 하자로 화재가 발생하여 수리비용 5,000만 원, 화상치료비 1,000만 원이 소요되었고, 노동능력상실로 인하여 2,000만 원 상당의 소극적 손해(일실이익)가 발생하였다."는 이유로 8,000만 원의 손해배상청구의 소를 제기하였다. 이 소는 적법한가? (10점)

답 안

1. 설문의 해결
  (1) 문제점
  (2) 수리비용에 대한 청구 부분 – 중복제소와 상계의 문제
    ○ 수리비용에 대한 청구 부분은 중복제소와 상계항변에 관한 문제 발생 (아래 논의 기재)
  (3) 화상치료비, 일실이익 부분
    ○ 화상치료비, 일실이익 부분은 소송물이 다르므로 중복제소 문제는 발생하지 않고 적법

---

1. 문제의 소재[140]

가령 ① 피고(乙)는 원고(甲)에게 원고의 금 10,000,000원을 지급하라는 소가 계속 중 피고(乙)이 이 소송 내에서 상계의 항변을 하였고, 이 반대채권을 다시 별소로 원고를 상대로 이행의 소를 청구하는 경우와 같이, 소계속중인 소송에서 이미 상계항변으로 제출한 반대채권을 별소로 제기하는 경우(이른바, '선항변'형) 및 ② 그 역으로 乙이 반대채권의 이행을 구하는 소를 제기하여 소계속중 甲이 소구채권을 주장하며 그 이행의 소를 청구하는 경우(별소선행형 : 이른바 '후항변'형)를 가정하여 보자.

이 경우 ①의 경우라면 별소제기가 중복제소에 해당하는가의 문제가 발생하고, ②의 경우 후소에서 乙이 다시 상계의 항변을 할 수 있는지가 문제가 된다.

---

[140] 용어상 선항변형 및 후항변형의 표현은 이시윤에 따른다.

2. 학설[141]

(1) 소극설[142]

상계의 항변에도 **기판력**이 미친다는 점을 일관하여 **판결의 모순을 방지**할 필요가 있다는 점에서는 중복제소문제에 있어서도 마찬가지이므로 이 경우 중복소제기 금지의 규정을 **유추**하여야 한다는 견해로 ①의 경우 중복소제에 해당하므로 부적법하고, ②의 경우 후소에서 상계의 항변을 함은 위법하다는 결론에 이른다.

(2) 적극설(통설·판례)

상계의 항변에 기판력이 인정된다 하여도 어디까지나 하나의 방어방법일 뿐 **소송물인 것은 아니므로** 일반적인 공격방어방법과 같이 취급하여야 한다는 견해이다. 따라서 ①의 경우 상계의 항변으로 주장한 반대채권을 별소나 반소로 청구하여도 무방하다는 견해이다.

(3) 반소요구설

원칙적으로 적극설을 따르나, ①의 경우와 같은 선항변형에서는 이미 계속 중인 소송에서 상계항변으로 제공된 반대채권에 대하여는 별소를 금지하고 **석명권의 행사로 반소제기를 유도**하고 ②의 경우와 같은 후항변형 또는 별소선행형의 경우 후소에서의 항변을 보호할 필요도 크다 할 것이므로 항변을 금지시킬 것은 아니지만 **이부, 이송 또는 변론을 병합**시키는 것이 타당하다는 견해이다.

(4) 상계항변의 행사방법에 따라 달리 보는 견해[143]

상계의 항변이 **예비적이면 후소는 적법**한 소이고, **무조건적이면 중복제소**로 볼 것이라는 견해이다.

3. 판례

종래 판례는 후항변형 사건에서 「상계의 항변을 제출할 당시 이미 자동채권과 동일한 채권에 기한 소송을 별도로 제기하여 계속 중인 경우, 사실심의 담당재판부로서는 전소와 후소를 같은 기회에 심리·판단하기 위하여 이부, 이송 또는 변론병합 등을 시도함으로써 기판력의 저촉·모순을 방지함과 아울러 소송경제를 도모함이 바람직하였다고 할 것이나, 그렇다고 하여 특별한 사정이 없는 한 별소로 계속 중인 채권을 자동채권으로 하는 소송상 상계의 주장이 허용되지 않는다고 볼 수는 없다.(대법원 2001. 4. 27. 선고 2000다4050 판결)」고 판시한 바 있다.

한편, 최근 판례는 선항변형·후항변형 모두 중복제소가 아니라는 판단을 이어갔다.

즉, 「상계의 항변을 제출할 당시 이미 자동채권과 동일한 채권에 기한 소송을 별도로 제

---

141) 이 경우 독일의 제도로는 소위 '변론의 중지'를 통하여 어느 하나의 변론을 중지함으로써 판결의 모순·저촉을 방지할 수도 있겠지만, 우리나라에서는 이와 같은 변론의 중지제도는 없으므로 특히 문제가 된다.
142) 강현중, 전게서. 299면.
143) 호문혁, 전게서. 151면.

기하여 계속 중인 경우, 사실심의 담당재판부로서는 전소와 후소를 같은 기회에 심리·판단하기 위하여 이부, 이송 또는 변론병합 등을 시도함으로써 기판력의 저촉·모순을 방지함과 아울러 소송경제를 도모함이 바람직하나, 그렇다고 하여 특별한 사정이 없는 한 별소로 계속 중인 채권을 자동채권으로 하는 소송상 상계의 주장이 허용되지 않는다고 볼 수는 없다. 마찬가지로 먼저 제기된 소송에서 상계 항변을 제출한 다음 그 소송계속 중에 자동채권과 동일한 채권에 기한 소송을 별도의 소나 반소로 제기하는 것도 가능하다.(대법원 2022. 2. 17. 선고 2021다275741 판결)」

관련기출
• 2023년 공인노무사

甲은 乙을 피고로 매매대금채권 5천만 원의 지급을 구하는 소(이하, 'A소'라 한다)를 제기하였다. 이 소송에서 乙은 甲에 대하여 갖고 있는 대여금채권 6천만 원(이하, '이 사건 대여금채권'이라 한다)을 자동채권으로 하는 상계의 항변을 주장하였다. 다음 물음에 답하시오. (다만, 아래의 각 물음은 독립적임) (50점)

물음 1) ① 상계의 항변을 주장한 乙은 A소 계속 중 이 사건 대여금채권을 소구채권으로 하여 甲을 피고로 하는 대여금반환을 구하는 소(이하, 'B소'라 한다)를 제기하였다. 乙이 제기한 B소는 적법한가?
② 만일 甲이 제기한 A소 계속 전에 乙이 이 사건 대여금채권의 반환을 구하는 소('C소'라 한다)를 제기하였다면, 乙은 그 후 제기된 甲의 A소에서 이 사건 대여금채권을 자동채권으로 하는 상계의 항변을 주장할 수 있는가? (20점)

답 안

1. 문제의 소재

2. 상계의 항변과 중복제소금지의 문제
   (1) 학 설
      ① 중복소송설
      ② 중복소송부정설
      ③ 반소요구 등 설
      ④ 상계항변의 행사방법에 따라 달리 보는 견해
   (2) 판 례
   (3) 검 토
      중복제소금지와 항변의 배척은 당사자의 재판청구권에 대한 제한이므로 가능한 법률상 이를 금지하는 규정을 두어야 함이 타당하고, 판결의 모순·저촉의 문제는 소송절차 내에서 상대방 당사자의 주장이나 석명권 행사 혹은 이부·이송 또는 변론병합 등을 통하여 충분히 해결 가능하므로, 이를 금지되는 중복제소라거나 금지되는 항변이라 할 수는 없다. 중복소송 부정설 및 판례의 태도에 찬성한다.

(4) 사안의 해결

(가) 물음1) ①의 해결

물음 ①은 상계의 항변을 먼저 주장한 乙이 A소 계속 중 이 사건 대여금채권을 소구채권으로 하여 甲을 피고로 하는 대여금반환을 구하는 B소를 제기한 것이므로, 선항변형 사안인데, 이미 본 바와 같이 B소도 중복제소라 볼 수 없으므로 B소는 적법하다.

(나) 물음1) ②의 해결

물음 ②는 甲이 제기한 A소 계속 전에 乙이 이 사건 대여금채권의 반환을 구하는 C소를 제기한 후항변형 사안인데, 乙이 그 후 제기된 甲의 A소에서 이 사건 대여금채권을 자동채권으로 하는 상계의 항변을 주장한다 하여도 이를 위법한 항변이라 할 수 있으므로 결국, 가능하다.

사안의 경우, 원고 甲의 피고 乙에 대한 제소 당시, 피고 乙은 이미 사망한 상태였고, 乙의 정당한 상속인은 丙이었으므로, 甲의 당사자표시정정신청이 가능한지가 당사자의 확정 및 그 보정방법과 관련하여 문제된다.

쟁점 36 동일권리에 관한 확인의 소와 이행의 소 세부쟁점

> 예1. 피고(乙)은 금10,000,000원을 지급하라. (계속중) 원고(乙)의 피고(甲)에 대한 ○○채무가 존재하지 아니함을 확인한다.
> 예2. 원고(乙)의 피고(甲)에 대한 ○○채무가 존재하지 아니함을 확인한다. (계속중) 피고(乙)은 금 10,000,000원을 지급하라.

1. 문제점
위의 예에서처럼 동일 청구권에 관한 (적극적 또는 소극적)확인의 소와 (원고 또는 피고의) 이행의 소 또는 그 반대의 경우가 중복소송에 해당하는지에 대하여는 견해의 대립이 있다.

2. 학설

(1) **중복소송긍정설**
   ① **먼저 이행의 소를 제기한 후 확인의 소를 제기하는 경우**에는 이행의 소에 확인의 소가 포함되어 있으므로 중복소송에 해당하고, ② **먼저 확인의 소를 제기한 후에 이행의 소를 제기한 경우**에는 동일 절차 내에서 **청구취지 변경**을 통하여 이행청구를 할 수 있으므로 이행의 소를 굳이 별소로 제기할 이유가 없으므로 역시 동일 사건으로 보아 중복소송에 해당한다고 보아야 한다는 견해이다.

(2) **제한적 부정설(독일의 통설·판례)**[144]
   ① **확인의 소를 먼저 제기한 후 이행의 소가 제기된 경우**에는 확인판결로 강제집행을 할 수 없어 이행청구의 필요가 있으므로 중복제소에 해당하지 않으나, ② **이행의 소가 먼저 제기된 경우**에는 중복소송에 해당한다고 보는 견해이다.

(3) **중복소송부정설**
   이행의 소가 이행기 미도래를 이유로 **청구기각이 되는 경우도 있을 수 있으므로** 그 청구권에 관한 확인청구가 가능하다고 보아야 한다는 이유로 어느 경우이건 중복소송에 해당하지 않는다는 견해이다.

(4) **확인의 소의 보충성을 강조하는 견해**[145]
   양자는 청구취지가 다르므로 중복소송이 문제되지는 않고, 확인의 소의 보충성으로 인하여 이행의 소가 계속되면 확인의 소는 그 전후를 불문하고 권리보호의 이익의 결여로 각하되어야 한다는 견해이다.

---

144) 이시윤, 전게서. 255면, 정동윤·유병현, 전게서. 267면.
145) 호문혁, 민사소송법. 150면.

3. 판례

이에 대한 명확한 판례는 없고 다만, 「**소송요건을 구비하여 적법하게 제기된 본소가 그 후에 상대방이 제기한 반소로 인하여 소송요건에 흠결이 생겨 다시 부적법하게 되는 것은 아니므로**, 원고가 피고에 대하여 손해배상채무의 부존재확인을 구할 이익이 있어 본소로 그 확인을 구하였다면, 피고가 그 후에 그 손해배상채무의 이행을 구하는 반소를 제기하였다 하더라도 그러한 사정만으로 **본소청구에 대한 확인의 이익이 소멸하여 본소가 부적법하게 된다고 볼 수는 없다**.(1999.6.8. 선고 99다17401·17418)」고 본 판례가 있다.

제5절 준비서면과 당사자의 출석

쟁점 37 준비서면 제출·부제출의 효과
준비서면을 제출하지 않았을 때의 효과 (25점)

• 2012년 공인노무사

1. 제출의 효과

    (1) **진술간주의 이익**

    준비서면을 제출한 경우에는 당해 제출자가 기일에 불출석하여도 그 사항에 대하여는 진술한 것으로 의제된다.(제148조 제1항)

    (2) **자백간주의 이익**

    준비서면을 제출한 후 상대방이 변론(준비)기일에 출석하지 않더라도 그 기재사실을 주장할 수 있고, 상대방이 준비서면을 제출하지 않고 불출석한 경우라도 변론의 전취지에 의하여 상대방이 그 사실을 다툰다고 인정하는 경우 이외에는 당해 기재부분에 대하여는 상대방이 명백히 다투지 않은 것으로 되어 자백간주의 혜택을 받게 된다.(제150조 제3항)

    (3) **실권효의 배제**

    변론준비기일에 제출하지 아니한 공격방어방법은 일정한 예외를 제외하고는 변론에서 제출할 수 없다.(제285조 제1항) 그러나, 준비서면이 제출된 사항은 이러한 제한 없이 변론에서 주장할 수 있다.(제285조 제3항)

    (4) **소취하·피고경정 등에 대한 동의권**

    「소의 취하는 상대방이 본안에 관하여 준비서면을 제출하거나 변론준비기일에서 진술하거나 변론을 한 뒤에는 상대방의 동의를 받아야 효력을 가진다.(제266조 제2항)」 또한 피고경정의 경우에서도 「피고가 본안에 관하여 준비서면을 제출하거나, 변론준비기일에서 진술하거나 변론을 한 뒤에는 그의 동의를 받아야 한다.(제260조 제1항 단서)」

    (5) **무변론판결의 불가**

    준비서면을 제출하였다면 무변론판결의 요건에 해당할 수 없어 무변론판결을 할 수 없게 된다.

2. 부제출의 효과

    (1) **무변론판결의 위험**(제257조 제1항)

(2) 예고없는 사실주장의 금지

> 제276조(준비서면에 적지 아니한 효과) 준비서면에 적지 아니한 사실은 상대방이 출석하지 아니한 때에는 변론에서 주장하지 못한다. 다만, 제272조 제2항 본문의 규정(단독사건에서의 준비서면불요; 필자주)에 따라 준비서면을 필요로 하지 아니하는 경우에는 그러하지 아니하다.

(가) 취지

상대방이 출석하지 않은 변론(준비)기일에서 당사자가 준비서면에 적지 않은 새로운 사실을 주장할 수 있는 경우 상대방은 전혀 예상치 못한 소송자료에 의하여 판결을 받을 수 있어 불합리하고, 출석 당사자의 사실상의 주장에 대하여 반대진술의 기회가 부여되지 않은 채 자백한 것으로 간주되어 공격방어의 기회를 평등하게 부여하여야 한다는 쌍방심리주의의 원칙에도 어긋나게 되어 이러한 예고 없는 사실주장을 금지하고 있는 것이다.

(나) 「사실」의 의미

예고 없는 사실주장의 금지는 주요사실·간접사실을 모두 포함하는 것이기는 하나, 어디까지나 「사실」에 관한 것이어야 한다. 따라서 단순한 법률상 견해의 진술, 증거조사의 결과에 관한 의견의 진술, 상대방이 충분히 예상할 수 있는 상대방의 주장사실에 관한 부인·부지 등의 인부에 관한 진술은 이에 포함되지 아니한다.

(다) 증거신청도 본조에 포함되는지 (증거신청 시에 사전 서면준비가 필요한지)

이에 대하여는 견해의 대립이 있다.

① 적극설

증거조사에 참여하여, 그 결과에 대하여 변론을 하는 것은 사실인정에 중대한 영향을 주는데 그 기회를 박탈하는 것은 당사자에게 불공평한 것이므로 당사자 일방이 모르는 사이에 증거조사를 실시하는 것은 허용될 수 없다는 견해이다.[146]

② 소극설

현행 민사소송법은 기일 전 증거신청을 인정하고 있으며(제289조 제2항), 당사자불출석시에도 증거조사를 허용하고 있으므로(제295조) 일방 당사자가 불출석한 경우라도 미리 밝히지 아니한 증거신청 정도는 가능하다고 보는 견해이다.

③ 절충설

증거신청 가운데 적어도 상대방이 예상할 수 있는 사실에 관한 증거신청 정도라면 제276조의 「사실」에서 제외하여 증거조사를 허용하여야 할 것이라는 견해이다.[147]

---

146) 강현중, 전게서. 475면 ; 방순원, 이영섭, 송상현.

④ 검토

먼저, 소극설은 불출석 상대방에게 예상 밖의 불이익을 줄 우려가 있으므로 타당하지 않고, 적극설은 소송이 지연될 우려가 있어 소송의 신속이라는 이념에 반할 수 있다. 따라서, 이를 조화로이 해석하는 견해인 절충설이 타당하다고 보여진다.[148]

(라) 효과

① 예고 없는 사실주장의 금지

준비서면에 적지 아니한 사실은 상대방이 출석하지 아니한 때에는 변론에서 주장하지 못한다. 이 경우 피고가 출석하지 아니한 기일에 원고의 청구원인에 관한 주장을 변경, 석명시키고 심리종결하는 것도 허용되지 않는다.(^{1964.11.30. 선}_{고 64다991})

② 단서의 예외

제272조 제2항 본문의 규정에 따라 단독사건의 경우이어서 준비서면을 필요로 하지 아니하는 경우에는 주장할 수 있다. 따라서 「단독사건에서는 …(필자생략) 미리 준비서면에 기재하지 아니한 증인을 상대방이 변론기일에 출석하지 아니한 채 재정증인으로 증거조사를 하고 증거로 채택하였을 경우 위법이 아니다.(^{1975.1.28. 선}_{고 74다1721})」

③ 이 경우 기재하지 않은 사실을 주장하는 방법

준비서면에 기재하지 않고 상대방도 불출석하여 주장할 수 없는 사실인 경우, 이 사실을 당사자가 주장하려면 속행기일의 지정을 구하여 그 때까지 준비서면을 제출하여야 한다.

(마) 위법의 치유(이의권의 포기·상실)

상대방이 불출석한 기일에 법원이 준비서면에 기재하지 아니한 사실이나 상대방에게 송달하지 아니한 준비서면의 기재사실을 진술하게 하고 이에 대한 증거신청을 채택하였다 하여도 상대방이 이의권을 포기하거나 바로 이의하지 아니하여 이의권을 상실하게 되면(제151조) 그 진술이나 증거신청의 위법은 치유된다.(^{1954.2.27. 선고}_{4286민상20})

(3) **변론준비절차의 종결**

변론준비절차에서 법원이 기간을 정하여 준비서면을 제출케 하였으나 기간 이내에 제출하지 아니하거나 증거의 신청을 하지 아니한 때에는 상당한 이유가 없는 한 변론준비절차를 종결하여야 한다.(^{제284조 제1항 2}_{호, 제280조})

(4) **소송비용의 부담**

준비서면에 적지 않은 사실이어도 상대방이 출석한 경우에는 이를 주장할 수 있다.

---

147) 이시윤, 전게서. 325면 ; 정동윤·유병현, 전게서. 354면 ; 전병서, 397면.
148) 실무는 증거신청 가운데 적어도 상대방이 예상할 수 있는 사실에 관한 증거신청 정도라면 여기의 사실에서 제외시켜 증거신청을 허용하고 있다. 법원행정처, 전게서(Ⅱ) 464면.

그러나 제272조의 규정취지에 비추어 볼 때 미리 예고한 바 없으므로 상대방이 즉시 답변할 수 없었던 경우에는 기일을 속행하여 상대방에게 답변을 준비할 수 있는 기회를 부여할 수 있도록 진행하는 것이 바람직하고 따라서 소송비용이 그로 말미암아 증가된 때에는 당사자가 승소하더라도 그 증가부분에 대하여는 소송비용부담의 재판을 받을 수 있다.(제100조)149)

---

149) 법원행정처, 전게서(Ⅱ) 465면.

쟁점 38 변론기일에 있어서의 당사자의 불출석

Ⅰ. 기일의 불출석(기일의 해태) – 공통요건

1. 필요적 변론기일·변론준비기일

   (1) 필요적 변론기일

   기일의 해태는 필요적 변론기일에 불출석한 경우를 말한다. 임의적 변론기일에서는 그 적용이 배제되며(통설), 판결선고기일의 경우에도 그 적용이 배제된다.(제207조 제2항) 또한 기일해태에 대한 규정은 변론준비기일에도 준용(제286조)되며, 항소심 변론기일도 이에 포함된다.(제268조 제4항, 1978. 8.22. 선고 78다1091.)

   (2) 증거조사기일의 경우

   ① 「변론기일에서 당사자가 변론을 하고 증인신문신청을 하므로 법원이 그 증인을 심문하기로 하여 변론을 속행할 기일을 지정 고지하였을 경우에는 위의 증인조사를 법정외에서 한다는 특별한 조치가 없는 한 위의 고지된 기일은 변론기일이라 할 것이(다)(1966.1.31. 선고 65다2296)」 따라서 변론기일을 겸하는 증거조사기일에 불출석한 경우라면 기일해태의 불이익을 받을 수 있다.

   ② 그러나 변론기일을 겸하지 않는 증거조사기일(제295조)에는 그 적용이 배제된다.

2. 적법한 기일통지

   (1) 기일통지서가 송달불능·송달무효인 경우라면 기일해태가 될 수 없다.

   (2) 공시송달에 의하여 기일통지를 받고 불출석한 경우는 명문으로 자백간주(제150조)의 효과가 발생하지 않음을 인정하고 있다. 단, 쌍방불출석에 의한 소취하간주의 문제는 공시송달에 의한 기일통지가 이루어진 경우에도 발생한다.

3. 기일에의 「불출석」

   (1) 「불출석」의 의미

   ① 불출석이란, 진술금지재판·퇴정명령·임의퇴정을 포함한 널리 법정에의 「불출석」 뿐만 아니라 출석은 하였으나 변론을 하지 않은 「출석무변론」도 포함된다.

   ② 불출석여부는 당사자 본인과 그 소송대리인이 모두 불출석하거나 변론하지 아니한 경우를 의미한다.

출석무변론으로 인정되는 경우 (기일해태의 불이익을 받는 경우)	출석무변론으로 인정될 수 없는 경우 (기일해태의 불이익을 받지 않는 경우)
① 출석한 후 단지 청구기각의 판결만을 구하는 경우(1955.7.21. 선고 4288민상59) ② 단순히 당사자가 기일변경을 구하는 경우 ③ 출석당사자가 연기 또는 기일변경 신청을 하였으나 법원에서 받아들이지 않고 변론을 명하였음에도 변론하지 않은 경우	①「당사자가 변론기일에 출석하였음에도 변론에 들어가기도 전에 재판장이 기일을 연기하고 출석한 당사자에게 변론의 기회를 주지 아니함으로써 변론을 하지 아니한 경우에는 출석한 당사자가 변론을 하지 아니한 때에 해당하지 않는 것이다.(1993.10.26. 선고 93다19542)」 ② 당사자가 출석하였음에도 법원이 채택된 증인에 대한 증거절차이행을 촉구하고 증인출석요구를 위하여 기일을 연기한 경우 (1979.9.25. 선고 78다153·154) ③ 재판장이 출석한 당사자의 동의를 얻어 기일을 연기한 경우(1990.2.3. 선고 89다카19191)

Ⅱ. 쌍방당사자의 불출석 – 쌍불취하간주

> 제268조(양쪽 당사자가 출석하지 아니한 경우) ① 양쪽 당사자가 변론기일에 출석하지 아니하거나 출석하였다 하더라도 변론하지 아니한 때에는 재판장은 다시 변론기일을 정하여 양쪽 당사자에게 통지하여야 한다.
> ② 제1항의 새 변론기일 또는 그 뒤에 열린 변론기일에 양쪽 당사자가 출석하지 아니하거나 출석하였다 하더라도 변론하지 아니한 때에는 1월 이내에 기일지정신청을 하지 아니하면 소를 취하한 것으로 본다.
> ③ 제2항의 기일지정신청에 따라 정한 변론기일 또는 그 뒤의 변론기일에 양쪽 당사자가 출석하지 아니하거나 출석하였다 하더라도 변론하지 아니한 때에는 소를 취하한 것으로 본다.
> ④ 상소심의 소송절차에는 제1항 내지 제3항의 규정을 준용한다. 다만, 상소심에서는 상소를 취하한 것으로 본다.

1. 요건

   (1) 기일해태의 공통요건을 구비할 것

   (2) 양쪽 당사자의 1회의 기일해태 및 새 변론기일의 지정

   양쪽 당사자가 모두 변론기일에 불출석 또는 출석무변론인 경우이어야 하는데, 이 기일은 첫 기일인지 속행기일인지 여부는 불문하며, 이 경우 재판장은 반드시 다시 새로운 변론기일을 정하여 이를 통지하여야 한다.

따라서 기일의 연기는 인정되지 않으며, 변론조서에 연기라고 기재하였다 하여도 아무런 의미는 없고 이로써 양쪽 당사자 불출석의 효과를 저지할 수는 없다.(^{1982.6.22. 선}_{고 81다791})

나아가 변론의 정도가 판결하기에 충분할 정도로 성숙하였다 하더라도 변론을 종결하면 위법이다.150)

(3) **양쪽 당사자의 2회의 해태와 사실상의 휴지상태**

양쪽 당사자의 2회의 기일해태가 있게 되면 소송은 사실상 휴지상태에 돌입된다. 「'변론의 기일에 당사자 쌍방이 출석하지 아니한 때'란 당사자 쌍방이 적법한 절차에 의한 송달을 받고도 변론기일에 출석하지 않는 것을 가리키는 것이고, 변론기일의 송달절차가 적법하지 아니한 이상 비록 그 송달이 유효하고 그 변론기일에 당사자 쌍방이 출석하지 아니하였다고 하더라도 쌍방 불출석의 효과는 발생하지 않는다.(^{1997.7.11. 선}_{고 96므1380})」

이 때 공시송달에 의한 기일통지라도, 적법한 공시송달인 한, 소는 취하된 것으로 본다.(^{1997.7.11.96}_{므1380}) 이 점 자백간주에서와 다르다.

> **공시송달사건의 경우 쌍방불출석에 의한 취하간주가 가능한 것을 전제로, 공시송달의 효력이 유효라 하여도 공시송달의 요건을 갖춘 적법한 공시송달이어야 한다고 본 사안**
>
> 당사자의 주소, 거소 기타 송달할 장소를 알 수 없는 경우가 아님이 명백함에도 재판장이 당사자에 대한 변론기일 소환장을 공시송달에 의할 것으로 명함으로써 당사자에 대한 변론기일 소환장이 공시송달된 경우, 그 당사자는 각 변론기일에 적법한 절차에 의한 송달을 받았다고 볼 수 없으므로, 위 공시송달의 효력이 있다 하더라도 각 변론기일에 그 당사자가 출석하지 아니하였다고 하여 쌍방 불출석의 효과가 발생한다고 볼 수 없다.(대법원 1997.7.11. 선고 96므1380 판결)

(4) **기일지정신청이 없거나 기일지정신청 후의 불출석**

㈎ 1월 이내 기일지정신청이 없는 경우

양쪽 당사자가 2회 불출석한 이후 1월 이내에 기일지정신청이 없는 경우에는 소취하간주의 효과가 발생한다. 이때의 1개월은 민법 제157조에 의하여 양쪽 당사자가 불출석한 변론기일 다음날부터 기산된다고 보며, 기일지정 신청인이 그 사실을 안 때로부터 기산하지 않는다.(^{1992.4.14. 선}_{고 92다3441})

또한 이 기간은 불변기간이 아니므로 기일지정신청의 추후보완도 허용될 수 없고(^{1992.4.21.}_{92마175}), 그 기간을 연장할 수도 없다. 과거 1990년 개정 전의 경우 불출석이 당사자의 책임에 돌릴 수 없는 사유인 때에는 2주 이내에 기일지정신청을

---

150) 법원행정처, 전게서(Ⅱ), 196면.

하여 종료된 소송을 부활시킬 수도 있었으나 개정으로 이러한 부활은 인정되지 않게 되었다.

(나) 기일지정신청 후의 불출석(직권기일지정 후의 불출석도 마찬가지)

1월 이내에 기일지정신청이 있어 다시 잡은 3회의 기일에 또다시 양쪽 당사자가 불출석한 경우에도 소취하간주의 효력이 발생한다.

규정은 1월 이내에 당사자의 기일지정신청이 있는 경우만을 상정하여 소취하를 간주하고 있으나, 판례는 직권으로 정한 기일 또는 그 후의 기일에 불출석한 경우에도 소의 취하가 있는 것으로 본다.(2002.7.26. 선고 2001다60491)

(5) 2회 또는 3회 불출석의 모습 – 동일 소송·동일 심급·동종 기일

(가) 동일 심급의 동종 기일에서의 2회 해태일 것

기일해태는 연속하여 2회의 해태일 필요는 없고 단속(斷續)적이어도 무방하나, 동일 심급의 동종 기일에서의 2회 해태이어야 한다.

즉, 제1심에서 1회, 항소심에서 다시 1회의 기일해태가 있다 하여도 이를 2회의 기일해태로 볼 수 없고, 동일 심급이라 하더라도 환송전의 항소심에서 1회, 환송 후의 항소심에서의 1회 역시 이에 해당하지 않는다.(1963.6.20. 선고 63다166)

또한 동일 심급 내에서 변론준비기일과 변론기일에 불출석한 경우 판례는 동종 기일에 해당하지 않으므로 기일해태의 효과는 발생하지 않는다.(2006.10.27. 선고 2004다69581)

(나) 같은 소가 유지되는 상태에서의 불출석일 것

같은 소가 유지되고 있는 상태에서의 2회 내지 3회의 불출석이어야 하므로, ① 중간에 소의 교환적 변경이 있고 그 전후에 걸쳐서 한 번씩 불출석한 경우라면 2회의 불출석으로 볼 수 없고, ② 본래의 소의 계속 중 양쪽 당사자가 1회 결석한 후의 소의 추가적 변경, 반소, 중간확인의 소 등 소송중의 소가 제기된 이후에 다시 1회 불출석한 경우에 2회 불출석의 효과가 미치는 것은 본래의 소에 한하며 후에 제기된 소송중의 소는 1회 불출석만으로 본다.

2. 효과

(1) 소취하의 간주

위의 요건이 갖추어지는 경우에는 소취하가 간주되며, 이는 변론준비기일에서도 준용이 된다. 이러한 효과는 법률상 당연히 발생하는 것이어서 법원이나 당사자의 의사로서 좌우될 수는 없다. 즉,「법률상 당연히 발생하는 것이고 법원의 재량이나 소송사건의 내용, 진도에 따라 임의로 처리할 수 없다.(1982.10.12. 선고 81다94)」

상소심, 엄밀하게는 항소심에서도 쌍불취하간주규정은 적용이 되지만, 이 경우라면 소취하를 간주하는 것이 아니라 상소를 취하한 것으로 간주된다는 점을 주의하여야 한다.

(2) 간과한 판결의 효력

취하간주의 효력이 발생하였음에도 이를 간과한 판결이 있는 경우 상급법원은 소송종료선언을 하여야 하며(1968.11.5. 선고 68다1773), 상소심의 경우라면 상소취하가 간주되므로 원판결은 그대로 확정된다.

3. 일반민사소송법에 대한 특칙

① 배당이의의 소에서 이의한 사람이 불출석한 경우에는 민사집행법 제158조의 특칙이 적용된다. 즉, 「이의한 사람이 배당이의의 소의 첫 변론기일에 출석하지 아니한 때에는 소를 취하한 것으로 본다.」 이 때 말하는 '첫 변론기일'에 '첫 변론준비기일'은 포함되지 않는다.(2006.11.10. 선고 2005다41856 판결[배당이의])

② 증권관련집단소송에서는 쌍불취하간주제도의 적용은 배제된다.(동법 제35조 제4항)

Ⅲ. 일방당사자의 불출석

1. 진술간주

> **제148조(한쪽 당사자가 출석하지 아니한 경우)** ① 원고 또는 피고가 변론기일에 출석하지 아니하거나, 출석하고서도 본안에 관하여 변론하지 아니한 때에는 그가 제출한 소장·답변서, 그 밖의 준비서면에 적혀 있는 사항을 진술한 것으로 보고 출석한 상대방에게 변론을 명할 수 있다.
> ② 제1항의 규정에 따라 당사자가 진술한 것으로 보는 답변서, 그 밖의 준비서면에 청구의 포기 또는 인낙의 의사표시가 적혀 있고 공증사무소의 인증을 받은 때에는 그 취지에 따라 청구의 포기 또는 인낙이 성립된 것으로 본다.
> ③ 제1항의 규정에 따라 당사자가 진술한 것으로 보는 답변서, 그 밖의 준비서면에 화해의 의사표시가 적혀 있고 공증사무소의 인증을 받은 경우에, 상대방 당사자가 변론기일에 출석하여 그 화해의 의사표시를 받아들인 때에는 화해가 성립된 것으로 본다.

(1) 일반

① 한쪽 당사자의 불출석이 있는 경우에 변론을 진행할지 기일을 연기할지는 법원의 재량이다.

② 다만, 출석한 당사자만으로 변론을 진행할 때에는 반드시 불출석한 당사자가 그 때까지 제출한 소장·답변서, 그 밖의 준비서면에 적혀 있는 사항을 진술한 것으로 보아야 한다.(2008.5.8. 선고 2008다2890)

③ 여기에서 진술간주란, 「원고 또는 피고가 변론기일에 출석하지 아니하거나, 출석하고서도 본안에 관하여 변론하지 아니한 때에는 그가 제출한 소장·답변서, 그 밖의 준비서면에 적혀 있는 사항을 진술한 것으로 보고 출석한 상대방에게 변론을 명할 수 있다.(제148조 제1항)」는 것을 의미한다.

④ 다만, 진술간주가 이루어진다 하여도 변론관할까지 인정되는 것은 아니다. 즉, 「응소(변론 : 필자 주)관할이 생기려면 피고의 본안에 관한 변론이나 준비절차에서의 진술은 현실적인 것이어야 하므로 피고의 불출석에 의하여 답변서 등이 법률상 진술 간주되는 경우는 이에 포함되지 아니한다.(1980.9.26. 자 80마403)」

⑤ 진술이 간주되는 서면은 소장·답변서 기타 준비서면 자체에 한정되는 것이므로 첨부된 서증의 사본이 있는 준비서면에 대하여 진술간주가 있다 하여도 그 사본에 의하여 서증의 제출이 있는 것으로 간주되는 것은 아니다.(1991.11.8. 선고 91다1577 S : 구술주의원칙 참조) 즉, 준비서면에 증거가 첨부되어 동 준비서면이 진술간주되었다 하여도 증거신청의 효과는 발생하지 않는다.

(2) **효과**

진술간주되는 서면의 내용에 따라 다음과 같이 처리한다. ㉮ 상대방의 주장사실에 대한 자백이 있다면 자백간주가 아니라 재판상의 자백이 성립되며, ㉯ 명백히 다투지 않은 경우에는 자백간주가 되며, ㉰ 다투는 내용이 있다면 증거조사를 위하여 다음 속행기일을 지정하여야 한다.

(3) **서면에 의한 청구의 포기·인낙과 서면화해제도의 개정법에의 도입**(동조 제2항· 제3항 참조)

2. 자백간주(의제자백) 중 불출석 자백간주제도

> **제150조(자백간주)** ① 당사자가 변론에서 상대방이 주장하는 사실을 명백히 다투지 아니한 때에는 그 사실을 자백한 것으로 본다. 다만, 변론 전체의 취지로 보아 그 사실에 대하여 다툰 것으로 인정되는 경우에는 그러하지 아니하다.
> ② 상대방이 주장한 사실에 대하여 알지 못한다고 진술한 때에는 그 사실을 다툰 것으로 추정한다.
> ③ 당사자가 변론기일에 출석하지 아니하는 경우에는 제1항의 규정을 준용한다. 다만, 공시송달의 방법으로 기일통지서를 송달받은 당사자가 출석하지 아니한 경우에는 그러하지 아니하다.

(1) **일반**

소장·답변서 그 밖의 준비서면에 기재한 사실에 관하여 불출석 당사자가 답변서 또는 준비서면조차 제출하지 아니한 경우에는 이를 자백한 것으로 간주하는데, 이를 불출석 자백간주제도라 한다.(제150조 제3항) 불출석 자백간주제도는 원고의 불출석이건 피고의 불출석이건 모두 적용된다.

다만, 공시송달의 방법으로 기일통지서를 송달받은 당사자가 출석하지 아니한 경우에는 불출석 자백간주제도는 적용하지 않는다.

(2) 자백간주 효과

① 자백한 것으로 의제되는 경우 법원으로서는 간주된 자백사실과 다른 판단을 할 수 없다. 따라서, 「일단 의제자백으로서의 효과가 발생한 때에는 그 이후의 기일에 대한 소환장이 송달불능으로 되어 공시송달하게 되었다고 하더라도 이미 발생한 의제자백의 효과가 상실되는 것은 아니라고 할 것이므로 위 규정에 의하여 자백한 것으로 간주하여야 할 사실을 증거판단하여 의제자백에 배치되는 사실인정을 하는 것은 위법이라고 할 것이다.(1988.2.23. 선고 87다카961)」

② 그러나 의제자백이 이루어진다하여도 당사자에 대한 구속력은 없으므로, 「제1심에서 의제자백이 있었다고 하더라도 항소심에서 변론종결시까지 이를 다투었다면 자백의 의제는 할 수 없다.(1987.12.8. 선고 87다368)」

3. 예고 없는 사실의 주장금지

> **제276조(준비서면에 적지 아니한 효과)** 준비서면에 적지 아니한 사실은 상대방이 출석하지 아니한 때에는 변론에서 주장하지 못한다. 다만, 제272조 제2항 본문의 규정(단독사건에서의 준비서면불요; 필자주)에 따라 준비서면을 필요로 하지 아니하는 경우에는 그러하지 아니하다.

(1) 일반

출석 당사자는 상대방의 출석이 없어도 변론과 증거신청을 할 수 있다. 이 경우 할 수 있는 변론과 증거신청 및 증거조사의 범위는 그가 미리 준비한 서면에 적은 사실의 주장과 증거신청에 한정되는 것이 원칙이다.151) 따라서 「준비서면에 적지 아니한 사실은 상대방이 출석하지 아니한 때에는 변론에서 주장하지 못한다.(제276조 본문)」 이를 예고없는 사실주장금지라 한다. 다만, 이 규정은 변론준비기일에는 적용하지 않는다.

(2) 금지되는 주장의 범위

예고 없는 사실주장의 금지는 주요사실·간접사실에 대한 주장을 모두 포함하는 것이기는 하나, 어디까지나 「사실」에 관한 것이어야 한다. 따라서 단순한 법률상 견해의 진술, 증거조사의 결과에 관한 의견의 진술, 상대방이 충분히 예상할 수 있는 상대방의 주장사실에 관한 부인·부지 등의 인부에 관한 진술은 이에 포함되지 아니한다.

---

151) 다만, 증거신청에 대하여도 위 규정이 적용되는지 즉, 상대방이 불출석하였다면 미리 사전 서면준비가 이루어지지 않은 이상 증거신청을 할 수 없는 것인지에 대하여는 견해가 대립된다. 실무는 증거신청 가운데 적어도 상대방이 예상할 수 있는 사실에 관한 증거신청 정도라면 증거신청을 허용하고 있다. 법원행정처. 전게서(Ⅱ) 464면.

(3) 효과

준비서면에 적지 아니한 사실은 상대방이 출석하지 아니한 때에는 변론에서 주장하지 못한다. 피고가 출석하지 아니한 기일에 원고의 청구원인에 관한 주장을 변경, 석명시키고 심리종결하는 것도 허용되지 않는다.(1964.11.30. 선고 64다991)

(4) 하자의 치유

상대방이 불출석한 기일에 법원이 준비서면에 기재하지 아니한 사실이나 상대방에게 송달하지 아니한 준비서면의 기재사실을 진술하게 하고 이에 대한 증거신청을 채택하였다면 위법이지만, 상대방이 이의권을 포기하거나 바로 이의하지 아니하여 이의권을 상실하게 되면 그 진술이나 증거신청의 위법은 치유된다.(1954.2.2.7. 선고 4286민상20)

(5) 예외

제272조 제2항 본문의 규정에 따라 단독사건의 경우이어서 준비서면을 필요로 하지 아니하는 경우에는 미리 준비서면에 기재하지 아니한 증인을 상대방이 변론기일에 출석하지 아니한 채 재정증인으로 증거조사를 하고 증거로 채택하였다 하여도 위법은 아니다.(1975.1.28. 선고 74다1721)

관련기출
• 2019년 변리사

乙은 X건물의 소유자인 甲으로부터 동 건물을 임차한 후 점유·사용해 오고 있다. 乙은 X건물의 임대기간이 만료되었음에도 동 건물을 인도하지 않으면서 자신의 점유가 정당한 권원에 기인한 것이라고 주장하고 있다. 이에 甲은 乙을 상대로 소유권에 기초하여 건물인도청구의 소를 제기하였다. (다음 각 물음은 독립적임)

(1) 이 사건에 대하여 변론준비절차가 진행되던 중 변론준비기일이 열렸으나 甲과 乙 모두 출석하지 않았다. 그 후 재판장은 준비절차를 종결하고 제1회 변론기일을 지정하였다. 제1회 변론기일에 甲은 출석하지 않았고 乙만 출석하였으나 乙은 변론을 하지 않았다. 이로써 변론기일에 양쪽 당사자가 2회 출석하지 아니한 경우에 해당하는지 여부에 대하여 설명하시오.(10점)

(2) 제1회 및 제2회 변론기일에 甲은 모두 출석하지 않았고, 반면에 乙은 모두 출석하였으나 변론을 하지 않았다. 이 때 재판장은 당사자의 기일지정신청을 기다리지 않고 제3회 변론기일을 지정하거나 혹은 변론을 종결하고 판결을 선고할 수 있는지 여부에 대하여 설명하시오. (10점)

답안

1. 쌍불 소취하간주
   (가) 요건
   ① 동일심급, 동일 소송물 및 동종기일을 전제로 함
   ② 불출석이란, 불출석 이외 출석무변론을 포함하며, 연속적일 필요 없이 단속적이어도 무방함
   ③ 1회 불출석 이후 재판장은 기일연기의 재량이 없고, 다시 새로운 기일을 지정하여야 하며,

지정된 기일에 다시 양 당사자의 불출석이 있는 경우, 1월 내에 당사자의 기일지정신청이 있거나, 재판장의 직권으로 기일을 지정하였으나, 3회 불출석한 경우라면 요건에 해당함

(나) 사안의 적용

① 문제 (1)의 해결

판례에 의하면, 변론준비기일과 변론기일은 동종기일 아니므로, 양 당사자 2회 불출석의 요건을 결여하였고, 그렇다면 소취하간주를 하면 안 됨

② 문제 (2)의 해결

쌍불 2회 불출석 이후 재판장의 직권 기일지정은 가능하며, 2회 불출석 이후 1월간 휴지 상태이어야 하므로 변론을 종결하고 판결선고에 나아가서는 안 됨

관련기출　　　　　　　　　　　　　　　　　　　　　　　• 2015년 변리사

甲은 乙이 甲 소유의 X건물을 무단으로 점유·사용하여 甲의 소유권을 침해하고 있다고 주장하며 乙을 상대로 X건물의 인도와 손해배상을 청구하는 소를 제기하였다. 이후 열린 첫 변론기일에 乙이 X건물에 관한 임차권을 주장하자, 甲은 임차권의 존부에 관한 사항은 자신이 다음 기일에 진술하겠다고 법원에 요청하여 법원은 甲과 乙에 대해 다음 기일을 고지하였다. (다음 각 설문은 독립적임) (20점)

(1) 甲이 준비서면을 제출하고 제2회 변론기일에 결석하여 乙만이 출석하여 변론하였다. 법원은 해당 기일을 적법하게 진행하였다. 그런데 甲이 제출한 준비서면에는 자신이 X건물을 乙에게 임대한 것은 사실이라는 취지의 기재가 있다고 한다면, 이후 이 소송의 변론기일에서 甲이 X건물을 乙에게 임대한 적이 없다고 주장할 수 있는지 설명하시오.

(2) 제2회 변론기일을 위하여 甲은 "乙에게 X건물의 임차권이 존재하였으나 이 임차권은 乙이 차임을 2회 이상 연체하여 해지통고를 하였으므로 소멸하였다."는 취지의 준비서면을 제출하여 이 서면이 乙에게 송달되었는데, 乙은 이에 대해 아무런 준비서면도 내지 않은 채 이 변론기일에 결석하였다. 甲은 이 변론기일에 출석하여 자신이 제출한 준비서면을 진술하였다. 이때 그 다음 기일에 출석한 乙이 자신은 X건물에 대한 차임을 연체한 적도 없고, 甲으로부터 해지통고를 받은 적도 없다고 주장할 수 있는지 설명하시오. (8점)

답안

1. 문제의 소재

2. 문제 (1)

준비서면 제출 but 불출석 → 진술간주 → 진술간주 내용이 자백의 내용인 경우는 '자백진술간주' (not 자백간주) → ∴ 이를 번복하기 위하여는 재판상 자백의 철회의 요건을 갖춘 경우이어야 함

3. 문제 (2)

피고 : 임차권 주장 → 원고 인정 → 원고 : 임차권 해지 주장 준비서면 제출 → 피고 반박준비서면 부제출 후 불출석 = 자백간주 (150③) → 다음 기일 출석 피고가 이를 부정할 수 있는가? - 당사자구속력 없으므로 번복가능

제6절 심리의 원칙

쟁점 39 소송절차의 이의권

1. 의의

   > **제151조(소송절차에 관한 이의권)** 당사자는 소송절차에 관한 규정에 어긋난 것임을 알거나, 알 수 있었을 경우에 바로 이의를 제기하지 아니하면 그 권리를 잃는다. 다만, 그 권리가 포기할 수 없는 것인 때에는 그러하지 아니하다.

   당사자가 법원이나 상대방의 위법한 소송행위에 대해 이의를 제기하고 그 효력을 다투는 소송법상의 권능을 소송절차에 관한 이의권이라 한다.[152]

2. 소송절차에 관한 이의권의 대상

   (1) 소송「절차」에 관한 규정위반일 것

   소송절차에 관한 이의권의 대상은 소송절차에 관한 규정의 위반이 있는 행위이다. 즉, 소송행위의「내용」이나 소송상의 주장의「당부」는 그 대상이 되지 않는다. 따라서 어떠한 공격방어방법에 관한 판단, 자백에 반하는 사실인정이나 채증법칙위반과 같은 따위는 그 대상이 되지 않는다.[153]

   결국, 소송절차에 관한 규정인 소송행위의 방식·시기·장소 등 형식적 사항에 관한 규정이 이에 해당할 것이다.[154]

   (2) 법원 또는 상대방 당사자의 위반일 것

   이의권의 대상행위는 법원 또는 상대방 당사자의 소송행위에 대한 것이어야지 자신의 소송행위일 수는 없다.

3. 이의권의 포기와 상실

   (1) 의의

   당사자가 이의권을 행사할 수 있음에도 스스로 소송절차에 관한 이의권 행사를 포기하는 것을 이의권의 포기라 하고, 당사자가 소송절차에 관한 규정위배를 알거나 알 수 있었음에도 지체 없이 이의를 제기하지 아니하여 이의권을 잃는 것을 이의권의 상

---

152) 강현중, 전게서, 409면.
153) 강현중, 전게서, 410면.
154) 이시윤, 전게서, 320면.

실이라 한다.

(2) 이의권의 포기와 상실의 대상

이의권 포기·상실은 소송절차에 관한 규정 중 임의규정에 위반된 경우에 한하며, 훈시규정위반이나 강행규정위반의 경우에는 이의권 포기·상실의 대상이 되지 않는다.[155]

(3) 이의권포기의 방식 및 상실의 요건

　(가) 이의권포기의 방식

　　이의권의 포기는 변론이나 변론준비절차에서 법원에 대한 일방적 의사표시 즉 진술에 의하며, 법원 밖에서 상대방에 대하여 하는 경우에는 그 효력이 없다. 포기의 의사표시는 명시적·묵시적 의사표시임을 불문하며, 임의소송금지원칙상 사전포기란 있을 수 없다.

　(나) 이의권상실의 요건

　　당사자가 절차규정의 위반을 알거나 알 수 있었을 경우에 바로 이의하지 않으면 이의권상실의 요건에 해당하게 된다.

(4) 효과

이의권의 포기나 상실이 있으면 소송절차에 위배된 소송행위의 흠이 치유되며, 당해 소송행위는 처음부터 완전히 유효한 행위로 된다.

법원의 행위에 대하여 당사자 모두에게 이의권이 발생한 경우라면 양쪽 당사자 모두 이의권의 포기나 상실이 있는 경우에 흠이 치유된다.

---

[155]

이의권포기·상실의 대상으로 인정되는 경우	이의권포기·상실의 대상으로 인정될 수 없는 경우
① 소장·답변서 등 소송서류의 송달의 위법 ② 청구취지의 변경이나 소송참가 등의 방식위배 ③ 당사자나 보조참가인에 대한 기일통지의 누락 ④ 소송절차중단중의 소송행위 ⑤ 외국어로 된 문서에 대하여 번역문을 첨부하지 않은 경우 ⑥ 원본대용으로 사본을 제출하여 한 증거신청 ⑦ 감정인을 증인신문방식으로 증거조사한 경우 ⑧ 당사자본인을 증인신문방식으로 증거조사한 경우 ⑨ 청구기초에 변경이 있음에도 한 소의 변경 ⑩ 반소요건 중 상호견련관계가 없음에도 반소를 받아들인 경우 ⑪ 구술주의나 직접주의규정에의 위반 등	① 법원의 구성 ② 법관의 제척 ③ 공개주의 ④ 불변기간의 준수 ⑤ 판결의 선고와 확정 ⑥ 임의관할 이외의 소송요건 ⑦ 상소요건 ⑧ 재심요건 ⑨ 판결정본의 송달에 관한 흠 등

민사소송법 단문사례연습

쟁점 40 처분권주의

목 차	
Ⅰ. 의 의 Ⅱ. 절차의 개시 Ⅲ. 절차의 대상과 범위 　1. 당사자가 신청한 사항-질적 동일성 　　① 소송물 준수 　　② 소의 종류 준수 　　③ 소의 순서 준수 　2. 당사자가 신청한 신청범위 내-양적 동일성 　　(1) 양적 상한의 준수	(2) 양적 미달판결 　(가) 일부 인용 　(나) 건물철거 및 인도소송에서 상대방이 건물매수청구권을 행사하는 경우 　(다) 채무일부부존재확인의 소와 처분권주의 Ⅳ. 절차의 종결 　1. 일 반 　2. 직권탐지주의 Ⅴ. 처분권주의 위반의 효력

Ⅰ. 의의

처분권주의란, 소송절차의 개시, 심판의 대상과 범위 및 절차의 종결에 대하여 당사자에게 주도권을 주어 그 처분에 맡기는 원칙을 의미다.

법 제203조는 「법원은 당사자가 신청하지 아니한 사항에 대하여는 판결하지 못한다.」고 규정하여 처분권주의를 선언하고 있다.

Ⅱ. 절차의 개시

민사소송절차는 당사자의 소의 제기에 의하여 비로소 개시되며 법원의 직권에 의하여 개시되지 않음이 원칙이다. 다만, 예외적으로 직권으로 재판할 수 있는 경우가 있는데 이에는 ① 소송비용재판(제104조, 제107조 제1항), ② 소송구조결정(제128조 제1항), ③ 가집행선고(제213조 제1항), ④ 판결의 경정(제211조), ⑤ 재판누락에 의한 추가판결(제212조 제1항), ⑥ 배상명령(소촉법 제25조) 등이 있다.

Ⅲ. 절차의 대상과 범위

(1) 민사소송절차에서 심판의 대상은 원고의 의사에 의하므로, 법원은 당사자가 신청한 사항에 대하여 신청범위 내에서만 판단하여야 한다.(제203조) 따라서 당사자가 신청한 사항과 별개의 사항에 대하여 판결을 하거나 신청의 범위를 넘어서 판결할 수도 없다.

(2) 형식적 형성의 소에 있어서는 처분권주의의 예외가 인정된다. 즉, ① 경계확정의 소에서는 「경계를 구한다.」는 원고의 신청부분에는 구속이 되나 경계를 「어느 경계선으로 볼지」에 대하여는 구속되지 않고 법원이 자유로이 정할 수 있다. 또한 ② 공유물분할청구의 소의 경우에도 당사자가 신청한 분할방법에 구속되지 않고 현물분할, 대가분

할, 가액분할의 어느 것이든 자유로이 정할 수 있다.
(3) 처분권주의의 구체적인 내용은 다음과 같다.
1. 당사자가 신청한 사항(질적인 동일성)
① 법원으로서는 당사자가 신청한 소송물 이외의 다른 소송물에 대한 판단을 하여서는 안된다.[156]
② 당사자가 신청한 소의 종류도 준수해야 한다. 당사자가 신청한 소가 이행의 소라면 이행의 판결을 내려야지 확인판결을 내릴 수는 없다.
③ 예비적 병합이나 예비적 공동소송에서와 같이 당사자가 신청에 순서를 붙인 경우라면 법원은 그 순서에 구속된다.
2. 당사자가 신청한 신청범위 내(양적인 동일성)
(1) 양적 상한의 준수
원고의 신청에는 양적인 상한을 명시해야 하며, 법원은 그 상한을 넘어서는 판결할 수 없다. ① 손해3분설을 따르는 판례에 의할 때 손해항목별 초과인용판결은 인정되지 않으며, ② 판례는 이자채권소송에서 원금, 이율, 기간의 3개의 요소로 구성되어 어느 하나라도 원고 주장의 기준을 넘으면 처분권주의에 반한다고 한다.[157] ③ 「유류분권리자가 반환의무자를 상대로 유류분반환청구권을 행사하고 이로 인하여 생긴 목적물의 이전등기의무나 인도의무 등의 이행을 소로써 구하는 경우에는 그 대상과 범위를 특정하여야 하고, 법원은 처분권주의의 원칙상 유류분권리자가 특정한 대상과 범위를 넘어서 청구를 인용할 수 없다.(대법원 2013.3.14. 선고 2010다42624 판결)」
(2) 양적 미달판결(일부인용판결)은 가능
㈎ 일부 인용
법원이 당사자가 신청한 범위 내에서 일부 인용을 하는 것은 처분권주의에 반하지 아니한다.[158]

---

156) * 처분권주의 관련 판례
 (1) 채무불이행으로 인한 손해배상 예정액의 청구와 채무불이행으로 인한 손해배상액의 청구는 그 청구원인을 달리 하는 별개의 청구이므로 손해배상 예정액의 청구 가운데 채무불이행으로 인한 손해배상액의 청구가 포함되어 있다고 볼 수 없고, 채무불이행으로 인한 손해배상액의 청구에 있어서 손해의 발생 사실과 그 손해를 금전적으로 평가한 배상액에 관하여는 손해배상을 구하는 채권자가 주장·입증하여야 하는 것이므로, 채권자가 손해배상책임의 발생 원인 사실에 관하여는 주장·입증을 하였더라도 손해의 발생 사실에 관한 주장·입증을 하지 아니하였다면 변론주의의 원칙상 법원은 당사자가 주장하지 아니한 손해의 발생 사실을 기초로 하여 손해액을 산정할 수는 없다.(대법원 2000.02.11. 선고 99다49644 판결)
 (2) 건물소유권을 취득하였음을 전제로 건물의 인도를 구하는 청구에 그 건물을 원시취득한 매도인을 대위하여 건물의 인도를 구하는 취지가 포함되어 있다고 볼 수는 없다.(2007.7.26. 선고 2007다19006·19013)
 (3) 약정지연손해금의 청구만 있는 경우에 그에 대한 증거가 없으면 이를 배척하면 되고 명백히 청구하지도 아니하는 법정지연손해금의 지급을 명하지 아니하여도 위법이 아니다.(대법원 1979.11.13. 선고 79다1336 판결)
157) 다만, 이러한 판례의 태도는 의문이라는 견해에 이시윤. 전게서. 295면 ; 정동윤·유병현. 305면.

⒞ 건물철거 및 인도소송에서 상대방이 건물매수청구권을 행사하는 경우에 피고는 원고로부터 건물대금을 지급받음과 동시에 상환으로 건물을 인도하라는 판결이 허용되는지의 문제★★★★★

① 처분권주의의 문제

이에 관하여 ㉠ 상대방이 건물매수청구권을 적법하게 행사하게 되면, 원고의 건물철거청구권은 인정될 수 없고 따라서 원고에게는 매매대금과 상환하여 건물인도를 청구할 권리가 존재하게 되므로 원고에게 석명을 할 필요도 없이 상환급부판결이 가능하다는 상환이행판결설이 있으나, ㉡ <u>「토지임대차 종료 시 임대인의 건물철거와 그 부지인도 청구에는 건물매수대금 지급과 동시에 건물명도를 구하는 청구가 포함되어 있다고 볼 수 없다」</u>는 것이 판례의 태도이다.

---

158) 【처분권주의에 위반되지 않는 예】
① 금 6,000만원의 대여금청구에 대하여 금 4,000만원을 인용하는 것은 가능하다.
② 소유권 전부에 대한 확인청구에는 지분에 대한 소유권확인의 취지가 포함되므로 그 범위 내로 원고의 청구를 일부 인용하는 것은 가능하다.(1995.9.29. 선고 95다2849·22856 등)
③ 등기의 전부말소등기절차이행청구소송에서 등기명의인의 공유지분비율에 따른 일부말소를 명하는 것도 가능하다.
④ 피고들에게 부진정연대의 관계에서 청구한 경우에 진정연대의 관계에서 인용하는 것도 가능하다.
⑤ 단순이행청구 시에 유치권·동시이행항변권을 이유로 상환이행판결을 하는 것도 가능하다.
⑥ 현재이행의 소에 대하여 장래이행판결을 내리는 것도 가능하다.
 • 원고가 피담보채무 전액을 변제하였다고 주장하면서 근저당권설정등기에 대한 말소등기절차의 이행을 청구하였으나 그 원리금의 계산 등에 관한 다툼 등으로 인하여 변제액이 채무 전액을 소멸시키는데 미치지 못하고 잔존채무가 있는 것으로 밝혀진 경우에는 특별한 사정이 없는 한 원고의 청구 중에는 확정된 잔존채무를 변제하고 그 다음에 위 등기의 말소를 구한다는 취지도 포함되어 있는 것으로 해석함이 상당하고, 이는 장래 이행의 소로서 미리 청구할 이익도 인정된다고 할 것이다. 따라서 원심으로서는 이 사건 근저당권설정등기의 피담보채무 중 잔존원금 및 지연손해금의 액수를 심리·확정한 다음, 그 변제를 조건으로 이 사건 근저당권설정등기의 말소를 명하였어야 한다고 할 것이다.(대법원 2008.4.10. 선고 2007다83694 판결)
⑦ 일시금지급청구에 대하여 정기적·연차적 지급판결을 내리는 것도 가능하다.(1970.7.24. 70다621)
⑧ 사해행위를 전부취소하고 원상회복을 구하는 채권자의 주장 속에는 사해행위를 일부 취소하고 가액의 배상을 구하는 취지도 포함되어 있으므로, 채권자가 원상회복만을 구하는 경우에도 법원은 가액의 배상을 명할 수 있다.(2001.9.4. 선고 2000다66416)
⑨ 채권자 갑이 채무자 을을 상대로 자신의 인수대금 채권을 행사하는 청구와 제3채무자 병을 상대로 위 채권을 피보전채권으로 하여 을의 채권을 대위행사하는 청구를 한 사안에서, 을의 갑에 대한 채무와 병의 을에 대한 채무가 연대채무 또는 부진정연대채무의 관계가 아니지만, 갑이 두 채무가 부진정연대채무 관계에 있음을 전제로 연대하여 지급할 것을 구하였는데도 을과 병에게 개별적 지급책임을 인정한 원심판결에는 처분권주의에 관한 법리오해의 잘못이 있다.(대법원 2014.7.10. 선고 2012다89832 판결)
⑩ 약정지연손해금의 청구만 있는 경우에 그에 대한 증거가 없으면 이를 배척하면 되고 명백히 청구하지도 아니하는 법정지연손해금의 지급을 명하지 아니하여도 위법이 아니다.(대법원 1979.11.13. 선고 79다1336 판결)

② 법원의 석명의무 여부

위의 경우에 법원으로서는 임대인이 종전의 청구를 계속 유지할 것인지, 아니면 대금지급과 상환으로 지상물의 명도를 청구할 의사가 있는 것인지(예비적으로라도)를 석명할 의무가 있는지에 관하여 ㉠ 석명의무부정설, ㉡ 석명의무설의 견해대립이 있다.

판례는 임대인이 종전의 청구를 계속 유지할 것인지, 아니면 대금지급과 상환으로 지상물의 명도를 청구할 의사가 있는 것인지(예비적으로라도)를 석명할 의무가 있고, 임대인이 그 석명에 응하여 소를 변경한 때에는 지상물 명도의 판결을 함으로써 분쟁의 1회적 해결을 꾀하여야 한다.(대법원 1995.7.11. 선고 94다34265 전원합의체)159)」

⑷ 채무일부부존재확인의 소와 처분권주의★★★

① 청구취지에 채무의 상한이 명시된 경우 – 다툼이 없는 부분은 청구의 심판대상이 되지 않지만(대법원 1983.6.14. 83다카37), 원고와 피고 사이에 다툼이 있는 부분이 심판대상이 된다.

② (원고인 채무자가 채무의 존부 및 액수를 문제 삼고 있음에도) 청구취지에 채무의 상한이 명시되지 않은 경우160) – 청구취지에 채무의 상한이 명시되지 않은 일부청구가 적법한지에 대하여는 견해가 대립된다.

㉠ 즉, 청구취지에 금액을 명시하게 하는 취지는 상대방 당사자 보호를 위한 것이므로 청구취지 원인 기타 변론전체의 취지를 참작하여 상한이 표시된 것으로 볼 수 있다면 적법한 것으로 보자는 긍정설과161) 청구취지 불분명의 제소가 되므로 부적법하다는 부정설162)의 대립이 있다. ㉡ 판례는 적법하다는 전제하에 「원고가 상한을 표시하지 않고 일정액을 초과하는 채무의 부존재의 확인을 청구하는 사건에 있어서 일정액을 초과하는 채무의 존재가 인정되는 경우에는, 특단의 사정이 없는 한, 법원은 그 청구의 전부를 기각할 것이 아니라 존재하는 채무부분에 대하여 일부패소의 판결을 하여야 한다.(대법원 1994.1.25. 선고 93다9422 판결)」고 본다.

Ⅳ. 절차의 종결

개시된 절차를 종국판결에 의함이 없이 종결시킬지 여부도 당사자의 의사에 따르므로, 당사자는 소의 취하, 청구의 포기·인낙, 화해에 의하여 절차를 종결시킬 수 있으며, 상소 취하, 불상소 합의, 상소권의 포기 역시 인정된다.

---

159) 그러므로 이와는 달리 이러한 경우에도 법원에게 위와 같은 점을 석명하여 심리하지 아니한 것이 위법이 아니라는 취지의 당원 1972.5.23. 선고 72다341 판결은 이로써 이를 변경한다.
160) 예를 들어,「피고는 원고와의 2019.12.10. 자 소비대차계약에 기한 대여금채무가 부존재함을 확인한다.」
161) 정동윤
162) 이시윤

다만, 직권탐지주의에 의하는 가사소송(가사소송법 제2조·제17조)이나 행정소송(행정소송법 제26조)에 있어서는 처분권주의의 제한이 인정된다. 직권탐지주의절차에서도 일반적으로는 당사자가 절차를 개시하고, 대상을 선정하며, 취하도 가능하다. 하지만, 화해·청구의 포기나 인낙은 인정되지 않는다.

Ⅴ. 처분권주의 위배의 효력

처분권주의 위배의 판결도 당연무효판결인 것은 아니고, 상소에 의하여 그 취소를 구할 수 있다. 또한 처분권주의의 위배는 판결의 내용에 관한 것이지 판결절차에 관한 것이 아니어서 이의권의 대상이 되지는 않는다.

관련기출 •2014년 공인노무사

甲이 적법하게 제기한 해고무효 확인의 소에서 제1심 법원이 甲이 청구하지도 않은 해고처분 이후 미지급한 임금의 지급을 명하는 판결을 하였다면 동 임금지급 판결은 적법한지 여부에 대해 논하시오. (25점)

답 안

1. **설문의 해결**

   (1) **문제점**

   사안에서 甲이 제기한 소송물은 해고무효 확인의 소로써 원고 甲은 임금지급청구를 한 바는 없다. 그럼에도 불구하고 이러한 청구가 포함되어 있다고 보아 임금지급판결을 내릴 수 있는지가 처분권주의와 관련하여 문제된다.

   (2) **처분권주의 위반 여부**

   (가) **처분권주의**

   민사소송법 제203조에 의하면 법원은 당사자가 신청하지 않은 청구에 대하여는 판결하지 못하는 바, 이를 처분권주의라 한다.

   구체적으로 처분권주의란, 소송절차의 개시여부, 대상과 범위의 결정 및 소송의 종료 여부에 대하여 당사자에게 주도권이 있는 것을 의미한다.

   특히, 처분권주의는 소송의 대상과 범위에도 미치는 바, 이는 당사자가 신청한 소송물에 한하여 그리고 소송물의 범위 내에서 법원이 판단할 수 있음을 의미한다.

   (나) **사안의 경우**

   사안의 경우, 원고 甲이 신청한 소송물은 해고무효확인일 뿐, 임금지급청구는 그 안에 포함되어 있다고 할 수 없으므로 법원이 임금지급판결을 내렸다면 이는 처분권주의를 위반한 위법한 판결이다.

관련기출
• 2011년 공인노무사

교통사고 피해자인 甲은 가해자인 乙을 상대로 손해배상청구의 소를 제기하면서 적극적 손해, 소극적 손해, 위자료 각 1,000만 원씩 합계 3,000만 원을 청구하였다. 그런데 법원은 피고에 대하여 적극적 손해 1,500만 원, 소극적 손해 1,000만 원, 위자료 500만 원 합계 3,000만 원을 이행하라는 판결을 선고하였다. 이 판결의 적법성 여부에 대하여 논하시오. (50점)

답 안

1. 설문의 해결

(1) **문제점**

사안에서 甲이 손해배상청구에 있어서의 소송물이 무엇인지가 판례의 태도와 관련하여 문제된다.

(2) **처분권주의 일반**

민사소송법 제203조에 의하면 법원은 당사자가 신청하지 않은 청구에 대하여는 판결하지 못하는 바, 이를 처분권주의라 한다.

구체적으로 처분권주의란, 소송절차의 개시여부, 대상과 범위의 결정 및 소송의 종료 여부에 대하여 당사자에게 주도권이 있는 것을 의미한다.

특히, 처분권주의는 소송의 대상과 범위에도 미치는 바, 이는 당사자가 신청한 소송물에 한하여 그리고 소송물의 범위 내에서 법원이 판단할 수 있음을 의미한다.

(3) **손해배상청구소송에 있어서의 소송물**

(가) **학설**

학설상으로는 ① 원고가 청구하는 손해는 1개의 소송물이라는 손해1개설, ② 재산상청구와 정신상 청구에 대한 것이라는 손해2개설 및 ③ 재산상 손해 중에도 적극적 손해와 소극적 손해, 정신상 손해라는 손해 3개설이 대립되어 있다.

(나) **판례**

판례는 기본적으로 손해3개설의 입장으로 특히 처분권주의와 관련하여 각 청구에 대한 판단은 원고가 주장하는 금액을 넘을 수 없다는 입장이다.

(다) **검토**

먼저, 손해1개설은 재산상 손해와 정신상 손해의 차이를 무시하고 있고, 손해 2개설은 규정에 충실한 견해이지만 적극적 손해에 대한 산정과 일실이익 즉, 소극적 손해에 대한 산정은 별개의 문제라는 점이 문제이므로 손해 3개설이 타당하다고 보여진다.

(4) **사안의 경우**

사안의 경우, ① 손해 1개설의 입장에 따른다면 원고의 총 청구액 3,000만 원의 범위를 초과하지 않으므로 판결에 위법은 없지만, ② 손해 2개설에 의하면 원고의 재산상 손해 2,000만 원의 주장에 대하여 법원이 2,500만 원의 판결을 내리므로 처분권주의의 위법이 있게 되고, ③ 손해 3개설에 의하는 경우에는 적극적 손해 1,000만 원의 청구 보다 큰 1,500만 원의 판결을 내린 것 역시 처분권주의에 위반한 위법한 판결이다.

쟁점 41 변론주의

관련기출 • 2022년 공인노무사

소송상 항변에 관하여 설명하시오. (25점)

I. 의의
변론주의란, 소송자료 즉, 사실과 증거의 수집 및 제출의 책임을 당사자에게 맡기고, 당사자가 수집하여 변론에서 제출한 소송자료만 재판의 기초로 삼는 원칙을 의미한다.[163] 이와 반대로 소송자료의 수집·제출책임이 법원에 있는 것을 직권탐지주의라 한다.

II. 변론주의의 적용 대상

1. 의의
① 변론주의는 사실에 대한 주장 및 증거방법에 그 적용이 있을 뿐, 법률의 해석·적용이나 증거의 가치평가 및 경험칙은 변론주의가 적용되지 않으므로 당사자의 의견이 있다 하여도 법원이 구속될 필요가 없다.[164]

② 소송에서 주장되는 사실 가운데에도 주요사실, 간접사실 및 보조사실 등이 있는데, 그 중 변론주의에서 일컫는 사실이라 함은, 권리의 발생소멸이라는 법률효과의 판단에 직접 필요한 주요사실만을 가리킨다.

2. 주요사실과 간접사실 및 보조사실의 구별

(1) 의의

① 주요사실의 의의
주요사실이란 특정의 권리나 법률관계에 관한 법률효과를 야기하는 실체법상의 구성요건에 직접 해당하는 구체적 사실을 의미한다. 즉, 판례도 「주요 사실이라 함은 법률효과를 발생시키는 실체법상의 구성요건 해당사실을 말한다. (1983.12.13.선고 83다카1489 전원합의체)」고 본다. 주요사실에는 청구를 이유 있게 하는 사실 뿐만 아니라 항변사실도 포함된다.

② 간접사실의 의의
간접사실이란 주요사실의 존부를 경험칙에 기하여 추인하는 데 쓰이는 사실, 즉, 경험칙 적용을 위한 전제사실을 의미한다.[165] 예를 들어 배경, 교섭의 경과

---

163) 법원행정처, 전게서(II), 331면 ; 이시윤, 전게서, 285면.
164) 이시윤, 전게서, 290면 ; 대법원 1980.12.9. 선고 80다532 판결.
165) 법원행정처, 전게서(II), 348면.

와 동기, 내력, 목적 등에 관한 사실 등이 이에 해당한다. 「기본사실의 경위·내력 등에 관한 사실」 즉, 「당사자의 주장사실과 연결성이 있고 또 동일범위안에 속하는 사항」이 간접사실에 해당한다.

③ 보조사실

증거능력이나 증거가치에 관한 사실을 보조사실이라 하며, 간접사실에 준하여 취급된다. 문서의 진정성립에 관한 사실도 보조사실에 해당하지만 판례는 문서의 진정성립에 관한 인정진술 만큼은 재판상 자백에 준하여 처리하고 있다.

(2) 주요사실과 간접사실의 관계

주요사실은 증명의 목표가 되며, 간접사실은 그 수단이 될 뿐이다.

(3) 변론주의와의 관계

「변론주의에서 일컫는 사실이라 함은, 권리의 발생소멸이라는 법률효과의 판단에 직접 필요한 주요사실만을 가리키는 것이고 그 존부를 확인하는 데 있어 도움이 됨에 그치는 간접사실은 포함하지 않는 것이다.(1994.11.4. 선고 94다37868)」

(4) 양자의 구별실익

변론주의의 내용		주요사실	간접사실
변론주의의 내용	사실의 주장책임	주장책임은 주요사실에 한하여 인정됨	사실의 주장책임이 인정되지 않는다. 즉, 당사자가 변론에서 진술한 바 없어도 인정할 수 있으며, 주장과 달리 증거로써 인정할 수도 있다.
	자백의 구속력	자백의 대상은 주요사실에 한함	자백의 구속력이 없음
유일한 증거		주요사실에 관한 것이라면 조사거부불가(제290조 단서)	조사거부가능
상고이유·재심사유인 「판단누락」		주요사실에 대한 부분을 누락하면 판단누락으로 각 이유 인정	판단누락이 되지 않음

(5) 양자의 구별기준 – 요건사실이 무엇인지에 대한 기준

주요사실이 무엇인가에 대하여는 견해가 대립되나,[166] 법률효과를 발생시키는 법규의 요건사실이 주요사실이고 주요사실을 추인케하는 그 이외의 사실을 간접사실로 보는 법규기준설 내지 법률요건분류설이 통설 및 판례의 기본적인 태도이다.[167]

---

[166] 이에 반하여 ① 소송의 승패에 영향을 미칠 중요한 사실을 기준으로 하여, 당사자로서는 공격방어의 목표가 되고 법원으로서는 심리활동의 지침을 이루는 사실을 주요사실, 그 외의 사실을 간접사실로 보는 견해인 중요사실설 및 ② 기본적으로 법규기준설을 따르지만, 특히 '과실', '인과관계', '권리남용', '신의성실', '정당한 사유' 등의 일반조항의 해석과 관련하여서는 이러한 사실을 구성하는 개개의 사실들을 준주요사실로 보아 주요사실에 준하여 변론주의의 적용을 받게 하자는 견해인 준주요사실설이 있다.

167) 【주요사실에 해당하는 예】
① 대리방식에 의한 법률행위에 있어서 대리의 주장은 주요사실이다.
② 유권대리의 주장에 표현대리의 주장까지 포함되어 있는 것은 아니다.(1983.12.13. 83다카1489)
③ 소멸시효의 기산일은 채무의 소멸이라고 하는 법률효과 발생의 요건에 해당하는 소멸시효 기간 계산의 시발점으로서 소멸시효 항변의 법률요건을 구성하는 구체적인 사실에 해당하므로 이는 변론주의의 적용 대상이고, 따라서 본래의 소멸시효 기산일과 당사자가 주장하는 기산일이 서로 다른 경우에는 변론주의의 원칙상 법원은 당사자가 주장하는 기산일을 기준으로 소멸시효를 계산하여야 하는데, 이는 당사자가 본래의 기산일보다 뒤의 날짜를 기산일로 하여 주장하는 경우는 물론이고 특별한 사정이 없는 한 그 반대의 경우에 있어서도 마찬가지이다.(1995.08.25. 94다35886 판결)
④ 일실손해금청구에 있어 일실손해의 발생은 주요사실이며, 판례는 월수입·가동연한·월생계비를 주요사실로 보았다.
⑤ 변제의 주장 자체가 주요사실이므로 변제의 주장에 상계의 주장이 포함된 것으로 볼 수 없다 (2009.10.29. 2008다1359)
⑥ 부진정연대채무관계에 관한 아무런 주장이 없었음에도 연대하여 손해배상금을 지급하라고 한 원심 판결은 변론주의에 관한 판례 위반의 위법이 있다.(대법원 2013.5.9. 선고 2011다61646 판결)
⑦ 채무불이행으로 인한 손해배상청구권에 대한 소멸시효 항변이 불법행위로 인한 손해배상청구권에 대한 소멸시효 항변을 포함한 것으로 볼 수는 없다.(대법원 1998.5.29. 선고 96다51110 판결)
⑧ 의사표시가 강박에 의한 것이어서 당연무효라는 주장 속에 강박에 의한 의사표시이므로 취소한다는 주장이 당연히 포함되어 있다고는 볼 수 없다.(대법원 1996.12.23. 선고 95다40038 판결)
⑨ 원고가 명확하게 계약의 이행의 후발불능을 이유로 그 이행에 갈음하는 전보배상청구를 하는 이상 여기에 민법 제535조의 계약상의 과실로 인한 신뢰이익의 배상청구를 곁들여 주장하고 있다고 보기는 어렵다고 하겠으며 따라서 그것까지 주장하도록 구하는 것은 석명권의 한계를 일탈하는 것이라고 할 것이다.(대법원 1974.6.11. 선고 73다1975 판결)
⑩ 증여를 원인으로 한 부동산소유권이전등기청구에 대하여 피고가 시효취득을 주장하였다고 하여도 그 주장속에 원고의 위 이전등기청구권이 시효소멸하였다는 주장까지 포함되었다고 할 수 없다.(대법원 1982.2.9. 선고 81다534 판결)
⑪ 비록 피고가 본안전 항변으로 채권양도사실을 주장하였다고 하더라도, 피고의 그와 같은 주장속에는 원고들이 손해배상청구권을 양도하였기 때문에 원고들이 그 채권자임을 전제로 한 이 사건 청구는 이유가 없는 것이라는 취지의 본안에 관한 항변이 포함되어 있다.(대법원 1992.10.27. 선고 92다18597 판결)

【간접사실에 해당하는 예】
① 취득시효의 기산점은 간접사실이다.
② 부동산의 시효취득에 있어서 그 점유가 자주점유인지의 여부를 가리는 기준이 되는 점유의 권원은 간접사실에 지나지 아니하는 것이므로, 법원은 당사자의 주장에 구애됨이 없이 소송자료에 의하여 인정되는 바에 따라 진정한 점유의 권원을 심리하여 취득시효의 완성 여부를 판단할 수 있다.(1997.2.28. 96다53789)
③ 일실손해에 있어서의 현가산정방식(leibnitz 또는 hoffmann)은 간접사실이다. 「불법행위로 인한 일실수익의 현가산정에 있어서 기초사실인 수입, 가동연한, 공제할 생활비 등은 사실상의 주장이지만 현가 산정방식에 관한 주장(호프만식에 의할 것이냐 또는 라이프니쯔식에 의할 것이냐에 관한 주장)은 당사자의 평가에 지나지 않는 것이므로 당사장의 주장에 불구하고 법원은 자유로운 판단에 따라 채용할 수 있고 이를 변론주의에 반한 것이라 할 수 없다.(1983.6.28. 83다191)」
④ 기타
  • 이전등기원인 (등기원인을 표시하고 등기청구를 하는 경우의 청구취지는 그 청구의 동일성이 인정되는 한 법원은 당사자가 등기원인으로 표시한 법률판단에 구애됨이 없이 정당한 법률해석에 의하여 그 원인표시를 바로 잡을 수 있다.(1980.12.9. 80다532)

Ⅲ. 변론주의의 내용

1. 사실에 대한 주장책임은 당사자에게 있음

(1) 주장책임 및 주장공통의 원칙

주요사실은 당사자의 변론으로 진술되어야만 법원이 이를 판결의 기초로 할 수 있다.

「따라서 변론주의 원칙상 당사자가 주장하지 않은 사실을 기초로 법원이 판단할 수는 없다. 하지만, 법원은 청구의 객관적 실체가 동일하다고 보여지는 한 청구원인으로 주장된 실체적 권리관계에 대한 정당한 법률해석에 의하여 판결할 수는 있다.($^{1994.11.25.}_{94므826, 833}$)」

누가 최종적으로 변론에서 주장하였어야 하는가라는 (최종적)주장책임 자체는 자기에게 유리한 사실(즉, 원고의 경우라면 권리발생원인사실, 피고라면 항변사실)을 주장하는 자가 부담하겠지만, 어느 당사자이건 변론에서 주장하였다면 어느 쪽에서 진술하였는가는 문제되지 않고, 반드시 주장책임을 지는 당사자가 진술할 것을 요하는 것은 아니다. 이를 주장공통의 원칙이라 한다.

(2) 소송자료와 증거자료의 구별

㈎ 소송자료와 증거자료의 구별

당사자가 변론에서 주장하지 않은 주요사실은 비록 증거에 의하여 주요사실에 대하여 법원이 심증을 얻었다 하여도 판단자료로 삼을 수 없으며,168) 당사자가 주장한 바와 달리 심판할 수도 없다.169) 즉, 「변론주의에 의하여 심리되는 일반 민사소송사건에 있어서는 증거자료는 소송자료와 구별되는 것으로 증거자료로서 소송자료를 보충할 수 없다.($^{1964.12.29. 선}_{고 64다1189}$)」

㈏ 소송자료와 증거자료의 구별의 완화 – 간접적 주장의 인정여부

변론에서 당사자의 명시적인 주장이 없다 하여도 증거자료를 통하여 묵시적 주장 또는 간접적 주장을 인정할 수 있는지에 대하여는 견해의 대립이 있다.170) 다만, 재판실무에서는 간접적 주장을 인정하고 있다는 점에서 실무상

- 계약성립경위, 내력
- 충돌사고경위
- 변제기일
- 등기원인일자
- 이혼사유인 배우자에 대한 심히 부당한 대우를 구성하는 개개의 사실

168) 강현중, 전게서, 416면.
169) 이시윤, 전게서, 287면.
170) 이에 대한 반대의 견해로 이시윤, 전게서, 288면. ((이를 인정하면) 심판범위의 불명확, 법원의 심리부담의 가중, 상대방 당사자의 방어권침해 내지 불의의 타격의 염려 등의 문제가 있으므로, 이 경우에는 차라리 석명권의 행사로 직접 주장을 하도록 유도할 것이다. 더구나 이것은 개정민소규칙 제28조의 변론방식과는 맞지 아니하는 일이다고 주장하고 있다.

소송자료와 증거자료의 구별은 완화되어 있다.171)

다음은 판례가 간접적 주장을 인정한 예로, 판례는 ㉠ 당사자변론의 전체적인 관점에 의하여 직접적으로 주장한 것으로 볼 수 있는 경우 또는 서증을 제출하여 그 입증취지를 진술하여 서증기재사실을 주장한 때, ㉡ 감정서나 서증을 이익으로 원용한 때에는 주요사실의 주장이 있는 것으로 볼 수 있다는 것이다.

2. 사실에 대한 자백에 구속력 인정(본서「재판상 자백」참조)

3. 사실에 대하여 원칙적으로 직권증거조사 금지

> 제292조(직권에 의한 증거조사) 법원은 당사자가 신청한 증거에 의하여 심증을 얻을 수 없거나, 그 밖에 필요하다고 인정한 때에는 직권으로 증거조사를 할 수 있다.

다툼이 있는 사실의 인정에 쓰이는 증거자료는 당사자가 신청한 증거방법으로부터 얻어야 하고, 당사자가 제출하지 않은 증거는 원칙적으로 직권증거조사가 금지되며, 법 제292조에 의한 예외가 인정되어야 직권증거조사가 가능하다.

다만, 소액사건에서는 소액사건심판법 제10조 제1항에 의하여 「판사는 필요하다고 인정한 때에는 직권으로 증거조사를 할 수 있다. 그러나 그 증거조사의 결과에 관하여는 당사자의 의견을 들어야 한다.」고 하여 예외가 인정된다. 증권관련집단소송법에서도 동법 제30조에서 「법원은 필요하다고 인정하는 때에는 직권으로 증거조사를 할 수 있다.」고 하는 특칙을 두고 있다.

Ⅳ. 변론주의의 예외(제한)

1. 직권탐지주의

(1) 의의 및 내용

소송자료의 수집·제출책임이 법원에 있는 것을 직권탐지주의라 하는데, 변론주의에 대립되는 개념이다. 따라서 ① 직권탐지주의에서는 사실에 대한 주장책임이 당사자에 있지 않고, 「당사자가 주장하지 않는 사실에 관하여도 판단할 수 있다.」 다만, 「그렇다고 하여 법원은 아무런 제한이 없이 당사자가 주장하지 않는 사실을 판단할 수 있는 것은 아니고 당사자가 명백히 주장하지 않는 사실은 일건 기록에 나타난 사실에 관하여서만 직권으로 조사하고 그를 기초로 하여 판단할 수 있는 것이다.(1975.5.27, 선고 74누233) ② 직권탐지주의하에서는 자백의 구속력은 배제된다. ③ 직권탐지주의하에서는 원칙적인 직권증거조사도 가능하다. ④ 직권탐지주의하에서는 공격방어방법의 제출시기에 제한은 없으므로 시기에 늦었다 하여 소송자료를 배척할 수는 없으며, 따라서 제149조와 제285조의 적용이 배제된다.172)

---

171) 강현중, 전게서, 417면. 이러한 간접적 주장의 인정은 변론방식에 의한 개정 민사소송규칙 제28조와 맞지 않는다는 지적에 이시윤. 전게서. 302면.

(2) 적용범위

일반적으로 ① 재판권, 재심사유의 존재 및 경험법칙·외국법규·관습법, ② 가사소송·행정소송·비송사건·선거소송·헌법재판 등에 직권탐지주의가 적용된다. ③ 회사관계소송의 일부에 대하여도 직권탐지주의가 적용된다.173)

2. 직권조사사항

직권조사사항에 대한 심리에는 변론주의를 적용하지 않는다.

관련기출 • 2019년 공인노무사

甲은 乙에 대하여 지급기일을 2017.2.1.로 하는 1억 원의 공사대금채권을 가지고 있었다. 乙은 2017.10.1. 이 채권금액 가운데 3,000만 원을 변제하였다. 甲은 2018.4.1. 乙에 대하여 위 공사대금 1억 원의 지급을 구하는 소를 제기하였다. 법원은 2018.12.1. 변론을 종결하였고, 甲의 청구대로 1억 원의 지급을 명하는 판결을 선고하였고, 그 판결은 확정되었다. 다음 물음에 답하시오. (50점)

물음 1) 乙은 위 소송절차에서 2017.10.1.에 일부변제한 사실을 주장하지 아니하였다. 3,000만 원의 변제사실을 인정하지 않고 1억 원의 지급을 명한 위 법원의 판결이 타당한지를 논하시오. (30점)

답안

1. 설문의 해결

(1) 문제점

사안에서 채무자 乙이 甲이 제기한 소송에서 자신의 3,000만 원의 변제사실을 주장하지 않아서 원고 甲의 청구 전부를 인용한 판결이 변론주의에 위반한 것인지가 문제된다.

(2) 변론주의 위반 여부

(가) 변론주의

변론주의는 소송자료의 수집 및 제출책임을 당사자에게 부담하는 소송심리를 말한다.

구체적으로는 ① 사실에 대한 주장책임은 당사자에게 있고, ② 사실에 대한 자백에는 구속력이 발생하며, ③ 사실자료에 대한 증거조사에 있어 원칙적으로 직권증거조사는 허용되지 않고 보충적으로만 인정되고, ④ 사실자료의 제출 시기는 적시에 하여야 함을 그 내용으로 한다.

(나) 변론주의의 적용을 받는 사실

변론주의가 적용되는 사실은 사실 중 주요사실에 한한다.

주요사실이란, 법률상 드러난 구체적인 요건사실을 말한다는 것이 판례이다.

(다) 변제사실이 주요사실인지

판례는 변제에 대한 사실은 주요사실로서 변론주의의 대상이 된다고 본 바 있다.

(3) 사안의 해결

사안의 경우, 원고 甲이 채무자 乙로부터 자신의 총 1억 원의 공사대금채권에 대하여 3천만원

---

172) 이시윤, 전게서, 292면.
173) 회사관계소송에 대하여는 견해의 대립이 있다.

을 변제받았으나, 甲이 제기한 금 1억 원의 공사대금채권 이행의 소에서 피고 乙이 이를 주장하지 않았다면, 법원으로서는 변론주의 원칙상 고려할 수 없고, 원고 甲의 청구금액 전부를 인용하는 판결을 내릴 수밖에 없는 것이고, 그렇다면 위 법원의 판결에는 변론주의를 위반한 위법은 없다.

V. 변론주의의 보충 – 석명권　세부쟁점

관련기출
• 2020년 공인노무사

석명의무에 관하여 설명하시오. (25점)

제136조(석명권(釋明權)·구문권(求問權) 등) ① 재판장은 소송관계를 분명하게 하기 위하여 당사자에게 사실상 또는 법률상 사항에 대하여 질문할 수 있고, 증명을 하도록 촉구할 수 있다.
② 합의부원은 재판장에게 알리고 제1항의 행위를 할 수 있다.
③ 당사자는 필요한 경우 재판장에게 상대방에 대하여 설명을 요구하여 줄 것을 요청할 수 있다.
④ 법원은 당사자가 간과하였음이 분명하다고 인정되는 법률상 사항에 관하여 당사자에게 의견을 진술할 기회를 주어야 한다.

---

1. 의의

   석명권이란 당사자의 진술에 불명확·모순·결함이 있거나 또는 입증을 다하지 못한 경우에 법원이 당사자에게 질문하거나 입증을 촉구 및 널리 당사자가 간과한 법률상의 사항을 지적하여 의견진술의 기회를 줌으로서 변론을 보다 완전하게 하는 법원의 권능을 의미한다.(제136조)[174] 다만, 석명권행사는 처분권주의나 변론주의의 원칙에 위배되지 않는 한도 내이어야 한다.

2. 석명권의 범위

   (1) 소극적 석명

   당사자의 신청이나 주장에 모순, 불완전, 불분명한 점을 지적하여 정정보충하는 기회를 주고 계쟁사실에 대한 증거의 제출을 촉구하는 것을 「소극적 석명」이라 하는데, 소극적 석명은 적법하다.

   (2) 적극적 석명

   ㈎ 의의 및 인정여부

   새로운 신청이나 공격방어방법의 제출을 권유하는 석명을 적극적 석명이라 하

---

[174] 법원행정처, 전게서(Ⅱ), 366면 ; 이시윤, 전게서, 295면.

는데, 이는 처분권주의나 변론주의의 원칙에 위배될 수 있으므로 그 인정여부가 문제될 수 있다. 판례는「당사자가 주장하지도 아니한 법률효과에 관한 요건사실이나 독립된 공격방어방법을 시사하여 그 제출을 권유함과 같은 행위를 하는 것은 변론주의의 원칙에 위배되는 것으로 석명권 행사의 한계를 일탈하는 것이다.(2001.10.9. 선고 2001다15576)」라고 보아 원칙적으로 적극적 석명을 허용하지 않고 있다.[175] 다만, 예외적으로 판례가 적극적 석명을 인정하는 사례도 있다.

(나) 적극적 석명에 관한 판례 – 석명을 필요로 한다고 본 예

㉮ 손해를 주장하였으나 손해배상액을 주장하지 않은 경우

종래 판례는 다음과 같이 판단하였다. 즉,「손해배상책임의 발생을 인정한 법원으로서는 손해액에 관한 당사자의 주장과 입증이 미흡하더라도 적극적으로 석명권을 행사하여 입증을 촉구하여야 하며 경우에 따라서는 직권으로 손해액을 심리판단해야 한다.(1986.8.19. 선고 84다카503·504; 1997.12.26. 선고 97다42892·42908)」다만,「법원의 입증촉구에 대하여 이에 응하지 않을 뿐만 아니라 명백히 그 입증을 하지 않겠다는 의사를 표시한 경우에는 법원은 피고에게 손해배상책임을 인정하면서도 그 액수에 관한 증거가 없다는 이유로 청구를 배척할 수 있다.(1994.3.11. 선고 93다57100)」다만, 개정 민사소송법은 제202조의2를 신설하여「손해가 발생한 사실은 인정되나 구체적인 손해의 액수를 증명하는 것이 <u>사안의 성질상 매우 어려운 경우</u>에 법원은 변론 전체의 취지와 증거조사의 결과에 의하여 인정되는 모든 사정을 종합하여 상당하다고 인정되는 금액을 손해배상 액수로 정할 수 있다.」고 하여 당사자의 청구 없이도 손해배상액수를 정할 수 있게 하였다.

> 제202조의2(손해배상 액수의 산정) 손해가 발생한 사실은 인정되나 구체적인 손해의 액수를 증명하는 것이 사안의 성질상 매우 어려운 경우에 법원은 변론 전체의 취지와 증거조사의 결과에 의하여 인정되는 모든 사정을 종합하여 상당하다고 인정되는 금액을 손해배상 액수로 정할 수 있다.

㉯ 토지임대차 종료시 임대인의 건물철거와 그 부지인도 청구에 대하여 토지임차인의 건물매수청구권이 행사된 경우 건물매수대금 지급과 동시에 건물명도를 구하는 청구로의 변경에 대한 석명(1995.7.11. 선고 94다34265 전원합의체)

㉰ 청구의 변경이 교환적인지 추가적인지 혹은 선택적인지의 여부가 불분명한 경우의 청구변경의 형태에 대한 석명

「사실심 법원으로서는 과연 청구변경의 취지가 교환적인가 추가적인가 또는 선택적인가의 점을 석명할 의무가 있다.(1994.10.14. 선고 94다10153; 2003.1.10. 선고 2002다41435)」

---

175) 강현중, 전게서, 425면.

㉔ **주위적 청구와 예비적 청구가 병합된 사건에서, 청구취지와 청구원인을 변경하면서 종전의 주위적 청구에 관련된 청구취지와 청구원인만을 일부 변경한 데 그친 경우, 소의 변경으로 예비적 청구가 취하된 것인지에 대한 석명**
사실심 법원으로서는 과연 예비적 청구를 취하한 것인가의 점을 석명할 의무가 있다.(2004.3.26. 선고 2003다21834·21841)

3. 석명의 대상

① 청구취지·청구원인이나 주장사실이 불분명·불특정·모순 등이 있는 경우 내지 주장의 법률적 구성이 불분명한 경우 등, ②「당사자가 어떠한 법률효과를 주장하면서 미처 깨닫지 못하고 그 요건사실 일부를 빠뜨렸을 때(1995.2.28. 선고 94누4325)」, ③ 소송의 정도로 보아 당사자가 무지, 부주의 또는 오해로 인하여 입증하지 못한 것이 명백한 경우의 그 입증촉구 등은 모두 석명의 대상이 된다. 특히, 입증촉구방법은 입증책임을 지는 당사자에게 주의를 환기시키는 것이며, 법원이 구체적으로 입증방법까지 제시하면서 증거신청을 종용할 필요는 없다.(1964.11.10. 선고 64다325) ④ 부제소합의의 인정이 석명의 대상인지에 대하여 판례는 당사자들이 부제소 합의의 효력이나 그 범위에 관하여 쟁점으로 삼아 소의 적법 여부를 다투지 아니하는데도 법원이 직권으로 부제소 합의에 위배되었다는 이유로 소가 부적법하다고 판단하기 위해서는 그와 같은 법률적 관점에 대하여 당사자에게 의견을 진술할 기회를 주어야 하고 이를 위반한 경우 석명의무 위반이라 보았다.(2013.11.28. 2011다80449)

4. 지적의무

㈎ **취지**

「법원은 당사자가 간과하였음이 분명하다고 인정되는 법률상 사항에 관하여 당사자에게 의견을 진술할 기회를 주어야 한다.(제136조 제4항)」 이를 지적의무라 하는데, 예상 외의 재판으로부터 당사자를 보호하기 위한 제도라는 점은 석명권과 유사하다.

㈏ **제136조 제1항의 석명권과의 관계 – 지적의무의 법적 성질**

한편, 제136조 제1항이 이미 석명권을 규정하고 있음에도 제4항의 지적의무를 도입한 것에 대하여 양자의 관계는 어떠한지에 대한 견해대립이 있다.

① 제1설 (다수설)

제1설은 ⓐ 개정법의 문언상 이제는 법률상 사항에 관하여서는 석명권이 권한인 동시에 의무임이 명확하여진 것으로 볼 수 있으며, ⓑ 특히 직권조사사항은 법원의 석명대상이 아니었으므로 직권조사사항에 대하여는 지적의무의 도입은 그 의미가 크다고 한다.[176]

---

176) 법원행정처, 전게서(Ⅱ), 375면.

② 제2설

제2설은 제1설과는 달리, 제4항의 지적의무와 제1항의 석명권은 제도의 취지가 다르고 그 적용범위도 다르다는 견해이다. 즉, 제1항의 '법률상 사항'이란, 사실에 관한 주장을 뒷받침하는 법적 근거를 의미하며, 제4항의 '법률상 사항'이란 신청 즉, 청구권의 법적 근거 등을 의미하는 것으로 본다.

(다) 위반시의 처리

① 만일 변론종결 후에 간과한 것을 발견하였다면 변론을 재개하여야 한다. 따라서 석명권을 행사하지 않은 채 변론을 종결하고 변론재개신청을 받아들이지 않았다면 위법하다.(대법원 2011.7.28. 선고 2009다64635 판결)

② 또한 지적의무 불이행으로 판결에 영향을 미친 경우라면 심리미진의 일반적 상고이유에 해당한다.

5. 석명권의 행사

(1) 주체

석명권은 변론지휘에 대한 소송지휘권이므로 재판장 또는 단독판사가 행사하여야 하나, 합의부원은 재판장에게 알리고 석명권을 행사할 수 있다.(제136조 제1항·제2항) 수명법관 등이 변론준비절차를 진행하는 경우에는 그 판사가 이를 행한다.(제286조) 당사자는 필요한 경우 재판장에게 상대방에 대하여 설명을 요구하여 줄 것을 요청할 수 있다.(동조 제3항 ; 이를 구문권이라 한다) 전문심리위원도 기일에 재판장의 허가를 얻어 당사자에게 직접 질문할 수 있다.(제164조의2 제3항)

(2) 행사시기

석명권은 변론절차뿐만 아니라 변론준비절차에서 행사할 수 있다.(제286조)

(3) 석명준비명령

「재판장은 제136조의 규정에 따라 당사자에게 설명 또는 증명하거나 의견을 진술할 사항을 지적하고 변론기일 이전에 이를 준비하도록 명할 수 있다.(제137조)」 이를 석명준비명령이라 하는데, 이는 제286조에 의하여도 준용되므로, 결국 변론준비기일이나 변론기일 이전에 미리 석명준비명령을 내릴 수 있다.

(4) 불복

석명권의 행사는 소송지휘권의 일종이므로 개별적인 석명권의 행사 그 자체에 대한 당사자의 불복은 허용되지 아니하고, 법원이 석명의무를 제대로 이행하지 않았고 또한 이것이 판결결과에 영향을 미친 경우 상소를 할 수 있다.

6. 석명처분

> **제140조(법원의 석명처분)** ① 법원은 소송관계를 분명하게 하기 위하여 다음 각호의 처분을 할 수 있다.
> 1. 당사자 본인 또는 그 법정대리인에게 출석하도록 명하는 일
> 2. 소송서류 또는 소송에 인용한 문서, 그 밖의 물건으로서 당사자가 가지고 있는 것을 제출하게 하는 일
> 3. 당사자 또는 제3자가 제출한 문서, 그 밖의 물건을 법원에 유치하는 일
> 4. 검증을 하고 감정을 명하는 일
> 5. 필요한 조사를 촉탁하는 일
>
> ② 제1항의 검증·감정과 조사의 촉탁에는 이 법의 증거조사에 관한 규정을 준용한다.

법원이 소송관계를 명료케 하기 위하여 법 제140조에 규정된 일정한 처분을 하는 경우를 석명처분이라 한다. 석명처분은 심리의 대상이 되는 사실이나 쟁점을 밝히기 위한 것이지 사실인정을 위한 증거조사가 아니므로 석명처분에 의하여 얻은 자료는 변론 전체의 취지에 포함되어 판단자료가 될 뿐 이것 자체로 당연히 증거자료가 되는 것은 아니다. 다만 당사자가 증거로 원용하면 그제서야 증거가 될 수 있다.

7. 법원사무관등의 조치

석명권행사 또는 석명준비명령에 의한 조치나 석명처분이 있는 경우에 재판장 또는 법원은 법원사무관등으로 하여금 그 조치나 처분의 이행여부를 확인하고 그 이행을 촉구하게 할 수 있다.(규칙 제30조) 변론준비절차에서도 마찬가지이다.(규칙 제73조)

쟁점 42 적시제출주의

Ⅰ. 의의

「공격 또는 방어의 방법은 소송의 정도에 따라 적절한 시기에 제출하여야 한다.(제146조)」이를 적시제출주의라 한다. 과거 우리 민사소송법은 「당사자가 변론종결에 이르기까지 어느 때라도 공격방어방법을 제출할 수 있다.」는 「수시제출주의」를 따르고 있었으나, 2002년 개정으로 「적시제출주의」로 변경하였다.

적시제출주의의 소송법상 내용으로는 ① 답변서제출의무에 관한 제256조, ② 변론준비기일을 거친 사건에서의 실권효에 관한 제285조, ③ 실기한 공격방어방법의 각하에 관한 제149조 제1항, ④ 석명불응시의 공격방어방법의 각하에 관한 제149조 제2항, ⑤ 재정기간에 관한 제147조, ⑥ 상고이유서제출기간을 정한 제427조·제429조 등이 있다.

Ⅱ. 내용(적시제출주의의 실효성을 확보하기 위한 제도 — 실권효)

1. 실기하거나 석명에 불응하는 공격방어방법의 각하(제149조)

> 제149조(실기한 공격방어방법의 각하)
> ① 당사자가 제146조의 규정을 어기어 고의 또는 중대한 과실로 공격 또는 방어방법을 뒤늦게 제출함으로써 소송의 완결을 지연시키게 하는 것으로 인정할 때에는 법원은 직권으로 또는 상대방의 신청에 따라 결정으로 이를 각하할 수 있다.
> ② 당사자가 제출한 공격 또는 방어방법의 취지가 분명하지 아니한 경우에 당사자가 필요한 설명을 하지 아니하거나 설명할 기일에 출석하지 아니한 때에는 법원은 직권으로 또는 상대방의 신청에 따라 결정으로 이를 각하할 수 있다.

(1) 요건

㈎ 실기한 공격방어방법의 각하의 요건

① 적시제출주의를 어기어 공격방어방법을 뒤늦게 제출할 것

㉮ 적시여부의 판단기준

공격방어방법을 소송의 정도에 따라 적절한 시기에 제출한 것인지 여부는 개개의 소송의 내용과 진행상황에 따라 법원이 개별적으로 판단한다.[177]

---

[177] 법원행정처, 전게서(Ⅱ), 359면 ; 이시윤, 전게서, 308면. 판례는 제1심에서 주장가능한 유치권의 항변을 항소심 제4회 기일에 이르러서야 제출한 경우를 실기각한 바 있고(1962.4.4. 선고 4294민상1122), 「항소심 제4차 변론기일에 피고가 증인신청을 하여 채택하고 그 신문기일을 정하였던바 피고는 그 증인들의 소환비용을 예납하지 아니하였을 뿐 아니라 그 기일(제5차 기일)에 피고는 출석도 하지 아니하였으므로 그 증거채택을 취소하고 변론을 종결하였던바 그 후 피고의 변론재개신청을 채택하여 다음 기일(제6차 기일)을 지정 고지하였음에도 불구하고 피고는 출석하지 아니하고 다음 기일(제7차 기일)에 비로소 출석하여 이미 취소된 증인의 환문을 재차 신청한바 이 신청은 시기에 늦은 공격방어방법이라고 볼 수 있을 것(1968.1.31. 선고 67다2628)」이라 본 바 있다.

㈏ 항소심에서의 판단방법

항소심에서 새로운 공격방어방법이 제출된 경우에는 항소심 자체뿐만 아니라 제1심까지 모두 통관하여 판단하여야 한다.

② 당사자에게 고의 또는 중과실이 있을 것
③ 그 공격방어방법을 심리하면 소송의 완결이 지연될 것

그 공격방어방법을 심리하면 소송의 완결이 지연되는 경우라야 각하할 수 있다. 따라서 뒤늦게 제출한 공격방어방법이라 하더라도 따로 심리하거나 증거조사를 하여야 할 사항이 남아 있어 어차피 기일의 속행을 필요로 하고 그 속행기일의 범위 내에서 공격방어방법의 심리도 마칠 수 있거나 공격방어방법의 내용이 이미 심리를 마친 소송자료의 범위 안에 포함되어 있는 때에는 소송의 완결을 지연시키는 것으로 볼 수 없으므로, 각하할 수 없다.(1994.5.10. 선고 93다47615)

그리고「변론재개를 한 경우에는 소송관계는 변론재개 전의 상태로 환원되므로, 그 재개된 변론기일에서 제출된 주장·증명이 실기한 공격방어방법에 해당되는지 여부를 판단함에 있어서는 변론재개 자체로 인한 소송완결의 지연은 고려할 필요 없이 민사소송법 제149조 제1항이 규정하는 요건을 충족하는지를 기준으로 그 해당 여부를 판단하면 된다.(대법원 2010.10.28. 선고 2010다20532 판결)」[178]

상계의 항변이나 매수청구권의 항변은 그 성질이 예비적이므로, 원칙적으로 쉽사리 실기각하의 대상으로 삼아서는 안 되겠지만, 그 항변을 하지 아니한 것이 의도적이거나 소송지연을 목적으로 한 것이라거나 또는 속단에 인한 것이라면 예외적으로 실기될 수도 있다.[179]

④ 각하의 대상

이 제도는 공격방어방법의 경우에 각하할 수 있는 것이지 반소·소의 변경·참가신청이 이 규정에 의하여 각하될 수 있는 것은 아니다.

㈏ 석명에 불응하는 공격방어방법의 각하(제149조 제2항 참조)

[178) 「법원이 변론을 재개할 의무가 있는 예외적 요건 등을 갖추지 못하여 법원이 변론을 재개할 의무가 없는데도 변론이 재개될 것을 가정한 다음, 그와 같이 가정적으로 재개된 변론의 기일에서 새로운 주장·증명을 제출할 경우 실기한 공격방어방법으로 각하당하지 아니할 가능성이 있다는 사정만으로 법원이 변론을 재개할 의무가 생긴다고 할 수는 없다. 다만, 실제로 법원이 당사자의 변론재개신청을 받아들여 변론재개를 한 경우에는 소송관계는 변론재개 전의 상태로 환원되므로, 그 재개된 변론기일에서 제출된 주장·증명이 실기한 공격방어방법에 해당되는지 여부를 판단함에 있어서는 변론재개 자체로 인한 소송완결의 지연은 고려할 필요 없이 민사소송법 제149조 제1항이 규정하는 요건을 충족하는지를 기준으로 그 해당 여부를 판단하면 된다.」

179) 대법원 2005.10.7. 선고 2003다44387 판결 (환송 전 원심 소송절차에서 상계항변을 할 기회가 있었음에도 불구하고 환송 후 원심 소송절차에서 비로소 주장하는 상계항변은 실기한 공격방어방법에 해당한다고 한 원심판결을 수긍한 사례)

(2) 절차

　(가) 직권 또는 당사자의 신청에 이은 법원의 결정

　　직권 또는 당사자의 신청에 의하여 각하될 수 있는데, 신청은 서면이나 말로도 가능하며, 각하여부는 필수적인 것은 아니고 법원의 재량에 속한다.

　(나) 불 복

　　① 각하결정에 대하여 당사자는 독립하여 항고할 수 없고, 종국판결에 대한 상소와 함께 불복하여야 한다.(제392조)

　　② 각하신청이 배척된 경우라면 이는 소송지휘에 관한 사항이므로 불복신청이 인정될 수 없다.

2. 재정기간(裁定期間)제도

> 제147조(제출기간의 제한)
> ① 재판장은 당사자의 의견을 들어 한 쪽 또는 양 쪽 당사자에 대하여 특정한 사항에 관하여 주장을 제출하거나 증거를 신청할 기간을 정할 수 있다.
> ② 당사자가 제1항의 기간을 넘긴 때에는 주장을 제출하거나 증거를 신청할 수 없다. 다만, 당사자가 정당한 사유로 그 기간 이내에 제출 또는 신청하지 못하였다는 것을 소명한 경우에는 그러하지 아니하다.

(1) 의 의

실기한 공격방어방법의 각하는 그 요건이 객관적으로 명확한 것은 아니기 때문에 법원으로 하여금 그 각하여부에 대하여 주저하게 하는 측면이 있었다. 따라서 개정법은 재정기간제도를 신설하여 적시제출주의를 실현하였다. 재정기간제도는 변론절차에 적용되는 것이지만 나아가 변론준비절차에도 준용된다.(제286조)180) 그 요건은 제147조 각항에 의한다.

(2) 효과 ─ 실권효(失權效)

당사자가 재정기간을 넘긴 때에는 주장을 제출하거나 증거를 신청할 수 없다. 즉, 실권효의 제재가 따른다. 물론 정당한 사유에 관한 소명이 있는 경우에는 실권효의 제재를 내릴 수 없다.

Ⅲ. 적시제출주의의 예외

적시제출주의는 변론주의가 적용되는 범위에 한정되므로, 직권탐지사항이나 직권조사사항에 관하여는 그 적용이 없다.

---

180) 이시윤, 전게서, 308면 참조. 다만, 법 제280조 제1항은 「변론준비절차는 기간을 정하여, 당사자로 하여금 준비서면, 그 밖의 서류를 제출하게 하거나 당사자 사이에 이를 교환하게 하고 주장사실을 증명할 증거를 신청하게 하는 방법으로 진행한다.」고 하여 준비서면 제출기간이나 증거신청기간을 정할 수 있게 하였으며, 이를 위반하는 경우 법 제284조 제1항은 제2호에서 이를 변론준비절차 종결사유로 보므로, 변론준비절차에서는 재정기간제도는 준용이 된다고 하여도 큰 의미는 없다고 본다.

쟁점 43 재판상 자백(裁判上 自白)

Ⅰ. 재판상 자백

> **제288조(불요증사실)** 법원에서 당사자가 자백한 사실과 현저한 사실은 증명을 필요로 하지 아니한다. 다만, 진실에 어긋나는 자백은 그것이 착오로 말미암은 것임을 증명한 때에는 취소할 수 있다.

1. **자백의 의의**

   자백이란, 자기에게 불리한 사실을 인정하는 진술을 의미한다.

2. **재판상 자백의 요건**

   (1) 자백의 대상

   (가) 구체적인 사실일 것

   자백의 대상이 될 수 있는 것은 구체적인 사실에 한하고, 법률상의 진술이나 의견은 이에 해당하지 않는다. 특히, 법률상의 진술이나 의견에 대한 자백을 권리자백이라 하는데, 다음과 같이 그 종류에 따라 판단한다.

권리자백의 유형	의의	처리	판례
법규의 존부·해석에 대한 자백	어떠한 법규가 존재하는지 및 당해 법규가 어떻게 해석되는지에 대하여 당사자가 자백할 수 있는지의 문제이다.	이는 법원이 그 직책상 스스로 판단 및 해석하여야 할 전권사항이므로 자백의 대상이 아니다.	「사실에 대한 법적 판단 내지 평가는 자백의 대상이 되지 아니한다.(2000.12.22. 선고 2000후1542)」「법정변제충당의 순서를 정함에 있어 기준이 되는 이행기나 변제이익에 관한 사항 등은 구체적 사실로서 자백의 대상이 될 수 있으나, 법정변제충당의 순서 자체는 법률 규정의 적용에 의하여 정하여지는 법률상의 효과여서 그에 관한 진술이 비록 그 진술자에게 불리하더라도 이를 자백이라고 볼 수는 없다.(1998.7.10. 선고 98다6763)」
사실에 대한	과실·정당한 사유 유무, 의	이는 재판상 자백의 대상이 아니다.	「법률상 유언이 아닌 것을 유언이라고 시인하였다 하여 그것이

권리자백의 유형	의 의	처 리	판 례
평가적 판단 (법적 추론)	사표시의 해석·증거의 가치에 대한 평가 등을 의미한다.		곧 유언이 될 수 없고 이와 같은 진술은 민사소송법상의 자백이 될 수가 없다.(2001.9.14. 선고 2000다66430·66447)」 「혼인외의 자가 아닌 것을 혼인외의 자로 시인하는 것(1981.6.9. 79다62)」
법률상 개념을 사용한 진술 (압축진술)	어떠한 계약체결에 대하여 당사자가 이를 매매계약이라고 주장하는 경우 등을 의미한다.	매매·임대차·소비대차와 같이 상식적으로 널리 알려진 것으로 진술자가 이를 이해한 것으로 볼 수 있는 경우에는 재판상 자백의 대상이 될 수 있다.	「법률용어를 사용한 당사자의 진술이 동시에 구체적인 사실관계의 표현으로서 사실상의 진술도 포함하는 경우에는 그 범위내에서 자백이 성립하는 것(1984.5.29. 선고 84다122)」
선결적 법률관계에 대한 자백 (협의의 권리자백)	소유권침해로 인한 손해배상청구소송에서 소유권의 존재에 대한 자백을 하는 경우를 의미한다.	이에 대하여는 견해의 대립이 있다. 즉, ① 이를 법원의 전권으로 보아 자백의 대상이 될 수 없다는 **부정설**과 ② 이 경우 중간확인의 소의 대상이 될 수 있는 점 및 중간확인의 소에서 청구인낙이 허용됨에 비추어 이를 **긍정하여야 한다는 견해 및** ③ **당사자에 대한 구속력은 인정하나 법원에 대한 구속력을 부정하자는 견해**의 대립이 있다.	「소유권에 기한 이전등기말소청구소송에 있어서 피고가 원고 주장의 소유권을 인정하는 진술은 그 소 전제가 되는 **소유권의 내용을 이루는 사실에 대한 진술**로 볼 수 있으므로 이는 재판상 자백이다.(1989.5.9. 선고 87다카749)」 이는 선결적 법률관계 그 자체로는 자백으로서의 구속력이 없으나, 그 내용을 이루는 사실에 대해서는 자백이 성립될 수 있다는 취지이다.[181] 즉, 판례의 입장이 선결적 법률관계에 대한 자백을 인정하는 태도인 것으로 볼 수 있다.[182]
소송물인 권리관계 자체에 대한 불이익한 진술		이는 청구의 포기·인낙으로써 구속력이 인정될 뿐이다.(제220조)	

---

181) 이시윤, 전게서, 413면.

(나) 주요사실일 것

변론주의의 원칙상 자백의 대상이 될 수 있는 사실은 **주요사실에 한**하므로, 간접사실 및 보조사실은 자백의 대상이 되지 않는다.

쟁점 다만, 판례는 **문서의 진정성립에 관한 자백**은 보조사실에 대한 것이기는 하여도 자백의 대상이 된다고 보아, 「문서의 성립에 관한 자백은 보조사실에 관한 자백이기는 하나 그 취소에 관하여는 다른 간접사실에 관한 자백취소와는 달리 주요사실의 자백취소와 동일하게 처리하여야 할 것이므로 문서의 진정성립을 인정한 당사자는 자유롭게 이를 철회할 수 없다고 할 것이고, 이는 문서에 찍힌 인영의 진정함을 인정하였다가 나중에 이를 철회하는 경우에도 마찬가지이다.(2001.4.24. 선고 2001다5654)」라고 판시한 바 있다.

(2) 자백의 내용 — 자기에게 **불리**한 사실상의 진술일 것[183]

(3) 자백의 모습 — 상대방의 주장과 **일치**하는 진술일 것

(가) 선행자백(자발자백)의 처리

자백은 상대방의 주장사실과 일치되어야 하지만, 양 진술의 일치가 반드시 시간적으로 동시에 이루어질 필요는 없는 것이므로, 당사자 일방이 상대방의 주장에 앞서서 자기에게 불리한 사실을 진술하는 경우도 있을 수 있는데, 이를 선행자백 또는 자발자백이라 한다. 예를 들어 금전지급청구를 하는 원고가 피고가 이미 일부를 변제하였다는 것을 피고가 주장하기도 전에 인정하는 경우에 선행자백이 이루어지게 된다.

「선행자백도 재판상 자백의 일종이므로 당사자 일방이 자기에게 불리한 진술을 자진하여 한 후 상대방이 이를 명시적으로 원용하거나 선행자백한 불이익한 사실과 일치하는 진술을 하게 되면 법원은 그 자백사실에 구속되어 이에 저촉되는 사실을 인정할 수 없게 되나 민사소송법 제261조 단서규정에 따라 적법하게 취소된 경우에는 그와 같은 구속력이 발생할 여지가 없다.(1988.12.13. 선고 87다카3147)」

(나) 자백의 가분성의 원칙 — 일부자백

상대방의 주장과 일치되는 진술이라면 그 범위는 문제되지 아니하고 일부자백도 가능하다. 즉, 상대방 주장과 전부 일치하여야 하는 것은 아니고 일치하는 부분에 한하여 자백이 인정되는데 이를 자백의 가분성의 원칙이라 한다.

---

182) 정동윤·유병현, 전게서, 476면.
183) 이 경우, 어떤 경우에 '불리한 사실'이라고 보아야 할지에 대하여는 ① 상대방이 증명책임을 지는 부분에 대한 사실에 대하여 자기에게 불리한 사실을 인정하는 것을 의미한다는 증명책임설(이시윤·전병서 등)과 ② 증명책임을 누가 지는가와는 무관하게 그 사실을 바탕으로 판결이 나면 패소할 가능성이 있는 사실을 의미한다고 보는 패소가능성설(김홍규·정동윤·유병현·송상현)의 견해대립이 있다. 특히 ②에 의하면 1. 자백의 범위가 넓어지며, 2. 착오를 일으킨 당사자 또는 본인소송 당사자등의 약자소송에 쉽게 자백을 인정하는 문제가 생긴다.

(4) 자백의 형식

(가) 변론이나 변론준비기일에서 소송행위로서 한 진술

① 자백은 변론이나 변론준비절차에서 소송행위로 진술하여야 하기 때문에 소송 밖에서 한 자백이나 다른 소송에서 한 자백은 사실인정에 영향을 미칠 뿐, 당연히 법원의 사실인정권을 배제하는 효과가 있는 것은 아니다.

② 따라서 당사자신문 중에 상대방의 주장과 일치되는 진술을 하였더라도 이는 증거자료에 그칠 뿐 재판상 자백이 되는 것은 아니다.(1978.9.12. 선고 78다879)

③ 또한 다른 소송에서 한 자백은 하나의 증거원인이 될 뿐 자백으로 볼 수 없으므로 자백의 구속력도 인정되지 않는다.(1996.12.20. 선고 95다37988)

④ 그리고 자백은 말로써 하는 진술에 의하여야 하므로, 상대방에게 송달된 준비서면에 자백에 해당하는 내용이 기재되어 있는 경우라도 그것이 변론(준비)기일에서 진술 또는 진술간주되어야 재판상 자백이 성립한다. 따라서 자백서만 제출한 경우 자백으로 볼 수는 없다.

⑤ 법률심인 상고심에서는 변론으로의 자백이 인정되지 않는다. 따라서 자백의 철회도 상고심에서는 부정된다.

(나) 소송행위로서의 자백

자백은 단독적 소송행위이므로 조건을 붙일 수 없으며, 법원에 대한 소송행위이므로 상대방이 출석하지 아니하더라도 자백할 수 있다.[184]

3. 효과

(1) 자백의 구속력

(가) 법원에 대한 효력 – 사실인정권의 배제

① 사실인정권의 배제

법원은 자백이 있는 경우 이를 판결의 기초로 삼아야 한다. 즉, 법원은 증거조사 및 변론 전체의 취지로부터 자백한 사실과 반대의 심증을 얻은 바 있다 하여도 자백사실에 반하는 사실을 인정할 수 없다.[185]

② 현저한 사실이나 경험칙에 반하는 자백의 경우

현저한 사실에 반하는 자백이나 경험칙에 위반한 자백의 경우 판례는 「현저한 사실에 배치되는 경우에는 그 자백은 효력을 발할 수 없다.(1959.7.30. 4291 민상551)」고 보아 자백의 효력을 인정하지 않는다.

(나) 자백당사자에 대한 효력 – 철회의 제한

① 원칙 – 철회의 제한

예외적인 경우를 제외하고는 자백은 임의로 철회할 수 없음이 원칙이다.

---

184) 강현중, 전게서, 511면.
185) 법원행정처, 전게서(Ⅲ), 6면.

(^{제288조}_{단서}) 주의할 점은 자백간주는 당사자가 사실심 변론종결시까지 어느 때라도 이를 번복할 수 있으므로(^{1987.12.8. 선}_{고 87다368}) 이러한 제한은 없다.
② 예외 – 철회가 가능한 경우
다음과 같은 경우에는 자백도 철회가 가능하다. 단, 이러한 경우들이라 하여도 상고심에서는 철회할 수 없다.
㉮ **형사상 처벌을 받을 만한 다른 사람의 행위로 말미암아 자백한 경우**(^{제451조 제1항}_{제5호의 유추})
㉯ **상대방의 동의가 있는 경우**(^{1967.8.29. 선}_{고 67다1216})
다만,「자백취소에 대하여 상대방이 아무런 이의를 제기하고 있지 않다는 점만으로 그 취소를 인정할 수는 없다.(^{1987.7.7. 선}_{고 87다카69})」
또한「일단 자백이 성립되었다고 하여도 그 후 그 자백을 한 당사자가 종전의 자백과 배치되는 내용의 주장을 하고 이에 대하여 상대방이 이의를 제기함이 없이 그 주장내용을 인정한 때에는 종전의 자백은 취소되고 새로운 자백이 성립된 것으로 보아야 한다.(^{1990.11.27. 선고}_{90다카20548})」
㉰ **자백이 진실에 어긋나고 착오로 말미암은 것임을 증명한 경우**(^{제288조}_{단서})
「재판상 자백의 취소는 반드시 명시적으로 하여야만 하는 것은 아니고 종전의 자백과 배치되는 사실을 주장함으로써 묵시적으로도 할 수 있는 것이나, 다만 이 경우에도 자백을 취소하는 당사자는 그 자백이 진실에 반한다는 것 외에 착오에 인한 것임을 **아울러 증명**하여야 하며 진실에 반하는 것임이 증명되었다고 하여 착오에 인한 자백으로 **추정되지는 않는**다.(^{1994.6.14. 선고 94다14797;}_{2010.2.11. 2009다84288·84295})」

또한「이 때 진실에 부합하지 않는다는 사실에 대한 증명은 그 반대되는 사실을 직접증거에 의하여 증명함으로써 할 수 있지만, 자백사실이 진실에 부합하지 않음을 추인할 수 있는 **간접사실의 증명에 의하여도 가능**하다고 할 것이고, 또 자백이 진실에 반한다는 증명이 있다고 하여 그 자백이 착오로 인한 것이라고 추정되는 것은 아니지만 그 자백이 진실과 부합되지 않는 사실이 증명된 경우라면 **변론의 전취지에 의하여 그 자백이 착오로 인한 것이라는 점을 인정할 수 있다**.(^{2000.9.8. 선고)}_{2000다23013})」
㉱ 소송대리인의 자백을 당사자가 경정을 한 경우(^{제94}_조)
(다) 자백당사자의 상대방에 대한 효력 – 증명책임의 면제
상대방으로서는 자백한 사실에 대하여 증명책임이 면제된다.(^{제288조}_{본문})
(2) **자백의 효력범위**
자백의 구속력이 인정되는 주요한 이유는 변론주의원칙 때문이다. 따라서 직권탐지주의가 적용되는 가사소송 등의 경우, 재심사유 및 직권조사사항에 대하여는 자백의 구속력이 미치지 않는다.

Ⅱ. 자백간주 - 의제자백(擬制自白)

> **관련기출** • 2017년 공인노무사
>
> 자백간주에 대하여 설명하시오. (25점)

1. 적용범위

자백간주가 인정되는 범위는 변론주의에 의한 절차에 한하는 것으로 직권탐지주의가 적용되는 경우라거나 소송요건 등의 직권조사사항에 대하여는 자백간주란 있을 수 없다.186)

2. 민사소송법상 의제자백이 성립하는 경우

(1) 당사자가 변론에서 상대방이 주장하는 사실을 명백히 다투지 아니한 경우(제150조 제1항)

「당사자가 변론에서 상대방이 주장하는 사실을 명백히 다투지 아니한 때에는 그 사실을 자백한 것으로 본다. 다만, 변론 전체의 취지로 보아 그 사실에 대하여 다툰 것으로 인정되는 경우에는 그러하지 아니하다.」

(2) 당사자 일방이 기일에 출석하지 아니하는 경우(제150조 제3항)187)

당사자 일방이 기일에 출석하지 아니하고 준비서면도 제출하지 않은 경우 상대방의 주장사실을 자백한 것으로 본다.

따라서, 「당사자는 변론이 종결될 때까지 어느 때라도 상대방의 주장사실을 다툼으로써 자백간주를 배제시킬 수 있고, 상대방의 주장사실을 다투었다고 인정할 것인가의 여부는 사실심 변론종결 당시의 상태에서 변론의 전체를 살펴서 구체적으로 결정하여야 할 것이다.(대법원 2004.9.24. 선고 2004다21305 판결)」

(3) 답변서 부제출에 의한 경우(제257조)

피고에게 소장부본이 송달이 된 후 30일 이내에 답변서를 제출하지 않은 경우 법원은 원고의 주장사실을 자백한 것으로 보고 변론 없이 판결할 수 있다. 이때에도 자백이 의제된다.

3. 효력

(1) 법원에 대한 구속력 발생

자백간주가 성립되어도 재판상 자백에서처럼 법원에 대한 구속력이 발생하므로 법원으로서는 그 사실을 기초로 판결을 하여야 하며, 다른 증거에 의하여 이와 배치된 사실을 인정하여서는 안된다.

---

186) 법원행정처, 전게서(Ⅲ), 8면.
187) 상세는 제7절 변론기일에 있어서의 당사자의 불출석. Ⅲ 일방 당사자의 불출석 2. 자백간주(의제자백) 중 불출석 자백간주제도 부분 참조.

(2) 당사자에 대한 구속력 부정

재판상의 자백과는 달리 자백간주에 있어서는 당사자에 대한 구속력은 부정된다. 따라서 당사자는 자백간주 이후에도 사실심 변론종결시까지 이를 다투어 그 효과를 배제할 수 있다. 따라서 「제1심에서 의제자백이 있었다고 하더라도 항소심에서 변론종결시까지 이를 다투었다면 자백의 의제는 할 수 없다.(대법원 1987.12.8. 선고 87다368)」

관련기출 • 2019년 변리사

乙은 X건물의 소유자인 甲으로부터 동 건물을 임차한 후 점유·사용해 오고 있다. 乙은 X건물의 임대기간이 만료되었음에도 동 건물을 인도하지 않으면서 자신의 점유가 정당한 권원에 기인한 것이라고 주장하고 있다. 이에 甲은 乙을 상대로 소유권에 기초하여 건물인도청구의 소를 제기하였다. (다음 각 물음은 독립적임)

(1) 제1회 변론기일에 재판장은 乙에게 "이 사건 X건물이 甲의 소유임은 인정하느냐"고 질문하였다. 이에 乙은 "그렇다."라고 답을 하였다. 그러나 그 후의 변론기일에 乙은 기존의 진술을 번복해서 X건물이 甲의 소유가 아니라고 진술하고자 한다. 아무런 제한 없이 가능한지 여부에 대하여 설명하시오.

답 안

1. 문제의 소재

2. 권리자백

재판상 자백이 인정되기 위하여는 구체적인 사실에 대한 인정이 있어야 하며, 그 외 권리나 법률관계에 관한 자백은 권리자백이라 하여 재판상 자백으로 보지 않는다.

권리자백의 종류로는 평가적 판단, 압축진술, 선결적 법률관계에 대한 자백 및 소송물에 대한 불이익 진술로서의 청구의 포기나 인낙이 있다.

3. 선결적 법률관계의 자백의 취급

(1) **학 설**

(가) **부정설**
구체적 사실에 대한 자백이 아닌 권리의 존부에 관한 것이므로 법원의 전권일 뿐 재판상 자백으로 취급될 수 없다는 견해이다.

(나) **긍정설**
중간확인의 소의 대상이 될 수 있고, 중간확인의 소에서 청구인낙이 가능하므로 재판상 자백으로 취급할 수 있다는 견해이다.

(다) **절충설**
당사자에 대한 구속력은 인정하나, 법원에 대한 구속력을 부정하자는 견해이다.

(2) **판 례**

「소유권에 기한 이전등기말소청구소송에서 피고가 원고 주장의 소유권을 인정하는 진술은 그 소 전제가 되는 소유권의 내용을 이루는 사실에 대한 진술로 볼 수 있으므로 이는 재판상 자백이다」고 한 바 있다.(대법원 1989.5.9. 선고 87다카749 판결)

4. 사안의 적용

사안의 소유권 인정진술은 일종의 권리자백이지만, 소유권을 취득하게 된 개개의 사실에 대한 자백으로 취급할 수 있으므로, 재판상 자백으로 볼 수 있고, 그렇다면 자백의 철회의 요건 하에만 철회가 가능하다.

관련기출　　　　　　　　　　　　　　　　　　　　　　　　　　　　　　• 2021년 공인노무사

甲은 乙에게 5,000만 원을 대여하였고 丙은 乙의 대여금채무를 보증하였다. 乙이 변제하지 않자, 甲은 5,000만 원을 반환받기 위해서 乙과 丙을 공동피고로 하여, 乙에 대해서는 주채무의 이행을 구하고, 丙에 대해서는 보증채무의 이행을 구하는 소를 제기하였다. 다음 물음에 답하시오. (단, 아래의 각 물음은 상호 독립적임) (50점)

물음 1) 제1심 제1회 변론기일에 乙은 甲에게 대여금 5,000만 원을 모두 변제했다고 주장하였고, 이에 대해 甲은 그 중 2,000만 원을 반환받은 사실이 있다고 진술하였다. 그러나 제2회 변론기일에 甲은 종전의 진술을 철회하고, 乙로부터 전혀 변제받은 적이 없다고 주장하였다. 법원은 甲의 乙에 대한 청구 전부를 인용하는 판결을 할 수 있는가? (25점)

답 안

1. 문제의 소재

2. 재판상 자백

(1) 재판상 자백의 요건

(2) 사안의 경우 – 자백의 가분성 → 2,000만 원을 변제받았다는 부분에 관한 자백이 인정

3. 재판상 자백의 철회의 가부

(1) 철회가 가능한 경우
  ① 진실에 어긋나고 착오로 말미암음이 증명된 경우
  ② 형사상 처벌받을 타인의 행위로 인한 경우
  ③ 상대방의 동의가 있는 경우
  ④ 본인의 경정권 발동에 의한 경우

(2) 사안의 경우
철회가 가능한 예외 사유가 존재하지 않는 한, 원칙적으로 철회 불가 → 그렇다면, 2,000만 원 부분에 대한 원고 甲의 청구는 기각될 것이고, 3,000만 원 한도 내에서만 인용판결이 가능 → 즉, 전부 인용판결은 원칙적으로 인정될 수 없음

제4장 증거

쟁점 44 증인의 출석확보방안

> **제311조(증인이 출석하지 아니한 경우의 과태료 등)** ① 증인이 정당한 사유 없이 출석하지 아니한 때에 법원은 결정으로 증인에게 이로 말미암은 소송비용을 부담하도록 명하고 500만원 이하의 과태료에 처한다.
> ② 법원은 증인이 제1항의 규정에 따른 과태료의 재판을 받고도 정당한 사유 없이 다시 출석하지 아니한 때에는 결정으로 증인을 7일 이내의 감치에 처한다.
> ③ 법원은 감치재판기일에 증인을 소환하여 제2항의 정당한 사유가 있는지 여부를 심리하여야 한다.
> ④ 감치에 처하는 재판은 그 재판을 한 법원의 재판장의 명령에 따라 법원공무원 또는 국가경찰공무원이 경찰서유치장·교도소 또는 구치소에 유치함으로써 집행한다.
> ⑤ 감치의 재판을 받은 증인이 제4항에 규정된 감치시설에 유치된 때에는 당해 감치시설의 장은 즉시 그 사실을 법원에 통보하여야 한다.
> ⑥ 법원은 제5항의 통보를 받은 때에는 바로 증인신문기일을 열어야 한다.
> ⑦ 감치의 재판을 받은 증인이 감치의 집행중에 증언을 한 때에는 법원은 바로 감치결정을 취소하고 그 증인을 석방하도록 명하여야 한다.
> ⑧ 제1항과 제2항의 결정에 대하여는 즉시항고를 할 수 있다. 다만, 제447조의 규정은 적용하지 아니한다.
> ⑨ 제2항 내지 제8항의 규정에 따른 재판절차 및 그 집행 그 밖에 필요한 사항은 대법원규칙으로 정한다.

(1) **출석요구**

「증인에 대한 출석요구서는 출석할 날보다 2일 전에 송달되어야 한다. 다만, 부득이한 사정이 있는 경우에는 그러하지 아니하다.(규칙 제81조 제2항)」

(2) **불출석 증인에 대한 제재**

(가) 소송비용부담, 과태료 부과 및 감치제도(제311조)

- 증인이 정당한 사유 없이 출석하지 아니한 때에 법원은 결정으로 증인에게 이로 말미암은 소송비용을 부담하도록 명하고 500만원 이하의 과태료에 처한다. 이 재판은 수소법원이 관할한다.(규칙 제85조 제1항)
- 법원은 증인이 과태료의 재판을 받고도 정당한 사유 없이 다시 출석하지 아니한 때

에는 결정으로 감치재판을 하는데, 감치재판절차는 법원의 감치재판개시결정에 따라 개시되며, 감치사유가 발생한 날로부터 20일이 지난 때에는 감치재판개시결정을 할 수 없다.(규칙 제86조 제2항)

- 법원은 감치재판기일에 증인을 소환하여 정당한 사유가 있는지 여부를 심리하여야 한다. 감치재판은 수소법원이 관할한다.(규칙 제86조 제1항)
- 감치재판절차를 개시한 후 감치결정 전에 그 증인이 증언을 하거나 그 밖에 감치에 처하는 것이 상당하지 아니하다고 인정되는 때에는 법원은 불처벌결정을 하여야 한다.(규칙 제86조 제3항)
- 법원의 감치재판개시결정과 불처벌결정에 대하여는 불복할 수 없다.
- 감치재판은 증인을 7일 이내의 감치(監置)에 처하는 것으로 한다.
- 감치에 처하는 재판은 그 재판을 한 법원의 재판장의 명령에 따라 법원공무원 또는 국가경찰공무원이 경찰서유치장·교도소 또는 구치소에 유치함으로써 집행한다.
- 감치의 재판을 받은 증인이 감치시설에 유치된 때에는 당해 감치시설의 장은 즉시 그 사실을 법원에 통보하여야 한다. 법원은 통보를 받은 때에는 바로 증인신문기일을 열어야 한다.
- 감치의 재판을 받은 증인이 감치의 집행중에 증언을 한 때에는 법원은 바로 감치결정을 취소하고 그 증인을 석방하도록 명하여야 한다.
- 과태료와 소송비용부담결정 및 감치결정에 대하여는 즉시항고를 할 수 있다. 다만, 이 즉시항고에는 집행정지효가 없다.

(나) **구인**

「법원은 정당한 사유 없이 출석하지 아니한 증인을 구인하도록 명할 수 있다. 이 구인에는 형사소송법의 구인에 관한 규정이 준용된다.(법 제312조)」

쟁점 45 문서제출명령과 부제출 또는 훼손시의 제재

관련기출 • 2013년 공인노무사

문서제출명령에 대하여 설명하시오. (25점)

> 제343조(서증신청의 방식) 당사자가 서증(書證)을 신청하고자 하는 때에는 문서를 제출하는 방식 또는 문서를 가진 사람에게 그것을 제출하도록 명할 것을 신청하는 방식으로 한다.

⑺ 의의

상대방이나 제3자가 가지고 있는 문서로 제출 의무 있는 문서에 대한 서증신청을 하는 경우에는 그 제출명령을 신청하는 방식을 취하는데 이를 문서제출명령의 신청이라 한다.(제343조 후단)

⑷ 문서제출의무 - 제출의무의 일반의무화

> 제344조(문서의 제출의무) ① 다음 각호의 경우에 문서를 가지고 있는 사람은 그 제출을 거부하지 못한다.
> 1. 당사자가 소송에서 인용한 문서를 가지고 있는 때
> 2. 신청자가 문서를 가지고 있는 사람에게 그것을 넘겨 달라고 하거나 보겠다고 요구할 수 있는 사법상의 권리를 가지고 있는 때
> 3. 문서가 신청자의 이익을 위하여 작성되었거나, 신청자와 문서를 가지고 있는 사람 사이의 법률관계에 관하여 작성된 것인 때. 다만, 다음 각목의 사유 가운데 어느 하나에 해당하는 경우에는 그러하지 아니하다.
>   가. 제304조 내지 제306조에 규정된 사항이 적혀있는 문서로서 같은 조문들에 규정된 동의를 받지 아니한 문서
>   나. 문서를 가진 사람 또는 그와 제314조 각호 가운데 어느 하나의 관계에 있는 사람에 관하여 같은 조에서 규정된 사항이 적혀 있는 문서
>   다. 제315조 제1항 각호에 규정된 사항 중 어느 하나에 규정된 사항이 적혀 있고 비밀을 지킬 의무가 면제되지 아니한 문서
> ② 제1항의 경우 외에도 문서(공무원 또는 공무원이었던 사람이 그 직무와 관련하여 보관하거나 가지고 있는 문서를 제외한다)가 다음 각호의 어느 하나에도 해당하지 아니하는 경우에는 문서를 가지고 있는 사람은 그 제출을 거부하지 못한다.
> 1. 제1항 제3호 나목 및 다목에 규정된 문서
> 2. 오로지 문서를 가진 사람이 이용하기 위한 문서

문서제출의무 있는 문서로는 ① 인용문서, ② 인도·열람문서, ③ 이익문서 및 ④ 법률관계문서 등이 있다. 이외에 개정법은 제344조 제1항의 문서 이외에도 제2항에서 일정한 경우를 제외하고는 모든 문서를 제출하도록 하여 일반의무화하고 있다.

이외에도 상업장부의 제출명령에 대하여는 직권으로도 제출명령을 내릴 수 있는 특칙이 있다. 즉, 법원은 신청에 의하여 또는 직권으로 소송당사자에게 상업장부 또는 그 일부분의 제출을 명할 수 있다.(상법 제32조)

(다) 문서제출의 신청 및 심판
① 신청

문서제출신청은 서면으로 하여야 한다.(규칙 제110조) 문서제출신청에는 ① 문서의 표시, ② 문서의 취지, ③ 문서를 가진 사람, ④ 증명할 사실 및 ⑤ 문서를 제출하여야 하는 의무의 원인을 밝혀야 한다.(법조 제345) 주의할 것은 문서보관장소는 필수적 기재사항이 아니다. 그리고, 「증거조사의 개시가 있기 전에는 그 증거신청을 자유로 철회할 수 있는 법리라 할 수 있을 것이므로 문서제출명령의 신청이 있고 그에 따른 제출명령이 있었다 하여도 그 문서가 법원에 제출되기 전에는 그 신청을 철회함에는 상대방의 동의를 필요로 하지 않는다.(1971.3.23. 70다3013)」

② 문서정보공개제도 – 문서목록의 제출

> 제346조(문서목록의 제출) 제345조의 신청을 위하여 필요하다고 인정하는 경우에는, 법원은 신청대상이 되는 문서의 취지나 그 문서로 증명할 사실을 개괄적으로 표시한 당사자의 신청에 따라, 상대방 당사자에게 신청내용과 관련하여 가지고 있는 문서 또는 신청내용과 관련하여 서증으로 제출할 문서에 관하여 그 표시와 취지 등을 적어 내도록 명할 수 있다.

법원이 문서제출명령을 발함에 있어서는 먼저 당해문서의 존재와 소지가 증명되어야 하고, 그 입증책임은 원칙적으로 신청인에게 있다.(1995.5.3. 자 95마415) 다만, 이것의 어려움을 구제하기 위하여 법 제346조는 문서정보공개제도를 마련하고 있다.

③ 문서제출의무에 대한 심리

「법원은 문서가 제344조에 해당하는지(제출의무가 있는지)를 판단하기 위하여 필요하다고 인정하는 때에는 문서를 가지고 있는 사람에게 그 문서를 제시하도록 명할 수 있다. 이 경우 법원은 그 문서를 다른 사람이 보도록 하여서는 안된다.(제347조 제4항)」 이를 암실절차 즉, In Camera 절차라 한다.

④ 문서제출명령신청에 대한 결정

> **제347조(제출신청의 허가여부에 대한 재판)** ① 법원은 문서제출신청에 정당한 이유가 있다고 인정한 때에는 결정으로 문서를 가진 사람에게 그 제출을 명할 수 있다.
> ② 문서제출의 신청이 문서의 일부에 대하여만 이유 있다고 인정한 때에는 그 부분만의 제출을 명하여야 한다.
> ③ 제3자에 대하여 문서의 제출을 명하는 경우에는 제3자 또는 그가 지정하는 자를 심문하여야 한다.
> ④ 법원은 문서가 제344조에 해당하는지를 판단하기 위하여 필요하다고 인정하는 때에는 문서를 가지고 있는 사람에게 그 문서를 제시하도록 명할 수 있다. 이 경우 법원은 그 문서를 다른 사람이 보도록 하여서는 안된다.

법원은 문서제출신청에 정당한 이유가 있다고 인정한 때에는 문서제출명령을 내리며, 문서의 일부에 대하여만 이유 있다고 인정한 때에는 그 부분만의 제출을 명하여야 한다.

제3자에 대하여 문서제출명령을 내리는 경우라면 제3자 또는 그가 지정하는 자를 반드시 심문하여야 한다.

만일, 「법원이 문서제출명령신청에 대하여 별다른 판단을 하지 아니한 채 변론을 종결하고 판결을 선고한 경우 이는 법원이 문서제출명령신청을 묵시적으로 기각한 취지라고 할 것이니 이를 가리켜 판단유탈에 해당한다고 볼 수 없다.(1992.4.24. 91다25444)」

⒭ 문서제출명령의 형식
① 당사자가 문서제출의무자인 경우라면 변론기일에 결정을 고지하거나 결정서 정본을 작성 후 정본을 송달하는 방식의 어느 것이건 선택하면 된다. 실무상 대개 후자를 행한다.
② 제3자가 문서제출의무자인 경우 반드시 결정서 정본을 송달하는 방식으로 한다.

⒨ 불복
「문서제출의 신청에 관한 결정에 대하여는 즉시항고를 할 수 있다.(제348조)」

⒝ 문서가 제출된 경우
문서가 법원에 제출된 경우라도 변론기일 등에서 서증으로 제출하여야 증거로 삼을 수 있다.

⒮ 문서의 부제출·훼손 등에 대한 제재 **쟁점**
① 당사자의 부제출·훼손 등에 대한 제재
「당사자가 문서제출명령에 따르지 아니한 때에는 법원은 문서의 기재에 대한 상대방의 주장을 진실한 것으로 인정할 수 있다.(제349조)」 그리고 「당사자가 상대방의 사용을

방해할 목적으로 제출의무가 있는 문서를 훼손하여 버리거나 이를 사용할 수 없게 한 때에도 법원은 그 문서의 기재에 대한 상대방의 주장을 진실한 것으로 인정할 수 있다.($^{제350}_{조}$)」

특히 「상대방의 주장을 진실한 것으로 인정할 수 있다.」는 규정의 의미에 대하여는 ① 증명하고자 하는 사실 자체를 진실한 것으로 인정할 수 있다는 견해인 <u>법정증거설</u>[188] 및 ② 행정소송, 공해소송, 국가상대 손해배상소송의 경우처럼 대상문서가 상대방의 지배영역하에 있어 증거대는 자로서는 문서의 구체적 내용을 특정할 수 없고 다른 증거에 의한 증명이 현저히 곤란한 때에는 제한적으로 요증사실이 직접 증명되었다고 보자는 <u>절충설</u>[189] 및 ③ 예컨대, 매매계약서의 문서제출에 불응한 경우 법원은 매매계약 체결 자체에 대하여 인정할 수 있다는 것은 아니고, 주장하는 바와 같은 기재내용의 매매계약서의 존재를 인정할 수 있다고 보는 <u>자유심증설</u>이 대립한다.

자유심증설이 통설과 판례의 태도이다.[190] 즉, 상대방의 문서에 관한 주장을 진실한 것으로 인정할 수 있다는 뜻이지 요증사실 자체를 진실이라고 인정할 수 있다는 것은 아니며, 요증사실의 인정은 법관의 자유심증의 문제이다.

② **제3자의 문서부제출에 대한 제재**

제3자가 문서제출명령에 따르지 아니한 경우에는 제318조의 증언거부에 대한 제재규정이 준용된다.($^{제351}_{조}$) 주의할 것은 이 경우 500만원 이하의 과태료 제재만 따를 뿐 상대방의 주장을 진실한 것으로 볼 수 있다는 규정은 준용되지 않는다. 나아가 위 과태료 결정에 대하여는 즉시 항고할 수 있지만 집행정지의 효력은 없다.

---

188) 송상현
189) 이시윤
190) 이러한 자유심증설 이외에

쟁점 46 문서의 증거력

관련기출
・2018년 공인노무사

문서의 증거력에 관하여 설명하시오. (25점)

(1) 형식적 증거력(문서의 진정성립)

(가) 의의

문서가 위조·변조됨이 없이 작성명의인의 의사에 기하여 진정하게 성립되었다고 인정되는 것, 즉 문서의 진정성립을 형식적 증거력이라고 한다.

(나) 진정성립의 의미

문서가 작성명의인의 의사에 기하여 성립되었음을 인정하는 경우 작성명의인의 의사에 기한 것이기만 하면 반드시 자신의 자필일 필요도 없으므로 명의인의 승낙하에 작성되어도 무방하고, 작성자의 날인이 반드시 필요한 것도 아니다.(1994.10.14. 선고 94다11590)

(다) 성립의 인부

서증이 제출된 경우 그 상대방이 그것의 진정성립에 대하여 답변하는 절차를 성립의 인부라 하는데, 이러한 인부에는 성립인정, 침묵, 부인, 부지가 있다.

① 성립인정 및 침묵

이 경우 보조사실에 관한 것이어도 주요사실에 대한 경우에서와 같이 재판상의 자백·자백간주의 법리가 적용되며, 그 취소나 철회의 경우에도 이와 같아야 한다.

② 부인 및 부지

> 제363조(문서성립의 부인에 대한 제재) ① 당사자 또는 그 대리인이 고의나 중대한 과실로 진실에 어긋나게 문서의 진정을 다툰 때에는 법원은 결정으로 200만원 이하의 과태료에 처한다.
> ② 제1항의 결정에 대하여는 즉시항고를 할 수 있다.
> ③ 제1항의 경우에 문서의 진정에 대하여 다툰 당사자 또는 대리인이 소송이 법원에 계속된 중에 그 진정을 인정하는 때에는 법원은 제1항의 결정을 취소할 수 있다.

「문서의 진정성립을 부인하는 때에는 그 이유를 구체적으로 밝혀야 한다.(규칙 제116조) 따라서 단순부인은 허용되지 않으며 이유부부인만 허용된다. 그리고 부인 및 부지의 답변이 있는 경우 증명책임의 문제로 접어든다.

부지의 경우 제3자 작성문서의 경우는 부지로 답변이 가능하나, 자기 작성문서의 경우 부지로 답변할 수 없다.

⑷ **성립의 증명책임**
① **증명책임**
문서의 진정성립에 대하여 상대방의 부인·부지와 같은 다툼이 있는 경우 증명책임은 원칙적으로 문서제출자에게 돌아간다.(1994.11.8.선고 94다31549) 다만, 이를 용이하게 하기 위하여 법정증거법칙의 하나로 추정규정이 존재한다.

② **증명방법**
㉮ **증명방법 일반**
입증방법에는 원칙적으로 제한이 없다. 이에는 다음과 같은 방법이 있다.

> ㉠ 작성명의인이 증인으로서 자기가 작성하였다고 진술하거나, 작성명의인 이외의 자가 증인으로서 자신의 면전에서 명의인에 의하여 작성되었다고 진술하는 방법(1992.11.24. 선고 92다21135)
> ㉡ 필적을 아는 자가 명의인의 필적이라고 진술하는 방법
> ㉢ 필적 또는 인영의 대조에 의하여도 증명이 가능(아래 제359조)
> ㉣ **변론전체의 취지만으로도** 문서의 진정성립 인정가능(1993.4.13. 선고 92다12070)

㉯ **필적 또는 인영의 대조**

> 제359조(필적 또는 인영의 대조) 문서가 진정하게 성립된 것인지 어떤지는 필적 또는 인영(印影)을 대조하여 증명할 수 있다.
> 제360조(대조용문서의 제출절차) ① 대조에 필요한 필적이나 인영이 있는 문서, 그 밖의 물건을 법원에 제출하거나 보내는 경우에는 제343조, 제347조 내지 제350조, 제352조 내지 제354조의 규정을 준용한다.
> ② 제3자가 정당한 사유 없이 제1항의 규정에 의한 제출명령에 따르지 아니한 때에 법원은 결정으로 200만원 이하의 과태료에 처한다.
> ③ 제2항의 결정에 대하여는 즉시항고를 할 수 있다.
> 제361조(상대방이 손수 써야 하는 의무) ① 대조하는 데에 적당한 필적이 없는 때에는 법원은 상대방에게 그 문자를 손수 쓰도록 명할 수 있다.
> ② 상대방이 정당한 이유 없이 제1항의 명령에 따르지 아니한 때에는 법원은 문서의 진정여부에 관한 확인신청자의 주장을 진실한 것으로 인정할 수 있다. 필치(筆致)를 바꾸어 손수 쓴 때에도 또한 같다.
> 제362조(대조용문서의 첨부) 대조하는 데에 제공된 서류는 그 원본·등본 또는 초본을 조서에 붙여야 한다.

필적·인영의 대조는 감정이 아닌 검증의 일종이므로「문서 작성자의 필적 또는 인영·무인과 증명의 대상인 문서의 필적 또는 인영·무인이 동일하다고 인정될 때에는 특별한 사정이 없는 한 문서의 진정성립을 인정할 수 있으며, 이 경우 법원은 반드시 감정으로써 필적, 인영 등의 동일 여부를 판단할 필요가 없이 **육안에 의한 대조로도** 이를 판단할 수 있다.(1997.12.12. 선고 95다38240)」

(매) 진정의 추정
① 공문서
「문서의 작성방식과 취지에 의하여 공무원이 직무상 작성한 것으로 인정한 때에는 이를 진정한 공문서로 추정한다.(제356조 제1항)」 공문서의 경우에는 위조 개연성이 낮으므로 진정성립을 다투는 자가 위조·변조의 사실을 입증하여야 하는 전면적 추정력을 받는다. 이는 공증인이나 그 직무를 행하는 자가 작성한 공정증서 및 사서증서인증서의 경우에도 역시 마찬가지이다.(1994.6.28. 선고 94누2046)

그리고「공문서가 진정한지 의심스러운 때에는 법원은 직권으로 해당 공공기관에 조회할 수 있다.(제356조 제2항)」

외국의 공공기관이 작성한 것으로 인정한 문서도 우리의 공문서와 같이 처리한다.(제356조 제3항)

② 공증인이 인증한 사서증서
「공증인법에 규정된 사서증서에 대한 인증제도는 당사자로 하여금 공증인의 면전에서 사서증서에 서명 또는 날인하게 하거나 사서증서의 서명 또는 날인을 본인이나 그 대리인으로 하여금 확인하게 한 후 그 사실을 공증인이 증서에 기재하는 것이다.(공증인법 제57조 제1항), 공증인이 사서증서의 인증을 함에 있어서는 공증인법에 따라 반드시 촉탁인의 확인(제27조)이나 대리촉탁인의 확인(제30조) 및 그 대리권의 증명(제31조) 등의 절차를 미리 거치도록 규정되어 있으므로, 공증인이 사서증서를 인증함에 있어서 그와 같은 절차를 제대로 거치지 않았다는 등의 사실이 주장·입증되는 등 **특별한 사정이 없는 한, 공증인이 인증한 사서증서의 진정성립은 추정된다.**(2009.1.16. 자 2008스119)」

③ 사문서

> 제357조(사문서의 진정의 증명) 사문서는 그것이 진정한 것임을 증명하여야 한다.
> 제358조(사문서의 진정의 추정) 사문서는 본인 또는 대리인의 서명이나 날인 또는 무인이 있는 때에는 진정한 것으로 추정한다.

㉮ 이단계의 추정
「사문서는 그것이 진정한 것임을 증명하여야 한다.(제357조)」 그러나「사문서는 본

인 또는 대리인의 서명이나 날인 또는 무인(拇印)이 있는 때에는 진정한 것으로 추정한다.(제358조)」이 경우 「본인 또는 대리인의 서명이나 날인 또는 무인이 있는 때」의 의미는 문서에 형식적인 서명 등이 존재하는 것을 뜻하는 것이 아니라 **본인이나 대리인의 의사에 기한 서명행위** 등이 행해진 사실이 있는 때를 의미한다.

따라서 결국 「㉠ 사문서에 날인된 작성 명의인의 인영이 그의 인장에 의하여 현출된 것이라면 특단의 사정이 없는 한 그 인영의 진정성립, 즉 **날인행위가 작성 명의인의 의사에 기한 것임이 추정**되고, ㉡ 일단 인영의 진정성립이 추정되면 민사소송법 제358조에 의하여 그 **문서 전체의 진정성립**이 추정된다.(2003.2.11. 2002다59122)」 특히, ㉠부분의 추정은 **사실상의 추정**이고, ㉡부분의 추정은 **법률상의 추정**이다.

따라서 「인영의 진정성립, 즉 날인행위가 작성 명의인의 의사에 기한 것이라는 추정은 사실상의 추정이므로, 인영의 진정성립을 다투는 자가 반증을 들어 인영의 날인행위가 작성 명의인의 의사에 기한 것임에 관하여 **법원으로 하여금 의심을 품게 할 수 있는 사정을 입증**하면 그 진정성립의 추정은 깨어진다.」

㉯ **추정의 복멸**

㉠ **인장도용·강박의 항변 내지 제3자 날인의 항변**

인장은 명의인의 것임이 맞으나 이것이 도용되었다거나 강박에 의한 것이라는 점에 대하여 항변이 있거나, 작성명의인이 이외의 사람에 의하여 이루어진 것이라는 점에 대하여 항변이 있고 이것이 항변자의 입증에 의하여 밝혀진 경우 제1단계 추정은 깨어진다.

특히, 날인행위가 작성명의인 이외의 자에 의하여 이루어진 것임이 밝혀진 경우에 문서제출자는 그 날인행위가 작성명의인으로부터 **위임받은 정당한 권원에 의한 것이라는 사실**까지 입증할 책임이 있다.(2009.9.24. 2009다37831 등)

㉡ **백지보충문서의 경우**

「문서에 날인된 작성명의인의 인영이 작성명의인의 인장에 의하여 현출된 것임이 인정되는 경우에는 특단의 사정이 없는 한 그 인영의 진정성립 및 그 문서 전체의 진정성립까지 추정되는 것이기는 하나, 이는 어디까지나 먼저 내용기재가 이루어진 뒤에 인영이 압날된 경우에만 그러한 것이며 작성명의인의 날인만 되어 있고 그 내용이 백지로 된 문서를 교부받아 후일 그 백지 부분을 작성명의자가 아닌 자가 보충한 문서의 경우에 있어서는 문서제출자는 그 기재 내용이 작성명의인으로부터 위임받은 정당한 권원에 의한 것이라는 사실을 입증할 책임이 있으며, 이와 같은 법리는 그 문서가 처분문서라고 하여 달라질 것은 아니다.(2000.6.9. 99다37009)」

구체적으로, 「일반적으로 문서의 일부가 미완성인 상태로 서명날인을 하여 교부한다는 것은 이례에 속하므로 그 문서의 교부 당시 백지상태인 공란부분이 있었고 그것이 사후에 보충되었다는 점은 작 성명의인이 증명하여야 한다. 그러나 일단 문서의 내용 중 일부가 사후 보충되었다는 사실이 증명이 된 다음에는 그 백지부분이 정당하게 위임받은 권한에 의하여 보충되었다는 사실은 그 백지부분의 기재에 따른 효과를 주장하는 당사자가 이를 증명할 책임이 있다.(대법원 2013.8.22. 선고 2011다100923 판결)」

(2) 실질적 증거력

(가) 의의

문서의 내용이 요증사실의 증명에 이바지하는 효과를 실질적 증거력이라고 하며, 판단은 법관의 자유심증에 일임되어 있다. 따라서 형식적 증거력과 달리 실질적 증거력에 대하여는 재판상 자백은 성립할 수 없다.

(나) 처분문서의 실질적 증거력

① 강한 추정력

처분문서는 문서의 진정성립이 인정되면 상대방의 반증에 의하여 부정할 만한 분명하고도 수긍할 수 있는 특별한 사유가 없는 한 그 기재내용에 의하여 의사표시의 존재와 내용을 추정(인정)하여야 할 것, 즉, 실질적 증거력을 인정해야 한다는 것이 판례이다. 따라서 처분문서의 실질적 증거력을 배척함에는 합리적 이유설시가 있어야 한다.

② 추정의 범위

처분문서의 추정의 범위는 문서에 기재된 법률적 행위와 그 내용에 국한이 되는 것으로, 그 법률행위의 해석, 행위자의 의사의 흠결 여부에는 미치지 않는다.(2000.4.11.선고 2000다4517)

「그리고 동일한 사항에 관하여 내용을 달리하는 문서가 중복하여 작성된 경우에는 마지막에 작성된 문서에 작성자의 최종적인 의사가 담겨 있다고 해석하는 것이 일반적이라고 할 수 있지만, 마지막에 작성된 문서에 의한 법률행위가 최종적으로 완성되지 아니하는 등의 사유로 종전에 작성된 문서에 의한 법률행위가 철회되었다고 보기 어려운 사정이 있는 경우에는 그와 같이 해석할 수 없다.(대법원 2013.1.16. 선고 2011다102776 판결)」

(다) 보고문서의 실질적 증거력

보고문서는 처분문서와는 달리 법관의 자유심증에 전적으로 그 실질적 증거력이 일임되어 있다. 이는 보고문서가 공문서인 경우에도 원칙적으로 같다. 다만, 일정한 공문서(예) 등기부, 가족관계등록부(호적부), 토지대장이나 임야대장의 소유권자등재, 지적공부, 사실조회회보, 확정된 민·형사판결문 등)의 경우에는 그 기재사항을 진실이라고 추정하는 경우가 많다. 나아가 판례는 사단법인의 결의정족수 등의 문제에 대하여도 특별한 사정이 없는 한 의사록에 추정력을 주고 있다.(2011.10.27. 2010다88682)

관련기출
• 2015년 변리사

甲은 乙을 상대로, "乙은 甲에게 대여금 3,000만 원을 지급하라."는 내용의 민사소송을 제기하고 증거로 차용증을 제출하였다. 그 차용증에는 "乙이 甲으로부터 3,000만 원을 차용하였다."는 내용이 기재되어 있고, 문서 하단에 날짜와 乙의 이름이 기재되어 있으며 그 이름 옆에 乙 명의로 된 도장이 찍혀 있었다. 아래 각 사안에서 차용증 작성경위에 관하여 당사자들이 서로 다른 주장을 하고 있다. 당사자들은 그 주장들 외에 그 주장들을 뒷받침할 아무런 증거도 제출하지 않았다. 아래 각 문제에 대한 결론과 그 근거를 제시하시오. (다음 각 설문은 독립적임)

(1) 위 차용증에 기재되어 있는 금액, 내용, 날짜, 乙의 이름은 프린터에 의하여 인쇄되어 있다. (다음 각 설문은 독립적임)

　가. 甲은, "乙이 위와 같은 차용증을 인쇄하여 소지하고 甲에게 찾아와 甲이 보는 앞에서 차용증의 乙 이름 옆에 乙이 도장을 찍었다."고 주장하였다. 이에 대하여 乙은, "위 차용증은 본 적도 없는 문서이며, 차용증에 찍혀 있는 인영도 내 도장에 의한 인영이 아니다."고 주장하였다. 이 차용증의 진정성립이 증명되었는지 설명하시오.

　나. 甲은, "乙이 자신의 동생인 丙을 보내니 돈을 빌려달라고 전화한 후, 丙이 인쇄된 차용증과 乙의 도장을 가지고 와서 甲이 보는 앞에서 차용증의 乙 이름 옆에 도장을 찍었다."고 주장하였다. 乙은, "차용증에 찍혀 있는 인영은 乙의 인감도장에 의하여 현출된 것이 맞지만, 乙은 전화한 적도 없고 丙을 보낸 적도 없으며, 인감도장은 丙이 몰래 훔쳐가서 사용한 것이다."라고 주장하였다. 이 차용증의 진정성립이 증명되었는지 설명하시오.

(2) 위 차용증에 관하여 乙은, "甲에게서 돈을 빌리기 위하여 甲이 지시하는 대로 백지의 하단에 乙 이름을 기재하고 인감도장을 날인한 다음 이를 甲에게 교부하였다. 그 다음날 차용금으로 500만 원을 받았는데, 그 뒤 甲이 내 허락 없이 차용증에 3,000만 원을 빌려준 것으로 적어 넣은 것이다."라고 주장하였다. (다음 각 설문은 독립적임)

　가. 甲은, "백지에 도장을 받은 것이 아니다. 乙에게 3,000만 원을 빌려주면서 내가 금액(3,000만 원)과 내용을 기재한 차용증을 乙에게 건네주자 乙이 이를 읽어보고 자신의 이름을 쓰고 도장을 찍은 다음 나에게 교부하였다."라고 주장하였다. 이 차용증의 진정성립이 증명되었는지 설명하시오.

　나. 甲은, "乙에게 빌려줄 금액을 정할 수 없어서 乙로부터 백지에 이름과 도장을 받았는데 그 다음날 돈 3,000만 원을 건네주면서 乙로부터 '차용증에 3,000만 원을 빌린다고 적어도 좋다.'는 허락을 받고 그 금액·내용과 날짜를 적어 넣었다."고 주장하였다. 이 차용증의 진정성립이 증명되었는지 설명하시오.

답 안

1. **문제의 소재**

2. **문제 (1)의 해결**

   (1) 사문서 2단의 추정

   (2) 가. 문제의 적용

   乙은 자신 도장에 의한 인영이 아님을 주장하고 있어서, 제1단의 추정은 인정되지 않으므로 문서제출자가 다른 증거에 의하여 진정성립을 증명하지 아니하는 한 문서의 진정성립은 증명된 것으로 볼 수 없다.

   (3) 나. 문제의 적용

   乙이 자신의 인영임을 인정하였으므로, 乙의 의사에 의한 날인이 추정되나, 乙은 제3자 丙에 의한 것임을 주장하고 있으므로 이에 관한 乙의 증명이 있어야 한다. 만일 丙의 인장도용이 있었음에 관한 乙의 증명이 성공하는 경우 문서제출자인 甲이 丙의 대리권을 증명해야 하나, 사안의 경우 아직 乙의 증명이 없으므로 진정성립은 추정되어 있는 상태이다.

3. **문제 (2)의 해결**

   (1) 사문서 2단의 추정과 백지보충문서

   (2) 가. 문제의 적용

   백지보충문서의 주장 시 백지보충문서임을 주장자가 증명해야 하며, 증명 시 2단의 추정은 적용할 수 없고 문서제출자가 증명책임 부담한다.
   사안에서 乙은 백지보충문서임을 주장하므로, 이에 관한 乙의 증명이 있어야 한다.

   (3) 나. 문제의 적용

   乙의 백지보충문서임에 대한 주장에 대하여 甲이 이를 인정하였으므로 재판상 자백에 준하여 취급되며, 이외 문서의 진정성립에 관하여는 甲이 주장·증명하여야 한다.

쟁점 47 증인신문과 당사자본인신문의 차이에 대하여 설명하시오.

	증인신문			당사자본인신문		
개시	신청에 의함			신청 또는 직권으로도 가능		
증거대상의 의무	출석의무 有	선서의무 有	진술의무 有	출석의무 有	선서의무 有	진술의무 有
의무불이행시의 제재수단	① 구인 ② 과태료 　(500 이하) ③ 감치	과태료	과태료	① 구인×・과태료×・감치× ② 단, 신문사항에 관한 상대방의 주장을 진실한 것으로 인정할 수 있음		
선서	필수(원칙)			필수		
허위진술시의 제재	위증죄 성립 가능			위증죄 불성립		
	과태료 ×			과태료(500만원 이하)		
증거조사의 방식 위배의 경우	당사자 본인신문을 할 것을 증인신문한 경우 당사자 본인신문의 방식에 의하여야 할 종친회 대표자를 증인으로 조사한데 대하여 지체없이 이의의 진술이 없었다면 그 증언을 채택하여 사실 인정을 하였다 하더라도 위법이라 할 수 없다.(대법원 1977.10.11. 선고 77다1316 판결)					

민사소송법 단문사례연습

쟁점 48 자유심증주의

관련기출
• 2010년 공인노무사

대여금청구소송에서 당사자 간에 금전대여사실에 대하여 다툼이 있고 이에 관하여는 증거조사의 결과와 변론에서 나타난 각종 자료가 있다. 이를 기초로 법관이 위 금전대여사실주장이 진실한지 아닌지를 판단함에 있어서 적용되는 원칙에 관하여 논하시오. (50점)

Ⅰ. 의의

「법원은 변론전체의 취지와 증거조사의 결과를 참작하여 자유로운 심증으로 사회정의와 형평의 이념에 입각하여 논리와 경험의 법칙에 따라 사실주장이 진실한지 아닌지를 판단한다.(제202조)」 사실의 진부를 판단함에 있어서 법관이 증거법칙의 제한을 받지 않고 변론전체의 취지와 증거자료를 참작하여 형성된 자유로운 심증으로 행할 수 있는 원칙을 자유심증주의라 하여 우리 민사소송법이 취하는 태도이며, 증거능력이나 증거력을 법률로 정하여 법관이 반드시 이러한 증거법칙에 구속되어야 하는 법정증거주의와는 대립되는 개념이다.

Ⅱ. 내용

1. 증거원인인 자료 – 자유심증의 기초

(1) 증거조사의 결과 (증거자료)

증거자료란, 법원이 적법한 증거조사에 의하여 얻은 증거자료를 말한다.

(2) 변론전체의 취지

㈎ 의의

증거조사결과를 제외한 소송자료 전부를 말하는 것으로서 당사자의 주장내용, 진술태도, 사실주장이나 증거신청의 시기, 당사자의 태도, 인상 그밖에 변론에 나타난 일체의 적극적·소극적 사항을 포함한 법관의 심증형성에 참작될 자료를 말한다.

㈏ **변론전체의 취지만으로 독립한 증거원인이 될 수 있는지 여부**

변론전체의 취지는 증거조사의 결과를 보충하는 효력만 있을 뿐 독립한 증거원인이 될 수 없다는 것이 다수설과 판례의 원칙적 태도(보충적 증거원인설)이다.[191]

---

[191] 이에 반대하여 독자적 증거원인성을 인정한 것에 송상현, 김용욱, 강현중, 호문혁

다만, **문**서의 진정성립, 자백철회 요건으로서의 **착**오의 경우에는 변론전체의 취지만으로 이를 인정한다.

그러나, 진정성립의 증명을 용이하게 하기 위하여 추정규정이 있으며, 이와 관련하여 판례는 「상대방이 문서의 진정성립을 적극적으로 다투거나 서증의 진정성립에 석연치 않은 점이 있을 때, 서증의 진정성립 여부가 쟁점이 된 때, 또는 서증이 당해 사건의 쟁점이 되는 주요사실을 인정하는 자료로 쓰여질 때에는 문서가 어떠한 이유로 증거능력이 있는 것인지 설시하여야 할 것이고, 사문서의 경우 그것이 어떠한 증거에 의하여 진정성립이 인정된 것인지 명백히 알 수 없는 때에도 그 근거를 분명히 밝혀서 설시하여야 할 것이다.(1993.5.11. 선고 92다50973)」고 판시한 바 있다.

2. 증거력의 자유평가

(1) 증거방법의 무제한
자유심증주의의 기초가 되는 증거방법이나 증거능력에는 제한이 없다.

(2) 증거력의 자유평가
증거조사에 의하여 얻은 증거자료에 대한 증거력에 대한 평가도 법관의 자유로운 판단에 의한다. 따라서 직접증거이건 간접증거이건, 서증이건 인증이건 증거력에 있어서 어느 것이 우세하다고 볼 수는 없다.

(3) 증거공통의 원칙

(가) 증거력의 자유평가의 의미 (증거공통)
증거력의 자유평가란, 증거제출자에게 유리하게도 불리하게도 작용할 수 있음을 뜻하는데 이는 증거제출자의 상대방의 원용에 무관하게 작용하게 된다. 이러한 것을 달리 말하여 「증거공통의 원칙」이라 한다. 예 원고가 대여사실을 주장하자 피고가 이를 부인한 후 피고의 증인신청 → 피고 신청 증인이 원고의 대여사실을 증언하여 피고에게 불리하여짐 → 증거로 인정(증거공통)

(나) 소송상의 처리

① 증거신청의 철회

㉮ 증거조사 개시 전	㉯ 증거조사 개시 후	㉰ 증거조사 완료 후
증거신청을 한 당사자는 증거조사 개시 전에는 자유롭게 이를 철회할 수 있다.	증거조사 개시 이후에는 상대방의 동의가 없는 한 증거신청을 철회할 수 없다.	이 경우는 철회가 허용될 수 없다.

② 상대방의 원용의 요부

우리 판례의 주류는 「변론에 현출된 증거인 이상, 법원은 당사자의 원용여부를 불문하고 자유롭게 사실인정의 자료로 삼을 수 있다.」고 하여 상대방의 원용이 필요 없다는 입장이다. 다만, 「당사자 일방이 상대방으로부터 제출된 증거를 자기의 이익으로 원용하지 않은 경우 법원이 그 증거들에 대한 판단을 한 바 없다 하여 증거공통의 원칙에 저촉된다거나 증거판단을 유탈한 것이라고 탓할 수 없다.(1974.3.26.선고73다160)」고 한 바도 있다.

Ⅲ. 자유심증의 정도

1. 사실인정을 위한 확신의 정도(증명도·심증도)

고도의 개연성의 확신의 정도를 필요로 하는데, 이는 일체의 의심이나 가능성이 불허되는 수학적 정확성 내지 논리적 증명을 의미하는 것이 아니고, 역사적 증명이면 된다.192)

2. 자의금지 (판단기준)

(1) 자유심증주의의 한계

「자유심증주의는 형식적, 법률적인 증거규칙으로부터의 해방을 뜻할 뿐 법관의 자의적인 판단을 인용한다는 것이 아니므로 적법한 증거조사절차를 거친 증거능력 있는 적법한 증거에 의하여 사회정의와 형평의 이념에 입각하여 논리와 경험의 법칙에 따라 사실주장의 진실여부를 판촉하여야 할 것이며 사실인정이 사실심의 전권에 속한다 하더라도 이같은 제약에서 벗어날 수 없다.(1982.8.24. 선고 82다카317)」

(2) 심증형성경로명시의무 인정여부193)

(가) 판례의 일반적 태도

판례는 「여러 개의 증거를 종합판단하는 경우에 그 각 증거 중 모순된 부분과 불필요한 부분은 제거하고 그중 필요하며 공통된 부분만을 모아서 이를 판단자료에 공용하는 것이므로 각 증거내용 중 그 인정사실과 저촉되거나 서로 모순되는 부분은 특히 명시가 없어도 채택하지 않는 것이라고 봄이 타당하고 따라서 법원이 각 거시증거 중 그 인정사실에 저촉되는 부분을 배척함을 명시하지 아니하였다 하여 위법이 있다고 할 수 없다.(1993.11.12. 선고 93다18129)」고 하여 일반적으로는 심증형성경로를 명시할 필요가 없다는 입장이다.(불요설)

(나) 판례가 예외적으로 명시의무를 인정한 경우

---

192) 이시윤, 전게서. 471면.
193) 이에 대하여는 ① 자의금지원칙에 의하여 당사자를 보호하고 상고심에게 자의적 판단인지의 여부를 재심사할 수 있도록 하기 위해서는 증거의 채부의 심증형성의 경로를 명시하여야 한다는 필요설(방순원, 송상현, 김홍규)과 ② 자유심증의 경로의 논리적 설시가 반드시 가능한 것이 아니고, 그 판단이 경험칙상 흔한 예에 속하는 경우에까지 이를 명시하여야 한다면 소송촉진에 저해된다는 이유로 불필요하다는 불요설(정동윤·유병현, 전게서. 492면 ; 이시윤, 전게서. 473면)의 대립이 있다.

판례는 예외적으로 ㉮ 진정성립이 인정되는 처분문서의 증거력 배제나 ㉯ 공문서의 진정성립의 부정, ㉰ 확정된 관련 민사사건에서 인정했던 사실과 다른 사실을 인정하는 경우, ㉱ 자신에게 불리한 사실을 자인하고 날인까지 한 서증의 증거력을 배척하는 경우 등에는 분명하고 수긍할만한 합리적인 이유의 설시가 필요하다고 보고 있다.

Ⅳ. 자유심증주의의 예외

1. 증거방법의 제한
(1) 대리권의 존재의 증명은 서면으로 한정(제58조, 제89조)

(2) 소명을 위한 증거방법은 즉시 조사할 수 있는 것에 한정(제299조)

2. 증거능력의 제한
(1) 당사자와 법정대리인에 대한 증인신문은 부정(제367조, 제358조)

(2) 증거제한계약에 위반된 증거방법은 부정.

3. 증거력의 자유평가 제한
(1) 문서의 진정성립 추정(제356조, 제368조)

(2) 입증방해

문서제출명령에 따르지 아니한 때(제349조), 문서에 대한 상대방의 사용을 방해하거나(제350조), 출석·선서·진술의 의무를 이행하지 아니한 때(제369조) 또는 명문의 규정이 없더라도 상당하고 합리적인 이유 없이 적극적으로 증명활동을 방해하는 경우 등에는 법원으로서는 이를 하나의 자료로 하여 자유로운 심증에 따라 유리 또는 불리하게 평가할 수 있다.(자유심증설로 판례의 기본적 입장)[194]

> ■ 진료기록변조와 입증방해의 효과 (대판 1995.3.10. 94다39567)
> 의료분쟁에 있어서 의사측이 가지고 있는 진료기록 등의 기재가 사실인정이나 법적 판단을 함에 있어 중요한 역할을 차지하고 있는 점을 고려하여 볼 때, 의사측이 진료기록을 변조한 행위는, 그 변조이유에 대하여 상당하고도 합리적인 이유를 제시하지 못하는 한, 당사자간의 공평의 원칙 또는 신의칙에 어긋나는 입증방해행위에 해당한다 할 것이고, 법원으로서는 이를 하나의 자료로 하여 자유로운 심증에 따라 의사측에게 불리한 평가를 할 수 있다.

---

[194] 이에 대하여 법정증거설, 증명책임전환설, 절충설 등의 견해가 대립되어 있다.

쟁점 49 증명책임의 전환과 완화

Ⅰ. 증명책임의 전환

증명책임의 전환이란, 특별한 경우에 법률에 의하여 예외적으로 증명책임의 일반원칙에 수정을 가하는 경우를 의미한다.[195] 예를 들어 환경정책기본법 제31조는 환경오염의 피해에 대한 무과실책임을 인정하여 「① 사업장 등에서 발생되는 환경오염 또는 환경훼손으로 인하여 피해가 발생한 때에는 당해 사업자는 그 피해를 배상하여야 한다. ② 사업장 등이 2개 이상 있는 경우에 어느 사업장 등에 의하여 제1항의 피해가 발생한 것인지를 알 수 없을 때에는 각 사업자는 연대하여 배상하여야 한다.」고 규정하고 있는 바, 이러한 것이 증명책임의 전환의 예에 해당한다.[196]

Ⅱ. 증명책임의 완화

1. 의의

증명의 곤란이 문제되는 경우에 형평의 이념상 당사자에 대한 증명책임의 일반원칙을 이론상 또는 해석상 완화시켜주는 것을 증명책임의 완화라 한다.

2. 법률상의 추정

(1) 「추정」의 의의

일반적으로 「추정」이란 어느 사실에서 다른 사실을 추인해내는 것을 의미하는데,[197] 민사소송법상으로 이러한 추정에는 법률상의 추정과 사실상의 추정의 둘이 있다.

---

195) 이시윤, 전게서, 482면.
196) 「금전을 대여하였다는 원고의 주장에 대하여 피고가 다투는 경우, 대여사실에 대한 증명책임의 소재(=원고) 및 제1심에서 원고의 청구가 인용되고 기록이 폐기된 후 추완항소가 제기된 경우, 이러한 사정만으로 증명책임이 전환되는지 여부(소극)와 이때 항소심이 취하여야 할 조치
  권리를 발생시키는 요건을 구성하는 사실은 특별한 사정이 없는 한 이를 주장하는 사람에게 증명책임이 있다. 따라서 금전을 대여하였다는 원고의 주장에 대하여 피고가 다투는 때에는 대여사실에 대한 증명책임은 이를 주장하는 원고에게 있다.(대법원 1972. 12. 12. 선고 72다221 판결, 대법원 2018. 1. 24. 선고 2017다37324 판결 등 참조)
  제1심에서 원고의 청구가 인용되고 기록이 폐기된 후에 추완항소가 제기된 경우라 하더라도, 이러한 사정만으로 위와 같은 증명책임이 전환되지 않는다.
  항소심은 변론 전체의 취지와 증거조사의 결과를 참작하여 자유로운 심증으로 사회정의와 형평의 이념에 입각하여 논리와 경험의 법칙에 따라 원고의 사실주장이 진실한지 아닌지를 판단하여야 한다.(민사소송법 제202조) 다만 원고가 제1심에서 제출한 증거가 무엇인지, 서증이라면 원본인지 사본인지, 기록과 함께 폐기된 종전 증거를 대체할 다른 증거가 있는지, 항소심에서 대체증거를 제출하는 것이 용이한지, 용이하지 않다면 그 이유가 무엇인지 등을 하나의 판단 자료로 삼을 수 있고, 원고에게는 충분한 증명의 기회가 주어져야 한다.(대법원 2019. 1. 31. 선고 2017다26249 판결 참조)(대법원 2019. 7. 25. 선고 2018다42538 판결)」
197) 이시윤, 전게서, 483면.

(2) 법률상 추정과 사실상 추정

법률상 추정이란, 법률상으로 어느 사실을 추정하는 것을 말한다. 이에 반하여 사실상의 추정이란, 법률규정이 아니라 경험칙을 적용하여 행하는 추정을 의미한다.

법률상 추정의 구체적인 경우로는 ① 법률상의 사실추정과 ② 법률상의 권리추정이 있고, 사실상 추정의 경우로는 ① 반증에 의한 복멸이 가능한 일반경험법칙에 의한 추정과 ② 간접반증에 의하여만 복멸이 가능한 일응의 추정이 있다.

(3) 법률상 추정의 효과

> **전제 사례**
> 어느 권리자가 권리를 행사하기 위하여는 B사실과 C사실의 둘을 증명하여야 하며, 법률상 「A사실이 있으면 B사실이 추정된다.」는 규정이 있다.

(가) 증명주제의 선택[198]

전제 사례에서 A사실이 인정되면 B사실이 추정되는 경우 B사실에 대하여 증명책임을 부담하는 자는 추정규정이 있다 하여도 B사실을 바로 입증하여 사안을 해결할 수도 있고, A사실을 증명하여 B사실을 추정되게 하는 방법으로 사안을 해결할 수도 있다는 점에서 증명주제의 선택이 가능하다.

(나) 추정에 의한 불요증사실(不要證事實)

위의 예에서 추정에 의하여 B사실은 증명할 필요가 없는 사실 즉, 불요증사실이 된다.

(다) 증명책임의 완화 및 증명책임의 전환

위의 예에서 증명책임부담자로서는 B사실에 대하여는 A사실만 증명하면 되므로 결국 C사실만 증명하면 된다는 의미에서 증명책임은 완화되며 또한 B사실에 대하여는 증명책임이 법률상 그 상대방에게 전환된다는 되기 때문에 증명책임의 전환도 동시에 발생한다.

(라) 증명책임의 전환에 따른 〈본증에 의한 추정의 복멸〉

법률상 추정의 경우 증명책임이 전환되므로 이를 복멸하기 위하여는 상대방 당사자가 본증으로 복멸하여야지 반증으로 복멸하는 것이 아니다.

3. 일응의 추정(표현증명) 및 간접반증에 의한 복멸

(1) 총설

일응의 추정이란, 사실상의 추정 중에서 고도의 개연성이 있는 경험칙을 이용하여 간접사실로부터 주요사실을 추정하는 것을 말하며,[199] 거의 증명된 것과 같다는 의미에서 표현증명(表見證明)이라 부르기도 한다. 그리고 일응의 추정이 인정되는

---

[198] 이시윤, 전게서, 483면.
[199] 이시윤, 전게서, 485면.

사실에 대하여 그 추정을 복멸시키는 방법을 간접반증이라 한다. 대개「특단의 사정」을 증명하는 것을 의미한다. 간접반증은 주요사실에 대하여는 반증이나 간접사실에 대하여는 본증이 되는 것이며, 주요사실에 대한 반대사실의 증명이 아니다.[200]

(2) **판례상의 도입**

일응의 추정론은 공해소송이나 의료과오소송 또는 제조물책임소송 등과 같은 현대형 소송에서 특히 문제된다.

특히, 공해소송에서 원고가 ① 가해기업이 어떠한 유해한 원인물질을 배출하고, ② 그것이 피해물건에 도달하여 ③ 손해가 발생하였다고 주장·입증하였다면 가해자측에서 그것이 무해하다는 것을 입증하지 못하는 한 책임을 면할 수 없다는 것이 판례이다.(1984.6.12. 81다558; 2002.10.22. 2000다65666·65673)

---

[200] 이시윤, 전게서, 487면.

제5장

소송의 종료

쟁점 50 소송종료선언

1. **의의**

    소송이 확정적으로 종료하였음을 확인하여 선언하는 제도를 소송종료선언이라 하는데, 이는 종국판결로 소송판결에 해당하며, 이에 대하여는 상소가 허용된다.

2. **소송종료선언의 사유**

    소송종료선언을 하는 사유에는 다음과 같은 세 가지의 사유가 있다.

    (1) **소송이 종료된 것에 대하여 당사자가 다투면서 기일지정신청을 한 경우에 대한 소송종료선언 (이유 없는 기일지정신청)**

    확정판결에 의하지 않고 종료된 소송에서 소송종료의 효과를 다투어 하는 기일지정신청이 있는 경우에는 법원은 기일을 열어 신청사유를 심리하고 신청이 이유 없다고 인정하는 경우에 소송종료선언을 한다. 주의할 것은 확정판결을 다투면서 기일지정신청을 할 수는 없으며, 이에 대하여 소송종료선언을 하여야 하는 것도 아니다.

    (가) **소나 상소의 취하(또는 간주)의 효력에 관한 다툼이 있는 경우의 기일지정신청에 대하여 신청이 이유 없어서 하는 소송종료선언**(규칙 제67조·제68조)

    ① 소의 취하가 부존재 또는 무효라는 것을 주장하는 당사자는 기일지정신청을 할 수 있고, 이때에는 법원은 변론을 열어 신청사유에 관하여 심리하여야 한다. 심리결과 신청이 이유 없다고 인정한다면 판결로 소송의 종료를 선언하여야 하고, 이유 있다고 인정한다면 취하 당시의 소송 정도에 따라 필요한 절차를 계속하여 진행하고 중간판결 또는 종국판결에 그 판단을 표시하여야 한다.

    ② 만일 종국판결 선고 후 상소가 있었으나 기록송부 전에 소취하가 이루어지고 이를 다투는 기일지정신청이 있을 때에는 ㉠ 당사자 모두 상소한 경우라면 판결법원의 법원사무관 등은 소송기록을 상소법원으로 보내야 하고 상소법원이 이 신청에 대하여 심리하여야 하고, ㉡ 이외의 경우라면 판결법원이 심리를 하여야 한다. ㉡의 경우 신청이 이유 없다고 인정하는 때에는 판결로 소송의 종료를, 이유 있다고 인정하는 때에는 판결로 소의 취하가 무효임을 각 선언하여야 한다.

    ③ 소취하간주가 된 경우로써 취하간주의 효력을 다투는 경우에도 위의 절차를 준용한다.

(나) 청구의 포기·인낙, 소송상 화해, 조정의 효력에 관한 다툼이 있는 경우의 기일지정신청
　① 원칙 – 기일지정신청권 부정·소송종료선언
　　청구의 포기·인낙이나 화해의 법적 성질을 어느 것으로 보는지가 먼저 문제가 될 것이나 소송행위로 보는 판례의 태도에 의하면 청구의 포기·인낙의 하자에 대하여는 준재심으로만 다투어야 하므로, 당사자가 준재심을 제기하지 않고 기일지정신청을 하는 경우 소송종료선언을 하게 된다.
　② 당연무효사유있음을 주장하는 경우 – 기일지정신청권 긍정·당연무효여부 검토 후 이유 없으면 소송종료선언
　　다만, 당사자 일방이 화해조서의 당연무효 사유를 주장하며 기일지정신청을 한 때(예를 들어 당사자가 사망자인 경우 등)에는 법원으로서는 그 무효사유의 존재 여부를 가리기 위하여 기일을 지정하여 심리를 한 다음 무효사유가 존재한다고 인정되지 아니한 때에는 판결로써 소송종료선언을 하여야 한다. 조정의 경우에도 마찬가지이다.(2001.3.9. 선고 2000다58668)

(다) 대립당사자구조가 소멸된 경우 이를 확인하는 의미의 소송종료선언
　소송계속 중 당사자가 사망하였으나 ① 상속인이 없거나 ② 소송물이 이혼소송과 같이 일신전속적 법률관계에 관한 것이어서 승계할 수 없는 경우 또는 ③ 상대방 당사자가 상속받음으로 인하여 당사자 지위가 혼동으로 소멸하는 경우 또는 ④ 소송계속 중 대립당사자인 두 법인이 합병한 경우가 있을 수 있는데, 이 경우 대립당사자구도가 소멸하게 되어 소송은 당연히 종료하게 되며, 다만, 이에 대하여 당사자 사이에 다툼이 있어 기일지정신청이 있는 경우에 심리결과 신청에 이유가 없다면 소송종료선언을 하게 된다.

(2) 종료된 소송에 대해 법원의 간과 시 직권에 의해 하는 소송종료선언
(가) 의의
　소송의 종료여부는 법원의 직권조사사항이므로, 소송이 이미 종료된 것을 간과하여 심리를 계속한 사실이 발견된 경우, 법원은 직권으로 소송종료선언을 하여야 한다. 이 경우 간과판결은 당연무효판결이 된다.
　상소심 법원은 직권으로 이러한 사유가 존재하는지 여부를 조사하여야 하며, 이를 발견한 경우 해당 부분의 판결을 파기하고 소송종료선언을 하여야 한다.(1991.5.24. 선고 90다18036)[201]

(나) 구체적인 경우
　① 소의 취하나 취하간주의 효력이 발생하였음에도 이를 간과한 판결
　　소송이 소취하나 소취하간주의 효력이 발생하였음에도 이를 간과한 판결이 있는 경우 원판결을 파기하고 소송종료선언을 내려야 한다.

---

[201] 법원행정처, 전게서(Ⅲ), 233면.

② 청구의 포기나 인낙이 있음을 간과한 판결
청구의 포기나 인낙이 변론조서에 기재되어 확정판결과 동일한 효력이 발생했음에도 별도의 포기조서나 인낙조서가 작성되지 않자 이를 간과하고 사건에 대한 판결을 한 경우 이를 발견한 상급심법원은 원판결을 파기하고 소송종료선언을 내려야 한다.

③ 청구의 교환적 변경이 있음을 간과하고 변경 전 구소에 대한 판결을 한 경우
이 경우 이를 발견한 법원은 직권으로 소송종료선언을 내려야 한다.

④ 확정판결이 있음에도 간과한 판결
판결의 일부가 이미 확정되어 종료되었음에도 이를 간과하여 판결을 낸 경우 이를 발견한 상급심법원은 원판결을 파기 또는 취소하고 소송종료선언을 내려야 한다.

3. 효력

(1) **종국판결**

소송종료선언의 판결은 사건완료의 확인적 성질을 가진 종국판결로서, 이에 대한 불복상소가 허용된다.

(2) **소송판결**

소송종료선언은 소송판결에 해당할 뿐 본안판결은 아니므로 재소금지의 제재규정을 받지 않는다. 즉, 소송종료선언 이후 소를 취하한 경우라도 다시 소를 제기할 수 있다.

(3) **소송비용**

소송종료선언 시 소송비용의 재판도 하게 되는데, 다만, 대립당사자구도의 소멸로 인한 경우라면 편면구조화하게 되므로 소송비용부담자를 정할 것은 아니다.[202]

---

202) 이시윤, 전게서. 497면.

쟁점 51 소의 취하

목 차		
I. 총설 　1. 의의 　2. 청구감축의 경우 II. 소취하의 요건 　1. 소취하의 주체 　　(1) 원고, 포괄승계인, 법정대리인, 　　　소송대리인(특별수권) 고필의 　　　경우 전원 　　(2) 소취하서의 제출자 　2. 소취하의 대상 - 소송물 　3. 소취하의 시기 　4. 피고의 동의 　　(1) 본안에 관한 응소 이후 - 피고 　　　의 동의 　　(2) 피고의 동의 　　　(가) 소송행위 　　　(나) 동의 방식 　　　(다) 소송대리인의 경우 특별수 　　　　권사항 아님 　　　(라) 동의거절의 효과	5. 소송행위로서의 유효요건 　　(1) 소송행위 　　　(가) 일반 　　　(나) 소송무능력자 또는 무권대 　　　　리인에 의한 소의 취하 　　(2) 소취하 의사표시의 하자 III. 소취하의 효과 　1. 소송계속의 소급적 소멸 　　(1) 소송행위의 소급적 소멸 　　　(가) 법원이 한 행위 　　　(나) 당사자가 한 행위 　　(2) 사법상의 효과 　　　(가) 시효중단효 및 출소기간 　　　　준수효 　　　(나) 소송상 형성권의 행사 문제 　　(3) 소송비용의 부담 　2. 재소금지 　　(1) 의의 　　(2) 요건 　　　(가) 동일한 소 　　　① 당사자의 동일 　　　　㉮ 전소 원고 당사자 및 변론 　　　　　종결 후의 포괄승계인	㉯ 전소원고의 변론종결후 　　　　　의 특정승계인 　　　　㉰ 제3자 소송담당의 경우 　　　② 소송물의 동일 　　　　㉮ 소송물이론 　　　　㉯ 선결관계 내지 선결적 　　　　　법률관계의 경우 　　　③ 권리보호이익의 동일 　　　　㉯ 본안 종국판결선고후의 　　　　　취하일 것 　　(3) 효과 　　　(가) 직권조사사항 　　　(나) 실체법상의 효과는 없음 　　　(다) 재소금지의 배제 IV. 소취하간주제도

I. 총설

1. 의의

원고가 법원에 대하여 소의 전부 또는 일부를 철회하는 단독적 의사표시(2004.7.9. 선고 2003다46758)로써 이에 의하여 소송계속은 소급적으로 소멸되고 소송은 종료된다.(제267조 제1항)

소송 외에서 소송당사자가 소취하 합의를 하는 것도 유효하지만, 이는 계약에 의한 것이므로(소송상 합의) 소송절차에서 피고의 항변이 있다면 원고의 소는 권리보호의 이익이 없어 부적법하다 할 것이지만(1982.3.9. 선고 81다1312), 소취하 합의를 하였다 하여 바로 소취하의 효력이 발생하는 것은 아니다.

2. 청구감축

소송 중 청구금액을 감축하는 청구의 감축을 청구의 일부포기로 볼 것인지 소의 일부취하로 볼 것인지 여부는 원고의 의사에 의하여 정하여야 하는 것이나, 어느 쪽인지 불분명한 경우라면 원고에게 유리한 소의 일부취하로 본다는 것이 다수설과 판례(2004.7.9. 선고 2003다46758)의 태도이다.[203]

Ⅱ. 소취하의 요건

> **제266조(소의 취하)** ① 소는 판결이 확정될 때까지 그 전부나 일부를 취하할 수 있다.
> ② 소의 취하는 상대방이 본안에 관하여 준비서면을 제출하거나 변론준비기일에서 진술하거나 변론을 한 뒤에는 상대방의 동의를 받아야 효력을 가진다.
> ③ 소의 취하는 서면으로 하여야 한다. 다만, 변론 또는 변론준비기일에서 말로 할 수 있다.
> ④ 소장을 송달한 뒤에는 취하의 서면을 상대방에게 송달하여야 한다.
> ⑤ 제3항 단서의 경우에 상대방이 변론 또는 변론준비기일에 출석하지 아니한 때에는 그 기일의 조서등본을 송달하여야 한다.
> ⑥ 소취하의 서면이 송달된 날부터 2주 이내에 상대방이 이의를 제기하지 아니한 경우에는 소취하에 동의한 것으로 본다. 제3항 단서의 경우에 있어서, 상대방이 기일에 출석한 경우에는 소를 취하한 날부터, 상대방이 기일에 출석하지 아니한 경우에는 제5항의 등본이 송달된 날부터 2주 이내에 상대방이 이의를 제기하지 아니하는 때에도 또한 같다.

1. 소취하의 주체

(1) 소제기의 당사자 또는 포괄승계인, 법정대리인도 소취하를 할 수 있으며, 소송대리인의 경우 특별수권을 받아 소를 취하할 수 있다. 다만, 고유필수적 공동소송이라면 전원이 공동으로 하여야 한다.

- 소취하서에 원고의 정확한 명칭이 아닌 약칭만이 기재된 경우에도 그 외 소취하서에 기재된 사건번호, 원고의 대표자 이름, 피고의 표시 등을 근거로 원고의 소취하라 인정할 수 있다.(2001.10.26. 2001다37514)

(2) 「당사자가 소취하서를 작성하여 제출할 경우 반드시 취하권자나 그 포괄승계인만이 이를 제출하여야 한다고 볼 수는 없고, 제3자에 의한 제출도 허용되며, 나아가 상대방에게 소취하서를 교부하여 그로 하여금 제출하게 하는 것도 상관없다.(2001.10.26. 2001다37514)」

2. 소취하의 대상 – 소송물

소취하의 대상이 되는 소송물은 모든 소송물이므로 직권탐지주의의 적용을 받는 가사소송이나 행정소송의 경우에도 허용된다. 다만, 주주대표소송과 증권관련집단소송에서는 소취하에 대하여 법원의 허가가 필요하다.(상법 제403조; 증권관련집단소송법 제35조)

---

[203] 이에 대한 반대의 견해로 방순원, 송상현.

3. 소취하의 시기

소제기 후 판결확정 전까지이면 어느 때나 소취하가 가능하다.($^{제266조}_{제1항}$) 항소심·상고심 여부를 불문하고 소취하가 허용되는 것이나 종국판결이 있은 후에는 재소금지의 불이익이 있다.($^{제267조}_{제2항}$) 소송요건이 흠결되어 부적법한 소라 하여도 이를 취하할 수 있다.

4. 피고의 동의

(1) 피고의 동의가 문제되는 경우

(가) 본안에 관한 응소 이후

상대방이 본안에 관하여 준비서면을 제출하거나 변론준비기일에서 진술하거나 변론을 한 뒤에는 상대방의 동의를 받아야 효력을 가진다. 다만, 본안에 관한 응소이어야 하므로 실체사항이 아닌 절차상의 기일변경에의 동의나 소송이송신청에 이른 경우 등에는 피고의 동의가 필요 없다.

문제가 되는 경우는 다음과 같다.

① 피고가 주위적 소각하판결, 예비적 청구기각판결을 구하는 경우	판례는 「피고가 본안전 항변으로 소각하를, 본안에 관하여 청구기각을 각 구한 경우에는 본안에 관한 것은 예비적으로 청구한 것이므로 원고는 피고의 동의 없이 소취하를 할 수 있다.(1968.4.23. 선고 68다217, 68다218)」고 본다.
② 피고가 청구기각의 판결만을 구하는 경우	위 ①의 반대해석상 소취하에 피고의 동의를 요한다고 판례의 태도를 해석하고 있다.
③ 본소취하 후에 반소를 취하하는 경우	본소취하 후에 반소를 취하함에는 원고의 동의가 필요없다.(제271조)
④ 독립당사자참가 후에 원고가 본소를 취하하는 경우	「독립당사자참가 소송에 있어 원고의 본소 취하에는 피고의 동의 외에 당사자 참가인의 동의를 필요로 한다.(1972.11.30. 자 72마787)」

(2) 피고의 동의

(가) 소송행위

소취하에 대한 피고의 동의행위도 소송행위이므로 소송행위의 유효요건을 모두 갖추어야 한다. 따라서 조건을 붙일 수 없다.

(나) 동의의 방식

- 소취하에 대한 피고의 동의는 서면 또는 말로 가능하다.
- 「소취하에 대한 피고의 동의 및 동의의 거절은 반드시 명시적으로 하여야 하는 것은 아니며 묵시적으로 하여도 무방하다.($^{1993.9.14.\ 선}_{고\ 93누9460}$)」

(다) 소송대리인의 특별수권사항은 아님

상대방이 하는 소취하에 대하여 피고 측 소송대리인의 특별수권은 필요하지 않다.($^{1984.3.13.\ 자}_{82므40}$)

(라) 동의거절의 효과

피고가 동의를 거절하면 소취하의 효력이 발생할 수 없다. 따라서 「소취하에 대하여 피고가 이의하여 동의를 거절하면 소취하 효력을 발생할 수 없고 후에 동의하더라도 취하의 효력이 없다.(1969.5.27. 선고 69다130·131·132)」

5. 소송행위로서 유효한 요건을 갖출 것

(1) 소송행위

(가) 일반

소를 취하하기 위해서는 소송행위의 유효요건을 모두 구비하여야 하므로 소송능력을 구비해야 하고, 조건을 붙일 수 없다. 소송대리인에 의할 경우에는 특별수권이 필요함은 이미 본 바와 같다.

(나) 소송무능력자 또는 무권대리인에 의한 소의 취하

소송무능력자 또는 무권대리인이 제기한 소는 추인에 의하여 유효하게 될 때까지 스스로 소를 취하하여 소제기가 없는 상태로 돌릴 수 있다.[204] 이 때만큼은 피고가 본안에 관하여 변론을 하였어도 그 동의를 얻을 필요는 없다.

(2) 소취하 의사표시의 하자

소취하의 의사표시에 사기나 강박 등의 하자가 있는 경우 이는 소송행위이므로 취소를 주장할 수 없다.(하자불고려설 : 다수설·판례) 다만, 소의 취하가 형사상 처벌받을 다른 사람의 행위로 말미암아 이루어진 경우라면 재심규정인 제451조 제1항 제5호를 유추적용하여 그 무효나 취소를 주장할 수 있다.(1985.9.24. 선고 82다카312) 다만, 그 자에 대하여 유죄확정판결이 필요하다는 것이 판례이다.(2001.1.30. 선고 2000다42939)[205]

주의할 것은, **착오에 의한 소취하는 유효**하다는 것이 판례이다. 즉, 「소의 취하는 원고가 제기한 소를 철회하여 소송계속을 소멸시키는 원고의 법원에 대한 소송행위이고 소송행위는 일반 사법상의 행위와는 달리 내심의 의사보다 그 표시를 기준으로 하여 효력 유무를 판정할 수밖에 없는 것인바, **원고 소송대리인으로부터 소송대리인 사임신고서 제출을 지시받은 사무원은 원고 소송대리인의 표시기관에 해당되어 그의 착오는 원고 소송대리인의 착오라고 보아야 하므로, 사무원의 착오로 원고 소송대리인의 의사에 반하여 소를 취하하였다고 하여도 이를 무효라고 볼 수는 없다.**(대법원 1997.10.24. 선고 95다11740 판결)」

Ⅲ. 소취하의 방법

1. 취하의 방법

소취하는 원칙적으로 소송이 계속된 법원에 취하서면을 제출하여야 하며, 법원에 대

---

204) 이시윤, 전게서, 502면; 강현중, 전게서, 604면.
205) 이에 반대하여 확정판결을 요구할 것은 아니라는 견해에 이시윤, 전게서, 503면.

한 단독행위이기 때문에 상대방이 불출석하여도 취하가 가능하다. 말로 소를 취하한 경우로서 상대방이 불출석한 경우에는 취하의 진술을 기재한 조서등본을 상대방에게 송달하여야 한다.

2. 동의의 방법

소취하에 대한 상대방의 동의는 서면 또는 말로 한다. 소취하의 서면이 송달된 날부터 2주 이내에 상대방이 이의를 제기하지 아니한 경우에는 소취하에 동의한 것으로 본다. 말로 취하를 함에 있어서, 상대방이 기일에 출석한 경우에는 소를 취하한 날부터, 상대방이 기일에 출석하지 아니한 경우에는 조서등본이 송달된 날부터 2주 이내에 상대방이 이의를 제기하지 아니하는 때에도 동의한 것으로 본다.

Ⅳ. 소취하의 효과

> **제267조(소취하의 효과)** ① 취하된 부분에 대하여는 소가 처음부터 계속되지 아니한 것으로 본다.
> ② 본안에 대한 종국판결이 있은 뒤에 소를 취하한 사람은 같은 소를 제기하지 못한다.

1. 소송계속의 소급적 소멸(제267조 제1항)

소가 취하된 경우 소가 처음부터 계속되지 아니하였던 것과 같은 상태로 소송은 종료된다.

(1) 소송행위의 소급적 소멸

(가) 법원이 한 행위의 소급적 소멸

법원으로서는 소취하 이후에는 더 이상 소송을 진행시키거나 판결을 하여서도 안되며, 상소를 제기하여서도 안된다. 또한 소취하 이전에 법원이 한 소송행위도 소급 소멸되며, 특히 기왕에 이루어진 종국판결 역시 실효되고, 법원이 한 증거조사 역시 소급 소멸된다.

(나) 당사자가 한 행위의 소급적 소멸

소취하 이전에 당사자가 한 행위 즉, 보조참가, 소송이송신청, 기피신청, 소송고지 등의 각 행위도 소급적으로 실효된다.

다만, 소취하에 앞서 제기한 독립당사자참가·반소·중간확인의 소는 본소의 취하에 불구하고 원칙적으로 영향을 받지 아니하며(1970.9.22. 선고 69다446; 1991.1.25. 선고 90다4723), 일단 발생한 관련재판적 역시 본소가 취하되어도 소멸되지 않는다.(제33조)

(2) 사법(私法)상의 효과

(가) 시효중단효 및 출소기간 준수효

소제기에 의한 시효중단 및 출소기간의 준수 효과도 소급적으로 소멸된다.(민법 제170조)

(나) 소송상 행사된 형성권의 효력 문제

문제가 되는 것은 소송상 행사한 형성권의 사법상 효과가 소멸하는지이다. 이에 대하여는 ① 병존설, ② 양성설 및 신병존설 등의 견해가 대립되어 있다.

(3) 소송비용의 부담

소취하로 소송계속이 소급적으로 소멸한다 하여도 이미 발생한 소송비용의 부담 및 액수확정문제는 그대로 남으며, 이는 당사자의 신청에 의하여 법원이 결정으로 정한다.(제114조)

2. 재소금지(再訴禁止)

(1) 의의

소취하는 소송계속의 소급소멸을 가져오므로 다시 소를 제기할 수 있는 것이지만, 종국판결 선고 이후에 소를 취하한 경우에는 다시 하는 재소를 금지시키고 있다.(제267조 제1항) 「이는 소취하로 인하여 그 동안 판결에 들인 법원의 노력이 소취하로 인하여 무용화되고 종국판결이 당사자에 의하여 농락당하는 것을 방지하기 위한 제재적 취지의 규정」이다.(1998.3.13. 선고 95다48599·48605)

(2) 요건

㈎ 동일한 소

① 당사자의 동일

㉮ **전소의 원고인 당사자 및 변론종결후의 포괄승계인**

재소금지의 제재를 받는 자는 전소의 원고 및 변론종결 후의 포괄승계인 등이며, 피고나 보조참가인은 제재를 받지 아니한다.

㉯ **전소원고의 변론종결후의 특정승계인**

전소원고의 변론종결후의 특정승계인에게도 재소금지의 효력이 미치는지에 대하여 ① 긍정설은 재소금지의 제재적 기능을 관철시키기 위하여 재소금지의 효력이 미친다고 하여야 한다는 견해이고(강현중, 김용욱, 이영섭, 정동윤), ② 부정설은 재소금지의 효과가 기판력과는 그 효력이 다르므로 전소취하를 알면서 받아들이는 등의 특별한 사정이 없다면 전소원고에게만 효력이 미친다고 하여야 한다는 견해이다.(이시윤, 김홍규, 송상현, 호문혁)견해의 대립이 있다. 판례는 **전소인 건물철거소송 본안판결 이후 소가 취하되고 이후 토지를 양수한 자가 소를 제기**한 사안에서, 일단 변론종결 후의 특정승계인도 포함은 시키고 있으나, 새로운 권리보호이익이 있는 경우라는 이유로 결국 재소를 인정하고 있다.(1969.7.22. 69다760)

㉰ **제3자 소송담당의 경우**

㉠ **선정당사자가 소를 취하한 경우**

선정자에게도 재소금지의 효력이 미친다.

㉡ **채권자대위소송을 한 채권자가 소를 취하한 경우**

「채권자대위권에 의한 소송이 제기된 사실을 피대위자가 **알게 된 이**

상, 그 대위소송에 관한 종국판결이 있은 후 그 소가 취하된 때에는 피대위자도 (…) 재소금지규정의 적용을 받아 그 대위소송과 동일한 소를 제기하지 못한다.(1996.9.20. 선고 93다20177·20184)」는 것이 판례임에 반하여, 채권자대위소송이 소송담당이 아니라는 이유로 채무자에게 재소금지의 효력이 미치지 않는다는 **견해도** 있다.206)

② 소송물의 동일
 ㉮ **소송물이론**
  소송물이 동일한지 여부는 소송물이론에 의하여 결정이 되는데, 판례가 기본적으로 구이론을 취하고 있음은 이미 본 바와 같다.
 ㉯ **선결관계 내지 선결적 법률관계인 경우**
  ㉠ **전소의 선결적 법률관계가 후소의 소송물인 경우**
   이 경우는 전소로 이행청구를 하고 후소에서 그 전제가 되는 권리에 대한 확인청구를 하는 경우로서 예컨대, 전소로 토지인도청구를 한 후 후소로 소유권확인의 소를 제기한 경우를 의미한다. 판례의 주류적 입장은 재소금지의 효과를 받는다고 보며, 학설도 큰 이견은 없다.
  ㉡ **전소의 소송물이 후소의 선결문제인 경우**
   예컨대 ⓐ 전소로 소유권 확인청구를 하고 후소에서 물건인도청구 등 물권적 청구권을 행사하는 경우, ⓑ 전소의 소송물이 원본채권의 이행이고 후소가 이자채권인 경우와 같은 경우 또는 ⓒ 면직처분무효확인의 소를 종국판결 후 취하한 후 그 면직처분이 무효임을 전제로 한 급여채권에 대한 이행을 청구하는 경우가 이에 해당한다.
   • 판례는 「후소가 전소의 소송물을 선결적 법률관계 내지 전제로 하는 것일 때에는 비록 소송물은 다르지만 본안의 종국판결 후에 전소를 취하한 자는 **전소의 목적이었던 권리 내지 법률관계의 존부에 대하여는 다시 법원의 판단을 구할 수 없는 관계상** 위 제도의 취지와 목적에 비추어 후소에 대하여도 동일한 소로서 판결을 구할 수 없다고 풀이함이 상당하다.」고 하여 재소금지의 효력이 미친다고 보고 있다.(1989.10.10. 88다카18023)
   • 다만, 이에 반하여 이 경우에는 재소금지규정을 적용하지 않아야 한다는 견해도 유력하다. 기판력과 재소금지는 제도의 취지가 다르다는 점 및 이 경우에는 재소금지의 취지인 판결의 농락방지의 문제는 발생하지 않는다는 점을 근거로 한다.

---

206) 송상현·박인환. 488면 ; 호문혁. 650면.

㉰ 상계의 철회 문제

「상대방이 본안에 관하여 준비서면을 제출하거나 변론준비기일에서 진술 또는 변론을 한 뒤에는 상대방의 동의를 받아야 효력을 가지는 소의 취하와 달리 소송상 방어방법으로서의 상계 항변은 그 수동채권의 존재가 확정되는 것을 전제로 하여 행하여지는 일종의 예비적 항변으로서 상대방의 동의 없이 이를 철회할 수 있고, 그 경우 법원은 처분권주의의 원칙상 이에 대하여 심판할 수 없다. 따라서 먼저 제기된 소송의 제1심에서 상계 항변을 제출하여 제1심판결로 본안에 관한 판단을 받았다가 항소심에서 상계 항변을 철회하였더라도 이는 소송상 방어방법의 철회에 불과하여 민사소송법 제267조 제2항의 재소금지 원칙이 적용되지 않으므로, 그 자동채권과 동일한 채권에 기한 소송을 별도로 제기할 수 있다.(2022. 2. 17. 2021다275741)」

③ 권리보호이익의 동일

재소금지의 취지가 당사자가 권리보호의 이익 없이 법원의 종국판결을 농락하는 것에 대한 제재이므로 전·후소가 당사자가 동일하고 소송물이 동일하다고 하더라도 권리보호이익을 달리하는 경우에는 후소는 재소금지에 해당하지 않는다.

> **새로운 권리보호이익이 있으므로 후소를 허용한 예**
> ㉠ 본안판결 이후 피고가 소유권침해를 중지하여 소를 취하하였지만 그 뒤 재차 침해하는 경우(1981.7.14. 선고 81다64·65)
> ㉡ 피고가 전소취하의 전제조건인 약정사항을 이행하지 않아 약정이 해제·실효되는 사정변경이 발생한 경우(2000.12.22. 선고 2000다46399)
> ㉢ 부동산 공유자들이 제기한 명도청구소송에서 제1심판결 선고 후 공유자 중 1인이 자신의 공유지분을 타 공유자에게 양도하고 소를 취하한 경우, 그 공유지분 양수인이 소를 제기하는 경우(1998.3.13. 선고 95다48599·48605)[207]
> ㉣ 매수인이 매도인을 상대로 부동산에 관하여 매매를 원인으로 한 소유권이전등기절차 이행의 소를 제기하여 승소판결을 받았지만, 항소심에서 매매에 따른 토지거래허가신청절차의 이행을 구하는 소로 변경하여 당초의 소는 종국판결 선고 후 취하된 것으로 되었다 하더라도, 그 후 토지거래허가를 받고 나서 다시 소유권이전등기절차의 이행을 구하는 경우(1997.12.23. 선고 97다45341)

---

[207] 부동산 공유자들이 제기한 명도청구소송에서 제1심 종국판결 선고 후 항소심 계속중 소송당사자 상호간의 지분 양도·양수에 따라 소취하 및 재소가 이루어진 경우, 그로 인하여 그 때까지의 법원의 노력이 무용화된다든가 당사자에 의하여 법원이 농락당한 것이라 할 수 없고, 소송 계속중 부동산의 공유지분을 양도함으로써 그 권리를 상실한 공유자가 더 이상 소를 유지할 필요가 없다고 생각하고 소를 취하한 것이라면 그 지분을 양도받은 자에게 소취하에 대한 책임이 있다고 할 수 없을 뿐만 아니라, 공

(나) 본안에 대한 종국판결 선고후의 취하
① 「본안에 대한 종국판결」이 있을 것
본안에 대한 종국판결 이후의 소취하이어야 재소금지의 효과가 발생하므로 ⓐ 당연무효판결 및 ⓑ 소각하판결, 소송종료선언과 같은 소송판결이 있고 난 이후에 소를 취하한 경우에는 재소가 금지되지 않는다. 본안판결이기만 하다면 원고승소판결이든 패소판결이든 불문한다.
② **본안에 대한 종국판결 선고 「이후에」 소를 취하하였을 것**
③ 항소심에서 청구의 교환적 변경이 있는 경우
이에 대하여 청구의 교환적 변경의 법적 성질을 신소제기와 구소취하의 실질이 결합된 것으로 보는 결합설에 의하면 변경 이후 과거의 소송물로 재변경하는 것은 재소금지규정에 저촉되어 허용될 수 없다고 본다.
이에 반하여 청구의 교환적 변경의 법적 성질을 고유의 제도로 보는 견해에 의하면, 재변경도 가능하다고 한다.

(3) 효과
(가) 직권조사사항
재소금지에 해당하는지 여부는 공익적 성질을 가지는 소송요건으로서 직권조사사항에 해당하며 재소가 금지된 제소임이 발견되면 비록 피고가 소에 동의하여도 소각하판결을 한다.

또한 중복소송인 후소를 법원이 간과하여 판결을 내린 후 항소심에서 후소를 취하한 경우, 전소는 금지되는 재소에 해당한다. 즉, 「중복소송의 경우 본안에 대한 종국판결이 있은 후 소를 취하한 자는 동일한 소를 제기할 수 없다는 법리에 의하여 후소의 본안에 대한 판결이 있은 후 그 후소를 취하한 자는 전소를 유지할 수 없다 할 것이다.(대법원 1967.7.18. 선고 67다1042 판결)」

(나) 실체법상의 효과는 없음
「소의 취하는 원고가 제기한 소를 철회하는 법원에 대한 단독적 소송행위로서 소송물을 이루는 실체법상의 권리를 포기하는 것과 같은 처분행위와는 다르고 본안에 대한 종국판결이 있은 후 소를 취하한 자가 동일한 소를 제기하지 못하는 이른바 재소금지의 효과는 소송법상의 효과임에 그치고 실체법상의 권리관계에 영향을 주는 것은 아니므로 재소금지의 효과를 받는 권리관계라고 하여 실체법상으로도 권리가 소멸하는 것은 아니다.(1989.7.11.선고 87다카2406)」 따라서 실체법상의 권리가 포기된 것으로 볼 수도 없고 자연채무의 형태로 남게 되어 임의변제 시

유지분 양수인으로서는 자신의 권리를 보호하기 위하여 양도받은 공유지분에 기하여 다시 소를 제기할 필요도 있어 그 양수인의 추가된 점포명도청구는 그 공유지분의 양도인이 취하한 전소와는 권리보호의 이익을 달리하여 재소금지의 원칙에 위배되지 아니한다.

에는 수령이 가능하다.
(다) 재소금지의 배제
가사소송사건과 같이 청구를 포기할 수 없는 소송에 있어서 재소를 금지하면 결국 청구의 포기를 할 수 없는 소송에 대하여 포기를 인정하는 결과가 되므로 이러한 경우에는 재소금지의 효과가 적용이 되지 않는다.(통설)[208]

Ⅴ. 소취하간주제도

① 쌍불취하간주제도(제268조)
② 피고경정에서의 구피고에 대한 소 취하간주(제261조 제4항)
③ 법원재난에 있어서의 소취하간주(법원재난에 기인한 민형사사건임시조치법 제2조, 제3조)
④ 증권관련집단소송에서 소송절차 중단 이후 1년 이내에 소송수계신청이 없는 경우의 소취하간주제도(증집소법 제24조)

관련기출 •2020년 법원행시

甲은 X토지의 소유자이고, 乙은 X토지를 점유·사용하는 자이다. 甲은 乙에게 X토지의 인도를 청구하는 소를 제기하여 승소판결을 받았고, 乙은 항소하였다가 甲에게 사과하며 X토지를 정당한 가격에 매수하겠으니 소를 취하하여 달라고 요청하였다. 甲은 이를 믿고 소를 취하하였다. 그러나 소취하 후 乙은 X토지를 매수하려고 하지 않은 채 계속 점유·사용하였다.

(1) 甲은 소취하가 착오 내지 기망에 의한 것으로 효력이 없다고 주장하면서 법원에 기일지정신청을 하였다. 이 경우 법원의 처리방법을 설명하시오.

(2) 甲이 乙에게 다시 X토지 인도를 청구하는 소를 제기할 경우 법원의 처리방법을 설명하시오.

답 안

1. 문제 (1)의 해결
   (1) 문제의 소재
   (2) 하자고려 여부
      (가) **학 설** - ① 하자고려설, ② 하자불고려설
      (나) **판 례**
      판례는 기본적으로 하자불고려설의 입장이나, 법원 밖에서의 소송행위의 경우 민법상의 하자 있는 의사표시 규정을 유추적용하는 입장이다.
      사안과 유사한 경우, 판례는 소취하는 원고의 법원에 대한 소송행위이고 소송행위는 일반 사법행위와 달리 내심의 의사보다 표시를 기준으로 하여야 하며, 착오에 의한 것이라도 소송행위의 외형이 존재하는 이상 소취하는 유효라는 입장이다.(대법원 1997.10.24. 선고 95다

---

[208] 법원행정처, 전게서(Ⅲ), 271면 ; 이시윤, 전게서, 510면.

11740 판결)

(3) 사안의 적용
소취하는 유효라 봄이 판례이므로 甲의 기일지정신청은 이유 없고, 법원으로서는 소송종료선언을 내려야 한다.

2. 문제 (2)의 해결

(1) 문제의 소재

(2) 재소금지

(가) 의 의
본안에 대한 종국판결이 있은 후 소취하가 있는 경우, 같은 소를 다시 제기하지 못한다.(제267조 제2항) 이는 법원의 노력의 무용화에 따른 판결의 농락을 방지하기 위한 제재에 그 취지가 있다.

(나) 요 건
재소금지가 인정되기 위하여는 ① 당사자의 동일, ② 소송물의 동일 및 ③ 권리보호이익의 동일이 그 요건이다.

특히, 판례는 소취하의 전제요건약정을 피고가 위반하여 한 재소는 재소금지원칙에 반하는 것이 아니라 한다.(대법원 2000.12.22. 선고 2000다46399 판결)

(3) 사안의 적용
위 판례와 유사한 사안으로서 재소는 허용된다. 따라서, 법원으로서는 본안에 나아가 판결하여야 한다.

관련기출
• 2006년 사법시험

A토지는 원래 甲의 소유였는데, 甲이 2005.9.1. 사망하여 그의 아들 乙이 단독으로 상속하였다. 그런데 乙이 미처 상속등기를 하지 못한 사이에 甲의 전처인 丙은 甲의 생전인 2005.7.1. 甲으로부터 A토지를 증여받았음을 원인으로 하여 2005.11.1. 이에 관한 소유권이전등기를 경료하였다. 丁은 2005.10.1. 乙로부터 A토지를 매수하였는데 甲이 丙에게 A토지를 증여한 바 없음에도 丙이 관계서류를 위조하여 등기를 경료하였다고 주장하면서 2006.4.1. 乙을 대위하여 丙을 상대로 그 명의의 위 소유권이전등기의 말소를 구하는 소를 제기하였다. 丁은 제1심 법원이 청구를 기각하자 항소하였는데 항소심 계속 중 이 사건 소를 취하하여 소송이 종료되었다. 그 이후 乙이 丙을 상대로 이 사건 소와 동일한 내용의 소를 제기한 경우 이 사건 소는 적법한가?

답 안

I. 문제의 소재
丁은 피고 丙이 소유권이전등기의 말소를 대위소송으로 구하여 항소심 계속 중 소를 취하한 이후 이번에는 丁의 채무자 乙이 다시 피고 丙을 상대로 동일한 내용의 소를 제기한 것이 본안종국판결 이후의 소취하시 당사자로 하여금 같은 소를 제기하지 못하게 한 민사소송법 제267조 제2항에 저촉되는지가 문제된다. 이 사안의 경우 채권자대위소송 이후의 피대위자인 채무자가 대위소송의 당사자와 동일하다고 평가할 것인지가 문제된다.

Ⅱ. 재소금지(제267조 제2항)

1. 재소금지의 취지
본안 종국판결 이후 원고의 소취하가 이루어진 경우 같은 소제기를 금지하는 취지는 법원이 들인 노력을 무용화하여 재판을 농락하는 것을 방지하려는 취지에 비롯된 것이라는 것이 판례이다.

2. 요 건

(1) 일 반
금지되는 재소는 ① 본안종국판결선고 이후의 소취하가 있을 것, ② 같은 당사자인 원고가 소를 제기하는 것일 것, ③ 원칙적으로 동일 소송물이어야 하되, 판례는 재소금지의 취지상 소송물이 기판력 등에서와 같이 완전히 동일할 필요는 없다고 본다. 그리고 ④ 다시 하는 소제기가 새로운 권리보호이익이 없을 것 등이 그 요건에 해당한다.

(2) 제3자의 소송담당의 경우
일반적으로 제3자의 소송담당에서는 소송담당자와 피담당자 간에는 같은 당사자로 보아, 재소는 금지된다고 본다.

다만, 채권자대위소송도 그러한지에 대하여는 채권자대위소송의 법적 성질을 어떻게 보아야 할 것인지 여부에 의하여 판단될 수밖에 없다.

Ⅲ. 채권자대위소송의 법적 성질

1. 학 설
채권자대위소송의 법적 성질에 관하여 ① 대위되는 권리는 채무자의 것이라는 점에서 이는 법정소송담당이라는 견해와 ② 이는 채권자에게 부여된 고유한 권리일 뿐 단순히 채무자의 권리만 행사하는 것이 아니라는 견해의 대립이 있다.

2. 판 례
판례는 채권자대위소송의 법적 성질을 제3자의 소송담당으로 보고 있다.

3. 검 토
채권자대위권이 채권자의 고유한 권리라고 본다면 하나의 채무를 부담하는 제3채무자 입장에서 채권자의 소송 및 채무자의 소송은 별개이므로 권리를 주장하는 자들로부터의 파상공세에 시달리게 된다는 문제점이 있으므로, 그 법적 성질은 제3자의 소송담당이라고 보는 것이 타당하다고 보여진다.

Ⅳ. 대위채권자가 소를 취하한 경우, 그 채무자에게 재소금지효력이 미치는지

1. 학설 및 판례
채권자대위소송의 법적 성질을 ① 채권자의 고유한 권리라는 견해에 의하면 이는 재소가 금지되는 '같은 당사자' 라 볼 수 없으므로 채무자의 재소는 허용된다고 보며, ② 법정소송담당으로 보는 견해에 의하면 취하된 전소를 채무자가 안 이상 채무자의 재소는 허용되지 않는다고 본다.

판례는 법정소송담당설의 입장에서 「채권자대위권에 의한 소송이 제기된 사실을 피대위자가 알게 된 이상, 그 대위소송에 관한 종국판결이 있은 후 그 소가 취하된 때에는 피대위자도 (…) 재소금지 규정의 적용을 받아 그 대위소송과 동일한 소를 제기하지 못한다.(1996.9.20. 선고 93다20177·20184)」고 한다.

2. 검토 및 사안의 해결

이미 살펴본 바와 같이 채권자대위소송의 법적 성질을 법정소송담당으로 본 이상, 채무자가 채권자대위소송이 진행된 사실을 알았다면 재소는 금지된다고 보는 것이 타당하다.

쟁점 52 청구의 포기·인낙

Ⅰ. 총설

1. 의의

청구의 포기란 원고가 변론 또는 준비절차에서 스스로 자기의 소송상 청구가 이유 없음을 자인하는 법원에 대한 일방적 의사표시를 말하며, 청구의 인낙은 피고가 자기에 대한 원고의 청구가 이유 있다고 자인하는 법원에 대한 일방적 의사표시이다.

① 청구의 포기·인낙은 소송의 변론이나 변론준비기일에서 법원에 대하여 하는 진술이라는 점에서, 소송 외에서 상대방이나 제3자에 대하여 하는 권리의 포기나 채무의 승인과는 구별된다.

② 청구의 포기·인낙은 일방 당사자가 일방적으로 양보를 하는 것이나, 소송상 화해의 경우 상호양보 즉, 호양(互讓)이 있어야 한다는 점에서 구별된다.

③ 청구의 포기·인낙은 원고패소의 확정판결과 동일한 효력이 생긴다는 점에서, 소가 소급적으로 소멸될 뿐이므로 다시 소를 제기할 수 있는 소취하와는 다르다.

Ⅱ. 법적 성질

청구의 포기·인낙의 법적 성질에 대하여 견해가 대립하며, 통설 및 판례는 소송행위로 본다.[209]

Ⅲ. 요건

1. 당사자

당사자는 소송행위의 유효요건인 당사자능력, 소송능력을 갖추어야 하며, 소송대리인이 하는 경우에는 특별수권을 받아야 한다.(제56조 제2항, 제90조 제2항)

필수적 공동소송의 경우에는 전원이 이를 하여야 하고(제67조 제1항), 독립당사자참가의 경우 원고나 피고가 포기 또는 인낙을 하여도 참가인이 다투는 한 효력이 없고(제79조 제2항, 제67조 제1항), 참가인이 청구를 포기하거나 인낙을 하는 경우에도 이와 같다.(1968.12.24. 선고 68다1574)

2. 소송물

(1) 당사자가 자유로이 처분할 수 있는 소송물일 것

① 가사·행정·선거관계 소송 등 직권탐지주의에 의하는 절차에서는 원칙적으로 청구의 포기·인낙은 허용되지 않는다.

② 회사관계소송은 직권탐지에 의하는 것이 아니지만, 원고 승소 시 대세효가 있는 점에 비추어 볼 때 청구의 포기는 별론으로 하고 청구의 인낙은 인정되지 않는다.

---

[209] 이에 반하여 사법행위설 및 양성설도 존재한다.

- 즉, 「주주총회결의의 부존재·무효를 확인하거나 결의를 취소하는 판결이 확정되면 당사자 이외의 **제3자에게도 그 효력이 미쳐** 제3자도 이를 다툴 수 없게 되므로, 주주총회결의의 하자를 다투는 소에 있어서 **청구의 인낙이나 그 결의의 부존재·무효를 확인하는 내용의 화해·조정은 할 수 없고**, 가사 이러한 내용의 청구인낙 또는 화해·조정이 이루어졌다 하여도 그 인낙조서나 화해·조정조서는 **효력이 없다.**(대법원 2004.9.24. 선고 2004다28047 판결)」

(2) 당해 소송의 소송물에 대한 것일 것

화해와 달리 청구의 포기·인낙은 당해 소송의 소송물만이 그 대상이 될 수 있다.[210]

주의할 것은 **예비적 청구만을 대상으로 한 청구의 인낙은 인정되지 않는다.** 따라서 예비적 청구만을 인낙한 취지가 조서에 기재되어 있어도 인낙의 효력은 발생하지 않는다.(1995.7.25. 94다62017)

(3) 소송물인 청구가 특정되어 있고 적법할 것

㈎ 청구에 의한 법률효과가 특정될 것

인낙의 대상이 되는 청구는 그 법률효과가 특정되어야 한다.

㈏ 청구에 의한 법률효과 자체가 적법할 것

인낙에 의하여 인정될 권리관계가 ① 현행법상 인정되는 것이어야 하므로 소작권을 인정하는 것 등은 인정될 수 없으며 ② 또한 선량한 풍속 또는 기타 사회질서에 위반되지 않아야 하므로 살1파운드를 청구하는 것과 같은 것은 인낙의 대상이 될 수 없다.

㈐ 청구에 의한 법률효과 자체는 적법하나 법원의 법률판단을 받으면 패소할 수밖에 없는 청구(주장 자체로 이유 없는 청구)[211]

예를 들어 도박채권에 기한 청구에 대한 인낙의 경우처럼 주장 자체로 이유 없는 원고의 청구에 대하여 인낙이 가능한지에 대하여는 견해의 대립이 있으나, 인낙이 가능하므로 법원으로서는 청구기각의 판결을 할 수 없다는 것이 다수설과 판례의 태도이다.[212]

> **대법원 1969.3.25. 선고 68다2024 판결**
> 농지개혁법 제19조 소정의 농지 소재지관서의 증명이 없더라도 농지의 소유권이전 등기 청구의 인락을 기재한 조서는 무효가 아니다.

---

210) 법원행정처, 전게서(Ⅲ), 293면.
211) 이시윤, 전게서, 515면.
212) 이러한 것에 국가가 조력하여서는 안된다는 반대견해로 정동윤·유병현, 송상현, 강현중, 호문혁, 전병서 등.

(4) 소송요건의 흠이 있는 경우

청구의 포기·인낙은 본안확정판결과 동일한 효력이 있으므로 소송요건이 갖추어지지 않으면 법원은 청구의 포기·인낙에 불구하고 소를 각하하여야 한다.(통설)213) 이 점 화해와 다르다.

3. 시기

청구의 포기·인낙은 소송의 계속 중이라면 어느 때나 할 수 있으므로 항소심뿐만 아니라 상고심에서도 가능하다. 다만, 청구의 포기·인낙은 원고의 청구가 전제되는 것이기 때문에 원고가 소장을 진술한 이후에 할 수 있으며,214) 변론종결이나 판결선고 후의 포기·인낙이라면 기일지정신청을 한 연후에 지정된 기일에서 할 수 있다.

4. 방식

(1) 원칙 – 출석기일에서의 구두진술

청구의 포기·인낙은 기일에 출석하여 구두로 진술함이 원칙이다. 변론기일이나 변론준비기일 모두 가능하며, 법원에 대한 일방적 행위이므로 상대방이 불출석하여도 포기·인낙이 가능하다.

(2) 서면 포기·인낙제도(제148조 제2항)

원고 또는 피고가 변론기일에 출석하지 아니하거나, 출석하고서도 본안에 관하여 변론하지 아니한 때에는 그가 제출한 소장·답변서, 그 밖의 준비서면에 적혀 있는 사항을 진술한 것으로 보고 출석한 상대방에게 변론을 명할 수 있는데, 이에 따라 당사자가 진술한 것으로 보는 답변서, 그 밖의 준비서면에 청구의 포기 또는 인낙의 의사표시가 적혀 있고 공증사무소의 인증을 받은 때에는 그 취지에 따라 청구의 포기 또는 인낙이 성립된 것으로 본다.

5. 내용

청구의 포기·인낙에는 조건을 붙여서는 안되고 무조건적이어야 한다.

Ⅳ. 조서의 작성

청구의 포기·인낙이 있는 경우에 그 기일의 조서에는 청구의 포기·인낙이 있다는 취지만을 적고 별도의 용지에 청구의 포기·인낙의 취지 및 청구의 취지와 원인을 적은 청구의 포기·인낙의 조서를 따로 작성하여야 한다. 다만, 소액사건에서는 특히 필요하다고 인정하는 경우 외에는 청구의 원인을 적지 아니한다.(규칙 제31조)

다만, 별도조서를 작성하지 않고 그 기일의 변론조서나 변론준비기일조서에만 포기·인낙의 취지를 기재하여도 무효라 볼 수는 없다.(1962.5.3. 선고 4294민상1080; 1969.10.7. 선고 69다1207)

---

213) 법원행정처, 전게서(Ⅲ), 293면; 이시윤, 전게서, 515면.
214) 법원행정처, 전게서(Ⅲ), 293면.

V. 효과

> **제220조(화해, 청구의 포기·인낙조서의 효력)** 화해, 청구의 포기·인낙을 변론조서·변론준비기일조서에 적은 때에는 그 조서는 확정판결과 같은 효력을 가진다.

1. 소송종료효

청구의 포기·인낙이 있는 경우 당해 소송은 당연히 종료되므로, 이를 간과한 소송진행이 있는 경우 소송종료선언을 하여야 한다. 또한 포기나 인낙을 한 당사자는 패소자로서 소송비용을 부담하는 것이 원칙이며(제114조 제2항, 제98조), 그 액수에 대하여는 따로이 결정으로 재판한다.

2. 확정판결과 동일한 효력의 발생

청구의 포기·인낙을 하면 확정판결과 동일한 효력이 생기므로 당연무효사유가 없는 한 기판력·집행력·형성력 등의 효력이 발생하며, 상소심에서의 포기·인낙의 경우라면 그 한도 내에서 전심판결의 효력은 실효된다.[215]

3. 청구의 포기·인낙의 흠을 다투는 법

(1) 조서작성 전

자백의 철회에 준하여 상대방의 동의를 얻거나 착오를 이유로 철회할 수 있다.

(2) 조서작성 후

기판력 있는 확정판결의 하자를 다투는 방법과 마찬가지로, 재심사유가 있을 때에는 준재심의 소에 의하여 다투어야 한다. 따라서 무효확인소송이나 기일지정신청의 방식으로 당해 소송의 속행을 구하는 것은 허용되지 않는다.

---

215) 이시윤, 전게서, 517면.

쟁점 53 소송상 화해

관련기출 • 2013년 공인노무사

소송상 화해에 대하여 설명하시오. (25점)

1. 의의
소송계속 중 수소법원, 수명법관 또는 수탁판사의 면전에서 당사자 쌍방이 소송물인 청구에 대하여 서로 양보한 결과를 법원에 대하여 진술함으로써 소송을 종료시키기로 하는 합의를 소송상 화해라 한다.

2. 법적 성질
소송상 화해가 소송행위인지 그 법적 성질에 대하여는 견해가 대립된다.[216]

판례의 기본적 입장은 소송행위설로 분류되나, 특히, 제소전 화해에 대하여는 「화해계약이 그 내용을 이루어」라는 표현을 쓰는 등 입장이 분명치 아니하고, 나아가 실효조건부 화해의 유효성을 인정하고 또한 「제소전 화해는 재판상 화해로서 확정판결과 동일한 효력이 있고 창설적 효력을 가지는 것이므로 화해가 이루어지면 종전의 법률관계를 바탕으로 한 권리의무 관계는 소멸한다.(1988.1.19. 선고 85다카1792)」고 하여 창설적 효력을 인정하여 그 입장이 동요를 보이고 있다.[217]

3. 요건

(1) 당사자
당사자는 소송행위의 유효요건인 당사자능력, 소송능력을 갖추어야 하며, 소송대리인이 하는 경우에는 특별수권을 받아야 한다.(제56조 제2항, 제90조 제2항)

필수적 공동소송의 경우에는 전원이 이를 하여야 하고(제67조 제1항), 독립당사자참가에서는 원·피고만의 화해는 인정되지 않는다.

화해는 대개 소송당사자 사이에 성립하지만, 제3자도 소송절차에 참가하여 화해할 수도 있다. 이 때 그 제3자와의 관계에서는 제소전화해가 된다.[218]

(2) 소송물
(개) 사적 이익에 관한 것으로 자유로이 처분이 가능한 것일 것

---

216) 논의의 배경은 ① 준재심으로만 다툴 수 있다면 기판력의 범위가 너무 넓고 ② 재심사유는 한정되어 있다는 점이다.
217) 이시윤, 전게서, 521면.
218) 법원행정처, 전게서(Ⅲ), 274면 ; 이시윤, 전게서, 519면.

- 화해의 대상은 권리관계가 사적 이익에 관한 것으로 당사자가 자유롭게 처분할 수 있는 것이어야 한다.
- 즉, 「조정이나 재판상 화해의 대상인 권리관계는 사적 이익에 관한 것으로서, 당사자가 자유롭게 처분할 수 있는 것이어야 하므로, 성질상 당사자가 임의로 처분할 수 없는 사항을 대상으로 한 조정이나 재판상 화해는 허용될 수 없고, 설령 그에 관하여 조정이나 재판상 화해가 성립하였더라도 효력이 없어 당연무효이다.($^{2012.9.13.}_{2010다97846}$)」
- 따라서 **'재심대상판결 및 제1심판결을 각 취소한다.'는 조정조항**은 법원의 형성재판 대상으로서 갑과 을 회사가 자유롭게 처분할 수 있는 권리에 관한 것이 아니어서 당연무효이다.($^{2012.9.13.}_{2010다97846}$)」
- 또한, 직권탐지주의가 적용되는 사건의 경우 임의로 처분이 가능한 이혼이나 파양사건을 제외하고는 소송상 화해를 인정할 수 없다.

(나) 화해의 내용이 적법하여야 하는지

소송행위설을 취하고 있는 판례는 화해의 내용이 강행법규에 위반하거나 화해에 이른 동기나 경위에 반윤리적·반사회적인 요소가 내재된 경우라 하여도 화해를 무효로 하고 있지 않다.[219]

(다) 조건부화해가 허용되는지

소송행위설을 택한다면 조건부화해는 인정될 수 없음이 원칙이나, 이미 본 바와 같이 판례는 소송행위설을 기본적 태도로 하면서도 실효약관부 화해를 인정하고 있다.[220]

(라) 소송요건의 흠이 있는 경우

제소전의 화해가 인정되는 것을 고려할 때 소송요건흠결의 경우라도 원칙적으로 화해가 허용된다. 이 점에서 청구의 포기·인낙과 다르다.

(3) 상호양보

화해는 기본적으로 호양(互讓), 즉 상호양보가 있어야 한다. 따라서 어느 일방이 일방적으로만 양보하는 것은 화해가 될 수 없다. 다만, 소송상 화해의 요건인 양보의 방법이나 범위 내지 정도에 대하여는 법률상 제한이 없으며 대단히 넓게 해석하는 것이 실무이다.[221]

① 즉, 원고가 청구 전부를 포기하되 소송비용의 부담만 피고로부터 양보받는 화해도 가능하다. 또한 피고가 채무를 전부 인정하고 원고가 기한의 유예를 주는 경우도 허용된다.[222]

---

[219] 양행위경합설을 취하고 있는 통설의 견해에 따르면 화해의 내용이 강행법규에 반하거나 사회질서에 위반하여서는 안 된다고 보고 있다.(이시윤, 전게서, 522면)
[220] 양행위경합설을 취하는 통설에 따른다면 조건부화해도 가능하다는 결과에 이른다.
[221] 법원행정처, 전게서(Ⅲ), 275면.

② 소송물 이외의 권리관계, 즉 계쟁물에 관계없는 물건이나 금전의 지급을 약속하거나 제3자와의 권리관계를 포함시키는 것도 가능하다.
③ 다만, 소송물 이외의 권리관계는 화해조항(또는 조정이라면 조정조항)에 특정되거나 부가적으로 기재가 이루어져야 한다.($^{2013.3.28.}_{2011다3329}$)

(4) 시기

> 제145조(화해의 권고) ① 법원은 소송의 정도와 관계없이 화해를 권고하거나, 수명법관 또는 수탁판사로 하여금 권고하게 할 수 있다.
> ② 제1항의 경우에 법원, 수명법관 또는 수탁판사는 당사자 본인이나 그 법정대리인의 출석을 명할 수 있다.

소송상 화해는 소송 계속 중이라면 어느 때나 할 수 있으므로 항소심뿐만 아니라 상고심에서도 가능하다. 법원으로서는 소송의 정도와 관계없이 화해를 권고하거나 수명법관이나 수탁판사로 하여금 권고하게 할 수 있다.($^{제145}_{조}$)

(5) 방식

(가) 원칙 – 출석기일에서의 구두진술

화해는 기일에 출석하여 말로 진술함이 원칙이다. 기일인 한 변론기일이나 변론준비기일, 화해기일, 증거조사기일의 모두에서 화해가 가능하다.

(나) 서면 화해제도($^{제148조}_{제2항}$)

원고 또는 피고가 변론기일에 출석하지 아니하거나, 출석하고서도 본안에 관하여 변론하지 아니한 때에는 그가 제출한 소장·답변서, 그 밖의 준비서면에 적혀 있는 사항을 진술한 것으로 보고 출석한 상대방에게 변론을 명할 수 있는데, 이에 따라 당사자가 진술한 것으로 보는 답변서, 그 밖의 준비서면에 화해의 의사표시가 적혀 있고 공증사무소의 인증을 받은 경우에는 상대방 당사자가 변론기일 등에 출석하여 그 화해의 의사표시를 받아들인 때에는 화해가 성립된 것으로 본다.($^{제148조}_{제3항}$)

4. 조서의 작성

화해가 있는 경우에 그 기일의 조서에는 화해가 있다는 취지만을 적고 별도의 용지에 화해의 취지 및 청구의 취지와 원인을 적은 화해조서를 따로 작성하여야 한다. 다만, 소액사건에서는 특히 필요하다고 인정하는 경우 외에는 청구의 원인을 적지 아니한다.($^{규칙}_{제31조}$)

5. 효과

> 제220조(화해, 청구의 포기·인낙조서의 효력) 화해, 청구의 포기·인낙을 변론조서·변론준비기일조서에 적은 때에는 그 조서는 확정판결과 같은 효력을 가진다.

---

222) 법원행정처, 전게서(Ⅲ), 275면.

(1) 소송종료효
소송상 화해가 있는 경우 당해 소송은 당연히 종료되므로, 이를 간과한 소송 진행이 있는 경우 소송종료선언을 하여야 한다. 또한 화해가 이루어진 경우 소송비용은 특별히 정한 바가 없다면 각자 지출한 비용을 부담하는 것이 원칙이다.(제106조)

(2) 확정판결과 동일한 효력의 발생
화해조서에는 확정판결과 동일한 효력이 있다.(제220조) 다만, 해석상 이 경우에 기판력까지 인정한 것으로 볼 수 있는가 및 인정된다면 어느 범위에서 기판력이 미치는지와 관련하여 논의가 있다.[223]

> (가) 무제한 기판력설(판례)
> 화해조서에는 어떠한 경우에나 기판력이 인정되며, 화해의 성립과정상의 흠은 그것이 재심사유에 해당하여 준재심에 의한 구제를 받는 경우를 제외하고는 그 무효를 주장할 수 없다는 견해로 판례의 태도이다.
>
> (나) 제한적 기판력설(다수설)
> 실체법상 아무런 하자가 없는 경우에만 제한적으로 기판력이 발생하므로 이 경우에만 준재심이 허용되는 것이며, 실체법상의 하자가 있다면 기판력은 인정될 수 없고 기일지정신청이나 화해무효확인청구로 구제되어야 한다는 견해이다.

(3) 집행력의 발생 – 의무이행을 목적으로 한 화해조서라면 집행력도 발생한다.

(4) 화해의 흠을 다투는 법
① 화해조서에 명백한 오류가 있는 경우 판결에 준하여 경정이 허용된다.(제211조)
② 화해에 의하여 소송이 종료되었으나, 이에 하자가 있음을 들어 다시 소송을 부활시키고자 할 때도 판례에 따르면 무제한 기판력이 발생하므로 원칙적으로 이를 다투는 기일지정신청을 할 수는 없고 준재심으로 다툴 수밖에 없다.
③ 다만, 기판력이 생긴다 하여도 화해조서에 기재된 내용이 특정되지 아니하여 강제집행을 할 수 없는 경우에는 동일한 청구를 제기할 수 있다.(1995.5.12. 94다25216)
④ 소송행위설을 취하는 판례에 의하면 소송상 화해에는 기판력이 존재하므로 이후 화해조항의 불이행이 있다 하여도 해제는 인정되지 않는다.
⑤ 선행화해가 성립된 후 그와 모순된 내용의 후행화해가 이루어졌다 하여도 이미 선행화해에는 기판력이 발생하였으므로 선행화해가 실효되거나 변경이 되는 것은 아니다.(1995.12.5. 94다59028)

---

223) 학설로는 기판력부정설도 존재한다.

쟁점 54 제소전 화해

1. 총설

제소전화해란, 일반 민사분쟁이 소송으로 발전하는 것을 방지하기 위해 소제기 이전에 지방법원 단독판사 앞에서 화해를 신청하여 해결하는 절차를 의미한다.224) 이는 소를 제기하기에 앞서 행한다는 점에서 이미 본 바와 같은 소송상 화해와는 다른 제도이나, 그 법적 성질·요건 및 효력 등에 있어서는 소송상 화해의 법리가 그대로 적용된다.225)

판례가 제소전 화해의 효력에 무제한기판력을 인정하는 결과 과거 금전소비대차의 채권자가 폭리행위를 하고는 제소전화해를 이용하여 집행권원을 확보하여 두는 행위를 하는 등으로 하여 강행법규를 탈법하는 수단으로 제소전화해를 악용하는 폐해가 많이 있어 왔다.

2. 현실적 분쟁이 발생하였을 것에 한정되는지

제소전 화해의 요건으로 지금 현재 현실적으로 민사상의 법적 분쟁이 존재하여야 하는지(현실분쟁설) 아니면 화해신청시를 기준으로 장래에 분쟁발생의 가능성이 있는 경우에도 제소전화해가 허용된다고 보아야 하는지(장래분쟁설)에 대하여 견해의 대립이 있으나, 제소전화해의 악용폐단을 고려할 때 현실적 분쟁에 한정하여 봄이 옳다.226)

3. 화해신청

> **제385조(화해신청의 방식)** ① 민사상 다툼에 관하여 당사자는 청구의 취지·원인과 다투는 사정을 밝혀 상대방의 보통재판적이 있는 곳의 지방법원에 화해를 신청할 수 있다.
> ② 당사자는 제1항의 화해를 위하여 대리인을 선임하는 권리를 상대방에게 위임할 수 없다.227)
> ③ 법원은 필요한 경우 대리권의 유무를 조사하기 위하여 당사자본인 또는 법정대리인의 출석을 명할 수 있다.
> ④ 화해신청에는 그 성질에 어긋나지 아니하면 소에 관한 규정을 준용한다.

(1) 관할

상대방의 보통재판적이 있는 곳의 지방법원이 관할이며 직분관할로 지방법원 단독판사의 사건에 해당한다. 시·군법원도 화해사건을 담당할 수 있다.(법원조직법 제33조, 제34조 제1항 제2호)

---

224) 이시윤, 전게서 ; 법원행정처, 전게서(Ⅲ), 449면.
225) 법원행정처, 전게서(Ⅲ), 449면.
226) 이시윤, 전게서, 530면. 이에 따른 것으로 광주지방법원 1990.4.10. 90자129 등
227) 이에 위반시 무권대리인에 의한 것이므로 준재심의 대상일 것이라는 견해에 이시윤. 전게서. 556면.

(2) 신청방식

신청은 서면이나 말로 가능하며, 말로 하는 경우 법원사무관등이 조서에 그 취지를 기재하고 기명날인하여야 한다.(제161조) 신청서에는 1심 인지액의 5분의 1의 인지를 붙여야 한다.(인지법 제7조1항)

(3) 신청접수 후의 처리

소에 관한 규정이 준용이 되므로(제385조 제4항) 필수적 기재사항의 누락(청구취지와 청구원인은 필수적 기재사항이지만, '다투는 사정'은 임의적 기재사항임),[228] 인지의 첨부여부 및 송달불능 등의 경우에는 보정명령을 발한 후 이에 불응하는 경우 신청서나 신청조서를 각하하여야 한다.(제255조 제2항 참조)

4. 심리

(1) 기일에의 불출석의 경우

기일에 신청인이나 상대방이 출석하지 않은 경우 다시 기일을 정하여 통지할 수도 있고 법원은 이들의 화해가 성립되지 아니한 것으로 볼 수도 있다.(제387조 제2항) 이 중 어느 것을 취할지 여부는 법원의 재량에 속하며, 법 제268조는 성질상 준용이 되지 않는 것이므로 양 당사자가 불출석하였다 하여도 신청취하간주로 처리할 수는 없다. 실무상으로는 통상 1회 불출석시 연기, 2회 불출석시 화해불성립으로 종결 처리하고 있다.[229]

(2) 제소전화해기일에의 출석

지정된 제소전화해기일에 출석하면 절차를 진행하게 되는데, 특히 채권자의 폭리행위나 탈법행위를 방지하기 위하여 법 제385조 제2항 및 제3항은 대리인 선임권을 그 상대방에 위임할 수 없도록 하고 법원은 필요한 경우 대리권의 유무를 조사하기 위해 당사자 본인이나 법정대리인의 출석을 명할 수 있게 하고 있다.

5. 화해의 성립 - 제소전화해의 효력

> **제386조(화해가 성립된 경우)** 화해가 성립된 때에는 법원사무관등은 조서에 당사자, 법정대리인, 청구의 취지와 원인, 화해조항, 날짜와 법원을 표시하고 판사와 법원사무관등이 기명날인한다.

(1) 소송상 화해와 동일한 효력

화해조서는 확정판결과 동일한 효력을 가지며(제220조), 집행력뿐만 아니라 소송상 화해와 동일하게 전면적으로 기판력이 인정된다. 또한 판결경정에 관한 법 제211조도 준용되어 조서의 경정이 허용되며, 「제소전화해가 준재심에 의하여 취소되지

---

[228] 법원행정처, 전게서(Ⅲ), 451면.
[229] 법원행정처, 전게서(Ⅲ), 453면.

않는 한 그 기판력에 모순, 저촉되는 주장을 할 수 없다.(^{1992.11.27. 선}_{고 92다8521})」

또한「확정판결의 당연무효 사유와 같은 사유가 없는 한 설령 그 내용이 강행법규에 위반된다 할지라도 그것은 단지 제소전 화해에 하자가 있음에 지나지 아니하여 준재심절차에 의하여 구제받는 것은 별문제로 하고 그 화해조서를 무효라고 주장할 수는 없다.(^{2002.12.6. 선고}_{2002다44014})」

(2) 창설적 효력

재판상 화해의 법적 성질을 소송행위로 보는 것이 판례의 태도임은 소송상 화해에서 이미 본 바와 같으나, 특히 제소전화해에 있어서 판례는 제소전화해에 창설효를 인정하고 있기 때문에 문제가 있음도 이미 본 바와 같다. 즉, 판례는「제소전화해는 재판상 화해로서 확정판결과 동일한 효력이 있고 창설적 효력을 가지는 것이므로 화해가 이루어지면 종전의 법률관계를 바탕으로 한 권리의무관계는 소멸한다.(^{1992.5.26. 선}_{고 91다28528})」고 본다.

(3) 화해조서취소의 효력

준재심의 소에 의해 화해조서가 취소되면 제소전화해는 부활할 소송이 없으므로 소송상화해와 달리 화해절차의 불성립으로 이어진다.

6. 화해의 불성립

> **제387조(화해가 성립되지 아니한 경우)** ① 화해가 성립되지 아니한 때에는 법원사무관등은 그 사유를 조서에 적어야 한다.
> ② 신청인 또는 상대방이 기일에 출석하지 아니한 때에는 법원은 이들의 화해가 성립되지 아니한 것으로 볼 수 있다.
> ③ 법원사무관등은 제1항의 조서등본을 당사자에게 송달하여야 한다.

화해가 성립되지 아니한 경우 법원사무관등은 그 사유가 적힌 조서등본(화해불성립조서)을 당사자에게 송달하여야 하는데, 이는 불출석 당사자에게 불성립의 취지를 알려주려 하는 의미 이외에도 출석 당사자에게는 소제기신청을 할 수 있는 불변기간을 진행시킴으로써 사건을 마무리 짓기 위한 것이다.[230]

7. 소제기신청

> **제388조(소제기신청)** ① 제387조의 경우(화해가 성립되지 아니한 경우)에 당사자는 소제기신청을 할 수 있다.
> ② 적법한 소제기신청이 있으면 화해신청을 한 때에 소가 제기된 것으로 본다. 이 경우 법원사무관등은 바로 소송기록을 관할법원에 보내야 한다.
> ③ 제1항의 신청은 제387조 제3항의 조서등본이 송달된 날부터 2주 이내에 하여야 한다.

---

230) 법원행정처, 전게서(Ⅲ), 455면.

> 다만, 조서등본이 송달되기 전에도 신청할 수 있다.
> ④ 제3항의 기간은 불변기간으로 한다.

화해불성립의 경우 신청인뿐만 아니라 피신청인인 당사자는 누구나 소제기신청을 할 수 있다. 다만, 어느 쪽에서 소제기신청을 하였는지 여부를 불문하고 원래의 화해신청인이 소송의 원고가 되며 화해의 피신청인은 피고가 된다.

8. 화해비용의 부담

「화해비용은 화해가 성립된 경우에는 특별한 합의가 없으면 당사자들이 각자 부담하고, 화해가 성립되지 아니한 경우에는 신청인이 부담한다. 다만, 소제기신청이 있는 경우에는 화해비용을 소송비용의 일부로 한다.(제389조)」

쟁점 55 일부판결과 재판누락

1. 일부판결

> **제200조(일부판결)** ① 법원은 소송의 일부에 대한 심리를 마친 경우 그 일부에 대한 종국판결을 할 수 있다.
> ② 변론을 병합한 여러 개의 소송 가운데 한 개의 심리를 마친 경우와, 본소(本訴)나 반소의 심리를 마친 경우에는 제1항의 규정을 준용한다.

(가) 의의

동일 소송절차에서 심판되는 사건의 어느 일부를 다른 부분으로부터 분리하여 먼저 완결시키는 종국판결을 일부판결이라 한다.[231] ① 일부판결은 일부이기는 하나, 종국판결이라는 점에서 종국판결이 아닌 중간판결과는 구별되고, ② 재판의 누락과도 구별된다. 즉, 소송물의 일부에 대하여 법원이 의도적으로 하는 판결이 일부판결이며 이 경우 나머지 판단에 대하여는 이를 잔부판결이라 함에 반하여, 재판의 누락은 법원이 무의식적으로 빠뜨린 경우로서 이는 추가판결로 정리하게 된다.

(나) 요건

① 법원의 재량

소송 일부의 심리가 완료된 경우라도 일부판결을 할 것인지에 대한 판단은 법원의 재량에 속한다.

② 소극적 요건 – 일부판결이 불허되는 경우가 아닐 것

예비적 병합, 선택적 병합, 예비적·선택적 공동소송, 필수적 공동소송, 독립당사자참가, 공동소송참가소송에서는 일부판결이 불허된다.
또한 법률상 병합처리가 강제되는 경우에도 일부판결은 인정되지 않는다.(예 회사관계소송)

주의할 것은 반소의 경우에도 일부판결을 할 수 있다는 점이다. 다만, 예비적 반소 등의 경우처럼 예외적으로 일부판결이 부정되는 경우도 있다.

(다) 절차

일부판결을 하려 함에는 일단 그 부분의 변론을 분리하는 결정을 먼저 하여야 한다.[232]

---

[231] 이시윤, 전게서, 539면.
[232] 법원행정처, 전게서(Ⅲ), 238면. 이 부분 특히 법원행정처, 전게서(Ⅲ)과 혼동할 여지있는 표현으로 강현중, 전게서, 637면의 서술은 다음과 같다. {일부판결을 할 때에는 그 부분에 관해서 변론을 집중할 필요가 있기 때문에 변론의 제한(제141조) 등 소송지휘를 통하여 당사자에게 이를 미리 알리는 것이 적당하다. 그러나 일부러 변론을 분리할 필요는 없다.}

⑷ 효과
① 효과 일반
㉮ 일부판결에 대한 효과
일부판결도 그 부분에 대하여는 종국판결이므로 독립하여 상소가 가능하다. 또한 상소 시 그 일부만 이심(移審)된다.
㉯ 잔부에 대한 효과 – 잔부판결(또는 결말판결)
일부판결의 경우 남겨진 잔부에 대하여는 일부판결의 기판력이 미치지 아니하고, 당해 심급에서 심리가 속행되며 이에 대하여 잔부판결이 이루어지게 된다.[233]
② 일부판결이 허용되지 않음에도 한 위법한 일부판결의 경우
㉮ 판결확정 전 – 상소가능 · 전부이심
일부판결이 허용되지 않는 경우에는 재판의 누락(탈루)이 있을 수 없으므로 추가판결이 아니라 판단누락이 있는 것으로 보아 상소가 가능하며, 상급심에 사건의 전체가 전부이심된다. 상급심으로서는 판단누락을 이유로 원심판결 전체를 취소 자판하게 된다.
㉯ 판결확정 후
㉠ 재심 가능
이 경우 제451조 제1항 제9호의「판단누락」이 있는 경우에 해당하여 재심제기가 가능하다.
㉡ 판단하지 않은 부분에 대한 재소(再訴) 가능여부
이 경우 판단을 받은 바 없는 부분에 대하여는 기판력이 발생할 수 없으므로 그 부분에 대하여 다시 별소를 제기할 수 있는지가 문제되며, 이에 대하여 소제기가 가능하다는 견해도 있으나,[234] 판례는 부적법하다고 보고 있다. 스스로 판결을 확정시킨 후에 다시 별도의 소송을 제기함은 권리보호의 이익이 없다는 이유에서이다.($^{2002.9.4.}_{98다17145}$)

2. 재판의 누락(판결의 누락 또는 재판의 탈루)과 추가판결
⑺ 의의

> 제212조(재판의 누락) ① 법원이 청구의 일부에 대하여 재판을 누락한 경우에 그 청구부분에 대하여는 그 법원이 계속하여 재판한다.

---

233) 다만, 이 경우 ① 판결의 모순 · 저촉을 피하기 위하여 잔부판결이 일부판결의 내용에 구속된다는 즉, 잔부판결은 일부판결의 주문판단을 토대로 하여야 한다는 견해(이시윤)와 ② 일부판결 자체가 판결의 모순 · 저촉문제가 없을 때 인정되는 것이므로 기속력은 인정할 수 없다는 견해(정동윤 · 유병현)의 대립이 있다.
234) 강현중, 전게서, 638면.

> ② 소송비용의 재판을 누락한 경우에는 법원은 직권으로 또는 당사자의 신청에 따라 그 소송비용에 대한 재판을 한다. 이 경우 제114조(소송이 재판에 의하지 아니하고 끝난 경우의 결정 ; 필자주)의 규정을 준용한다.
> ③ 제2항의 규정에 따른 소송비용의 재판은 본안판결에 대하여 적법한 항소가 있는 때에는 그 효력을 잃는다. 이 경우 항소법원은 소송의 총비용에 대하여 재판을 한다.

재판의 누락이란, 법원이 청구의 전부에 대하여 재판을 할 의도였으나 실수에 의하여 청구의 일부만에 대하여 재판을 한 경우를 의미하며, 이 때 누락된 부분에 대하여 하는 종국판결을 추가판결이라 한다.

(나) **판단누락과의 구별**

재판의 누락이란 종국판결의 주문에서 판단할 청구의 일부에 대한 재판을 누락한 경우라는 점에서, 판결의 이유에서 판단할 공격방어방법에 대한 판단누락과는 구별된다. 재판의 누락인지 판단누락인지를 결정하는 기준은 판결의 주문기재의 여부를 기준으로 함이 판례의 태도이다.

① 판결주문에 아무런 표시가 없으나 판결이유 속에 판단이 있는 경우	재판의 누락에 해당한다.[235]
② 판결이유 속에 아무런 표시가 없으나 판결주문에는 기재가 있는 경우	판결에는 법원의 판단을 분명하게 하기 위하여 결론을 주문에 기재하도록 되어 있으므로 재판의 탈루가 있는지 여부는 우선 주문의 기재에 의하여 판정하여야 하고, 주문에 청구의
③ 판결이유 속에 아무런 표시가 없으나 판결주문에는 기재가 있는 경우	전부에 대한 판단이 기재되어 있으나 이유 중에 청구의 일부에 대한 판단이 빠져 있는 경우에는 어쨌든 주문에는 청구의 전부에 대한 판시가 있다고 할 수 있으므로 이유를 붙이지 아니한 위법이 있다고 볼 수 있을지언정 재판의 탈루가 있다고 볼 수는 없다.(2002.5.14. 선고 2001다73572 ; 2008.11.27. 선고 2007다69834)

(다) **재판의 누락에 대한 조치**

① 추가판결

재판누락이 있는 부분은 그 법원이 계속하여 재판하는데(제212조), 이 재판에 의한 판결을 추가판결이라 한다. 따라서 재판누락이 있는 경우 불복의 대상이 없으므로 상소를 제기하여 구제를 받는 것은 부적법하며(1996.2.9. 선고 94다50274; 2005.5.27. 선고 2004다43824), 법원은 직권으로

---

235) 이 경우에 명백한 판결의 오류로 보여진다면 판결의 경정에 의하여 정정하여야 한다는 견해로 이시윤, 전게서, 540면 ; 정동윤·유병현, 전게서, 665면.

또는 당사자의 신청에 의하여 추가판결을 하여야 한다.[236]

② **추가판결과 누락판결의 관계**

추가판결은 이전의 판결과는 별개의 독립한 판결이므로 상소기간도 개별적으로 진행된다.

③ **소송비용 재판의 누락시의 결정**

소송비용 재판을 누락한 경우 직권 또는 당사자의 신청에 의하여 그에 대한 결정을 할 것이나, 종국판결에 대하여 적법한 항소가 있는 때에는 그 결정은 효력을 잃고 항소심이 총비용에 대하여 재판을 한다.(제212조 제2항, 제3항)

---

[236] 정동윤·유병현, 전게서, 665면. 다만, 이 경우 추가판결신청보다는 차라리 누락부분 취하 및 항소심에서의 청구변경으로 추가함이 좋다는 것에 이시윤. 전게서. 566면.

쟁점 56 기간의 해태(불준수)와 소송행위의 추후보완

1. 일반
기간의 해태(불준수)가 있다면 구체적인 경우에 따라 여러 효과가 발생되겠지만 그 중 불변기간의 경우라면 그 기간을 지키지 못하면 재판이 확정될 수 있다.

2. 소송행위의 추후보완

> 제173조(소송행위의 추후보완) ① 당사자가 책임질 수 없는 사유로 말미암아 불변기간을 지킬 수 없었던 경우에는 그 사유가 없어진 날부터 2주 이내에 게을리 한 소송행위를 보완할 수 있다. 다만, 그 사유가 없어질 당시 외국에 있던 당사자에 대하여는 이 기간을 30일로 한다.
> ② 제1항의 기간에 대하여는 제172조(기간의 신축, 부가기간 : 필자주)의 규정을 적용하지 아니한다.

(1) 의의
재판에 대한 불복기간은 대개 1주 또는 2주의 단기로 규정이 되어 있으므로, 당사자가 책임질 수 없는 사유로 인하여 불변기간을 지킬 수 없었다면 추후에 이를 보완할 수 있게 하는 제도를 마련하였는 바 이를 소송행위의 추후보완이라 한다.

(2) 추후보완의 요건

(가) 추후보완의 대상 – 불변기간
① 모든 기간에 대하여 추후보완이 인정되는 것은 아니고, 불변기간에 대하여 추후보완이 인정되며, 통상기간에는 추후보완이 인정되지 않는다.
② 문제가 되는 것은 **상고이유서 제출기간 또는 재항고이유서 제출기간**에도 추후보완이 인정되는지인데, 판례는 추후보완을 부정한다. 결국 **판례는** 당사자의 귀책사유 없이 이 기간을 지키지 못하였다 하여도 일단 상고이유서 부제출로 상고기각판결이 내려지고 바로 확정되며, 나중에 제451조 제1항 제3호의 대리권의 흠이 있는 때에 준하여 재심의 소를 제기하게 하는 것으로 해결하고 있다. 이에 대하여 **추후보완을 긍정하자는 견해가 다수설**이다. 이 기간도 그 실질에 있어서 불복임에는 차이가 없다는 점을 논거로 삼는다.

(나) 불귀책사유(추후보완사유)
추후보완은 「당사자가 책임질 수 없는 사유」가 있을 때에 한하여 허용된다. 이는 천재지변, 그 밖의 불가항력만 한정되는 것은 아니고 「당사자가 당해 소송행위를 하기 위한 일반적 주의를 다하였어도 그 기간을 준수할 수 없는 사유를 말한다. (1991.3.15. 자 91마1)」

(다) 공시송달로 인하여 상소기간을 해태한 경우

공시송달은 당사자가 송달서류의 내용을 알지 못하는 경우가 대부분임에도, 공시송달로 인한 판결정본송달은 그것이 요건에 흠결이 있는 경우이어도 송달 자체는 유효하다고 보므로 결국 항소기간이 진행되어 판결이 확정된다. 따라서 추후보완을 인정할 실익이 크다. 판례는 다음과 같이 처리하고 있다.

① 처음 소장부본 송달로부터 공시송달로 소송이 진행된 경우

이 경우는 추후보완을 인정한다.

② 소송 진행 중 공시송달로 변경되어 진행된 경우

이 경우는 원칙적으로 추후보완을 인정하지 않는다. 즉, 「소송의 진행 도중 소송서류의 송달이 불능하게 된 결과 부득이 공시송달의 방법에 의하게 된 경우에는 처음부터 공시송달의 방법에 의한 경우와는 달라서 당사자에게 소송의 진행 상황을 조사할 의무가 있는 것이므로, 당사자가 법원에 소송의 진행 상황을 알아보지 않았다면 과실이 없다고 할 수 없으며, 또한 이러한 의무는 당사자가 변론기일에서 출석하여 변론을 하였는지 여부, 출석한 변론기일에서 다음 변론기일의 고지를 받았는지 여부나, 소송대리인을 선임한 바 있는지 여부를 불문하고 부담하는 것이다.(^{1998.10.2. 선}_{고 97다50152})」

(3) 추후보완절차

(가) 추후보완기간 – 「사유가 없어진 날로부터 2주 이내」

① 기간

소송행위의 추후보완은 그 장애사유가 없어진 날로부터 2주 이내에 하여야 한다. 다만, 그 사유가 없어질 당시 외국에 있던 당사자에 대하여는 이 기간을 30일로 한다. 이 기간 자체는 불변기간이 아니다.

② 「장애사유가 없어진 때」의 의미

㉮ 천재지변 기타 이에 유사한 사실이 있었던 경우에는 그 재난이 없어진 때를 기준으로 2주 이내에 추완을 하여야 한다.

㉯ 공시송달로 진행된 사건이었기 때문에 판결의 송달사실을 과실없이 알지 못한 경우에 장애사유가 없어진 때란, 「당사자나 소송대리인이 단순히 판결이 있었던 사실을 안 때가 아니고 나아가 그 판결이 공시송달의 방법으로 송달된 사실을 안 때를 가리키는 것으로서, 다른 특별한 사정이 없는 한 통상의 경우에는 당사자나 소송대리인이 그 사건기록의 열람을 하거나 또는 새로이 판결정본을 영수한 때에 비로소 그 판결이 공시송달의 방법으로 송달된 사실을 알게 되었다고 보아야 한다.(^{2006.2.24. 선고 2004다8005;}_{2000.9.5. 선고 2000므87 등})」

㉰ 특히 이혼사건이 공시송달로 진행된 경우라면 호적등본의 이혼사실 기재를 확인한 것만으로는 장애사실이 종료되었다고 볼 수 없다. 즉, 판례는 심판

사본을 교부받아 보고 공시송달의 방법으로 제1심에서 이혼심판이 확정된 사실까지 알았을 때 이때부터 2주 이내에 추완항소를 하여야 한다(1990.3.13. 선고 89므1023)고 본다.

㉣ 만일 전화로 판결선고와 송달사실을 알게 된 경우라면「전화연락을 받음으로써 항소기간을 준수할 수 없었던 사유가 소멸하였다 할 것이다.(1993.9.28. 선고 93다29860)」

(나) **추후보완신청**

추후보완을 함에는 해태한 소송행위를 그 방식에 따라서 하면 족한 것으로 별도의 추후보완신청을 할 필요는 없다. 즉, 항소에 대한 추후보완이라면 항소장을 제출하면 추후보완신청이 있는 것이 되며, 반드시 추후보완항소임을 명백히 밝힐 필요는 없다.237)

(다) **추후보완 허부의 재판**

① 심리

추완사유의 유무는 소송요건으로서 법원의 직권조사사항이다.

- 즉, 「추완사유의 유무는 소송요건으로서 법원의 직권조사사항이므로 이에 관한 당사자의 주장은 직권발동을 촉구하는 의미밖에 없어 이에 대하여 판단하지 아니하였다고 하더라도 판단유탈의 상고이유로 삼을 수 없다.(1999.4.27. 선고 99다3150)」

다만, 「항소인이 추완항소임을 명백히 하지 아니한 이상 법원이 항소각하판결을 하기 전에 반드시 추완사유의 유무를 심리하거나 이를 주장할 수 있는 기회를 주어야 하는 것은 아니다.(2011.9.29. 2011마1335)」

그러나 당사자가 추후보완사유를 명백히 주장하지 않는다 하여도 그 취지가 있는 것으로 볼 수 있다면 법원으로서는 당연히 그 사유에 대하여 판단하여야 한다.(1990.11.27. 선고 90다카28559; 1980.10.14. 선고 80다1795)

추후보완사유의 존재는 추후보완하는 자가 주장·입증하여야 한다.

② 재판

추후보완은 별도의 독립된 신청이 아니므로, 법원은 추후보완사유가 인정되면 독립된 재판을 할 필요 없이 추후보완을 인정하여 절차를 속행하면 되는 것이고 추후보완사유가 인정되지 않는다면 불변기간을 도과한 항소 등이 될 것이어서 항소각하·상고각하 등으로 처리하면 된다.

(라) **추후보완에 의한 상소심에서의 반소**

항소의 추후보완이 인정되면 항소심에서 반소나 부대항소등도 가능하다.(2011.1.10. 2010다75044·75051)

---

237) 다만, 실무에서는 "추후보완항소장"임을 명기하는 것이 관례이다. 법원행정처, 전게서(Ⅱ), 219면.

(마) 상소의 추후보완과 판결의 집행력의 관계

추후보완이 있는 경우, 그래도 판결은 확정된 것인지, 아닌지에 대하여 견해가 대립한다.

① 학설

ⓐ **다수설은** 추후보완신청도 재심의 소나 정기금판결에 대한 변경의 소와 마찬가지로 확정판결의 **기판력의 배제를 목적**으로 한 것이고, 판결은 상소기간도과로 확정되어 **집행력은 발생**하는 것이어서 추후보완행위를 하는 것만으로는 이러한 집행력 등을 배제할 수 있는 것은 아니고 따라서 추후보완을 신청하면서 제500조에 의한 강제**집행정지를 별도로 신청**하여 일시적으로 정지 또는 강제처분의 취소를 얻어야 한다는 입장이다.

ⓑ 이에 대하여 판결은 확정되지 않는다고 보아야 한다는 견해도 있다.[238]

② 판례

판례는 판결의 확정적 효력이 취소된다는 것과 취소되지 않고 그대로 확정된다는 것의 둘 모두 있다.

(바) 추완상소기간과 재심의 소 제기기간과의 관계

예컨대, 공시송달에 의한 판결의 편취가 있는 경우, 피해당사자는 상소추후보완 또는 재심의 소를 제기할 수 있는데, 추후보완기간이나 재심의 소제기기간간의 관계가 어떠한지는 문제이다.

판례는「추완상소와 재심의 소는 **독립된 별개의 제도**이므로 추완상소의 방법을 택하는 경우에는 추완상소의 기간 내에, 재심의 방법을 택하는 경우에는 재심기간 내에 이를 제기하여야 하는 것으로 보이는 점을 고려하면, 공시송달에 의하여 판결이 선고되고 판결정본이 송달되어 확정된 이후에 추완항소의 방법이 아닌 재심의 방법을 택한 경우에는 추완상소기간이 도과하였다 하더라도 재심기간 내에 재심의 소를 제기할 수 있다고 보아야 한다.(대법원 2011.12.22. 선고 2011다73540 판결)」[239]

---

238) 김용진
239) 「민사소송법 제451조 제1항 단서에 의하면 당사자가 상소에 의하여 재심사유를 주장하였거나 이를 알고 주장하지 아니한 때에는 재심의 소를 제기할 수 없는 것으로 규정되어 있는데, 여기에서 '이를 알고도 주장하지 아니한 때'란 재심사유가 있는 것을 알았음에도 상소를 제기하고도 상소심에서 그 사유를 주장하지 아니한 경우뿐만 아니라, 상소를 제기하지 아니하여 판결이 그대로 확정된 경우까지도 포함하는 것이라고 해석하여야 할 것이다. 그런데 위 단서 조항은 재심의 보충성에 관한 규정으로서, 당사자가 상소를 제기할 수 있는 시기에 재심사유의 존재를 안 경우에는 상소에 의하여 이를 주장하게 하고 상소로 주장할 수 없었던 경우에 한하여 재심의 소에 의한 비상구제를 인정하려는 취지인 점, 추완상소와 재심의 소는 독립된 별개의 제도이므로 추완상소의 방법을 택하는 경우에는 추완상소의 기간 내에, 재심의 방법을 택하는 경우에는 재심기간 내에 이를 제기하여야 하는 것으로 보이는 점을 고려하면, 공시송달에 의하여 판결이 선고되고 판결정본이 송달되어 확정된 이후에 추완항소의 방법이 아닌 재심의 방법을 택한 경우에는 추완상소기간이 도과하였다 하더라도 재심기간 내에 재심의 소를 제기할 수 있다고 보아야 한다.(대법원 2011.12.22. 선고 2011다73540 판결)」

관련기출
• 2021년 변리사

甲은 乙에게 3억 원을 빌려주었으나 약속한 변제기가 지났음에도 이를 돌려받지 못하고 있다. 이에 甲은 채무자 乙과 연대보증인 丙을 상대로 3억 원의 지급을 구하는 소(전소)를 제기하였다. 제1심 법원은 이 사건 소장부본을 乙에 대해서는 그 주소지로 송달하였고, 丙에 대해서는 공시송달의 방법으로 송달하였다. 제1심 법원은 2009. 5. 4. 甲의 乙과 丙에 대한 청구를 모두 인용하는 판결을 선고하였고, 그 판결정본은 모두 공시송달의 방법으로 乙과 丙에게 송달된 후 그대로 확정되었다.

위 전소확정판결에도 불구하고 乙과 丙에게 집행할 재산이 전혀 없어 채권의 만족을 얻지 못한 甲은 2019. 4. 15. 소멸시효중단을 위하여 乙과 丙을 상대로 위 3억 원의 지급을 구하는 소(후소)를 제기하였다. 법원은 소장부본과 변론기일통지서를 모두 공시송달의 방법으로 송달하여 변론을 진행한 후 2019. 10. 11. 원고의 청구를 모두 인용하는 판결을 선고하였으며, 그 판결정본도 공시송달의 방법으로 피고들에게 송달되어 그대로 확정되었다.

乙과 丙은 위 후소의 소송계속 사실을 알지 못하였으나 2020. 11. 1. 위 후소판결에 기한 강제경매개시결정이 송달됨으로 인해 비로소 위 후소 제1심판결의 선고와 그 판결이 공시송달의 방법으로 송달된 사실을 알게 되었다. 이에 2020. 11. 6. 乙과 丙은 위 후소 제1심 판결에 대한 추후보완 항소를 제기하였다. 후소의 항소심 계속 중 2021. 7. 1. 甲은 위 전소 제1심 판결문의 사본을 첨부 하여 준비서면을 제출하였고, 乙과 丙은 이러한 자료들을 송달받고 2021. 7. 5. 대법원 사건검색 시스템을 통한 검색을 통하여 전소 제1심 재판의 존재를 알게 되었다. (다음 각 설문은 독립적임)

(2) 전소에서 확정된 권리관계를 다투기 위해 乙은 2021. 7. 13., 丙은 같은 달 29. 각각 전소 제1심 판결에 대한 추후보완 항소를 제기하였다. 이러한 추후보완 항소의 적법성에 관해 설명하시오. (20점)

답안

1. 문제의 소재

2. 공시송달과 주완사유

   (1) 주후보완의 인정요건
   ① 불변기간의 불준수일 것, ② 당사자에게 책임질 수 없는 사유로 인할 것

   (2) 공시송달과 주완 여부
   판례는 원칙적으로 소장부본 송달이 공시송달이 아닌 송달로 진행되다가 차후 공시송달로 판결서가 송달된 경우는 추완사유를 인정하지 않으나, 소장부본 송달부터 판결서 송달까지 모두 공시송달이 이루어진 경우에는 추완을 인정한다.

3. 공시송달로 인한 주완의 기간 계산
   추우보완은 그 사유가 없어진 날로부터 원칙적으로 2주 이내에 제기하여야 하는데, 공시송달로 인한 경우 판례는 판결이 있음을 안 것뿐만 아니라 공시송달로 진행된 것까지 안 날로부터 기산하여야 하고, 통상 판결서나 소송기록 열람이 있는 경우 공시송달로 진행되었음을 알았다고 볼 수 있다는 입장이다.

4. 사안의 적용

(1) 乙의 2021. 7. 13 추완항소의 경우

乙에 대한 소장부본은 주소지 송달이 이루어진 바 있으므로 특별한 사정이 없는 한 추완사유가 인정될 수 없으므로 추완은 허용되지 않는다.

(2) 丙의 2021. 7. 29. 추완항소의 경우

丙에 대하여는 소장부본 송달부터 판결서 송달까지 모두 공시송달로 진행되었고, 후소의 항소심 계속 중 2021. 7. 1. 丙은 이러한 자료들을 송달받고 2021. 7. 5. 대법원 사건검색 시스템을 통한 검색을 통하여 전소 제1심 재판의 존재를 알게 되었는 바, 추완사유는 인정된다 하더라도 2021.7.5. 알게 된 이후 2주가 지난 상태이므로 丙의 추완항소도 허용되지 않는다.

쟁점 57 기판력(既判力) – 실질적 확정력

1. 의의
확정된 종국판결의 판단내용은 당사자와 법원을 구속하여 그 이후 당사자는 이를 다시 다투지 못하고(不可爭), 법원은 모순·저촉되는 판단을 하지 못하게 되는데(不可反) 이를 기판력이라 한다.

2. 기판력 있는 재판
(1) 확정된 종국판결
(가) 법원의 재판일 것
① 기판력이 인정되는 것은 법원의 재판이다.
② 따라서 「재결에 판결에서와 같은 기판력이 인정되는 것은 아니어서 재결이 확정된 경우에도 처분의 기초가 된 사실관계나 법률적 판단이 확정되고 당사자들이나 법원이 이에 기속되어 모순되는 주장이나 판단을 할 수 없게 되는 것은 아니다.(2015.11.27. 2013다6759)」

(나) 「종국판결」일 것
① 종국판결이라면 본안판결뿐만 아니라 소각하 등과 같은 소송판결에도 기판력은 발생한다. 다만, 「소송판결의 기판력은 그 판결에서 확정한 소송요건의 흠결에 관하여 미치는 것이지만, 당사자가 그러한 소송요건의 흠결을 보완하여 다시 소를 제기한 경우에는 그 기판력의 제한을 받지 않는다.(2003.4.8. 2002다70181)」
② 결정이나 명령은 결정·명령 중에 실체법적 권리관계를 종국적으로 해결하는 것이라면 기판력이 미치고(예 소송비용에 관한 결정·과태료결정 등), 이외의 경우라면 기판력은 없다.
③ 가압류·가처분절차에서의 결정은 피보전권리를 종국적으로 확정할 것을 목적으로 하는 것이 아니므로 피보전권리의 존부에 관한 기판력은 없다.(1977.12.27. 77다1698)

(다) 종국판결이 「확정」되었을 것
종국판결이라도 확정되지 않은(확정시점에 대하여는 전술 참조) 미확정판결은 기판력이 발생하지 않는다. 또한 당연무효판결도 기판력이 발생할 수 없음은 물론이다.

(2) 확정판결과 동일한 효력이 있는 것
(가) 청구의 포기·인낙조서 등
확정판결과 동일한 효력이 있는 청구의 포기·인낙, 화해조서, 화해권고결정,240)

---

240) 「소송에서 다투어지고 있는 권리 또는 법률관계의 존부에 관하여 동일한 당사자 사이의 전소에서 확정된 화해권고결정이 있는 경우 당사자는 이에 반하는 주장을 할 수 없고 법원도 이에 저촉되는 판단을

조정조서, 조정에 갈음한 결정, 중재판정($^{중재법}_{제12조}$) 등의 경우에도 기판력이 있다.

(나) 지급명령 · 이행권고결정

확정된 지급명령이나 이행권고결정은 확정판결과 동일한 효력이 있다.($^{제474}_{조}$) 그러나 민사집행법 제58조 제3항[241]에서 그 청구이의사유를 변론종결 이전에도 인정하여 결국 기판력은 부정된다. 따라서 준재심의 대상이 되지는 않는다.[242]

(3) 외국법원의 확정판결 (생략)

3. 기판력의 범위

(1) 기판력의 주관적 범위

> 제218조(기판력의 주관적 범위) ① 확정판결은 당사자, 변론을 종결한 뒤의 승계인(변론 없이 한 판결의 경우에는 판결을 선고한 뒤의 승계인) 또는 그를 위하여 청구의 목적물을 소지한 사람에 대하여 효력이 미친다.
> ② 제1항의 경우에 당사자가 변론을 종결할 때(변론 없이 한 판결의 경우에는 판결을 선고할 때)까지 승계사실을 진술하지 아니한 때에는 변론을 종결한 뒤(변론 없이 한 판결의 경우에는 판결을 선고한 뒤)에 승계한 것으로 추정한다.
> ③ 다른 사람을 위하여 원고나 피고가 된 사람에 대한 확정판결은 그 다른 사람에 대하여도 효력이 미친다.
> ④ 가집행의 선고에는 제1항 내지 제3항의 규정을 준용한다.

통상, 기판력이 미치는 자는 확정판결의 당사자, 변론종결 뒤의 승계인, 추정승계인, 소송담당에 있어서의 피담당자, 청구목적물의 소지자 및 소송탈퇴자이다.

(가) 당사자

기판력은 원칙적으로 판결의 당사자 간에만 미치며 제3자에게는 미치지 않는다. 따라서 소송외의 제3자는 물론 법정대리인, 소송대리인, 보조참가인, 공동소송인에게도 기판력은 미치지 않으며, 종중과 같은 단체가 당사자인 경우라도 그 대표자나 구성원에게 기판력이 미치는 것은 아니다.($^{2010.12.23.}_{2010다58889}$)

(나) 기판력의 주관적 범위의 확장 – 당사자와 동일시할 제3자

① 변론종결 뒤의 승계인 (아래 세부쟁점 참조)

할 수 없다.(대법원 2014.4.10. 선고 2012다29557 판결)」
241) 민사집행법 제58조 제3항(청구에 관한 이의의 주장에 대하여는 제44조 제2항의 규정을 적용하지 아니한다.), 민사집행법 제44조 2항(제1항의 이의는 그 이유가 변론이 종결된 뒤(변론없이 한 판결의 경우에는 판결이 선고된 뒤)에 생긴 것이어야 한다.)
242) 법원행정처. 전게서(Ⅲ), 480면 ; 이시윤, 전게서, 560면; 정동윤 · 유병현. 전게서, 698면. 다만, 이에 반대하는 견해는 제474조 확정판결과 동일한 효력을 가진다고 규정한 점 및 지급명령에 대한 이의신청 기간이 불변기간인 점을 들어 기판력을 인정하고 있다.

② 청구목적물의 소지자
　㉮ 의의
　　패소당사자가 물건을 타인에게 소지케하여 강제집행을 방지할 우려가 있기 때문에 기판력은 청구목적물의 소지자에 대하여도 미치게 하였다.
　㉯ 청구의 목적물
　　기판력이 미치는 청구의 목적물은 특정물인도청구의 대상인 경우만을 의미하는 것으로 청구가 물권적 청구권인지 채권적 청구권인지 여부를 불문하며, 또한 동산·부동산 여부도 불문한다.
　㉰ 소지자
　　수치인, 창고업자, 운송인, 동거인, 관리인 등 오로지 본인만을 위하여 목적물을 소지하는 자만이 기판력이 미치는 소지자에 해당하며, 나아가 패소피고로 하여금 강제집행을 면탈케 할 목적으로 한 가장양수인이나 명의수탁자의 경우에도 목적물 소지자로 볼 수 있으나,243) 질권자나 임차인 등 고유의 실체법적 이익을 가진 자는 이에 포함되지 않는다.
　㉱ 소지시기
　　소지의 시기는 문제되지 않으며, 변론종결의 전후여부에 불문하고 기판력이 미친다.
③ 소송담당에서의 권리귀속주체인 피담당자
　㉮ 제3자의 소송담당
　　제3자의 소송담당의 경우 피담당자에게 기판력이 미친다.
　㉯ 채권자대위소송과 기판력 (前述)
④ 소송탈퇴자
　제3자가 독립당사자참가(제79조), 참가승계(제81조) 또는 소송인수(제82조)를 한 경우 종전 당사자는 당해 소송에서 탈퇴가 가능하나, 그 후 제3자와 상대방 사이의 판결의 기판력은 탈퇴자에게도 미친다.
⑤ 일반 제3자에게 기판력이 확장되는 경우
　㉮ 제한적으로 확장되는 경우
　　일정한 이해관계인에게 기판력이 확장되는 경우가 있는데, 이러한 경우로는 ㉠ 파산채권확정소송 또는 개인회생채권확정소송의 판결이 채권자 전원에(채무자회생 및 파산에 관한 법률 제460조, 제607조), ㉡ 회생채권 또는 회생담보확정소송의 판결이 회생채권자·회생담보권자·주주 전원에(채무자회생 및 파산에 관한 법률 제168조), ㉢ 증권관련집단소송의 판결이 제외신고를 하지 아니한 구성원에 미치는 경우(증권관련집단소송법 제37조), ㉣ 소비자단체소송에서 원고패소판결 시 새로운 증거의 출현이나 고의에 의한 청구기각의

---

243) 이시윤, 전게서, 585면.

경우가 아닌 경우라면 다른 단체는 동일한 소제기를 할 수 없게 한 것(소비자기본법 제75조)에 기판력이 확장되고 있다.

㉯ **일반적으로 확장되는 경우 – 판결에 대세효가 있는 경우**
가사소송·회사관계소송·행정소송 등에서 청구인용판결이 난 경우에는 대세효가 발생하여 기판력이 일반적으로 확장이 된다.(가사소송법 제21조, 상법 제190조 등, 행정소송법 제29조 제1항, 제38조 제1항)

(2) **기판력의 객관적 범위 (아래 세부쟁점 참조)**

(3) **기판력의 시적 범위[표준시(標準時)] (아래 세부쟁점 참조)**

(4) **기판력의 소송법적 의미**
① 기판력의 저촉여부는 직권조사사항이다.244) 즉, 「전소 확정판결의 존부는 당사자 주장이 없더라도 법원이 직권으로 조사하여 판단하지 않으면 안 되고, 더 나아가 당사자가 확정판결의 존재를 사실심 변론종결시까지 주장하지 아니하였더라도 상고심에서 새로이 주장·증명할 수 있다.(2011.5.13. 2009다94384)」

② 또한 후소에서 기판력저촉임을 간과한 판결이 내려진 경우 상소제기가 가능하며, 판결의 내용이 서로 저촉되기까지 한다면 재심제기가 가능하다.

---

244) ① 반복금지설의 경우라면 기판력 그 자체를 소극적 소송요건으로 기능을 하는 것으로 보나, ② 모순금지설의 경우에는 소송요건 중 널리 소의 이익으로 보아 처리하게 된다.

쟁점 58 변론종결 뒤의 승계인

1. 의의
기판력은 변론을 종결한 뒤의 승계인에게도 그 효력이 미치는 것으로 법 제218조 제1항은 규정하고 있다. 이는 기판력 있는 확정판결을 무력화시키는 것을 방지함에 그 목적이 있다.

2. 승계인의 범위
승계인이라면 포괄승계(일반승계)인·특별승계인 여부는 불문한다. 다만, 변론종결 뒤의 승계인만이 기판력이 미치고, 변론종결 전의 승계인에게는 기판력은 미치지 않는다.

3. 승계인의 의미
'승계인'의 의미를 어떻게 파악할지에 대하여는 견해가 대립한다.

(1) 학설

(가) 실체적 의존관계설

소송물에 있어서의 구이론을 기초로 원칙적으로 실체법적인 권리관계의 승계인지 여부를 기준으로 판단하는 입장이다.

(나) 당사자적격승계설(소송법설)

이 견해는 소송물에 관한 신이론을 기초로 기판력 확장의 근거를 실체관계의 승계가 아니라, 소송물을 다툴 수 있는 지위인 당사자적격의 승계로 보는 견해이다. 이 견해는 실체관계의 승계가 없다 하여도 동일 사건에 대하여 다시 소송을 한다면 당사자가 될 사람이라는 의미에서의 당사자적격을 승계 받은 자에게 기판력이 미친다고 본다. 또한 이 견해는 「소송승계」는 생성중인 기판력이 누구에게 가야 하는가의 문제이며, 「기판력」은 확정된 기판력이 누구에게 미치는가의 문제일 뿐이라는 점에서 양자를 통일적으로 파악한다. 따라서 이 견해는 아래의 유형 정리 중 계쟁물승계 사건 중 채권적 청구권사안에까지 승계인 취급을 받을 수 있다고 본다.

(다) 환취청구권과 교부청구권을 나누는 견해

이 견해는 소송법설인 당사자 적격승계설을 바탕으로 하되, 계쟁물 승계사건 중 모든 채권적 청구권 사안에까지 승계인성을 인정하는 것은 아니고, 소송물이 물권적 청구권이거나 채권적 청구권의 배후에 물권적 청구권이 있는 환취청구권인 경우에는 승계인에 해당하되, 단순한 교부청구권인 경우에는 승계인에 해당하지 않는다고 보는 견해이다.[245]

---

[245] 강현중, 전게서, 697면

(2) 판례

판례는 소송물에 있어서의 구이론을 기초로 원칙적으로 실체법적인 권리관계의 승계인지 여부를 기준으로 판단하되(실체적 의존관계설), 범위를 약간 확대하고 있다. 아래에 구체적으로 보기로 한다.

(가) 소송물인 권리·의무 자체를 승계한 자

	구체적인 예	처리	승계인으로 보지 않은 예
소송물인 권리·의무 자체를 승계한 자 (본안적격승계인)	• 소유권확인판결이 난 이후의 소유권의 양수인 • 이행판결을 받은 채권의 변론종결 후의 양수인 • 이행판결을 받은 채무의 면책적 인수인 등	① 결론 변론종결 후의 승계인에 해당한다. ② 승계의 전주(前主) 승계의 전주가 원고이어도 피고이어도 무방하다. ③ 승계의 모습 일반승계이든 특정승계이든 무방하다. ④ 승계원인 임의처분, 강제처분을 가리지 않으며 법률상대위(예 변제자대위)의 경우처럼 직접 법률규정에 기한 것이어도 무방하다.	• 변론종결 후의 상호 속용 영업 양수인 [246] • 소유권에 기한 가등기말소청구소송에서 원고 패소 확정 이후 원고로부터 근저당권을 설정 받은 근저당권자가 다시 동 가등기말소청구를 한 경우 [247]

• 위 표의 사안들은 승계인의 범위에 대한 어떠한 견해에 의하든지 승계인성을 인정할 수 있다.

---

246) 1979.3.13. 78다2330.
247) 「확정판결의 기판력은 확정판결의 주문에 포함된 법률적 판단과 동일한 사항이 소송상 문제가 되었을 때 당사자는 이에 저촉되는 주장을 할 수 없고 법원도 이에 저촉되는 판단을 할 수 없는 기속력을 의미하고(대법원 1987. 6. 9. 선고 86다카2756 판결), 확정판결의 내용대로 실체적 권리관계를 변경하는 실체법적 효력을 갖는 것은 아니다. 토지 소유권에 기한 물권적 청구권을 원인으로 하는 가등기말소청구소송의 소송물은 가등기말소청구권이므로 그 소송에서 청구기각된 확정판결의 기판력은 가등기말소청구권의 부존재 그 자체에만 미치고, 소송물이 되지 않은 토지 소유권의 존부에 관하여는 미치지 않는다. 나아가 위 청구기각된 확정판결로 인하여 토지 소유자가 갖는 토지 소유권의 내용이나 토지 소유권에 기초한 물권적 청구권의 실체적인 내용이 변경, 소멸되는 것은 아니다. 위 가등기말소청구소송의 사실심 변론종결 후에 토지 소유자로부터 근저당권을 취득한 제3자는 적법하게 취득한 근저당권의 일반적 효력으로서 물권적 청구권을 갖게 되고, 위 가등기말소청구소송의 소송물인 패소자의 가등기말소청구권을 승계하여 갖는 것이 아니며, 자신이 적법하게 취득한 근저당권에 기한 물권적 청구권을 원인으로 소송상 청구를 하는 것이므로, 위 제3자는 민사소송법 제218조 제1항에서 정한 확정판결의 기판력이 미치는 '변론을 종결한 뒤의 승계인'에 해당하지 않는다. 따라서 토지 소유권에 기한 가등기말소청구소송에서 청구기각된 확정판결의 기판력은 위 소송의 변론종결 후 토지 소유자로부터 근저당권을 취득한 제3자가 근저당권에 기하여 같은 가등기에 대한 말소청구를 하는 경우에는 미치지 않는다. (대법원 2020. 5. 14. 선고 2019다261381 판결 [가등기말소])」

(나) 계쟁물에 관한 승계인
① 판례
소송목적인 권리·의무 자체를 승계한 것은 아니지만, 분쟁의 계쟁 대상물건을 승계 받은 자에게도 기판력이 미치는지에 대하여 판례는 대상 분쟁이 물권적 청구권 관련 분쟁인지 채권적 청구권 관련분쟁인지를 나누어 판단한다.[248]

		구체적인 예	처리
계쟁물에 관한(당사자적격의) 승계인	물권적 청구권의 경우	• 건물명도판결 이후에 피고로부터 당해 건물의 점유를 취득한 자 • 건물철거판결 이후의 건물 양수인 • 소유권에 기한 이전등기말소청구에 대한 판결 이후 피고로부터 이전등기를 받은 자 **주의)** 토지소유권에 기한 건물철거청구에 대한 판결 이후 토지소유권을 이전받은 자의 경우는 기판력이 미치지 않는다는 것이 판례임	판례는 대세효가 있다는 이유로 변론종결 후 승계인으로 본다.
	채권적 청구권의 경우	• 매매에 기한 소유권이전등기청구에 대하여 피고로부터 변론종결 후 이전등기를 받은 자	판례는 승계인으로 보지 않는다.(1993.2.12. 선고 92다25151)

② 학설
ⓐ **실체법설**에 의하면 소송물이 물권적 청구권인 경우라면 물권의 대세효에 의하여 승계인에 포함할 수 있지만, 채권적 청구권은 상대적 효력밖에 없으므로 계쟁물을 채권적으로 승계한 것으로는 승계인으로 보지 않는다.
ⓑ 이에 반하여 **소송법설**은 다시 ⅰ. 채권적 청구권에 불과한 것이라도 소송법상으로만 파악한다면 **승계인으로 포함될 수 있다고 보는 견해**(다수설)와 ⅱ. 채권적 청구권이라도 **환취청구권과 교부청구권**을 나누어 판단하는 견해[249] 및 ⅲ. **채권적 청구권은 포함할 수 없다**는 견해로[250] 나뉜다.

4. 승계인에게 고유한 항변사유가 있는 경우
(1) 예를 들어, 원고 甲의 동산인도청구에 패소한 피고 乙로부터 목적동산의 점유를 승계한 丙에게 선의취득 등의 고유한 방어방법이 있는 경우에도 기판력이 미치는 것인지에 대하여 견해가 대립한다.

---
248) 승계인의 의미에 관한 학설은 특히, 계쟁물 승계인 사건에서 의미가 크다.
249) 강현중.
250) 호문혁.

(2) 이에 대하여 ① **형식설**은 변론을 종결한 뒤에 승계를 받은 것은 인정되므로 승계인에 해당이 되지만, 다만 후소에서 자기의 고유한 방어방법을 제출하는 것은 예외적으로 허용된다는 입장으로, 변론종결 후의 점유 승계 사실 자체로 승계집행문 부여는 가능하나 승계인은 집행문부여에 대한 이의의 소를 통해 다툴 수 있다는 견해이며,251) ② **실질설**은 이 경우는 당사자의 지위나 권리관계를 실질적으로 승계받은 것으로 볼 수는 없다는 입장으로, 승계집행문 부여 자체가 인정될 수 없으며, 고유한 항변권이 없다는 점을 주장하는 입장에서 오히려 집행문부여의 소를 제기하여야 한다는 견해이다.252)

결국 양 학설은 고유의 방어방법이 있는 제3자는 강제집행에 있어서 보호를 받는다는 점에서 동일하지만, 그 **구체적인 집행법상의 구제방법 면에 있어서 차이가** 난다.

(3) 판례는 「**소유권이전등기를 명하는 확정판결의 변론종결 후에 그 청구목적물을 매수하여 등기를 한 제3자는 변론종결 후의 승계인에 해당되지 아니한다**.(1980.11.25. 선고 80다2217)」고 하여 실질설의 입장에 있다. 위 제시 사안이라면 선의취득자인 丙이 乙의 의무를 승계하는 것은 아니므로 기판력이 미치지 않는다고 본다.

5. [변론종결 뒤] 승계인일 것

승계인 중에서도 변론종결 이후의 승계인이어야 기판력이 미친다.

6. 추정승계인(제218조 제2항)

(1) 의의 및 취지

당사자가 변론을 종결할 때(변론 없이 한 판결의 경우에는 판결을 선고할 때)까지 승계사실을 진술하지 아니한 때에는 변론을 종결한 뒤(변론 없이 한 판결의 경우에는 판결을 선고한 뒤)에 승계한 것으로 추정한다. 이 경우에는 결국 반증이 없는 한 기판력이 미치게 되는 바, 이는 소송계속 중에 어느 당사자의 지위가 승계되었음에도 이를 숨긴채 상대방에게 알리지 않아 상대방으로 하여금 피고를 바꿀 기회를 제공한 바 없기 때문이다.

(2) 승계사실을 진술하여야 할 자

이에 대하여는 ① 당사자인 피승계인이 진술을 하였어야 한다고 보는 **피승계인 진술설**(다수설)과 ② 승계인이 진술하여야 한다는 **승계인 진술설**의 대립이 있다.

생각건대, **제218조 제2항의 문언** 자체가 '당사자'라고 하여 당사자가 진술하여야 하는 것으로 규정되어 있으며, **전소에서 소외인에 불과한 승계인이 진술을 할 수 있는가**의 문제가 있으므로 피승계인인 당사자가 진술하여야 한다는 견해가 타당하다고 보여진다.

---

251) 이시윤, 정동윤·유병현·정영환
252) 호문혁, 김홍엽

(3) **승계사실에 대한 진술 시기**

승계사실을 언제 진술하여야 하는지에 대하여 판례는 전소 뿐만 아니라 전소 확정판결 이후에도 그 기판력의 배제를 구하는 당사자는 진술 및 입증을 통하여 변론종결 뒤의 승계인이 아니라는 점을 주장할 수 있다고 본다.

즉,「기판력의 주관적 범위를 정함에 있어서 당사자가 변론을 종결할 때까지 승계사실을 진술하지 아니한 때에는 변론을 종결한 뒤에 승계한 것으로 추정한다는 민사소송법 제218조 제2항의 취지는, 변론종결 전의 승계를 주장하는 자에게 그 입증책임이 있다는 뜻을 규정하여 변론종결 전의 승계사실이 입증되면 확정판결의 기판력이 그 승계인에게 미치지 아니한다는 것으로 해석되므로, 종전의 확정판결의 기판력의 배제를 원하는 당사자 일방이 변론종결 전에 당사자 지위의 승계가 이루어진 사실을 입증한다면, **종전소송에서 당사자가 그 승계에 관한 진술을 하였는지 여부와 상관없이**, 그 승계인이 종전의 확정판결의 기판력이 미치는 변론종결 후의 승계인이라는 민사소송법 제218조 제2항의 추정은 깨어진다고 보아야 한다.(2005.11.10. 2005다34667)」[253]

---

253) ① 위와 같은 피승계인 진술설과 달리 ② 승계인 진술설도 있다.

쟁점 59-1 기판력의 객관적 범위

> 제216조(기판력의 객관적 범위) ① 확정판결은 주문에 포함된 것에 한하여 기판력을 가진다.
> ② 상계를 주장한 청구가 성립되는지 아닌지의 판단은 상계하자고 대항한 액수에 한하여 기판력을 가진다.

(가) 기판력의 객관적 범위 일반

① 판결주문의 판단

기판력은 원칙적으로 주문에 포함된 것에 한하여 발생한다. '주문에 포함된 것'이란 결국 소송물의 문제이다.

② 판결이유 중의 판단

㉮ 일반

기판력은 「주문에 포함된 것」에 한하여 발생하는 것이므로 판결이유 중의 판단에는 기판력이 미치지 않는다. 즉, 판결이유 중에 판단된 사실, 선결적 법률관계, 항변 또는 판결이유 속에서 표시된 법률판단, 법규의 해석적용에 대하여는 기판력이 미치지 않음이 원칙이다.[254]

예 1. 동시이행항변권에 기한 상환이행판결이 확정된 경우 상환이행을 명한 반대채권의 존부나 그 수액에 기판력이 미치는 것은 아니다.(1996.7.12. 96다19017)

예 2. 선결적 법률관계(이자청구에 있어서의 원금채권의 존부에 대한 판단, 소유권에 기한 이전등기말소청구에서 소유권의 존부에 대한 판단, 소유권에 기한 인도청구소송에서의 소유권의 존부에 대한 판단)에는 기판력이 미치지 않는다고 봄이 판례 및 다수설의 태도이다.

(나) 상계항변과 기판력 **세부 쟁점**

① 일반

법 제216조 제2항은 「상계를 주장한 청구가 성립되는지 아닌지의 판단은 상계하자고 대항한 액수에 한하여 기판력을 가진다.」고 하여 상계의 항변에 대하여는 예외적으로 기판력을 인정하고 있다.

② 상계항변에 기판력이 인정되기 위한 요건

㉮ 현재의 소구채권이 수동채권의 경우 또는 청구이의의 소의 원고가 상계를 주장하는 등과 같이 실질적으로 동일한 관계이어야 한다. 상계 주장의 대상이 된 수동채권이 동시이행항변권으로 행사된 채권일 경우, 그러한 상계주장에 대한 법원의 판

---

254) 이시윤, 전게서, 574면.

단에는 기판력이 발생하지 않는다.(2005.7.22. 2004다17207)255)
㉯ 자동채권의 존부에 관한 실질적 판단을 한 경우이어야 한다. 따라서 상계항변이 각하되거나 성질상 상계 자체가 허용되지 않거나 상계가 금지되는 경우 또는 상계적상에 있지 않음을 이유로 배척된 경우라면 기판력은 인정되지 않는다.
　예 고의의 불법행위에 기한 손해배상청구권을 수동채권으로 한 상계라면 상계는 금지되므로 상계항변에 기판력은 발생하지 않음
㉰ 주의할 것은, 기판력이 인정되는 상계의 항변은 단독행위로서 이루어진 상계만을 의미하므로, 상계정산의 합의, 즉 상계계약이 있었다는 항변은 기판력이 인정되지 않는다.(대법원 2014.4.10. 선고 2013다54390 판결)

③ 상계항변에 대한 판단 및 기판력의 범위

ⓐ 상계항변이 배척된 경우	이 경우 자동채권의 부존재에 대하여 기판력이 발생한다.
ⓑ 상계항변이 인정된 경우	이에 대하여는 견해의 대립이 있으나, 과거 수동채권과 자동채권이 다같이 존재하였다가 상계로 소멸된 점에 기판력이 발생한다.256) 상계항변은 자동채권을 가지고 상계로 대항한 액수에 한하여 기판력이 생긴다. 예 100만원의 소구채권에 대해 160만원의 반대채권으로 상계한 경우, 기판력은 100만원에 한하여 발생하며, 60만원은 별소로 청구가능.

④ 상계적상 이전에 수동채권의 변제기가 이미 도래하여 지체가 발생한 경우
「상계의 의사표시가 있는 경우, 채무는 상계적상시에 소급하여 대등액에 관하여 소멸한 것으로 보게 되므로, 상계에 의한 양 채권의 차액 계산 또는 상계 충당은 상계적상의 시점을 기준으로 하게 되고, 따라서 그 시점 이전에 수동채권의 변제기가 이미 도래하여 지체가 발생한 경우에는 상계적상 시점까지의 수동채권의 약정이자 및 지연손해금을 계산한 다음 자동채권으로써 먼저 수동채권의 약정이자 및 지연손해금을 소각하고 잔액을 가지고 원본을 소각하여야 한다.(대법원 2005.7.8. 선고 2005다8125 판결)」257)

---

255) 「상계 주장에 관한 판단에 기판력이 인정되는 경우는, 상계 주장의 대상이 된 수동채권이 소송물로서 심판되는 소구채권이거나 그와 실질적으로 동일하다고 보이는 경우(가령 원고가 상계를 주장하면서 청구이의의 소송을 제기하는 경우 등)로서 상계를 주장한 반대채권과 그 수동채권을 기판력의 관점에서 동일하게 취급하여야 할 필요성이 인정되는 경우를 말한다고 봄이 상당하므로 만일 상계 주장의 대상이 된 수동채권이 동시이행항변에 행사된 채권일 경우에는 그러한 상계 주장에 대한 판단에는 기판력이 발생하지 않는다고 보아야 할 것인바, 위와 같이 해석하지 않을 경우 동시이행항변이 상대방의 상계의 재항변에 의하여 배척된 경우에 그 동시이행항변에 행사된 채권을 나중에 소송상 행사할 수 없게 되어 민사소송법 제216조가 예정하고 있는 것과 달리 동시이행항변에 행사된 채권의 존부나 범위에 관한 판결 이유 중의 판단에 기판력이 미치는 결과에 이르기 때문이다.」
256) 이시윤, 전게서, 579면 ; 정동윤·유병현, 전게서, 689면. 이에 반하여 상계에 대하여도 현재 자동채권이 소멸상태라는 부분에만 기판력이 미친다는 견해도 있다.
257) 「원심판결 중 이 부분 지연이자를 전혀 계산하지 않고 그 원본에만 충당한 부분은 상계에 관한 법리를 오해하여 판결 결과에 영향을 미친 위법이 있다고 할 것이다.(대법원 2005. 7. 8. 선고 2005다8125 판결)」

⒟ 판결이유 중의 판단의 구속력을 인정할 것인지 여부

판결이유 중의 판단에 원칙적으로 기판력이 인정되지는 않아도 일정한 경우 구속력을 인정하려는 논의가 최근에 시도되고 있으며, 이에 대하여는 쟁점효론, 의미관련론, 경제적 가치동일성설, 신의칙설 등의 견해가 등장하고 있다.258)

판례는 구속력을 인정하지는 않으며, 다만, 민사재판에 있어서 다른 민사사건 등의 판결에서 인정된 사실에 구속을 받는 것은 아니나, 이미 확정된 관련 민사사건에서 인정한 사실은 「유력한 증거」가 되는 것이어서 합리적인 이유설시 없이 이를 배척할 수 없으며, 특히 두 개의 민사소송이 당사자가 동일하고 분쟁의 기초사실도 같은 경우라면 전소의 판단이 후소에 유력한 증거자료로서의 효력(증명효)이 발생한다고 보는 증명력설을 택하고 있다.($^{2003.8.19.\ 선고\ 2001다47467;}_{1995.6.29.\ 선고\ 94다47292}$)259)

⒠ 기판력의 작용

① 작용국면

「기판력이라 함은 기판력 있는 전소 판결의 소송물과 ① 동일한 후소를 허용하지 않음과 동시에, 후소의 소송물이 전소의 소송물과 동일하지는 않다고 하더라도 전소의 소송물에 관한 판단이 후소의 ② 선결문제가 되거나 ③ 모순관계에 있을 때에는 후소에서 전소 판결의 판단과 다른 주장을 하는 것을 허용하지 않는 작용을 하는 것이다.($^{2002.12.27.\ 선고}_{2000다47361}$)」 이를 분설하면 다음과 같다.

㉮ 소송물의 동일

㉠ 기판력의 본질론

소송물이 동일한 경우 기판력이 작용하는 이유가 무엇인지에 대하여 견해가 대립하며 판례는 이른바 모순금지설을 따르는데, 학설상의 모순금지설과 약간 다르다. 학설상의 모순금지설은 패소자 제기의 후소도 각하하여야 한다고 본다. 다만, 기판력의 본질과 관련한 또 다른 견해인 반복금지설에 의한다면 기판력은 그 자체로 소극적 소송요건이므로 승·패소자 여부를 불문하고 반복은 금지된다는 점에서 소를 각하하여야 한다고 본다.

판례는 전소확정판결과 동일한 후소가 제기된 경우 승소자가 제기한 경우라면 후소는 권리보호이익이 없으므로 소를 각하하여야 하고, 패소자가 제기한 경우라면 모순판단을 해서는 안되므로 후소를 기각하여야 한다고 본다. 예컨대, 일부승소 판결이 있음에도 재소한 경우 승소부분은 각하, 패소부분은 기각한다고 한다.

---

258) 각 견해에 대한 상세논의는 이시윤, 전게서, 576면 참조.
259) 이시윤, 전게서, 578면.

㉡ 예외적으로 소송물이 동일함에도 후소가 가능한 경우

기판력있는 판결이 있는 경우라도 ⓐ 판결원본의 멸실, ⓑ 판결내용의 불특정, ⓒ 시효중단을 위해 다른 적절한 방법이 없다면 예외적으로 후소가 허용된다. 특히, <u>시효중단을 위한 후소제기</u>에 대하여 판례는 최근에도 여전히 시효중단을 위한 이행의 소를 인정하고 있고, 나아가, 최근 시효중단을 위한 후소의 형태로 확인의 소를 제기하는 것도 가능하다고 하였다.[260]

㉯ 선결관계

전소의 기판력 있는 법률관계가 후소의 선결관계가 되는 경우(예 전소가 원고 甲의 피고 乙에 대한 소유권확인의 소에서 청구기각의 판결을 받은 경우 후소로 다시 甲이 소유권에 기한 목적물인도청구나 말소등기청구 등을 하는 경우 또는 전소에서 원금채권의 존재를 인정하는 확정판결 이후에 후소로 이자청구를 하는 경우, 원금채권의 부존재가 확정된 이후에 변론종결 이후의 이자청구를 하는 경우 등)에 후소는 중간확인판결을 받은 경우와 유사한 것이므로 전소의 기판력있는 법률관계의 기판력을 받아 후소 법원으로서는 그와 다른 판단을 할 수 없게 된다.

선결관계인 경우에는 위의 예에서 甲에게 권리가 없다는 기판력 있는 판결 이후에 후소에서 甲의 권리가 있었음에 대하여는 기판력이 미치므로 후소에서 이와 다른 판단을 할 수는 없다. 따라서 위의 예에서는 甲의 후소청구에 대하여는 청구기각 판결을 받게 된다.

㉰ 모순관계(모순된 반대관계)

「전, 후 양소의 소송물이 동일하지 않다고 하더라도, 후소의 소송물이 전소에서

---

[260] 「종래 대법원은 시효중단사유로서 재판상의 청구에 관하여 반드시 권리 자체의 이행청구나 확인청구로 제한하지 않을 뿐만 아니라, 권리자가 재판상 그 권리를 주장하여 권리 위에 잠자는 것이 아님을 표명한 것으로 볼 수 있는 때에는 널리 시효중단사유로서 재판상의 청구에 해당하는 것으로 해석하여 왔다. 이와 같은 법리는 이미 승소 확정판결을 받은 채권자가 그 판결상 채권의 시효중단을 위해 후소를 제기하는 경우에도 동일하게 적용되므로, 채권자가 전소로 이행청구를 하여 승소 확정판결을 받은 후 그 채권의 시효중단을 위한 후소를 제기하는 경우, 후소의 형태로서 항상 전소와 동일한 이행청구만이 시효중단사유인 '재판상의 청구'에 해당한다고 볼 수는 없다. 시효중단을 위한 이행소송은 다양한 문제를 야기한다. 그와 같은 문제들의 근본적인 원인은 시효중단을 위한 후소의 형태로 전소와 소송물이 동일한 이행소송이 제기되면서 채권자가 실제로 의도하지도 않은 청구권의 존부에 관한 실체 심리를 진행하는 데에 있다. 채무자는 그와 같은 후소에서 전소 판결에 대한 청구이의사유를 조기에 제출하도록 강요되고 법원은 불필요한 심리를 해야 한다. 채무자는 이중집행의 위험에 노출되고, 실질적인 채권의 관리·보전비용을 추가로 부담하게 되며 그 금액도 매우 많은 편이다. 채권자 또한 자신이 제기한 후소의 적법성이 10년의 경과가 임박하였는지 여부라는 불명확한 기준에 의해 좌우되는 불안정한 지위에 놓이게 된다. 위와 같은 종래 실무의 문제점을 해결하기 위해서, 시효중단을 위한 후소로서 이행소송 외에 전소 판결로 확정된 채권의 시효를 중단시키기 위한 조치, 즉 '재판상의 청구'가 있다는 점에 대하여만 확인을 구하는 형태의 '새로운 방식의 확인소송'이 허용되고, 채권자는 두 가지 형태의 소송 중 자신의 상황과 필요에 보다 적합한 것을 선택하여 제기할 수 있다고 보아야 한다.(대법원 2018. 10. 18. 선고 2015다232316 전원합의체 판결 다수의견)」

확정된 법률관계와 모순되는 정반대의 사항을 소송물로 삼았다면 이러한 경우에는 전소 판결의 기판력이 후소에 미친다.(2002.12.6.선고 2002다44014)」 결국 모순관계에서는 후소는 대개 청구기각판결이 될 것이다.261) 전소의 주문에 의하여 확정된 법률효과를 부인하는 경우 등이 이에 해당한다. 다음과 같은 경우가 그 예에 해당한다.

② 기판력의 양면성(쌍면성)

기판력은 승소자에게 유리 혹은 불리하게도 작용할 수 있다. 예컨대, 甲이 乙을 피고로 하여 건물소유권확인을 청구하여 승소확정판결이 난 이후에 乙이 甲을 상대로 동 건물의 철거 및 대지인도를 청구하는 경우 甲은 동건물이 이제는 자신의 소유가 아니라고 주장할 수 없다.

관련기출
• 2017년 변리사

甲은 乙을 상대로 1억 원의 대여원금을 반환해 달라고 하는 소(이를 '전소'라 한다)를 제기하였으나 2015.3.3. 변론이 종결되고 제1심 법원으로부터 패소판결을 선고받았고 동 판결은 확정되었다. 그 후 甲은 전소에서 주장하였던 위 1억 원의 대여원금의 존재를 근거로 대여원금의 변제기가 도과한 2014.4.6.부터 그 이후의 지연손해금의 지급을 구하는 소(이를 '후소'라 한다)를 제기하였다. (다음 각 물음은 독립적임)

(1) 후소법원은 甲의 청구에 대해 어떠한 판단을 하여야 하는지 설명하시오.

답안

1. 문제의 소재
2. 기판력의 객관적 범위
   (1) 일 반
   (2) 선결관계의 경우
3. 사안의 적용
   대여금청구 패소확정판결 → 이자지급의 소 : 선결관계 사건 → 기판력 (○) → 후소 법원은 대여금청구의 부존재 바탕 하에 이자지급청구권 부정의 청구기각 판결을 내려야 함

---

261) 반복금지설에 의하면 소의 이익이 없어 각하

관련기출
• 2018년 변리사

甲과 乙 사이에 甲 소유의 X토지(이하 '이 사건 토지'라 한다)를 6억 원에 매매하는 계약(이하 '이 사건 매매계약'이라 한다)을 체결하면서, 乙은 계약 당일 계약금을 지급하고, 중도금 및 잔금은 6회에 걸쳐 분할하여 지급하되, 乙이 30일 이상 매매대금의 지급을 지체한 때에는 甲이 계약을 해제할 수 있기로 하였다. 또한 乙이 매매대금을 전액 지급하기 전에 이 사건 토지를 점유·사용하고자 할 때에는 甲의 승인을 받기로 하고, 만약 乙의 귀책사유로 매매계약이 해제되는 때에는 乙은 甲에게 지체 없이 위 토지를 인도하고 점유·사용기간에 대하여 점유사용료를 지급하기로 하였다.

乙은 甲의 사용승인을 받아 이 사건 토지를 점유·사용하면서 甲에게 계약금 및 3차분까지의 중도금을 지급하였으나, 그 이후의 중도금 및 잔금을 지급하지 아니하였다. 이에 甲은 3회에 걸쳐 연체대금의 지급을 독촉하는 내용의 통지서를 乙에게 발송하였다. (다음 각 물음은 독립적임)

(2) 甲은 최종적으로 乙에게 이 사건 매매계약의 해제를 통지한 후 乙을 상대로 위 매매계약의 해제를 원인으로 이 사건 토지의 인도 청구의 소를 제기하였다. 한편 乙은 위 소송 중 이 사건 매매계약의 해제에 따른 원상회복으로서 乙이 甲에게 이미 지급한 계약금 및 중도금을 반환받을 때까지 甲의 위 인도청구에 응할 수 없다는 취지로 동시이행의 항변을 하였다.

乙의 위 동시이행의 항변에 대하여 甲이 乙에 대한 위 점유사용료 채권을 자동채권으로 하여 乙의 중도금 반환채권과 대등액으로 상계한다는 재항변을 하였다. 법원에서 甲의 재항변이 받아들여져 결국 위 甲의 乙에 대한 청구가 인용되는 판결이 확정되었다.

그 후 乙이 甲을 상대로 중도금의 반환을 구하는 소를 제기하였다면 법원은 어떠한 판단을 하여야 하는지 설명하시오.

답 안

1. 문제의 소재

2. 기판력

(1) **일 반**

(2) **기판력의 객관적 범위**

기판력은 상계의 항변을 제외하고는 주문에 포함된 소송물에 한하여 발생한다.(제216조 제1항) 특히, 상계의 항변에 기판력이 미치기 위하여는 소구채권이 수동채권이거나 이에 준하는 경우이어야 한다는 것이 판례의 태도이다.

3. 사안의 적용

전소의 소송물은 물건반환청구권이고, 이에 대하여 이미 지급한 대금반환채권과의 동시이행주장에 대하여 사용이익채권과 상계하는 재항변을 하였다면, 소구채권은 물건반환청구권이므로 판례에 의할 때, 상계항변의 수동채권에 해당하지 않으므로 기판력은 물건반환청구권에 관하여만 미칠 뿐, 동시이행으로 주장된 대금반환채권이나 상계항변의 자동채권인 사용이익채권에는 기판력이 미치지 않는다.

민사소송법 단문사례연습

관련기출
• 2023년 공인노무사

甲은 乙을 피고로 매매대금채권 5천만 원의 지급을 구하는 소(이하, 'A소'라 한다)를 제기하였다. 이 소송에서 乙은 甲에 대하여 갖고 있는 대여금채권 6천만 원(이하, '이 사건 대여금채권'이라 한다)을 자동채권으로 하는 상계의 항변을 주장하였다. 다음 물음에 답하시오. (다만, 아래의 각 물음은 독립적임) (50점)

물음 2) 甲이 제기한 A소에서 乙이 이 사건 대여금채권을 자동채권으로 하는 상계의 항변을 주장하였고, 법원은 甲의 채권과 乙의 채권이 모두 인정된다고 판단하여 甲의 청구를 기각하는 판결을 선고하였다. 이 판결이 확정된 후 乙은 甲을 피고로 상계의 항변으로 주장한 이 사건 대여금채권의 반환을 구하는 소를 제기할 수 있는가? (30점)

답 안

2. 물음 2)의 해결

(1) 문제의 소재

원고 甲의 피고 乙에 대한 채권과 피고 乙의 원고 甲에 대한 반대채권을 모두 인정하여 상계를 받아들여 원고 甲에 대하여 청구기각이 확정된 판결의 기판력과 상계항변에 관한 문제이다.

(2) 확정판결의 기판력

(가) 기판력의 주관적 범위

기판력은 확정판결의 당사자, 변론종결 뒤의 승계인, 추정승계인, 목적물 소지인, 소송담당자와 피담당자, 소송탈퇴자에 미친다.(제218조 등)

(나) 기판력의 시적 범위

기판력은 전소 확정판결의 표준시 즉, 변론종결시(무변론판결의 경우 판결선고 시)에 한하여 인정되며, 그 이전의 법률관계나 그 이후의 법률관계에는 미치지 않으며, 표준시 이전에 이미 존재하고 있는 사실관계는 더 이상 주장할 수 없게 된다.

(다) 기판력의 객관적 범위

기판력은 주문에 포함된 소송물에 관한 판단에만 미치며(제216조 제1항), 판결 이유 중 판단의 경우는 상계에 관한 판단(제216조 제2항) 이외에는 미치지 않음이 원칙이다. 이는 「민사소송법 제216조 제2항에서 판결 이유 중의 판단임에도 불구하고 상계 주장에 관한 법원의 판단에 기판력을 인정한 취지는, 만일 이에 대하여 기판력을 인정하지 않는다면, 원고의 청구권의 존부에 대한 분쟁이 나중에 다른 소송으로 제기되는 반대채권의 존부에 대한 분쟁으로 변형됨으로써 상계 주장의 상대방은 상계를 주장한 자가 그 반대채권을 이중으로 행사하는 것에 의하여 불이익을 입을 수 있게 될 뿐만 아니라 상계 주장에 대한 판단을 전제로 이루어진 원고의 청구권의 존부에 대한 전소의 판결이 결과적으로 무의미하게 될 우려가 있게 되므로, 이를 막기 위함이라고 보인다.(대법원 2005. 7. 22. 선고 2004다17207 판결)」

(라) 사안의 경우

사안의 경우, 전소 원고 甲과 피고 乙이 동일하게 후소 당사자들이므로 주관적 범위에는 문제가 없고, 표준시인 전소 확정판결의 변론종결시 이후의 새로운 사실관계의 변동도 없으므로 문제될 것은 없다. 문제는 기판력의 객관적 범위에서 상계의 경우 민사소송법 제216조 제2항에 의하여 '상계하자고 대항한 액수에 한하여' 기판력은 미치므로, 전소에서 상계하자고 대항한 액수인 5000만원 한도에서 기판력은 발생한다.

(3) 상계항변이 인정된 경우 기판력의 범위
(개) 문제점
전소 확정판결에서 상계항변이 인정된 경우, 기판력이 인정되는 범위에 대하여는 학설이 대립한다.

(내) 학 설
① 제1설
이 견해는 과거 수동채권과 자동채권이 모두 존재했다가 상계로 소멸되었다는 점에 대하여 기판력이 발생한다는 견해이다.

② 제2설
제2설은 상계에 대하여도 현재 자동채권이 소멸상태라는 부분에만 기판력이 인정된다는 견해이다.

(다) 검 토
물론, 기판력이 표준시를 기준으로 법률관계가 존재하는지 어떤지에 한하여 미침이 원칙이겠으나, 상계의 경우 소구채권과 반대채권에 관하여 향후 모순된 판단이 존재해서는 안될 것이므로 제1설에 찬성한다.

(라) 사안의 경우
사안의 경우, 전소확정판결이 A소의 기판력은 원고 甲의 피고 乙에 대한 5,000만원의 매매대금채권 및 피고 乙의 원고 甲에 대한 대여금채권이 5,000만원 한도에서 존재하였다가 상계로 소멸한 점에 기판력이 발생한다.

(4) 기판력의 본질
기판력의 본질에 관하여는 모순금지설과 반복금지설의 대립이 있다.

(개) 학 설
① 반복금지설
이 학설은 분쟁의 1회적 해결이 기판력의 본질이라는 것이므로 기판력은 그 자체 소극적 소송요건이라는 견해이다.

② 모순금지설
기판력의 본질은 판결의 모순·저촉 방지에 있다고 보아 승소자의 제소는 소의 이익이 없음을 이유로 각하하고, 패소자의 제소는 기판력에 반하는 청구이므로 각하하여야 한다는 견해이다.

(내) 판 례
판례는 기본적으로 모순금지설의 입장이지만, 특히, 동일관계 사안에서 승소자의 제소는 소의 이익이 없어 각하하여야 하되, 패소자의 제소는 모순판단을 하지 않아야 한다는 구속력 정도로 보아 다시 기각하여야 한다는 입장이다.

(5) 상계하자고 대항한 액수를 초과한 부분에 대한 전소확정판결의 이유 중 판단에 구속력을 인정할 것인지

(가) 학 설
판결 이유 중의 판단에 원칙적으로 기판력이 인정되지는 않는다 하더라도 일정한 구속력을 인정하자는 논의가 있으며, 이에 대하여는 ① 구속력을 인정하는 견해, ② 이른 바 쟁점효설, ③ 의미관련론, ④ 경제적 가치동일성설 및 ⑤ 신의칙설 등의 견해가 대립한다.

(나) 판 례
판례는 구속력을 부정하여「민사재판에 있어서 다른 민사사건 등의 판결에서 인정된 사실에 구속을 받는 것은 아니다」고 한다. 다만,「이미 확정된 관련 민사사건에서 인정한 사실은 유력한 증거가 되는 것이어서 합리적인 이유설시 없이 이를 배척할 수 없으며, 특히 두 개의 민사소송이 당사자가 동일하고 분쟁의 기초사실도 같은 경우라면 전소의 판단이 후소에 유력한 증거자료로서의 효력 즉, 증명력이 발생한다.(대법원 2003.8.19. 선고 2001다47467 판결 등)」는 입장이다.

(6) 사안의 해결

(가) 후소 대여금청구소송 중 5000만원 부분
위의 법리에 비추어 볼 때, 전소 확정판결의 피고 乙의 원고 甲에 대한 반대채권은 5,000만원 한도 내에서 상계로 소멸하였음에 대한 기판력은 발생하였고, 이에 대한 후소는 동일관계에 관한 승소자의 소이므로 결국, 이 부분 소는 기판력에 반한 것으로 판례에 의할 때 본안데 들어갈 것 없이 소의 이익이 없어 각하되어야 한다.

(나) 후소 대여금청구소송 중 1000만원 부분
이 부분은 전소확정판결에서 대항한 액수의 범위 이외 부분이므로 이에 대하여 후소 법원은 본안에 나아가 판단하여야 하나, 전소확정판결에서 이미 그 부분에 관한 존재가 유력한 증거자료에 의하여 뒷받침되었으므로 특별한 사정이 이를 인정하여야 한다.

쟁점 59-2   시효중단을 위한 재소와 기판력

1. 문제의 소재

전소확정판결에 의하여 확정된 채권을 다시 주장하며 소로써 청구하는 것은 전소확정판결에 의하여 발생한 기판력의 객관적 범위에 비추어 저촉될 수 있다. 다만, 확정판결 이후 다시 진행한 소멸시효의 완성이 임박한 상태에서 소멸시효중단을 위하여 소를 제기하는 것은 가능한 것인지가 문제된다.

2. 견해의 대립 및 대법원 판례의 태도

(1) 긍정설 – 대법원 전원합의체 판결 다수의견

소멸시효중단을 위한 재소는 권리보호의 이익을 인정할 수 있고, 시효중단사유 중 압류·가압류나 승인 등의 경우 이를 1회로 제한하지 않음과 균형을 맞출 필요도 있으며, 후소에서 전소 변론종결 이전의 사유를 들어 다시 주장하는 것을 어차피 인정하지 않는 이상 기판력에 저촉되는 것도 아니라는 점을 들어 소멸시효 중단을 위한 재소는 허용된다는 입장이다.

(2) 부정설 – 위 판결 소수의견

위 재소를 인정하는 것은 소멸시효제도의 취지에 맞지 않고, 확정판결의 기판력에도 반하며, 각종 채권추심기관의 난립에 의하여 경제적 약자인 채무자의 부담이 가중될 수 있다는 점에서 부정하여야 한다는 입장이다.

3. 후소에서 가능한 항변

① 시효중단을 위한 후소의 판결은 전소의 승소 확정판결의 내용에 저촉되어서는 아니 되므로, 후소 법원으로서는 그 확정된 권리를 주장할 수 있는 모든 요건이 구비되어 있는지에 관하여 다시 심리할 수는 없다. 따라서, 채권양수인이 양수금청구에서 채권양도의 대항요건을 갖추었음을 인정할 증거가 없어 기각판결이 확정된 이상, 그 후 채권양도인이 제기한 시효중단을 위한 후소에서 다시 채권양도 통지가 있었는지에 관한 심리를 다시 할 수는 없다.[262]

② 한편, 판결의 기판력은 변론종결시를 기준으로 발생하므로, 전소의 변론종결 후에 발생한 변제, 상계, 면제 등과 같은 채권소멸사유는 후소의 심리대상이 된다. 따라서 채무자인 피고는 후소 절차에서 위와 같은 사유를 들어 항변할 수 있고 심리 결과 그 주장이 인정되면 법원은 원고의 청구를 기각하여야 한다. 이는 채권의 소멸사유 중 하나인 소멸시효 완성의 경우에도 마찬가지이다.

---

262) 대법원 2018.4.24. 선고 2017다293858 판결

③ 그러나, 법률이나 판례의 변경은 전소 변론종결 후에 발생한 새로운 사유에 해당한다고 할 수 없으므로, 예컨대, 소송촉진 등에 관한 특례법에서 정한 지연손해금 이율이 전소확정판결 이후에 달라졌다 하더라도 변경된 이율을 적용하여 채권액을 인정할 수는 없다.263)

사안연구 ★★★

대법원 2019. 1. 17. 선고 2018다24349 판결

【사실관계】
① 원고 甲은 피고 乙을 상대로 손해배상금 7,000만 원의 지급을 구하는 소를 제기하였고, 위 법원은 2005. 12. 22. 피고가 원고에게 2006. 3. 10.까지 2,500만 원을 지급하고, 이를 지체하는 경우 지연손해금을 가산하여 지급하는 내용의 조정에 갈음하는 결정(이하 '이 사건 강제조정결정')을 하였으며 위 강제조정결정은 2006. 1. 24. 확정되었다.
② 또한 원고 甲은 피고 乙을 상대로 매매계약의 해제에 따른 매매대금 반환청구의 소를 제기하였고, 위 법원은 2006. 9. 21. 피고가 원고에게 2,500만 원 및 지연손해금을 지급하라는 내용의 판결(이하 '이 사건 전소 판결')을 선고하였으며, 위 판결은 2006. 10. 11. 확정되었다.
③ 원고는 2017. 4. 28. 이 사건 강제조정결정과 이 사건 전소 판결(이하 '이 사건 전소 판결 등'이라고 한다)에 의해 확정된 채권에 기한 금원의 지급을 구하는 이 사건 소를 제기하였고, 제1심법원에 제출한 2017. 10. 19.자 청구취지 및 청구원인 변경신청서를 통해 위 각 채권의 시효중단을 위해 다시 소를 제기한 것임을 밝혔다.
④ 피고는 원심에서 이 사건 전소 판결 등에 의해 확정된 채권의 소멸시효가 완성되었다는 취지의 주장을 하였다.

【원심의 판단】 - 소각하
원심은, 이 사건 소는 승소확정판결을 받았거나 그와 효력이 같은 강제조정결정이 확정된 전소와 동일한 권리 및 법률관계를 소송물로 하는 소로서, 이 사건 전소 판결 등이 확정된 후 권리를 행사할 수 있는 때부터 10년이 지나 제기되어 시효중단을 구할 이익이 없으므로 부적법하다는 이유로, 직권으로 소를 각하한 제1심판결을 유지하였다.

【대법원의 판단】
[일반론]
1. 소송요건 - 재소멸시효기간의 종료 임박

확정된 승소판결에는 기판력이 있으므로 승소 확정판결을 받은 당사자가 전소의 상대방을 상대로 다시 승소 확정판결의 전소와 동일한 청구의 소를 제기하는 경우, 특별한 사정이 없는 한 후소는 권리보호의 이익이 없어 부적법하다. 하지만 예외적으로 확정판결에 의한 채권의 소멸시효 기간인 10년의 경과가 임박한 경우에는 그 시효중단을 위한 소는 소의 이익이 있다.(대법원 1987. 11. 10. 선고 87다카1761 판결, 대법원 2018. 7. 19. 선고 2018다22008 전원합의체 판결 등 참조)

---
263) 대법원 2019.8.29. 선고 2019다215272 판결

이는 승소판결이 확정된 후 그 채권의 소멸시효기간인 10년의 경과가 임박하지 않은 상태에서 굳이 다시 동일한 소를 제기하는 것은 확정판결의 기판력에 비추어 권리보호의 이익을 인정할 수 없으나, 그 기간의 경과가 임박한 경우에는 시효중단을 위한 필요성이 있으므로 후소를 제기할 소의 이익을 인정하는 것이다.

2. 시효중단을 위한 재소에서의 본안 항변과 기판력의 관계

한편 시효중단을 위한 후소의 판결은 전소의 승소 확정판결의 내용에 저촉되어서는 아니 되므로, 후소 법원으로서는 그 확정된 권리를 주장할 수 있는 모든 요건이 구비되어 있는지에 관하여 다시 심리할 수 없으나(위 2018다22008 전원합의체 판결 등 참조), 위 후소 판결의 기판력은 후소의 변론종결시를 기준으로 발생하므로, 전소의 변론종결 후에 발생한 변제, 상계, 면제 등과 같은 채권소멸사유는 후소의 심리대상이 된다. 따라서 채무자인 피고는 후소 절차에서 위와 같은 사유를 들어 항변할 수 있고 심리 결과 그 주장이 인정되면 법원은 원고의 청구를 기각하여야 한다. 이는 채권의 소멸사유 중 하나인 소멸시효 완성의 경우에도 마찬가지이다.

3. 후소가 10년이 지나 제기된 경우의 처리 방법

이처럼 판결이 확정된 채권의 소멸시효기간의 경과가 임박하였는지 여부에 따라 시효중단을 위한 후소의 권리보호이익을 달리 보는 취지와 채권의 소멸시효 완성이 갖는 효과 등을 고려해 보면, 시효중단을 위한 후소를 심리하는 법원으로서는 전소 판결이 확정된 후 소멸시효가 중단된 적이 있어 그 중단사유가 종료한 때로부터 새로이 진행된 소멸시효기간의 경과가 임박하지 않아 시효중단을 위한 재소의 이익을 인정할 수 없다는 등의 특별한 사정이 없는 한, 후소가 전소 판결이 확정된 후 10년이 지나 제기되었다 하더라도 곧바로 소의 이익이 없다고 하여 소를 각하해서는 아니 되고, 채무자인 피고의 항변에 따라 원고의 채권이 소멸시효 완성으로 소멸하였는지에 관한 본안판단을 하여야 한다.

4. 원심의 소각하판결이 위법하나 청구기각판결을 받을 것이 분명한 경우 대법원이 내릴 판결의 형태와 불이익변경금지원칙 - 상고기각

기록에 의하면, 피고는 원심에서 이 사건 전소 판결 등에 의해 확정된 채권의 소멸시효가 완성되었다는 취지의 주장을 하였고, 이 사건 소가 이 사건 전소 판결 등이 확정된 후 그 채권의 소멸시효기간인 10년이 지나 제기되었다는 원심의 사실인정이 정당한 이상, 이 사건 전소 판결 등에 기한 청구권은 소멸시효가 완성되어 원고의 이 사건 청구는 결과적으로 기각될 것임이 분명하므로, 원고만이 상고한 이 사건에서 불이익변경금지의 원칙상 원심판결을 그대로 유지하여 원고의 상고를 기각함이 상당하다.

관련기출

• 2021년 변호사

甲건설회사(이하 '甲회사'라고 함)는 2005. 1. 6. 乙법인과 공사대금 30억 원으로 하여 건물을 신축하는 도급계약을 체결하고 2006. 1. 6. 건물을 완공하였다. 그런데 乙법인이 공사대금을 지급하지 않고 있다. 이에 甲회사는 乙법인을 상대로 공사대금지급청구의 소(이하 '전소'라고 함)를 제기하였고 법원은 이에 대하여 30억 원의 지급을 명하는 판결을 선고하여 2007. 3. 10. 판결이 확정되었다.

〈문제〉
전소 판결이 확정된 후 乙법인이 위 30억 원의 공사대금을 지급하지 않았음에도 甲회사는 강제집행을 진행하지 아니하였다. 이후 甲회사는 2017. 3. 15. 乙법인을 상대로 전소와 동일한 이행청구의 소(이하 '후소'라고 함)를 제기하였다. 이에 乙법인은 '1) 후소가 전소 확정판결 채권의 시효중단을 위한 재소(再訴)이지만 시효완성 이후에 제기되었으므로 부적법하고, 2) 乙법인은 2017. 2. 10. 甲회사에 공사대금 30억 원을 모두 변제하여 더 이상 甲회사에 지급할 대금이 없다.'고 주장하였고 변제사실은 증명되었다. 이때 후소 법원은 甲회사와 乙법인 사이의 채권이 乙법인의 변제로 소멸하였다고 본안판단을 할 수 있는가? (이자 및 지연손해금은 논하지 말 것)

답안

1. **문제의 소재**

2. **시효중단을 위한 재소**

    (1) **인정 여부**

    (가) 학 설
    ① 인정설 – 시효중단을 위한 필요의 존재
    ② 부정설 – 기판력에 반함

    (2) **판 례**
    판례는 종래로부터 전소 확정판결 이후 소멸시효 완성이 임박한 경우, 소멸시효 중단을 위한 재소를 인정하고 있었으며, 최근 대법원 전원합의체 판결의 다수의견도 이를 인정할 합리적 필요가 있다는 이유로 이를 허용하고 있다.

3. **물음 1)의 해결**

    (1) **시효완성 이후 시효중단을 위한 재소를 한 경우 소의 이익이 없어 부적법한지**
    판례는 시효중단을 위한 재소의 취지와 소멸시효 완성의 효과에 비추어 「후소가 전소 판결이 확정된 후 10년이 지나 제기되었다 하더라도 곧바로 소의 이익이 없다고 하여 소를 각하해서는 아니 되고, 채무자인 피고의 항변에 따라 원고의 채권이 소멸시효 완성으로 소멸하였는지에 관한 본안판단을 하여야 한다.」고 한다.

    (2) **사안의 적용**
    물음 1)의 경우, 시효가 완성되었으므로 소의 이익이 없어 각하되어야 한다는 주장은 위 판례에 비추어 받아들일 수 없고, 법원은 본안판단에 나아가야 한다.

4. 물음 2)의 해결

(1) 시효중단을 위한 재소의 경우 전소 확정판결의 표준시 이후의 사실관계를 주장할 수 있는지

판례는 기판력은 변론종결시를 기준으로 발생하므로, 전소 변론종결 후에 발생한 변제, 상계, 면제 등과 같은 사유는 후소의 심리대상이 된다고 한다.

(2) 사안의 적용

물음 2)의 경우 乙법인은 '2017. 2. 10. 甲회사에 공사대금 30억 원을 모두 변제하여 더 이상 甲회사에 지급할 대금이 없다.'고 주장하였고 변제사실은 증명된 이상, 법원으로서는 甲회사와 乙법인 사이의 채권이 乙법인의 변제로 소멸하였다고 본안판단을 할 수 있다.

민사소송법 단문사례연습

쟁점 59-3 시효중단을 위한 확인의 소

[관 련 판 례]

* 시효중단을 위한 새로운 형태의 확인의 소 제기

[다수의견] 종래 대법원은 시효중단사유로서 재판상의 청구에 관하여 반드시 권리 자체의 이행청구나 확인청구로 제한하지 않을 뿐만 아니라, 권리자가 재판상 그 권리를 주장하여 권리 위에 잠자는 것이 아님을 표명한 것으로 볼 수 있는 때에는 널리 시효중단사유로서 재판상의 청구에 해당하는 것으로 해석하여 왔다. 이와 같은 법리는 이미 승소 확정판결을 받은 채권자가 그 판결상 채권의 시효중단을 위해 후소를 제기하는 경우에도 동일하게 적용되므로, 채권자가 전소로 이행청구를 하여 승소 확정판결을 받은 후 그 채권의 시효중단을 위한 후소를 제기하는 경우, 후소의 형태로서 항상 전소와 동일한 이행청구만이 시효중단사유인 '재판상의 청구'에 해당한다고 볼 수는 없다.

시효중단을 위한 이행소송은 다양한 문제를 야기한다. 그와 같은 문제들의 근본적인 원인은 시효중단을 위한 후소의 형태로 전소와 소송물이 동일한 이행소송이 제기되면서 채권자가 실제로 의도하지도 않은 청구권의 존부에 관한 실체 심리를 진행하는 데에 있다. 채무자는 그와 같은 후소에서 전소 판결에 대한 청구이의사유를 조기에 제출하도록 강요되고 법원은 불필요한 심리를 해야 한다. 채무자는 이중집행의 위험에 노출되고, 실질적인 채권의 관리·보전비용을 추가로 부담하게 되며 그 금액도 매우 많은 편이다. 채권자 또한 자신이 제기한 후소의 적법성이 10년의 경과가 임박하였는지 여부라는 불명확한 기준에 의해 좌우되는 불안정한 지위에 놓이게 된다.

위와 같은 종래 실무의 문제점을 해결하기 위해서, 시효중단을 위한 후소로서 이행소송 외에 전소 판결로 확정된 채권의 시효를 중단시키기 위한 조치, 즉 '재판상의 청구'가 있다는 점에 대하여만 확인을 구하는 형태의 '새로운 방식의 확인소송'이 허용되고, 채권자는 두 가지 형태의 소송 중 자신의 상황과 필요에 보다 적합한 것을 선택하여 제기할 수 있다고 보아야 한다.

[대법관 권순일, 대법관 박정화, 대법관 김선수, 대법관 이동원, 대법관 노정희의 의견] 시효중단을 위한 재소로서 이행소송 외에 '새로운 방식의 확인소송'도 허용되어야 한다는 입장은 받아들일 수 없다.

다수의견이 지적하는 것처럼 이행소송을 허용하는 현재 실무의 폐해가 크다고 보기 어렵다. 또한 새로운 방식의 확인소송에는 법리적으로 적지 않은 문제점이 있고, 이행소송 외에 굳이 이를 허용할 실익이나 필요도 크지 않아 보인다.

시효중단을 위한 재소로서의 이행소송은 대법원판결을 통해 허용된 이래 30년 이상 실무로 정착되었고 그동안 큰 문제점이나 혼란도 없었다. 최근 대법원판결에서도 이러한 인식에 기초하여 이행소송이 허용됨을 재확인하였다. 이러한 상황에서 새삼스레 이행소송에 여러 문제가 있다고 주장하면서 굳이 새로운 방식의 확인소송이라는 낯설고 설익은 소송형태를 추가하여, 법적 안정성을 해치고 당사자의 편리보다는 혼란만 가중시키는 결과를 초래하지 않을까 염려된다.

[대법관 김재형의 의견] 시효중단을 위한 재소로서 이행소송과 함께 해석을 통하여 다른 형태의 소송을 허용하고자 한다면, '청구권 확인소송'으로 충분하다. 새로운 방식의 확인소송은 입법을 통하여 받아들여야 할 사항이지 법률의 해석을 통하여 받아들일 수는 없다.
청구권 확인소송은 전소 판결의 소송물이자 전소 판결에 의하여 확정된 채권 그 자체를 대상으로 확인을 구하는 소송이다.
청구권 확인소송에 비하여 새로운 방식의 확인소송이 큰 이점이 있다고 보기는 어렵다. 법리적인 측면에서 본다면 청구권 확인소송을 허용하는 데 별다른 문제가 없는 반면, 새로운 방식의 확인소송에는 확인의 이익을 비롯하여 법리적으로 극복하기 어려운 문제가 적지 않다. 다수의견이 지적하는 정책적 측면까지 고려하더라도, 이론적으로 문제가 많은 새로운 방식의 확인소송을 굳이 무리하게 도입할 이유가 없다.
(대법원 2018. 10. 18. 선고 2015다232316 전원합의체 판결)

쟁점 60 기판력의 시적 범위

(가) 기판력의 표준시
기판력은 표준시를 기준으로 당시의 권리관계를 확정하는 것이다. 원칙적으로 표준시는 사실심 변론종결시(단, 무변론판결 시라면 판결선고 시)이며, 그 때에 존재하는 사실관계에 대하여 발생한다.

(나) 표준시의 적용
① 표준시 이전에 존재한 사유에 대한 실권효(失權效) 내지 차단효(遮斷效)
  ㉮ 의의
   기판력이 발생하면 표준시 이전에 존재하였던 사실에 기한 공격·방어방법으로써, 그 때까지 제출되지 않았던 것은 제출하지 못함에 과실이 있는지 여부를 불문하고 더 이상 제출할 수 없게 되는데, 이를 실권효 내지 차단효라 한다.264)
  ㉯ 변론종결 전에 발생한 사유이지만 차단효가 부정되어 청구이의의 소로 다툴 수 있는 경우
   변론종결 전의 사유이지만 판결의 집행이 불법이 된다면 이를 주장하며 청구이의의 소를 제기하는 것은 허용되어야 하고($^{1984.7.24.}_{다카572}$), 변론종결 전 이미 한정승인을 한 바 있으나 주장하지 않아 패소확정판결을 받은 이후 집행절차에서 청구이의의 소를 제기하여 다투는 것도 허용된다.($^{2006.10.13.}_{2006다23138}$)

② 표준시 후에 발생한 새로운 사실자료
 당사자는 표준시 이후에 발생한 사유를 주장하여 확정된 법률효과를 다툴 수는 있다.265) 이 때 변론종결 이후 발생한 사유란 변론종결 이후에 발생한 사실자료(예 표준시 이후 정지조건의 성취266) 등) 만을 의미한다.267)

 따라서 표준시 이후에 법률개정, 헌법재판소의 위헌결정, 판례변경이나 판결의 기초인 행정처분의 변경, 사실관계에 대한 다른 법률평가 등이 존재한다 하여도 이를 이유로 기판력을 저지할 수는 없고 전소 확정판결의 기판력은 후소에 그대로 미친다.

③ 장래이행판결 이후 전소표준시에 예측할 수 없었던 현저한 사정변경이 발생한 경우
  ㉮ 판례의 해결방법 – 명시적 일부청구의제론

---

264) 실권효의 범위에 대하여는 기본적으로 무엇이 공격·방어방법인지 즉, 소송물이론 여하에 따라 차이가 있다. 그러나 구이론에 의하는 판례의 이론을 따라 판단하면 특히 문제는 없는 부분이다.
265) 정동윤·유병현, 전게서, 704면.
266) 2002.5.10. 2000다50909
267) 이시윤, 전게서. 564면 ; 정동윤·유병현, 전게서, 704면.

판례는 이미 본 바와 같이 명시적 일부청구를 의제하는 것으로 해결하고 있다.
- ㉯ **판례에 대한 비판**
- ㉰ **정기금판결변경의 소 (前述)**

④ 표준시 전에 발생한 형성권의 표준시 이후 행사
- ㉮ **문제의 소재**

  변론종결 이전에 발생한 형성권(해제권·해지권·취소권·상계권·건물매수청구권 등)을 전소의 소송 중에 행사하지 않아 패소한 당사자가 표준시 이후에 형성권을 행사하고 그 결과 형성권 행사에 기초하여 발생한 법률관계에 터 잡아 새로 소송을 제기한 경우에 표준시 이후의 형성권 행사가 전소의 실권효에 의하여 차단되는가의 문제가 있다.

- ㉯ **학설**

  이에 대하여는 ① 모두 실권이 되지 않는다는 **비실권설**,[268] ② 모두 실권이 된다는 실권설, ③ 본문에서 이어질 통설과 판례의 **상계권·건물매수청구권 비실권설** 및 ④ 상계권이 있음을 **알면서** 이전에 이를 행사하지 않은 경우라면 **실권**이 되는 것이나 **모른** 경우에는 **실권되지 않는다**는 제한적 상계권등 실권설[269] 등의 견해대립이 있다.

- ㉰ **판례의 태도 – 상계권·매수청구권 비실권설**

  판례는 이 경우 상계권이나 건물매수청구권은 예비적·출혈적 항변인 것이므로 그 성질상 실권효가 인정되지 않는다(1966.6.28. 선고 66다780; 1995.12.26. 선고 95다42195)고 보나, 그 이외의 해제권 등에 있어서는 실권효가 인정되어 차단된다(1979.8.14. 선고 79다1103; 1981.7.7. 선고 80다2751)고 보고 있다.

[관 련 판 례]

(1) 상계권의 경우

채무명의인 확정판결의 변론종결전에 상대방에 대하여 상계적상에 있는 채권을 가지고 있었다 하여도 변론종결 이후에 비로소 상계의 의사표시를 한 때에는 그 청구이의의 원인이 변론종결 이후에 생긴 때에 해당하는 것으로서 당사자들이 그 변론종결전에 상계적상에 있은 여부를 알았던 몰랐던 간에 적법한 이의의 사유가 된다.(대법원 1966.6.28. 선고 66다780 판결)

(2) 건물매수청구권의 경우

① 원심은 피고가 원고로부터 건물의 소유를 목적으로 토지를 임차하였으므로 건물에 대하여 건물매수청구권을 행사한다는 피고의 항변에 대하여, 원고가 건물철거를 구하는 본소를 제

---

268) 호문혁, 전게서, 669면
269) 이시윤, 전게서, 593면

기하기에 앞서 피고를 상대로 토지의 인도를 구하는 전소를 제기하여 승소판결을 받아 그 판결이 확정되었고, 전소 확정판결의 기판력은 전소 변론종결일 당시의 원고인의 피고에 대한 **토지인도청구권의 존재**에 미치며, **피고 주장의 임차권**은 위 변론종결일 전부터 존재하던 것으로서 위 토지인도청구권을 다투는 방법에 불과하므로, 피고가 지금에 와서 임차권을 주장하는 것은 전소 확정판결의 기판력에 저촉되어 허용되지 않는다고 판단하였으나, **전소 확정판결의 기판력은 전소에서의 소송물인 토지인도청구권의 존부에 대한 판단에 대하여만 발생하는 것이고 토지의 임차권의 존부에 대하여까지 미친다고 할 수는 없으므로** 원심판결에는 기판력에 관한 법리를 오해하고 심리를 다하지 아니한 위법이 있다. (대법원 1994. 9. 23. 선고 93다37267 판결)

② 건물의 소유를 목적으로 하는 토지 임대차에 있어서, 임대차가 종료함에 따라 토지의 임차인이 임대인에 대하여 건물매수청구권을 행사할 수 있음에도 불구하고 이를 행사하지 아니한 채, 토지의 임대인이 임차인에 대하여 제기한 토지인도 및 건물철거청구 소송에서 패소하여 그 패소판결이 확정되었다고 하더라도, 그 **확정판결에 의하여 건물철거가 집행되지 아니한 이상 토지의 임차인으로서는 건물매수청구권을 행사하여 별소로써 임대인에 대하여 건물매매대금의 지급을 구할 수 있다.**(대법원 1995.12.26. 선고 95다42195 판결)[270]

(3) 비교판례 - 백지어음 소지인이 어음금 청구소송의 사실심 변론종결일까지 백지 부분을 보충하지 않아 패소판결을 받고 그 판결이 확정된 경우, 백지보충권을 행사하여 완성한 어음에 기하여 전소의 피고를 상대로 다시 동일한 어음금을 청구할 수 있는지 여부(소극)

약속어음의 소지인이 어음요건의 일부를 흠결한 이른바 백지어음에 기하여 어음금 청구소송(이하 '전소'라고 한다)을 제기하였다가 위 어음요건의 흠결을 이유로 청구기각의 판결을 받고 위 판결이 확정된 후 위 백지 부분을 보충하여 완성한 어음에 기하여 다시 전소의 피고에 대하여 어음금 청구소송(이하 '후소'라고 한다)을 제기한 경우에는, 원고가 전소에서 어음요건의 일부를 오해하거나 그 흠결을 알지 못했다고 하더라도, 전소와 후소는 동일한 권리 또는 법률관계의 존부를 목적으로 하는 것이어서 그 소송물은 동일한 것이라고 보아야 한다. 그리고 확정판결의 기판력은 동일한 당사자 사이의 소송에 있어서 변론종결 전에 당사자가 주장하였거나 주장할 수 있었던 모든 공격 및 방어방법에 미치는 것이므로, 약속어음의 소지인이 전소의 사실심 변론종결일까지 백지보충권을 행사하여 어음금의 지급을 청구할 수 있었음에도 위 변론종결일까지 백지 부분을 보충하지 않아 이를 이유로 패소판결을 받고 그 판결이 확정된 후에 백지보충권을 행사하여 어음이 완성된 것을 이유로 전소 피고를 상대로 다시 동일한 어음금을 청구하는 경우에는, 위 백지보충권 행사의 주장은 특별한 사정이 없는 한 전소판결의 기판력에 의하여 차단되어 허용되지 않는다.(대법원 2008.11.27. 선고 2008다59230 판결)

⑤ 표준시 이전의 법률관계에까지 기판력이 미치지는 않음

기판력은 표준시 당시의 법률관계 내지 권리관계의 존부에 대하여만 미치는 것이지, 표준시 이전의 권리관계에까지 미치는 것은 아니다.

---

270) 다만, 이 사건 자체는 청구이의의 소는 아니다.

즉, 「확정판결의 기판력은 사실심의 최종변론종결 당시의 권리관계를 확정하는 것이므로, 원고의 청구 중 확정판결의 사실심 변론종결시 후의 이행지연으로 인한 손해배상(이자) 청구부분은 그 선결문제로서 확정판결에 저촉되는 금원에 대한 피고의 지급의무의 존재를 주장하게 되어 논리상 확정판결의 기판력의 효과를 받게 되는 것이라고 할 것이나 그 외의 부분(변론종결 당시까지의 분)의 청구는 확정판결의 기판력의 효과를 받지 않는다.(대법원 1976.12.14. 선고 76다1488 판결)」

관련기출
• 2019년 공인노무사

甲은 乙에 대하여 지급기일을 2017.2.1.로 하는 1억 원의 공사대금채권을 가지고 있었다. 乙은 2017.10.1. 이 채권금액 가운데 3,000만 원을 변제하였다. 甲은 2018.4.1. 乙에 대하여 위 공사대금 1억 원의 지급을 구하는 소를 제기하였다. 법원은 2018.12.1. 변론을 종결하였고, 甲의 청구대로 1억 원의 지급을 명하는 판결을 선고하였고, 그 판결은 확정되었다. 다음 물음에 답하시오. (50점)

물음 2) 乙은 甲에 대하여 2018.5.1.을 지급기일로 하는 대여금 2,000만 원의 채권을 가지고 있었으나, 상계항변을 하지 않았다. 乙이 2019.7.1.에 이 채권을 가지고 상계할 수 있는지를 논하시오. (20점)

답 안

1. 문제의 소재
설문의 사안은 전소 확정판결의 변론종결시 상계적상에 있으므로 상계권을 행사할 수 있었음에도 확정판결 이후에 상계권을 행사한 것이 전소 확정판결의 기판력에 의하여 차단되는지의 문제이다.

2. 기판력의 표준시
기판력은 원칙적으로 전소 변론종결시 (무변론판결의 경우 판결선고 시)를 표준시로 하여 판단하며, 표준시 이전에 제출 가능하였던 사실자료를 표준시 이후에 행사하면 차단됨이 원칙이다.

3. 표준시 전에 발생한 형성권의 표준시 이후의 행사

(1) 문제의 소재
변론종결 이전에 발생한 형성권(해제권·해지권·취소권·상계권·건물매수청구권 등)을 전소의 소송 중에 행사하지 않아 패소한 당사자가 표준시 이후에 형성권을 행사하고 그 결과 형성권 행사에 기초하여 발생한 법률관계에 터잡아 새로 소송을 제기한 경우에 표준시 이후의 형성권 행사가 전소의 실권효에 의하여 차단되는가의 문제가 있다.

(2) 학설
이에 대하여는 ① 모두 실권이 되지 않는다는 **비실권설**,271) ② 모두 실권이 된다는 실권설, ③ 본문에서 이어질 통설과 판례의 **상계권 · 건물매수청구권 비실권설** 및 ④ 상계권이 있음을 **알면서** 이전에 이를 행사하지 않은 경우라면 **실권**이 되는 것이나 **모른** 경우에는 **실권되지 않는다**는 제한적 상계권등실권설272) 등의 견해대립이 있다.

(3) 판례의 태도 — 상계권·매수청구권 비실권설

판례는 이 경우 상계권이나 건물매수청구권은 예비적·출혈적 항변인 것이므로 그 성질상 실권효가 인정되지 않는다(1966.6.28. 선고 66다780; 1995.12.26. 선고 95다42195)고 보나, 그 이외의 해제권 등에 있어서는 실권효가 인정되어 차단된다(1979.8.14. 선고 79다1103; 1981.7.7. 선고 80다2751)고 보고 있다.

4. 사안의 경우

판례에 의할 때, 甲의 乙에 대한 공사대금채권의 지급기일은 2017.2.1.이고, 전소 법원은 2018.12.1. 변론을 종결하였고, 乙은 甲에 대하여 2018.5.1.을 지급기일로 하는 대여금 2,000만 원의 채권을 가지고 있었으므로, 전소 변론종결시를 기준으로 양 채권은 상계적상의 상태에 있었다. 그러나, 전소 확정판결의 표준시인 변론종결시까지 상계항변을 하지 않고, 이후 2019.7.1.에 이 채권을 가지고 상계하는 것은 가능하다.

관련기출
• 2021년 변호사

X토지의 등기부에는 甲 명의 소유권보존등기 다음에 乙 명의 소유권이전등기가 마쳐져 있다. 甲은 乙을 피고로 삼아 乙 명의 등기가 위조서류에 의하여 마쳐진 원인무효라는 이유로 '1) X토지가 甲 소유임을 확인한다. 2) 乙은 甲에게 乙 명의 소유권이전등기의 말소등기절차를 이행하라'는 취지의 소(이하 '전소'라고 함)를 제기하여 승소판결을 받고 그 판결이 확정되었다. 甲은 위 판결에 기해 乙 명의 소유권이전등기를 말소하였다.

〈 문제 〉
乙은 甲을 상대로 소유권에 기하여 X토지의 인도를 구하는 후소를 제기하였다. 그 소송에서 乙은, 전소의 변론종결 전에 乙이 甲의 정당한 대리인에게서 X토지를 매수하여 소유권이전등기를 마친 것으로 X토지는 乙 소유인데, 전소에서는 이를 제대로 증명하지 못하여 패소하였을 뿐이라고 주장하였다. 후소에서 乙의 주장이 인정된다면 乙은 승소할 수 있는가?

답안

1. 문제의 소재

2. 기판력의 시간적 범위

3. 사안의 적용

전소 확정판결과 ① 당사자는 동일하고, ② 전소 소송물 중 乙의 소유권 존재에 관하여 기판력이 발생하였으므로, 이를 전제로 한 후소 인도청구 중 자신의 소유권 주장은 선결관계에 해당하여 기판력이 발생한다. ③ 나아가, 전소의 표준시인 변론종결시 이전에 이미 주장 가능하였던 사유이므로, 기판력에 의하여 그 주장은 차단된다. 따라서, 후소에서 乙의 주장이 인정된다 하더라도, 乙은 승소판결을 받을 수 없다.

---

271) 호문혁, 전게서, 669면
272) 이시윤, 전게서, 593면

쟁점 61 판결의 편취(騙取)

(1) 의의
당사자가 상대방이나 법원을 기망하여 부당한 내용의 승소판결을 얻어내는 경우를 널리 판결의 편취라 한다.[273]

(2) 유형

(개) **성명모용소송**

(내) **소취하계약의 불이행**(소취하계약을 한 후 소취하를 하지 않고 피고의 불출석을 이유로 승소판결을 받는 경우)

(대) **공시송달형**(피고의 주소를 알고 있음에도 소재불명으로 하여 공시송달을 통하여 승소판결을 받는 경우 또는 피고의 주소를 허위로 하여 공시송달을 통하여 승소판결을 받는 경우)

(래) **자백간주형**(피고의 주소를 허위로 하여 그 주소로 소장부본을 송달케 한 후 피고 아닌 원고나 그와 친한 제3자가 소장부본을 수령한 후 답변서 등을 제출하지 않는 등으로 하여 자백간주에 의한 무변론 승소판결을 받는 경우)

* **판결편취의 소송법상 구제수단 정리**

			성명모용 소송형	소취하계약의 불이행형	공시 송달형	자백간주형
집행 종료 후	소송법적 구제	판결의 효력	유효판결			
		판결확정 전	상소가능			상소가능
		판결확정 후	재심 또는 상소추후보완			재심문제 발생 없음
				재심사유 3호 (대리권흠결에 준함)	재심사유 11호에 의함	
	실체법적 구제	불법행위에 기한 손해배상	재심필요설에서 최근「제한적 불요설」			청구가능
		부당이득반환청구	재심필요			청구가능
집행종료 전			청구이의의 소 제기 가능			

(3) 편취판결의 효력
편취판결의 효력에 대하여 통설 및 판례는 법적안정성측면과 법 제451조 제1항 제11호와 같이 재심사유 중에 당연무효가 아님을 전제로 한 규정이 있음을 이유로 유효판결이라고 본다.[274]

---

273) 이시윤, 전게서, 593면.

(4) 구제수단

　(가) 소송법상의 구제방법

　　① 성명모용소송 및 소취하계약의 불이행 유형의 경우

　　　성명모용소송과 소취하계약의 불이행 유형의 경우 판결확정 전이라면 상소가 가능하며, 판결의 확정 후라면 상소의 추후보완이나 재심으로 구제가 가능하다. 이 때 재심사유는 제451조 제1항 제3호의 대리권에 흠이 있는 경우에 준하여 처리된다.

　　② 공시송달형의 경우

　　　㉮ **송달무효 및 항소가능설**

　　　　이 견해는 판결정본 송달이 무효라고 보아 항소기간이 진행되지 않으므로 항소가 가능하다는 입장이다.

　　　㉯ **송달유효 및 상소·재심설**(판례)

　　　　공시송달의 요건에 흠결이 있어도 재판장의 명령에 의하여 공시송달이 내려진 이상 공시송달은 유효라는 것이 판례이다. 따라서 송달이 유효라면 판결 정본 송달 이후에는 상소기간은 그대로 진행하는 것이므로 판결 확정 전이라면 상소로, 상소기간이 도과된 후라면 그 판결은 형식적으로 확정이 되어 기판력이 발생하며($^{1985.8.20.}_{82므21}$), 다만, 상소추후보완 및 재심을 통해 구제받을 수 있다는 것이 판례이다. 추완상소라면 기간의 기산점은 판결이 공시송달의 방법으로 송달된 사실을 안 때를 기준으로 본다.($^{2006.2.24.}_{2004다8005}$)

　　③ 자백간주형의 경우

　　　㉮ **항소설 (판례)**

　　　　이 경우 상대방에 대한 판결의 송달은 부적법하여 무효이므로 상대방은 아직도 판결정본의 송달을 받지 않은 상태에 있으므로 **언제나 상소**를 제기할 수 있을 뿐, 판결이 확정되지 않으므로 기판력이 발생하는 것은 아니므로 재심은 인정되지 않는 것으로 보는 것이 판례이다. ⓒ 판결이 확정되지 않으므로 예컨대 사위판결에 의한 이전등기나 말소등기 등이 경료된 경우라면 별소로 그 권리를 다툴 수도 있다는 것이 판례이다.($^{1995.5.9.}_{94다41010}$)[275]

　　　㉯ **재심가능설**

　　　　이 경우 송달은 유효하다고 보아 상소 및 재심도 가능하다는 견해이다. 만일 판례처럼 언제나 상소로만 구제가 가능하다고 본다면 1심에서의 위법을 치유할 수 없어 심급의 이익을 박탈할 우려가 있다는 것이다.

---

[274] 이에 대하여는 상대방 당사자에게 절차보장이 이루어진 바 없으므로 헌법상의 재판청구권이 침해되었다는 점을 이유로 당연무효판결이라고 보는 견해도 있다.

[275] 기판력의 객관적 범위까지는 효력이 미치며, 표준시 즉, 변론종결 전 사유에 해당하므로 기판력이 부정될 것으로 볼 수 있으나, 이 경우 표준시 이전임에도 불구하고 그 예외에 해당하므로 별소제기가 가능하다고 보아야 한다. 표준시에 대한 본서 해당부분 참조.

(나) **집행법상의 구제방법**
편취판결에 이은 민사집행이 있는 경우, 청구이의의 소를 통하여 피해자를 구제할 수 있을지에 대하여 견해가 대립한다. 이에 대하여 학설상으로는 ① 청구이의의 소는 부당한 강제집행을 방지하려는 데에 그 목적이 있으므로 판결의 집행이 불법인 경우라면 이를 인정하는 견해와 ② 청구이의의 소가 명문으로 정하고 있는 사유가 아닌 한 청구이의의 소를 통하여는 이를 구제할 수 없고, 결국 민사소송법 제500조 규정의 집행정지제도를 활용하여야 한다는 입장이다. 판례는 청구이의의 소를 인정하는 입장이다.

(다) **실체법상의 구제수단**
① 문제의 소재
편취판결에 의한 강제집행 등으로 인하여 손해가 발생한 경우 재심에 의하여 취소됨이 없이 직접 부당이득반환청구 또는 말소등기청구나 불법행위에 기한 손해배상청구가 가능한지에 대하여는 기판력과의 관계에서 견해가 대립하고 있다. 판례에 따르면 적어도 자백간주형 판결편취의 경우에는 판결이 확정되는 경우가 아니어서 기판력과 관계된 이하의 논의는 특히 문제되지 않는다.

② 학설
㉮ 재심필요설
편취판결이 유효하다는 전제하에서라면 재심의 소를 제기하여 판결을 취소하는 것이 선행되어야 한다는 견해이다. 이는 ㉠ **기판력**이 존재한다는 점, ㉡ 부당이득반환청구에서는 '법률상 원인 없음'이라는 요건, 불법행위에 기한 손해배상청구의 경우 '위법성'이라는 요건을 비추어 판단할 때 유효판결이 있는 경우에는 이러한 **각 요건**을 갖추었다고 보기 어렵다는 점, ㉢ 재심이 필요하지 않다고 보면 제451조 1항 3호 **또는 11호가 무력화**될 우려가 있다는 점 ㉣ 재심을 제기하면서 **각 청구의 소를 병합 제기**한다면 재심을 먼저 요구함으로 발생할 소송불경제의 문제점은 해결이 가능하다는 점 등을 그 논거로 하고 있다.[276]

㉯ 재심불요설
이 견해는 재심에 의하여 판결이 취소되지 않고도 직접 각 청구권을 행사할 수 있다는 견해로 ㉠ 실제상 재심사유가 없거나 재심기간이 도과된 경우 등의 경우에도 **권리보호필요**가 있다는 점, ㉡ **명백히 잘못된 판결에 대하여 두 번의 소송을 강요**하는 것은 불합리하다는 점 등을 그 논거로 이 경우에는 기판력제도를 후퇴시키고 손해배상청구 등을 허용하는 것이「부당한 판결에 대한 정의의 승리」라는 점을 그 논거로 한다.[277]

---

[276] 이시윤, 전게서. 596면.
[277] 정동윤·유병현, 전게서. 745면 이하.

㈐ **제한적 불요설**
이 견해는 당사자의 **절차기본권**과 관련하여 이해하는 견해로, ㉠ 판결의 성립 과정에서 당사자가 **상대방의 권리를 침해할 의도**로 작위 또는 부작위에 의하여 상대방의 소송절차관여를 방해함으로써 판결을 편취하였다면 그 판결은 효력이 없다고 보아야 하므로 직접 불법행위에 기한 손해배상청구 등이 가능하나, ㉡ 당사자가 **허위진술, 위증 등 소송행위**를 함으로써 승소판결을 받은 경우라면 비록 당사자의 이러한 소송행위가 신의칙에 위반된다고 하여도 상대방의 소송관여에 특별한 지장을 준 것이 아니어서 그 판결은 무효라 볼 수 없으며 따라서 이 경우에는 재심을 선행하여야 한다는 견해이다.278)

③ 판례의 태도
㈎ **불법행위에 기한 손해배상청구의 경우**
불법행위를 이유로 바로 손해배상청구를 하기 위하여는「소송당사자가 상대방의 권리를 해할 의사로 상대방의 소송 관여를 방해하거나 허위의 주장으로 법원을 기망하는 등 부정한 방법으로 실제의 권리관계와 다른 내용의 확정판결을 취득하여 집행을 하는 것과 같은 특별한 사정이 있어야 한다.」는 것이 판례이다.($^{1992.12.11.}_{92다18627}$)

㈏ **부당이득반환청구의 경우**
판례는 자백간주형 사건을 제외하고는 부당이득반환청구를 하기 위하여는 재심이 필요하다는 입장이다. 기판력에 정면으로 위배된다는 이유에서이다.

---

278) 강현중, 전게서. 657면.

제6장 병합소송

제1절 청구의 객관적 병합

쟁점 62 청구의 병합 (소의 객관적 병합)

• 2014년 공인노무사

관련기출 • 2016년 공인노무사

청구의 선택적 병합에 대하여 설명하시오. (25점)

I. 총설

원고가 하나의 소송절차에서 수개의 청구를 하는 경우를 청구의 병합이라 하며, 청구의 병합은 청구 즉, 소송물이 수개가 묶인 경우를 말하는 것이므로, 공격방법이 수개가 묶인 경우와는 구별된다. 어느 것이 「청구」 즉, 소송물이고, 「공격방법」인지는 소송물이론에 의하여 결정된다.

II. 청구병합의 공통요건

1. 동종 소송절차에 의하여 심판이 가능할 것

> 제253조(소의 객관적 병합) 여러 개의 청구는 같은 종류의 소송절차에 따르는 경우에만 하나의 소로 제기할 수 있다.

수개의 청구가 같은 종류의 소송절차에 의하여 심판이 가능한 것이어야 하며, 다른 소송절차에 의하여 심판될 청구는 병합할 수 없다.

동종절차가 아니어서 병합이 허용되지 않는 경우	예외적으로 병합이 허용되는 경우
① 민사본안사건과 가압류·가처분사건 ② 민사소송사건과 비송사건 (예) 부부간의 명의신탁해지를 원인으로 한 소유권이전등기청구나 부부공유재산분할과 이혼 및 재산분할청구는 병합 불허(2006.1.13. 2004므1378) ③ 민사소송사건과 조정사건 ④ 민사소송사건과 행정소송사건 ⑤ 민사소송사건과 가사소송사건	① 가사소송사건과 가사비송사건은 병합이 가능(가사소송법 제14조 제1항) ② 행정소송에서 민사상의 손해배상청구나 부당이득금반환청구를 병합하는 것은 허용(행정소송법 제10조) ③ 제권판결에 대한 불복의 소에는 일반 민사상 청구를 병합가능(1989.6.13. 선고 88다카7962)[280]

동종절차가 아니어서 병합이 허용되지 않는 경우	예외적으로 병합이 허용되는 경우
⑥ 통상의 민사사건과 재심의 소(판례는 이를 부정하여 병합한 일반 민사상 청구를 각하하여야 한다고 본다.[279])	④ 부작위채무이행청구와 불이행시의 간접강제신청의 병합가능(1996.4.12. 93다40614, 40621)
⑦ 제권판결불복의 소와 그 판결확정으로 형성되는 법률관계를 전제로 한 이행소송(2013.9.13. 2012다36661)	⑤ 정정보도청구의 소와 간접강제는 병합가능

2. 각 청구에 대하여 수소법원에 관할권이 공통할 것

병합된 각 청구에 별도의 전속관할이 정해진 것이어서는 안된다. 전속관할에 속하는 것이 아닌 한, 제25조의 관련재판적이 적용되므로 특별히 문제되지는 않는다.

3. 각 청구 사이의 관련성의 요부

일반적으로는 병합사건 사이에 어떠한 관련성이 없어도 병합심리의 대상이 될 수 있다. 다만, 예비적·선택적 병합의 경우에는 청구의 기초되는 사실에 일정한 관련성이 요구된다.

Ⅲ. 병합의 태양

1. 단순병합

매매대금청구와 대여금청구의 병합과 같이 원고가 양립하는 여러 개의 청구를 우선순위 없이 병렬적으로 병합하여 판결을 구하는 경우를 단순병합이라 하는데, 이 경우에는 청구사이에 관련성은 불필요하며, 병합된 모든 청구에 대하여 법원은 심판하여야 한다.

단순병합은 수개의 청구 간에 관련성이 없어도 가능하지만, 일정한 경우에는 수개의 청구 간에 서로 관련이 있는 경우도 있다.

2. 선택적 병합

(1) 의의

병합된 수개의 권리경합관계에 있는 청구 중 어느 하나가 인용되면 다른 청구에

---

[279] 「원고가 피고의 주소를 알면서 허위주소로 제소하여 공시송달의 방법으로 승소확정판결을 받았다는 이유로 피고가 제기한 재심의 소에서는 피고는 확정판결의 취소를 구함과 동시에 본소 청구기각을 구하는 외에 원고에 대한 새로운 청구를 병합하는 것은 부적법하다.(1971.3.31. 선고 71다8)」 이에 대하여 다수설은 이를 막아야 할 이유가 없다는 이유로 판례에 반대한다.(이시윤, 전게서, 613면)

[280] 이 사건은 수표를 乙에게 편취당한 甲이 편취사실을 숨기고 분실을 주장하며 공시최고신청을 하여 제권판결을 받은 사안으로, 乙이 제권판결불복의 소와 불법행위에 기한 손해배상청구를 예비적으로 병합제기한 사안이다. ↔ 이와 구별할 것으로, 제권판결불복의 소와 제권판결불복의 소가 인용될 것을 조건으로 한 수표금 지급 청구의 경우와 같이, 「제권판결불복의 소와 같은 형성의 소는 그 판결이 확정됨으로써 비로소 권리변동의 효력이 발생하게 되므로 이에 의하여 형성되는 법률관계를 전제로 하는 이행소송 등을 병합하여 제기할 수 없는 것이 원칙이다.(대법원 2013.9.13. 선고 2012다36661 판결)」

대해서는 심판을 바라지 않는 경우를 선택적 병합이라 한다. 법원은 선택적으로 병합된 청구 중 이유 있는 청구 하나를 선택하여 원고청구를 인용할 수 있고, 나머지 청구에 대하여는 판단할 필요가 없다.[281]

아래 표와 같은 경우에는 선택적 병합으로 볼 수 있다.

(가) 실체법상의 청구권이나 형성권에 기하여 동일한 청구취지의 이행이나 형성을 구하는 경우	① 하나의 채무불이행사실에 대하여 채무불이행에 기한 손해배상청구와 불법행위에 기한 손해배상청구를 하는 경우 ② 소유권과 점유권에 기하여 동일한 물건인도의 청구를 하는 경우 ③ 수개의 이혼원인을 이유로 이혼청구를 하는 경우 등
(나) 청구취지가 다른 경우	① 명의신탁 해지에 의하여 신탁관계종료를 원인으로 소유권이전등기를 청구하는 것과 소유권에 기하여 소유권이전등기의 말소를 청구하는 경우 ② 명예훼손행위를 원인으로 한 손해배상청구소송에서 패소한 원고가 항소심에서 청구취지를 변경하지 아니한 채 피고가 제1심판결 선고 후 행한 새로운 명예훼손행위를 청구원인으로 추가한 경우(2010.5.13. 2010다8365)
(다) 선택적 병합으로 볼 수 없는 예	① 수개의 청구가 법조경합관계일 때 ② 선택채권관계인 경우 ③ 논리적으로 전혀 관계가 없어 순수하게 단순병합으로 구하여야 할 수개의 청구를 선택적으로 병합하여 청구하는 것[282] ④ 급여의 목적이 별개인 두 개의 청구 (예 토지인도와 이전등기청구)[283]

3. 예비적 병합

(1) 의의

양립하지 않는 수개의 청구를 하면서 그 심판에 순위를 붙여 주위적·1차적 청구가 기각·각하되는 경우를 대비하여 예비적·2차적 청구에 대하여 심판을 구하는 경우를 예비적 병합이라 한다. 즉, 제1차적 청구가 인용될 것을 해제조건으로 하여 제2차적 청구에 대하여 심판을 구하는 형태의 병합을 의미한다.[284]

예 1. 1차적·주위적 청구로 매매계약의 유효를 이유로 한 대금지급청구의 소가

---

281) 소송물에 관한 신이론 중 일분지설에 의하면 선택적 병합은 단순히 공격방법이 복수인 것에 불과하여 이러한 형태의 병합을 인정하지 않게 된다.(이시윤, 전게서, 615면)
282) 대법원 2008.12.11. 선고 2005다51495 판결.
283) 이시윤 교과서에 의함. 동 교과서에는 이를 이른바 '택일적 청구'라 이름하고 있다. 이 경우에는 청구취지의 불특정으로 부적법한 판결신청이라 한다.
284) 이시윤, 전게서, 615면. 소송물에 관한 신이론 중 일분지설에 의하면 예비적 병합은 공격방법의 복수에 해당하여 결국 예비적 병합을 따로 인정하지 않게 된다.

기각될 것에 대비하여 예비적·제2차적으로 매매계약의 무효를 대비하여 이미 인도한 목적물의 반환청구를 병합하는 것

예2. 피고 명의의 등기가 원인무효임을 이유로 그 말소를 구하는 청구와 그 등기가 유효한 명의신탁등기이나 신탁이 해지되었음을 이유로 소유권이전등기를 구하는 청구(1982.7.13. 81다카1120)

(2) 허용요건

(가) 청구병합의 공통요건의 충족

(나) 주위적 청구와 예비적 청구 간에 양립할 수 없는 관계에 있을 것

예비적 청구는 주위적 청구와 서로 논리적으로 양립될 수 없는 모순관계 내지 배척관계에 있어야 한다.(통설·판례)[285] 문제가 되는 경우는 다음과 같은 경우이다.

① 두 청구가 양적 또는 질적인 흡수관계에 있는 경우

예1. 동일한 원인의 대금 5,000만원의 지급을 주위적으로 청구하면서 이의 기각을 대비하여 예비적으로 3,000만원의 지급을 구하는 소를 병합 제기하는 경우

예2. 주위적 청구로 무조건의 소유권이전등기를 청구하면서 예비적으로 금전대금지급과 상환으로 소유권이전등기를 구하는 소를 병합한 경우

위의 예와 같이, 청구원인을 같이 하면서 주위적 청구의 수량만 감축한다거나 질적으로 축소한 예비적 청구는 소송상의 예비적 청구라고 볼 수는 없으며 예비적 청구가 주위적 청구에 포함된다고 보면 되고 이를 따로 나누어 판단할 필요가 없다.(1999.4.23. 선고 98다61463)

② 주위적 청구의 일부에 대한 예비적 청구의 병합의 가부[286]

주위적 청구의 일부를 특정하여 그 부분이 인용될 것을 해제조건으로 하여 그 부분에 대하여서만 하는 예비적 청구도 허용된다.(2000.4.7. 선고 99다53742)

나아가 「주위적 청구가 전부 인용되지 않을 경우에는 주위적 청구에서 인용되지 아니한 수액 범위 내에서의 예비적 청구에 대해서도 판단하여 주기를 바라는 취지로 불가분적으로 결합시켜 제소할 수도 있다.(2002.9.4. 선고 98다17145)」

4. 부진정 예비적 병합

(1) 의의

부진정 예비적 병합이란, 널리 논리적으로 양립이 가능한 경우임에도 당사자가 주위적·예비적의 순서를 붙여 청구를 병합하여 신청한 경우를 의미한다.

---

285) 법원행정처, 전게서(Ⅱ), 105면 ; 이시윤, 전게서, 615면.
286) 이 문제는 양립될 수 없는 두 청구 간의 진정한 예비적 병합에서는 성질상 발생하기 어렵고 순위를 붙인 선택적 병합의 문제에서 문제가 발생할 수 있다.(법원행정처, 전게서(Ⅰ) 107면)

(2) 태양

부진정 예비적 병합으로 분류가 가능한 것으로는 ① 제1차적 청구가 인용될 것을 전제로 하여 제2차적 청구를 예비적으로 병합한 경우, ② 순위를 붙인 선택적 병합 등의 경우가 있다.

(3) 처리

(개) **실질이 단순병합인 부진정 예비적 병합**

① **논리적으로 관련이 있는 경우**

매매계약무효확인청구와 당해 매매가 무효임이 인정될 경우의 목적물반환청구 또는 이혼청구와 이혼이 받아들여질 경우의 재산분할청구의 병합과 같이 「논리적으로 양립할 수 있는 수 개의 청구라 하더라도 당사자가 심판의 순위를 붙여 청구를 할 합리적 필요성이 있는 경우에는 당사자가 붙인 순위에 따라서 당사자가 먼저 구하는 청구를 심리하여 이유가 없으면, 다음 청구를 심리하여야 한다.(${}^{2002.2.8.\ 2001}_{다17633}$)」 따라서 제1차적 청구가 인용될 것을 전제로 하여 제2차적 청구에 대하여도 심판을 구하는 경우, 이는 진정한 예비적 병합은 아니고 단순병합일 뿐이어서 제1차적 청구가 인용되는 경우에는 제2차적 청구에 대하여도 판단하여야 하므로 두 청구 모두 판단하여 두 개의 주문을 내어야 하고, 제1차적 청구가 인용되지 않는 경우에는 제2차적 청구에 대하여도 모두 청구기각의 판단을 하여야 한다.

② **논리적으로 전혀 관련이 없는 경우**

「논리적으로 전혀 관계가 없어 순수하게 단순병합으로 구하여야 할 수개의 청구를 선택적 또는 예비적 청구로 병합하여 청구하는 것은 부적법하여 허용되지 않는다. 따라서 원고가 그와 같은 형태로 소를 제기한 경우 제1심법원이 본안에 관하여 심리·판단하기 위해서는 소송지휘권을 적절히 행사하여 이를 단순병합 청구로 보정하게 하는 등의 조치를 취하여야 하는바, 법원이 이러한 조치를 취함이 없이 본안판결을 하면서 그 중 하나의 청구에 대하여만 심리·판단하여 이를 인용하고 나머지 청구에 대한 심리·판단을 모두 생략하는 내용의 판결을 하였다 하더라도 그로 인하여 청구의 병합 형태가 선택적 또는 예비적 병합 관계로 바뀔 수는 없으므로, 이러한 판결에 대하여 피고만이 항소한 경우 제1심법원이 심리·판단하여 인용한 청구만이 항소심으로 이심될 뿐, 나머지 심리·판단하지 않은 청구는 여전히 제1심에 남아 있게 된다.(${}^{2008.12.11.}_{2005다51495}$)」

(나) 순위를 붙인 선택적 병합(부진정 예비적 병합)287)

성질상 양립이 가능하여 선택적 병합의 방법으로 제기하여야 할 수개의 청구를 당사자가 순위를 붙여 심판을 구하는 것이 가능한지와 관련하여 판례는 「성질상 선택적 관계에 있는 양 청구를 당사자가 주위적, 예비적 청구 병합의 형태로 제소함에 의하여 그 소송심판의 순위와 범위를 한정하여 청구하는 이른바, 부진정 예비적 병합 청구의 소도 허용되는 것 (2002.9.4. 선고 98다17145; 2002.10.25. 선고 2002다23598)」이라고 하여 이를 인정하고 있다.

Ⅳ. 병합청구의 절차와 심판

1. 병합요건 및 소송요건의 심사 — 직권조사사항

병합청구의 요건은 특수한 소송요건에 해당하고 병합된 각 청구 역시 청구의 일반적인 소송요건을 모두 구비하여야 하며 이러한 것들은 모두 직권조사사항에 해당한다.

(1) 병합요건에 흠이 있는 경우

(가) 단순병합의 경우

단순병합에 있어서 병합의 요건에 흠이 있는 경우라면 변론을 병합하지 않고 각 청구를 별소로 분리하여 심판하여야 하여야 함이 원칙이며, 이 중 어느 하나가 다른 법원의 전속관할에 속한 경우라면 다른 법원으로 이송하여야 한다.(제34조)

(나) 예비적·선택적 병합의 경우

예비적·선택적 병합의 경우에는 수개의 청구가 불가분적으로 결합되어 있으므로 병합요건의 흠이 발생한 경우 소 전체를 각하하여야 한다.

(2) 소송요건에 흠이 있는 경우

병합요건이 갖추어져 있으나 각 청구의 소송요건에 흠이 있는 경우라면 흠이 있는 당해 청구부분은 부적법한 것이므로 그 부분을 각하하여야 한다.

2. 심리

(1) 심리의 공통

병합된 수개의 청구의 변론·증거조사 및 판결은 동일 기일에 수개의 청구에 대하여 공통으로 행하여야 하며, 여기서 현출된 증거자료나 소송자료 역시 모든 청구에 대한 공동의 판단자료가 되는데,288) 이를 「심리공통의 원칙」이라 부른다.

(2) 변론의 분리 및 소송절차의 중지 문제

병합 형태 중 단순병합의 경우에는 변론의 분리가 허용되나, 예비적·선택적 병합의 경우에는 재판의 모순·저촉을 방지하기 위하여 변론의 분리는 인정되지 않는다. 또한 소송절차의 중지사유가 어느 한 청구에 대하여 발생한 경우에 단순병합

---

287) 실무집에서는 이 부분만 특히 「부진정 예비적 병합」이라고 개념을 붙여 설명하고 있다.(법원행정처, 전게서(Ⅱ), 104면 참조)
288) 법원행정처, 전게서(Ⅱ), 108면.

을 제외하고는 청구 전부에 대하여 소송절차가 중지된다.

3. 종국판결

(1) 단순병합의 경우

(가) 판결

단순병합의 경우 병합된 모든 청구에 대하여 판결하여야 하는 것이며, ① 각 청구가 동시에 판결이 가능할 정도로 전부 성숙하였다면 1개의 전부판결을 하고(제198조), ② 어느 일부만 재판이 가능할 정도로 성숙한 경우라면 그 부분에 대하여만 일부판결이 가능하다.(제200조) ③ 만약 어느 하나의 청구에 대하여 재판을 누락하였다면 추가판결의 대상이 된다.(제212조)

(나) 상소의 효력

① 일부판결이 나온 경우

어느 하나의 청구에 대하여만 일부판결이 나온 경우에 당해 일부판결에 대하여 상소를 하면 상소된 청구에 대하여서만 상소의 효과가 발생한다.

② 전부판결이 나온 경우

단순병합 처리된 사건에서 전부판결이 나온 경우에 당사자가 이 중 어느 하나에 대하여 상소를 제기하였다면 전부에 대하여 상소의 효력인 이심의 효과가 발생한다.(상소불가분의 원칙)

(2) 선택적 병합의 경우 세부쟁점

(가) 일부판결의 불가·변론분리의 불가 및 심판방법

선택적 병합의 경우 법원은 병합된 청구 중 이유 있는 어느 하나의 청구를 선택하여 원고의 청구를 인용하면 족하며 이 경우 다른 청구에 대하여 판단할 필요는 없다. 그러나 원고 패소의 경우에는 모든 청구를 심리하여야 하므로 병합된 청구 전부에 대한 판단을 한 후 모두 기각하여야 한다.

결국 선택적 병합에서는 일부판결은 불허되며, 원고 청구인용 판결에 대하여 판단되지 않은 나머지 부분이 있다 하여도 이는 하나의 전부판결인 것이지 일부판결이 아니다.

(나) 누락사건의 처리 – 원고청구기각이지만 하나의 청구에 대한 판단이 없는 경우

선택적 병합에서는 어느 하나의 청구가 인정되지 않는다면 다른 청구에 대하여는 판단을 하여야 하는데, 하나의 청구에 대한 기각판단만이 있는 경우 다음과 같이 판단한다.

① 판단누락인지 재판누락인지

㉮ 학설

이에 대하여 ⓐ **재판의 누락**에 해당한다는 이유로 추가판결로 정리하여야 한다는 견해,[289] ⓑ **재판누락**임에는 틀림이 없으나 위법판결이므로 상소로 구제하여야 한다는 견해[290] 및 ③ **판단누락**에 해당하므로 상소로 구제하여야 한다는 견해[291]의 대립이 있다.

㈏ 판례

재판의 누락(탈루)이 아닌 판단누락으로 보아 상소를 할 수 있다고 봄이 판례이다.[292] 따라서 선택적 청구 중 판단되지 않은 청구 부분이 재판의 탈루로서 제1심법원에 그대로 계속되어 있다고 볼 것은 아니다.(1998.7.24. 96다99)

② 상소불가분의 원칙

이 때 상소에 의하여 선택적 청구 전부가 상소심으로 이심되며 전부가 확정이 차단된다.

③ 상소심의 심판대상 – 불이익변경금지원칙의 적용여부

판단누락의 점을 들어 상소가 된 경우 **선택적 병합의 성질상** 선택적 청구 전부가 심판대상이 되고(불이익변경금지원칙 배제), 항소심은 1심으로 임의적 환송을 해서는 안되며, 1심판결을 취소하고 사건 전체를 취소하여야 한다.[293]

④ 판결이 확정된 경우

만일 상소기간이 도과되었다면 추후보완 또는 재심을 통하여 구제받을 수 있다.

㈐ **통상의 상소사건**

어느 하나의 청구를 인용하거나 두 청구 모두 배척한 1심판결이 있는 경우에 상소이익 있는 자에 의하여 상소가 이루어진다면 두 청구 전부가 항소심으로 이심되며, 전부가 확정이 차단된다.

① **원고 청구인용판결의 경우**

선택적으로 병합된 청구 중 어느 하나만을 인용한 판결에 대하여 피고가 불복하여 항소한 경우 원심에서 판단하지 않은 나머지 청구도 항소심의 심판대상이 된다.(불이익변경금지원칙 배제)

---

289) 강현중, 전게서, 367면
290) 호문혁, 전게서, 755면
291) 이시윤, 전게서, 618면
292) 이에 대하여 ① 재판의 누락에 해당한다는 이유로 추가판결로 정리하여야 한다는 견해(강현중, 전게서, 367면), ② 재판누락임에는 틀림이 없으나 위법판결이므로 상소로 구제하여야 한다는 견해(호문혁, 전게서, 755면) 및 ③ 판단누락에 해당하므로 상소로 구제하여야 한다는 견해(이시윤, 전게서, 618면)의 대립이 있다.
293) 이에 대하여 항소심이 판단누락 부분을 판단하게 되면 당사자의 심급의 이익을 해하게 된다는 이유로 원심판결을 취소하고 원심으로 환송하여야 한다는 임의적 환송설도 있다. ↔ 다수설 및 판례는 ㉮ 항소심의 속심적 구조로 인하여 취소자판이 원칙이라는 점, ㉯ 우리 민사소송법이 필수적 환송만을 인정하는 태도이어서 임의적 환송은 인정될 수 없다는 점 및 ㉰ 소송경제적 측면에서 보더라도 취소자판을 하는 것이 타당하다는 점을 그 논거로 한다.

> 실질적으로 선택적 병합 관계에 있는 두 청구를 당사자가 주위적·예비적으로 순위를 붙여 청구하였고, 제1심법원이 주위적 청구를 기각하고 예비적 청구만을 인용하는 판결을 선고하였는데 피고만이 항소한 경우, 항소심의 심판 범위
> 병합의 형태가 선택적 병합인지 예비적 병합인지는 당사자의 의사가 아닌 병합청구의 성질을 기준으로 판단하여야 하고, 항소심에서의 심판 범위도 그러한 병합청구의 성질을 기준으로 결정하여야 한다. 따라서 실질적으로 선택적 병합 관계에 있는 두 청구에 관하여 당사자가 주위적·예비적으로 순위를 붙여 청구하였고, 그에 대하여 제1심법원이 주위적 청구를 기각하고 예비적 청구만을 인용하는 판결을 선고하여 피고만이 항소를 제기한 경우에도, 항소심으로서는 두 청구 모두를 심판의 대상으로 삼아 판단하여야 한다.(대법원 2014.5.29. 선고 2013다96868 판결)

만일 항소심에서 이번엔 제1심에서 심판하지 않은 다른 청구로 원고의 청구를 인용한다면 '항소인용·원판결취소·청구인용'의 판단을 하여야지, '항소기각'을 해서는 안된다고 봄이 판례이다.[294]

> 1심에서 원고청구인용판결에 대하여 제기된 항소심에서 비로소 선택적으로 병합된 경우 항소심의 재판방법(대법원 1993.10.26. 선고 93다6669 판결; 1992.9.14. 선고 92다7023 판결)
> 수개의 청구가 제1심에서 처음부터 선택적으로 병합되고 그중 어느 한 개의 청구에 대한 인용판결이 선고되어 피고가 항소를 제기한 경우는 물론, 원고의 청구를 인용한 판결에 대하여 피고가 항소를 제기하여 항소심에 이심된 후 청구가 선택적으로 병합된 경우에 있어서도 항소심은 제1심에서 인용된 청구를 먼저 심리하여 판단할 필요는 없고, 선택적으로 병합된 수개의 청구 중 제1심에서 심판되지 아니한 청구를 임의로 선택하여 심판할 수 있다고 할 것이나, 심리한 결과 그 청구가 이유 있다고 인정되고 그 결론이 제1심판결의 주문과 동일한 경우에도 피고의 항소를 기각하여서는 안되며 제1심판결을 취소한 다음 새로이 청구를 인용하는 주문을 선고하여야 할 것이다.
> 1심에서 원고청구기각판결에 대하여 제기된 항소심에서 비로소 선택적으로 병합된 경우에 있어서의 심리방법과 항소심 판결의 주문
> 제1심에서 원고의 청구가 기각되어 원고가 항소한 다음 항소심에서 청구를 선택적으로 병합한 경우에는 제1심에서 수개의 청구가 선택적으로 병합되었다가 그 청구가 모두 이유 없다고 인정되어 청구기각 판결이 선고되고 이에 원고가 항소한 경우와 마찬가지로 법원은 병합된 수개의 청구 중 어느 하나의 청구를 선택하여 심리할 수 있고, 제1심에서 기각된 청구를 먼저 심리할 필요는 없으며, 어느 한 개의 청구를 심리한 결과 그 청구가 이유 있다고 인정될 경우에는 원고의 청구를 기각한 제1심 판결을 취소하고 이유 있다고 인정되는 청구를 인용하는 주문을 선고하여야 한다.(대법원 1993.10.26. 선고 93다6669 판결)

② 원고 청구기각판결의 경우 — 두 청구 모두에 대한 상소 시

원고 청구기각판결에 대하여 원고가 항소한 경우라면 선택적으로 병합된 청구 전부에 대하여 이심이 되며, 청구 전부에 대하여도 심판의 대상이 된다. 항소심으로서는 심리 결과 청구가 이유있다면 제1심판결 취소 후 원고

---

[294] 그러나 항소인 입장에서는 결국 원고의 청구를 저지하지 못한 점에 있어서 1심판결과 달라질 바가 없으므로 항소기각을 하여야 한다는 항소기각설이 유력하다.(강현중, 이시윤, 전병서, 정동윤·유병현)

청구인용의 재판을 하게 될 것이다.
③ 원고 청구기각판결의 경우 — 어느 하나의 청구에 대한 상소 시
선택적으로 병합된 원고 청구 전부가 기각되었는데 기각된 청구 중 일부에 대하여만 원고가 항소하였다면 항소하지 않은 부분도 항소심으로 이심되지만 심판대상은 되지 않는다.

(3) 예비적 병합의 경우 세부쟁점

(가) 일부판결 불가 · 변론분리 불가 및 심판방법
① 예비적 병합은 수개의 청구가 불가분적으로 결합되어 있으므로 변론의 분리나 일부판결은 허용되지 않는다.(통설·판례)
② 법원은 주위적 청구가 인용된 경우 예비적 청구는 심판할 필요가 없다.
③ 「주된 청구를 배척하고 예비적 청구를 인용한 때에는, 판결의 주문에 주된 청구를 기각한다는 뜻과 예비적 청구를 인용한다는 뜻을 다같이 표시하지 않으면 안된다.(대법원 1974.5.28. 선고 73다1942 판결)」

(나) 누락 사건 — 주위적 청구에 대하여 기각판결을 한 후 예비적 청구부분을 판단하지 않거나 주위적 청구를 판단 않고 예비적 청구를 판단한 경우[295]
① 판단누락인지 재판누락인지
㉮ 학 설
이에 대하여도 선택적 병합의 경우처럼 ⓐ 재판의 누락에 해당한다는 이유로 추가판결로 정리하여야 한다는 견해,[296] ⓑ 재판누락임에는 틀림이 없으나 위법판결이므로 상소로 구제하여야 한다는 견해[297] 및 ⓒ 판단누락에 해당하므로 상소로 구제하여야 한다는 견해[298]의 대립이 있다.

㉯ 판 례
판례는 종전에는 이를 재판의 누락으로 보았으나, 이제는 판단누락을 보고 있다. 즉, 예비적 병합에서 주위적 청구를 기각하는 판결을 하고서 예비적 청구부분을 판단하지 않거나 주위적 청구를 판단하지 않고 예비적 청구에 대하여 판단한 경우, 판례는 판단누락으로 보아야 하는 것이지 재판의 누락으로 보아 누락된 예비적 청구 부분이 아직 원심에 계속된 것으로 보면 안된다고 본다.(2000.11.16. 98다22253 전합)[299]

---

295) 만일 주위적 청구 기각 이후 예비적 청구부분을 판단하지 않은 경우 원고가 판단누락을 들어 상소한 것이 아니라 주위적 청구 기각 부분에 대하여 항소를 한 경우라면 주위적·예비적 청구 모두가 상소심으로 이심이 되지만, 예비적 청구부분은 심판대상이 되지 않는다. 정동윤·유병현. 전게서. 864면.
296) 강현중, 전게서, 367면
297) 호문혁, 전게서, 755면
298) 이시윤, 전게서, 618면
299) 당해 판결에서 견해를 변경하였다. 이에 대하여도 선택적 병합의 경우처럼 ① 재판의 누락에 해당한다는 이유로 추가판결로 정리하여야 한다는 견해(강현중, 전게서, 367면), ② 재판누락임에는 틀림이 없

② 상소불가분의 원칙

이 때 상소에 의하여 주위적·예비적 청구 전부가 상소심으로 이심되며 전부가 확정 차단된다.

③ 상소심의 심판대상 - 불이익변경금지원칙의 적용여부

판단누락의 점을 들어 상소가 된 경우 예비적 병합의 성질상 주위적·예비적 청구 전부가 심판대상이 되고(불이익변경금지원칙 배제), 항소심은 1심판결을 취소하고 사건 전체를 취소하여야 한다.

④ 판결이 확정된 경우

만일 상소기간이 도과되었다면 추후보완 또는 재심을 통하여 구제받을 수 있다.

(다) 통상의 상소사건

예비적 병합사건에서는 아래와 같은 종류의 상소사건이 있을 수 있다. 일단 상소가 이루어졌다면 주위적·예비적 청구 모두가 상소에 의하여 전부 이심이 되며, 전부 확정이 차단된다. 불복의 대상이 되는 심판범위는 아래와 같다.

① 주위적 청구 인용판결에 대하여 피고가 항소한 경우 — 불변금 원칙 배제

이때에는 불이익변경금지원칙이 배제되어 예비적 청구 부분에 대하여도 항소심의 심판대상이 된다.(통설) 결국 주위적 청구가 이유 없고, 예비적 청구가 이유 있는 경우 항소심은 항소인용·원심판결취소·주위적 청구기각·예비적 청구인용의 자판을 한다.

② 주위적 청구기각판결·예비적 청구 인용판결에 대하여 원고만 항소한 경우 — 불변금 적용

항소심이 판단한 결과 주위적 청구가 인용되어야 한다면 항소인용·1심 취소·주위적 청구인용의 판결을 내어야 한다.

그러나, 예비적 청구인용 부분은 심판대상이 아니므로(불이익변경금지원칙 적용) 주위적 청구뿐만 아니라 예비적 청구마저도 이유 없다고 인정되어도 항소심으로서는 항소기각판결을 하여야 한다.

③ 주위적 청구 기각판결·예비적 청구 인용판결에 대하여 피고만 항소한 경우 — 불변금 적용

이 경우에는 원고의 부대항소가 없는 한[300] 주위적 청구는 심판대상이 되지 않는다.(1995.2.10. 94다31624) 항소심이 판단한 결과 주위적 청구가 이유있고, 예비적 청구가 이유없다는 판단이 든다 하여도 항소인용·원심판결 취소·원고청

으나 위법판결이므로 상소로 구제하여야 한다는 견해(호문혁, 전게서, 755면) 및 ③ 판단누락에 해당하므로 상소로 구제하여야 한다는 견해(이시윤, 전게서, 618면)의 대립이 있다.

300) 이때 원고가 주위적 청구취지의 확장서를 제출하면 부대항소로 취급되므로 주위적 청구를 심판대상으로 삼게 할 수도 있을 것이다. 김용진. 실체법을 통하여 본 민사소송법 686면.

구기각의 자판을 하여야 한다.[301][302]

(라) 항소심에서 불복하지 않은 부분에 대한 상고가 인정되는지 여부

수개의 청구 중 ① 항소심에서 불복하지 아니한 부분은 항소심판결선고에 의하여(1994.12.23. 선고 94다44644; 2001.4.27. 선고 99다30312), ② 상고심에서 불복하지 아니한 부분은 상고심판결선고로 확정된다.(2001.12.24. 선고 2001다62213) 즉, 항소심으로 전부 이심은 되었으나 항소심 심판범위에 속하지 아니한 부분은 판결선고로 확정이 되므로 더이상 상고를 제기할 수 없다.

> 주위적 청구를 기각하면서 예비적 청구를 일부 인용한 환송 전 항소심판결에 대하여 피고만이 상고하고 원고는 상고도 부대상고도 하지 않은 경우(대법원 2001.12.24. 선고 2001다62213 판결)
> 원고의 주위적 청구를 기각하면서 예비적 청구를 일부 인용한 환송 전 항소심판결에 대하여 피고만이 상고하고 원고는 상고도 부대상고도 하지 않은 경우에, 주위적 청구에 대한 항소심판단의 적부는 상고심의 조사대상으로 되지 아니하고 환송 전 항소심판결의 예비적 청구 중 피고 패소 부분만이 상고심의 심판대상이 되는 것이므로, 피고의 상고에 이유가 있는 때에는 상고심은 환송 전 항소심판결 중 예비적 청구에 관한 피고 패소 부분만 파기하여야 하고, 파기환송의 대상이 되지 아니한 주위적 청구부분은 예비적 청구에 관한 파기환송판결의 선고와 동시에 확정되며 그 결과 환송 후 원심에서의 심판범위는 예비적 청구 중 피고 패소 부분에 한정된다.

관련기출

• 2022년 공인노무사

[문제 1] 동업관계에 있는 乙, 丙, 丁, 戊는 자신들의 사업장 앞에 있는 X토지를 甲으로부터 임차하여 주차장으로 사용하고 있었다. 위 4인을 대표한다고 주장하는 乙은 X 토지를 甲으로부터 매수하기로 하고 甲과 X토지에 대한 매매계약을 체결하였다. 사업자금 대출을 위해 X토지의 등기가 필요하다는 사정을 들은 甲은 매매대금의 전액을 지급받지 못하였음에도 불구하고 X토지의 등기를 위 4인에게 이전하여 주었으나 위 4인은 매매잔대금을 지급하지 않고 있다. 이에 甲은 乙, 丙, 丁, 戊를 상대로 주위적으로는 매매계약이 유효하다면 X토지의 매매대금 전액 지급을 구하고, 예비적으로는 매매계약이 무효라면 X 토지의 소유권이전등기의 말소를 구하는 소를 제기하였다. (단, 아래의 각 물음은 독립적임) (50점)

물음 1) 제1심 법원은 乙에게 적법한 대리권이 없었다는 것을 이유로 원고의 주위적 청구를 배척하면서도 예비적 청구에 대하여는 아무런 판단을 하지 않았다. 이러한 제1심 법원의 판결에 대해 적법 여부와 불복 방법에 관하여 쓰시오. (25점)

---

301) 다만, 이에 대하여 예비적 병합의 성질상 원판결은 하나의 전부판결이므로 합일확정의 필요성을 고려한다면 항소심의 심판대상으로 삼아야 한다는 견해도 있다.
302) 물론, 주위적 청구도 이심은 되어 있으므로 피고는 주위적 청구를 인낙하여 소송을 종료시킬 수도 있다.

답 안

1. 문제의 소재

2. 예비적 병합에 있어서 주위적 청구 기각이 있었으나 예비적 청구에 대한 판단이 없는 경우

(1) 제1심 판결의 적법 여부
① 원고 甲의 양 청구는 논리적으로 양립할 수 없으므로 진정 예비적 병합관계에 있음
② 법원으로서는 주위적 청구가 이유 없는 것으로 판단하였다면 예비적 부분에 대하여 판단하였어야 함
③ 따라서, 예비적 부분에 대하여 아무런 판단을 하지 않은 제1심 판결은 위법한 판결임

(2) 불복방법
① 예비적 청구 부분에 아무런 판단을 하지 않은 것이 재판누락인지 판단누락인지가 문제임
② 과거 판례는 이를 재판누락으로 보았으나, 대법원 전원합의체 판결로 판단누락이라 봄
③ 판단누락이라면 이를 이유로 상소를 제기할 수 있고, 상소기간이 도과한 경우에는 재심 또는 추후보완을 통해 구제받을 수 있음

관련기출
• 2019년 변호사

甲종중의 대표자 乙은 2018. 5.경 일부 종원들이 乙 몰래 甲종중 소유의 X토지를 종원 丙에게 매도하고 관련서류를 위조하여 소유권이전등기를 마쳐 준 사실을 알게 되어 甲종중을 원고로 하여 丙을 상대로 X토지에 관한 소유권이전등기말소청구의 소를 제기하였다.

제1심 소송 계속 중 丙은 甲종중을 상대로 반소를 제기하면서 주위적으로 甲종중과의 매매계약이 유효하다면 X토지의 인도를 구하고, 예비적으로 위 매매계약이 무효라면 X토지 매매대금 상당의 부당이득금반환을 구하였다. 제1심은 위 매매계약이 무효라고 판단한 후 甲종중의 청구와 丙의 예비적 청구를 인용하였다. 이에 대하여 원고(반소피고)인 甲종중이 丙의 예비적 청구에 대하여 항소하였고, 丙은 패소부분에 대하여 항소 및 부대항소를 하지 않았다.

〈문제〉

2. 항소심에서 심리한 결과 甲종중과 丙의 매매계약이 유효라는 판단을 한 경우에 항소심은 丙의 주위적 청구를 인용할 수 있는가?

답 안

1. 문제의 소재

2. 주위적 청구 기각·예비적 청구 인용의 판결 중 예비적 청구 부분에 대하여 예비적 청구 부분만에 대한 항소 시 항소심의 심판대상 – 불이익변경금지원칙의 적용 여부

3. 사안의 적용

사안의 경우, 丙의 반소청구 중 예비적 청구 인용 부분에 대하여 반소피고인 원고만 항소한 경우, 항소심으로서는 불이익변경금지원칙을 적용하여 항소의 대상인 예비적 청구 부분만 심판대상으로 하여야 한다.

따라서, 이에 대하여 항소심 법원이 매매계약이 유효라고 판단하였다 하더라도, 항소하지 아니한 甲의 청구나 丙의 반소청구 중 주위적 청구 부분에 대하여는 판단하여서는 안되고, 항소의 대상인 예비적 청구 부분만 심판대상으로 삼아 매매계약이 무효임을 이유로 예비적 청구 부분을 기각하여야 한다.

쟁점 63 청구의 변경

Ⅰ. 총설

1. 청구의 변경의 의의

> **제262조(청구의 변경)**
> ① 원고는 청구의 기초가 바뀌지 아니하는 한도 안에서 변론을 종결할 때(변론 없이 한 판결의 경우에는 판결을 선고할 때)까지 청구의 취지 또는 원인을 바꿀 수 있다. 다만, 소송절차를 현저히 지연시키는 경우에는 그러하지 아니하다.
> ② 청구취지의 변경은 서면으로 신청하여야 한다.
> ③ 제2항의 서면은 상대방에게 송달하여야 한다.
> **제263조(청구의 변경의 불허가)** 법원이 청구의 취지 또는 원인의 변경이 옳지 아니하다고 인정한 때에는 직권으로 또는 상대방의 신청에 따라 변경을 허가하지 아니하는 결정을 하여야 한다.

「청구의 변경」 또는 「소의 변경」[303]은 법원과 당사자의 동일성을 유지한 채 청구를 변경하는 것 즉, 소송물의 변경을 의미한다.

청구의 변경에는 ① 변경의 대상에 따라 청구취지의 변경과 청구원인의 변경, ② 변경의 모습에 따라 교환적 변경과 추가적 변경이 있다.

2. 청구의 변경의 대상

(1) **청구취지의 변경**

(가) 일반

청구취지의 변경은 원칙적으로 「청구의 변경」 즉, 소의 변경이 된다.[304]

(나) 모습

① 소의 종류를 변경한 경우 (예 동일 부동산에 대한 소유자임을 들어 그 인도청구를 하던 중 소유권확인청구로 변경하는 경우 등)

② 청구 심판의 대상을 변경하는 경우 (예 A가옥인도청구를 B가옥인도청구로 변경하는 경우 등)

③ 심판범위 변경의 문제

㉮ 청구취지의 확장

청구취지를 확장하는 경우는 아래와 같이 질적 확장과 양적 확장의 두 경우가 있으며 어느 경우이건 청구의 추가적 변경에 해당한다.(통설)[305]

---

[303] 넓은 의미로는 소의 3요소인 법원, 당사자, 청구의 세 가지 면에서의 변경을 의미할 수 있다. 즉, 법원의 변경은 소의 이송문제로, 당사자의 변경은 임의적 당사자의 변경문제로, 청구의 변경은 본문에서 보는 소송물의 변경으로 볼 수 있다. 그러나 법 제262조에서 이야기하는 청구의 변경만을 흔히 소의 변경이라 부른다.(이시윤, 전게서, 619면 참조)

[304] 법원행정처, 전게서(Ⅱ), 137면 ; 이시윤, 전게서, 620면.

㉠ 질적 확장(예 상환이행청구를 단순이행청구로 변경하는 경우 등)
㉡ 양적 확장(예 금전채권 일부의 청구 중 나머지 부분까지 확장하는 경우 등)

(나) 청구취지의 감축

청구의 감축은 소의 변경은 아니며, 다만, 감축 한도 내에서 소의 일부 취하에 해당하는 것인지 아니면 일부포기에 해당하는 것인지가 문제되나, 기본적으로 원고의 의사에 의할 것이되 이것이 분명치 않은 경우에는 원고에 유리한 일부취하로 본다.(통설·판례: 1993.9.14. 93누9460)306) 그렇다면 상대방의 동의가 필요할 것이다.

㉠ 질적 감축(예 단순이행청구를 상환이행청구로 변경하는 경우 등)
㉡ 양적 감축(예 금전채권 전부의 청구 중 일부청구로 감축하는 경우 등)

(다) 청구취지의 보충·정정

소장 기재의 오기나 누락을 정정하거나 보충하는 경우 즉, 예를 들어 단순히 청구취지에 기재된 건물의 구조·평수·지번 등을 변경하거나 청구취지를 청구원인대로 다시 정리하는 것은 소의 변경이 아니며, 청구의 변경의 요건을 갖추지 아니하여도 정정이 가능하다.307)

(2) 청구원인의 변경

아래의 경우는 청구원인의 변경에 의하여 청구의 변경에 이르게 되는 경우들이다.

(가) 청구원인에 기재한 사실관계를 전혀 다른 사실관계로 변경하는 경우308)

(예 매매대금청구에서 대여금청구로 바꾸어 주장하는 경우 등)

(나) 하나의 사실관계이나 동일 목적을 지닌 수개의 청구권이나 형성권을 변경하는 경우309)

(예 채무불이행에 기한 손해배상청구를 불법행위에 기한 손해배상청구로 변경하는 경우, 부정행위를 원인으로 이혼청구를 하였다가 혼인을 계속하기 어려운 중대한 사유로 그 원인을 바꾸는 경우, 소유권이전등기청구의 등기원인을 변경하는 경우 등)

(3) 단순한 공격방법으로서의 사실의 변경

신·구이론 모두 공격방법인 주장의 변경은 소의 변경으로 보지 않는다. 이러한 예는 다음과 같다.

---

305) 법원행정처, 전게서(Ⅱ), 137면.
306) 이러한 태도에 대하여 반대하는 견해로 호문혁, 전게서, 760면. {이 견해의 논거는 다음과 같다. 질적 감축의 경우에는 단순이행청구를 상환이행청구로 변경하는 것이 소의 어느 부분을 취하한 것으로 보아야 하는지가 분명치 않으며, 양적 감축의 경우도 일부취하로 볼 여지가 없는 것은 아니나 그렇다면 상대방의 동의가 필요할 것이며, 질적·양적 감축의 모든 경우에 원고가 청구를 항소심에서 다시 복귀하려 하여도 재소금지규정에 저촉이 되어 불가능하다는 것인데, 이는 원고의 의사 및 소송수행범위를 지나치게 제한한다는 것이다. 상세는 동서 참조)}
307) 법원행정처, 전게서(Ⅱ), 140면.
308) 이 경우에는 소송물에 관한 신·구이론을 불문하고 청구의 변경에 해당한다.
309) 이 경우는 판례가 따르는 구이론을 취할 때 청구의 변경에 해당하게 된다.

> 가등기에 기한 본등기청구에 있어 그 등기원인을 매매예약완결이라고 주장하면서 위 가등기의 피담보채권을 처음에는 대여금채권이라고 하다가 나중에는 손해배상채권이라고 주장한 경우 청구의 변경에 해당하는지 여부(소극)(대법원 1992.6.12. 선고 92다11848 판결)
> 「가등기에 기한 본등기청구를 하면서 그 등기원인을 매매예약완결이라고 주장하는 한편 위 가등기의 피담보채권을 처음에는 대여금채권이라고 주장하였다가 나중에는 손해배상채권이라고 주장한 경우 가등기에 기한 본등기청구의 <u>등기원인은 위 주장의 변경에 관계없이</u> 매매예약완결이므로 등기원인에 변경이 없어 청구의 변경에 해당하지 아니하고, 위 가등기로 담보되는 채권이 무엇인지는 공격방어방법에 불과하다.」
> 말소등기 청구소송에서의 청구원인인 '등기원인의 무효'를 뒷받침하는 개개의 사유가 별개의 청구원인을 구성하는지 여부(소극)(대법원 1999.9.17. 선고 97다54024 판결)
> 「말소등기 청구사건의 소송물은 당해 등기의 말소등기청구권이고, 그 동일성 식별의 표준이 되는 청구원인, 즉 말소등기청구권의 발생원인은 당해 '등기원인의 무효'라 할 것이며, 등기원인의 무효를 뒷받침하는 개개의 사유는 독립된 공격방어방법에 불과하여 별개의 청구원인을 구성한다고 볼 수 없다.」
> 채권자가 사해행위의 취소를 청구하면서 그 보전하고자 하는 채권을 추가하거나 교환하는 것이 소의 변경인지(소극)(대법원 2003.5.27. 선고 2001다13532)
> 「채권자가 사해행위의 취소를 청구하면서 그 보전하고자 하는 채권을 추가하거나 교환하는 것은 그 사해행위취소권을 이유 있게 하는 공격방법에 관한 주장을 변경하는 것일 뿐이지 소송물 또는 청구 자체를 변경하는 것이 아니므로 소의 변경이라 할 수 없다.(2003.5.27. 선고 2001다13532)」

Ⅱ. 모 습

1. 교환적 변경

(1) 의의

소송계속 후 사실심 변론종결 전에 기존의 청구에 갈음하여 신청구를 제기하는 경우를 청구의 교환적 변경이라 한다.[310]

(2) 법적 성질

청구의 교환적 변경의 법적 성질이 무엇인가에 대하여는 견해가 대립한다. 논의의 실익은 ① 청구를 교환적으로 변경하기 위하여 청구병합의 요건이 따로이 필요한지, ② 청구를 교환적으로 변경함에 있어 피고의 동의가 필요한지, ③ 피고 항소에 의한 항소심에서 청구가 교환적으로 변경된 이후 피고가 항소를 취하할 수 있는지 및 ④ 항소심에서 청구를 교환적으로 변경한 이후 다시 구청구로 재변경이 가능한지 등에 있다.

(가) 학설

① 결합설

교환적 변경의 법적 성질에 대하여는 독자적 소변경의 형태가 아니라 신소 추가와 구소 취하의 결합 형태로 보는 결합설이 통설과 판례의 태도이다.

---

310) 이시윤, 전게서, 622면.

② 독자적 제도설

청구의 교환적 변경은 독자적인 청구의 변경제도일 뿐이라는 견해이다. 이 견해는 법 제262조·제263조 이외에 구소취하와 신소제기의 실질이 결합된 것으로 보는 근거가 무엇인지를 결합설은 제시하지 못하며, 청구의 변경은 주로 교환적 변경이 이루어지므로 법 제262조는 이를 다루기 위하여 둔 규정임에도 별도의 제도를 굳이 끌어들일 필요가 있는가라고 반문한다.311)

(나) 판례

판례는 기본적으로 결합설의 입장에 있다. 다만, 판례는 청구의 교환적 변경에서도 변경 전후의 청구의 기초사실의 동일성에 영향이 없으므로 피고의 동의는 필요없다(1962.1.31. 선고 4294민상310)고 보고 있다.312)

(3) 적법한 신소

교환적 변경으로 인정되려면 신청구가 적법한 것이어야 하므로 만일 신청구가 부적법한 경우라면 교환적 변경이라 볼 수 없다.

(4) 청구의 교환적 변경의 소송법상 문제

법적 성질	결합설(통설·판례) : 구소취하와 신소제기의 결합	고유의 소변경설
피고의 동의 요부	① 동의필요설(통설) : 동의 없으면 추가적 변경 ② 동의불요설(판례) : 소취하효과가 의제되므로 동의는 불요	동의불요 : 당연히 동의불요
피고항소에 의한 항소심에서의 교환적 변경 이후 피고가 항소취하를 하는 경우	「피고의 항소로 인한 항소심에서 소의 교환적 변경이 적법하게 이루어졌다면 제1심판결은 소의 교환적 변경에 의한 소취하로 실효되고, 항소심의	항소취하로 1심판결이 확정된다고 봄
		항소취하로

---

311) 고유의 소변경이라고 보아야 한다는 반대의 견해(호문혁, 전게서, 765면 참조)가 있다. 즉, 인용하면 다음과 같다. '교환적 변경이 오히려 청구변경의 전형적인 경우이고, 제262조가 요구하는 요건을 모두 갖출 것이 요구되는 것도 이 교환적 변경이다. 청구를 교환적으로 변경하는 원고의 의사는 소송 중 어느 한 부분을 종료시키는 데에 있지 않고 다른 청구로써 소송을 계속 수행하려는 데에 있다. (… 생략) 교환적 변경을 다수설·판례처럼 파악하는 것은 우리 법에 청구변경제도가 없다면 그 법적 성격을 규정짓기 위하여 필요할지 모른다. 그러나 우리 법에 엄연히 청구변경에 관한 규정이 있어, 그 요건과 효과가 규율되고 있으므로 청구의 교환적 변경을 이 규정에 따라 규율하면 된다. 그 법적 성격도 청구변경이라고 하면 그만이지 굳이 다른 제도를 끌어들여 구소 취가가 포함되었다느니, 피고의 동의를 얻어야 하느니 마느니 따질 필요가 없다.'

312) 통설은 피고가 본안에 관한 응소를 하면 피고의 동의를 얻어야 취하의 효력이 생기며 동의를 얻지 못한 경우라면 소의 변경은 추가적 변경으로 본다.

	심판대상은 새로운 소송으로 바뀌어지고 항소심이 사실상 제1심으로 재판하는 것이 되므로, 그 뒤에 피고가 항소를 취하한다 하더라도 항소취하는 그 대상이 없어 아무런 효력을 발생할 수 없다.(1995.1. 24. 선고 93다25875)」 따라서 항소취하가 있다 하여도 제1심 판결이 그대로 확정되는 것은 아니다.	1심판결이 확정된다고 봄
항소심에서의 재변경	재소금지규정에 저촉가능 ∴ 교환적변경은 엄격한 요건하에서 인정 또는 석명권의 철저한 행사를 통해 난점을 시정	재소금지규정 적용 없음

2. 추가적 변경

구청구를 유지하며 여기에 별개의 청구를 추가하는 형태의 청구변경을 추가적 변경이라 한다.(예 매매를 원인으로 한 소유권이전등기청구소송에서 청구원인에 취득시효완성을 추가하는 것 등)

이는 청구의 후발적 병합에 해당하는 것이므로 병합요건이 요구되며, 추가적 변경은 단순병합·예비적·선택적 병합의 어느 한 형태가 될 것이다. 따라서 병합 이후에는 각각의 병합심리방법에 따른 심판을 하면 된다.

주의할 것은 추가되는 청구 쪽이 반드시 예비적 청구가 되는 것은 아니라는 점이며, 기존의 청구를 예비적 청구로 하는 것도 가능하다.[313]

3. 교환적 변경인지 추가적 변경인지 불분명한 경우 ― 석명의무 부과

「당사자가 구 청구를 취하한다는 명백한 의사표시 없이 새로운 청구로 변경하는 등으로 그 변경형태가 불명할 경우에는 사실심법원으로서는 과연 청구변경의 취지가 무엇인가 즉 교환적인가 또는 추가적인가의 점에 대하여 석명으로 이를 밝혀볼 의무가 있다.(2003.1.10. 선고 2002다41435)」 따라서 이를 행하지 않은 채 교환적 변경으로 단정하였다면 이는 위법이다.(1995.5.12. 선고 94다6802)

주의할 것은, 「구청구를 취하한다는 명백한 표시가 없이 신청구를 한 경우에 신청구가 부적법하여 법원의 판단을 받을 수 없는 청구인 경우까지도 구청구가 취하되는 교환적 변경이라고 볼 수는 없다.(대법원 1975.5.13. 선고 73다1449 판결)」

---

313) 호문혁, 전게서, 766면.

Ⅲ. 요건

1. 사실심에 계속되고 변론종결 전일 것

(1) 사실심 변론종결 이전의 의미

청구의 변경은 사실심 변론을 종결할 때까지 가능하며, 변론없이 하는 판결의 경우에는 판결을 선고할 때까지 할 수 있다. 따라서 상고심에서는 청구를 변경할 수 없다.

(2) 항소심에서의 청구의 변경

상고심에서 청구의 변경을 할 수 없는 것과 달리, 항소심에서도 청구의 변경은 가능하다. 다만, 주의할 것은 다음과 같다.

(가) 항소심에서의 소 변경 후 재변경 부정

① 제1심에서의 본안판결 이후 항소심에서 교환적 변경을 하고 변경된 구청구를 다시 부활시키는 것은 재소금지규정상 허용되지 않는다.(통설·판례)

② 항소심에서 교환적으로 변경된 신청구는 항소심이 사실상 제1심으로 재판한다. 즉, 「항소심에서는 구 청구에 대한 제1심 판결을 취소할 필요 없이 신청구에 대하여만 제1심으로서 판결을 하게 된다.(1989.3.28. 선고 87다카2372)」

(나) 1심에서 전부 승소한 피항소인의 항소심에서의 청구취지확장시의 처리(부대항소의 의제)

제1심에서 전부 승소하였으나, 항소가 있는 경우 피항소인인 원고는 항소심에서 청구취지를 확장할 수 있으며(1969.10.28. 선고 68다158), 이 경우 원고가 그 확장 부분만큼 부대항소를 한 것으로 의제된다.(1992.12.8. 선고 91다43015)314)

(다) 불법행위에 기한 손해배상청구에서 재산상 청구 전부승소·위자료 일부패소가 된 경우, 항소심에서 재산상 청구부분의 청구확장의 허용

「원고가 재산상 손해(소극적 손해)에 대하여는 형식상 전부 승소하였으나 위자료에 대하여는 일부 패소하였고, 이에 대하여 원고가 원고 패소부분에 불복하는 형식으로 항소를 제기하여 사건 전부가 확정이 차단되고 소송물 전부가 항소심에 계속되게 된 경우에는, 더욱이 불법행위로 인한 손해배상에 있어 재산상 손해나 위자료는 단일한 원인에 근거한 것인데 편의상 이를 별개의 소송물로 분류하고 있는 것에 지나지 아니한 것이므로 이를 실질적으로 파악하여, 항소심에서 위자료는 물론이고 재산상 손해(소극적 손해)에 관하여도 청구의 확장을 허용하는 것이 상당하다.(1994.6.28. 선고 94다3063)」

(라) 1심에서 제기한 반소를 항소심에서 교환적으로 변경하는 것

「제1심에서 적법하게 반소를 제기하였던 당사자가 항소심에서 반소를 교환적으로 변경하는 경우에 변경된 청구와 종전 청구가 실질적인 쟁점이 동일하여

---

314) 판례는 청구취지변경서가 제출되면 부대항소한 것으로 의제하며, 이 경우 부대항소의 법적성질을 비항소설로 보므로 항소이익을 요구하지 않게 되어 청구확장이 가능해진다는 것이다.

청구의 기초에 변경이 없으면 그와 같은 청구의 변경도 허용된다. 한편 청구의 변경은 소송절차를 지연함이 현저한 경우가 아닌 한 청구의 기초에 변경이 없는 한도에서 사실심의 변론종결시까지 할 수 있고, 동일한 생활 사실 또는 동일한 경제적 이익에 관한 분쟁에서 해결 방법에 차이가 있음에 불과한 청구취지 및 청구원인의 변경은 청구의 기초에 변경이 없다.(2012.3.29. 선고 2010다28338 판결)」

2. **청구의 기초가 바뀌지 않을 것(청구기초의 동일성)**
   (1) 청구의 기초가 동일할 것을 요구하는 것은 결국 신·구 청구 사이에 일정한 관련성이 요구된다는 것인데, 이 때 「청구의 기초」에 대하여 판례의 주류적 태도는 「동일한 생활사실 또는 경제적 이익에 관한 분쟁에 있어서 그 해결방법에 차이가 있는 것에 지나지 않는 경우」라고 한다.[315]
   (2) 청구기초의 동일성 요건은 사익적 요건이다. 따라서 이를 갖추지 못하였더라도 피고가 소의 변경에 동의하거나 이의 없이 응소하는 경우에는 이의권을 상실하므로 소의 변경을 불허할 수는 없다.(2003.11.28. 선고 2003다6248)[316]

   > 【청구의 기초에 변경이 있으므로 청구변경을 불허한 예】
   > (가) 약속어음금청구와 전화가입명의변경청구 사이(1964.9.22. 선고 64다480)[317]
   > (나) 어느 행정처분과 별개의 독립의 처분에 대하여 소변경을 하는 것(1979.5.22. 선고 79누37)
   > (다) 점유권에 기한 철조망철거·경작방해금지청구에서 농지개혁법에 기한 같은 토지에 대한 경작권확인 청구로 확장한 경우(1960.2.4. 선고 4291민상596)[318]

3. **소송절차를 현저히 지연시키지 않을 것**
   소송절차를 현저히 지연시키지 않아야 하는데, 「소 변경으로 인하여 새로운 사실관계의 심리나 새로이 특단의 소송자료의 제공을 필요로 하는 경우」라면 현저히 소송절차를 지연케 한다고도 볼 수 있다.(1972.6.27. 선고 72다546)
   이 요건은 공익적 요건이므로 피고의 이의가 없어도 직권으로 조사하여야 한다.

4. **청구병합의 일반적 요건을 구비할 것**

---

315) 이시윤, 전게서, 623면. 「청구의 기초」의 의미에 대하여는 이익설, 사실설(이 견해는 다시 사실자료동일설과 사실자료 및 이익관계 동일설이 있다) 및 병용설의 대립이 있으나 어느 견해이든 실무상으로는 큰 차이가 없다.
316) 법원행정처, 전게서(Ⅰ), 141면.
317) 급부의 목적물이 전혀 다를 뿐만 아니라 양 청구를 심판할 사실자료도 아무 공통성이 없다는 이유이다.(호문혁, 전게서, 772면)
318) 이 판례에 대한 의문의 견해로 이시윤, 전게서, 625면.

Ⅳ. 청구변경의 절차

1. 청구변경의 신청

(1) 청구취지의 변경

청구취지의 변경은 서면에 의하여야 한다.(제262조 제2항) 서면의 형식은 불문하므로, 준비서면 형식의 서면이어도 청구취지를 변경하는 뜻을 포함하고 있다면 청구취지의 변경이 있는 것으로 볼 수 있다.(2009.5.28. 2008다86232)

만일, 서면에 의하지 아니한 청구취지 변경이라면 이는 잘못이나 이에 대하여 피고가 이의를 한 흔적이 없다면 책문권의 상실로 그 잘못은 치유된다.(1982.7.13. 선고 82다카262)

구술제소가 가능한 소액사건의 경우에는 구술에 의한 소변경도 가능하다.

(2) 청구원인의 변경

소의 변경은 소송중의 소이므로 소제기의 일반원칙에 의하여 서면에 의하여야 하나(제248조 참조), 법 제262조 제2항이 청구취지의 변경에 대하여서만 서면을 요구하고 있기 때문에 청구원인의 변경이라면 어떠한가가 문제된다. 판례는 말로 하는 것도 유효하다고 보고 있다.(1965.4.6. 선고 65다170)319)

그러나, 피고 불출석 상태에서 원고가 말로 청구원인을 변경한 다음 법원이 피고에게 이에 대한 방어의 기회를 주지 않고 변론을 종결한 것은 위법이다.(1989.6.13. 선고 88다카19231)

2. 접수 및 심사

청구변경신청은 소의 일부취하로 보는 것을 제외하고는 소송중의 소의 일종이므로 명문규정이 없더라도 소장에 준하여 심사를 하고 보정명령 및 신청서의 각하명령을 할 수 있다.

3. 상대방에의 송달

소변경의 신청은 상대방에게 바로 송달하여야 하며(제262조 제3항, 규칙 제64조 제2항), 신청구의 송달이후에는 신청구에 대하여 소송계속의 효력이 발생하며, 시효중단이나 기간준수의 효과는 동 서면을 법원에 제출할 때 발생한다.(제265조)

> 임시주주총회에서 이루어진 여러 안건에 대한 결의 중 이사선임결의에 대하여 그 결의의 날로부터 2개월 내에 주주총회결의 무효확인의 소를 제기한 뒤, 위 임시주주총회에서 이루어진 정관변경결의 및 감사선임결의에 대하여 그 결의의 날로부터 2개월이 지난 후 주주총회결의 무효확인의 소를 각각 추가적으로 병합한 후, 위 각 결의에 대한 '무효확인의 소'를 '취소의 소'로 변경한 경우, 위 정관변경결의 및 감사선임결의 취소에 관한 부분은 위 추가적 병합 당시 이미 2개월의 제소기간이 도과되었으므로 부적법하다고 한 사례 (대법원 2010. 3.11. 선고 2007다51505 판결320))

---

319) 소송물에 관한 신이론에 의하면 판례의 태도는 옳으나, 구이론 입장에서는 입법상 불비로 지적된다.
320) 이와 같은 ① 안건별 제소기간 판단설(안건별 소송물설) 이외에 ② 날짜별 판단설(날짜별 동일소송물설. 이시윤)도 있다.

V. 심판

1. 청구의 변경의 적법여부에 대한 심사

「법원이 청구의 취지 또는 원인의 변경이 옳지 아니하다고 인정한 때에는 직권으로 또는 상대방의 신청에 따라 변경을 허가하지 아니하는 결정을 하여야 한다.(제263조)」

(1) 청구변경의 불허가결정은 중간적 재판으로 독립하여 항고할 수는 없고, 종국판결에 대한 상소로만 다툴 수 있다.(1992.9.25.선고92누5096) 항소심이 판단한 결과 제1심에서의 소변경 불허결정이 부당하다고 인정하는 경우 결정을 명시적 또는 묵시적으로 취소하고 그 변경을 허용하여 신청구에 대하여 심리를 개시할 수 있다.321) 즉, 임의적 환송은 인정되지 않으며 스스로 자판하여야 한다.322)

(2) 청구변경을 허가하였다면 다음과 같이 처리한다.
① 이에 대하여 따로이 명시적으로 결정을 할 필요는 없고, 청구변경에 대하여 상대방이 다툰 바가 있다면 중간결정 또는 종국판결의 이유 중 판단에 적시할 수 있을 뿐이다.
② 또한 「청구의 변경에 대하여 상대방이 지체 없이 이의하지 아니하고 변경된 청구에 관한 본안의 변론을 한 때에는 상대방은 더 이상 그 청구 변경의 적법 여부에 대하여 다투지 못한다.(2011.2.24.2009다33655)」
③ 청구변경허가에 대하여는 불복할 수 없다.
④ 청구변경이 있게 되면 구청구에 대한 소송자료는 당연히 신청구의 소송자료가 된다.

2. 항소심에서 청구의 변경이 있는 경우의 심판방법

(1) 항소심에서 추가적 병합된 경우

(가) 항소심에서의 단순병합의 형태
① 항소의 직접적 심판대상에 대하여는 판단을 하여야 한다.
② 추가된 병합부분은 사실상 제1심으로 판단하므로, ㉠ 1심판결이 정당하고, 항소심에서의 추가부분이 이유없다면 제1심판결에 대한 항소기각 및 추가부분에 대한 청구기각의 주문을 내며(1966.1.31.선고65다1545), ㉡ 1심판결이 정당하고 항소심에서의 추가부분도 이유있다면 제1심판결에 대한 항소기각 및 추가부분에 대한 청구인용의 주문을 낸다.(1972.6.27.선고72다546) 또한 ㉢ 원고승소의 제1심판결에 대하여 피고의 항소가 이유 있고 추가부분도 이유없다면 제1심판결 취소 및 제1심 청구기각·추가청구기각(원고의 모든 청구의 기각)의 주문을 내야 한다.

(나) 제1심 청구가 기각되어 원고가 한 항소심에서의 선택적 청구가 추가된 경우
① 어느 하나의 청구가 이유 있다고 인정하는 경우 – 1심 취소·선택적 병합된 청구 중 어느 하나의 청구인용

---

321) 법원행정처, 전게서(Ⅱ), 147면.
322) 이시윤, 전게서, 628면; 정동윤·유병현. 전게서, 876면.

「이 경우 법원은 병합된 수개의 청구 중 어느 하나의 청구를 선택하여 심리할 수 있고, 제1심에서 기각된 청구를 먼저 심리할 필요는 없으며, 어느 한 개의 청구를 심리한 결과 그 청구가 이유 있다고 인정될 경우에는 원고의 청구를 기각한 제1심 판결을 취소하고 이유 있다고 인정되는 청구를 인용하는 주문을 선고하여야 한다.(1993.10.26. 선고 93다6669)」

② 제1심의 결론이 부당하고 제1심에서 판단하지 않은 선택적 청구에 대한 판단을 하는 경우 — 1심취소 · 선택적 병합청구에 대한 청구인용

이 경우 사실상 제1심으로서 판단을 하므로 그 결과 결론이 제1심판결의 주문과 동일하다 하여도 피고의 항소를 기각하여서는 안되며, 제1심판결취소 및 새로이 청구를 인용하는 주문을 선고하여야 한다.

(다) 제1심에서 패소한 원고가 항소 이후 예비적 청구를 추가적으로 병합한 경우 – 항소기각 · 예비적 청구 인용

이 경우 항소심 심리결과 주위적 청구에 관한 제1심판결이 유지될 경우라면 주문에서는「원고의 항소를 기각한다.」라고 선고하여야 하는 것이지, 예비적 청구가 항소심에서 병합되었다는 이유만으로 제1심판결을 취소 또는 변경하여야 하는 것은 아니다.(1997.8.22. 선고 97다13023) 또한 이 경우 추가된 예비적 청구부분에 대하여는 항소심이 사실상 제1심으로서 심리를 하는 것이므로 별도로 그에 대한 인용이나 기각의 주문을 내면 된다.

(라) 제1심에서 승소한 원고가 항소심에서 예비적 청구를 추가한 경우

제1심에서 전부 승소한 원고가 피고가 제기한 항소심에서 예비적 청구를 추가한 경우, 항소심 심리결과 제1심에서의 주위적 청구가 이유 없다고 인정된다면, 제1심판결을 취소 · 주위적 청구기각을 한 이후, 예비적 청구 부분에 관하여 사실상 제1심으로서의 판단을 한다.

(2) 항소심에서 청구가 교환적으로 변경된 경우

항소심에서 청구가 교환적으로 변경된 경우에는 구 청구는 취하되고 신 청구가 심판의 대상이 되는 것이므로 주문에서 이미 취하된 구 청구를 인용한 제1심 판결을 취소하여서는 안된다. 즉, 원판결취소나 항소기각의 주문을 내어서는 안되고 사실상 신청구를 제1심으로 심판하여 새로운 주문을 내야 한다.(1980.11.11. 선고 80다1182; 2009.2.26. 선고 2007다83908) 즉, 그 주문에는「교환적으로 변경된 원고의 청구를 ○○한다.」로 기재하여야 한다.

(3) 항소심에서 청구가 감축된 경우

항소심에서의 청구감축에 대하여 심리한 결과 그 잔여부분에 대한 항소가 이유없는 경우라면「항소기각」및「원판결은 당심에서의 청구 감축에 의하여 다음과 같이 변경되었다. 피고는 원고에게 금 ○○원을 지급하라」고 기재하는 방식이 가장 많이 사용되며 바람직스럽다.[323]

3. 소변경의 간과

소변경이 적법함에도 이를 간과하여 구청구에 대하여만 심판한다면 일단 이것은 위법하므로 이를 이유로 상소가 가능하다. 다만, 그 이후 항소심이 어떻게 판단하여야 하는지가 문제된다.

(1) **교환적 변경인 경우 — 원판결취소·구청구 소송종료선언 및 원심의 추가판결**

제1심판결이 취하되어 소송계속이 소멸된 구청구에 대하여 심판한 것이 되어 처분권주의 위배의 판결이 된다. 따라서 이 경우 항소심은 이를 취소 내지 파기하고 구청구에 대하여는 소송종료선언을 하여야 하고, 신청구에 대하여는 재판을 누락한 것이 되어 원심이 추가판결을 하여야 한다.(2003.1.24. 선고 2002다56987)

(2) **추가적 변경의 경우**

(가) **단순병합청구에 대한 간과 — 항소심은 구청구만 판단·원심은 신청구 추가판결**

제1심이 구청구만 판단하고 추가된 신청구에 대하여는 재판누락을 한 것이 되므로 항소심은 구청구에 대한 판단의 당부만 판단하고, 누락된 신청구에 대하여는 제1심법원이 추가판결을 한다.

(나) **제1심 법원이 원고의 청구를 기각하면서 추가적으로 병합된 선택적 청구에 대한 판단을 간과한 경우 — 항소인용·원판결취소·청구인용 또는 청구기각**

이 경우 재판의 누락으로 볼 수는 없다. 즉, 「원고가 이와 같이 위법한 제1심판결에 대하여 항소한 이상 원고의 선택적 청구 전부가 항소심으로 이심되었다고 할 것이므로, 선택적 청구 중 판단되지 않은 청구 부분이 재판의 탈루로서 제1심법원에 그대로 계속되어 있다고 볼 것은 아니다.(1998.7.24. 선고 96다99)」 따라서 항소심법원이 선택적 청구부분에 대하여 판단하여야 한다.

(다) **제1심 법원이 원고의 청구를 기각하면서 추가적 병합된 예비적 청구부분에 대하여 판단을 간과한 경우 — 항소인용·원판결취소·청구인용 또는 청구기각**

이 경우는 재판의 누락이 아닌 판단누락에 해당하므로 항소에 의하여 누락된 예비적 청구 부분이 항소심으로 전부 이심되므로 항소심 심판의 대상이 된다.(2000.11.16. 선고 98다22253 전원합의체 판결)

---

323) 법원행정처, 전게서(Ⅱ), 149면.

관련문제

1. 근로자 甲은 사업주 乙의 부당해고에 의하여 실직을 한 후 乙을 상대로 해고 이후의 임금에 상당하는 1,000만 원을 구하는 소를 제기하였다. 이 소의 1심 법원이 원고 甲의 청구 전부를 인용하였다.

(1) 甲은 이에 항소를 제기하였다. 항소심 제2회 변론기일 중 甲은 자신의 임금지급청구를 1,000만 원의 불법행위에 기한 손해배상청구로 변경하였으나, 이후 제4회 변론기일에 이르러 다시 임금지급청구로 변경하기로 하는 청구변경신청서를 법원에 제출하였다. 원고 甲의 청구변경신청은 받아들여질 수 있는가. (청구변경의 요건은 모두 충족된 것으로 볼 것) (25점)

답 안

1. 문제의 소재

사안은 항소심에서의 청구의 교환적 변경 이후에 재변경이 가능한가의 문제로, 청구의 교환적 변경의 법적 성질을 어떻게 파악하여야 하는지가 문제된다.

2. 청구의 교환적 변경

(1) 일 반

민사소송법 제262조는 ① 동종절차·공통관할임을 전제로, ② 사실심 변론종결 전까지 ③ 청구기초의 동일성이 인정되는 범위 내에서 ④ 소송절차를 현저히 지연시키는 경우가 아닌 한 ⑤ 원고의 신청에 의하여 ⑥ 청구의 취지나 원인을 변경함으로써 ⑦ 소송물을 변경하는 것을 허용하고 있다.

청구의 변경의 종류에는 소송물을 추가하는 형태의 변경과 교환적 변경이 있다.

(2) 청구의 교환적 변경의 법적 성질

㈎ 학 설

청구의 교환적 변경의 법적 성질에 관하여 ① 새로운 소를 추가하고 기존의 소는 취하한 것으로 취급하는 결합설과 ② 민사소송법 제262조를 통하여 독자적인 고유의 제도인 것으로 파악하는 고유설의 대립이 있다.

㈏ 판 례

판례는 기본적으로 결합설의 입장에서 청구의 교환적 변경을 파악하고 있으나, 기존 소송에서 피고의 본안 응소가 있다 하여도 피고의 동의를 얻을 필요는 없다고 보아, 논리적으로 피고의 동의까지 받아야 한다는 학설상의 결합설과 다른 면이 있다.

㈐ 검 토

청구의 교환적 변경을 독자적인 제도로 보는 고유설은 법문과 논리에 충실한 면은 있으나, 구소취하와 신소추가의 실질이 결합된 것으로 보는 결합설에 따를 때 청구변경제도를 악용함을 방지할 수 있으므로 결합설에 따른다.

(3) 항소심에서의 청구의 교환적 변경의 효과

㈎ 결합설에 의한 경우

청구의 교환적 변경의 법적 성질을 신소추가와 구소취하의 실질이 결합된 것으로 보는 결합설에 의하면 항소심에서 청구의 교환적 변경을 한 이후에는 ① 본안 종국판결 이후의 재소금지에 관한 제267조 제2항이 적용되어 교환적 변경 이후의 재변경은 불허되며, ② 소취하로 인하여 소송계속이 소급 소멸되므로 항소를 취하하는 것은 그 대상이 없어 허용되지 않는다고 봄이 판례이다.

(나) 고유설에 의한 경우

한편, 청구의 교환적 변경을 민사소송법 제262조의 독자적인 제도로 보는 고유설에 의하면 ① 항소심에서도 청구의 교환적 변경 이후의 재변경이 가능하며, ② 항소심에서 청구의 교환적 변경 이후의 항소취하도 허용된다고 본다.

3. 사안의 적용

사안에서 원고 甲은 임금지급청구의 소를 제기하였고, 이를 항소심에서 불법행위에 기한 손해배상청구로 교환적으로 변경한 바, 청구의 교환적 변경의 법적 성질을 결합설로 보는 이상, 항소심에서 위와 같이 교환적으로 변경한 이후 다시 임금지급청구로 변경하는 재변경은 허용되지 않는다.

민사소송법 단문사례연습

쟁점 64   중간확인의 소(反訴)

관련기출   • 2021년 공인노무사

중간확인의 소에 관하여 설명하시오.

1. 의의 및 인정취지

> **제264조(중간확인의 소)**
> ① 재판이 소송의 진행중에 쟁점이 된 법률관계의 성립여부에 매인 때에 당사자는 따로 그 법률관계의 확인을 구하는 소를 제기할 수 있다. 다만, 이는 그 확인청구가 다른 법원의 관할에 전속되지 아니하는 때에 한한다.
> ② 제1항의 청구는 서면으로 하여야 한다.
> ③ 제2항의 서면은 상대방에게 송달하여야 한다.

소송계속 중 그 청구의 판단에 대하여 선결관계에 있는 법률관계에 대하여 그 소송절차에 병합하여 제기하는 확인의 소를 중간확인의 소라 한다.

중간확인의 소를 제기할지 여부는 기본적으로 당사자의 자유에 속한다.

2. 법적 성질

중간확인의 소는 원고와 피고 모두 제기할 수 있으며, 이를 원고가 제기한 경우에는 소의 추가적 변경 내지 청구의 확장에 해당할 것이고, 피고가 제기하는 경우에는 일종의 반소에 해당하게 된다. 따라서 피고의 소송대리인의 중간확인의 소제기 시 반소에 준하여 특별수권이 필요하나, 원고의 소송대리인의 경우라면 특별수권이 필요 없다.

3. 요건

(1) 사실심에 소송이 계속되고 변론종결 전일 것

중간확인의 소는 사실심변론종결전이라면 제기할 수 있다. 특히, 항소심에서도 상대방의 동의 없이 소제기가 가능하다는 점을 주의하여야 한다.[324] 상고심에서는 제기할 수 없다.

---

[324] 이는 항소심에서의 제기로 형식상은 제1심을 결하게 되는 셈이지만 어차피 선결적 법률관계에 해당하므로 사실상 제1심에서 심리가 된 것이라는 이유로 심급의 이익을 해할 우려가 없기 때문이다. 호문혁, 전게서, 779면.

(2) 다툼 있는 선결적 법률관계의 확인을 구할 것

　㈎ 「확인의 소」의 소송요건을 갖출 것

　　중간확인의 소도 확인의 소의 하나라는 점에서 확인의 이익을 갖추어야 하는 것이지만, 아래에서 볼 바와 같이 선결적 법률관계에 관하여 사실상·법률상 다툼이 있으면 확인의 이익은 충족되므로 별도의 확인의 이익은 필요 없다.325)

　㈏ 본소 청구의 전부나 일부와 선결적 관계에 있을 것

　　① 선결적 법률관계일 것

　　　㈎ 등기말소청구나 물건인도청구에서의 소유권의 확인, 이자청구소송에서 있어서의 원본채권의 확인 등

　　② 본래의 청구에 대한 결론을 좌우할 수 있는 선결적 관계일 것

　　선결적 법률관계가 현실적으로 소송을 좌우할 선결관계이어야 하는가 아니면 이론상으로 선결관계에 있으면 모두 적법한 소로 볼 것인가의 문제가 있으나, 이론상의 선결관계만으로는 부족하고 현실적으로 본래의 청구에 대한 결론을 좌우할 수 있는 것이어야 한다.(현실설 : 통설)326)

　　따라서 본소가 취하·각하되거나 확인대상의 법률관계에 대한 판단에 나아가지 않고도 청구기각이 되는 경우라면 현실적으로 선결적 관계에 해당하지 않게 되어 중간확인의 소를 부적법 각하하여야 한다.327)

> 재심 절차에서 중간확인의 소를 제기하였으나 재심사유가 인정되지 않아서 재심청구를 기각하는 경우, 중간확인의 소에 관하여 법원이 취하여야 할 조치(=판결 주문으로 소각하)
> 재심의 소송절차에서 중간확인의 소를 제기하는 것은 재심청구가 인용될 것을 전제로 하여 재심대상소송의 본안청구에 대하여 선결관계에 있는 법률관계의 존부의 확인을 구하는 것이므로, 재심사유가 인정되지 않아서 재심청구를 기각하는 경우에는 중간확인의 소의 심판대상인 선결적 법률관계의 존부에 관하여 나아가 심리할 필요가 없으나, 한편 중간확인의 소는 단순한 공격방어방법이 아니라 독립된 소이므로 이에 대한 판단은 판결의 이유에 기재할 것이 아니라 종국판결의 주문에 기재하여야 할 것이므로 재심사유가 인정되지 않아서 재심청구를 기각하는 경우에는 중간확인의 소를 각하하고 이를 판결 주문에 기재하여야 한다.(대법원 2008.11.27. 선고 2007다69834,69841 판결)

(3) 기타 청구의 병합요건을 구비할 것

　중간확인의 소의 경우에도 청구병합의 일반요건(동종절차·공통관할)을 구비하여야 한다. 특히, 본소 청구의 수소법원이 선결적 법률관계를 주장하는 중간확인의 소에 대한 법정관할은 없다

---
325) 법원행정처, 전게서(Ⅱ), 121면.
326) 법원행정처, 전게서(Ⅱ), 121면; 이시윤, 전게서, 631면.
327) 이시윤, 전게서, 631면.

하여도 제264조에 의하여 중간확인의 소에 대하여 관할을 갖게 되는데, 이때의 관할은 토지관할·사물관할 여부는 불문한다.328)

다만, 다른 법원의 전속관할에 속하는 경우라면 중간확인의 소로는 제기할 수 없고, 독립의 소로 취급될 수 있다면 분리하여 관할법원으로 이송하여야 한다.

4. 절차

(1) 소 제 기

㈎ 서 면

중간확인의 소도 일종의 소이므로 반드시 서면에 의하여야 하며, 소장의 필수적 기재사항을 명시하여야 한다.

㈏ 인지의 첩부

인지의 경우도 독립된 소와 동일한 기준에 의하여 붙여야 한다. 다만, ① 중간확인의 소에 의하지 않고 본래부터 본소청구에 병합하여 하나의 소로 제기하였다면 본소청구와 중복청구에 해당할 청구를 제기하는 경우(예 본소가 매매계약의 취소를 원인으로 한 소유권이전등기말소청구인데 중간확인의 소로 소유권확인의 소를 제기한 경우)에는 중간확인청구의 소가가 본소청구의 소가보다 다액인 경우에 한하여 중간확인청구의 인지액에서 기납부한 인지액을 공제한 금액을 추가 납부하여야 하며(민사소송등 인지법 제5조), ② 과실·위약금 등의 부대청구가 본소청구인데 그 선결적 법률관계를 중간확인의 소로 제기하는 경우라면(예 본소청구가 이자지급청구인 경우 중간확인의 소로 원금채권의 존재확인을 구하는 경우) 그 선결적 법률관계에 대한 인지를 붙여야 한다.329)

(2) 접수, 심사 및 송달

중간확인의 소도 소송중의 소의 일종이므로 명문규정이 없더라도 소장에 준하여 심사를 하고 보정명령 및 신청서의 각하명령을 할 수 있다.

중간확인의 소는 상대방에게 바로 송달하여야 하며(제264조 제3항, 규칙 제64조 제2항), 송달이후에 소송계속의 효력이 발생하며, 시효중단이나 기간준수의 효과는 동 서면을 법원에 제출할 때 발생한다.

5. 심 판

중간확인의 소에 대한 심판은 소의 추가적 변경이나 반소의 경우에 준하여 처리하면 된다.

---

328) 다만, 이에 대하여 제264조는 관할을 인정한 규정이 아니므로 이는 부정확한 표현이고, 토지관할·사물관할은 원칙적으로 모두 임의관할이므로 관할위반의 문제가 발생하지 않는 것뿐이라는 견해에 호문혁, 전게서, 779면.
329) 법원행정처, 전게서(Ⅱ), 123면.

쟁점 65 반소(反訴)

관련기출 • 2012년 공인노무사

반 소 (25점)

Ⅰ. 총설

1. 의의

> **제269조(반소)** ① 피고는 소송절차를 현저히 지연시키지 아니하는 경우에만 변론을 종결할 때까지 본소가 계속된 법원에 반소를 제기할 수 있다. 다만, 소송의 목적이 된 청구가 다른 법원의 관할에 전속되지 아니하고 본소의 청구 또는 방어의 방법과 서로 관련이 있어야 한다.
> ② 본소가 단독사건인 경우에 피고가 반소로 합의사건에 속하는 청구를 한 때에는 법원은 직권 또는 당사자의 신청에 따른 결정으로 본소와 반소를 합의부에 이송하여야 한다. 다만, 반소에 관하여 제30조(변론관할 : 필자주)의 규정에 따른 관할권이 있는 경우에는 그러하지 아니하다.

(1) 소송계속중인 본소절차를 이용하여 본소피고(반소원고)가 본소원고(반소피고)에 대해 본소의 청구나 본소에 대한 방어방법과 관련 있는 자기의 소를 제기하는 것을 반소라 하며, 청구의 추가적 병합에 해당한다.

(2) 그리고 반소를 제기할 것인지 여부는 피고의 자유이다. 즉, 우리 민사소송법은 미국연방민소규칙 제13조에 규정된 강제반소와 같은 제도는 인정하지 않고 있다.330)

(3) 나아가 반소에 대한 재반소도 허용하는 것이 통설의 태도이다.
따라서 원고가 본소청구를 취하한 후 본소 부분을 재반소로 다시 청구할 수도 있다.

> **본소 이혼청구를 기각하고 반소 이혼청구를 인용하는 경우, 본소 이혼청구에 병합된 재산분할청구에 대하여 심리·판단하여야 하는지 여부(한정 적극) (대법원 2001.6.15. 선고 2001므626 판결)**
> 원고가 본소의 이혼청구에 병합하여 재산분할청구를 제기한 후 피고가 반소로서 이혼청구를 한 경우, 원고가 반대의 의사를 표시하였다는 등의 특별한 사정이 없는 한, <u>원고의 재산분할청구 중에는 본소의 이혼청구가 받아들여지지 않고 피고의 반소청구에 의하여 이혼이 명하여지는 경우에도 재산을 분할해 달라는 취지의 청구가 포함된 것으로 봄이 상당하다고 할 것이므로(이때 원고의 재산분할청구는 피고의 반소청구에 대한 재반소로서의 실질을 가지게 된다)</u>, 이러한 경우 사실심으로서는 원고의 본소 이혼청구를 기각하고 피고의 반소청구를 받아들여 원피고의 이혼을 명하게 되었다고 하더라도, 마땅히 원고의 재산분할청구에 대한 심리에 들어가 원피고가 협력하여 이룩한 재산의 액수와 당사자 쌍방이 그 재산의 형성에 기여한 정도 등 일체의 사정을 참작하여 원고에게 재산분할을 할 액수와 방법을 정하여야 한다.

---

330) 상세는 이시윤, 전게서, 635면 이하 참조.

2. 반소의 당사자

① 반소는 본소피고가 원고가 되어 제기하는 것으로, 독립당사자참가나 승계참가가 있는 경우라면 참가인과의 관계에서 피고입장에 있는 종전의 본소의 원·피고도 참가인을 상대로 반소제기가 가능하다.(1969.5.13. 선고 68다656)
다만, 본소의 당사자가 아닌 자 사이인 경우 즉, 보조참가인을 상대로 하거나 보조참가인 제기의 반소는 부적법하다.331)

② 피고가 원고 이외의 제3자를 추가하여 반소피고로 하는 반소는 원칙적으로 허용되지 아니하고, 다만 피고가 제기하려는 반소가 필수적 공동소송이 될 때에는 민사소송법 제68조의 필수적 공동소송인 추가의 요건을 갖추면 허용될 수 있다.(2015.5.29. 2014다235042)

3. 독립의 소

반소도 소의 일종이며, 본소에 대한 방어방법은 아니다. 따라서 공격방어방법에 관한 민사소송법상의 실권효의 제재규정이 적용되지는 않으며, 실기하였다는 이유로 반소를 각하할 수는 없다. 다만, 반소제기의 요건으로 소송절차를 현저히 지연시키지 아니할 것이 따로이 요구될 뿐이다.

4. 본소 청구기각 이상의 적극적 내용이 포함될 것

반소청구에 본소청구의 기각을 구하는 것 이상의 적극적 내용이 포함되어 있어야 한다. 따라서 「반소청구에 본소청구의 기각을 구하는 것 이상의 적극적 내용이 포함되어 있지 않다면 반소청구로서의 이익이 없다.」

> **반소에 본소 청구기각 이상의 적극적 내용이 포함되지 않아 부적법한 예**
> (1) 어떤 채권에 기한 이행의 소에 대하여 동일 채권에 관한 채무부존재확인의 반소를 제기하는 것 (2007.4.13. 선고 2005다40709·40716) 이는 그 청구의 내용이 실질적으로 본소청구의 기각을 구하는 데 그치는 것이므로 부적법하다.
> (2) 차임청구의 본소에 차임감액의 반소를 하는 것
> 　민법 제628조에 의한 임차인의 차임감액청구권은 사법상의 형성권이지 법원에 대하여 형성판결을 구할 수 있는 권리가 아니므로 차임청구의 본소가 계속한 법원에 반소로서 차임의 감액을 청구할 수는 없다.(1968.11.19. 선고 68다1882, 68다1883)
>
> **반소에 본소 청구기각 이상의 적극적 내용이 포함되어 적법한 예**
> (1) 원고의 소유권확인의 소에 피고의 소유권확인의 소를 반소로 제기하는 것
> (2) 손해배상채무의 부존재확인을 구하는 본소에 대하여 그 채무의 이행을 구하는 반소가 제기된 경우, 본소청구에 대한 확인의 이익이 소멸하는지 여부(소극)
> 　소송요건을 구비하여 적법하게 제기된 본소가 그 후에 상대방이 제기한 반소로 인하여 소송요건에 흠결이 생겨 다시 부적법하게 되는 것은 아니므로, 원고가 피고에 대하여 손해배상채무의 부존재확인을 구할 이익이 있어 본소로 그 확인을 구하였다면, 피고가 그 후에 그 손해배상채무의 이행을 구하는 반소를 제

---

331) 법원행정처, 전게서(Ⅱ), 126면.

> 기하였다 하더라도 그러한 사정만으로 본소청구에 대한 확인의 이익이 소멸하여 본소가 부적법하게 된다고 볼 수는 없다. 민사소송법 제271조는 본소가 취하된 때에는 피고는 원고의 동의 없이 반소를 취하할 수 있다고 규정하고 있고, 이에 따라 원고가 반소가 제기되었다는 이유로 본소를 취하한 경우 피고가 일방적으로 반소를 취하함으로써 원고가 당초 추구한 기판력을 취득할 수 없는 사태가 발생할 수 있는 점을 고려하면, 위 법리와 같이 반소가 제기되었다는 사정만으로 본소청구에 대한 확인의 이익이 소멸한다고는 볼 수 없다.(2010.7.15. 선고 2010다2428, 2435)

Ⅱ. 예비적 반소

1. 의의

단순반소는 반소의 가장 전형적인 형태로 특히 문제가 될 것은 없다. 다만, 이 이외에도 예비적 반소(조건부 반소)가 있는데, 예비적 반소는 본소청구가 인용되거나 기각될 것에 대비하여 조건부로 제기하는 반소를 의미하는데 이러한 반소도 허용된다.[332]

> 【예비적 반소의 구체적 예】
> ㈎ 본소청구가 인용될 것에 대비하여 조건부로 제기하는 반소의 예
>   임대차 종료를 원인으로 한 원고의 토지인도청구의 본소에 대하여 피고가 토지의 임차권이 존속한다는 주장이 받아들여지지 않을 경우에는 예비적 반소로 부속물매수청구를 하는 것으로 하는 반소의 제기, 매매원인의 소유권이전등기청구의 본소에 대하여 본소가 인용될 경우를 대비하여 피고가 제기하는 잔금지급청구의 반소 등
> ㈏ 본소청구가 기각될 것에 대비하여 조건부로 제기하는 반소의 예
>   매매원인의 소유권이전등기청구의 본소에 대하여 본소가 배척될 경우를 대비하여 피고가 제기하는 이미 지급한 목적물의 반환청구의 반소, 항소심에서의 가지급물의 반환신청 등[333]

2. 예비적 반소의 심판

① 예비적 반소는 본소청구가 취하되거나 각하된 경우에 반소청구는 본소와 운명을 같이하여 소멸된다.[334]

② 또한 본소청구가 인용될 때를 대비한 정지조건부 반소에서 본소청구가 기각 내지 배척된 경우라면 반소에 대한 판단은 필요 없다. (1991.6.25. 선고 91다1615(본소), 91다1622(반소))

③ 1심이 소의 이익이 없음을 들어 본소와 반소를 모두 각하하였고, 그 제1심판결에 대하여 원고만이 항소하고 피고는 제1심에서 각하된 반소에 대하여 항소를 하지 아니하였는데 항소심이 원고의 항소를 받아들여 원고의 본소청구를 인용하는 경우, 항소심은 피고의 예비적 반소청구를 심판대상으로 삼아 판단하여야 한다는 것이 판례이다. (대법원 2006.6.29. 선고 2006다19061 판결)[335]

---

332) 실무상 예비적 반소는 본소청구 인용을 조건으로 하는 것이 많으며, 본소청구가 기각될 것을 조건으로 하는 경우는 거의 없다. 법원행정처, 전게서(Ⅱ), 127면 이하 ; 이시윤, 전게서, 626면.
333) 본 예는 호문혁, 전게서, 881면 참조.
334) 법원행정처, 전게서(Ⅱ), 128면.
335) 이 판결에 대하여 의문이라는 지적에 이시윤. 불이익변경금지원칙에 위반된다는 것이다.

> 원고의 본소청구를 배척하면서 피고의 예비적 반소에 대하여도 판단한 제1심판결의 효력 및 그 제1심판결에 대하여 원고만이 항소하고 피고는 제1심에서 각하된 반소에 대하여 항소를 하지 아니하였는데 항소심이 원고의 항소를 받아들여 원고의 본소청구를 인용하는 경우, 항소심은 피고의 예비적 반소청구를 심판대상으로 삼아 판단하여야 하는지 여부(적극)
>
> 피고의 예비적 반소는 본소청구가 인용될 것을 조건으로 심판을 구하는 것으로서 제1심이 원고의 본소청구를 배척한 이상 피고의 예비적 반소는 제1심의 심판대상이 될 수 없는 것이고, 이와 같이 심판대상이 될 수 없는 소에 대하여 제1심이 판단하였다고 하더라도 그 효력이 없다고 할 것이므로(→ 무효판결; 민일), 피고가 제1심에서 각하된 반소에 대하여 항소를 하지 아니하였다는 사유만으로 이 사건 예비적 반소가 원심의 심판대상으로 될 수 없는 것은 아니라고 할 것이고, 따라서 원심으로서는 원고의 항소를 받아들여 원고의 본소청구를 인용한 이상 피고의 예비적 반소청구를 심판대상으로 삼아 이를 판단하였어야 한다.(대법원 2006.6.29. 선고 2006다19061 판결)

Ⅲ. 요건

1. 상호관련성

(1) 의미

반소청구는 본소의 청구 또는 방어의 방법과 서로 관련성이 있어야 한다. 이는 상호관련성이 있어야 변론과 증거조사를 함께 실시하여 심리의 중복과 재판의 저촉을 방지할 수 있기 때문이다.

상호관련성은 더 구체적으로는 「① 본소청구와 반소청구의 소송물 또는 그 대상이나 법률원인에 있어서 법률상 또는 사실상 공통성이 있거나 ② 반소청구가 본소청구의 항변사유와 대상이나 발생 원인에 있어서 사실상 또는 법률상의 공통성이 있는 경우」를 의미한다.

(2) 본소「청구」와 상호관련성

본소청구와 반소청구의 소송물 또는 그 대상이나 법률원인에 있어서 법률상 또는 사실상 공통성이 있는 것을 본소청구와의 상호관련성이라 한다.

(가) 양 청구취지가 동일한 법률관계의 형성을 목적으로 하는 경우		이혼청구의 본소에 반소로 피고가 다시 이혼청구를 하는 경우 등
(나) 양 청구의 원인이 동일한 경우		매매원인의 소유권이전등기청구의 본소에 대하여 피고가 그 대금지급을 반소로 청구하는 경우 등
(다) 양 청구원인은 일치하지 않으나, 그 대상이나 발생 원인의 주요 부분이 공통인 경우	① 대상공통	• 토지소유권확인 청구에 대하여 피고가 그 부동산에 대한 임차권확인을 구하는 반소를 제기하는 경우 • 건물에 대한 소유권이전등기말소의 본소에 본소 인용시를 대비해 건물부지소유권에 기한 건물철거청구의 반소를 제기하는 것[336]

② (분쟁의) 발생 원인 공통	• 교통사고에 기한 손해배상청구에 대하여 피고가 당해 사고로 인한 손해배상을 반소로 제기하는 경우 • 임대차종료원인의 건물명도청구의 본소에 본소 원고의 건물단수 또는 단전에 대한 손해배상을 청구하는 반소[337]

(3) 본소의 「방어방법」과의 상호관련성

(가) 의의

반소청구가 본소청구의 항변사유와 대상이나 발생 원인에 있어서 사실상 또는 법률상의 공통성이 있는 경우를 의미한다. 다음과 같은 예가 있다.

> • 대여금청구의 본소에 대하여 피고가 상계항변을 제출하고 피고가 그 자동채권을 청구하는 반소를 제기하는 경우
> • 물건반환청구의 본소에 대하여 피고가 유치권 항변을 제출하고 나아가 피담보채권을 청구하는 반소를 제기하는 경우
> • 건물철거 및 부지인도청구의 본소에 대하여 피고가 관습법상의 법정지상권을 들어 항변을 하고 나아가 법정지상권설정등기절차의 이행을 구하는 반소를 제기한 경우(1996.3.26. 선고 95다45545·45552·45569)[338]
> • 가등기에 대한 본등기청구의 본소에 변제항변을 한 후 가등기의 말소를 청구하는 반소 (1974.5.28. 73다2031·2032)

(나) 현실적으로 제출된 방어방법일 것

반소의 상호관련성에 있어서의 방어방법은 현실적으로 제출된 것이어야 하며 법률상 허용되는 항변이어야 한다.

① 방어방법은 현실적으로 제출된 것이어야 하므로, 소송법상 실기한 공격방어방법인 경우라면 이에 바탕을 둔 반소는 부적법하다.(통설)

② 상계금지채권(민법 제496조 내지 제498조, 제715조)에 대한 상계항변 등과 같이 실체법상으로 항변이 금지되는 경우에 이를 반소로 제기하는 것은 부적법하다.(통설)[339]

③ 민법 제208조 제2항은 「점유권에 기인한 소는 본권에 관한 이유로 재판하지 못한다.」고 규정하고 있지만, 반소제기는 허용된다.[340]

(4) 상호관련성의 의미

반소의 상호관련성은 사익적 요소로 본다. 따라서 이의권상실의 대상이 된다.(1968.11.26. 선고 68다1886)

---

336) 1962.11.1. 62다307
337) 1967.3.28. 67다116·117·118
338) 호문혁, 전게서, 786면.
339) 이에 대한 반대의 견해로 호문혁, 전게서, 786면.
340) 이시윤, 전게서, 638면 ; 정동윤·유병현, 전게서, 883면.

2. 본소가 사실심에 계속되고 변론종결 전일 것
   (1) 본소의 소송계속
   반소는 본소 계속 중에 제기하여야 하나, 이 요건은 반소제기의 요건일 뿐 존속요건은 아니므로 반소제기 이후 본소가 취하·각하, 청구의 포기·인낙, 소송상 화해 등으로 소송계속이 소멸한다 하여도 (단순)반소의 존속에 영향은 없다.(^{1970.9.22. 선}_{고 69다446})
   (2) 사실심 변론종결 전
   반소는 사실심 변론종결전이라면 제기가 가능하며, 상고심에서는 반소를 제기할 수 없다.
   항소심에서 반소를 제기하기 위한 요건은 특별규정이 있는데, 항을 바꾸어 상설하기로 한다.
   (3) 항소심에서의 반소제기

   > 제412조(반소의 제기) ① 반소는 상대방의 심급의 이익을 해할 우려가 없는 경우 또는 상대방의 동의를 받은 경우에 제기할 수 있다.
   > ② 상대방이 이의를 제기하지 아니하고 반소의 본안에 관하여 변론을 한 때에는 반소제기에 동의한 것으로 본다.

   항소심에서의 반소를 제기하기 위한 요건은 다음과 같다.
   (가) 항소심이 적법하게 계속 중일 것
      ① 항소심에서 반소를 제기하기 위하여는 본소가 적법하게 항소심에 계속 중이어야 한다.
      ② 그리고, 「형식적으로 확정된 제1심판결에 대한 피고의 항소추완신청이 적법하여 해당 사건이 항소심에 계속된 경우 그 항소심은 다른 일반적인 항소심과 다를 바 없으므로(^{2013.1.10.}_{2010다75044})」 추후부완항소에 의한 항소심에서도 일정한 요건을 갖추면 반소가 가능하다.
      ③ 하지만, 「피고가 본소에 대한 추완항소를 하면서 항소심에서 비로소 반소를 제기한 경우에 항소가 (추완사유가 없어) 부적법 각하되면 반소도 소멸한다.(^{2003.6.13.}_{2003다16962})」 이 점, 일반적으로 본소와 반소가 병합 중 본소가 각하나 취하가 된다 하여도 반소가 소멸하는 것은 아니라는 점과 비교하여야 한다.
   (나) 상대방의 심급의 이익을 해할 우려가 없는 경우
      ① 상대방의 심급의 이익을 해할 우려가 없는 경우로는 ㉠ 중간확인의 반소, ㉡ 본소와 청구원인을 같이 하는 반소, ㉢ 제1심에서 이미 충분히 심리한 쟁점과 관련된 반소, ㉣ 제1심에서 제기한 반소의 내용을 항소심에서 확장하거나 제1심에서 제기한 반소를 주위적 청구로 하고 항소심에서 이에 대한 예비적 반소청구를 추가하는 경우(^{1969.3.25. 선}_{고 68다1094}) 등을 들 수 있다.[341]

② 그러나, 제1심에서 반소제기를 하지 않은 피고가 항소심에서 원고의 청구가 인용될 경우에 대비하여 제기한 예비적 반소는 원고의 심급의 이익을 해할 우려가 없다고 할 수 없어 부적법하다.(1994.5.10. 선고 93므1051·1068 판결[이혼무효확인, 이혼])

⑷ 상대방의 동의를 얻은 경우
① 상대방의 동의를 얻은 경우에도 항소심에서의 반소가 허용되는데(제412조 제1항 후단), 상대방이 이의를 제기하지 아니하고 반소의 본안에 관하여 변론을 한 때에는 반소제기에 동의한 것으로 본다.(동조 제2항)
② 판례는 「항소심에서 피고가 반소장을 진술한 데 대하여 원고가 "반소기각 답변"을 한 것만으로는 "이의 없이 반소의 본안에 관하여 변론을 한 때"에 해당한다고 볼 수 없다.(1991.3.27. 선고 91다1783·1790)」고 본다.

3. 본소절차를 현저하게 지연시키지 않을 것

본소절차를 현저히 지연시키지 않아야 한다는 요건은 소송촉진이라는 공익적 요건에 해당한다. 따라서 법원이 직권으로 조사하여야 하며, 이의권의 포기·상실의 대상이 되지 않는다.

4. 청구병합의 일반적 요건(동종절차, 공통관할)을 갖출 것

반소가 이루어지면 본소와의 병합심리가 진행되므로 반소제기 역시 청구병합의 일반요건은 갖추어야 한다. 따라서 반소가 다른 법원의 전속관할에 속하는 경우에는 본소가 계속 중인 법원에는 반소를 제기할 수 없다.

본소가 단독사건인 경우에 피고가 반소로 합의사건에 속하는 청구를 한 때에는 법원은 직권 또는 당사자의 신청에 따른 결정으로 본소와 반소를 합의부에 이송하여야 하나, 다만, 반소에 관하여 제30조의 변론관할이 있는 경우에는 그러하지 아니하다.(제269조 제2항)

5. 일반적인 소송요건을 갖출 것

Ⅳ. 절차

> **제270조(반소의 절차)** 반소는 본소에 관한 규정을 따른다.

① 반소도 독립의 소이므로 반드시 서면에 의하여야 하며(단, 소액사건의 경우 구술제기 가능), 소장의 필수적 기재사항을 명시하여야 한다.
② 반소도 소장에 준하여 심사를 하고 보정명령 및 반소장각하명령을 할 수 있다.
③ 반소는 상대방에게 바로 송달하여야 하며(제264조 제3항, 규칙 제64조 제2항), 송달이후에 소송계속의 효력이 발생하지만, 시효중단이나 기간준수의 효과는 동 서면을 법원에 제출할 때 발생한다.

---
341) 법원행정처, 전게서(Ⅱ), 131면; 이시윤, 전게서, 639면.

V. 심리

1. 반소의 적법요건 구비여부 심리

반소의 판단을 할 때에는 반소요건과 일반 소송요건의 구비여부를 먼저 심리한다.
① 일반소송요건이 결여되어 있다면 반소도 각하되어야 하는 것은 당연하다.
② 다만, 일반소송요건은 구비되었으나 반소요건만 결여된 경우의 처리에 대하여 판례는 분리하여 심판하지 않고 각하한다. 즉, 「항소심에서 상대방의 동의 없이 제기한 반소는 그 반소자체가 부적법한 것이어서 단순한 관할법원을 잘못한 소제기와는 다른 것이므로 이를 각하하였음이 부당한 것이라 할 수 없다.(대법원 1965.12.7. 선고 65다2034·2035 판결)」고 하거나, 법률심인 상고심에서의 반소제기는 불가능하다는 이유로 상고심에서의 반소를 각하(2004.3.25. 선고 2003다70010)하고 있다.342)

2. 재판

① 반소제기가 적법하다면 병합심리를 하여 1개의 전부판결로 한번에 선고하는 것이 원칙이다.(제200조 제2항)343)

---

342) 반소요건에 흠이 있다 하여도 독립의 소로소의 요건을 구비하였다면 본소와 분리하여 심판할 것이라는 분리심판설이 다수설이다.

343) 「원고의 본소 청구에 대하여 피고가 본소 청구를 다투면서 사해행위의 취소 및 원상회복을 구하는 반소를 적법하게 제기하였는데, 법원이 반소 청구가 이유 있다고 판단하여 사해행위의 취소 및 원상회복을 명하는 판결을 선고하는 경우, 반소 청구에 대한 판결이 확정되지 않았더라도 사해행위인 법률행위가 취소되었음을 전제로 원고의 본소 청구를 심리하여 판단할 수 있는지 여부(적극) 및 이때 반소 사해행위취소 판결을 이유로 원고의 본소 청구를 기각할 수 있는지 여부(적극)
사해행위취소소송은 형성의 소로서 그 판결이 확정됨으로써 비로소 권리변동의 효력이 발생하나, 민법 제406조 제1항은 채권자가 사해행위의 취소와 원상회복을 법원에 청구할 수 있다고 규정함으로써 사해행위취소청구에는 그 취소판결이 미확정인 상태에서도 그 취소의 효력을 전제로 하는 원상회복청구를 병합하여 제기할 수 있도록 허용하고 있다. 또한 원고가 매매계약 등 법률행위에 기하여 소유권을 취득하였음을 전제로 피고를 상대로 일정한 청구를 할 때, 피고는 원고의 소유권 취득의 원인이 된 법률행위가 사해행위로서 취소되어야 한다고 다투면서, 동시에 반소로써 그 소유권 취득의 원인이 된 법률행위가 사해행위임을 이유로 법률행위의 취소와 원상회복으로 원고의 소유권이전등기의 말소절차 등의 이행을 구하는 것도 가능하다. 위와 같이 원고의 본소 청구에 대하여 피고가 본소 청구를 다투면서 사해행위의 취소 및 원상회복을 구하는 반소를 적법하게 제기한 경우, 사해행위의 취소 여부는 반소의 청구원인임과 동시에 본소 청구에 대한 방어방법이자, 본소 청구 인용 여부의 선결문제가 될 수 있다. 그 경우 법원이 반소 청구가 이유 있다고 판단하여, 사해행위의 취소 및 원상회복을 명하는 판결을 선고하는 경우, 비록 반소 청구에 대한 판결이 확정되지 않았다고 하더라도, 원고의 소유권 취득의 원인이 된 법률행위가 취소되었음을 전제로 원고의 본소 청구를 심리하여 판단할 수 있다고 봄이 타당하다. 그때에는 반소 사해행위취소 판결의 확정을 기다리지 않고, 반소 사해행위취소 판결을 이유로 원고의 본소 청구를 기각할 수 있다. 본소와 반소가 같은 소송절차 내에서 함께 심리, 판단되는 이상, 반소 사해행위취소 판결의 확정 여부가 본소 청구 판단 시 불확실한 상황이라고 보기 어렵고, 그로 인해 원고에게 소송상 지나친 부담을 지운다거나, 원고의 소송상 지위가 불안정해진다고 볼 수도 없다. 오히려 이로써 반소 사해행위취소소송의 심리를 무위로 만들지 않고, 소송경제를 도모하며, 본소 청구에 대한 판결과 반소 청구에 대한 판결의 모순 저촉을 피할 수 있다. (대법원 2019. 3. 14. 선고 2018다277785, 277792 판결 [근저당권말소·사해행위취소등])」

② 1개의 전부판결이 있다 하여도 본소·반소에 대하여 각각 판결주문을 따로 내야하되, 소송비용의 재판은 본소비용과 반소비용을 나누어 판단하지 않고 총비용에 관한 부담을 정하는 것이 일반적이다.344) 다만, 본소·반소를 모두 기각하는 경우에는 본소비용과 반소비용을 구분하여 부담을 정한다.345)
③ 1개의 전부판결을 하는 경우 어느 일방에 대한 상소는 상소불가분원칙이 적용이 되어 전부에 대하여 확정차단 및 이심의 효력이 발생한다.
④ 다만, 본소와 반소를 분리하여 일부판결을 할 수도 있다.

Ⅵ. 반소의 취하

1. 반소가 제기된 경우의 취하의 문제

(1) 반소제기 이후 본소를 취하

이 경우도 물론 본소피고의 본안응소 이후에는 본소피고의 동의가 필요하다.

(2) 반소만의 취하 시

이 경우에도 본소원고의 동의가 필요하다.

(3) 본소취하 이후의 반소취하

> 제271조(반소의 취하) 본소가 취하된 때에는 피고는 원고의 동의 없이 반소를 취하할 수 있다.

(4) 본소각하 이후의 반소취하

제271조의 규정은 본소가 각하된 경우에는 적용되는 것이 아니며 따라서 본소가 각하된 경우에 원고의 동의가 있어야 반소를 취하할 수 있다.(1984.7.10. 선고 84다카298)

2. 반소취하의 효력

반소취하 후 반소원고가 소취하 이후의 재소금지의 효과를 받는지 여부는 일반적인 소의 취하와 같이 판단하면 된다.

관련기출 •2019년 변호사

甲은 乙로부터 X부동산을 5억 원에 매수하였다며 2017. 3. 2. 乙을 상대로 "乙은 甲에게 X부동산에 관하여 2015. 7. 1. 매매를 원인으로 한 소유권이전등기절차를 이행하라."라는 취지의 소유권이전등기청구의 소를 제기하였다.

제1심 법원이 甲의 청구를 기각하자 甲이 항소하였다. 乙은 항소심에서 X부동산에 관한 매매계약이 해제되었다고 주장하고, 만일 해제되지 않았다면 甲은 乙에게 매매 잔대금 1억 원을 지급할 의무가 있다고 주장하면서 예비적으로 "甲은 乙에게 1억 원을 지급하라."라는 취지의 반소를 제기하였다.

---

344) 법원행정처, 전게서(Ⅱ), 134면.
345) 법원행정처, 전게서(Ⅱ), 134면.

〈문제〉
항소심 법원이 항소기각 판결을 한다면 위 반소청구에 대하여 판단을 하여야 하는가?

답 안

1. **문제의 소재**

2. **예비적 반소**

3. **사안의 적용**

   乙의 반소는 원고 甲의 청구가 인용됨을 전제로 한 예비적 반소이므로, 항소심이 항소기각판결을 하여 원고 甲의 매매가 유효임을 이유로 소유권이전등기청구의 소가 기각으로 확정된 이상, 예비적 반소에 대하여 항소심 법원은 판단을 할 필요가 없다.

제2절 주관적 병합

제1관 공동소송

쟁점 66 통상공동소송

관련기출 • 2010년 공인노무사

공동소송인 독립의 원칙 (25점)

1. 의의

통상의 공동소송이란 공동소송 중에서 합일확정의 필요가 없는 공동소송으로, 판결의 결과가 구구할 수 있는 공동소송을 의미한다.(예 수인의 피해자가 하는 동일 가해자 상대의 손해배상금청구, 채권자가 주채무자와 보증채무자를 상대로 채무를 구하는 청구를 병합 제기한 경우 등)

2. 공동소송인 독립의 원칙 **쟁점**

> 제66조(통상공동소송인의 지위) 공동소송인 가운데 한 사람의 소송행위 또는 이에 대한 상대방의 소송행위와 공동소송인 가운데 한 사람에 관한 사항은 다른 공동소송인에게 영향을 미치지 아니한다.

(1) 의의

통상공동소송에서 각 공동소송인은 다른 공동소송인에 의한 제한이나 간섭을 받지 않고 독립하여 소송수행을 할 권리를 가질 뿐, 상호간에 연합·협력관계는 없는데 이를 공동소송인 독립의 원칙이라 한다.[346] 즉, 공동소송인 중 1인의 행위는 유리, 불리를 가리지 않고 원칙적으로 다른 공동소송인에게 영향을 미치지 아니하며, 소송자료의 통일도 소송 진행의 통일도 인정되지 않고 단순히 심리의 병합만 이루어지게 된다.[347]

(2) 공동소송인 독립의 원칙의 내용

(가) 소송요건의 개별처리

통상의 공동소송에 있어서 소송요건의 존부는 각 공동소송인별로 따로 심사하므로 일부 공동소송인에 대하여만 소송요건에 흠이 있는 경우라면 당해 공동소송인에 한하여 소를 각하 또는 이송을 하여야 한다.

---

346) 이시윤, 전게서, 645면.
347) 정동윤·유병현, 전게서, 898면.

⑷ 소송자료의 불통일

공동소송인 중의 어느 1인의 소송행위는 유·불리를 막론하고 다른 공동소송인에 영향을 미치지 않는다. 분설하면 다음과 같다.

① 어느 공동소송인은 각기 청구의 포기·인낙, 자백($^{1968.5.14.6}_{7다2787}$), 화해, 소의 취하($^{1970.7.28. 70}_{다853-854}$), 상소의 취하, 상소제기 등의 소송행위가 가능하며, 그 효력도 당해 행위를 한 자에 대하여만 발생한다.

> 통상의 공동소송에 있어서 공동당사자 일부만이 상고를 제기한 때에 피상고인이 상고인 이외의 다른 공동소송인을 상대로 부대상고를 제기할 수 있는지 여부
> 통상의 공동소송에 있어 공동당사자 일부만이 상고를 제기한 때에는 피상고인은 상고인인 공동소송인 이외의 다른 공동소송인을 상대방으로 하거나 상대방으로 보태어 부대상고를 제기할 수는 없다.(대법원 1994.12.23. 선고 94다40734 판결)

② 각 공동소송인이 개별적으로 공격·방어방법을 제출할 수도 있으며 주장을 달리할 수도 있으며, 이 경우 석명할 필요도 없다.($^{1982.11.23.}_{선고 81다39}$)

③ 증거조사에 있어서도 공동소송인 사이에 증거공통원칙이 적용되지 않는다.

⑸ 소송 진행의 불통일

공동소송인 중의 어느 1인에 대한 사항은 다른 공동소송인에게 영향을 미치지 않으므로 ① 1인에 대하여 소송절차의 중단·중지의 효과가 발생하였다 하여도 다른 공동소송인에게는 그 효력이 미치지 아니하며, ② 기일해태의 효과도 당해 공동소송인에게만 미친다. ③ 또한 판결 확정기간이나 상소기간, 상소에 의한 확정차단 및 이심의 효력 역시 개별적으로 정해진다.[348]

⑹ 당사자지위의 독립

각 공동소송인은 자기의 소송에서만 당사자일 뿐이므로, 다른 공동소송인의 대리인이나 보조참가인이 될 수 있으며, 다른 공동소송인에게 소송고지도 가능하다. ($^{제84}_{조}$) 또한 자신의 주장사실과 무관하고 다른 공동소송인의 이해에만 관계있는 사항이라면 증인능력도 있다.

⑺ 재판의 불통일

공동소송인 중의 어느 1인에 대하여 판결하기에 성숙한 경우라면 변론의 분리 및 일부판결이 가능하다. 또한, 재판통일의 필요는 없으며, 판결내용도 구구해질 수 있다.

즉, 「보통공동소송에서는 공동당사자들 상호간의 공격 방어 방법의 차이에 따라 모순되는 결론이 발생할 수 있고, 이는 변론주의를 원칙으로 하는 소송제도 아래서는 부득이한 일로서 판결의 이유모순이나 이유불비가 된다고 할 수 없다.($^{1991.4.12. 선}_{고 90다9872}$)」

---

348) 정동윤·유병현, 전게서, 898면.

(바) **심리는 병합**

통상공동소송이 합일확정을 요구하지 않는다 해도 동일 절차에서 병합심리되는 경우라면 기일지정·변론·증거조사 및 판결은 같은 기일에 행하며, 모든 공동소송인에 대하여 1개의 전부판결을 하는 것이 원칙이라는 점은 물론이다.

(3) **공동소송인 독립의 원칙의 수정의 문제**

(가) **의의**

> 【표준 예】
> 甲 소유의 부동산을 乙이 등기서류를 위조하여 자신 명의로 등기를 경료한 후 이를 丙, 丁에게 이전등기가 경료된 경우로 甲이 소유권등기환원을 원하는 경우[349]

위 사례와 같이 통상공동소송 중에서도 공동소송인간에 실질적 견련관계가 있는 제65조 1문(전문)의 경우와 같은 경우에는 재판이 모순·저촉되는 것이 부자연스럽기 때문에 이를 해결하기 위하여 공동소송인 독립의 원칙을 수정하려는 움직임이 있다. 이에 대한 논의로는 ① 증거공통의 인정론, ② 주장공통의 인정론, ③ 이론상 합일확정소송이론, ④ 당연 보조참가론[350] 및 ⑤ 석명권행사의 활용론 등이 있다. ③의 이론상 합일확정소송이론은 이론에 의한 합일확정소송의 인정은 어려우며, ④의 당연보조참가이론은 참가신청을 한 바 없음에도 신청을 의제하는 것은 받아들이기 어려우므로, 여기서는 특히 ①, ② 및 ③점에 대하여만 논하기로 한다.

(나) 「**공동소송인간의 증거공통의 원칙**」**의 인정여부**

① **학 설**

㉮ **인정설**

어느 공동소송인이 제출한 증거로부터 얻은 증거자료를 다른 공동소송인이 특히 그 제출을 반대하고 변론을 분리하지 않는 한 관련사실에 대하여는 원용이 없이도 공통된 증거자료가 될 수 있게 하자는 것이 「공동소송인간의 증거공통의 원칙」이며, 이를 인정하는 것이 **통설의 태도**이다.[351] 다만, 이에 대하여는 예외가 인정이 되는데, ㉠ 공동소송인간에 이해상반이 있는 경우에는 다른 공동소송인의 방어권보장을 위하여 명시적 원용이 필요하다는 것과 ㉡ 공동소송인 중 어느 1인의 자백이나 자백간주의 경우에 다른 공동소송인에 대하여는 변론 전체의 취지로 영향을 미칠 뿐이라는 것이 그것이다.

---

349) 이 이외에도 수인의 연대채무자에 대한 소송이나 동일 어음의 수인의 배서인에 대한 상환청구, 공동점유물의 인도청구 등이 그 예로 거론된다. 상세는 호문혁, 전게서, 799면 이하 참조.
350) 공동소송인간에는 당연히 보조참가의 신청이 있는 것으로 보자는 견해인데, 이를 인정하지 않음이 통설이다.
351) 정동윤·유병현, 전게서, 899면 이하는 증거공통의 원칙이 인정되는 근거를 자유심증주의원칙에 두고 있다.

㉯ 부정설
　　통상공동소송에 있어서 재판의 통일을 염두에 두는 것은 비법률적인 것이고, 증거공통의 결과가 인정되는 이유는 변론주의의 내용으로서 다른 공동소송인에 대한 증거가 불충분한 경우에 법원이 보충적으로 직권증거조사가 가능하므로 결과론에 있어서 증거공통의 결과가 실현되는 것에 지나지 않으며, 역으로 원용하지 않은 다른 공동소송인의 소송에 대한 증거가 충분하다면 증거공통의 원칙도 인정되어서는 안된다는 것이다.[352]

② 판례
　　이에 대한 명시적인 판례는 없으나, 공동소송인 중 어느 1인의 재판상 자백은 다른 공동소송인에 대하여는 영향을 미치지 않는다고 하여 부정하는 듯한 입장이다.

(다) 「공동소송인간의 주장공통의 원칙」의 인정여부
　　증거공통의 원칙을 인정함에 더 나아가 주장공통의 원칙까지 인정하려는 움직임이 있으나,[353] 판례는 「민사소송법 제62조(현행 제66조: 필자주)의 명문의 규정과 우리 민사소송법이 취하고 있는 변론주의 소송구조 등에 비추어 볼 때, 통상의 공동소송에 있어서 이른바 주장공통의 원칙은 적용되지 아니한다.(1994.5.10. 선고 93다47196)」고 본다.

(라) 이른바 이론상 합일확정소송
　　위 사례와 같은 경우에 이론상으로 합일확정의 필요가 있는 공동소송의 개념을 만들어 이를 해결하면 간명하다는 데에서 소위 이론상 합일확정소송을 인정하자는 논의가 있으나 판례는 변론주의를 들어 이러한 이론상 합일확정소송의 개념을 인정하고 있지 않다.(1961.11.16. 선고 4293민상766·767; 1991.4.12. 선고 90다9872)

(마) 위 사례에 대한 판례의 구제책
　　판례는 위의 사안과 같은 문제점을 해결하기 위하여 1990.11.27. 선고 89다카12398 전원합의체 판결로 진정등기명의회복을 위한 이전등기청구를 인정하게 되었다.

관련기출
• 2021년 공인노무사

【문제 1】 甲은 乙에게 5,000만 원을 대여하였고 丙은 乙의 대여금채무를 보증하였다. 乙이 변제하지 않자, 甲은 5,000만 원을 반환받기 위해서 乙과 丙을 공동피고로 하여, 乙에 대해서는 주채무의 이행을 구하고, 丙에 대해서는 보증채무의 이행을 구하는 소를 제기하였다. 다음 물음에 답하시오. (단, 아래의 각 물음은 상호 독립적임)

---

352) 호문혁, 전게서, 798면 인용.
353) 역사적 사실은 하나밖에 있을 수 없다는 논리에 대한 거역이므로 주장공통의 원칙을 인정하여야 한다는 견해로 다만, 공통사실이 주장된 경우 다른 공동소송인이 이와 저촉되는 행위를 적극적으로 한 바가 없고 그 주장이 다른 공동소송인에게 이익이 된다면 다른 공동소송인에 대하여도 효력이 미친다는 견해로 이시윤, 전게서, 648면.

물음 2) 제1심 제1회 변론기일에 乙은 甲에게 대여금 5,000만 원을 모두 변제했다고 주장하고, 그에 관한 증거를 제출하였다. 그러나 丙은 답변서도 제출하지 않았고, 변론기일에도 불출석하였다. 법원이 증거조사한 결과 乙의 주장이 타당하다는 심증을 형성하였다면, 甲의 乙과 丙에 대한 각 청구를 기각하는 판결을 할 수 있는가? (25점)

답 안

1. 문제의 소재
2. 乙과 丙의 공동소송형태 - 통상공동소송
3. 통상공동소송에서의 공동소송인 독립의 원칙
4. 사안의 적용

甲의 乙과 丙에 대한 공동소송의 형태는 통상공동소송이므로 공동소송인 독립의 원칙에 따라, 공동피고 丙이 답변서를 제출하지 않고 변론기일에도 불출석한 경우 丙의 부분은 자백간주의 법리가 적용되지만, 다른 공동소송인 乙은 변제의 항변 및 이에 부합하는 증거를 제출하였으므로, 법원으로서는 ① 乙에 대하여는 원고 甲 청구기각, ② 丙에 대하여는 원고 甲 청구인용의 판결을 내려야 한다.

쟁점 67 필수적 공동소송

1. 의의

공동소송인 간에 합일확정이 필수적으로 요구되는 공동소송을 필수적 공동소송이라 부른다. 이 경우에는 공동소송인 모두에게 동일한 내용이 판결이 나와야 한다. 필수적 공동소송에는 고유필수적 공동소송과 유사필수적 공동소송이 있다.

2. 고유필수적 공동소송(실체법적 근거에 의한 필수적 공동소송)[354]

(1) 의의

소송의 공동이 실체법으로 강제되는 경우를 의미하며, 실체법상의 관리처분권이 전원에게 공동으로 귀속되는 경우를 말함이다.(실체법상의 관리처분권기준설 : 통설)[355]
따라서 실체법상으로 관계자 전원이 공동으로 권리를 행사하여야 하는 사안이 아니라면 고유필수적 공동소송이라 할 수 없다.

> **아파트에 발생한 하자와 관련된 손해배상청구가 구분소유자들 전원이 원고가 되어 소를 제기해야만 하는 필수적 공동소송에 해당하는지 여부(소극)**
> 구 집합건물의 소유 및 관리에 관한 법률(2003. 7. 18. 법률 제6925호로 개정되기 전의 것) 제9조에 의한 하자보수에 갈음하는 손해배상청구권은 특별한 사정이 없는 한 구분소유자 등 권리자에게 전유부분의 지분비율에 따라 분할 귀속하는 것이 원칙이므로, 구분소유자 등 권리자는 각자에게 분할 귀속된 하자담보급권을 개별적으로 행사하여 분양자를 상대로 손해배상청구의 소를 제기할 수 있다.(대법원 2012.9.13. 선고 2009다23160 판결)

(2) 구체적인 경우

(가) 형성권의 공동귀속

① 재산관계소송	㉮ 공유물분할청구(모든 공유자를 피고로 하여야 함) ㉯ 경계확정의 소(공유자측이 원고인 경우라면 공유자전원이 공동원고, 피고로 되는 경우 전원이 공동피고)
② 가사소송	㉮ 제3자 제기의 친자관계부존재확인의 소 또는 혼인무효·취소의 소 ㉯ 부를 정하는 소
③ 회사관계소송	청산인해임의 소(상법 제539조)는 회사와 청산인 양자를 공동피고로 함[356] 집합건물의 관리인해임의 소는 관리단과 관리인의 양자를 공동피고로 함[357]

---

[354] 정동윤·유병현, 전게서, 901면.
[355] 이에 대하여 소송정책설 및 절충설의 견해도 존재한다. 상세는 정동윤·유병현, 전게서, 902면.
[356] 1976.2.11. 선고 75마533.

| ④ 소송무능력자에의 기일통지나 판결정본 등의 송달 | 역시 무효로 보게 되며, 특히 판결정본의 송달의 경우 상소기간은 진행하지 않고 판결은 확정되지 않는다.[358] |

(나) 합유관계

합유관계는 합유물의 처분·변경권 및 지분권이 전원에 공동귀속되어 있는 관계이다. 이하 구분하여 표로 보기로 한다.

① 고유필수적 공동 소송인 경우	㉮ 조합재산 등에 관한 소송 • 조합재산으로 매수한 부동산에 관한 소유권이전등기 청구의 소[359] • 아파트 신축사업을 동업하는 조합이 시공회사에 공사대금 명목으로 제공한 건물에 대하여 분양계약을 체결하거나 수분양권을 양수한 자가 조합원들을 상대로 조합재산인 위 건물에 관하여 매매를 원인으로 한 소유권이전등기절차의 이행을 구하는 소[360] ㉯ 공동광업권 등에 관한 소송[361] ㉰ 수인의 수탁자에 의한 신탁재산(신탁법 제45조) ㉱ 공유지적재산권, 공동명의 허가권·면허권 등에 소송[362] ㉲ 수인의 파산관재인[363] ㉳ 회생회사관리인의 소송 • 여럿의 회생회사관리인의 소송 • 개인회생 채권조사 확정재판에 대한 다른 회생채권자의 이의의 소의 경우 피고를 채무자 및 개인회생 채권조사 확정재판신청을 한 회생채권자 모두로 하여야 함[364] ㉴ 동일선정자단에서 선정된 수인의 선정당사자나 증권관련집단소송에서의 수인의 대표당사자가 하는 소송 ㉵ 수인의 유언집행자를 피고들로 한 유증의무이행소송[365]
② 필수적 공동소송이 아닌 경우	㉮ 보존행위(예 여럿의 합유자가 합유물의 보존을 위하여 제기하는 이전등기말소청구소송[366]) ㉯ 조합원의 개인적 책임에 기한 조합채무의 이행을 구하는 소송

---

357) 대법원 2011.6.24. 선고 2011다1323 판결.
358) 이시윤, 전게서, 142면.
359) 1994.10.25. 93다54064.
360) 2010.4.29. 2008다50691.
361) 1995.5.23. 94다23500 ; 1970.3.10. 69다2103.
362) 1993.7.13. 93다12060.
363) 2008.4.24. 2006다14363.
364) 2009.4.9. 2008다91586.
365) 2011.6.24. 2009다8345

② 필수적 공동소송이 아닌 경우	㉰ 합유재산이라도 현실적으로 점유하고 있는 합유자만을 상대로 명도청구를 할 수 있고 합의자 전원을 상대로 할 필요적 공동소송이 아니다.[367] ㉱ 민법상 조합인 공동수급체가 경쟁입찰에 참가하였으나 다른 경쟁업체가 낙찰자로 선정되자 그 공동수급체의 구성원 중 1인이 낙찰자 선정 무효확인의 소를 제기하는 것[368]

⑶ 총유관계

비법인사단은 정관이나 사원총회의 결의를 얻어 비법인사단 명의로 소송을 할 수 있으며, 그러하지 않다면 필수적 공동소송으로 소송을 수행해야 한다. 이는 보존행위라 하여도 마찬가지라는 점에서 공유나 합유의 경우와는 다르다.

> **법인 아닌 사단의 구성원 개인이 총유재산의 보존을 위한 소를 제기할 수 있는지 여부(소극)(대법원 2005.9.15. 선고 2004다44971 전원합의체 판결)**
>
> 민법 제276조 제1항은 "총유물의 관리 및 처분은 사원총회의 결의에 의한다.", 같은 조 제2항은 "각 사원은 정관 기타의 규약에 좇아 총유물을 사용수익할 수 있다."라고 규정하고 있을 뿐 공유나 합유의 경우처럼 보존행위는 그 구성원 각자가 할 수 있다는 민법 제265조 단서 또는 제272조 단서와 같은 규정을 두고 있지 아니한바, 이는 법인 아닌 사단의 소유형태인 총유가 공유나 합유에 비하여 단체성이 강하고 구성원 개인들의 총유재산에 대한 지분권이 인정되지 아니하는 데에서 나온 당연한 귀결이라고 할 것이므로 총유재산에 관한 소송은 법인 아닌 사단이 그 명의로 사원총회의 결의를 거쳐 하거나 또는 그 구성원 전원이 당사자가 되어 필수적 공동소송의 형태로 할 수 있을 뿐 그 사단의 구성원은 설령 그가 사단의 대표자라거나 사원총회의 결의를 거쳤다 하더라도 그 소송의 당사자가 될 수 없고, 이러한 법리는 총유재산의 보존행위로서 소를 제기하는 경우에도 마찬가지라 할 것이다.

⑷ 공유관계인 경우

① 원칙

판례에 따르면 원칙적으로 「공유는 소유권이 지분의 형식으로 공존할 뿐 관리처분권이 공동귀속하는 것이 아님」 또는 「보존행위」 등을 근거로 하여 공유관계는 고유필수적 공동소송이 아니라고 본다.

② 구체적인 경우

	고유필수적 공동소송이 아닌 경우	고유필수적 공동소송인 경우
공유자 측의 능동소송인 경우	㉮ 보존행위로서의 건물철거나 등기말소 등의 방해제거청구[369] 또는 공유물인도청구[370]	㉮ 공유물 전체에 대한 소유권확인청구[371]

---

366) 1997.9.9. 96다6896.
367) 1969.12.23. 69다1053
368) 대법원 2013.11.28. 선고 2011다80449 판결.
369) 1948.4.12. 선고 4280민상431.

공유자 측의 능동소송인 경우	㉯ 공유물의 불법점거에 대한 손해배상청구372) ㉰ 복수의 권리자가 소유권이전청구권을 보존하기 위하여 가등기를 마쳐 둔 경우의 동 가등기의 말소청구373) ㉱ 상표권의 공유자가 그 상표권의 효력에 관한 심판에서 패소한 경우에 제기할 심결취소소송	㉯ 공유관계 존재확인의 소 (예 공동상속인 사이에 어떠한 재산이 상속재산임의 확인을 구하는 소)374) ㉰ 공유자 측의 경계확정의 소제기 • 인접 토지의 한편 또는 양편이 수인의 공유에 속하는 경우, 그 경계확정의 소375) ㉱ 공동상속인의 다른 공동상속인 상대의 상속재산확인의 소376) ㉲ 이주자택지에 관한 공급계약을 체결할 수 있는 청약권을 공동상속한 상속인들이 청약의 의사표시를 하고 이에 대한 승낙의 의사표시를 구하는 소송377)
수동소송인 경우	대부분 통상공동소송 • 수인 앞으로 경료된 공유등기의 말소청구소송378) • 제3자가 공유자등에 대해서 하는 이전등기청구 • 공유토지의 일부에 대하여 취득시효완성을 원인으로 소유권이전등기절차의 이행을 청구하는 소송379) • 타인 소유의 토지 위에 설치되어 있는 공작물을 철거할 의무가 있는 수인을 상대로 공작물의 철거를 구하는 소송380) • 공동건축주명의변경청구381)	공유물분할청구382)

---

370) 1968.11.26. 선고 68다1675 등.
371) 1994.11.11. 선고 94다35008.
372) 1970.4.14. 선고 70다171.

(마) **부동산의 공동매수의 경우**
「수인이 부동산을 공동으로 매수한 경우, 매수인들 사이의 법률관계는 ① 공유관계로서 단순한 공동매수인에 불과하여 매도인은 매수인 수인에게 그 지분에 대한 소유권이전등기 의무를 부담하는 경우도 있을 수 있고, ② 그 수인을 조합원으로 하는 동업체에서 매수한 것으로서 매도인이 소유권 전부의 이전의무를 그 동업체에 대하여 부담하는 경우도 있을 수 있다.($^{2002.6.14.}_{2000다30622}$)」

특히, 「동업약정에 따라 동업자 공동으로 토지를 매수하였다면 그 토지는 동업자들을 조합원으로 하는 동업체에서 토지를 매수한 것이므로 그 동업자들은 토지에 대한 소유권이전등기청구권을 준합유하는 관계에 있고, 합유재산에 관한 소는 이른바 고유필요적 공동소송이라 할 것이므로 그 매매계약에 기하여 소유권이전등기의 이행을 구하는 소를 제기하려면 동업자들이 공동으로 하지 않으면 안 된다.($^{1994.10.25.}_{93다54064}$)」

(바) **복수채권자 명의의 가등기에 기한 본등기의 이행을 구하는 소송**
수인의 채권자가 각기 그 채권을 담보하기 위하여 채무자와 채무자 소유의 부동산에 관하여 수인의 채권자를 공동매수인으로 하는 1개의 매매예약을 체결하고 그에 따라 수인의 채권자 공동명의로 그 부동산에 가등기를 마친 경우에 대하여 종래 판례는 매매예약의 내용이나 매매예약완결권 행사와 관련한 당사자의 의사와 관계없이 언제나 수인의 채권자가 공동으로 매매예약완결권을 가진다고 보고, 매매예약완결의 의사표시도 수인의 채권자 전원이 공동으로 행사하여야 한다고 보았다. 그러나 대법원 2012.2.16. 선고 2010다82530 전원합의체 판결은 이러한 경우라도 「수인의 채권자가 공동으로 매매예약완결권을 가지는 관계인지 아니면 채권자 각자의 지분별로 별개의 독립적인 매매예약완결권을 가지는 관계」인지 여부에 따라 고유필수적 공동소송이 아닐 수도 있다고 견해를 변경하였다.

(사) **공동명의 예금계약의 경우**
공동명의로 예금채권자들이 은행을 상대로 예금반환청구소송을 제기하는 형태에 대하여 판례는 ① 만일 동업자들이 동업자금을 공동명의로 예금한 경우라면 채권

---

373) 2003.1.10. 선고 2000다26425.
374) 2007.8.24. 선고 2006다40980.
375) 2001.6.26. 2000다24207.
376) 2007.8.24. 선고 2006다40980.
377) 2003.12.26. 선고 2003다11738.
378) 1991.04.12. 선고 90다9872
379) 1994.12.27. 선고 93다32880 (토지를 수인이 공유하는 경우에 공유자들의 소유권이 지분의 형식으로 공존하는 것뿐이고, 그 처분권이 공동에 속하는 것은 아니기 때문이라는 것이 논거이다.)
380) 1993.2.23. 선고 92다49218
381) 2015.9.10. 2012다23863
382) 2003.12.12. 2003다44615·44622.

의 준합유관계에 있어 합유의 성질상 은행에 대한 예금반환청구가 필요적 공동소송에 해당한다고 볼 것이나, ② 공동명의 예금채권자들 중 1인이 전부를 출연하거나 또는 각자가 분담하여 출연한 돈을 동업 이외의 특정목적을 위하여 공동명의로 예치해 둠으로써 그 목적이 달성되기 전에는 공동명의 예금채권자가 자신의 예금에 대하여도 혼자서는 인출할 수 없도록 방지, 감시하고자 하는 목적으로 공동명의로 예금을 개설한 경우에는 필요적 공동소송이라고 볼 수 없다.(1994.4.26. 93다31825)

3. 유사필수적 공동소송

> **관련기출** • 2020년 공인노무사
> 유사필수적 공동소송에 관하여 설명하시오. (25점)
> - 의의
> - 발생유형
> - 심판
> - 상소 ① 일반 ② 재판누락

(1) 의의

수인 사이에 판결의 효력이 서로 미치는 관계에 있기 때문에 판결의 내용이 합일확정되어야 하지만, 그렇다고 하여 반드시 공동소송을 제기하여야 하는 것은 아님에도 공동소송을 제기했다면 이를 유사필수적 공동소송이라 한다. 결국, 1인만에 의한 소송도 가능하다는 점이 고유필수적 공동소송과는 다르다.

(2) 발생유형

(가) 판결의 본래적 효력(기판력·집행력·형성력)이 직접 제3자에게 확장되어 성립하는 경우	• 수인이 제기한 회사설립무효의 소 • 수인이 제기한 합병무효의 소 • 수인이 제기한 이사회결의무효확인의 소(1963.12.12. 선고 63다449)[383] • 같은 사업자를 피고로 한 수개 단체의 소비자단체소송
(나) 판결의 반사적 효력이 제3자에게 미치기 때문에 성립하는 경우(다수설·판례)[384]	• 각 채권자대위권에 기하여 공동하여 채무자의 권리를 행사하는 다수의 채권자들도 유사필수적 공동소송(1991.12.27. 선고 91다23486)[385] • 수인의 압류채권자가 제기하는 추심소송 • 수인의 주주에 의한 주주대표소송

---

[383] 다만, 이는 대세효 인정을 전제로 하여야 하는데, 판례는 특히 이사회결의무효확인의 소에 대하여 대세효를 부정하면서 유사필수적 공동소송으로 보아 일관되지 못하다는 지적에 이시윤. 전게서. 616면.
[384] 다만, 판례의 태도에 대하여는 다시 견해의 대립이 있다. 다만, 판례를 바라보는 다수설은 판례도 다수설과 같다고 본다.(정동윤·유병현, 전게서, 904면) 이에 대하여 ① 판례가 「반사적 효력」이라는 표현을

4. 필수적 공동소송의 심판 세부쟁점

(1) 총설 — 연합관계

필수적 공동소송은 고유필수적 공동소송이거나 유사필수적 공동소송이거나 모두 통상공동소송과 달리 ① 소송자료의 통일, ② 소송 진행의 통일 ③ 재판의 통일이 요구된다.

다만, 이는 소송행위를 함에 있어서 언제나 공동으로 하여야 한다는 것은 아니고, 개별적으로 소송행위를 할 수도 또한 소송대리인을 선임할 수도 있다.[386]

(2) 구체적 검토

(가) 소송요건의 조사와 필수적 공동소송인의 추가

① 소송요건의 조사

필수적 공동소송이라 하여도 소송요건의 구비여부는 각 공동소송인별로 조사를 한다. 다만, 소송요건 흠결발견 후의 처리에 대하여는 ① 고유필수적 공동소송이라면 공동소송인 중 1인의 소송요건의 흠이 발견 시 전 소송을 부적법각하하여야 하며, ② 유사필수적 공동소송의 경우라면 당해 흠이 있는 소송인의 부분만이 일부각하된다.

> **공유물분할에 관한 소송계속 중 변론종결일 전에 공유자 중 1인인 갑의 공유지분의 일부가 을 및 병 주식회사 등에게 이전된 경우**
> 변론종결시까지 민사소송법 제81조에서 정한 승계참가나 민사소송법 제82조에서 정한 소송인수 등의 방식으로 일부 지분권을 이전받은 자가 소송의 당사자가 되었어야 함에도 그렇지 못하였다면 위 소송 전부가 부적법하게 된다.(대법원 2014.1.29. 선고 2013다78556 판결)
>
> **공유물분할청구의 소 피고 중 1인이 제소 전 사망한 경우 상고심에 이르러 당사자표시정정을 통하여 보정을 청구하는 것은 부정되므로 소는 전체 각하**
> 공유물분할청구의 소는 분할을 청구하는 공유자가 원고가 되어 다른 공유자 전부를 공동피고로 하여야 하는 필수적 공동소송으로서(대법원 2001.7.10. 선고 99다31124 판결 등 참조) 공유자 전원에 대하여 판결이 합일적으로 확정되어야 하므로, 공동소송인 중 1인에 소송요건의 흠이 있으면 전 소송이 부적법하게 된다.
> 그리고 민사소송에서 소송당사자의 존재나 당사자능력은 소송요건에 해당하고, 이미 사망한 자를 상대로 한 소의 제기는 소송요건을 갖추지 않은 것으로서 부적법하며, 상고심에 이르러서는 당사자표시정정의 방법으로 그 흠결을 보정할 수 없다.(대법원 2012.6.14. 선고 2010다105310 판결)[387]

명시하지 않은 점을 들어 통상공동소송이라는 견해(호문혁, 전게서, 759면)와 ② 반사효가 미치는 모든 경우가 유사필수적 공동소송인은 아니라는 견해(강현중, 전게서, 203면)도 있다.
385) 법원행정처, 전게서(Ⅱ), 291면에는 이 판례를 반사적 효력이 미치는 경우로 설명하는 점을 주목할 필요가 있다.
386) 이시윤, 전게서, 655면.
387) 「기록에 의하면, 원고는 2009. 10. 5. 소외 1 외 9인을 피고로 표시하여 이 사건 공유물분할청구의 소장을 제출하였는데, 소외 1은 그 전인 2001. 12. 11. 이미 사망한 사실, 피고가 이 법원에 이르러 처음으로 망인의 사망사실을 주장하자, 원고는 이 법원에 망인의 표시를 상속인들로 정정하는 내용의 당사자표

② 누락된 (고유)필수적 공동소송인의 보정

고유필수적 공동소송인 중 누락된 자가 있을 경우의 보정방안으로는 다음과 같은 방법이 있다. 그 중 필수적 공동소송인의 추가제도는 별도로 보기로 한다.

> ㉠ 丙에 대한 별도의 소를 제기한 후 변론병합(제141조)을 하여 추가하는 방법
> ㉡ 丙에 대한 소를 추가하는 방법으로 소의 주관적 추가적 병합으로서 필수적 공동소송인의 추가(제68조)를 이용하는 방법
> ㉢ 丙이 스스로 공동소송참가(제83조)를 하는 방법
> ㉣ 乙, 丙에 대한 소를 취하한 후 처음부터 다시 甲, 乙, 丙을 공동소송인으로 하여 소를 제기하는 방법

(나) (고유)필수적 공동소송인의 추가 — 소의 주관적 추가적 병합

> 제68조(필수적 공동소송인의 추가)
> ① 법원은 제67조 제1항의 규정에 따른 공동소송인 가운데 일부가 누락된 경우에는 제1심의 변론을 종결할 때까지 원고의 신청에 따라 결정으로 원고 또는 피고를 추가하도록 허가할 수 있다. 다만, 원고의 추가는 추가될 사람의 동의를 받은 경우에만 허가할 수 있다.
> ② 제1항의 허가결정을 한 때에는 허가결정의 정본을 당사자 모두에게 송달하여야 하며, 추가될 당사자에게는 소장부본도 송달하여야 한다.
> ③ 제1항의 규정에 따라 공동소송인이 추가된 경우에는 처음의 소가 제기된 때에 추가된 당사자와의 사이에 소가 제기된 것으로 본다.
> ④ 제1항의 허가결정에 대하여 이해관계인은 추가될 원고의 동의가 없었다는 것을 사유로 하는 경우에만 즉시항고를 할 수 있다.
> ⑤ 제4항의 즉시항고는 집행정지의 효력을 가지지 아니한다.
> ⑥ 제1항의 신청을 기각한 결정에 대하여는 즉시항고를 할 수 있다.

① 의의 및 요건

현행법이 인정하는 임의적 당사자변경의 하나이다.

② 요 건

ⓐ 고유필수적 공동소송인에 한정하여 그 가운데 일부가 누락되었을 것
ⓑ 추가된 당사자는 공동소송의 공통요건을 갖출 것
ⓒ 당사자(원고 또는 피고)의 추가(특히, 원고 추가 시 추가될 자의 동의 필요)

③ 절 차

고유필수적 공동소송인의 추가신청은 원고에게만 신청권이 있으므로 피고나 제3자는 추가를 신청할 수 없다.

추가신청은 추가된 당사자와의 관계에서는 신소의 제기와 같은 실질을 가지고

시정정신청서를 제출한 사실을 알 수 있는바, 앞서 본 법리에 비추어 보면 이 사건 소는 모든 공동소송인에 대한 관계에서 부적법하고 그 흠결을 보정할 수 없어 각하될 수밖에 없으므로, 이를 간과한 채 본안판단에 나아간 원심판결은 그대로 유지될 수 없다.」

있고, 피고경정신청을 서면으로 한 제260조 제2항과의 균형상 서면으로 할 것이 요구되며, 다만, 소액사건의 경우에는 말로도 추가신청을 할 수 있다.[388]

④ **허가결정의 효과**

필수적공동소송인의 추가결정에는 소급효가 있으므로 시효중단·기간준수의 효과는 소제기 시로 소급한다.($^{제68조}_{참조}$)[389]

종전당사자의 소송행위는 유리한 범위 내에서만 추가당사자에게 효력이 미친다. 소급적으로 필수적공동소송이 제기된 셈이기 때문이다.

허가결정에 대하여 이해관계인은 즉시항고를 할 수 있으나 추가될 원고의 동의가 없었다는 사유로만 가능한데, 이 즉시항고에는 집행정지효가 없다.

⑤ **허가신청기각결정에 대한 불복**

허가신청기각결정에 대하여는 즉시항고를 통하여 불복할 수 있다.

⑷ **소송자료의 통일, 소송 진행의 통일 및 재판의 통일**

> **제67조(필수적 공동소송에 대한 특별규정)**
> ① 소송목적이 공동소송인 모두에게 합일적으로 확정되어야 할 공동소송의 경우에 공동소송인 가운데 한 사람의 소송행위는 모두의 이익을 위하여서만 효력을 가진다.
> ② 제1항의 공동소송에서 공동소송인 가운데 한 사람에 대한 상대방의 소송행위는 공동소송인 모두에게 효력이 미친다.
> ③ 제1항의 공동소송에서 공동소송인 가운데 한 사람에게 소송절차를 중단 또는 중지하여야 할 이유가 있는 경우 그 중단 또는 중지는 모두에게 효력이 미친다.
>
> **제69조(필수적 공동소송에 대한 특별규정)** 제67조 제1항의 공동소송인 가운데 한 사람이 상소를 제기한 경우에 다른 공동소송인이 그 상소심에서 하는 소송행위에는 제56조 제1항의 규정을 준용한다.

① **소송자료의 통일**

㉮ **능동적 소송행위**($^{제67조}_{제1항}$)

㉠ **일 반** : 공동소송인 중 1인의 능동적 소송행위 가운데 유리한 것(예 기일출석, 기간준수, 답변서 제출, 부인, 항변, 증거제출 등)은 전원에 대하여 효력이 생긴다. 예컨대, 피고 측 공동소송인 가운데 일부에 대한 원고승소의 (답변서 부제출에 의한)무변론판결은 불가능하다.

불리한 소송행위(예 자백, 청구의 포기·인낙, 화해, 소취하 등)는 모두 함께 하지 않으면 효력이 생기지 아니한다.[390]

㉡ **유사필수적 공동소송의 경우** : 유사필수적 공동소송에서는 어느 1인의 자기 청구 부분만에 대한 소취하도 다른 공동소송인의 동의 없이도 가능

---

388) 법원행정처, 전게서(Ⅱ), 289면.
389) 피고경정과 비교할 것.
390) 다만, 불리한 소송행위가 변론전체의 취지에 의하여 공동소송인 측에 불리하게 참작될 수 있으며, 추후 나머지 공동소송인이 동일한 의사표시를 할 때에는 완전한 효력이 발생한다.

하며, 소취하간주규정도 적용되므로 이 한도 내에서 1인의 불출석은 불출석의 효과를 받게 된다고 본다.391)

㉯ **수동적 소송행위** 공동소송인 가운데 한 사람에 대한 상대방의 소송행위는 공동소송인 모두에게 효력이 미친다. 이때에는 이익·불이익 여부를 불문하며, 공동소송인 가운데 1인이라도 기일에 출석하였다면 상대방은 그 자에 대하여는 비록 준비서면으로 예고하지 않은 사실이라도 주장이 가능하다. (1955.9.8. 선고 4288민상221)

② 소송 진행의 통일

㉮ **변론 및 증거조사** 변론 및 증거조사는 공통된 기일에 하여야 하며, 변론의 분리나 일부판결은 허용되지 않는다. 따라서 공동소송인 전원에 대한 하나의 종국판결을 선고하여야 하는 것이지 공동소송인 일부에 대해서만 판결하거나 남은 공동소송인에 대해 추가판결을 하는 것은 모두 허용될 수 없다.(2010.4.29. 2008다50691) 즉, 일부판결은 허용되지 않는다.

㉯ **소송절차의 중단 등** 공동소송인 가운데 한 사람에게 소송절차를 중단 또는 중지하여야 할 이유가 있는 경우 그 중단 또는 중지는 모두에게 효력이 미친다.

㉰ **상소기간의 도과여부** 상소기간은 각 공동소송인에게 판결정본의 송달이 된 때를 기준으로 개별적으로 진행한다. 다만, 공동소송인 전부에 대하여 상소기간이 만료될 때까지는 판결이 확정되는 것이 아니다.392)

㉱ **상소제기의 효과**

㉠ 상소제기의 효과 : 「공동소송인 중 일부가 제기한 상소는 다른 공동소송인에게도 그 효력이 미치는 것이므로 공동소송인 전원에 대한 관계에서 판결의 확정이 차단되고 그 소송은 전체로서 상소심에 이심되며, 상소심 판결의 효력은 상소를 하지 아니한 공동소송인에게 미치므로 상소심으로서는 공동소송인 전원에 대하여 심리·판단하여야 한다.(2003.12.12. 선고 2003다44615·44622)」 결국, 상소를 제기하지 않은 나머지 공동소송인들에 대하여도 상소심판결에 있어서 유리하게 변경될 수도 있다.393) 즉, 불이익변경금지원칙의 적용이 배제된다.

㉡ 상소하지 않은 당사자의 소송법상의 지위 : 이 때 상소하지 않은 나머지 공동소송인들의 상소심에서의 지위에 대하여 ⓐ 상소인설, ⓑ 선정자설 및 ⓒ 단순한 상소심당사자설(통설·판례)의 대립이 있다.

㉢ 단순한 상소심당사자일 경우의 처리 : 위에서 본 바와 같이 상소하지 않은 나머지 당사자들의 지위가 단순한 상소심당사자일 뿐이라는 견해에 의

---

391) 이시윤, 전게서, 657면. 이에 반대하는 견해로 호문혁, 전게서, 761면.
392) 법원행정처, 전게서(Ⅰ), 292면 ; 이시윤, 전게서, 658면.
393) 이시윤, 전게서, 658면.

할 경우, 실제 상소한 자만이 ⓐ 상소인지를 붙이며, ⓑ 패소시의 상소비용도 실제 상소자만이 부담하며, ⓒ 상소심의 심판범위의 결정 및 상소의 취하에 대하여도 실제 상소한 자만에 의하여 결정이 된다.

③ 재판의 통일

필수적 공동소송의 경우에는 합일확정의 필요로 판결의 내용이 구구해질 수 없다.

관련기출　　　　　　　　　　　　　　　　　　　　　　　　• 2015년 법원행시

乙, 丙 및 丁은 동업약정에 따라 A부동산에 관하여 합유 지분으로 소유권이전등기를 마쳐두고 있었는데, 甲은 乙, 丙 및 丁을 피고로 삼아, 乙, 丙 및 丁을 조합원으로 하는 동업체로부터 A부동산을 매수하였다고 주장하면서 매매를 원인으로 하는 소유권이전등기절차의 이행을 구하는 소를 제기하였다.

1. 위 소송에서 피고 乙은 소장을 직접 송달받고도 답변서를 제출하지 않고 변론기일에 출석하지 아니하였고, 한편 피고 丙과 丁은 원고 甲의 청구원인 주장을 부인하였는데, 법원의 심리 결과 원고 甲이 주장하는 매매사실을 인정할 증거가 부족하였다. 이 경우 법원은 피고 乙, 丙 및 丁에 대하여 각 어떤 판단을 하여야 하는지를 밝히고, 그 근거를 설명하시오.

2. 위 소송에서 제1심 법원은 매매사실이 증명되었다고 보아 원고 전부 승소판결을 선고하였는데, 이에 대해 피고 乙, 丙 만이 항소를 제기하였다. 항소심 법원은 원고 甲과 피고 乙, 丙 만으로 당사자로 하여 변론기일을 진행한 다음 피고 乙, 丙의 항소를 기각하는 판결을 선고하였다. 위 항소심판결은 정당한지를 밝히고, 그 근거를 설명하시오. (15점)

3. 위 소송에서 제1심 법원이 심리한 결과, 피고 乙, 丙 및 丁 외에 소외 戊도 동업약정의 당사자이고, A부동산에 관하여 피고 乙, 丙 및 丁, 소외 戊 4인의 합유지분으로 소유권이전등기가 마쳐진 사실이 밝혀졌다. 제1심 소송계속 중 원고 甲이 戊를 공동피고로 삼을 수 있는 방법을 밝히고, 그 근거를 설명하시오.

답 안

1. 문제 1.의 해결

(1) **문제의 소재**

(2) **동업체가 동업재산으로 매수한 부동산에 대한 소유권이전등기청구소송의 공동소송 형태**

　　판례는 조합체가 조합을 위하여 매수한 부동산에 대한 소유권이전등기청구는 전원이 당사자가 되어야 하는 고유필수적 공동소송이라 본다.

(3) **고유필수적 공동소송에서의 소송수행**

　　고유필수적 공동소송의 경우 합일확정이 요구되므로, 어느 1인이 기일에 출석을 하면 다른 공동소송인이 불출석하였다 하더라도 기일불출석에 따른 불이익을 줄 수 없고, 능동적 소송자료 제출행위는 유리한 행위라면 전원이 제출한 것과 동일한 효력이 미친다.

(4) **사안의 적용**

　　사안의 경우 조합체로서의 부동산 소유권이전등기청구소송이므로 乙, 丙 및 丁의 소송수행형

태는 고유필수적 공동소송이고, 고유필수적 공동소송의 경우, ① 피고 乙이 답변서를 제출하지 않고 변론기일에 출석하지 않았지만, 다른 공동소송인들인 丙과 丁이 출석한 이상 기일불출석에 의한 불이익을 줄 수 없고, ② 丙과 丁이 출석하여 원고 甲이 주장하는 매매사실을 부인한 행위는 공동소송인들에 유리한 행위이므로 전원이 위 주장을 한 것이므로, 甲이 주장하는 매매사실을 인정할 증거가 부족한 이상 원고 甲의 청구는 이유 없다.

따라서, ③ 합일확정의 요청상 원고 甲의 피고들 乙, 丙 및 丁에 대한 소유권이전등기청구의 소는 모두 청구기각판결을 선고하여야 한다.

2. 문제 2.의 해결

(1) 문제의 소재

(2) 필수적 공동소송인들 중 일부의 상소제기

필수적 공동소송인들에 대한 판결에 대하여 어느 일부만이 상소를 제기한 경우 상소의 효력은 합일확정의 요청상 전원에 대하여 상소의 효과가 미치게 되어, 전원에 대한 부분이 상소심에 이심이 되어 판결확정이 차단되고, 불이익변경금지원칙의 적용도 배제되어 전원에 대한 부분이 모두 심판대상이 된다.

다만, 이 때 상소하지 않은 당사자의 항소심에서의 지위가 문제되는 바, 이에는 ① 상소의 효력이 미치는 이상 상소인이라는 상소인설 및 ② 상소인으로 표시되지 않은 자는 상소인이라 할 수 없으므로 단순한 상소심 당사자로 보아야 한다는 설의 대립이 있고, 판례는 단순한 상소심에서의 당사자로 보아 소송비용의 부담, 인지첩부의 주체 및 상소의 처분은 상소인에 대하여만 허용된다는 입장이다.

(3) 사안의 적용

사안의 경우, 항소심은 피고 乙 및 丙에 대하여만 항소심의 당사자로 인정하여 기일을 진행한 후 판결을 하였고, 丁에 대한 판단을 하지 않았으므로 항소심 법원의 판결은 위법하다.

3. 문제 3.의 해결

(1) 문제의 소재

(2) 필수적 공동소송에서의 누락당사자 보정방법

고유필수적 공동소송에서 누락된 당사자를 보정하는 방법으로는 ① 누락된 당사자인 丁에 대하여 별소를 제기한 후 변론병합을 시도하거나, ② 전원에 대한 소를 취하한 후 다시 추가된 당사자를 포함하여 다시 전원을 상대로 소를 제기하거나, ③ 공동소송참가는 본래 유사필수적 공동소송을 전제로 한 것이지만 이를 고유필수적 공동소송에서도 활용하자는 것이 통설 및 판례의 태도이므로 공동소송참가를 하는 법 및 ④ 민소소송법 제68조에 따라 필수적 공동소송인 추가신청제도를 활용하는 방법이 있을 수 있다.

(3) 사안의 적용

사안의 경우 원고 甲이 제1심 소송계속 중 戊를 공동피고로 삼을 수 있는 방법으로는 위 (2)의 ①, ② 및 ④의 방법이 있고, ③의 방법인 공동소송참가는 제3자의 참가신청을 전제로 한 것이므로 활용할 수 없다.

관련기출

• 2023년 변호사

甲은 2021. 1. 15. 乙에게 甲 소유의 X토지를 매매대금 3억 원으로 정하여 매도하면서 계약금 3천만 원은 계약 당일, 잔금 2억 7천만 원은 2021. 3. 15. 지급받기로 하였고, 같은 날 계약금을 지급받았다.
乙은 잔금지급기일 전 X토지의 등기부를 열람하던 중 X토지에 관하여 丙의 명의로 소유권이전등기가 마쳐져 있음을 확인하고, 甲에게 위 丙 명의의 소유권이전등기를 말소하여 줄 것을 요구하였다. 甲이 이에 응하지 아니하자 乙은 잔금을 모두 지급한 뒤 2021. 7. 1. 甲에 대한 소유권이전등기청구권을 보전하기 위하여 甲을 대위하여 丙을 상대로 X토지에 관한 소유권이전등기말소청구의 소(이하 '이 사건 소송'이라 한다)를 제기하였다. 이 사건 소송에서 乙은 甲을 증인으로 신청하였고, 2022. 1. 12. 증인으로 출석한 甲은 丙의 소유권이전등기가 서류 위조 등으로 인하여 원인무효라는 취지로 증언하였다.
이 사건 소송의 제1심 계속 중인 2022. 3. 12. 乙이 사망하였고, 상속인으로는 丁, 戊, 己가 있다. 丁, 戊, 己는 모두 이 사건 소송을 적법하게 수계하였다.
[※ 이하의 추가적 사실관계 1, 2는 각각 독립적인 별개의 사실관계임, 기간 등과 관련하여 기재된 날짜가 공휴일인지는 고려하지 말 것]

〈추가적 사실관계 1〉
丁은 이 사건 소송을 계속 진행하는 것에 부담을 느껴 소송계속 중인 2022. 5. 11. 소를 취하하였고 丙은 이에 동의하였다.

〈문제〉
1. 丁의 소취하가 유효한지 판단하고 근거를 서술하시오.

답 안

I. 제1문의 1. 문제 1. 의 해결

1. 결 론

丁의 소취하는 유효하다.

2. 근 거

(1) 쟁 점

채권자인 피상속인 乙이 甲에 대하여 갖는 소유권이전등기청구권을 공동상속받은 공동상속인 丁·戊·己이 甲의 丙에 대한 소유권이전등기말소등기청구권을 대위하여 소를 제기한 경우, 이는 수인의 채권자들이 대위소송을 제기하는 경우에 속한다.
따라서, 수인의 채권자들이 대위소송을 제기하는 경우의 공동소송의 형태가 유사필수적 공동소송인지가 문제되며, 이에 따라 어느 채권자 1인 부분에 대한 소취하가 가능한지가 문제된다.

(2) 공동상속인들의 상속재산 소유형태 및 관리처분권한의 전원 귀속 여부 및 고유필수적 공동소송인지

(가) 소유형태

실체법상 공동상속인들은 상속재산에 대하여 공유를 하는 것으로 해석하는 것이 판례 및 다수설의 태도이다.

(나) **사안의 경우**
사안에서, 丁·戊·己는 피상속인 乙의 甲에 대한 채권인 소유권이전등기청구권을 공유하고 있고, 어느 1인이 다른 채권자의 상속지분에 관하여 丙을 상대로 말소등기청구를 하는 것은 다른 공유자들의 이익을 위한 것으로, 보존행위라 할 수 있다. 따라서, 어느 공동상속인 1인만에 의하여도 이 사건 소를 제기할 수 있으므로, 丁·戊·己가 공동으로 소를 제기하였다면 이는 고유필수적 공동소송이라 할 수는 없다.

(3) **이 사건 丁·戊·己 사이에 판결의 효력이 미치는지 및 유사필수적 공동소송인지**
 (가) **유사필수적 공동소송**
유사필수적 공동소송은 소송법상 이유로 어느 1인에 대한 확정판결의 효력이 다른 공동소송인에 미치는 경우로 소송법상 이유로 합일확정이 요구되는 공동소송이다.

 (나) **수인의 대위채권자들간에 판결의 효력이 미치는 관계인지**
채권자대위소송의 법적 성질에 관하여 ① 채권자의 고유권이라는 견해와 달리 ② 판례 및 다수설은 제3자의 소송담당의 일종으로 보고 있다.
한편, 판례는 어느 채권자의 대위소송에 관한 확정판결의 효력은 그 채무자가 대위소송이 제기됨을 알았다면 다른 채권자에 대하여도 미친다는 입장에 있다. 이러한 판례의 태도에 대해 ① 기판력을 인정한 것이라는 견해와 ② 기판력은 아닌 소위 반사적 효력이 미치는 것이라는 견해의 대립이 있다.
특히, 판례는 채권자대위소송에서 원고가 사망을 하여 공동상속인들이 이를 상속·수계한 경우 이는 유사필수적 공동소송이라 본 바 있다.[394]

 (다) **사안의 경우**
사안의 경우, 乙의 甲에 대한 소유권이전등기청구권을 공유하고 있는 공동상속인 丁·戊·己 은 대위채무자에 대하여 수인의 채권자에 해당하고, 근거를 기판력으로 보건 반사적 효력으로 보건 대위채권자들 사이에 판결의 효력이 미치는 것이므로, 결국, 丁·戊·己 3인이 공동으로 제기한 이 사건 소는 유사필수적 공동소송관계에 있다.

(4) **유사필수적 공동소송 중 어느 1인 부분에 대한 소취하의 가부**
 (가) **유사필수적 공동소송의 소송수행**
유사필수적 공동소송은 합일확정을 요하는 형태라는 점이 고유필수적 공동소송과 동일하므로, 고유필수적 공동소송과 마찬가지이므로 '연합관계'에 따른 소송수행을 하여야 하지만, 고유필수적 공동소송과 달리, 실체법상 관리처분권한이 전원에게 귀속되어 있는 것은 아니므로 소제기나 소송요건의 흠에 따른 처리 및 어느 1인 부분에 대한 소취하도 가능하다는 점이 다르다.

 (나) **사안의 경우**
이 사건은 유사필수적 공동소송관계에 있으므로, 공동상속인인 丁·戊·己 3인의 소송계속 중 丁만이 소를 취하하는 것도 가능하다.

---

394) 「망 소외 1이 소외 2에 대한 소유권이전등기청구권에 기하여 위 소외인을 대위하여 피고에 대하여 이 사건 소유권이전등기말소등기절차의 이행을 구하는 소를 제기하였다가 그 소송계속중인 1990.2.27. 사망하자 그 상속인들인 원고 1, 원고 2, 원고 3, 원고 4, 원고 5가 소송수계를 하여 이들이 공동원고가

된 사실을 알 수 있다. 다시 말하자면 위 원고들은 다수 채권자의 지위에서 소송의 방법으로 채권자대위권에 의하여 채무자의 권리를 공동으로 행사하는 결과가 된 것이다. 채무자가 채권자대위권에 의한 소송이 제기된 것을 알았을 경우에는 그 확정판결의 효력은 채무자에게도 미친다는 것이 판례(당원 1975.5.13. 선고 74다1664 판결 참조) 인바, 다수의 채권자가 각 채권자대위권에 기하여 공동하여 채무자의 권리를 행사하는 이 사건의 경우 소송계속 중 채무자인 소외 2가 제1심 증인으로 증언까지 한 바 있어 당연히 채권자대위권에 의한 소송이 제기중인 것을 알았다고 인정되므로 그 판결의 효력은 위 소외 2에게도 미치게 되는 것이다. 따라서 위 망인의 소송수계인들은 유사필요적 공동소송관계에 있다고 하여야 할 것이다. 그런데 제1심은 위 소송수계인들의 청구를 기각하는 판결을 선고하였고, 이에 대하여 그 수계인들 중 원고 4만이 항소를 제기하자 원심은 위 원고 4만을 항소인으로 다루어 소송을 진행시킨 다음 그 항소를 기각하는 판결을 선고하였는바, 민사소송법 제63조 제1항은 필요적 공동소송에 있어서 공동소송인 중 1인의 소송행위는 공동소송인 전원의 이익을 위하여서만 효력이 있다고 규정하고 있으므로 공동소송인 중 일부의 상소제기는 전원의 이익에 해당된다고 할 것이어서 다른 공동소송인에 대하여도 그 효력이 미칠 것이며, 사건은 필요적 공동소송인 전원에 대하여 확정이 차단되고 상소심에 이심된다고 할 것이다. 그리하여 위 원고 4만이 항소를 제기하였다고 하더라도 나머지 원고들에 대하여도 항소심인 원심에 사건이 이심되는 것이며, 원심은 필요적 공동소송관계에 있는 소송수계인들에 대하여 합일확정을 위하여 한 개의 판결을 선고하여야 할 것임에도 불구하고 위 원고 4에 대하여만 절차를 진행하여 판결을 선고하였으므로 이는 필요적 공동소송에 관하여 특칙을 규정한 민사소송법 제63조 제1항의 법리를 오해한 것으로서 파기를 면치 못할 것이다.(대법원 1991. 12. 27. 선고 91다23486 판결)」

쟁점 68 예비적·선택적 공동소송

1. 총설

(1) 의의

> **제70조(예비적·선택적 공동소송에 대한 특별규정)**
> ① 공동소송인 가운데 일부의 청구가 다른 공동소송인의 청구와 법률상 양립할 수 없거나, 공동소송인 가운데 일부에 대한 청구가 다른 공동소송인에 대한 청구와 법률상 양립할 수 없는 경우에는 제67조 내지 제69조를 준용한다. 다만, 청구의 포기·인낙, 화해 및 소의 취하의 경우에는 그러하지 아니하다.
> ② 제1항의 소송에서는 모든 공동소송인에 관한 청구에 대하여 판결을 하여야 한다.

원고 측에서 공동소송인 사이에 주위적·예비적 순서를 정하여 청구하는 경우를 예비적 공동소송이라 하며, 이러한 순서 없이 그 중 어느 하나를 인용해 줄 것을 구하는 형태를 선택적 공동소송이라 한다.

(2) 규율형태

① 예비적·선택적 공동소송의 경우, 판결에 있어서 합일확정의 필요가 발생한다. 따라서 법 제70조는 필수적 공동소송의 심판규정인 제67조 내지 제69조의 모든 규정을 준용하고 있다.
② 제68조까지 준용을 하므로 예비적·선택적 공동소송에 있어서 당사자의 「추가」까지도 인정하고 있다.
③ 특이한 것은 이 제도를 운용함에 있어서 법 제70조 2항은 「모든 공동소송인에 관한 청구에 대하여 판결을 내려야 하」는 것까지 입법이 이루어졌다는 점이다.[395]
④ 예비적·선택적 공동소송은 공동원고 측의 청구이든 공동피고 측의 청구이든 청구끼리 법률상 양립할 수 없는 경우에 한하여 인정된다는 점이 선택적 병합의 경우와 다르다.

---

395) 이러한 제도도입에 부정적인 견해는 자칫 이러한 공동소송을 인정할 경우 소위 '투망식' 공동소송을 인정하게 되는 것으로 신법이 하물며 예비적 공동소송에 나아가 선택적 공동소송까지 인정한 점은 더더욱 투망식 공동소송을 조장할 우려가 발생하며, 따라서 이 제도를 운용함에 있어서 그 해석론으로 엄격한 해석을 통하여 그 부작용을 최소화하여야 한다고 보고 있다.(호문혁, 전게서, 813면)

396) 예비적·선택적 공동소송은 능동형태와 수동형태로 분류되기도 한다. ① 능동형태(권리자합일확정형)의 예로는 [채권양도가 있었으나 대항요건의 구비 문제 등을 이유로 어느 자가 채권자로 인정이 되어야 할지 불분명한 경우 제1차적으로 본래의 채권자가 원고가 되어 채무자를 상대로 소를 제기하고, 제2차적으로 채권의 양수인이 원고가 되어 소를 제기하는 경우 등]을 들 수 있다. ② 수동형태(의무자합일확정형)로는 ㉮ 특수불법행위책임을 구함에 있어 공작물의 설치·보존에 흠이 있다는 이유로 점유자를 제1차적 피고로 하여 소를 제기하는 것이나, 만약 이러한 주의의무 위반이 없었다면 제2차적으로 공작물의 소유자를 피고로 하여 판단을 하여 줄 것을 구하는 것 또는 ㉯ 유권대리행위임을 이유로 어떠한 계약의 이행을 구함에 있어서 이것이 받아들여지지 않을 경우를 대비한 무권대리인을 제2차적 피고로 한 무권대리인의 책임을 묻는 경우 등을 들 수 있다.

2. 모습[386)

① 심판의 순서가 있는 경우가 예비형태이고 그러함이 없는 경우가 선택형태이다.
② 원시적으로 예비적·선택적 공동소송을 시작하는 형태가 있으나, 필수적공동소송인의 추가 규정을 준용하게 되었으므로 후발적인 형태도 가능하다.

3. 요건

(1) **공동소송의 일반요건을 구비할 것**(제65조 요건구비 및 동종절차, 공통관할)

(2) **청구의 법률상 양립 불가능**

(가) 의 미

「민사소송법 제70조 제1항에 있어서 '법률상 양립할 수 없다.'는 것은, ① 동일한 사실관계에 대한 법률적인 평가를 달리하여 두 청구 중 어느 한 쪽에 대한 법률효과가 인정되면 다른 쪽에 대한 법률효과가 부정됨으로써 두 청구가 모두 인용될 수는 없는 관계에 있는 경우나, ② 당사자들 사이의 사실관계 여하에 의하여 또는 청구원인을 구성하는 택일적 사실인정에 의하여 어느 일방의 법률효과를 긍정하거나 부정하고 이로써 다른 일방의 법률효과를 부정하거나 긍정하는 반대의 결과가 되는 경우로 두 청구들 사이에서 한 쪽 청구에 대한 판단 이유가 다른 쪽 청구에 대한 판단 이유에 영향을 주어 각 청구에 대한 판단 과정이 필연적으로 상호 결합되어 있는 관계를 의미」를 의미한다.

(나) 「양립불가능」

예비적·선택적 공동소송이 인정되려면 어느 하나의 청구가 인용되면 다른 청구는 기각될 관계에 있어야 한다. 따라서 모든 청구가 기각 또는 모든 청구가 인용될 관계라면 예비적·선택적 공동소송은 허용될 수 없다. 예컨대, 부진정연대채무는 어느 하나의 채무가 변제되면 다른 채무도 소멸되므로 양립불가능관계라 할 수 없다.(2012.9.27. 2011다76747)

> **부진정연대채무 관계에 있는 채무자들을 공동피고로 하여 제기한 이행의 소가 민사소송법 제70조 제1항에 규정한 본래 의미의 예비적·선택적 공동소송인지 여부(소극) (대법원 2012.9.27. 선고 2011다76747 판결) – 직접점유자를 주위적 피고, 간접점유자를 예비적 피고로 부당이득반환청구를 한 경우**
> 부진정연대채무의 관계에 있는 채무자들을 공동피고로 하여 이행의 소가 제기된 경우 공동피고에 대한 각 청구는 법률상 양립할 수 없는 것이 아니므로 그 소송은 민사소송법 제70조 제1항에 규정한 본래 의미의 예비적·선택적 공동소송이라고 할 수 없고, 따라서 거기에 필수적 공동소송에 관한 민사소송법 제67조는 준용되지 않는다고 할 것이어서 상소로 인한 확정차단의 효력도 상소인과 그 상대방에 대해서만 생기고 다른 공동소송인에 대한 관계에는 미치지 않는다.

(다) 「법률상」 양립불가
① 법률적 측면의 양립불가능이어야 한다. 즉, 사실 자체의 양립불가는 이에 포함되지 않는다. 예 甲과 乙 중에 누가 가해자인지 여부는 예비적·선택적 공동소송 부정[397]
② 법률상 양립할 수 없다고 할 때, 「실체법적으로 서로 양립할 수 없는 경우 뿐 아니라 소송법상으로 서로 양립할 수 없는 경우를 포함하는 것으로 봄이 상당하다.(2007.6.26. 2007마515)」
• 주의할 것은 사실 자체가 아니라 사실에 대한 법률적 평가의 양립불가는 예비적·선택적 공동소송의 대상이 된다.

> 아파트 입주자대표회의 구성원 개인을 피고로 삼아 제기한 동대표지위 부존재확인의 소의 계속 중에 아파트 입주자대표회의를 피고로 추가하는 주관적·예비적 추가가 허용된다고 한 사례(대법원 2007.6.26. 자 2007마515 결정[피고추가불허결정에대한재항고])
> 법인 또는 비법인 등 당사자능력이 있는 단체의 대표자 또는 구성원의 지위에 관한 확인소송에서 그 대표자 또는 구성원 개인뿐 아니라 그가 소속된 단체를 공동피고로 하여 소가 제기된 경우에 있어서는, 누가 피고적격을 가지는지에 관한 법률적 평가에 따라 어느 한 쪽에 대한 청구는 부적법하고 다른 쪽의 청구만이 적법하게 될 수 있으므로 이는 민사소송법 제70조 제1항 소정의 예비적·선택적 공동소송의 요건인 각 청구가 서로 법률상 양립할 수 없는 관계에 해당한다.

③ 법률상 양립이 불가능한 경우의 예는 다음과 같다.
예 유권대리행위임을 이유로 어떠한 계약의 이행을 구함에 있어서 이것이 받아들여지지 않을 경우를 대비한 무권대리인을 제2차적 피고로 한 무권대리인의 책임을 묻는 경우 주위적 피고 본인을 상대로 이행청구·예비적 피고 무권대리인을 상대로 무권대리인의 책임을 구하는 청구.
예 이중매매사실이 있는 경우, 제1매수인인 원고가 제2매수인을 주위적 피고로 매도인을 대위하여 통정허위표시임을 이유로 소유권이전등기말소청구를 함과 아울러 매도인을 예비적 피고로 하여 매매계약의 이행불능을 이유로 전보배상청구를 하는 경우는 예비적·선택적 공동소송 인정(2008.3.27. 2005다49430)

(라) 소송물의 동일여부는 불문
법률상 양립 불가능한 경우라면 소송물이 동일하여야 하는 것은 아니다.[398]

> 원고 갑의 주위적 피고(자동차판매회사)에 대한 청구는 자신의 카드사 병이 판매대금을 지급하였음을 전제로 한 차량미인도로 인한 손해배상청구이고, 예비적 피고(카드사 병)에 대하여는 차량대금미지급을 원인으로 한 카드대금지급의 부존재확인 및 기납부된 카드대금반환을 구하는 것도 허용(대법원 2008.7.10. 선고 2006다57872 판결)

---

397) 이에 대한 반대견해로 김홍엽.
398) 이시윤, 전게서, 661면. 당사자가 다르면 소송물도 다르다고 보아도 무방하다.(필자)

(마) 「공동소송인 가운데 일부에 대한 청구」의 의미

「민사소송법 제70조 제1항 본문이 규정하는 '공동소송인 가운데 일부에 대한 청구'를 반드시 '공동소송인 가운데 일부에 대한 모든 청구'라고 해석할 근거는 없으므로, 주위적 피고에 대한 주위적·예비적 청구 중 주위적 청구 부분이 인용되지 아니할 경우 그와 법률상 양립할 수 없는 관계에 있는 예비적 피고에 대한 청구를 인용하여 달라는 취지로 결합하여 소를 제기하는 것도 가능하고, 이 경우 주위적 피고에 대한 예비적 청구와 예비적 피고에 대한 청구가 서로 법률상 양립할 수 있는 관계에 있으면 양 청구를 병합하여 통상의 공동소송으로 보아 심리·판단할 수 있다.」 $\binom{2009.3.26.}{2006다47677}$

> 주위적 피고에 대한 주위적·예비적 청구 중 주위적 청구 부분이 받아들여지지 아니할 경우 그와 법률상 양립할 수 없는 관계에 있는 예비적 피고에 대한 청구를 받아들여 달라는 취지로 결합하여 소를 제기할 수 있는지 여부(적극) 및 처음에는 주위적 피고에 대한 주위적·예비적 청구만 하였다가 청구를 결합하기 위하여 예비적 피고를 추가할 수 있는지 여부(적극)
> 이 경우 주위적 피고에 대한 예비적 청구와 예비적 피고에 대한 청구를 병합하여 통상의 공동소송으로 보아 심리·판단할 수 있는지 여부(한정 적극) 및 이러한 법리는 주위적 피고에 대하여 실질적으로 선택적 병합 관계에 있는 두 청구를 주위적·예비적으로 순위를 붙여 청구한 경우에도 그대로 적용되는지 여부(적극)
> 민사소송법 제70조 제1항 본문이 규정하는 '공동소송인 가운데 일부에 대한 청구'를 반드시 '공동소송인 가운데 일부에 대한 모든 청구'라고 해석할 근거는 없으므로, 주위적 피고에 대한 주위적·예비적 청구 중 주위적 청구 부분이 받아들여지지 아니할 경우 그와 법률상 양립할 수 없는 관계에 있는 예비적 피고에 대한 청구를 받아들여 달라는 취지로 주위적 피고에 대한 주위적·예비적 청구와 예비적 피고에 대한 청구를 결합하여 소를 제기하는 것도 가능하고, 처음에는 주위적 피고에 대한 주위적·예비적 청구만을 하였다가 청구 중 주위적 청구 부분이 받아들여지지 아니할 경우 그와 법률상 양립할 수 없는 관계에 있는 예비적 피고에 대한 청구를 받아들여 달라는 취지로 예비적 피고에 대한 청구를 결합하기 위하여 예비적 피고를 추가하는 것도 민사소송법 제70조 제1항 본문에 의하여 준용되는 민사소송법 제68조 제1항에 의하여 가능하다. 이 경우 주위적 피고에 대한 예비적 청구와 예비적 피고에 대한 청구가 서로 법률상 양립할 수 있는 관계에 있으면 양 청구를 병합하여 통상의 공동소송으로 보아 심리·판단할 수 있다. 그리고 이러한 법리는 원고가 주위적 피고에 대하여 실질적으로 선택적 병합 관계에 있는 두 청구를 주위적·예비적으로 순위를 붙여 청구한 경우에도 그대로 적용된다.(대법원 2015.6.11. 선고 2014다232913 판결)[399]

---

399) [사실관계] A가 경기도 의료원 B가 운영하는 수원병원에서 심근경색의 병세를 보이자 마땅한 의료시설이 없던 수원병원은 특수구급차임대계약을 체결한 상태이었던 하나구급센터 C로부터 파견된 특수구급차를 이용하여 카톨릭대학교병원으로 전원을 하였으나, 전원 당시 A는 이미 혼수상태에 빠진 상태였다. 당시 위 구급차에는 응급구조사가 탑승하지 않아 전원과정에서 응급구호가 적절히 이루어지지 못했다. 이로 인하여 결국 A는 사망을 하였고, A의 상속인 甲은 다음과 같은 소송 진행을 통하여 손해배상청구를 하려 하였다.
[소송의 진행] ① 원고는 소장에서 피고 경기도의료원을 상대로 수원병원이 응급구조사 등의 탑승 없이 망인을 이송한 이 사건 구급차의 운용자라고 주장하며 응급의료법 제48조 위반의 불법행위에 기한 손해배상청구(이하 '주위적 청구'라고 한다)만을 하였다가, 2013. 2. 12.자 준비서면을 통하여 수원병원이 이 사건 구급차의 운용자가 아니라고 하더라도 수원병원 의료진에게는 응급구조사의 탑승 여부 등을 확인하지 아니한 채 이 사건 구급차로 망인을 이송시킨 잘못이 있다고 주장하며 예비적으로 응급의료법 제11조 제2항 위반의 불법행위에 기한 손

4. 심판

(1) 법률상 양립할 수「있다.」고 인정되는 경우

이 경우 소송지휘권을 통해 통상공동소송이 되도록 보정조치를 취한 후 보정이행이 이루어지지 않으면 예비적 피고에 대한 청구를 조건부 청구라는 이유로 각하한다.

(2) 법률상 양립할 수「없다.」고 인정되는 경우

(가) 소송자료의 통일

① 일 반

예비적·선택적 공동소송에서의 심판방법은 필수적 공동소송의 경우가 준용된다. 다만, 청구의 포기·인낙, 화해 및 소의 취하는 불리한 행위이지만, 공동소송인 중 어느 1인이 개별적으로 할 수 있는 것으로 규정하고 있다.(제70조 제1항 단서) 판례는 조정에 갈음하는 결정도 원칙적으로 1인만을 대상으로 개별적으로 분리확정될 수 있다고 본다.(2008.7.10. 2006다57872) 다만, 특별한 사정이 있는 경우 분리확정되지 않을 수도 있다.

> 예비적·선택적 공동소송에서 조정에 갈음하는 결정에 대하여 일부 공동소송인이 이의하지 아니한 경우, 그 공동소송인에 대한 관계에서 위 결정이 확정되는지 여부(원칙적 적극) 및 이러한 법리는 화해권고결정의 경우에도 마찬가지로 적용되는지 여부(적극)
> 민사소송법 제70조에서 정한 주관적·예비적 공동소송에는 민사소송법 제67조 내지 제69조가 준용되어 소송자료 및 소송진행의 통일이 요구되지만, 청구의 포기·인낙, 화해 및 소의 취하는 공동소송인 각자가 할 수 있는데, 이에 비추어 보면, 조정을 갈음하는 결정이 확정된 경우에는 재판상 화해와 동일한 효력이 있으므로 그 결정에 대하여 일부 공동소송인이 이의하지 않았다면 원칙적으로 그 공동소송인에 대한 관계에서는 조정을 갈음하는 결정이 확정될 수 있다. 다만, 조정을 갈음하는 결정에서 분리 확정을 불허하고 있거나, 그렇지 않더라도 그 결정에서 정한 사항이 공동소송인들에게 공통되는 법률관계를 형성함을 전제로 하여 이해관계를 조절하는 경우 등과 같이 결정 사항의 취지에 비추어 볼 때 분리 확정을 허용할 경우 형평에 반하고 또한 이해관계가 상반된 공동소송인들 사이에서의 소송 진행 통일을 목적으로 하는 민사소송법 제70조 제1항 본문의 입법 취지에 반하는 결과가 초래되는 경우에는 분리 확정이 허용되지 않는다.(대법원 2008. 7. 10. 선고 2006다57872 판결 참조)
> 이러한 법리는 이의신청 기간 내에 이의신청이 없으면 재판상 화해와 동일한 효력을 가지는 화해권고결정의 경우에도 마찬가지로 적용된다.(대법원 2015.3.20. 선고 2014다75202 판결)

② 필수적 공동소송 규정의 준용범위

준용범위에 대하여는 다음과 같은 견해대립이 있다. ⓐ 필수적 공동소송인 제67조를

해배상청구(이하 '예비적 청구'라고 한다)를 추가하였다.
② 이어 원고는 수원병원이 이 사건 구급차의 운용자가 아니라면 피고 구급센터가 이 사건 구급차의 운용자에 해당한다고 주장하며 피고 경기도의료원에 대한 주위적 청구가 받아들여지지 아니할 경우 피고 구급센터에 대한 응급의료법 제48조 위반의 불법행위에 기한 손해배상청구를 받아들여 달라는 취지로 피고 구급센터에 대한 청구를 결합하기 위하여 예비적 피고 추가 신청을 하였고, 제1심은 2013. 6. 26. 피고 구급센터를 이 사건의 예비적 피고로 추가하는 것을 허가하는 결정을 하였다.

전면 준용하자는 **전면적 준용설**,[400] ⓑ 제한적으로 준용하면 족하다는 **제한적 준용설**,[401] ⓒ 제70조 단서의 취지를 고려하여 제67조 제1항 및 제2항을 아예 준용을 부정하여 소송자료의 통일은 요구하지 말고, 다만, 소송 진행의 통일만 꾀하자는 **전면적 부정설**이[402] 그것이다.

견해의 대립은 특히, 주위적 피고나 예비적 피고 중 1인의 재판상 자백의 효력이 다른 피고에 대하여 효력이 발생하는지와 기일이나 기간 해태의 불이익 문제에서 발생한다.[403]

③ 구체적 사례
  ㉮ 공동피고 중 1인의 자백
    ⓐ **전면적 준용설**에 의하면 재판상 자백은 불리한 행위이므로 자백으로서의 효력이 없게 된다.
    ⓑ **전면적 부정설**에 의하면 재판상 자백을 한 그 1인에 대하여만 자백으로서의 효력이 미친다고 본다.
    ⓒ **제한적 준용설**에 의하면, 주위피고의 자백 시 자백으로서의 효력을 인정하되, 논리적으로 예비피고에 대한 소는 기각되어야 하며, 예비피고의 자백 시, 주위피고가 자백의 효력을 부인할 수도 있으나 만일 주위피고가 패소판결을 받는다면 예비적으로 예비피고에 대한 판단에서 자백의 효력을 인정하여 예비피고에 대한 승소판결을 하게 된다고 본다.
  ㉯ 어느 피고 1인만의 출석의 효과
    ⓐ **전면적 긍정설**에 의하면 이는 공동소송인에 유리한 행위라 할 수 있으므로 그 다른 공동소송인도 출석의 이익을 갖는다.
    ⓑ **전면적 부정설**에 의하면 불출석 당사자는 불이익을 받는다고 본다.

④ 제70조 제1항 단서의 적용범위 문제 - 예비적 피고의 청구인낙의 가부

제70조 제1항 단서는 청구의 인낙 등의 경우에는 제70조 제1항 본문의 적용을 받지 않으므로 1인 피고의 인낙을 인정하는 바, 이 때 예비적 피고가 청구인낙을 한 경우, 그 효력이 주위적 피고에 대한 판단에 영향을 미치는지가 문제된다. 이에 대해 ⓐ 제70조 단서의 문언상 이 경우에도 예비적 피고의 청구인낙을 인정하여 주위적 피고에 대한 청구기각을 선고하여야 한다는 **제1설**과 ⓑ 예비적 피고의 청구인낙은 주위적 피고에 대한 기각 이후에나 가능하다는 **제2설**로 대립한다.

생각건대, 제1설은 주위피고와 예비피고를 순서로 정한 원고의 의사를 무시한다는 점에서 처분권주의에 위반되므로 제2설이 타당하다고 보여진다.

---

400) 이시윤, 송상현, 전병서
401) 강현중
402) 호문혁, 김용진.
403) 이에 관한 상세는 법원행정처, 전게서(Ⅰ), 297면 이하 참조.

⑷ 소송 진행의 통일
① 변론·증거조사
변론·증거조사는 공통된 기일에 실시하며, 변론의 분리를 인정하여서는 안된다.[404]
② 소송절차의 중단·중지(제67조 제3항의 준용)
어느 1인에 대하여 소송절차의 중단·중지의 원인이 발생하였다면 다른 공동소송인에게도 영향이 미쳐 소송은 전체적으로 중단·중지된다.
③ 판 결
「예비적·선택적 공동소송에서는 모든 공동소송인에 관한 청구에 대하여 판결을 하도록 규정하고 있으므로, 이러한 공동소송에서 일부 공동소송인에 관한 청구에 대하여만 판결을 하는 경우 이는 일부판결이 아닌 흠이 있는 전부판결에 해당하여 상소로써 이를 다투어야 하고, 그 판결에서 누락된 공동소송인은 이러한 판단유탈을 시정하기 위하여 상소를 제기할 이익이 있다.($^{2008.3.27.}_{2005다49430}$)」

[사실관계]
원고는 당초에 피고를 "주식회사 국민은행 리스크관리본부장피고 1"로 특정하고, 피고와의 고용계약서상의 퇴직금 조항 등이 무효라는 확인과 퇴직금의 지급을 구하는 내용의 소장을 제출하였음
그 소장 부본을 송달받은 피고 측에서는 피고 주식회사 국민은행(이하 '국민은행'이라고 한다)에 대한 소로 보고 피고 국민은행이 법무법인 푸른을 소송대리인으로 선임하여 답변서를 제출하는 등 변론을 하다가, 피고의 특정에 의문을 표시하면서 피고 1 개인으로부터도 추가로 소송위임장을 받아 제출하고 그 소송대리인의 지위에서도 변론하였음
이에 원고는 제1심 제2차 변론기일에서 진술된 2007. 3. 13.자 준비서면의 피고 표시란에 국민은행을 추가하여 기재하면서, 당초에 원고가 피고로 삼은 사람은 피고 1 개인이 아니라 국민은행의 부서장으로서의 리스크관리본부장을 피고로 특정한 것인데, 그것이 잘못이라면 예비적으로 국민은행을 피고로 추가한다고 주장하였음
그런데 제1심은 위 준비서면의 주장에 대하여 아무런 조치도 취하지 아니한 채, 피고를 '피고 1'이라고만 표시하고 원고의 청구 중 고용계약서상의 퇴직금 조항의 무효확인청구는 확인의 이익이 없다는 이유로 이를 각하하고, 나머지 청구를 기각하는 판결을 선고하였음
이에 원고는 '국민은행 리스크관리본부장피고 1'과 '국민은행' 모두를 피고로 표시한 항소장을 제출함
원심에서 피고 1은 법무법인 푸른을 소송대리인으로 선임하여 답변서를 제출하는 등 변론하였으나, 피고 국민은행은 아무런 소송행위도 하지 아니함
원심판결은 '국민은행 리스크관리본부장피고 1'과 '국민은행' 모두를 피고로 표시한 다음, 그 판결이유에서 퇴직금 조항의 무효확인청구에 대하여는 제1심과 같은 취지로 판단하고, 퇴직금청구에 대하여는 피고들에 대한 청구가 모두 이유 없다고 판단하면서도 판결 주문에서는 단순히 '원고의 항소를 기각한다.'라고만 기재하였음

[대법원의 판단]
그런데 피고 국민은행의 부서로서의 '리스크관리본부' 또는 그 부서의 장인 '리스크관리본부장'을 피고 국민은행과 별개, 독립의 당사자능력이 있는 법인이나 법인 아닌 사단 또는 재단이라고 볼 근거는 없으므로 원고가 당초에 피고의 표시에 '국민은행 리스크관리본부장'이라고 기재한 것은 단순히 피고 1의

---

[404] 법원행정처, 전게서(Ⅰ), 299면.

지위 내지 신분을 표시하여 특정하는 의미를 가질 뿐이라고 할 것이므로 당사자인 피고로 되는 것은 피고 1 개인이라고 볼 수밖에 없다고 할 것이다.

한편, 원고의 이 사건 청구는 하나의 고용계약에 기한 청구로서 피고들에 대한 청구가 양립할 수 없는 경우에 해당한다고 할 것이므로 제1심으로서는 원고의 2007. 3. 13.자 준비서면에서의 주장이 국민은행을 예비적 피고로 추가하는 취지인지 여부를 밝혀서 그에 따른 조치를 취하고 국민은행에 대한 청구에 대하여도 판단하였어야 할 것인바, 그에 이르지 아니한 제1심판결은 위법하다고 할 것이다.

그럼에도 불구하고, 원심은 단순히 원고의 항소를 기각함으로써 피고 국민은행에 대하여는 아무런 판단도 하지 아니한 결과가 되고 말았으니, 원심판결에는 예비적 공동소송에 관한 법리 또는 공동소송인의 추가에 관한 법리를 오해하여 판결에 영향을 미친 위법이 있다고 할 것이다. 이 점에 관한 상고이유의 주장은 이유 있다.

그러므로 나머지 상고이유에 대한 판단을 생략하고, 원심판결을 파기하고, 사건을 다시 심리·판단하도록 원심법원에 환송하기로 하여 관여 대법관의 일치된 의견으로 주문과 같이 판결한다. (대법원 2008. 4. 10. 선고 2007다86860 판결 [고용계약서상퇴직금조항의무효확인등])

④ 상 소

공동소송인 중 1인이 상소를 제기하는 경우 전원에 대하여 판결확정이 차단되고 전부 이심된다. 따라서, 다른 공동소송인에 관한 부분도 함께 확정이 차단되고 상소심에 이심되어 심판대상이 된다.(2011.2.24. 2009다43355) 결국 불이익변경금지원칙이 배제된다.

㈐ 재판의 통일

판결의 내용이 합일확정되어야 하므로 예비적 공동소송이라면 제1차적 공동소송인에 대한 청구를 인용한 경우에는 제2차적 공동소송인에 대한 청구는 기각되어야 하고, 선택적 공동소송의 경우 어느 하나에 대하여 인용판결을 하면 나머지 공동소송인에 대하여는 청구를 기각하는 판결을 내려야 한다.(제70조 제2항 참조)405)406)

관련기출 • 2015년 공인노무사

甲은 A은행과의 고용계약서상의 퇴직금 조항 등이 무효라는 확인과 함께 퇴직금의 지급을 구하는 내용의 소를 A은행 리스크관리본부장인 乙을 상대로 제기하였다. 당초에 甲이 피고로 삼은 사람은 개인으로서의 乙아니라 A은행 부서장인 리스크관리본부장을 피고로 특정한 것인데, 법률적으로 확신이 서지 않자, 甲은 예비적으로 A은행도 피고로 추가하였다. ① 위와 같은 소송형태의 적법 여부와 이에 대한 법원의 조치 및 판단에 대하여 논하시오. (30점)

---

405) 예비적 병합과 달리 모든 경우에 판결을 내리게 하는 이유는 한마디로 「피고의 불안」의 문제 때문이다. 예비적 병합은 어차피 주위적 청구의 피고도 동일하므로 이러한 문제가 발생하지 않기 때문이다.(필자)
406) 다만, 그렇다 하여도 항상 주위적 피고와 예비적 피고에 대한 판결이 「인용 및 기각」이어야 한다는 것은 아니고, 변론주의의 요청상 주장하지 않은 관계로 모두 기각되는 경우도 있을 수는 있다.
407) A 은행 자체가 법인명칭이라는 것이 전제되어야 함을 유의

문. 해법

[사례형 문제풀이 제1원칙 - 최종물음이 무엇인지 : 위와 같은 소송형태 (무슨 소송형태인지)의 적법 여부 (위 소송형태의 적법 여부) 및 이에 대한 법원의 조치 및 판단]

[사례형 문제풀이 제2원칙 - 동사에 주목할 것]
- 예비적으로 피고로 추가하였다.

[사례형 문제풀이 제3원칙 - 동사 중 설문과 유의미한 부분을 찾을 것 - 설문은 추가]

[사례형 문제풀이 제3-2원칙 - 날짜와 액수 등 숫자의 일치 여부 검토 (이 사례 해당 없음)]

[사례형 문제풀이 제4원칙 - 여러 사람이나 여러 청구가 나오면 병합요건의 구비여부 검토 후 각각 별개로 나누어 판단할 것]

[사례형 문제풀이 제5원칙 - 배점확인] - 30점이다. 충분히 써야 함!

답안

1. 문제의 소재

처음 소제기 시 피고를 A은행의 리스크본부장을 상대로 한 것은 피고를 잘못 지정한 것으로 부적법하다. 그러나, 소송 중에 A은행을 예비적으로 추가하였다면 이는 예비적 선택적 공동소송을 제기한 것으로 볼 수 있는 바, 실체법상이 아닌 소송법상으로 양립할 수 없는 경우에도 예비적 선택적 공동소송이 가능한지 등이 문제된다.

2. 예비적 선택적 공동소송

(1) 일 반

민사소송법 제70조는 예비적·선택적 공동소송을 인정하고 있는 바,「민사소송법 제70조 제1항에 있어서 '법률상 양립할 수 없다.'는 것은, 동일한 사실관계에 대한 법률적인 평가를 달리하여 두 청구 중 어느 한 쪽에 대한 법률효과가 인정되면 다른 쪽에 대한 법률효과가 부정됨으로써 두 청구가 모두 인용될 수는 없는 관계에 있는 경우나, 당사자들 사이의 사실관계 여하에 의하여 또는 청구원인을 구성하는 택일적 사실인정에 의하여 어느 일방의 법률효과를 긍정하거나 부정하고 이로써 다른 일방의 법률효과를 부정하거나 긍정하는 반대의 결과가 되는 경우로서, 두 청구들 사이에서 한 쪽 청구에 대한 판단 이유가 다른 쪽 청구에 대한 판단 이유에 영향을 주어 각 청구에 대한 판단 과정이 필연적으로 상호 결합되어 있는 관계를 의미하며, 실체법적으로 서로 양립할 수 없는 경우뿐 아니라 소송법상으로 서로 양립할 수 없는 경우를 포함하는 것으로 봄이 상당하다.(대법원 2007. 6. 26. 자 2007마515 결정)」는 것이 판례이다.

(2) 사안의 경우

사안에서, 원고 甲은 자신의 퇴직금 등을 구하는 소를 A은행 리스크본부장 乙을 피고로 하였으나 乙 개인을 상대로 한 소송이 아니었다면, 이는 당사자능력이 없는 법인의 기관에 대한 것으로 부적법한 것임은 자명하므로, 결국, 원고 甲의 의사는 소장의 기재로 보아 乙 개인에 대한 소에 다름 아니고, 그렇다면 퇴직금 조항 무효확인의 소는 확인의 이익이 없어 각하되어야 하고, 그 이행을 구하는 부분은 기각하여야 한다.

다만, 소송계속 중 예비적 피고를 A은행[407]으로 하는 것은 양립할 수 없는 경우에 해당하므로 예비적·선택적 공동소송으로 민사소송법 제68조에 의하여 적법하다.

나아가, 이를 1심 변론종결 전 추가신청을 하는 것은 민사소송법 제70조에 의하여 준용되는 제68조에 의하여 적법하다.

3. 예비적·선택적 공동소송에 대한 법원의 조치와 판단방법

(1) 예비적·선택적 공동소송에 있어서의 법원의 조치 및 판단 일반

예비적·선택적 공동소송의 경우, 법원은 주위적 피고에 대한 청구를 판단하여 이것이 받아들여지지 않을 경우 예비적 피고에 대하여 판단하여야 하며, 원칙적으로 필수적 공동소송의 심리방식에 관한 규정이 준용되지만, 공동소송인 중 1인에 대한 소취하, 청구의 포기·인낙, 화해도 가능하다. 나아가 판결을 내리는 경우 모든 공동소송인에 대한 주문을 내어야 한다.

(2) 사안의 경우

사안에서, 원고 甲의 피고 乙에 대한 무효확인의 소 및 그 이행을 구하는 소는 각각 각하 및 청구기각의 판단을 하여야 하고, 예비적 피고 A은행에 대한 판단에 나아가 판결을 하여야 한다.

쟁점 69 선정당사자

Ⅰ. 총설
공동의 이해관계를 가진 수인이 공동소송인이 되어 소송을 수행할 경우 그 중 모두를 위하여 소송을 수행할 당사자로 선출된 자를 선정당사자라 한다.
선정당사자와 선정자간의 관계는 소송대리관계가 아니며, 일종의 임의적 소송담당으로 법이 허용하고 있다.

Ⅱ. 요건

> **제53조(선정당사자)**
> ① 공동의 이해관계를 가진 여러 사람이 제52조의 규정에 해당되지 아니하는 경우에는, 이들은 그 가운데에서 모두를 위하여 당사자가 될 한 사람 또는 여러 사람을 선정하거나 이를 바꿀 수 있다.
> ② 소송이 법원에 계속된 뒤 제1항의 규정에 따라 당사자를 바꾼 때에는 그 전의 당사자는 당연히 소송에서 탈퇴한 것으로 본다.

1. 공동소송을 할 수인이 존재하고 공동의 이해관계가 있을 것

공동소송을 할 수 있는 수인이 존재하여야 한다. 어떠한 경우에 공동소송을 할 수 있는지는 민사소송법 제65조를 통해서 이미 본 바 있는데, 제65조에 해당하는 모든 경우는 아니고 그 중에서도 공동의 이해관계가 있는 경우이어야 한다. 공동의 이해관계가 존재하는지에 대한 판단은 원고가 주장하는 청구원인사실에 의하여 판단한다.[408]
「이 경우 공동의 이해관계란 다수자 상호 간에 공동소송인이 될 관계에 있고 또 주요한 공격방어방법을 공통으로 하는 것을 의미(대법원 2007.7.12. 선고 2005다10470 판결)」한다. 즉, 수인 간에 제65조 전문의 「권리나 의무가 여러 사람에게 공통되거나 사실상 또는 법률상 같은 원인으로 말미암아 생긴 경우」에 해당하면 선정당사자제도를 이용할 수 있는 공동의 이해관계가 있다고 본다.
주의할 것은 제65조 후문의 관계에 있는 경우에는 제외하여야 하는 것이므로「다수자의 권리·의무가 동종이며 그 발생 원인이 동종인 관계에 있는 것만으로는 공동의 이해관계가 있다고 할 수 없어 선정당사자의 선정을 허용할 것이 아니다.(2007.7.12. 선고 2005다10470)」
다만, 그렇다고 하여도 쟁점이 공통되는 경우 즉, 주요한 공격방어방법이 공통된다면 선정을 허용할 수도 있다.

---

408) 이시윤, 전게서, 668면; 호문혁, 전게서, 826면.

> **주의 판례! - 제65조 후문관계이나 쟁점이 공통인 경우 — 주택의 임차인들인 선정자들이 피고를 이 사건 임대차계약상의 임대인이라고 주장하면서 피고에게 그 각 보증금의 전부 내지 일부의 반환을 구하고 있는 사안[409]**
>
> 공동의 이해관계가 있는 다수자는 선정당사자를 선정할 수 있는 것인데, 이 경우 공동의 이해관계란 다수자 상호간에 공동소송인이 될 관계에 있고, 또 주요한 공격방어 방법을 공통으로 하는 것을 의미한다고 할 것이므로 다수자의 권리·의무가 동종이며 그 발생 원인이 동종인 관계에 있는 것만으로는 공동의 이해관계가 있는 경우라고 할 수 없을 것이어서 선정당사자의 선정을 허용할 것이 아님은 이 부분 상고이유에서 주장하는 바와 같다.(대법원 1997.7.25. 선고 97다362 판결 참조)
> 그런데 원심판결 이유와 기록에 의하면, 이 사건은 이 사건 주택의 임차인들인 원고를 포함한 이 사건 선정자들(이하 원고 등이라고 한다)이 피고를 이 사건 임대차계약상의 임대인이라고 주장하면서 피고에게 그 각 보증금의 전부 내지 일부의 반환을 구하고 있는 사안으로, 그 쟁점은 피고가 이 사건 임대차계약상의 임대인으로서의 계약당사자인지 여부에 있음을 알 수 있으므로, 원고 등은 상호간에 공동소송인이 될 관계가 있을 뿐 아니라, 주요한 공격방어 방법을 공통으로 하는 경우에 해당한다고 함이 분명하다고 할 것이어서 민사소송법 제49조 소정의 공동의 이해관계가 있다고 인정되므로, 원심이 선정당사자의 선정을 허용한 조치는 정당하고, 거기에 선정당사자의 선정요건에 관한 법리오해의 위법이 있다고 할 수 없다.(대법원 1999.8.24. 선고 99다15474 판결)

2. 공동의 이해관계 있는 수인 중에서 선정할 것

선정당사자는 공동의 이해관계 있는 자 중에서 선정되어야 한다. 따라서 선정당사자도 선정자 중의 하나이다. 따라서 선정당사자를 선정자로 표기하는 것이 위법하다고 볼 수 없다.($^{2011.9.8.}_{2011다17090}$)」

Ⅲ. 선정행위

1. 법적 성질

(1) 단독적 소송행위

선정당사자의 선정행위는 각 선정자가 선정당사자에게 소송수행권을 수여하는 단독적 소송행위이므로 소송행위의 일반적 유효요건을 모두 갖추어야 한다. 따라서 선정행위에는 조건을 붙일 수 없다.

(2) 심급한정 선정의 가부문제

선정자가 선정당사자를 선정함에 있어 제1심 소송수행에 한정할 수 있는가에 대하여는 견해의 대립이 있으며, 판례는「특히 어떠한 심급을 한정하여 당사자인 자격을 보유하게끔 할 목적으로 선정을 하는 것도 역시 허용된다.($^{1995.10.5.}_{94마2452}$)」고 한다.
「그러나 제1심에서 제출된 선정서에 사건명을 기재한 다음에 "제1심 소송절차에 관하여" 또는 "제1심 소송절차를 수행하게 한다."라는 문언이 기재되어 있는 경우

---

[409] 아래 판결에 대하여 이는 제65조 후문의 경우에 해당하는 것이어서 선정당사자를 허용해서는 안되었어야 한다는 비판이 가해지고 있다. 이시윤, 전게서, 668면 참조. 그러나 동 전게서는 이후 제65조 후문의 경우에도 특별히 쟁점이 공통된 때라면 한정적으로 공동의 이해관계를 인정해야 한다고 사실상 견해를 수정한 듯하다.

라 하더라도, 특단의 사정이 없는 한, 위 기재는 사건명 등과 더불어 선정당사자를 선정하는 사건을 특정하기 위한 것으로 보아야 하고, 따라서 그 선정의 효력은 제1심의 소송에 한정하는 것이 아니라 소송의 종료에 이르기까지 계속하는 것으로 해석함이 상당하다.(1995.10.5. 94마2452)」고 한다.

2. 선정의 시기

선정의 시기는 제한이 없으므로 소송계속의 전후를 불문하며, 소송계속 후 선정한 경우라면 선정자는 소송에서 당연히 탈퇴한 것으로 보고 선정당사자가 그 지위를 수계하게 된다.

3. 개별적 선정

(1) 개별적 선정 및 서면증명

선정행위는 각 선정자가 개별적으로 하는 것으로 다수결로 정할 수는 없다. 또한 어느 한 사람만을 또는 수인을 선정당사자를 선정할 수도 있으며, 나아가 어느 당사자는 선정당사자를 선정하지 않고 스스로 당사자로 남아 소송을 수행할 수도 있다. 선정당사자를 선정하거나 바꾸는 경우에는 서면으로 그 사실을 증명하여야 한다.(제58조 제1항)

(2) 소송의 수행형태

(가) 동일한 선정자단에 수인의 선정당사자가 있는 경우

당해 수인의 선정당사자들은 소송수행권을 합유하는 형태이므로 고유필수적 공동소송관계에 있게 된다. 따라서 그 여러 사람에게 소송서류를 각각 송달하여야 한다.[410]

(나) 별개의 선정자단의 각 선정당사자 사이의 경우 또는 선정당사자와 스스로 당사자가 된 자의 경우

이 경우에는 본래의 소송의 성질에 따라 통상공동소송 또는 필수적 공동소송의 성질을 가지게 된다.[411] 즉, 본래의 소송이 필수적 공동소송의 형태가 아닌 경우라면 통상공동소송관계가 된다.[412]

Ⅳ. 선정의 효과

1. 선정당사자의 지위 — 일체의 소송행위 및 소송수행에 필요한 사법행위의 가능

선정당사자는 선정자의 대리인이 아니라 당사자본인이므로 소송대리인과 같은 특별수권의 제한이 없이 화해, 청구의 포기·인낙, 소의 취하, 상소 등의 일체의 소송행위가 가능하다.

---

[410] 법원행정처, 전게서(Ⅱ) 256면.
[411] 정동윤·유병현, 전게서, 920면.
[412] 이시윤, 전게서, 670면.

즉,「선정당사자는 선정자들로부터 소송수행을 위한 포괄적인 수권을 받은 것으로서 일체의 소송행위는 물론 소송수행에 필요한 사법상의 행위도 할 수 있는 것이고 개개의 소송행위를 함에 있어서 선정자의 개별적인 동의가 필요한 것은 아니다.(대법원 2003.5.30. 선고 2001다10748 판결)」 따라서 선정당사자와 선정자 사이의 내부적인 권한 제한의 계약이 있었다 하여도 이로써 법원이나 상대방에 대항할 수 있는 것도 아니다.

> 갑 등이 을 등을 상대로 소송을 제기하면서 그들 모두를 위한 선정당사자로 병을 선정하여 소송을 수행하도록 하였는데, 병이 선정당사자 지위에서 을 등과 '을 등은 연대하여 병에게 500만 원을 지급하고, 병은 소송을 취하하며 민·형사상의 책임을 묻지 않겠다.'는 취지로 합의한 후 소를 취하한 사안에서, 병이 소송 도중 을 등과 한 합의는 갑 등을 위하여 500만 원을 지급받는 대신 소송을 취하하여 종료시킴과 아울러 을 등을 상대로 동일한 소송을 다시 제기하지 않기로 한 것으로서, 이는 선정당사자가 할 수 있는 소송수행에 필요한 사법(私法)상의 행위에 해당하고, 갑 등으로부터 개별적인 동의를 받았는지에 관계없이 그들 모두에게 그 효력이 미친다고 한 사례(대법원 2012.3.15. 선고 2011다105966 판결)
>
> **선정당사자가 선정자로부터 별도의 수권 없이 변호사 보수에 관한 약정을 하면서 향후 변호사 보수와 관련하여 다투지 않기로 부제소합의를 하거나 약정된 보수액이 과도함을 이유로 선정자들이 제기한 별도의 소송에서 소취하합의를 한 경우, 그 합의가 선정자에 대하여 효력이 있는지 여부(소극)**
> (선정당사자가) 자신과 선정자들을 위한 공격이나 방어를 위하여 필요한 범위에서 특정한 법률관계에 실체법적 효과를 발생시키는 행위나 변제의 수령 등을 할 수 있다고 할 것이지만, 변호사인 소송대리인과 사이에 체결하는 보수약정은 소송위임에 필수적으로 수반되어야 하는 것은 아니므로 선정당사자가 그 자격에 기한 독자적인 권한으로 행할 수 있는 소송수행에 필요한 사법상의 행위라고 할 수 없다.
> 따라서 선정당사자가 선정자로부터 별도의 수권 없이 변호사 보수에 관한 약정을 하였다면 선정자들이 이를 추인하는 등의 특별한 사정이 없는 한 선정자에 대하여 효력이 없다고 할 것이며, 뿐더러 그와 같은 보수약정을 하면서 향후 변호사 보수와 관련하여 다투지 않기로 부제소합의를 하거나 약정된 보수액이 과도함을 이유로 선정자들이 제기한 별도의 소송에서 소취하합의를 하더라도 이와 관련하여 선정자들로부터 별도로 위임받은 바가 없다면 선정자에 대하여 역시 그 효력을 주장할 수 없다.(대법원 2010.5.13. 선고 2009다105246 판결)

2. 선정자의 지위

(1) 소송수행권의 존재여부

① 소송계속 이후에 선정이 있다면 선정자는 당연히 소송에서 탈퇴하고(제53조 제2항) 소송수행권은 상실되며 선정당사자만이 당사자로서 소송수행권을 가진다.[413]

② 소송계속 이전에 선정이 있는 경우에도 선정자가 소송수행권을 상실하는지 여부에 대하여는 견해의 대립이 있다.[414]

㉮ **적격유지설** 선정자는 선정당사자에 대한 선정행위를 취소하면 여전히 당사자의 지위를 누리게 되며, 선정당사자의 소송수행을 감시할 수 있기 위하여는 당사자적격은 유지된다고 보며, 감시방안으로 소송대리인에 대한 본인의 경정권에 관한 **제94조를 유추적용**한다는 입장이다.

㉯ **적격상실설** 선정자가 선정행위의 취소로 당사자가 될 수 있음은 인정될 수

---

413) 호문혁, 전게서, 830면.
414) 적격유지설에 방순원, 이시윤, 이영섭, 정동윤·유병현. ↔ 적격상실설에 강현중, 김홍규, 송상현, 호문혁

있지만, 그렇다고 하여 선정행위가 **취소되지 않은 이상** 당사자적격은 아직은 없다고 보아야 하며, 선정자의 선정당사자에 대한 **감독은 선정행위의 취소로 충분**하므로 굳이 제94조를 유추적용할 필요가 없다는 입장이다.

(2) 선정당사자가 받은 판결의 선정자에 대한 효력

선정당사자가 받은 판결의 효력은 선정자에게 미친다.(제218조 제3항) 따라서 판결확정 이후 선정자가 동일한 소를 제기하면 기판력에 저촉이 되며, 집행력 또한 미치게 되므로 강제집행이 가능하지만 이 경우 승계집행문을 부여받아야 한다.

다만, 판결의 효력이 선정자에 미친다 하여 판결정본까지 선정자에게 송달하여야 하는 것은 아니다.

3. 선정당사자의 자격상실

(1) 사 유

㈎ 선정당사자의 사망

선정당사자의 사망은 자격상실사유에 해당하나, 선정자의 사망은 그 사유에 해당하지 않는다.

㈏ 선정의 취소

선정자는 어느 때나 선정행위를 취소할 수 있다.

㈐ 선정당사자의 공동이해관계의 소멸

「선정당사자 본인에 대한 부분의 소가 취하되거나 판결이 확정되는 등으로 공동의 이해관계가 소멸하는 경우에는 선정당사자는 선정당사자의 자격을 당연히 상실한다.(대법원 2006.9.28. 선고 2006다28775 판결)」 그러나, 선정자의 공동이해관계의 소멸은 자격상실사유에 해당하지 않는다.

(2) 자격상실에 대한 통지

선정당사자의 자격상실의 경우에도 법정대리인 등과 같이 자격소멸에 대한 민사소송법 제63조의 통지제도가 준용된다.(제63조 제2항)

(3) 자격상실의 경우의 절차 진행

㈎ 선정당사자 전원의 자격상실

이 경우에는 선정자 전원이나 새로운 선정당사자가 소송을 수계할 때까지 소송은 중단된다. 다만, 소송대리인이 있다면 그러하지 아니하다.

㈏ 선정당사자 일부의 자격상실

> **제54조(선정당사자 일부의 자격상실)** 제53조의 규정에 따라 선정된 여러 당사자 가운데 죽거나 그 자격을 잃은 사람이 있는 경우에는 다른 당사자가 모두를 위하여 소송행위를 한다.

V. 선정당사자의 자격 흠결시의 효과

1. 직권조사사항

선정당사자에게 자격이 있는지 여부는 결국 당사자적격의 문제이므로 직권조사사항에 속한다.

그리고 선정당사자의 소송행위 시 선정당사자의 소송능력 등의 흠이 있을 때에는 제59조의 소송능력 등의 흠에 대한 조치규정 및 제60조의 소송능력 등의 흠과 추인에 관한 규정이 준용된다.(제61조)

특히, 제59조 단서까지 준용이 되는지 즉, 일시적인 소송행위를 하게 할 수 있는지에 대하여는 견해의 대립이 있다.[415]

2. 간과판결의 효력

선정당사자의 자격흠결을 간과한 판결은 당사자적격의 흠을 간과한 판결과 같이 당연무효판결이다. 따라서 판결확정 전이라면 상소를 통해 불복할 수 있으나, 판결확정 후라면 재심은 인정되지는 않는다.

> **선정당사자 자격의 흠을 간과한 판결이 확정된 경우**
> 다수자 사이에 공동소송인이 될 관계에 있기는 하지만 주요한 공격방어방법을 공통으로 하는 것이 아니어서 공동의 이해관계가 없는 자가 선정당사자로 선정되었음에도 법원이 그러한 선정당사자 자격의 흠을 간과하여 그를 당사자로 한 판결이 확정된 경우, 선정자가 스스로 당해 소송의 공동소송인 중 1인인 선정당사자에게 소송수행권을 수여하는 선정행위를 하였다면 그 선정자로서는 실질적인 소송행위를 할 기회 또는 적법하게 당해 소송에 관여할 기회를 박탈당한 것이 아니므로, 비록 그 선정당사자와의 사이에 공동의 이해관계가 없었다고 하더라도 그러한 사정은 민사소송법 제451조 제1항 제3호가 정하는 재심사유에 해당하지 않는 것으로 봄이 상당하고, 이러한 법리는 그 선정당사자에 대한 판결이 확정된 경우뿐만 아니라 그 선정당사자가 청구를 인낙하여 인낙조서가 확정된 경우에도 마찬가지라 할 것이다.(대법원 2007.7.12. 선고 2005다10470 판결)[416]

관련기출
• 2022년 공인노무사

[문제 1] 동업관계에 있는 乙, 丙, 丁, 戊는 자신들의 사업장 앞에 있는 X토지를 甲으로부터 임차하여 주차장으로 사용하고 있었다. 위 4인을 대표한다고 주장하는 乙은 X 토지를 甲으로부터 매수하기로 하고 甲과 X토지에 대한 매매계약을 체결하였다. 사업자금 대출을 위해 X토지의 등기가 필요하다는 사정을 들은 甲은 매매대금의 전액을 지급받지 못하였음에도 불구하고 X토지의 등기를 위 4인에게 이전하여 주었으나 위 4인은 매매잔대금을 지급하지 않고 있다. 이에 甲은 乙, 丙, 丁, 戊를 상대로 주위적으로는 매매계약이 유효하다면 X토지의 매매대금 전액 지급을 구하고, 예비적으로는 매매계약이 무효라면 X토지의 소유권이전등기의 말소를 구하는 소를 제기하였다. (단, 아래의 각 물음은 독립적임) (50점)

---

415) 일시적인 소송행위가 가능하다는 견해로 이시윤, 송상현. 이에 반하여 당사자 적격 없는 자에게 이를 허용함은 부당하다는 이유로 부정하는 견해로 호문혁, 전게서, 831면.
416) 동 판결에 대하여는 선정당사자의 요건 구비여부를 따질 것 없이 당사자적격이 없는 경우이므로 「당연무효」로 취급하면 그만이라는 비판이 있다.(호문혁, 전게서, 920면)

물음 2) 소송계속 중 乙, 丙, 丁, 戊는 乙과 丙을 선정당사자로 선정하였다. 심리도중 丙은 매매대금의 일부가 甲에게 이미 지급되었다고 주장하고 있으나, 乙은 甲이 주장하는 바와 같이 매매대금의 전액이 미지급 상태에 있다고 진술하였다. 이러한 乙의 진술은 소송상 어떠한 효력을 가지는지 설명하시오. (25점)

답 안

1. 문제의 소재

2. 동일선정자 단에서 선정된 수인의 선정당사자의 소송형태
필수적 공동소송으로 봄

3. 필수적 공동소송인 중 어느 1인의 소송행위
적극적 소송행위는 유리한 행위는 당사자 전원을 위하여 효력이 있으나, 불리한 행위는 누구에게도 그 효력이 인정되지 아니함

4. 사안의 경우
사안의 경우, 丙은 매매대금의 일부를 지급하였다고 주장하므로, 그 지급된 '일부'에 관한 것은 유리한 주장이고, 따라서 그 항변의 효력은 인정됨

그러나, 乙은 전액이 미지급되었다고 재판상 자백을 하였으므로, 이는 불리한 소송행위로서 자백으로서의 효력이 인정되지 않음

관련기출
• 2020년 법원행시

X건물의 임차인인 甲, 乙, 丙은 丁을 임대인이라 주장하면서 丁에게 각 보증금의 전부 내지 일부의 반환을 청구하는 소송에서 甲을 선정당사자로 선정하였다.

1. 甲은 선정당사자로서 소송을 진행할 수 있는지 설명하시오.
2. 제1심에서 제출된 선정당사자 선정서에는 사건명이 기재된 다음에 '제1심 소송절차에 관하여'라는 문언이 기재되어 있었다. 이러한 경우 甲은 항소심에서 선정당사자의 지위를 유지할 수 있을지 설명하시오.

답 안

1. 문제 1.의 해결
(1) 문제의 소재

(2) 선정당사자
   (가) 의 의
   (나) 선정요건
   ① 공통의 이해관계 있는 여러 사람이 존재하여야 하는 바, 여기서 공통의 이해관계란 판례에 의하면 주요한 공격방어방법을 같이하는 경우를 의미한다.
   따라서, ㉠ 소송물을 같이하거나 ㉡ 소송물의 발생 원인을 같이하는 경우가 여기에 해당하는데, 이외 ㉢ 동종의 소송물로서 동종의 발생 원인을 갖는 경우는 모든 경우에 이에 해당

하는 것은 아니고 판례에 의할 때 주요한 공격방어방법을 같이 하는 경우에만 예외적으로 이에 해당할 수 있다.

판례는 특히, 사안과 유사한 경우 임대인이라 주장되는 자가 같은 경우에 선정행위를 인정한 바 있다.(대판 1999.8.24. 99다15474)

(3) 사안의 적용

사안의 경우, 甲, 乙, 丙이 丁을 임대인이라 주장하면서 선정하였다면, 각인의 丁에 대한 보증금반환청구소송은 동종의 소송물로서 동종의 발생 원인을 같이하는 경우이지만, 丁을 임대인이라 주장하는 바와 같이 주요한 공격방법을 같이 하므로 선정행위가 가능하다.

2. 문제 2.의 해결

(1) 문제의 소재

(2) 선정행위의 법적성질 및 심급한정조건의 가부

선정당사자를 선정하는 행위의 법적 성질은 소송행위이고, 원칙적으로 소송행위에 대하여는 조건을 붙일 수 없음이 원칙이므로 ① 학설상 심급한정조건은 허용될 수 없다는 부정설과 ② 선정자의 이익을 위할 필요가 있으므로 허용된다는 긍정설이 대립한다.

판례는 '제1심 소송절차에 관하여'라는 문구는 선정사건을 특정하기 위한 것일 뿐이므로, 해석에 의하여 제1심에 한정하는 것이 명확하지 않는 한 그 선정의 효력은 소송종료에 이르기까지 계속하는 것으로 보아야 한다는 입장이다.(대결 1995.10.5. 94마2452)

(3) 사안의 적용

사안에서 선정서 사건명 다음 기재된 '제1심 소송절차에 관하여'라는 문구의 해석에 있어 제1심에 한한다는 취지가 명확하다고 볼 수 없으므로 판례에 의할 때 甲은 항소심에서도 선정당사자의 지위를 유지할 수 있다.

관련기출

• 2013년 공인노무사

乙과 丙은 도급계약에 따라 함께 사업을 수행하고 있고, 임금지급에 대하여 연대책임 관계에 있다. 그런데 수급인인 丙은 소속 근로자인 甲에게 임금을 지급하지 못하고 있다. 이에 甲은 乙과 丙을 공동 피고로 하여 임금청구의 소를 제기하였다.

(2) 위 소송계속 중에 乙이 丙을 선정당사자로 선정할 수 있는가? 그리고 丙이 선정당사자로서 소송을 수행하여 판결이 확정될 경우 丙이 받은 판결의 효력은 乙에게도 미치는가? (30점)

답 안

1. 문제의 소재

2. 선정당사자의 선정 요건

(1) 일 반

민사소송법 제53조의 선정당사자의 요건은 ① 수인의 당사자가 ② 공통의 이해관계를 가지고 있는 경우 ③ 그 중 1인 또는 수인을 선정당사자로 선정할 수 있다.

특히, 여기서 '공통의 이해관계'를 가지고 있는 자의 의미에 대하여 판례는 공동당사자가 될 관계 중에서 주요한 공격방어방법을 같이하는 관계를 말한다고 한다.

따라서, 소송물이 공통되는 관계, 소송물의 발생 원인이 사실상 또는 법률상 공통되는 관계의 경우에는 선정당사자를 할 수 있으나, 단지 소송물이 같은 종류로써 같은 종류의 원인을 가지고 있는 것만으로는 선정당사자를 활용할 수 없다는 것이 판례이다.

(2) 사안의 경우

사안의 경우 乙과 丙이 근로자 甲에게 임금채무에 대하여 연대책임을 부담하고 있고, 이 때 乙과 丙이 공동소송을 하는 경우에는 통상공동소송이 된다. 따라서, 이는 소송물의 발생 원인을 같이 하는 경우로써 선정당사자를 선정할 수 있다.

3. 선정당사자에 의한 확정판결의 효력을 선정자가 받는지

(1) 일 반

선정당사자는 임의적 소송담당의 한 종류로써, 소송담당자가 받은 판결의 효력은 피담당자에게 미친다.

(2) 사안의 경우

사안의 경우, 丙이 소송담당자로서 수행한 판결의 기판력은 피담당자인 乙에게 미친다.

제2관 소송참가

쟁점 70 보조참가

I. 총 설

> 제71조(보조참가) 소송결과에 이해관계가 있는 제3자는 한쪽 당사자를 돕기 위하여 법원에 계속중인 소송에 참가할 수 있다. 다만, 소송절차를 현저하게 지연시키는 경우에는 그러하지 아니하다.

「보조참가」란, 타인 간의 소송계속 중 그 소송결과에 관하여 이해관계 있는 제3자가 당사자 중 일방의 승소를 보조하기 위하여 당해 소송에 참가하는 것을 의미하는데, 보조참가는 그 자체 소는 아니며, 보조참가인이 당해 소송의 당사자가 되는 것도 아니다.

II. 요 건

1. 타인 간의 소송이 계속 중일 것

   (1) 「타인 간」 소송이 계속 중일 것

   자신이 당사자인 소송에 대하여는 참가할 수 없으며, 법정대리인도 당사자에 준하므로 참가할 수 없다.

   (2) 타인 간 「소송이 계속 중」일 것

   (가) 심급 불문

   소송이 계속 중이라면 상고심에서도 보조참가가 가능하다. 나아가 재심의 소 절차에서도 보조참가가 가능하다.

   다만, <u>보조참가인의 재심청구 당시 피참가인인 재심청구인이 이미 사망하여 당사자능력이 없다면, 이를 허용하는 규정 등이 없는 한 보조참가인의 재심청구는 허용되지 않는다.</u>(2018.11.29. 2018므14210)

   일단, 보조참가가 적법한 이상 심급이 바뀌더라도 보조참가신청을 다시 할 필요는 없다.

   (나) 판결절차일 것

   소송이 계속 중이라는 것은 판결절차의 계속 중임을 뜻하며, 그 이외에 독촉절차나 보전절차에서처럼 판결절차로 전환될 수 있는 절차에 참가가 가능하다. 그러나, 대립당사자구조를 갖지 않는 결정절차에 있어서는 보조참가를 할 수 없다.(1994.1.20. 93마1701)417)

---

417) 이에 대한 반대의 견해로는 이시윤, 전게서, 684면. 결정절차이어도 보조참가인의 권리상태에 법률상 영향을 줄 관계에 있다면 그의 절차권 보장을 위해서라도 보조참가 규정을 준용하여야 한다는 것이다.

2. 일방에 대한 참가일 것(쌍면참가의 금지)

보조참가는 일방의 승소를 보조하기 위한 것이므로 이미 어느 일방에 참가한 자가 그 상대방에 대하여도 또 한번 참가를 하는 경우 먼저의 참가는 취하하여야 한다.

3. 소송결과에 대하여 이해관계의 존재(참가이유)

(1) 소송「결과」에 대한 이해관계

견해대립은 있으나,[418] 소송결과에 대한 이해관계의 존재란, ① 판결주문에서 판단되는 소유물인 권리관계의 존부에 의하여 직접적으로 영향을 받는 관계에 있거나 ② 피참가인의 승소 시 기득권 확보 등 유리한 영향을 받는 관계에 있는 것을 의미한다. ③ 그러나 판결주문이 아닌 판결이유 중의 판단인 중요쟁점에 의하여 영향을 받는다는 것으로는 참가할 수 없다고 한다.(예 공동피해자 중 1인이 가해자에 대하여 진행하는 소에 다른 피해자가 하는 보조참가는 불허)

【보조참가의 예】
(1) 보조참가 허용
  (가) 주문에 이해관계가 있는 경우
    • 채권자가 보증채무자를 상대로 소송을 제기한 경우에서 주채무자가 보증인 승소를 위한 보조참가
    • 채무자 갑 소유 부동산에 관한 임의경매절차에서 제3순위로 배당받은 가압류권자 을이 제4순위로 배당받은 갑을 상대로 실제 배당받을 금액을 확정하기 위한 구상금 청구소송을 제기하여 승소판결을 받았으나 갑이 구상금채권 부존재를 주장하면서 추완항소를 하자, 을의 배당금 채권에 관하여 채권압류 및 추심명령을 받은 병이 보조참가를 신청하는 것(2014.5.29. 2014마4009)
  (나) 기득권 확보 등의 경우
    • 국가의 제3자에 대한 등기말소청구 시 우선매수 연고권자가 하는 국가승소를 위한 보조참가 허용(1961.3.8. 4294민재항28)
(2) 공동불법행위에서의 문제
  (가) 피해자 甲이 공동불법행위자 중 1인인 乙에 대한 소를 제기함에 있어서 다른 공동불법행위자 丙이 乙을 승소시키기 위하여 보조참가하는 것은 허용
  (나) 피해자 甲이 공동불법행위자 중 1인인 乙에 대한 소를 제기함에 있어서 다른 공동불법행위자 丙이 피해자 甲을 승소시키기 위하여 보조참가하는 경우의 문제
    학설은 반대하지만, 판례는 보조참가를 인정하였다.(1999.7.9. 99다12796)

(2) 소송결과에 대한「이해관계」

이때의 이해관계란, 법률상의 이해관계를 의미하며, 법률상의 이해관계이기만 하면 재산법상의 이해관계뿐만 아니라 가족법·공법상의 이해관계 역시 포함된다. 그러나, 사실상·경제상·감정상의 이해관계는 여기의 이해관계에 포함될 수 없

---

[418] 본문은 다수설에 의한 것인데, 이에 반하여 소송결과에 대한 이해관계를 주문뿐만 아니라 판결이유 중 판단에까지 확대하려는 견해도 있다. 이 견해는 분쟁의 일회적 해결에 주목하여 특히 현대형 소송의 해결에 적합하다고 주장한다. (강현중, 전병서)

민사소송법 단문사례연습

다.(2000.9.8. 선고 99다26924;
   1999.7.9. 선고 99다12796)

4. 소송절차를 현저하게 지연시키지 아니할 것

이는 재판지연의 수단으로 보조참가가 악용되는 것을 방지하기 위하여 2002년 개정법에 의하여 신설한 요건이다. 이 역시 공익적 요건에 해당하므로 법원으로서는 직권으로 조사하여야 할 부분이다.

5. 소송법상의 다른 구제수단이 있어도 보조참가는 허용

Ⅲ. 절 차

1. 참가신청

> 제72조(참가신청의 방식)
> ① 참가신청은 참가의 취지와 이유를 밝혀 참가하고자 하는 소송이 계속된 법원에 제기하여야 한다.
> ② 서면으로 참가를 신청한 경우에는 법원은 그 서면을 양쪽 당사자에게 송달하여야 한다.
> ③ 참가신청은 참가인으로서 할 수 있는 소송행위와 동시에 할 수 있다.

(1) 참가신청의 시기

참가신청은 참가인으로서 할 수 있는 소송행위와 동시에 할 수 있다.(제72조 제3항) 예를 들어, 보조참가인이 피참가인을 위하여 상소제기를 함과 동시에 보조참가신청을 할 수도 있다는 것이다.

(2) 신청방법

(가) 보조참가신청은 서면 또는 말로 할 수 있다.(제161조)

(나) 참가의 취지(누구를 위하여 보조참가하는지)와 이유(소송의 결과에 대한 이해관계의 내용)를 밝혀 하여야 한다. 그러나, 당사자의 이의신청이나 법원의 소명요구가 없는 한 참가이유는 소명할 필요는 없다.[419]

(다) 보조참가는 인지를 붙이지는 않는다.

(3) 참가신청서의 송달

참가신청서는 양 당사자에 송달하여야 한다.(제72조 제2항) 말로 보조참가신청을 한 경우에는 명문규정은 없으나 조서등본 송달로 하여야 한다고 본다.[420]

2. 참가신청에 대한 이의신청 및 허부재판

> 제73조(참가허가여부에 대한 재판)
> ① 당사자가 참가에 대하여 이의를 신청한 때에는 참가인은 참가의 이유를 소명하여야 하며, 법원은 참가를 허가할 것인지 아닌지를 결정하여야 한다.
> ② 법원은 직권으로 참가인에게 참가의 이유를 소명하도록 명할 수 있으며, 참가의 이유가 있다고 인정되지 아니하는 때에는 참가를 허가하지 아니하는 결정을 하여야 한다.
> ③ 제1항 및 제2항의 결정에 대하여는 즉시항고를 할 수 있다.

---

419) 법원행정처, 전게서(Ⅰ), 305면.
420) 법원행정처, 전게서(Ⅰ), 305면.

> 제74조(이의신청권의 상실) 당사자가 참가에 대하여 이의를 신청하지 아니한 채 변론하거나 변론준비기일에서 진술을 한 경우에는 이의를 신청할 권리를 잃는다.

(1) 참가신청방식 및 참가이유의 유무에 대한 조사

당사자가 보조참가에 대하여 이의 없이 변론하거나 준비절차에서 진술한 때에는 이의할 권리를 잃으므로(제74조), 피참가인 또는 그 상대방으로부터 보조참가인의 참가신청에 대한 이의가 없는 이상 보조참가인의 참가요건의 구비여부를 직권으로 조사할 필요는 없다.(1994.4.15. 93다39850) 즉, 신청방식이나 참가이유의 구비여부에 대하여는 당사자의 이의가 있는 경우에 조사한다.

(2) 이의신청 및 이의신청권의 상실

참가신청에 대하여는 피참가인의 상대방 또는 피참가인도 이의를 신청할 수 있다. 단, 이의신청 없이 변론하거나 변론준비기일에 진술을 한 경우에는 이의를 신청할 권리를 잃는다.(제74조)

(3) 이의신청에 대한 소명, 직권 이유소명

이의신청이 있다면 참가인은 참가이유를 소명하여야 하며, 신법은 직권으로 참가이유를 소명할 것을 명할 수 있도록 하였다.[421]

(4) 법원의 허부결정 및 불복

법원은 참가를 허가하거나 허가하지 않는 결정을 하여야 한다. 이 결정에 대하여는 즉시 항고할 수 있다. 다만, 판례는 허부재판을 결정으로 독자적으로 하지 않고 종국판결의 이유에서 판단하였다 하여 위법은 아니라고 본다.(1961.12.21. 선고 4294민상222)[422]

(5) 소송절차

> 제75조(참가인의 소송관여)
> ① 참가인은 그의 참가에 대한 이의신청이 있는 경우라도 참가를 허가하지 아니하는 결정이 확정될 때까지 소송행위를 할 수 있다.
> ② 당사자가 참가인의 소송행위를 원용(援用)한 경우에는 참가를 허가하지 아니하는 결정이 확정되어도 그 소송행위는 효력을 가진다.

(가) 참가불허결정이 확정되지 않은 경우

이의신청이 있어도 본 소송의 절차는 정지되지 않고, 참가를 허가하지 아니하는 결정이 있어도 그 확정시까지는 참가인으로서의 소송행위를 제한 없이 할 수 있다.(제75조 제1항) 따라서 보조참가신청에 대한 허가결정 이전이라도 보조참가인에게 기일통지와 송달 등을 하여야 한다.

---

421) 이는 변호사대리원칙을 잠탈하려는 목적으로 사실상 소송대리를 위한 보조참가신청을 하는 것을 방지하기 위함이다.
422) 이 판례에 대해 의문이라는 것에 이시윤, 전게서, 688면.

(나) 참가불허결정이 확정된 경우

참가불허결정이 확정된 경우 그 때까지 참가인이 한 소송행위는 효력을 잃는 것이나, 피참가인이 원용하면 그 효력이 유지된다.(제75조 제2항)

3. 참가의 종료

(1) 참가신청의 취하

참가인은 어느 때나 누구의 동의 없이도 참가신청을 취하할 수 있다. 다만, 신청이 취하되었다 하여도 제77조의 참가적 효력은 그대로 받는다.

참가신청취하 시에 보조참가인이 했던 소송행위의 효력이 어떠한지에 대하여는 견해가 대립한다.[423]

> 증거를 제출한 참가인의 참가신청이 부적법 각하되었다 하여도 법원이 이미 실시한 증거방법에 의하여 법원이 얻은 증거자료의 효력에는 아무런 영향이 없다.(대법원 1971.3.31. 선고 71다309·310 판결)[424]

(2) 보조참가인이 독립당사자참가를 하는 경우

이 경우 보조참가는 종료된다.

보조참가와 독립당사자참가의 관계

① 보조참가 중의 독립당사자참가 : 보조참가는 종료

「소송당사자인 독립당사자참가인은 그의 상대방 당사자인 원·피고의 어느 한 쪽을 위하여 보조참가를 할 수는 없는 것이므로 보조참가인이 독립당사자참가를 하였다면 그와 동시에 보조참가는 종료된 것으로 보아야 할 것이고, 따라서 보조참가인의 입장에서는 상고할 수 없다.(대법원 1993.4.27. 선고 93다5727, 93다5734 판결)」

② 부적법한 독립당사자참가의 보조참가로의 전환 : 가능

③ 독립당사자참가를 하면서 하는 예비적 보조참가의 신청 : 부정[425]

「당사자참가를 하면서 예비적으로 보조참가를 한다는 것은 허용될 수 없는 것이다.(1994.12.27. 선고 92다22473, 92다22480)」

---

[423] 참가신청취하 시에 보조참가인이 했던 소송행위의 효력이 어떠한지에 대하여 ① 참가인이 한 소송행위는 참가신청취하가 이루어졌다 하여도 그대로 효력을 가지며 당사자의 원용이 없어도 판결자료로 할 수 있다는 견해로 이시윤, 전게서, 643면과 ② 원용을 하여야 판결자료로 할 수 있다는 견해로 정동윤·유병현, 전게서, 936면. 방순원, 송상현(제75조 제2항 유추설)가 대립되어 있다.

[424] 동 판결은 증거법 영역으로 참조조문을 당시 민사소송법 제187조 즉, 「자유심증주의」로 제시하고 있다는 점 및 참가신청의 취하가 아닌 각하의 경우라는 점을 주목할 필요가 있다.(필자)

[425] 판례에 반대하여 예비적 참가를 부정할 이유가 없다는 것에 이시윤. 전게서. 722면.

Ⅳ. 보조참가인의 소송상의 지위 세부쟁점

1. 보조참가인의 지위

(1) 종속성

① 보조참가인은 재판의 당사자가 아니라 피참가인을 보조하기 위한 자에 불과하므로 증인이나 감정인이 될 수 있다.

② 또한 참가인에게 사망 등의 절차중단사유가 발생하여도 소송절차가 중단되지 않고, 참가인의 승계인이 수계하는 절차만 남게 된다.

③ 소송비용재판을 제외하고는 보조참가인 이름으로 판결을 받지는 않는다.

④ 참가인에 의한 상소 역시 피참가인의 상소기간 내에 하여야 한다.($^{1969.8.19.}_{69다949}$)[426] 이때 피고에게 귀책될 수 없는 사유로 피고가 항소기간을 준수하지 못한 경우에 피고 보조참가인은 장애사유 없어진 날부터 2주 이내에 보조참가신청과 동시에 추완항소를 제기할 수는 있다.($^{1981.9.22.}_{81다334}$)

(2) 독립성

① 보조참가인은 소송대리인이 아니지만 독자적인 소송관여권이 있으므로 기일통지나 송달 역시 피참가인과 별도로 참가인에게도 하여야 하며, 판결 역시 송달하여야 한다.

② 따라서 「보조참가인에게 기일통지서 또는 출석요구서를 송달하지 아니함으로써 변론의 기회를 부여하지 아니한 채 행하여진 기일의 진행은 적법한 것으로 볼 수 없다.($^{2007.2.22.}_{2006다75641}$)」

③ 다만, 「기일통지서를 송달받지 못한 보조참가인이 변론기일에 직접 출석하여 변론할 기회를 가졌고, 위 변론 당시 기일통지서를 송달받지 못한 점에 관하여 이의를 하지 아니하였다면, 기일통지를 하지 않은 절차진행상의 흠이 치유된다.($^{2007.2.22.}_{2006다75641}$)」

2. 보조참가인이 할 수 있는 소송행위

> **제76조(참가인의 소송행위)**
> ① 참가인은 소송에 관하여 공격·방어·이의·상소, 그 밖의 모든 소송행위를 할 수 있다. 다만, 참가할 때의 소송의 진행정도에 따라 할 수 없는 소송행위는 그러하지 아니하다.
> ② 참가인의 소송행위가 피참가인의 소송행위에 어긋나는 경우에는 그 참가인의 소송행위는 효력을 가지지 아니한다.

(1) 원 칙

보조참가인은 원칙적으로 피참가인의 승소를 위해 필요한 모든 소송행위, 즉, 소송에 관하여 공격·방어·이의·상소, 증거신청 등 그 밖의 모든 소송행위를 자기

---

426) 다만, 그렇다면 적어도 보조참가인에게도 판결정본을 송달할 이유가 없게 되는 문제가 있다.

이름으로 할 수 있으며(제76조), 참가인의 소송행위는 피참가인 자신이 소송행위를 한 것과 동일한 효력이 발생한다.

다만, 참가인이 제기한 항소를 피참가인이 포기·취하할 수는 있다.(대결 1984.12.11. 84다카659; 2010.10.14. 2010다38168) 그러나 다음과 같은 행위는 보조참가인의 보조성에 비추어 할 수 없다.

(2) 예 외 — 보조참가인이 할 수 없는 소송행위

(가) 소송 진행의 정도에 따라 피참가인도 할 수 없는 행위(제76조 제1항 단서)

자백취소, 실기 공격방어방법의 제출, 상고심에서의 새로운 사실이나 증거의 제출, 피참가인의 상소기간경과 이후의 상소제기 등은 피참가인도 할 수 없는 행위이므로 참가인도 할 수 없다.

(나) 피참가인의 행위와 어긋나는 행위

① 참가인은 피참가인에게의 유·불리를 불문하고 피참가인의 행위와 모순되는 행위를 할 수 없다.

㉠ 피참가인의 자백을 참가인이 부인하는 것은 불가(2001.1.19. 2000다59333)·피참가인의 상소포기 이후에 한 참가인의 상소제기는 불가(2000.1.18. 99다47365)

② 다만, 피참가인의 명백하고 적극적인 의사에 어긋나지 않는다면 참가인의 행위는 무효가 되지 않는다.

㉠ 피참가인이 패소한 부분 중 일부에 대해 상소를 제기하지 않자 이 부분에 대한 상소를 보조참가인이 하는 것은 허용(2002.8.13. 2002다20278)

㉠ 피참가인이 원고가 주장하는 사실을 명백히 다투지는 아니하였으나 참가인이 보조참가를 신청하면서 그 사실에 대해 다투는 것은 허용(2007.11.29. 2007다53310)

③ 그러나 참가인의 행위와 어긋나는 행위를 피참가인이 후에 한 경우라면 참가인의 행위는 무효가 된다.[427] ㉠ 보조참가인이 제기한 항소를 피참가인이 포기 또는 취하할 수 있음(2010.10.14. 2010다38168)

(다) 피참가인에게 불이익한 행위

① 참가인은 피참가인의 승소를 보조하기 위하여 보조참가하는 것이므로, 피참가인에게 불이익한 행위를 할 수는 없으며, 따라서 소의 취하, 청구의 포기·인낙, 화해, 상소의 포기·상소취하 등은 할 수 없으며, 자백도 할 수 없다.[428]

② 주의할 것은 「보조참가인의 증거신청행위가 피참가인의 소송행위와 저촉되지 아니하고(즉, 피참가인이 증거신청행위와 저촉되는 소송행위를 한 바 없고), 그 증거들이 적법한 증거조사절차를 거쳐 법원에 현출되었다면 법원이 이들 증거에 터 잡아 피참가인에게 불이익한 사실을 인정하였다 하여 그것

---

427) 이시윤, 전게서, 689면.
428) 자백에 대하여는 ① 자백불허설, ② 자백허용설 및 ③ 제한적 유효설의 대립이 있다.

이 민사소송법 제70조 제2항(현행 제76조)에 위배된다고 할 수 없다.(1994.4.29. 94다3629)」

⒧ **소송 그 자체를 처분·변경하는 행위**[429](소의 변경이나 반소, 중간확인의 소 등의 제기)
참가인은 소의 변경, 반소, 중간확인의 소 등을 제기할 수는 없다. 이는 참가인은 타인간의 소송을 전제로 그에 부수하여 피참가인의 승소를 위해 소송행위를 하는 것이므로 소송 그 자체의 발생·변경·소멸시키는 행위를 할 수 없기 때문이다.

⒨ **사법상의 권리행사**

① 문제점

민사소송법 제76조는 그 문언상 보조참가인이 피참가인의 사법상의 권리를 행사할 수 있다는 명문규정을 두지 않고 있다. 이에 관하여 보조참가인이 피참가인의 사법상 권리를 행사할 수 있는지에 대한 견해가 대립한다.

② 학 설

㉮ **긍정설**[430] 명문규정은 없으나, 보조참가인은 종속성 이외에 독립성이 있으며, 참가의 이익이 있어 참가를 한 이상 피참가인의 이익을 위하는 한 사법상 권리를 행사할 수 있어야 하며, 이것이 피참가인의 권리행사에 대한 자유를 해한다면 피참가인으로서는 이에 저촉되는 행위를 통하여 자신의 권익보호가 가능하다는 입장이다.

㉯ **부정설**[431] 사법상 권리를 행사할 수 있는 명문규정이 없는 한 피참가인의 사법상 권리행사마저 보조참가인이 자유로이 행사하는 것은 허용될 수 없으며, 이것이 보조참가인의 참가의 이익을 해하는 문제는 참가적 효력을 배제함으로써 해결할 수 있다는 견해이다.

㉰ **절충설**[432] 기본적으로 보조참가인이 피참가인의 사법상 권리까지 당연히 행사할 수 있는 것은 아니지만, 보조참가인의 행위에 대하여 피참가인이 지체 없이 이의를 제기하지 않으면 추인이 있는 것으로 해결하는 견해이다.

③ 검토 – 부정설

④ 부정설의 입장일 때의 논의

참가인은 소송수행상 필요하다 하여도 피참가인의 사법상의 권리를 행사할 수 없다는 점에서 소송대리인과 다르다. 따라서 참가인은 피참가인의 취소권·해제권(해지권)·상계권 등을 직접 소송에서 행사할 수는 없다. 다만, 제3자에게 그러한 권한행사가 인정되는 경우에는 예외로 행사가 가능하다.(민법 제404조(채권자대위권), 제418조(연대채무에서의 상계의 절대적 효력), 제434조(보증인과 주채무자상계권))

---

429) 정동윤·유병현, 전게서, 938면.
430) 김홍규
431) 이시윤
432) 강현중

V. 판결의 참가인에 대한 효력(참가적 효력) 세부쟁점

관련기출
• 2011년 공인노무사
보조참가인에 대한 재판의 효력 (25점)

1. 의 의

> **제77조(참가인에 대한 재판의 효력)**
> 재판은 다음 각호 가운데 어느 하나에 해당하지 아니하면 참가인에게도 그 효력이 미친다.
> 1. 제76조의 규정에 따라 참가인이 소송행위를 할 수 없거나, 그 소송행위가 효력을 가지지 아니하는 때
> 2. 피참가인이 참가인의 소송행위를 방해한 때
> 3. 피참가인이 참가인이 할 수 없는 소송행위를 고의나 과실로 하지 아니한 때

보조참가가 이루어진 소송의 경우 판결의 기본적 효력인 기판력 및 집행력 등은 당사자 사이에만 미치는 것이지 보조참가인에게까지 미치는 것은 아니다. 그런데 법 제77조는 위에 적시된 바와 같이 원칙적으로 재판이 참가인에게도 효력이 미치는 것으로 규정하고 있는 바, 이 때 참가인에게도 재판의 효력이 미친다는 것의 의미에 대하여 견해의 대립이 있으나,[433] 보조참가인 측의 제1소송에서의 패소 이후 참가인과 피참가인의 제2의 소송에서 참가인이 제1소송에서의 판결의 내용이 부당하다고 주장할 수 없다는 의미의 특수한 효력으로서의 참가효를 인정한 것이라는 것이 통설 및 판례의 태도이다. 참가효는 기판력과는 다르다.

2. 기판력과 참가효의 차이

		기판력	참가효
성질		직권조사사항	항변사항
발생원인	전소판결의 형태	승소·패소 여부를 불문하고 발생	전소에서 참가인측이 패소한 경우에 발생
	당사자의 주관적 책임여부	전소판결의 결론에 당사자의 주관적 책임이 있는지 여부를 불문하고 발생	전소판결의 패소에 대해 피참가인의 책임으로 돌릴 수 있는 사정이 있다면 예외적으로 배제
범위	주관적 범위	원칙적으로 전소의 당사자 사이에 미침	피참가인과 참가인 사이에서만 효력이 미침(참가가능한 자로서 소송고지를 받는 사람에게도 미침)

---

[433] 이에 대해 기판력이라는 기판력설 및 보조참가인과 피참가인 간에는 참가효·참가인과 상대방사이에는 기판력 내지 쟁점효가 발생한다는 신기판력설(강현중, 전게서, 226면 이하.)도 있다.

	기판력	참가효
객관적 범위	주문에 포함된 사항에 한하여 기판력 발생	주문뿐만 아니라 판결이유 중 판단에 대하여도 발생

3. 효력의 범위

(1) 주관적 범위

참가효는 피참가인과 참가인 사이에서만 그 효력이 발생하며, 피참가인의 상대방과 참가인 사이에는 효력이 미치지 않는다.(1988.12.13. 86다카2289)

> 예를 들어 채권자가 보증인을 상대로 보증금청구소송을 제기하고, 이에 주채무자가 보증인을 위하여 보조참가를 하였으나 보증인측이 패소한 경우, ① 주채무자는 이후 보증인의 구상금청구에 대하여 주채무의 존재를 더 이상 다툴 수 없는 참가효가 발생하는 것이지만, ② 채권자가 주채무의 이행을 청구하는 경우 보조참가소송의 판결이 부당하다는 점을 들어 다툴 수 있게 된다.

(2) 객관적 범위

(가) 일 반

① 참가효는 기판력과 달리 판결주문뿐만 아니라 판결이유 중의 판단에도 그 효력이 미친다.[434] 그러나 「보조참가인에 대한 전소확정판결의 효력을 전소확정판결의 기초가 된 사실상 및 법률상 판단으로서 보조참가인이 피참가인과 공동의 이익으로 주장하거나 다툴 수 있었던 사실에 한하여 참가적 효력이 미친다.(2015.5.28. 2012다78184)」

② 다만, 소송판결에는 참가효가 없다. 참가효는 본안확정판결에 미치는 것이기 때문이다.

(나) 보조참가신청이 취하되거나 각하된 경우

① 보조참가신청이 취하된 경우 판례는 참가적 효력을 인정한다.(1974.6.4. 73다1030)

② 다만, 보조참가신청이 각하된 경우에는 참가적 효력이 발생하지 않는다.

(다) 보조참가된 소송이 확정판결에 의하지 않고 종료된 경우

예컨대, 전소가 확정판결이 아닌 화해권고결정에 의하여 종료된 경우에는 참가적 효력이 인정되지 않는다.(2015.5.28. 2012다78184)

---

434) 이는 제77조의 효력의 법적 성질에 대하여 어떠한 견해를 취하든 마찬가지라 한다.(정동윤·유병현, 전게서, 941면)

> 전소가 확정판결이 아닌 화해권고결정에 의하여 종료된 경우, 참가적 효력이 인정되는지 여부 (소극)
> 보조참가인이 피참가인을 보조하여 공동으로 소송을 수행하였으나 피참가인이 소송에서 패소한 경우에는 형평의 원칙상 보조참가인이 피참가인에게 패소판결이 부당하다고 주장할 수 없도록 구속력을 미치게 하는 이른바 참가적 효력이 인정되지만, 전소 확정판결의 참가적 효력은 전소 확정판결의 결론의 기초가 된 사실상 및 법률상의 판단으로서 보조참가인이 피참가인과 공동이익으로 주장하거나 다툴 수 있었던 사항에 한하여 미친다. 이러한 법리에 비추어 보면 전소가 확정판결이 아닌 화해권고결정에 의하여 종료된 경우에는 확정판결에서와 같은 법원의 사실상 및 법률상의 판단이 이루어졌다고 할 수 없으므로 참가적 효력이 인정되지 아니한다.(대법원 2015.5.28. 선고 2012다78184 판결)

4. 참가효의 배제(제77조 각호 참조)

관련기출
• 2021년 변호사

〈 기초적 사실관계 〉
甲은 2018. 4. 1. 乙에게 금 1억 원을 대여하였고, 丙은 乙을 위하여 이를 연대보증하였다. 甲은 2019. 2. 1. 丙을 상대로 대여금 채무의 연대보증 채무의 이행을 구하는 소(이하 '전소'라고 함)를 제기하였고, 丙은 전소의 제1회 변론기일에서 '대여금 채무의 주채무가 2018. 10. 1. 乙의 변제로 소멸하였다.'고 주장하였다. 전소의 1심 진행 도중 乙이 주채무를 변제하였음을 주장하며 보조참가를 하였다.(보조참가는 적법한 것을 전제로 할 것. 아래 각 설문은 독립적 사안임)

〈 추가적 사실관계 1 〉
丙은 1심에서 패소하였고, 위 판결정본은 2019. 6. 11. 乙에게, 2019. 6. 15. 甲과 丙에게 각 송달되었다. 이에 대하여 乙만이 2019. 6. 28. 항소하였고 丙은 2019. 7. 14. 乙의 항소를 취하하였다.

〈 문제 〉
1. 乙의 항소와 丙의 항소 취하는 각각 유효한가?

〈 추가적 사실관계 2 〉
丙은 제2회 변론기일에서 제1회 변론기일에 출석하여 진술한 '주채무가 乙의 변제로 소멸하였다.'는 주장을 철회하고, 주채무는 아직 변제되지 않았다는 사실, 丙이 乙의 주채무에 대하여 연대보증계약을 체결한 사실을 인정하였다. 이로 인하여 甲의 승소판결이 선고되었고 그 판결이 확정되자 丙은 판결에 따른 연대보증채무를 변제하였다. 이후 丙은 乙을 상대로 위 연대보증채무의 이행에 따른 구상금 청구의 소(이하 '후소'라고 함)를 제기하였고 이에 대해 乙은 전소제기 전에 이미 주채무를 자신이 변제하였으므로 丙의 청구는 기각되어야 한다고 주장하였다.

〈 문제 〉
2. 후소 법원은 乙의 주채무 변제사실을 인정할 수 있는가?

답 안

1. **문제 1.의 해결**
   (1) **문제의 소재**
   (2) **보조참가인의 법적 지위**
      (가) **보조참가인의 독립성**
      보조참가인은 참가 이후에는 독립한 법적지위를 가지므로 소송절차 참여권이 있고, 그에 따라 각종의 송달 등에 있어서도 보조참가인에 대한 소송절차 참여기회를 위하여 그 송달 등이 있어야 한다.
      (나) **보조참가인의 종속성**
      보조참가인은 독립성을 가지는 한편, 소송당사자가 아니라는 점에서 종속성을 갖는다.
      따라서, ① ㉠보조참가인은 소송 진행 정도에 비추어 피참가인이 할 수 없는 행위, ㉡ 피참가인에 어긋나는 행위, ㉢ 피참가인에 불리한 행위, ㉣ 소의 취하나 청구의 변경 등 소의 처분행위 및 ㉤ 견해대립은 있으나 피참가인의 사법행위는 하지 못함이 원칙이며, ② 보조참가인의 사망 등은 소송절차 중단사유가 되지 않고, ③ 상소기간에 있어서도 피참가인에게 송달이 된 때를 기준으로만 상소기간을 계산하게 된다.
   (3) **사안의 적용**
      피고 보증인 丙 및 피고 측 보조참가인 乙에 대한 판결정본이 2019. 6. 11. 乙에게, 2019. 6. 15. 甲과 丙에게 각 송달되었다면, 피참가인인 丙에 대한 판결서 송달일인 2019. 6. 15.로부터 2주 이내에 항소가 이루어져야 하는 바, 보조참가인 乙이 2019. 6. 28.에 한 항소는 항소기간을 준수하였으나, 그 후 丙은 2019. 7. 14. 乙의 항소를 취하하였다면, 이에 어긋나는 행위인 보조참가인 乙의 항소행위는 효력이 없고, 항소취하는 유효하게 된다.

2. **문제 2.의 해결**
   (1) **문제의 소재**
   (2) **보조참가의 참가적 효력**
      (가) **일 반**
      보조참가인이 참가한 소송에서 피참가인이 패소한 경우 그 재판의 효력은 참가인에게도 미치는 바(제77조), 이 효력의 법적 성질은 참가적 효력이라는 특수한 효력으로 봄이 다수설 및 판례의 태도이다.
      참가적 효력은 ① 피참가인과 보조참가인 사이에만 적용되고, ② 판결의 주문뿐만 아니라 이유에 대하여도 그 효력이 발생하며, ③ 피참가인이 패소한 경우에 적용이 된다는 점에서 기판력과는 다르다.
      (나) **참가적 효력의 배제**
      참가적 효력은 ① 참가인이 할 수 없는 소송행위 또는 참가인의 소송행위가 효력을 가지지 아니하는 때, ② 피참가인이 참가인의 소송행위를 방해한 때 및 ③ 피참가인이 참가인이 할 수 없는 소송행위를 고의나 과실로 하지 아니한 때에는 발생하지 않는다.(제77조)

(3) 사안의 적용

丙은 제2회 변론기일에서 제1회 변론기일에 출석하여 진술한 '주채무가 乙의 변제로 소멸하였다.'는 주장을 철회하고, 주채무는 아직 변제되지 않았다는 사실, 丙이 乙의 주채무에 대하여 연대보증계약을 체결한 사실을 인정하였다.

위 사실 중 주채무가 변제되었다는 점을 보조참가인 乙이 하였음에도 피참가인인 소송당사자인 피고 丙이 자백을 하였으므로, 보조참가인 乙의 주장은 그 효력을 잃게 되었고, 그렇다면 제77조 제1호의 보조참가인의 소송행위가 효력을 가지지 아니하는 때에 해당하므로, 이후 피참가인 丙이 패소판결이 확정되었다 하더라도 참가적 효력이 배제되어 乙은 이후의 丙과의 구상금청구소송에서 자신의 변제사실을 주장할 수 있다.

쟁점 71 공동소송적 보조참가

I. 총 설

> **제78조(공동소송적 보조참가)** 재판의 효력이 참가인에게도 미치는 경우에는 그 참가인과 피참가인에 대하여 제67조 및 제69조를 준용한다.

재판의 효력이 제3자에게 미치는 경우에 그 제3자가 하는 보조참가를 공동소송적 보조참가라 한다. 이는 공동소송참가를 할 수 없지만 재판의 효력이 미치는 자가 소송에 참가하여 보호받기 위한 것으로서, 종래 해석상 인정되던 것을 개정법이 명문화하였다. 공동소송적 보조참가로 볼 것인지의 여부는 당사자의 신청에 구애되는 것이 아니고 법원이 법령해석에 의하여 결정한다.(1962.5.17. 선고 4294행상172)

II. 요 건

1. 재판의 효력을 받는 자의 참가

(1) 제3자의 소송담당의 경우 권리귀속주체가 보조참가를 하는 경우

　(가) 갈음형 법정소송담당

　　갈음형의 경우 권리귀속주체가 기판력을 받지만(제218조 제3항), 권리귀속주체는 당사자적격이 없으므로 이 자가 참가신청을 한다면 공동소송적 보조참가에 해당한다. (예 파산관재인의 소송에 파산선고를 받은 자가 참가하는 경우, 회생관리인의 소송에 회생채무자가 참가하는 경우 등)

> 파산관재인이 파산재단에 관한 소송을 할 때 그 재판의 효력이 미치는 채무자는 통상의 보조참가는 물론 공동소송적 보조참가를 할 수도 있다.(대법원 2012.11.29. 선고 2011다109876 판결 ; 대법원 2015.10.29. 선고 2014다13044 판결)

　(나) 병행형 법정소송담당

　　병행형 소송담당의 경우, 권리귀속주체는 기판력도 받는 자이며, 당사자적격도 존재하지만 이 때 이 자가 소송을 제기하면 중복소제기라는 이유로 금지될 것이므로 결국 공동소송참가는 할 수 없고 공동소송적 보조참가가 가능할 뿐이다.

　　① 채권자대위소송의 경우 — 채무자는 공동소송적 보조참가

　　　채권자대위소송도 병행형 법정소송담당에 포함된다는 통설에 따르면 이 경우의 채무자 역시 공동소송적 보조참가를 하게 된다.[435]

---

[435] 이에 반하여 ① 채권자대위권은 소송담당이 아니므로 공동소송적 보조참가가 아니라는 견해(호문혁) 및 ② 채권자대위권 행사사실 통지 후에 공동소송적 보조참가가 가능하다는 견해(김홍엽)도 있다.

② 주주대표소송에의 회사의 참가 — 공동소송참가

주주대표소송에 회사가 하는 참가가 공동소송적 보조참가인지 공동소송참가인지는 견해대립이 크다. 판례는 공동소송참가로 본다.

> **주주대표소송에 있어서의 회사의 참가는 공동소송참가**
> 주주의 대표소송에 있어서 원고 주주가 원고로서 제대로 소송수행을 하지 못하거나 혹은 상대방이 된 이사와 결탁함으로써 회사의 권리보호에 미흡하여 회사의 이익이 침해될 염려가 있는 경우 그 판결의 효력을 받는 권리귀속주체인 회사가 이를 막거나 자신의 권리를 보호하기 위하여 소송수행권을 가진 정당한 당사자로서 그 소송에 참가할 필요가 있으며, 회사가 대표소송에 당사자로서 참가하는 경우 소송경제가 도모될 뿐만 아니라 판결의 모순·저촉을 유발할 가능성도 없다는 사정과, 상법 제404조 제1항에서 특별히 참가에 관한 규정을 두어 주주의 대표소송의 특성을 살려 회사의 권익을 보호하려던 입법 취지를 함께 고려할 때, 상법 제404조 제1항에서 규정하고 있는 회사의 참가는 공동소송참가를 의미하는 것으로 해석함이 타당하고, 나아가 이러한 해석이 중복제소를 금지하고 있는 민사소송법 제234조에 반하는 것도 아니다.(대법원 2002.3.15. 선고 2000다9086 판결)436)

(2) 대세효가 미치는 경우

가사소송·회사관계소송·행정소송·선거소송·권한쟁의심판·헌법소원 등 대세효가 인정되는 소송에서 당사자적격이 없는 제3자가 보조참가를 하는 경우도 공동소송적 보조참가가 가능하다.

㉠ 자(子)가 부(父)의 사망을 이유로 검사를 피고로 인지청구의 소를 제기할 때 부(父)의 친족 측이 검사 편으로 하는 참가는 공동소송적 보조참가

(3) 공동소송참가를 할 수 있는 자가 제소기간 경과로 인하여 공동소송참가를 할 수 없는 경우

판결의 효력을 받는 제3자는 제소기간 이내에는 공동소송참가가 가능하나, 제소기간을 도과한 경우라면 더 이상 공동소송참가는 할 수 없고, 공동소송적 보조참가만이 가능하다.

2. 보조참가의 일반적 요건의 구비

공동소송적 보조참가인도 당사자는 아닌 것이므로 보조참가의 일반적 요건은 구비하여야 한다. 따라서 ① 타인 간 소송이 계속 중일 것, ② 소송절차를 현저히 지연시키지 아니할 것 및 ③ 소송행위의 유효요건을 구비할 것 등의 요건을 갖추어야 한다.

Ⅲ. 절 차

1. 참가신청 등

이에 대하여는 일반적인 보조참가와 동일하므로 보조참가에 대한 부분과 논의는 동일하다.

---

436) 이에 반하여 이러한 판례의 태도는 의문이라는 견해에 이시윤. 전게서. 263면. 다만, 상법학계의 통설은 공동소송참가.

> **공동소송적 보조참가신청에 대하여 결정이나 판결 주문에 판단하지 않은 경우, 재판누락에 해당함**
> 당사자가 보조참가에 대하여 이의를 신청한 때에는 법원은 참가를 허가할 것인지 아닌지를 결정하여야 하고(민사소송법 제73조 제1항), 다만 이를 결정이 아닌 종국판결로써 심판하였더라도 위법한 것은 아니며(대법원 1962.1.11. 선고 4294민상558 판결 등 참조), 이는 재판의 효력이 미치는 제3자가 공동소송적 보조참가를 한 경우에 그 참가에 대하여 당사자가 이의를 신청한 때도 같다. 그리고 판결에는 법원의 판단을 분명하게 하기 위하여 결론을 주문에 기재하도록 하고 있으므로, 비록 판결 이유에서 그 당부를 판단하였더라도 주문에 설시가 없으면 특별한 사정이 없는 한 그에 대한 재판은 누락된 것으로 보아야 하고, 재판의 누락이 있는 경우 그 부분 소송은 여전히 그 심급에 계속 중이어서 적법한 상소의 대상이 되지 아니하므로 그 부분에 대한 상소는 부적법하다.(대법원 2007.11.16. 선고 2005두15700 판결 ; 대법원 2015.10.29. 선고 2014다13044 판결)[437]

2. 심 리 — 공동소송적 보조참가인의 지위 쟁점

공동소송적 보조참가인은 형식적으로는 보조참가인이나, 본 소송의 판결을 받는 자라는 점에서는 실질적으로 필수적 공동소송인에 유사한 지위를 가진다.[438] 따라서 필수적 공동소송에 대한 제67조와 제69조가 준용된다.(제78조)

(1) 특칙의 적용(보조참가와 달리 취급하는 경우)

(가) 제76조 제2항의 배제

① 피참가인이라도 「피참가인의 소송행위는 모두의 이익을 위하여서만 효력을 가지고, 공동소송적 보조참가인에게 불이익이 되는 것은 효력이 없다.(2015.10.29. 2014다13044)」

- 즉, 피참가인이 단독으로 상소권을 포기하거나 상소취하, 청구의 포기·인낙, 화해, 자백을 하여도 그 효력이 없다.
- 소의 취하를 피참가인이 할 수 있는지에 대하여는 가능하다는 견해[439]와 불가능하다는 견해[440]의 대립이 있다.

---

437) 「기록에 의하면, 원고 공동소송적 보조참가인(이하 '참가인'이라 한다)이 2013. 3. 14. 제1심법원에 공동소송적 보조참가신청서를 제출하자, 이에 대하여 피고가 2013. 3. 22. 참가인의 공동소송적 보조참가가 허용되어서는 아니 된다는 취지의 준비서면을 제출함으로써 이의를 신청한 사실, 그럼에도 제1심은 변론기일이나 기일 외에 참가인의 공동소송적 보조참가를 허가할 것인지 아닌지를 결정하지 아니하였고, 제1심판결의 주문에서도 이에 관하여 아무런 판단을 하지 아니한 사실, 피고가 제1심판결에 대하여 항소하자, 원심은 참가인의 공동소송적 보조참가신청이 부적법하다고 보아 이를 각하하는 판결을 선고한 사실을 알 수 있다. 이와 같은 사실관계를 앞서 본 법리에 비추어 살펴보면, 제1심은 참가인의 참가 허부에 대한 재판을 누락하였다고 할 것이므로 이 부분은 여전히 제1심에 계속 중이어서 적법한 상소의 대상이 되지 아니한다. 그럼에도 원심은 이를 간과한 채 이 부분을 심판대상으로 오인하여 참가인의 참가신청이 부적법하다고 보아 이를 각하하는 판결을 선고하였으니, 이러한 원심의 조치에는 재판의 누락과 상소의 대상 등에 관한 법리를 오해함으로써 판결 결과에 영향을 미친 위법이 있다. 이 점을 지적하는 취지의 상고이유의 주장은 이유 있다.」
438) 정동윤·유병현, 전게서, 945면.
439) 이시윤, 전게서, 695면.
440) 정동윤·유병현, 전게서, 945면.

- 재심의 소를 취하하는 것도 공동소송적 보조참가인에 불리한 행위이므로 재심의 소에 공동소송적 보조참가인이 참가한 후에는 피참가인이 재심의 소를 취하하더라도 공동소송적 보조참가인의 동의가 없는 한 효력이 없다.(2015.10.29. 2014다13044)
- 나아가 「통상의 보조참가인이 재심의 소를 제기한 경우에는 피참가인이 통상의 보조참가인에 대한 관계에서 재심의 소를 취하할 권능이 있더라도 이를 통하여 공동소송적 보조참가인에게 불리한 영향을 미칠 수는 없으므로 피참가인의 재심의 소 취하로 인하여 재심의 소 제기가 무효로 된다거나 부적법하게 된다고 볼 것도 아니다.(2015.10.29. 2014다13044)」

② 또한 참가인은 피참가인에게 유리하다면 피참가인의 행위와 어긋나는 소송행위를 할 수도 있다.

(나) 상소기간의 독립적 계산

참가인의 상소기간은 참가인에 대한 판결정본 송달 시로부터 피참가인과 독립하여 계산하는 것으로, 보조참가에서 피참가인의 상소기간 내에 상소를 제기하여야 하는 것과는 차이가 있다.

(다) 참가인에게의 소송절차 중단·중지 사유 등의 발생

참가인에게 소송절차 중단 또는 중지사유가 발생한 경우 소송절차가 정지된다는 점에서도 보조참가와는 구별된다.

(2) 이외의 사항은 보조참가인의 지위

이상에서 본 사항을 제외하고는 공동소송적 보조참가인은 통상의 보조참가인과 동일한 지위를 갖는다.

① 공동소송적 보조참가인도 소송의 진행 정도에 따라 피참가인이 할 수 없는 행위는 할 수 없다. 즉,「통상의 보조참가인은 참가 당시의 소송상태를 전제로 하여 피참가인을 보조하기 위하여 참가하는 것이므로 참가할 때의 소송의 진행 정도에 따라 피참가인이 할 수 없는 행위를 할 수 없다. 공동소송적 보조참가인 또한 판결의 효력을 받는 점에서 민사소송법 제78조, 제67조에 따라 필수적 공동소송인에 준하는 지위를 부여받기는 하였지만 원래 당사자가 아니라 보조참가인의 성질을 가지므로 위와 같은 점에서는 통상의 보조참가인과 마찬가지이다.(2015.10.29. 2014다13044)」

② 또한 공동소송적 보조참가인도 청구의 변경, 반소제기 등을 할 수는 없다.

③ 나아가 이미 피참가인이 참가 이전에 행한 자백을 취소하거나 실기한 공격방어방법을 제출할 수도 없다.

④ 또한 본소가 부적법각하되는 경우 공동소송적 보조참가도 소멸한다.

Ⅳ. 효 력

당사자 및 공동소송적 보조참가인과 소송상대방과의 관계에서는 기판력이 발생한다. 참가인과 피참가인 간에는 참가효가 발생한다.

민사소송법 단문사례연습

쟁점 72 소송고지

관련기출
• 2018년 공인노무사

소송고지에 관하여 설명하시오. (25점)

I. 의 의

> **제84조(소송고지의 요건)**
> ① 소송이 법원에 계속된 때에는 당사자는 참가할 수 있는 제3자에게 소송고지(訴訟告知)를 할 수 있다.
> ② 소송고지를 받은 사람은 다시 소송고지를 할 수 있다.

「소송고지제도는 소송의 결과에 대하여 이해관계를 가지는 제3자로 하여금 보조참가를 하여 그 이익을 옹호할 기회를 부여함과 아울러 한편으로는 고지자가 패소한 경우의 책임을 제3자에게 분담시켜 후일에 고지자와 피고지자간의 소송에서 피고지자가 패소의 결과를 무시하고 전소확정판결에서의 인정과 판단에 반하는 주장을 못하게 하기 위해 둔 제도이다.(대법원 1986.2.25. 선고 85다카2091 판결; 1991.6.25. 선고 88다카6358 판결)」

II. 요 건

1. 타인간의 소송계속 중일 것

소송이 계속 중이라면 어느 심급에서도 소송고지가 가능하며, 판결절차·독촉절차·재심절차 등이 국내법원에 진행 중이면 그 대상이 될 수 있다. 다만, 제소전화해절차, 조정절차, 중재절차, 가압류·가처분절차는 이에 해당되지 않는다.

2. 고지여부는 자유

소송고지를 할 것인지의 여부는 고지자의 자유이나, 예외적으로 법률에 의하여 소송고지가 강제가 되는 경우가 있다.

> 이러한 예로는 ① 민사집행법 제238조의 추심의 소, ② 상법 제404조 제2항의 주주대표소송, ③ 비송사건절차법 제49조 제1항의 재판상의 대위, ④ 상법 제187조 등 회사관계소송에서의 공고의무, ⑤ 민법 제405조의 채권자대위권의 통지의무 등이 있다.

3. 고 지 자

당사자(당사자참가인, 참가승계·인수승계당사자 포함), 보조참가인 및 고지를 받은 피고지자(제84조 제2항)가 고지를 할 수 있다.

4. 피고지자

(1) 피고지자

고지를 받을 수 있는 사람은 당사자가 아닌 자로서 그 소송에 참가할 수 있는 제3자이다. 보조참가를 할 수 있는 제3자 뿐만 아니라 독립당사자참가, 공동소송참가 또는 권리승계참가를 할 수 있는 제3자 역시 이에 포함된다.

(2) 이중고지의 효력

동일인이 양쪽 당사자 모두로부터 소송고지를 받은 경우 양쪽 당사자 중 패소당사자와의 관계에서 참가적 효력이 발생한다.

Ⅲ. 절 차

1. 신 청

> 제85조(소송고지의 방식)
> ① 소송고지를 위하여서는 그 이유와 소송의 진행정도를 적은 서면을 법원에 제출하여야 한다.
> ② 제1항의 서면은 상대방에게 송달하여야 한다.

① 소송고지신청은 서면 또는 말로 가능하다. 서면에 의하건 말로 하는 경우이건 소송고지신청을 할 때에는 소송고지서를 동시에 제출하여야 한다.

② 소송고지서에는 그 이유와 소송의 진행정도를 적어야 한다.

2. 심 리

소송고지신청이 있으면 법원은 소송고지서의 방식 준수 여부를 조사한 후 흠이 발견되면 보정시키고, 보정에 응하지 않는 경우 신청을 각하하여야 하며, 이 각하결정에 대하여는 통상의 항고가 가능하다.(제439조)

3. 송 달 (제85조 제2항)

고지의 효력은 피고지자에게 소송고지서를 적법하게 송달한 경우에 발생한다.[441] 또한 피고지자 뿐만 아니라 상대방 당사자에게도 송달하여야 한다.

Ⅳ. 소송고지의 효과

1. 소송법상 효과

(1) 소송고지신청과 본소송과의 관계

① 소송고지신청이 있다 하여도 본소송의 진행과는 무관하므로 본소송은 그대로 진행된다.

② 그리고 피고지자가 소송에 참가할지 여부는 피고지자의 자유이며, 피고지자가 참가신청을 한 경우 고지자는 참가신청에 이의를 제기할 수 없으나, 그 상대방

---

441) 이시윤, 전게서, 699면 ; 법원행정처, 전게서(Ⅰ), 330면.

은 이의를 할 수 있다.
③ 만일 피고지자가 참가하지 않았다면 보조참가인이 아니므로 피고지자에게 기일통지를 하여야 하는 것은 아니다.

(2) 참가적 효력

> **제86조(소송고지의 효과)** 소송고지를 받은 사람이 참가하지 아니한 경우라도 제77조의 규정을 적용할 때에는 참가할 수 있었을 때에 참가한 것으로 본다.

(가) 참가적 효력이 미치는 범위

① 소송고지를 적법하게 송달받은 사람이 참가하지 않은 경우라도 보조참가를 할 이해관계가 있다면 소송에 참가할 수 있었을 때에 참가한 것으로 보아 참가적 효력이 미친다.

② 이 때 「피고지자가 후일의 소송에서 주장할 수 없는 것은 전소확정판결의 결론의 기초가 된 사실상, 법률상의 판단에 반하는 것으로서 피고지자가 보조참가를 하여 상대방에 대하여 고지자와 공동이익으로 주장하거나 다툴 수 있었던 사항에 한한다.(대법원 1986.2.25. 선고 85다카2091 판결; 1991.6.25. 선고 88다카6358 판결」)

- 따라서, 고지자와 피고지자 사이에 이해가 대립되는 사항에 대하여는 참가적 효력이 발생하지 않는다.[442]
- 나아가, 전소확정판결의 기초가 되지 않은 사실에 대하여는 참가적 효력이 인정되지 않는다.
- 같은 이유로, 「전소가 확정판결이 아닌 조정에 갈음하는 결정에 의하여 종료된 경우에는 확정판결에서와 같은 법원의 사실상, 법률상의 판단이 이루어졌다고 할 수 없으므로 참가적 효력이 인정되지 아니한다.[443]

(나) 고지자 아닌 그 상대방에 대해 참가한 경우의 효력

견해대립은 있으나, 피고지자가 고지자 아닌 그 상대방에 보조참가한 경우 소송고지로 인한 참가적 효력은 부정된다고 보아야 한다. 이 경우는 공동이익으로 주장하거나 다툴 수 있는 사항에 해당한다고 보기 어렵기 때문이다.[444]

---

442) 「소송고지제도는 소송의 결과에 대하여 이해관계를 가지는 제3자로 하여금 소송에 참가하여 그 이익을 옹호할 기회를 부여함과 아울러 고지자가 패소한 경우에는 형평의 견지에서 그 패소의 책임을 제3자에게 분담시키려는 제도로서 피고지자는 후일 고지자와의 소송에서 전소확정판결에서의 결론의 기초가 된 사실상 법률상의 판단에 반하는 것을 주장할 수 없게 된다.... 제3자가 고지자를 상대로 제기한 전부금청구소송에서 피고지자가 소송고지를 받고도 위 소송에 참가하지 아니 하였지만 고지자가 위 소송에서 제3자로부터 채권압류 및 전부명령을 받기 전에 피고지자에게 채권이 양도되고 확정일자있는 증서에 의하여 양도통지된 사실을 항변으로 제기하지 아니하여 위 소송의 수소법원이 위 채권압류 및 전부명령과 위 채권양도의 효력의 우열에 관하여 아무런 사실인정이나 법률판단을 하지 아니한 채 고지자에게 패소판결을 하였다면 피고지자는 위 소송의 판결결과에 구속받지 아니한다.(대법원 1991. 6. 25. 선고 88다카6358 판결)」

443) 대법원 2019.6.13. 선고 2016다221085 판결

> 예 무권대리 성립 시 본인이 무권대리임을 주장키 위해 무권대리인에게 소송고지하였으나, 무권대리인이 상대방에게 손해배상책임을 면하기 위하여 표현대리를 주장하는 상대방 측에 보조참가한 경우, 본인이 표현대리인에게 재차 손해배상청구를 하는 제2의 소송에 전소의 참가적 효력이 미치는 것은 아님

2. 실체법상의 효과

① 소송고지를 하면 어음·수표법상의 상환청구권에 대하여는 시효중단의 효력이 인정된다.(어음법 제80조, 수표법 제64조)445)

② 나아가 소송고지 그 자체는 민법상으로는 직접적인 시효중단사유로 규정되어 있지 않고, 단지 최고(민법 제174조)로서의 의미를 가질 뿐이며, 이 때 당사자가 소송고지서를 법원에 제출한 때에 시효중단의 효력이 발생한다.(2015.5.14. 2014다16494)

그리고, 민법 제174조에 의하여 6월 내에 재판상 청구 등을 하여야 한다고 할 때의 기산점은 소송고지서가 송달된 때가 아니라 당해 소송이 종료된 때로부터 기산된다.(2009.7.9. 2009다14340)

관련기출 • 2020년 법원행시

乙의 채권자 甲은 乙의 丙에 대한 채권에 대하여 압류 및 전부명령을 받고 丙에 대하여 전부금청구소송(제1소송)을 제기하였다. 한편 乙에 대한 다른 채권자인 丁은 乙의 丙에 대한 채권을 양수받았음을 이유로 丙을 상대로 양수금청구의 소(제2소송)를 제기하였다. 丙은 제1소송이 제기된 사실을 丁에게 소송고지 하였으나 丁은 제1소송에 참가하지 않았다. 제1소송에서 丙은 채권이 丁에게 양도되었다는 사실을 진술하지 않았고, 제1소송은 甲의 전부명령과 丁의 채권양수 사이 우열에 관하여 사실인정이나 법률판단을 하지 않은 채 甲 승소로 확정되었다. 丁은 제2소송에서 채권양수사실을 주장할 수 있는지를 서술하시오.

답안

1. 문제의 소재

2. 소송고지의 효력

판례는 "소송고지제도는 소송의 결과에 대하여 이해관계를 가지는 제3자로 하여금 소송에 참가하여 그 이익을 옹호할 기회를 부여함과 아울러 고지자가 패소한 경우에는 형평의 견지에서 그 패소의 책임을 제3자에게 분담시키려는 제도로서 피고지자는 후일 고지자와의 소송에서 전소확정판결에서의 결론의 기초가 된 사실상 법률상의 판단에 반하는 것을 주장할 수 없게 된다."

한편, 「제3자가 고지자를 상대로 제기한 전부금청구소송에서 피고지자가 소송고지를 받고도 위 소송에 참가하지 아니 하였지만 고지자가 위 소송에서 제3자로부터 채권압류 및 전부명령을 받기

---

444) 정동윤·유병현, 전게서, 949면; 이시윤, 전게서, 699면(각주4)
445) 어음법 제80조(소송고지로 인한 시효중단) ① 배서인의 다른 배서인과 발행인에 대한 환어음상과 약속어음상의 청구권의 소멸시효는 그 자가 제소된 경우에는 전자에 대한 소송고지를 함으로 인하여 중단한다.

전에 피고지자에게 채권이 양도되고 확정일자 있는 증서에 의하여 양도통지된 사실을 항변으로 제기하지 아니하여 위 소송의 수소법원이 위 채권압류 및 전부명령과 위 채권양도의 효력의 우열에 관하여 아무런 사실인정이나 법률판단을 하지 아니한 채 고지자에게 패소판결을 하였다면 피고지자는 위 소송의 판결결과에 구속받지 아니한다.(대판 1991. 6. 25. 88다카6358)」고 하였다.

3. 사안의 적용
위 판례에 따를 때, 丙은 제1소송이 제기된 사실을 丁에게 소송고지 하였으나 丁은 제1소송에 참가하지 않았고, 제1소송에서 丙은 채권이 丁에게 양도되었다는 사실을 진술하지 않았고, 제1소송은 甲의 전부명령과 丁의 채권양수 사이 우열에 관하여 사실인정이나 법률판단을 하지 않은 채 甲 승소로 확정되었다면, 丁은 제2소송에서 채권양수사실을 주장할 수 있다.

관련기출
• 2020년 법원행시

甲은 X아파트를 건축한 시공사이고, 乙은 甲으로부터 X아파트 신축공사 중 일부를 하도급 받아 시공한 회사이다. X아파트에 대하여 하자가 발생하자, X아파트 입주자대표회의는 甲을 상대로 하자보수에 갈음하는 손해배상을 청구하였고, 甲은 乙에게 소송고지하였으나 乙은 보조참가하지 않았다. 법원은 甲과 입주자대표회의에 대하여 조정에 갈음하는 결정을 하였고 이는 확정되었다.(선행소송) 이후 甲은 乙에게 각 시공 부분에 관한 손해배상소송을 제기하였는데(후행소송), 여기에서 乙은 하자가 자신의 귀책사유로 인한 것이 아니라는 등의 주장을 할 수 있는지를 설명하시오.

답안

1. 문제의 소재

2. 소송고지의 효력
판례는 「소송고지제도는 소송의 결과에 대하여 이해관계를 가지는 제3자로 하여금 소송에 참가하여 그 이익을 옹호할 기회를 부여함과 아울러 고지자가 패소한 경우에는 형평의 견지에서 그 패소의 책임을 제3자에게 분담시키려는 제도로서 피고지자는 후일 고지자와의 소송에서 전소확정판결에서의 결론의 기초가 된 사실상 법률상의 판단에 반하는 것을 주장할 수 없게 된다.」
다만, 이는 법원의 사실상 및 법률상 판단을 있음을 전제로 하는 것이므로 판례는 전소가 확정판결이 아닌 조정에 갈음하는 결정으로 이루어진 이상 참가적 효력을 인정할 수 없다고 하였다.(대판 2019.6.13. 2016다221085)

3. 사안의 적용
위 판례에 따를 때, 선행소송이 조정에 갈음하는 결정으로 확정된 이상 후행소송에 참가적 효력은 미치지 않으므로, 乙은 하자가 자신의 귀책사유로 인한 것이 아니라는 등의 주장을 할 수 있다.

쟁점 73 공동소송참가

관련기출　　　　　　　　　　　　　　　　　　　　　　　　　　　• 2019년 공인노무사

공동소송참가에 관하여 설명하시오. (25점)

Ⅰ. 총   설

> **제83조(공동소송참가)**
> ① 소송목적이 한쪽 당사자와 제3자에게 합일적으로 확정되어야 할 경우 그 제3자는 공동소송인으로 소송에 참가할 수 있다.
> ② 제1항의 경우에는 제72조(보조참가신청의 방식: 필자주)의 규정을 준용한다.

공동소송참가는 타인간의 소송의 목적이 당사자 일방과 제3자에 대하여 합일적으로 확정될 경우 즉, 타인간의 소송의 판결의 효력이 제3자에게도 미치게 되는 경우에 한하여 그 제3자에게 허용되는 참가제도이다.(대법원 2001.7.13. 선고 2001다13013 판결) 이 경우 공동소송참가인은 원고 또는 피고의 공동소송인으로서 참가하게 되어, 참가인과 피참가인 간에는 필수적 공동소송관계가 발생한다.446)

Ⅱ. 요   건

1. **신소제기의 실질을 고려**

   공동소송참가는 타인 간 소송계속 중에 가능하지만, 신소제기의 실질을 갖고 있으므로 상고심에서의 공동소송참가는 불가능하다는 것이 판례(1961.5.4. 선고 4292민상853)의 태도이다.447) 나아가 공동소송참가가 신소제기라면 공동소송참가인은 당사자적격 등 소송요건을 갖추어야 한다.

2. **참가인과 피참가인 사이에 합일확정의 필요가 있을 것**

   소송의 목적이 당사자 일방과 참가인간에 합일확정될 수 있는 경우 즉, 참가인과 피참가인의 관계가 필수적 공동소송인의 관계에 있어야 한다.
   ① 유사필수적 공동소송관계에서는 수인의 자 중 어느 1인만이 소를 제기하는 것도 적법하다. 그리고 이 소에 유사필수적 공동소송관계에 있는 다른 자가 참가신청을 한다면 이것이 공동소송참가를 하는 가장 대표적인 경우에 해당한다.
   ② 문제는 고유필수적 공동소송관계에 있는 수인의 자 중 어느 1인만이 제소하였다면

---

446) 법원행정처, 전게서(Ⅰ), 325면.
447) 다만, 이에 대하여 통설은 참가하지 않아도 판결의 효력이 미친다는 점을 고려한다면 상고심에서도 공동소송참가를 인정하여야 한다고 본다.(이시윤, 전게서, 716면)

이는 부적법한 소제기로써 각하되어야 할 것이지만, 이때에도 누락된 다른 자가 공동소송참가를 통하여 소송에 참여함으로써 소각하 없이 소를 유지할 수 있는 보정방안으로 공동소송참가를 활용할 수 있는가인데, 통설은 인정한다.[448]

【공동소송참가 여부와 관련된 예】
(1) 공동소송참가가 허용되는 예
- 어느 주주가 주주총회결의취소의 소를 제기한 경우, 그 소의 판결의 효력을 받을 다른 주주가 공동원고로서 소송에 참가하는 경우
- 주주대표소송에 회사가 하는 참가(2002. 3. 15. 2000다9086)
- 일정한 단체는 법원의 허가를 받아 소비자단체소송에 공동소송참가 가능(소비자단체소송규칙 제13조)
- 채권자대위소송 중 다른 채권자가 채권자대위권을 행사하면서 참가하는 경우(2015. 7. 23. 2013다30301 등)

(2) 공동소송참가가 허용되지 않는 예
(가) 판결의 효력을 받지 않는 자가 하는 참가이므로 공동소송참가라고 볼 수 없는 예
- 이사회결의무효확인의 소에 제3자가 하는 참가[449]
(나) 판결의 효력을 받는 자의 참가이지만 참가 이후에는 당사자적격 등 소송요건을 결하게 되므로 공동소송참가가 인정되지 않는 예
- 파산관재인의 소송 중에 파산자가 참가하는 경우 등 갈음형 소송담당에서의 피담당자의 참가
- 채권자대위소송 중 채무자의 참가
- 어음금청구소송 중 어음・추심위임배서를 한 배서인의 참가

채권자대위소송 계속 중 다른 채권자가 동일한 채무자를 대위하여 채권자대위권을 행사하면서 공동소송참가신청을 한 경우, 참가신청이 적법한지 여부(한정 적극) 및 이때 양 청구의 소송물이 동일한지 판단하는 기준 원고가 일부 청구임을 명시하여 피대위채권의 일부만을 청구한 것으로 볼 수 있는 경우, 참가인의 공동소송참가신청이 적법한지 여부(원칙적 적극)
채권자대위소송이 계속 중인 상황에서 다른 채권자가 동일한 채무자를 대위하여 채권자대위권을 행사하면서 공동소송참가신청을 할 경우, 양 청구의 소송물이 동일하다면 민사소송법 제83조 제1항이 요구하는 '소송목적이 한쪽 당사자와 제3자에게 합일적으로 확정되어야 할 경우'에 해당하므로 참가신청은 적법하다. 이때 양 청구의 소송물이 동일한지는 채권자들이 각기 대위행사하는 피대위채권이 동일한지에 따라 결정되고, 채권자들이 각기 자신을 이행 상대방으로 하여 금전의 지급을 청구하였더라도 채권자들이 채무자를 대위하여 변제를 수령하게 될 뿐 자신의 채권에 대한 변제로서 수령하게 되는 것이 아니므로 이러한 채권자들의 청구가 서로 소송물이 다르다고 할 수 없다. 여기서 원고가 일부 청구임을 명시하여 피대위채권의 일부만을 청구한 것으로 볼 수 있는 경우에는 참가인의 청구금액이 원고의 청구금액을 초과하지 아니하는 한 참가인의 청구가 원고의 청구와 소송물이 동일하여 중복된다고 할 수 있으므로 소송목적이 원고와 참가인에게 합일적으로 확정되어야 할 필요성을 인정할 수 있어 참가인의 공동소송참가신청을 적법한 것으로 보아야 한다.(대법원 2015. 7. 23. 선고 2013다30301 판결)

---

448) 이는 필수적 공동소송에서의 추가신청은 1심 변론종결 전까지만 가능하지만, 공동소송참가를 인정하면 적어도 사실심단계에서는 누락당사자의 보정이 가능하다는 장점 및 추가신청은 기존 원고 당사자만 신청할 수 있지만 공동소송참가는 누락당사자가 스스로 신청이 가능하다는 장점 때문이다.
449) 대세효를 인정하지 않으면서 유사필수적 공동소송이라 함은 의문이며, 다시 유사필수적 공동소송임에도 공동소송참가가 아니라는 것은 역시 의문이라는 견해에 이시윤. 616면.

Ⅲ. 절 차

1. 참가신청

(1) 서면일 것
참가신청방식에는 보조참가신청에 대한 규정이 준용되나($^{제83조}_{제2항}$), 원고 측으로의 공동소송참가신청은 신소제기의 실질을 가지므로 소액사건을 제외하고는 반드시 서면에 의할 것이 요구되며, 피고 측으로의 공동소송참가신청의 경우에도 원고의 경우와의 균형상 서면일 것을 요구하는 것이 통설의 태도이다.[450]

(2) 신청서 기재 및 인지
보조참가에서와 같이 참가의 취지와 이유를 명시하여야 하며, 원고 측 공동소송참가신청서에는 심급에 따라서 소장이나 항소장에 준하는 액수의 인지를 붙이고($^{민사소송 등 인지법}_{제2조, 제6조}$), 피고 측 공동소송참가인은 인지 500원을 붙인다.

2. 신청서 부본의 송달
신청서 부본은 양 당사자에게 송달한다.($^{제83조}_{제72조}$)

3. 심 리

(1) 공동소송참가에 대한 당사자의 이의는 불가
공동소송참가에 대하여는 당사자가 이의를 신청할 수 없다.[451] 신소제기의 실질을 갖기 때문이다.

(2) 법원의 직권에 의한 참가적부심사는 가능
법원은 직권으로 참가의 허부에 대한 심사를 할 수 있다.

(3) 참가요건 불비 시 — 다른 참가신청으로의 전환인정
법원의 참가요건심사 후 흠이 발견되었다면 종국판결로 참가신청을 각하하여야 하는 것이나, 다른 참가신청 즉, 보조참가나 공동소송적 보조참가로써의 요건은 충족된다면 소송행위의 전환을 인정하여 그 다른 참가신청으로 보아도 무방하다.[452]

(4) 참가요건 구비 시
참가가 적법한 경우에는 참가인과 피참가인은 필수적 공동소송인이 되므로 필수적 공동소송에 관한 법 제67조가 적용된다.[453]

---

[450] 법원행정처, 전게서(Ⅰ), 327면.
[451] 법원행정처, 전게서(Ⅰ), 327면 ; 이시윤, 전게서, 718면.
[452] 법원행정처, 전게서(Ⅰ), 328면 ; 이시윤, 전게서, 718면.
[453] 법원행정처, 전게서(Ⅰ), 328면.

관련기출

• 2010년 법원행시

甲은 2010.1.1. 乙과 사이에, 乙 소유의 서울 서초구 주택(이하 이 사건 주택이라 함)을 1억 원에 매수하는 계약을 체결하였다. 그런데 甲이 乙로부터 소유권이전등기를 마치기 이전인 2010.1.4. 丙이 乙에 대하여 대여금 1억 원이 있다고 주장하면서 이 사건 주택을 가압류하여 같은 날 이 사건 주택에 가압류등기가 마쳐졌다. 甲은 가압류등기가 마쳐진 이후인 2010.1.11.에야 이 사건 주택에 관하여 甲명의로 소유권이전등기를 마쳤다. 이후 丙은 2010.2.1. 乙을 상대로 서울중앙지방법원에 1억 원의 대여금 청구소송을 제기하였다. 그런데 丙은 대여금에 대한 증거를 제출하지 못하였는데도 乙은 그 변론기일에 전혀 참석하지 않고 준비서면도 제출하지 않는 등 다투지 아니하였다. 이에 甲이 乙의 참가인으로 위 소송에 참가하여 원고 丙의 피고 乙에 대한 채권이 존재하지 않는다고 다투었다. 제1심 법원은 원고 丙의 채권을 인정할 증거가 없다고 하여 원고의 청구를 기각하였다.

원고 丙은 항소하였는데 항소심에서도 대여금에 대한 증거는 제출하지 못하였다. 그런데 피고 乙은 항소심 변론기일에 출석하여 원고의 주장에 대하여 자백하였다. 그러자 참가인 甲은 그 변론기일에서 다음과 같이 주장하면서 피고 乙의 자백에 관하여 다투었다.

'甲이 피고 乙로부터 이 사건 주택을 매수하였으나 그 소유권이전등기를 완료하지 못하고 있던 중, 원고 丙이 위와 같이 가압류등기를 마쳤는데 원고와 피고는 과거 부부였던 사이어서 원고의 피고에 대한 이 사건 대여금채권은 허위이고 이 사건에서 원고가 피고를 상대로 승소할 경우 이 사건 주택에 대하여 강제집행을 할 것이 예상되고 그에 따라 소유권이전등기를 마친 甲으로서는 그 소유권을 상실하게 될 우려가 있으며 다른 재산이 없는 피고 乙로부터 배상을 받지도 못하는 손해를 입게 될 우려가 있다.'

이후 항소심은 변론을 종결하였다.

(2) 위 소송에서 甲의 지위는 보조참가인, 공동소송적 보조참가인, 공동소송참가인 중에 어디에 속하는 것인지를 논하시오.

(3) 항소심 법원은 원고의 청구에 대하여 어떻게 판단하여야 하는지를 논하시오.

답 안

1. 문제 (2)의 해결

(1) 문제의 소재

(2) 공동소송참가나 공동소송적 보조참가인지 여부

공동소송참가나 공동소송적 보조참가에 해당하기 위하여는 재판의 효력이 참가인에게도 미치는 경우라야 한다.

판례도 사안과 유사한 사안에서 단순히 가압류에 의한 강제집행의 우려가 있다는 것만으로는 공동소송적 보조참가가 허용될 수 없다고 본 바 있다.

(3) 사안의 적용

대여금채권자 丙의 그 채무자 乙에 대한 소송에서 乙과 매매계약을 체결하여 소유권이전등기를 마친 甲이 단지 丙에 의하여 이루어진 이 사건 주택에 대한 가압류등기가 선행되어 있음을 주장하며 강제집행의 우려가 있다는 사정만으로는 판결의 효력이 甲에게 미친다고 볼 수 없으므로, 甲의 참가는 공동소송참가나 공동소송적 보조참가가 될 수 없고, 단지 보조참가에 불과하다.

2. 문제 (3)의 해결

(1) 문제의 소재

(2) 보조참가인이 할 수 없는 소송행위

보조참가인은 독립성을 가지는 한편, 소송당사자가 아니라는 점에서 종속성을 갖는다.

따라서, ① ㉠보조참가인은 소송 진행 정도에 비추어 피참가인이 할 수 없는 행위, ㉡ 피참가인에 어긋나는 행위, ㉢ 피참가인에 불리한 행위, ㉣ 소의 취하나 청구의 변경 등 소의 처분행위 및 ㉤ 견해대립은 있으나 피참가인의 사법행위는 하지 못함이 원칙이며, ② 보조참가인의 사망 등은 소송절차 중단사유가 되지 않고, ③ 상소기간에 있어서도 피참가인에게 송달이 된 때를 기준으로만 상소기간을 계산하게 된다.

(3) 자백간주사실에 대하여 보조참가인이 어긋나는 행위를 주장하는 것이 가능한지

보조참가인의 재판상 자백과 달리, 자백간주사실은 어차피 당사자에 대한 구속력이 없어 당사자가 사후에 그와 다른 주장이 가능한 이상 보조참가인이 한 그와 다른 주장은 허용된다.

(4) 사안의 적용

제1심에서 피고 乙이 불출석에 이은 자백간주가 되었으나, 보조참가인이 그와 다른 주장을 하는 것은 허용되며, 이에 대하여 원고가 증명책임을 다하지 못하여 패소판결을 받자 항소한 경우, 甲이 보조참가인에 불과한 이상, 항소심에서 피참가인 乙이 적극적으로 재판상 자백을 한 이상 그에 어긋나는 보조참가인 甲의 주장은 그 효력이 없으므로, 항소심법원으로서는 재판상 자백에 구속되어 제1심 법원의 판결을 취소하고 원고 丙의 청구를 인용하여야 한다.

관련기출
• 2021년 변리사

甲은 A에 대하여 2018. 4. 26.부터 현재까지 36억 원의 채권을 가지고 있고, A는 피고 1에 대하여 50억 원, 피고 2에 대하여 20억 원, 피고 3에 대하여 12억 원, 피고 4에 대하여 12억 원의 각 채권을 가지고 있다고 주장하면서 "甲에게 피고 1은 11억 원, 피고 2는 4억 원, 피고 3, 피고 4는 각 2억 원을 지급할 것"을 청구하는 채권자대위소송을 제기하였다. 이 소송의 계속 중에 乙은 A에 대하여 18억 원의 채권을 가지고 있고, A는 피고들에 대하여 위와 같은 채권을 가지고 있다고 주장하면서 "乙에게 피고 1은 9억 원, 피고 2는 4억 원, 피고 3은 2억 원, 피고 4는 2억 원을 각 지급할 것"을 청구하는 내용으로 甲이 진행하는 소송에 참가하고자 한다. (다음 각 설문은 독립적임)

(2) 甲과의 관계에서 乙이 위 소송에 참가하는 형태에 관하여 설명하시오.

답 안

1. 문제 (2)의 해결
   (1) 문제의 소재
   (2) 채권자대위소송 계속 중 다른 채권자가 동일 채무자를 대위하여 채권자대위권을 행사하며 하는 참가소송의 형태
   (가) 판 례
   판례는 「채권자대위소송이 계속 중인 상황에서 다른 채권자가 동일한 채무자를 대위하여 채권자대위권을 행사하면서 공동소송참가신청을 할 경우, 양 청구의 소송물이 동일하다면 민사소송법 제83조 제1항이 요구하는 '소송목적이 한쪽 당사자와 제3자에게 합일적으로 확정되어야 할 경우'에 해당하므로 참가신청은 적법하다. 이때 양 청구의 소송물이 동일한지는 채권자들이 각기 대위행사하는 피대위채권이 동일한지에 따라 결정되고, 채권자들이 각기 자신을 이행 상대방으로 하여 금전의 지급을 청구하였더라도 채권자들이 채무자를 대위하여 변제를 수령하게 될 뿐 자신의 채권에 대한 변제로서 수령하게 되는 것이 아니므로 이러한 채권자들의 청구가 서로 소송물이 다르다고 할 수 없다. 여기서 원고가 일부 청구임을 명시하여 피대위채권의 일부만을 청구한 것으로 볼 수 있는 경우에는 참가인의 청구금액이 원고의 청구금액을 초과하지 아니하는 한 참가인의 청구가 원고의 청구와 소송물이 동일하여 중복된다고 할 수 있으므로 소송목적이 원고와 참가인에게 합일적으로 확정되어야 할 필요성을 인정할 수 있어 참가인의 공동소송참가신청을 적법한 것으로 보아야 한다.(대판 2015. 7. 23. 2013다30301,30325)」는 입장이다.
   (나) 사안의 적용
   위 판례에 따를 때, 사안의 각 참가소송의 형태는 공동소송참가로서 허용되어야 한다.

쟁점 74 독립당사자참가

Ⅰ. 총 설

> **제79조(독립당사자참가)**
> ① 소송목적의 전부나 일부가 자기의 권리라고 주장하거나, 소송결과에 따라 권리가 침해된다고 주장하는 제3자는 당사자의 양 쪽 또는 한 쪽을 상대방으로 하여 당사자로서 소송에 참가할 수 있다.
> ② 제1항의 경우에는 제67조(필수적 공동소송의 특칙 : 필자) 및 제72조(보조참가방식 : 필자)의 규정을 준용한다.

(1) 「독립당사자참가는 소송목적의 전부나 일부가 자기의 권리임을 주장하거나 소송의 결과에 의하여 권리침해를 받을 것을 주장하는 제3자가 당사자로서 소송에 참가하여 3당사자 사이에 서로 대립하는 권리 또는 법률관계를 하나의 판결로써 서로 모순 없이 일시에 해결하려는 것이(다)」(대법원 1993.4.27. 선고 93다5727, 93다5734 판결)

(2) 독립당사자참가신청의 구조에 대하여는 3개소송병합설과 3면소송설의 견해대립이 있으나, 통설 및 판례는 3면소송으로 보고 있다.[454]

Ⅱ. 참가요건

1. 타인 간 소송이 계속 중일 것

(1) 「타인 간」 소송이 계속 중일 것
① 독립당사자참가는 기존 소송의 당사자가 아닌 제3자가 참가할 수 있다.
② 보조참가인은 본소송의 제3자에 해당하므로 독립당사자참가가 가능하다. 그러나, 보조참가인이 독립당사자참가를 하게 되면 그와 동시에 보조참가는 종료된 것으로 보아야 한다.(대법원 1993.4.27. 선고 93다5727, 93다5734 판결)
③ 통상공동소송이라면 다른 공동소송인 사건에는 공동소송인 중 1인의 독립당사자참가가 가능하다.

(2) 타인 간 「소송」이 계속 중일 것
① 독립당사자참가신청을 할 수 있는 「소송」은 판결절차 또는 이에 준하는 절차를 의미한다.
② 참가할 소송이 반소, 중간확인의 소, 공동소송 등인지 여부는 불문한다. 즉, 반

---

[454] 각 학설의 실익은 결국 현행 독립당사자참가제도를 어떻게 설명할 것인지에 대한 것이다. 즉, ① 원고의 본소나 참가인의 참가신청이 각각 취하·각하되는 것을 어떻게 설명할지, 참가인의 참가취지가 종전당사자에 대한 청구와 동일한 것일 때 중복소송이 될 수 없는 것을 어떻게 설명할지, ③ 각 청구부분에 대하여 3개의 판결주문을 내는 것을 어떻게 설명할지, ④ 상소기간이 개별적으로 진행하는 것을 어떻게 설명할지, ⑤ 참가인이 원·피고 사이의 소송수행을 견제하게 되는 부분은 어떻게 설명할지 등에 대한 것이다.

소 등에 대하여도 독립당사자참가가 가능하다.
③ 독립당사자참가가 있는 소송에 다시 또 다른 제3자가 독립당사자참가를 하는 것, 즉, 중첩적 독립당사자참가도 허용된다.(1958.11.20. 선고 4290민상308 등; 1963.10.22. 선고 62다29)
④ 문제는 중첩적 독립당사자참가가 가능하다고 해도 중첩적 독립당사자참가인이 기존의 독립당사자참가인에게 청구를 하는 형태인 4면소송이 허용되는지인데, 판례(1958.11.20. 308·309·310· 4290민상 311)의 태도를 바라보는 다수설은 판례가 4면소송을 인정하지 않는다고 보고 있다.[455]

> **권리 참가자 상호간의 소송관계(대법원 1958.11.20. 선고 4290민상308 · 309 · 310 · 311)**
> 권리참가가 복수인 경우에는 권리참가자 상호간에는 소송관계가 성립하지 아니하므로 법원은 이에 대하여 판결할 수 없다.

(3) 타인 간 소송이 「계속 중」일 것
① 독립당사자참가는 사실심 계속 중이면 가능하므로 항소심에서도 가능하다.
② 그러나 「독립당사자 참가신청은 그 실질에 있어서 소송제기의 성질을 가지고 있으므로 상고심에서는 허용될 수 없다.(대법원 1977.7.12. 선고 76다2251, 77다218 판결)」[456]
③ 재심절차에도 독립당사자참가가 가능하다. 다만, 이 경우 재심의 본안을 심리하는 단계에서의 참가가 될 것이며, 재심사유의 존부를 심리하는 단계라면 참가인은 어떠한 주장과 입증을 할 수는 없게 된다.[457]

2. 참가이유
(1) 권리주장참가(소송목적의 전부 또는 일부가 자기의 권리임을 주장하는 경우)
㈎ 의 의
소송목적의 전부 또는 일부가 자기의 권리임을 주장하는 경우 즉, 원고가 본소로 주장하는 권리와 논리적으로 양립할 수 없는 관계에 있거나 우선할 수 있는 참가인의 권리를 주장하며 독립당사자참가를 하는 경우를 권리주장참가라 한다.
만일, 「참가하려는 소송에 수개의 청구가 병합된 경우 그 중 어느 하나의 청구

---

455) 이시윤, 전게서, 709면 ; 강현중, 전게서, 245면. 다만, 판례의 태도가 4면소송을 인정하지 않는다고 보는 것은 정확하지 않다는 견해도 있다.(호문혁, 전게서, 859면) 즉, 판례사안은 모두 참가인 사이에서는 아무런 청구를 아예 하지 않은 사안으로서, 판례는 이러한 사안의 경우에는 참가인들 사이에서는 소송관계가 성립되지 않는다고 하였을 뿐이라는 것이다. 특히, 1958.11.20. 선고 4290민상308 등의 판결은 참가인들 사이에 아무런 청구가 없음에도 법원이 참가인들 사이에 소유권이전등기절차를 명하는 것은 잘못이라는 것으로 오히려 이 판결은 처분권주의에 기한 당연한 판결이라는 점을 논거로 들고 있다.
456) 판례의 태도에 반대하여 상고심에 참가하여 원판결이 파기환송되면 그 경우에는 사실심리를 받을 수 있고, 당사자들이 상고하지 않아 참가인을 해칠 판결이 확정되는 경우가 있을 수 있으므로 상고심에서의 참가를 일응 허용하되 나중에 상고가 각하 · 기각될 때에는 참가신청을 부적법처리하자는 견해가 현재의 다수설이다.(이시윤, 전게서, 703면)
457) 호문혁, 전게서, 859면.

라도 독립당사자참가인의 주장과 양립하지 않는 관계에 있으면 그 본소청구에 대한 참가가 허용된다.(대법원 2007.6.15. 선고 2006다80322, 80339 판결)」

(나) **논리적으로 양립할 수 없는 관계인지에 대한 판단 — 주장 자체로 판단(주장설 : 다수설)**
본소청구와 참가인의 청구가 논리적으로 양립할 수 없는 관계인지에 대한 판단은 참가인의 주장 자체로만 판단하며, 본안심리의 결과 실제로는 양립이 가능하였다 하여도 이는 참가인의 청구가 이유 없는 사유가 될 뿐 독립당사자참가 자체가 부적법한 것은 아니다.(대법원 2007.6.15. 선고 2006다80322·80339 판결; 대법원 1992.12.8. 선고 92다26772 판결) 대개 다음과 같이 분석해볼 수 있다.

① 물권과 같은 대세권인 경우
예를 들어, 甲의 乙에 대한 토지소유권에 기한 토지인도청구에 대하여 丙이 자신이 동 토지에 대한 소유자임을 들어 독립당사자참가를 하여 甲에 대하여는 토지가 자신의 소유임을 확인하고, 乙에 대하여는 토지인도청구를 하는 경우와 같이 원고·참가인이 주장하는 권리가 물권과 같은 대세효가 있는 권리인 경우라면 주장 자체로 보아 논리적으로 양립할 수 없는 관계가 인정될 수 있다.

② 채권과 같은 상대권의 경우
㉠ 종래의 논의에 따르면, 채권과 같은 상대권의 주장 사안에서는 독립당사자참가가 허용될 수 없다고 보았다.
예컨대, 부동산 이중매매계약이 체결된 상태에서의 제1매수인의 매도인에 대한 이전등기청구와 제2매수인의 매도인에 대한 이전등기청구는 어느 하나의 청구가 인용된다 하여 다른 하나의 청구가 받아들여질 수 없는 그러한 관계는 아니다. 채권은 상대권이기 때문이다.
따라서 판례도「참가인(제1매수인)의 주장 자체로 보아 참가인이 피고(매도인)에 대하여는 승소할 수 있다고 하더라도 원고(제2매수인)에게 대하여는 승소할 수 없는 경우에는 당사자참가로서의 참가요건을 구비하지 못한 것이다.(대법원 1980.7.22. 선고 80다362 판결)」고 본 바 있다. 판례에 따르면 참가신청은 참가요건을 불비하여 각하하여야 한다는 것이다.

㉡ 하지만, 채권과 같은 상대권을 주장하는 사안이어도 ㉠ 자신이 매매계약의 당사자라고 서로 주장하는 경우(1988.3.8. 86다148·149·150 등; 1991.12.24. 91다21145·21152), ㉡ 자신이 명의신탁자라고 서로 주장하는 경우(1995.6.16. 95다5905·5912) 등이라면 당사자의 주장 자체로 보아 양립할 수 없기 때문에 예외적으로 권리주장참가가 허용될 수 있다고 보았다.

㉢ 그러나 개정법 이후에 이제는 편면참가가 허용되어 있으므로 이중매매와 같은 사안이라도 종전판례에서 인정되지 아니한 독립당사자참가가

인정될 여지가 늘어났다고 보여진다.458)

(2) 사해방지참가(소송결과에 따라 자기의 권리가 침해됨을 주장하는 경우)

㈎ 소송결과에 따라 자신의 권리가 침해됨을 주장하는 경우에 하는 독립당사자참가를 사해방지참가라 하는데, 권리주장참가와 달리 참가인의 청구와 본소청구가 반드시 논리적으로 양립이 가능한 것인지 여부는 불문한다.

> **사해방지참가가 가능한 구체적인 예**
> - 甲이 소유자인 어느 건물에 대하여 乙이 자신이 매수하였음을 들어 甲을 상대로 소유권이전등기청구를 한 상태에서 丙이 자신이 甲에게 동 건물을 매도한 당사자인데 甲이 매매대금을 지급하지 않아서 매매계약을 해제하였음을 들어 독립당사자참가신청을 하는 경우459)
> - 말소된 근저당권설정등기의 회복등기를 구하는 본안소송에 대하여 그 후순위 근저당권자가 본안소송의 대상인 근저당권의 부존재확인을 구하는 청구를 참가소송으로 제기하는 경우 (2001.8.24. 2000다12785·12792)
>
> **사해방지참가를 불허한 예**
> - 원고의 피고에 대한 청구의 원인행위가 사해행위라는 이유로 원고에 대하여 사해행위취소를 청구하면서 독립당사자참가신청을 하는 경우460)

㈏ 그리고 「사해방지참가는 원고와 피고가 당해 소송을 통하여 제3자를 해할 의사, 즉 사해의사를 갖고 있다고 객관적으로 인정되고 그 소송의 결과 제3자의 권리 또는 법률상의 지위가 침해될 염려가 있다고 인정되는 경우에는 그 참가의 요건이 갖추어 진다.(2001.8.24. 2000다12785·12792)」461)

---

458) 법원행정처, 전게서(Ⅰ), 312면.
459) 호문혁, 전게서, 863면에 있는 예이다.
460) 「채권자가 사해행위의 취소와 함께 수익자 또는 전득자로부터 책임재산의 회복을 명하는 사해행위취소의 판결을 받은 경우 취소의 효과는 채권자와 수익자 또는 전득자 사이에만 미치므로, 수익자 또는 전득자가 채권자에 대하여 사해행위의 취소로 인한 원상회복 의무를 부담하게 될 뿐, 채권자와 채무자 사이에서 취소로 인한 법률관계가 형성되거나 취소의 효력이 소급하여 채무자의 책임재산으로 복구되는 것은 아니다. 이러한 사해행위취소의 상대적 효력에 의하면, 원고의 피고에 대한 청구의 원인행위가 사해행위라는 이유로 원고에 대하여 사해행위취소를 청구하면서 독립당사자참가신청을 하는 경우, 독립당사자참가인의 청구가 그대로 받아들여진다 하더라도 원고와 피고 사이의 법률관계에는 아무런 영향이 없고, 따라서 그러한 참가신청은 사해방지참가의 목적을 달성할 수 없으므로 부적법하다.(대법원 2014.6.12. 선고 2012다47548 판결)」
461) 김용진, 전게서, 883면. 이 부분은 사해방지참가가 인정될 수 있기 위한 요건인 「권리가 침해됨의 주장」이 어떠한 경우를 의미하는지에 대한 문제이다. 이 논의에 대하여는 ① 본소판결의 효력이 제3자에 미칠 경우로 한정하자는 판결효설, ② 널리 소송의 결과로 실질상 권리침해를 받을 제3자라면 이에 포함시키자는 이해관계설 및 ③ 본소 당사자들이 당해 소송으로 참가인을 해할 의사인 사해의사를 갖고 있다고 객관적으로 판단이 된다면 참가를 허용하자는 사해의사설(통설)의 대립이 있다. 판례의 태도는 엄격히는 사해의사와 권리침해염려를 모두 요구하여 본래의 사해의사설과는 다르나, 사해의사 인정시에는 권리침해염려가 추정된다고 보아 결국 통설과 다르지 않다고 보게 된다.(이시윤, 전게서, 706면 참조) ①의 판결효설은 공동소송참가요건과의 구별이, ②의 이해관계설은 보조참가요건과의 구별이 명확치 않아 사해방지참가를 별도로 인정한 민사소송법의 취지에 맞지 않다는 비판이 제기될 수 있다.

3. 참가취지 — 당사자의 양쪽 또는 한쪽에 대하여 자기의 청구를 할 것

독립당사자참가신청은 ① 당사자의 양쪽을 상대로 자기의 청구를 하는 쌍면참가의 경우와 ② 당사자의 한쪽만을 상대로 자신의 청구를 하는 편면참가의 두 종류가 있다. 과거 편면참가를 인정할지에 대한 논의가 있었으나 개정법은 편면참가도 이제는 허용하기로 하였다.

4. 청구의 병합요건을 구비할 것(동종절차 · 공통관할)

독립당사자참가가 있게 되면 청구를 병합심리하여야 하므로 동종절차 · 공통관할이라는 청구병합의 일반요건을 준수하여야 한다. 따라서 참가인의 청구가 본소 청구와 다른 법원의 전속관할에 속하여서는 안된다.

5. 소의 일반적인 소송요건을 구비할 것

독립당사자참가도 신소제기의 실질을 갖기 때문에 일반적인 소송요건을 갖추어야 한다. 따라서, 참가인이 참가에 의하여 주장하는 청구에 대하여 이미 본소의 당사자 쌍방 또는 일방을 상대로 별소를 제기하였던 경우에 참가신청은 중복제소에 해당한다.[462]

> 독립당사자참가인이 원고가 자신의 주장과 양립할 수 없는 제3자에 대한 권리 또는 법률관계를 주장한다는 이유만으로 원고를 상대로 원고의 제3자에 대한 권리 또는 법률관계의 부존재 확인을 구할 수 있는지 여부 (소극) (대법원 2012.6.28. 선고 2010다54535 판결; 2014.11.13. 선고 2009다71312 판결)
> 독립당사자참가인의 권리 또는 법률상 지위가 원고로부터 부인당하거나 또는 그와 저촉되는 주장을 당함으로써 위협을 받거나 방해를 받는 경우에는 독립당사자참가인은 원고를 상대로 자기의 권리 또는 법률관계의 확인을 구하여야 하며, 그렇지 않고 원고가 자신의 주장과 양립할 수 없는 제3자에 대한 권리 또는 법률관계를 주장한다고 하여 원고에 대하여 원고의 그 제3자에 대한 권리 또는 법률관계가 부존재한다는 확인을 구하는 것은, 설령 그 확인의 소에서 독립당사자참가인이 승소판결을 받는다고 하더라도 그로 인하여 원고에 대한 관계에서 자기의 권리가 확정되는 것도 아니고 판결의 효력이 제3자에게 미치는 것도 아니라는 점에서 확인의 이익이 있다고 할 수 없다.[463]

Ⅲ. 절 차

1. 참가신청의 방식은 보조참가의 신청에 준함(제79조 제2항, 제72조)

독립당사자참가신청절차는 보조참가의 규정이 준용되므로 참가신청은 참가의 취지와

---

462) 이시윤, 전게서, 707면 ; 김용진, 전게서, 884면.
463) 「연예기획사 갑 주식회사가 가수 을을 상대로 전속계약 해지에 따른 손해배상청구의 소를 제기하자, 소속사 지위 인수를 주장하는 다른 연예기획사 병 주식회사가 갑 회사를 상대로 갑 회사와 을 사이의 전속계약 부존재 확인을 구하며 독립당사자 참가신청을 한 사안에서, 병 회사가 자신과 을 사이의 전속계약 존재 확인을 구하지 않고 갑 회사와 을 사이의 전속계약 부존재 확인을 구하는 것은 확인의 이익이 없어 부적법하다는 이유로, 병 회사의 독립당사자 참가신청을 각하한 원심의 조치가 정당하다고 한 사례」 다만, 이 판례에 대해 3자 사이의 권리자합일확정의 이익은 존재하므로, 물론 부존재확인의 형태라 하더라도, 확인의 이익을 인정해야 한다는 반대견해로 강현중, 이시윤.

이유를 밝혀 참가하고자 하는 소송이 계속된 법원에 제기하여야 하고, 예를 들면 제1심에서 의제자백으로 원고의 전부승소판결이 선고된 경우라도 원칙적으로 현저한 재판의 지연이 아닌 한, 참가인은 독립당사자참가신청과 동시에 제1심 판결에 대하여 항소할 수 있다.(제71조, 제72조 제2항 참조)

2. 신소제기의 실질고려

보조참가와는 달리 신소제기의 실질을 고려할 때 다음과 같은 점이 요구된다.

① 참가신청은 반드시 서면에 의하여야 하나(제248조), 소액사건은 그러하지 아니하다. (소액사건심판법 제4조)
② 참가취지, 참가이유 뿐만 아니라 자기청구의 취지와 원인도 밝혀야 한다.
③ 소장에 준하는 인지가 첨부되어야 한다.(민사소송등인지법 제6조)
④ 보조참가와는 달리 종전당사자의 참가이의는 불가능하다.(다수설)
⑤ 소제기의 효과인 시효중단이나 기간준수효가 인정된다.(제265조)
⑥ 종전당사자가 참가인에 대하여 반소제기도 할 수 있다.

Ⅳ. 참가소송의 심판

1. 참가요건 및 소송요건의 심사

독립당사자신청이 있으면 참가요건의 심사 및 소송요건의 심사를 하여야 하며, 이는 법원의 직권조사사항이다.

① 심리결과 참가요건만 불비되어 있을 때 판례는 독립당사자참가신청을 각하하여야 한다고 본다. 다만, 보조참가로 전환시킬 수는 있다고 본다.(1960.5.26. 4292민상524)[464]
② 심리결과 참가요건이 갖추어져 있다고 하여도 소송요건이 불비된 경우라면 참가신청을 판결로 각하한다.

2. 본안심판(제79조 제2항)

합일확정의 필요가 있으므로 필수적 공동소송에 대한 특별규정(제67조)을 준용한다. 다만, 이는 필수적 공동소송의 경우와 같은 연합관계를 형성하기 위한 것이 아니라 견제·대립관계를 반영시키기 위한 방법으로 응용된 것에 지나지 않는다는 특성이 있다.[465]

(1) 소송자료의 통일

① 유리한 소송행위는 타인에 대하여도 효력이 생긴다.
- 따라서「독립당사자참가인이 화해권고결정에 대하여 이의한 경우, 이의의

---

[464] 이에 반하여 독립당사자참가신청이 독립의 소로서의 요건을 갖추고 있다면 이를 각하할 것이 아니고, 단순병합에 의한 통상공동소송의 심리형식을 취하자는 견해가 학설의 태도이다. 정동윤·유병현, 전게서, 963면 ; 이시윤, 전게서, 709면 등.
[465] 이시윤, 전게서, 710면 ; 정동윤·유병현, 전게서, 964면.

효력은 원·피고 사이에도 미친다.($^{2005.5.26.\ 2004}_{다25901}$)」
② 불리한 소송행위(청구의 포기, 인낙, 화해,[466] 상소취하 등)는 허용되지 아니한다.
- 나아가 어느 2인 사이에서의 자백 역시 다른 당사자에 대한 관계에서는 그 당사자가 다투는 한 효력이 없다.($^{2009.1.30.\ 2007}_{다9030,9047}$)
③ 다만, 본소나 참가신청의 취하는 가능하다.

(2) 소송 진행의 통일

기일은 반드시 공통되어야 하며 어느 1인에 대하여 발생한 소송절차의 중단·중지의 사유는 전원에 대하여 효력이 있다. 또한 변론의 분리가 인정되지 않는다. 다만, 상소기간 등은 개별적으로 진행한다.

(3) 재 판

(가) 본안재판의 통일

반드시 1개의 전부판결로써 본소청구와 참가인의 청구 모두에 대하여 동시에 재판하여야 하고, 일부판결은 허용되지 않는다. 그럼에도 일부판결이 나온 경우에는 재판누락이 아닌 판단누락으로 보아야 하므로, 추가판결이 아니라 상소, 재심 등에 의하여 구제받아야 한다.

(나) 소송비용재판

소송비용재판에 대하여는 법 제103조 즉, 참가소송에서의 소송비용에 관한 규정이 적용되지 않고, 법 제102조에 의하여 다른 두 당사자를 공동소송인에 준하여 처리한다. 패소한 양 당사자 사이에서는 적극적 당사자의 부담으로 한다.[467]

3. 상 소

(1) 참가각하의 경우

참가인이 참가각하의 판결을 받았으나 이에 불복하지 않은 경우라면 다른 패소당사자의 상소에 불구하고 참가인에 대한 판결부분은 분리·확정된다. 따라서 참가신청이 부적법하다면 설령 참가신청에 대하여 참가인만이 상소를 한 경우라도 원고·피고의 소송은 분리·확정되는 것이지 원고·피고 사이의 소송까지 이심이 되거나 확정이 차단된다고 해서는 안된다.($^{2007.12.14.\ 2007}_{다37776·37783}$)

> 독립당사자참가소송에서 원고의 피고에 대한 청구를 인용하고 참가인의 참가신청을 각하한 제1심판결에 대하여 참가인만이 항소하였는데, 참가인의 항소를 기각하면서 제1심판결 중 피고가 항소하지도 않은 본소 부분을 취소하고 원고의 피고에 대한 청구를 기각한 것은 부적법하다고 한 사례(대법원 2007.12.14. 선고 2007다37776·37783 판결)
> 민사소송법 제79조 제1항에 따라 원·피고, 독립당사자참가인(이하 '참가인'이라고만 한다)간의 소송에

---

466) 2005.5.26. 2004다25901·25918
467) 이시윤, 전게서, 711면.

> 대하여 본안판결을 할 때에는 위 3당사자를 판결의 명의인으로 하는 하나의 종국판결만을 내려야 하는 것이지 위 당사자의 일부에 관해서만 판결을 하는 것은 허용되지 않고 [대법원 1991.3.22. 선고 90다19329·19336(참가) 판결 참조], 같은 조 제2항에 의하여 제67조가 준용되는 결과 독립당사자참가소송에서 원고승소의 판결이 내려지자 이에 대하여 참가인만이 상소를 한 경우에도 판결 전체의 확정이 차단되고 사건 전부에 관하여 이심의 효력이 생기는 것이지만[대법원 1981.12.8. 선고 80다577 판결 참조], <u>원고승소의 판결에 대하여 참가인만이 상소를 했음에도 상소심에서 원고의 피고에 대한 청구인용 부분을 원고에게 불리하게 변경할 수 있는 것은 참가인의 참가신청이 적법하고 나아가 합일확정의 요청상 필요한 경우에 한한다고 할 것이다.</u>

(2) 본안판결이 나온 경우

 (가) 이심의 범위(세 당사자 중 2인의 패소의 경우 패소당사자 중 1인의 상소시 상소의 효력이 다른 패소자에게 미치는지) – 불이익변경금지원칙의 배제

  이 경우에는 상소를 제기하지도 당하지도 않은 자에 대한 판결부분도 전부이심이 되고, 확정이 전부 차단되며, 독립당사자참가의 취지상 모순없는 판결을 위하여는 모두 항소심의 심판대상이 된다. 따라서 항소심으로서는 나머지 부분에 대한 청구에 대하여도 판단하여야 한다.(1991.3.22. 선고 90다19329; 2007.12.14. 선고 2007다37776·37783)468) 결국, 불이익변경금지원칙은 배제된다.

  그러나, 「원고승소의 판결에 대하여 참가인만이 상소를 했음에도 상소심에서 원고의 피고에 대한 청구인용 부분을 원고에게 불리하게 변경할 수 있는 것은 참가인의 참가신청이 적법하고 나아가 합일확정의 요청상 필요한 경우에 한한다고 할 것이다.(대법원 2007.12.14. 선고 2007다37776·37783 판결)」

> **독립당사자참가소송의 항소심에서 항소 내지 부대항소를 제기한 바 없는 당사자에게 제1심판결보다 유리한 내용으로 판결을 변경하는 것이 가능한지 여부(한정 적극)**
> 「민사소송법 제79조에 의한 독립당사자참가소송은 동일한 권리관계에 관하여 원고, 피고, 참가인이 서로간의 다툼을 하나의 소송절차로 한꺼번에 모순 없이 해결하는 소송형태로서, 독립당사자참가가 적법하다고 인정되어 원고, 피고, 참가인간의 소송에 대하여 본안판결을 할 때에는 위 세 당사자를 판결의 명의인으로 하는 하나의 종국판결을 선고함으로써 위 세 당사자들 사이에서 합일확정적인 결론을 내려야 하고, 이러한 본안판결에 대하여 일방이 항소한 경우에는 제1심판결 전체의 확정이 차단되고 사건 전부에 관하여 이심의 효력이 생긴다. 그리고 이러한 경우 항소심의 심판대상은 실제 항소를 제기한 자의 항소 취지에 나타난 불복범위에 한정하되 위 세 당사자 사이의 결론의 합일확정의 필요성을 고려하여 그 심판의 범위를 판단하여야 하고, 이에 따라 항소심에서 심리판단을 거쳐 결론을 내림에 있어 위 세 당사자 사이의 결론의 합일확정을 위하여 필요한 경우에는 그 한도 내에서 항소 또는 부대항소를 제기한 바 없는 당사자에게 결과적으로 제1심판결보다 유리한 내용으로 판결이 변경되는 것도 배제할 수는 없다.(대법원 2007.10.26. 선고 2006다86573·86580 판결)」

---

468) 이에 대하여 분리확정설·제한적 이심설의 견해도 있다.

(나) ㈎에서 상소하지 않은 당사자의 지위

이 경우에 대하여 단순한 상소심에서의 당사자로 본다.(단순한상소심당사자설 : 통설·판례)[469] 즉, 이 자는 상소인이나 피상소인의 표시를 하지 않으며, 상소인지 부담도 없고, 상소비용부담도 없고, 상소취하권도 배제된다.

Ⅴ. 3면소송의 붕괴(단일 또는 공동소송으로의 복귀)

1. 본소의 취하 또는 각하

(1) 공동소송잔존(또는 단일소송)

본소의 취하나 각하로 3면 소송은 붕괴된다. 다만, 독립당사자참가인의 원·피고에 대한 소가 독립의 소로서 소송요건을 갖추었다면 그 소송계속은 적법하다. 즉, 참가인과 원·피고를 상대방으로 한 공동소송이 남는다.(공동소송잔존설 : 통설·판례)[470] 단, 편면참가의 경우에서라면 참가인과 피고 사이의 단일소송으로 남게 될 것이다.

(2) 본소취하의 요건

「독립당사자 참가 소송에 있어 원고의 본소 취하에는 피고의 동의 외에 당사자 참가인의 동의를 필요로 한다.(대법원 1972.11.30. 자 72마787 결정)」

2. 참가의 취하 또는 각하

(1) 참가신청의 취하

독립당사자참가는 소의 실질을 가지므로 소취하와 마찬가지로 참가신청을 취하할 수 있다. 원고나 피고가 본안에 관하여 응소한 경우에는 독립당사자 참가신청의 성질은 소이므로 그 취하에는 상대방인 원·피고 쌍방의 동의를 요한다.(대법원 1981.12.8. 선고 80다577 판결)

(2) 본소송의 잔존 또는 편면참가

참가신청이 취하 또는 각하되면 참가이전의 상태로 환원되어 본소송만 잔존하게 되는데, 참가인이 원·피고 중 어느 한쪽의 청구만 취하하거나 참가신청 중 어느 하나만이 부적법 각하된다면 편면참가의 형태가 된다.

3. 소송탈퇴

> 제80조(독립당사자참가소송에서의 탈퇴) 제79조의 규정에 따라 자기의 권리를 주장하기 위하여 소송에 참가한 사람이 있는 경우 그가 참가하기 전의 원고나 피고는 상대방의 승낙을 받아 소송에서 탈퇴할 수 있다. 다만, 판결은 탈퇴한 당사자에 대하여도 그 효력이 미친다.

(1) 의 의

참가로 인하여 종전의 원고 또는 피고가 더 이상 소송을 수행할 필요가 없게 된 경우에는 상대방의 승낙을 얻어 탈퇴가 가능하며, 이 경우의 탈퇴란, 잔존자 사이

---

469) 이에 대하여 상소인설, 피상소인설, 상대적 이중지위설의 견해도 있다.
470) 이에 대하여 전소송종료설의 견해도 있다.

의 소송결과에 승복할 의사로 소송에서 물러서는 것이므로 본소의 소송관계 및 참가인·탈퇴자 간의 소송관계는 종료되고 결국 참가인과 상대방과의 소송관계만 잔존하게 된다.

> 소송계속 중 사망한 갑에게서 소송탈퇴에 관한 특별수권을 받은 소송대리인이 승계참가인 을이 승계참가신청을 하자 소송탈퇴를 신청하였고 상대방 측 소송대리인이 위 탈퇴에 동의하였는데, 을이 소송물과 관련한 갑의 재산을 단독으로 상속하게 되었다면서 소송수계신청을 하였고 이후 을은 승계참가신청 취하서를 제출하여 상대방 측 소송대리인이 위 취하에 동의한 사안
> 갑의 상속인들과 상대방 사이의 소송관계는 소송탈퇴로 적법하게 종료되었고 을의 소송수계신청은 이미 종료된 소송관계에 관한 것이어서 이유 없음이 명백하고, 을과 상대방 사이의 소송관계도 승계참가신청취하와 상대방의 이에 대한 동의로 적법하게 종료되었다고 한 사례(대법원 2011.4.28. 선고 2010다103048 판결)

(2) 소송탈퇴가 인정되는 경우

소송탈퇴제도가 마련되어 있는 경우로는 ① 독립당사자참가(제80조), ② 승계인의 소송인수(제82조 제1항 제3항)의 경우에 인정되며, 이 경우에 기존 소송의 상대방 당사자의 승낙은 필요하지만, 참가인이나 승계인의 동의는 필요하지 않다.

(3) 탈퇴의 요건

① 제80조의 문언은 권리주장참가만 규정되어 있으나, 사해방지참가의 경우에도 소송탈퇴가 인정된다.(통설)
② 탈퇴자는 본 소송의 원고나 피고이며, 상대방의 승낙이 원칙적으로 필요하다.
③ 문제는 참가인의 승낙도 필요한가이나, 탈퇴로 인하여 참가인에게 특히 불리할 것이 없으므로 참가인의 승낙은 필요하지 않다.(통설)
④ 탈퇴방식은 서면에 의하여야 하며, 기일의 경우라면 말로써도 가능하다. 다만, 소의 취하에 있어서와 같은 동의(승낙)간주제도는 인정되지 않는다.[471] 따라서 명시적인 승낙이 없으면 탈퇴의 효력이 발생하지 않는다.

(4) 판결의 효력

판결의 효력은 탈퇴한 당사자에게도 미친다.(제80조 단서)[472]

---

[471] 법원행정처, 전게서(Ⅰ), 317면.
[472] 판결의 효력이 탈퇴 당사자에게 미치는 이론적 근거에 대하여는 ① 조건부 청구의 포기·인낙설, ② 법정효과설, ③ 병용설, ④ 청구존속설, ⑤ 실질적 당사자설 및 ⑥ 소송담당설의 대립이 있으며, 소송담당설이 가장 간명한 설명일 것이라는 견해가 정동윤·유병현, 전게서, 970면 및 이시윤, 전게서. 752면의 태도이다. 또한 이 때 미치는 판결의 효력에는 어떠한 것이 있는가와 관련하여서는 ① 참가효설, ② 기판력설, ③ 집행력포함설의 대립이 있으나, 집행력포함설이 다수설의 태도이다. 나아가 이 경우 탈퇴자에 대한 강제집행시 무엇이 집행권원이 되는 것인지가 문제되나, 잔존자 간의 판결 자체의 주문에 탈퇴자의 이행의무를 선언하면 된다는 견해가 무난하다고 본다.(법원행정처, 전게서(Ⅰ), 317면 참조.)

관련기출
• 2016년 법원행시

A토지의 소유자인 乙은 A토지를 점유하고 있는 甲을 상대로 토지인도를 구하는 소를 제기하였다.
丙이 A토지의 소유권을 주장하면서 甲을 상대로는 A토지의 인도를 구하고, 乙을 상대로 소유권확인청구를 하며 소송에 참가하였다. 丙의 소송참가형태에 대하여 설명하시오.

답안

1. 문제의 소재
2. 독립당사자참가
   (1) 의의 및 참가이유 - 권리주장참가와 사해방지참가
   (2) 참가 이후의 소송 진행 및 판결의 형태
3. 사안의 적용
   독립당사자참가 중 권리주장참가형태로 소송을 진행함

관련기출
• 2013년 변리사

甲 회사(대표이사 X)는 乙을 상대로 乙로부터 부동산을 매수하였음을 이유로 이에 대한 소유권이전등기청구의 소를 2011. 5. 6.에 제기하였다.
甲회사의 전직 대표이사 丁은 소송계속 중 위 매매의 실제 매수인은 丁 개인이며 회사가 아니라고 주장하면서 원고 甲회사를 상대로는 B 부동산에 대한 소유권이전등기청구권 부존재확인청구를, 피고 乙을 상대로는 B 부동산에 대한 소유권이전등기절차의 이행을 구하는 독립당사자참가신청을 하였다. 丁의 독립당사자참가가 적법한지 여부에 대하여 설명하시오.

답안

1. 문제의 소재
2. 독립당사자참가
   (1) 의의 및 참가이유
   독립당사자참가는 ① 원고가 주장하는 권리가 자신의 권리임을 주장하며 논리적으로 양립할 수 없음을 주장하는 권리주장참가와 ② 소송의 결과가 자신의 권리를 침해함을 이유로 하는 사해방지참가가 있다.
   (2) 채권적 청구소송에서의 권리주장참가
   물권적 청구소송과 달리, 본소가 채권적 청구를 하는 사안의 경우 ① 일반적으로는 논리적으로 양립할 수 없는 사유를 주장하는 권리주장참가는 허용되지 않지만, ② 예외적으로 본소에서 원고가 주장하는 채권이 자신의 채권임을 주장하는 것은 논리적으로 양립할 수 없음을 주장하는

것으로서, 권리주장참가가 인정될 수 있으며, 판례의 태도이기도 하다.

3. 사안의 적용
사안의 경우, T이 매매계약의 실제 매수인이 T 개인이며 회사가 아니라고 주장하면서 원고 甲회사를 상대로는 B 부동산에 대한 소유권이전등기청구권 부존재확인청구를, 피고 乙을 상대로는 B 부동산에 대한 소유권이전등기절차의 이행을 구하는 독립당사자참가신청을 하였는 바, 이는 본소 원고의 청구에 대하여 자신이 계약당사자임을 이유로 하는 것이고, 이는 본소 원고의 주장과 논리적으로 양립할 수 없는 관계에 있으므로 독립당사자참가의 요건은 갖추었다.

제3관 당사자의 변경

쟁점 75 임의적 당사자 변경

I. 의의 및 구별개념

임의적 당사자 변경은 소송당사자의 동일성이 유지되지 않고 당사자 적격의 승계가 없는 경우를 의미하는 것으로, ① 당사자의 동일성이 유지되는 당사자표시정정과는 다르며, ② 소송계속 중 분쟁주체의 지위가 포괄적·특정적으로 이전(승계)되는 경우인 소송승계와도 다르다.

II. 허용여부 세부쟁점

1. 법률이 인정하는 경우

이 경우로 현행법상으로는 ① 누락된 고유필수적 공동소송인의 추가(제68조)제도와 ② 예비적·선택적 공동소송인의 추가(제70조, 제68조) 및 ③ 피고경정(제260조)의 경우가 있다.

2. 명문규정 없는 경우

현행법상 명문으로 인정하고 있는 경우를 제외한 그 이외의 사안에서 임의적 당사자 변경이 인정할 것인지가 문제된다. 예컨대, 항소심에서의 당사자변경이라거나 통상공동소송에서의 당사자의 추가 또는 원고의 경정 등이 인정될 수 있는지가 문제된다. 이에 대하여는 견해대립이 있으나, 명문규정이 없다면 판례는 당사자의 변경은 당사자 교체형태이건 추가형태이건 불문하고 인정하지 않고 있다.

III. 명문규정에 의한 임의적 당사자변경제도

1. 누락된 필수적 공동소송인의 추가 및 예비적·선택적 공동소송인의 추가(前述)

2. 피고의 경정 세부쟁점

(1) 의 의

> **제260조(피고의 경정)**
> ① 원고가 피고를 잘못 지정한 것이 분명한 경우에는 제1심 법원은 변론을 종결할 때까지 원고의 신청에 따라 결정으로 피고를 경정하도록 허가할 수 있다. 다만, 피고가 본안에 관하여 준비서면을 제출하거나, 변론준비기일에서 진술하거나 변론을 한 뒤에는 그의 동의를 받아야 한다.
> ② 피고의 경정은 서면으로 신청하여야 한다.
> ③ 제2항의 서면은 상대방에게 송달하여야 한다. 다만, 피고에게 소장의 부본을 송달하지 아니한 경우에는 그러하지 아니하다.
> ④ 피고가 제3항의 서면을 송달받은 날부터 2주 이내에 이의를 제기하지 아니하면 제1항 단서와 같은 동의를 한 것으로 본다.

원고가 피고를 잘못 지정한 것이 분명한 경우 1심 변론종결시까지 원고의 신청에 의하여 피고를 교체하는 것을 피고경정이라 하는데, 이는 구피고에 대한 소취하와 신피고에 대한 신소제기의 실질이 결합된 제도이다.

(2) 요 건

(가) 원고의 신청으로만 가능

피고경정은 원고의 신청으로만 가능하며, 피고나 제3자의 신청권은 인정되지 않는다.

(나) 원고가 피고를 잘못 지정한 것이 분명한 경우일 것

① 「피고」를 잘못 지정한 것이 분명할 것

피고를 잘못 지정한 경우만 피고의 경정이 인정될 것이고, 원고의 경정은 허용되지 아니한다.[473]

> **원고변경은 불허(대법원 1994.5.24. 선고 92다50232 판결)**
> 권리능력 없는 사단인 부락의 구성원 중 일부가 제기한 소송에서 당사자인 원고의 표시를 부락으로 정정함은 당사자의 동일성을 해하는 것으로서 허용되지 아니한다.
>
> **회사 대표이사가 개인 명의로 소를 제기한 후 회사를 당사자로 추가하면서 개인 명의의 소를 취하한 사안의 문제 [대법원 1998.1.23. 선고 96다41496 판결]**
>
> [1] 필요적 공동소송이 아닌 사건에서의 당사자추가신청이 적법한지 (부적법)
> 일반적으로 당사자표시정정신청을 하는 경우에도 실질적으로 당사자가 변경되는 것은 허용할 수 없고 필요적 공동소송이 아닌 사건에서 소송 도중에 당사자를 추가하는 것 역시 허용될 수 없으므로, 회사의 대표이사가 개인 명의로 소를 제기한 후 회사를 당사자로 추가하고 그 개인 명의의 소를 취하함으로써 당사자의 변경을 가져오는 당사자추가신청은 부적법한 것이다.
>
> [2] 신의칙에 의한 고려
> 제1심법원이 부적법한 당사자추가신청을 그 부적법함을 간과한 채 받아들이고 피고도 그에 동의하였으며 종전 원고인 대표이사 개인이 이를 전제로 소를 취하하게 되어 제1심 제1차 변론기일부터 새로운 원고인 회사와 피고 사이에 본안에 관한 변론이 진행된 다음 제1심에서 본안판결이 선고되었다면, 이는 마치 처음부터 원고 회사가 종전의 소와 동일한 청구취지와 청구원인으로 피고에 대하여 별도의 소를 제기하여 본안판결을 받은 것과 마찬가지라고 할 수 있으므로, 소송경제의 측면에서나 신의칙 등에 비추어 그 후에 새삼스럽게 당사자추가신청의 적법 여부를 문제삼는 것은 허용될 수 없고, 당사자추가신청이 당초 부적법한 것이었다고 하더라도 위와 같이 제1심 제1차 변론기일에 원래의 소장과 함께 당사자추가신청서가 진술된 이상 원고 회사의 피고에 대한 청구취지도 진술되었다고 봄이 상당하다.

② 피고를 잘못 지정한 것이 「분명」할 것

「피고를 잘못 지정한 것이 명백한 때라고 함은 청구취지나 청구원인의 기

---

473) 법원행정처, 전게서(Ⅰ), 274면. 다만, 이에 반대하여 제68조 제1항의 규정 즉, 필수적 공동소송인의 추가규정을 유추적용하여 원고의 경정도 인정하자는 견해가 다수설(이시윤, 전게서, 759면.)

재 내용 자체로 보아 원고가 법률적 평가를 그르치는 등의 이유로 피고의 지정이 잘못된 것이 명백하거나 법인격의 유무에 관하여 착오를 일으킨 것이 명백한 경우 등을 말한다.(대법원 1997.10.17. 자 97마1632 결정)」

따라서 증거조사를 거쳐 사실을 인정하고, 그 인정 사실에 터잡아 법률 판단을 하여야만 피고가 잘못 지정된 것으로 인정할 수 있는 경우라면 이 경우는 원고가 피고를 잘못 지정한 것이 분명한 경우로 볼 수 없다고 한다.[474]

> 원고가 공사도급계약상의 수급인은 그 계약 명의인인 피고라고 하여 피고를 상대로 소송을 제기하였다가 심리 도중 변론에서 피고 측 답변이나 증거에 따라 이를 번복하여 수급인이 피고보조참가인이라고 하면서 피고경정을 구하는 경우는 피고경정 사유가 될 수 없음 (대법원 1997.10.17. 자 97마1632 결정)

㈐ 당사자의 교체 전후를 통틀어 소송물은 동일할 것

㈑ 본안응소 이후에는 피고의 동의가 있을 것

피고가 본안에 관하여 준비서면을 제출하거나, 변론준비기일에서 진술하거나 변론을 한 뒤에는 그의 동의를 받아야 하며, 피고경정 서면을 송달받은 날부터 2주 이내에 이의를 제기하지 아니하면 동의를 한 것으로 본다.

㈒ 제1심 법원 변론종결시까지만 가능

가사소송(가사소송법 제15조) 및 행정소송(2006.2.23. 자 2005부4 결정)에서는 사실심의 변론종결 전까지 가능하나, 민사소송에서는 제1심 변론종결시까지만 가능하다.

> 【피고경정 인정례】
> ① 주식회사를 피고로 하여야 할 것을 그 대표이사 개인을 피고로 한 경우
> ② 지역농업협동조합을 상대로 해야 할 것임에도 농업협동조합중앙회를 상대로 한 경우 등

(3) 절 차

> 제261조(경정신청에 관한 결정의 송달 등)
> ① 제260조 제1항의 신청에 대한 결정은 피고에게 송달하여야 한다. 다만, 피고에게 소장의 부본을 송달하지 아니한 때에는 그러하지 아니하다.
> ② 신청을 허가하는 결정을 한 때에는 그 결정의 정본과 소장의 부본을 새로운 피고에게 송달하여야 한다.
> ③ 신청을 허가하는 결정에 대하여는 동의가 없었다는 사유로만 즉시항고를 할 수 있다.
> ④ 신청을 허가하는 결정을 한 때에는 종전의 피고에 대한 소는 취하된 것으로 본다.

---

[474] 다만, 이러한 경우라면 개정법이 도입한 예비적·선택적 공동소송인으로 추가할 수 있을 것으로 보인다.(법원행정처, 전게서(Ⅰ), 275면.)

(가) 신 청

피고경정은 구소취하 및 신소제기의 실질을 가지므로 신청권자인 원고가 서면으로 신청하여야 한다.

규칙 제66조는 이 경우 경정신청의 이유뿐만 아니라 새로 피고가 될 사람의 이름 및 주소를 적도록 하고 있는 바, 이는 새로운 피고에게 그 허가결정의 정본과 소장을 송달하여야 하기 때문이다.(제261조 제2항)

다만, 소액사건에서는 말로 피고경정신청을 할 수 있으며, 이 경우에는 위 기재사항을 말로 진술하는 것으로 족하다.[475]

(나) 신청서의 송달

피고경정신청서는 종전 피고에게 소장부본을 송달하지 아니한 경우를 제외하고는 종전 피고에게도 송달하여야 한다.(제260조 제3항)

(다) 신청에 대한 허부재판 및 불복

① 허부재판

피고경정신청에 대하여 법원은 결정으로 허부재판을 하여야 하고, 허부재판은 종전 피고에게 소장부본을 송달하지 아니한 경우를 제외하고는 종전 피고에게 송달하여야 한다.(제261조 제1항) 새로운 피고에 대하여는 경정신청 허가결정시에만 결정정본과 함께 소장부본을 송달하여야 한다.(제261조 제2항)

② 불 복

㉮ **허가결정에 대한 불복** 경정허가결정에 대하여는 동의권을 가진 종전 피고가 경정에 동의하지 아니하였음을 이유로 하는 경우에만 즉시항고가 가능하고(제261조 제3항), 이외에는 달리 불복할 수 없다고 보아야 한다. 따라서, 이러한 허가결정의 당부는 즉시항고 외에는 불복할 수 없는 종국판결 전의 재판에 관한 것이어서 항소심 법원의 판단대상이 되지 아니한다.(대법원 1992.10.9. 선고 92다25533 판결)」

㉯ **경정신청 기각결정에 대한 불복** 이 경우 원고는 법 제439조에 의하여 「통상항고를 제기할 수 있으므로 그 결정에 대하여 특별항고를 제기할 수는 없다.(대법원 1997.3.3.자 97으1 결정)」

(4) 피고경정의 효과

(가) 종전 피고에 대한 소의 취하

피고경정신청을 허가하는 결정을 한 때에는 종전의 피고에 대한 소는 취하된 것으로 보므로(제261조 제4항), 종전 피고에 대한 소송계속은 소급적 소멸이 되기 때문에 더 이상 종전 피고에 대한 심리를 하여서는 안된다.

---

475) 법원행정처, 전게서(Ⅰ), 276면.

(나) **새로운 피고에 대한 신소제기**

피고경정은 새로운 피고에 대하여는 신소제기의 실질을 갖기 때문에 시효중단이나 기간준수효는 경정신청서의 제출 시에 발생하게 된다.(제265조) 당사자표시정정이나 필수적 공동소송인의 추가에 있어서는 소제기 시로 소급하는 것과 이점에서 차이가 난다.

(다) **종전 피고에 대한 심리의 효력**

종전 피고에 대하여는 소가 취하된 것과 같으므로 종전 피고의 소송 진행의 결과는 새로운 피고가 원용하지 않는 한 새로운 피고에게는 효력이 없는 것이 원칙이다.[476] 다만, 새로운 당사자가 경정에 동의하거나 신당사자가 그 실질에 있어서 종전 소송절차에 관여하였고 실질적으로 새로운 당사자에 의한 소송수행과 동일시할 수 있는 경우라면 원용이 없더라도 소송수행의 결과를 새로운 피고에게 미치게 하여야 한다고 본다.[477]

관련기출 •2016년 법원행시

甲이 乙을 상대로 민사상의 청구를 제기하여 소송계속 중이다. 甲 또는 乙은 소외 제3자 丙을 이 소송의 당사자로 추가 또는 교체하고자 한다. 어떠한 소송상의 제도를 이용할 수 있는지를 논하시오. (30점)

- 필공추가
- 예비적·선택적 공동소송인 추가
- 피고경정
- 원고경정 여부
- 기타 소의 주관적·추가적 병합의 가부
- 항소심에서의 추가나 변경 여부
- 인수승계

---

[476] 법원행정처, 전게서(Ⅰ), 277면.
[477] 이시윤, 전게서, 723면; 정동윤·유병현, 전게서, 993면.

쟁점 76 소송물의 양도에 따른 신청에 의한 승계 (특정승계)

1. 「소송물의 양도」의 의의

   「소송물의 양도」란 소송계속 중에 소송물인 권리관계에 대한 당사자의 지위 즉, 당사자적격이 특정적으로 제3자에게 이전·승계되는 것을 의미하는데, 여기서는 소송중의 승계, 즉, 변론종결 전의 승계인을 소송법상 어떻게 취급할지가 논의된다.[478]

   논의의 순서는 ① 어떤 사람까지를 승계인이라 할 것인지, 즉, 승계인의 범위가 어디까지를 의미하는지, ② 승계인에 해당한다면 특히, 변론종결 전의 승계인이라면 이 자를 어떻게 소송절차에 참여케 할 것인지가 문제된다.

2. 승계인의 범위 — 어떤 사람까지 승계인이라 할 것인지

   (1) 문제점

   변론종결 전의 승계인의 범위를 변론종결 후 승계인에 관한 기판력의 범위와 동일하게 처리할 것인지에 대하여는 견해의 대립이 있다.

   (2) 학 설

   (가) 동일설(판례)

   기본적으로 기판력에서의 변론종결 후의 승계인의 범위와 동일하게 승계인의 범위를 파악하는 견해이다. 기본적으로 판례의 태도이다.

   (나) 비동일설(다수설)

   변론종결 뒤의 승계인은 절차참여가 이루어질 수 없지만, 변론종결 전 승계인은 그래도 절차관여가 가능하다는 점에서, 변론종결 전 승계인의 범위는 변론종결 후 승계인보다 넓게 인정해도 무방하다는 견해인 비동일설이 다수설이다.

   비동일설에 의하면, 판례보다 ① 채권적 청구권 분쟁 중의 계쟁물에 대한 승계인도 여기에서의 승계인에 포함되며, ② 나아가 당사자 교체형태 뿐만 아니라 추가형태(예 의무자 추가)의 승계도 인정하게 된다.

   (3) 판 례

   판례는 기본적으로 기판력에서의 변론종결 후의 승계인의 범위와 동일하게 승계인의 범위를 파악한다. 다음 정리와 같다.

---

[478] 소송물 양도라는 표현은 구소송물이론의 논리적 경과이므로 신소송물이론을 취하는 학설입장에서 쓸 표현은 아니라는 지적에 호문혁, 전게서, 885면.

> **【승계인의 범위】**
> (1) 소송물인 권리·의무 자체를 승계한 자이기 때문에 당사자적격을 승계받은 자는 「승계인」 범위에 속함
>   - 소유권확인소송의 변론종결 전에 소유권을 양수받은 자
>   - 채무이행소송 변론종결 전에 채권을 양수받은 자
>   - 채무이행소송 변론종결 전에 채무를 면책적으로 인수받은 자 등
> (2) 소송물은 아니지만 계쟁대상물을 승계 받은 자는 분쟁의 종류에 따라 나뉨
>   (가) 분쟁이 물권적 청구 소송이었는데 계쟁대상물을 승계 받은 자는 분쟁지위주체를 승계하였으므로 「승계인」 범위에 속함
>   ① 청구취지는 그대로 둔채 피고 란(欄) 기재가 교환적으로 바뀌게 될 필요가 있는 경우
>   - 건물명도소송의 변론종결 전 피고로부터 당해 건물의 점유를 취득한 자(매수인 또는 임차인 등)
>   - 건물철거소송의 변론종결 전 피고로부터 건물을 양수한 양수인
>   ② 청구취지도 추가적으로 달라지고 피고 란(欄) 기재도 추가적으로 변경시킬 필요가 있는 경우
>   - 소유권이전등기말소청구소송 변론종결 전에 피고로부터 이전등기를 받은 자
>   - 토지인도 및 건물철거청구소송 변론종결 전 당해 건물을 임차한 임차인
>   (나) 분쟁이 채권적 청구 소송이었는데 계쟁대상물을 승계 받은 자는 분쟁지위주체를 승계하였다고 할 수 없으므로 「승계인」이라 볼 수 없음[479]
>   - 매매에 기한 소유권이전등기청구소송 변론종결 전에 피고로부터 이전등기(또는 근저당권설정등기)를 받은 제2매수인(또는 근저당권자) - 소송인수는 허용되지 않음 (1983.3.22. 80마283)
> (3) 계쟁대상물을 승계 받은 경우는 아니지만 만약 변론종결 뒤의 양수인이었다면 기판력을 받을 자이기 때문에 변론종결 전의 양수라 하여도 분쟁 내에 들어올 필요가 있는 자라면 「승계인」의 범위에 속함
>   - 신주발행무효소송 중 원고로부터 주식을 양수받은 자(2003.2.26. 2000다42786)

3. 승계참가와 인수참가

변론종결 전 승계인에 해당한다면 기존 소송에 승계참가(참가승계)와 인수참가(참가인수·승계인수)가 가능하다. 승계인이 자발적으로 참가한다면 승계참가, 소송당사자가 승계인을 강제적으로 끌어들인다면 인수참가라고 한다.

4. 참가의 방식 및 절차

(1) 승계참가(참가승계)

> **제81조(승계인의 소송참가)** 소송이 법원에 계속되어 있는 동안에 제3자가 소송목적인 권리 또는 의무의 전부나 일부를 승계하였다고 주장하며 제79조(독립당사자참가 : 필자주)의 규정에 따라 소송에 참가한 경우 그 참가는 소송이 법원에 처음 계속된 때에 소급하여 시효의 중단 또는 법률상 기간준수의 효력이 생긴다.

---

[479] 판례와 같이 실체법적 성격을 기준으로 파악할 것이 아니라 소송법에 의하여 파악하여야 한다는 소송법설 중의 다수설은 이 경우에도 승계인의 범위에 포함시켜야 한다는 입장이다.

(개) 제3자의 신청
① 방 식
승계참가신청은 독립당사자참가 신청방식에 의한다.(제81조) 따라서 반드시 서면에 의한 신청이어야 하며, 참가의 취지 및 이유를 명시하며, 소장의 필수적 기재사항을 기재하여야 한다. 또한, 독립당사자참가에서와 같이 「법률심인 상고심에서 승계인의 소송참가는 허용되지 아니한다.(대법원 2002.12.10. 선고 2002다48399 판결)」

② 참가요건의 심리
참가신청은 소제기의 실질을 가지므로 참가요건은 소송요건에 해당한다. 따라서 이는 법원의 직권조사사항에 해당하므로 피참가인과 상대방은 이의를 제기하지 못하고[480] 참가요건에 흠이 있다면 변론을 거쳐 판결로 각하하여야 한다.(2007.8.23. 2006마1171)
주의할 것은 참가요건 중 승계인에 해당하는가의 문제는 신청인의 주장 자체로만 판단한다. 따라서 신청인의 주장에서는 문제가 없었으나 판단 결과 승계인이 아닌 것으로 판명되었다면 청구기각판결로 정리하여야 한다.

(나) 심 리 ― 독립당사자참가와의 차이
승계참가의 방식은 독립당사자참가와 같지만, 승계참가는 전주(前主)와 참가인 사이에 이해가 대립되는 경우가 아닐 수 있으므로 소송의 구조면에서 차이가 있다.
① 피참가인과 참가인 사이에 양도의 유무나 효력에 다툼이 없는 경우 ― 일반적인 경우
ⓐ 참가인과 전주 간에 이해가 대립되지 않는 경우이므로 결국 전주 아닌 당사자와 참가인 사이에서의 청구만 하면 된다.(편면참가의 형태)
ⓑ 결국 삼면소송관계는 발생하지 않는다. 그렇다면 통상공동소송에 준하여 심리하여야 하는지가 문제되는 바, 이에 대하여 판례 중에는 이를 통상공동소송으로 심리하여야 한다는 판례들이 있었다. 최근 대법원 2019. 10. 23. 선고 2012다46170 전원합의체 판결은 위 판결들을 변경하여 이 경우에도 필수적 공동소송으로 심리하여야 한다고 하였다.
ⓒ 전주의 소송대리인이 참가인의 소송대리인이 된다 하여도 **쌍방대리가 문제되지 않는다.**

> 원고에 대한 승계참가가 이루어졌으나 피고의 부동의로 원고가 탈퇴하지 못한 경우, 그 소송의 구조 및 법원이 취할 조치
> ① 종전의 판결
> 원고가 소송의 목적인 손해배상채권을 승계참가인에게 양도하고 피고들에게 채권양도의 통지를 한 다음 승계참가인이 승계참가신청을 하자 탈퇴를 신청하였으나 피고들의 부동의로 탈퇴

---

480) 법원행정처, 전게서(Ⅰ), 320면.

하지 못한 경우, 원고의 청구와 승계참가인의 청구는 통상의 공동소송으로서 모두 유효하게 존속하는 것이므로 법원은 원고의 청구 및 승계참가인의 청구 양자에 대하여 판단을 하여야 한다.(대법원 2004.7.9. 선고 2002다16729 판결)

② 변경 전원합의체 판결 - 대법원 2019. 10. 23. 선고 2012다46170 전원합의체 판결

1. 사건 개요와 쟁점

공사수급인인 원고는 도급인인 피고들을 상대로 공사계약에 따른 정산금의 지급을 구하였다. 원고 승계참가인(이하 '승계참가인'이라 한다)은 원고의 피고들에 대한 정산금 채권 중 일부에 관하여 채권압류 및 전부명령을 받은 뒤, 제1심 소송 계속 중 제3채무자인 피고들에 대하여 전부금의 지급을 구하면서 승계참가신청을 하였다. 원고는 승계참가인의 승계 여부에 대해 다투지 않았으나 승계참가한 부분의 소를 일부 취하하지 않았다. 제1심은 인정된 정산금 채권 전부가 채권압류 및 전부명령으로 인하여 모두 승계참가인에게 이전되었음을 이유로, 원고의 청구를 기각하고 승계참가인의 피고들에 대한 청구를 일부 인용하였다. 승계참가인과 피고들은 제1심판결 중 자신의 패소 부분에 대해 항소하였고, 원고는 항소하지 않았다. 원심 계속 중 피고들이 승계참가인의 전부명령이 압류 경합으로 무효라고 다투자 원고는 부대항소를 제기하였다. 원심은 승계참가인의 전부명령이 무효라고 판단하고, 원고의 부대항소를 받아들여 원고의 청구를 일부 인용하고 승계참가인의 청구를 기각하였다. 피고는 상고이유로, 원고가 제1심에서 패소한 뒤 불복하지 않아 원고에 대한 판결은 분리확정되었고 그에 따라 원고가 제기한 부대항소는 부적법하므로 원심이 원고의 부대항소를 받아들인 것은 잘못이라고 주장한다.

이 사건의 쟁점은 원고 청구 부분이 원심에 이심되었는지 여부이고, 그 판단은 승계참가 후 원고가 승계참가인의 승계 여부에 대해 다투지 않으면서도 소송탈퇴, 소 취하 등을 하지 않거나 이에 대하여 피고가 부동의하여 원고가 소송에 남아 있는 경우 원고와 승계참가인의 청구 사이에 필수적 공동소송에 관한 민사소송법 제67조를 적용할 수 있는지 여부에 따른다.

2. 원고의 부대항소의 적법성에 관한 피고들의 법리오해 주장에 관하여

가. 원고와 승계참가인의 청구의 관계에 관한 종전 대법원 판례와 재판 실무

소송이 법원에 계속되어 있는 동안에 소송목적인 권리의 전부나 일부를 승계하였다고 주장하는 제3자는 소송이 계속된 법원에 참가할 수 있다.(민사소송법 제81조, 이하에서는 이러한 형태의 승계참가를 '권리승계형 승계참가'라 하고 이에 한하여 논한다) 민사소송법 제81조는 승계인이 독립당사자참가에 관한 '제79조의 규정에 따라 소송에 참가'하도록 규정한다. 한편 독립당사자참가에 관한 민사소송법 제79조는 제2항에서 필수적 공동소송에 관한 특별규정인 민사소송법 제67조를 준용하고 있다.

종전당사자인 피참가인이 승계참가인의 승계 원인 사실이나 승계의 효력을 다투는 경우 원고, 피고, 승계참가인 사이에 삼면소송관계가 성립되므로 법원은 독립당사자참가에 준하여 심리해 왔다. 이에 관하여 명시적으로 판시한 대법원 판례는 없지만 그와 같이 재판실무가 형성되었고, 1990. 12. 31. 법률 제4299호로 전부 개정된 민사소송 등 인지법 제6조 제2항은 이를 반영하여 승계참가 시 피참가인이 승계 여부를 다투는 경우에는 독립당사자참가소송에 관한 규정을 준용하여 인지를 붙이도록 정하고 있다.

피참가인이 승계 여부를 다투지 않는 경우 피참가인은 독립당사자참가에 준하여 민사소송법 제80조에 따라 소송에서 탈퇴할 수 있고(대법원 2014. 10. 27. 선고 2013다67105, 67112 판결 등 참조), 그 경우 판결의 효력은 탈퇴한 피참가인에게도 미친다. 피참가인은 민사소송법 제266조에 따라 소를 취하할 수도 있고 이때에도 소송당사자 지위를 상실한다.(일부 승계의 경우에는 승계된 부분의 소를 일부 취하하는 형태가 된다) 그런데

소송탈퇴나 소 취하는 모두 상대방의 동의가 필요하므로 상대방이 부동의하는 경우에는 피참가인이 소송에 남아 있게 된다. 때로는 피참가인이 소송탈퇴나 소 취하를 하지 않은 채 소송에 남아 있는 경우도 있다.

일찍이 대법원 1969. 12. 9. 선고 69다1578 판결은 권리승계인의 승계참가 후 원고가 승계참가인의 승계 여부를 다투지 않으나 피고의 부동의로 소송탈퇴를 하지 못하고 소송에 남아 있는 사안에서 승계참가인은 원고에게 아무런 청구를 하지 않으므로 독립당사자참가와 같은 삼면소송관계는 성립할 여지가 없어 독립당사자참가와 소송구조에 차이가 있다고 판시하였다. 그 후 대법원 1975. 11. 25. 선고 75다1257, 1258 판결, 대법원 1976. 12. 14. 선고 76다1999 판결 등에서도 마찬가지로 판시하였다.

그런데 이와 같은 경우 종전당사자인 원고와 승계참가인의 관계에 관하여, 대법원 2004. 7. 9. 선고 2002다16729 판결은 원고의 청구와 승계참가인의 청구는 '통상의 공동소송으로서' 모두 유효하게 존속한다고 하였고, 이러한 판시는 대법원 2009. 12. 24. 선고 2009다65850 판결, 대법원 2014. 10. 30. 선고 2011다113455, 113462 판결에서도 반복되었다.

나. 통상공동소송으로 본 대법원 판례의 변경 필요성

(1) 2002년 민사소송법 개정 전(2002. 1. 26. 법률 제6626호로 개정되기 전의 것)에는 독립당사자참가소송은 양면참가만 가능하고 편면참가는 허용되지 않았으며, 독립당사자참가소송 외에는 달리 필수적 공동소송에 관한 특별규정을 적용할 만한 소송형태나 근거가 없었다. 따라서 권리승계형 승계참가의 경우에도 원고가 승계 여부를 다투지 않는 경우에는 승계참가인이 원고에게 소송상 청구를 할 수 없어 독립당사자참가소송과 같은 삼면소송관계가 성립할 여지가 없었으므로 필수적 공동소송에 관한 규정이 적용될 수 없었다.

2002년 개정된 민사소송법은 당사자 한쪽을 상대로 하는 편면적 독립당사자참가소송을 허용하고 예비적·선택적 공동소송을 신설하였으며, 두 소송절차에서 모두 필수적 공동소송에 관한 민사소송법 제67조를 준용하고 있다.(제79조 제2항, 제70조 제1항) 이로써 법률상 양립할 수 없는 청구를 하는 공동소송인들 사이에 필수적 공동소송에 관한 특별규정을 적용할 수 있는 법규적 근거가 마련되었다.

(2) 민사소송법 제70조 제1항에 정하는 '법률상 양립할 수 없다.'는 것은, 동일한 사실관계에 대한 법률적인 평가를 달리하여 두 청구 중 어느 한쪽에 대한 법률효과가 인정되면 다른 쪽에 대한 법률효과가 부정됨으로써 두 청구가 모두 인용될 수는 없는 관계에 있는 경우나, 당사자들 사이의 사실관계 여하에 의하여 또는 청구원인을 구성하는 택일적 사실인정에 의하여 어느 일방의 법률효과를 긍정하거나 부정하고 이로써 다른 일방의 법률효과를 부정하거나 긍정하는 반대의 결과가 되는 경우로서, 두 청구들 사이에서 한쪽 청구에 대한 판단 이유가 다른 쪽 청구에 대한 판단 이유에 영향을 주어 각 청구에 대한 판단 과정이 필연적으로 상호 결합되어 있는 관계를 의미한다.(대법원 2007. 6. 26.자 2007마515 결정 참조) 민사소송법 제79조 제1항에 규정된 독립당사자참가 중 권리주장참가는 다른 사람 사이에 소송이 계속 중일 때 소송대상의 전부나 일부가 자기의 권리라고 주장하는 제3자가 당사자로서 소송에 참가하여 세 당사자 사이에 서로 대립하는 권리 또는 법률관계를 하나의 판결로써 서로 모순 없이 일시에 해결하려는 것으로서, 원고의 본소 청구와 독립당사자참가인의 청구가 주장 자체에서 양립할 수 없는 관계에 있는 경우에 허용되고, 편면적 독립당사자참가의 경우에도 이러한 요건을 갖추어야 한다.(대법원 2018. 5. 15. 선고 2018다350, 367 판결 참조)

(3) 권리승계형 승계참가에서 피참가인인 원고가 소송탈퇴, 소 취하(일부 취하의 의미

를 갖는 청구감축 포함) 등을 하지 않아 승계된 부분에 관한 원고의 청구가 그대로 유지되는 경우 원고의 피고에 대한 청구와 승계참가인의 피고에 대한 청구는 그 주장 자체로 법률상 양립할 수 없는 관계에 있다. 원고의 피고에 대한 채권이 존재하는 경우 승계참가인이 승계 원인으로 주장하는 채권양도나 전부명령에 의하여 채권이 법률상 유효하게 승계되었는지 여부에 따라 원고 또는 승계참가인 중 어느 쪽의 청구는 인용되고 다른 쪽의 청구는 기각되어 두 청구가 모두 인용될 수는 없기 때문이다.

따라서 권리승계형 승계참가의 경우에도 원고의 청구가 그대로 유지되고 있는 한 독립당사자참가소송이나 예비적·선택적 공동소송과 마찬가지로 필수적 공동소송에 관한 규정을 적용하여 같은 소송 절차에서 두 청구에 대한 판단의 모순, 저촉을 방지하고 이를 합일적으로 확정할 필요성이 있다. 민사소송법 제81조는 승계인이 독립당사자참가에 관한 제79조에 따라 소송에 참가할 것을 정하는데, 제79조는 제2항에서 필수적 공동소송에 관한 특칙인 제67조를 준용하고 있으므로 제81조는 승계참가에 관하여도 필수적 공동소송에 관한 특별규정을 준용할 근거가 된다고 할 수 있다.

(4) 이와 같은 승계참가에 관한 민사소송법 규정과 2002년 민사소송법 개정에 따른 다른 다수당사자 소송제도와의 정합성, 앞서 본 승계참가인과 피참가인인 원고의 중첩된 청구를 모순 없이 합일적으로 확정할 필요성 등을 종합적으로 고려하면, 소송이 법원에 계속되어 있는 동안에 제3자가 소송목적인 권리의 전부나 일부를 승계하였다고 주장하며 민사소송법 제81조에 따라 소송에 참가한 경우, 원고가 승계참가인의 승계 여부에 대해 다투지 않으면서도 소송탈퇴, 소 취하 등을 하지 않거나 이에 대하여 피고가 부동의하여 원고가 소송에 남아 있다면 승계로 인해 중첩된 원고와 승계참가인의 청구 사이에는 필수적 공동소송에 관한 민사소송법 제67조가 적용된다고 할 것이다.

그러므로 2002년 민사소송법 개정 후 피참가인인 원고가 승계참가인의 승계 여부에 대하여 다투지 않고 그 소송절차에서 탈퇴하지도 않은 채 남아 있는 경우 원고의 청구와 승계참가인의 청구가 통상공동소송 관계에 있다는 취지로 판단한 대법원 2004. 7. 9. 선고 2002다16729 판결, 대법원 2009. 12. 24. 선고 2009다65850 판결, 대법원 2014. 10. 30. 선고 2011다113455, 113462 판결을 비롯하여 그와 같은 취지의 판결들은 이 판결의 견해에 배치되는 범위 내에서 이를 모두 변경하기로 한다.

② 피참가인과 참가인 사이에 양도의 유무나 효력에 다툼이 있는 경우

이때에는 삼면소송관계가 성립되므로 심리방식은 **독립당사자참가소송**에 준하여 처리한다.

(다) 참가신청의 효력 – 소급효

참가신청으로 인하여 원래의 소제기 시로 소급하여 시효중단 및 기간준수효가 발생한다는 점 및 참가 시까지 전주가 한 소송수행의 결과에 참가인이 구속된다는 점에서 독립당사자참가와는 다르다.

(2) 인수참가(인수승계) 세부쟁점

> **제82조(승계인의 소송인수)**
> ① 소송이 법원에 계속되어 있는 동안에 제3자가 소송목적인 권리 또는 의무의 전부나 일부를 승계한 때에는 법원은 당사자의 신청에 따라 그 제3자로 하여금 소송을 인수하게 할 수 있다.
> ② 법원은 제1항의 규정에 따른 결정을 할 때에는 당사자와 제3자를 심문(審問)하여야 한다.
> ③ 제1항의 소송인수의 경우에는 제80조의 규정 가운데 탈퇴 및 판결의 효력에 관한 것과, 제81조의 규정 가운데 참가의 효력에 관한 것[481]을 준용한다.

(가) 의 의
당사자 측에서 승계인을 강제적으로 소송에 끌어들이는 제도를 인수참가 또는 인수승계라고 하며, 법률규정에 의하여 제3자를 들이는 소송인입(訴訟引入)의 가장 대표적인 경우이다.

(나) 요 건
① 타인 간의 소송이 계속 중일 것
인수신청은 사실심 변론종결 전까지만 가능하다.

② 인수승계의 형태
㉮ **교환적 인수** 예를 들어 피고의 채무를 면책적으로 인수한 제3자를 소송에 강제로 끌어들이는 것을 교환적 인수승계라고 한다.

㉯ **추가적 인수**
㉠ **의의 및 신청기재** : 예를 들어, 건물철거 및 토지인도청구 소송계속 중 피고가 동 건물을 임대하여 임차인이 입주한 경우 임차인에 대한 퇴거청구를 하는 경우와 같이 종래의 소송목적인 권리관계를 전제로 한 새로운 권리관계가 소송의 목적이 된 경우를 추가적 인수라 한다. 이때에는 새로운 당사자에게 새로운 채무의 이행을 구하는 경우에 해당하므로 새로운 청구취지와 청구원인을 기재하여야 한다.[482]

㉡ **처 리** : 추가적 인수는 반드시 소송의 목적인 의무와 동일한 의무를 승계한 경우가 아니라도 분쟁이 제3자에게 확대되어 이를 전제로 새로운 채무가 발생하고 이에 대하여 제3자가 당사자적격을 취득한 경우에도 허용된다.[483]

다만, 본래의 소송목적인 채무와 전혀 별개인 채무의 이행을 구하기 위한 경우라면 허용되지 않는다.(1971.7.6. 71다726)

---

481) 제81조상의 「그 참가는 소송이 법원에 처음 계속된 때에 소급하여 시효의 중단 또는 법률상 기간준수의 효력이 생긴다.」라는 부분을 준용한다는 것이다.
482) 법원행정처, 전게서(Ⅰ), 321면.
483) 법원행정처, 전게서(Ⅰ), 321면.

> 건물철거청구 중 피고가 제3자 앞으로 동 건물의 소유권이전등기를 경료한 경우 제3자 명의의 등기명의를 말소하기 위한 인수신청은 부적법하다.(1971.7.6. 71다726)[484]

(다) 인수승계의 절차
① 신 청
㉮ **신청권자** 인수참가는 당사자의 신청이 있는 경우이어야 하는데, 이 경우「당사자」는 피참가인의 상대방인 전주의 상대방뿐만 아니라 피참가인 즉, 전주 자신도 신청을 할 수 있다.(통설)
㉯ **신청의 방식** 신청의 방식은 특별한 제한이 없으며 서면 또는 말로도 신청할 수 있다.(제161조)

② 심문과 인수참가인의 자백
법원은 인수승계신청에 대한 결정을 하기 전에 당사자와 제3자를 심문하여야 한다.(제82조 제2항)

주의할 것은 이 절차는 변론절차가 아닌 심문절차이지만,「인수참가인이 인수참가요건인 채무승계 사실에 관한 상대방당사자의 주장을 모두 인정하여 이를 자백하고 소송을 인수하여 이를 수행하였다면, 위 자백이 진실에 반한 것으로서 착오에 의한 것이 아닌 한 인수참가인은 위 자백에 반하여 인수참가의 전제가 된 채무승계사실을 다툴 수는 없다.(1987.11.10. 87다카473)」

③ 결 정
㉮ **신청각하결정** 신청각하결정에 대하여는 항고할 수 있다.(제439조)
㉯ **인수결정** 인수신청이 있고 신청인 및 제3자를 심문한 결과, 승계적격 흠결이 명백하지 않는 한 인수결정을 하여야 한다. 인수결정은 중간적 재판이므로 독립하여 불복신청을 할 수는 없다.
㉰ **인수결정 이후 본안변론에서 승계가 없는 것으로 판명된 경우**
ⓐ **학 설**
이 경우 ㉠ 인수신청의 요건이 결여되어 있었으므로 인수신청을 각하하여야 한다는 **인수신청각하설**, ㉡ 인수요건은 주장 자체로 판단하는 것이며, 다만, 승계가 없는 것은 당사자적격의 흠으로 보아야 하므로 소를 각하하여야 한다는 **소각하판결설** 및 ㉢ 이에 더 나아가, 인수결정으로 인하여 당사자적격은 인정된 것이고 다만 본안심리가 시작된 이상 청구의 당부와 관련이 되어 버리므로 청구를 기각하여야 한다는 **청구기각설**이 대립한다.

---

[484] 이 판례를 들어 판례는 추가적 인수에는 부정적이라는 지적에 이시윤. 사견으로는 위 판례는 본래의 소송과 전혀 별개의 관련이 없는 사안이라는 점에서 부정한 것은 아닐까(필자)

ⓑ 판 례
판례는, 후에 본안판결을 할 때에 인수결정에 법원이 구속되는 것은 아니므로 본안변론에서의 증거조사결과 승계가 없었다고 인정된다면 종국판결로 인수참가인에 대한 청구나 인수참가인의 **청구를 기각**하여야 한다는 입장이다. 즉,「소송 계속중에 소송목적인 의무의 승계가 있다는 이유로 하는 소송인수신청이 있는 경우 신청의 이유로서 주장하는 사실관계 자체에서 그 승계적격의 흠결이 명백하지 않는 한 결정으로 그 신청을 인용하여야 하는 것이고, 그 승계인에 해당하는가의 여부는 피인수신청인에 대한 청구의 당부와 관련하여 판단할 사항으로 심리한 결과 승계사실이 인정되지 않으면 **청구기각의 본안판결을 하면 되**는 것이지 인수참가신청 자체가 부적법하게 되는 것은 아니다.(대법원 2005. 10. 27. 선고 2003다66691 판결)」

㈑ 인수승계의 효과
① 인수한 새로운 당사자는 전주의 소송상의 지위를 그대로 승계하며, 이 경우 유리·불리 여부를 불문하고 그대로 구속된다.
② 그리고 법 제82조 제3항에 의하여 제81조가 준용되므로 인수참가가 있는 경우 소송이 법원에 처음 계속된 때에 소급하여 시효중단이나 기간준수효가 발생한다.

5. 종전 당사자의 지위 및 소송탈퇴

(1) 탈퇴하지 않는 경우
승계참가·인수참가 여부를 불문하고 소송물의 양도가 있는 경우에 ① 피참가인이 승계의 효력을 다투거나 ② 피참가인이 승계의 효력을 다투지 않으면서도 탈퇴나 소의 취하를 하지 않고 있거나, ③ 피참가인이 승계의 효력을 다투지 않고 탈퇴하려 함에도 상대방의 동의를 받지 못하여 탈퇴하지 않거나, ④ 소송물의 일부에 대하여만 승계가 있거나 ⑤ 인수참가에서 추가적 인수가 있는 경우에는 종전 당사자는 계속 소송에 남아 있어야 한다.

㈎ 위 ①의 경우
이 경우에는 승계참가의 경우에는 3면소송관계로, 인수참가의 경우에는 2개의 소송이 병존하게 된다.[485]

㈏ ②, ③, ④, ⑤의 경우
이 경우에는 종전 당사자와 새로운 당사자는 통상공동소송인의 관계에 선다고 본 판례가 있었으나, 특히 권리승계형 승계참가 사안에서 필수적 공동소송에 의하여야 한다고 판례를 변경하였다.

---

485) 법원행정처, 전게서(Ⅰ), 324면.

원고에 대한 승계참가가 이루어졌으나 피고의 부동의로 원고가 탈퇴하지 못한 경우, 그 소송의 구조 및 법원이 취할 조치

① 종전의 판결

원고가 소송의 목적인 손해배상채권을 승계참가인에게 양도하고 피고들에게 채권양도의 통지를 한 다음 승계참가인이 승계참가신청을 하자 탈퇴를 신청하였으나 피고들의 부동의로 탈퇴하지 못한 경우, 원고의 청구와 승계참가인의 청구는 통상의 공동소송으로서 모두 유효하게 존속하는 것이므로 법원은 원고의 청구 및 승계참가인의 청구 양자에 대하여 판단을 하여야 한다.(대법원 2004.7.9. 선고 2002다16729 판결)

② 변경 전원합의체 판결 - 대법원 2019. 10. 23. 선고 2012다46170 전원합의체 판결

1. 사건 개요와 쟁점

공사수급인인 원고는 도급인인 피고들을 상대로 공사계약에 따른 정산금의 지급을 구하였다. 원고 승계참가인(이하 '승계참가인'이라 한다)은 원고의 피고들에 대한 정산금 채권 중 일부에 관하여 채권압류 및 전부명령을 받은 뒤, 제1심 소송 계속 중 제3채무자인 피고들에 대하여 전부금의 지급을 구하면서 승계참가신청을 하였다. 원고는 승계참가인의 승계 여부에 대해 다투지 않았으나 승계참가한 부분의 소를 일부 취하하지 않았다. 제1심은 인정된 정산금 채권 전부가 채권압류 및 전부명령으로 인하여 모두 승계참가인에게 이전되었음을 이유로, 원고의 청구를 기각하고 승계참가인의 피고들에 대한 청구를 일부 인용하였다. 승계참가인과 피고들은 제1심판결 중 자신의 패소 부분에 대해 항소하였고, 원고는 항소하지 않았다. 원심 계속 중 피고들이 승계참가인의 전부명령이 압류 경합으로 무효라고 다투자 원고는 부대항소를 제기하였다. 원심은 승계참가인의 전부명령이 무효라고 판단하고, 원고의 부대항소를 받아들여 원고의 청구를 일부 인용하고 승계참가인의 청구를 기각하였다. 피고는 상고이유로, 원고가 제1심에서 패소한 뒤 불복하지 않아 원고에 대한 판결은 분리 확정되었고 그에 따라 원고가 제기한 부대항소는 부적법하므로 원심이 원고의 부대항소를 받아들인 것은 잘못이라고 주장한다.

이 사건의 쟁점은 원고 청구 부분이 원심에 이심되었는지 여부이고, 그 판단은 승계참가 후 원고가 승계참가인의 승계 여부에 대해 다투지 않으면서도 소송탈퇴, 소 취하 등을 하지 않거나 이에 대하여 피고가 부동의하여 원고가 소송에 남아 있는 경우 원고와 승계참가인의 청구 사이에 필수적 공동소송에 관한 민사소송법 제67조를 적용할 수 있는지 여부에 따른다.

2. 원고의 부대항소의 적법성에 관한 피고들의 법리오해 주장에 관하여

가. 원고와 승계참가인의 청구의 관계에 관한 종전 대법원 판례와 재판 실무

소송이 법원에 계속되어 있는 동안에 소송목적인 권리의 전부나 일부를 승계하였다고 주장하는 제3자는 소송이 계속된 법원에 참가할 수 있다.(민사소송법 제81조, 이하에서는 이러한 형태의 승계참가를 '권리승계형 승계참가'라 하고 이에 한하여 논한다) 민사소송법 제81조는 승계인이 독립당사자참가에 관한 '제79조의 규정에 따라 소송에 참가'하도록 규정한다. 한편 독립당사자참가에 관한 민사소송법 제79조는 제2항에서 필수적 공동소송에 관한 특별규정인 민사소송법 제67조를 준용하고 있다.

종전당사자인 피참가인이 승계참가인의 승계 원인 사실이나 승계의 효력을 다투는 경우 원고, 피고, 승계참가인 사이에 삼면소송관계가 성립되므로 법원은 독립당사자참가에 준하여 심리해 왔다. 이에 관하여 명시적으로 판시한 대법원 판례는 없지만 그와 같이 재판실무가 형성되었고, 1990. 12. 31. 법률 제4299호로 전부 개정된 민사소송 등 인지법 제6조 제2항은 이를 반영하여 승계참가 시 피참가인이 승계 여부를 다투는 경

우에는 독립당사자참가소송에 관한 규정을 준용하여 인지를 붙이도록 정하고 있다. 피참가인이 승계 여부를 다투지 않는 경우 피참가인은 독립당사자참가에 준하여 민사소송법 제80조에 따라 소송에서 탈퇴할 수 있고(대법원 2014. 10. 27. 선고 2013다67105, 67112 판결 등 참조), 그 경우 판결의 효력은 탈퇴한 피참가인에게도 미친다. 피참가인은 민사소송법 제266조에 따라 소를 취하할 수도 있고 이때에도 소송당사자 지위를 상실한다.(일부 승계의 경우에는 승계된 부분의 소를 일부 취하하는 형태가 된다) 그런데 소송탈퇴나 소 취하는 모두 상대방의 동의가 필요하므로 상대방이 부동의하는 경우에는 피참가인이 소송에 남아 있게 된다. 때로는 피참가인이 소송탈퇴나 소 취하를 하지 않은 채 소송에 남아 있는 경우도 있다.

일찍이 대법원 1969. 12. 9. 선고 69다1578 판결은 권리승계인의 승계참가 후 원고가 승계참가인의 승계 여부를 다투지 않으나 피고의 부동의로 소송탈퇴를 하지 못하고 소송에 남아 있는 사안에서 승계참가인은 원고에게 아무런 청구를 하지 않으므로 독립당사자참가와 같은 삼면소송관계는 성립할 여지가 없어 독립당사자참가와 소송구조에 차이가 있다고 판시하였다. 그 후 대법원 1975. 11. 25. 선고 75다1257, 1258 판결, 대법원 1976. 12. 14. 선고 76다1999 판결 등에서도 마찬가지로 판시하였다.

그런데 이와 같은 경우 종전당사자인 원고와 승계참가인의 관계에 관하여, 대법원 2004. 7. 9. 선고 2002다16729 판결은 원고의 청구와 승계참가인의 청구는 '통상의 공동소송으로서' 모두 유효하게 존속한다고 하였고, 이러한 판시는 대법원 2009. 12. 24. 선고 2009다65850 판결, 대법원 2014. 10. 30. 선고 2011다113455, 113462 판결에서도 반복되었다.

나. 통상공동소송으로 본 대법원 판례의 변경 필요성

(1) 2002년 민사소송법 개정 전(2002. 1. 26. 법률 제6626호로 개정되기 전의 것)에는 독립당사자참가소송은 양면참가만 가능하고 편면참가는 허용되지 않았으며, 독립당사자참가소송 외에는 달리 필수적 공동소송에 관한 특별규정을 적용할 만한 소송형태나 근거가 없었다. 따라서 권리승계형 승계참가의 경우에도 원고가 승계 여부를 다투지 않는 경우에는 승계참가인이 원고에게 소송상 청구를 할 수 없어 독립당사자참가소송과 같은 삼면소송관계가 성립할 여지가 없었으므로 필수적 공동소송에 관한 규정이 적용될 수 없었다.

2002년 개정된 민사소송법은 당사자 한쪽을 상대로 하는 편면적 독립당사자참가소송을 허용하고 예비적·선택적 공동소송을 신설하였으며, 두 소송절차에서 모두 필수적 공동소송에 관한 민사소송법 제67조를 준용하고 있다.(제79조 제2항, 제70조 제1항) 이로써 법률상 양립할 수 없는 청구를 하는 공동소송인들 사이에 필수적 공동소송에 관한 특별규정을 적용할 수 있는 법규적 근거가 마련되었다.

(2) 민사소송법 제70조 제1항에 정하는 '법률상 양립할 수 없다.'는 것은, 동일한 사실관계에 대한 법률적인 평가를 달리하여 두 청구 중 어느 한쪽에 대한 법률효과가 인정되면 다른 쪽에 대한 법률효과가 부정됨으로써 두 청구가 모두 인용될 수는 없는 관계에 있는 경우나, 당사자들 사이의 사실관계 여하에 의하여 또는 청구원인을 구성하는 택일적 사실인정에 의하여 어느 일방의 법률효과를 긍정하거나 부정하고 이로써 다른 일방의 법률효과를 부정하거나 긍정하는 반대의 결과가 되는 경우로서, 두 청구들 사이에서 한쪽 청구에 대한 판단 이유가 다른 쪽 청구에 대한 판단 이유에 영향을 주어 각 청구에 대한 판단 과정이 필연적으로 상호 결합되어 있는 관계를 의미한다.(대법원 2007. 6. 26.자 2007마515 결정 참조) 민사소송법 제79조 제1항에 규정된 독립당사자참가 중 권리주장참가는 다른 사람 사이에 소송이 계속 중일 때 소송대상의 전부나 일부가 자기의 권리라고 주장하는 제3자가 당사자로서 소

송에 참가하여 세 당사자 사이에 서로 대립하는 권리 또는 법률관계를 하나의 판결로써 서로 모순 없이 일시에 해결하려는 것으로서, 원고의 본소 청구와 독립당사자참가인의 청구가 주장 자체에서 양립할 수 없는 관계에 있는 경우에 허용되고, 편면적 독립당사자참가의 경우에도 이러한 요건을 갖추어야 한다.(대법원 2018. 5. 15. 선고 2018다350, 367 판결 참조)
- (3) 권리승계형 승계참가에서 피참가인인 원고가 소송탈퇴, 소 취하(일부 취하의 의미를 갖는 청구감축 포함) 등을 하지 않아 승계된 부분에 관한 원고의 청구가 그대로 유지되는 경우 원고의 피고에 대한 청구와 승계참가인의 피고에 대한 청구는 그 주장 자체로 법률상 양립할 수 없는 관계에 있다. 원고의 피고에 대한 채권이 존재하는 경우 승계참가인이 승계 원인으로 주장하는 채권양도나 전부명령에 의하여 채권이 법률상 유효하게 승계되었는지 여부에 따라 원고 또는 승계참가인 중 어느 쪽의 청구는 인용되고 다른 쪽의 청구는 기각되어 두 청구가 모두 인용될 수는 없기 때문이다.

  따라서 권리승계형 승계참가의 경우에도 원고의 청구가 그대로 유지되고 있는 한 독립당사자참가소송이나 예비적·선택적 공동소송과 마찬가지로 필수적 공동소송에 관한 규정을 적용하여 같은 소송 절차에서 두 청구에 대한 판단의 모순, 저촉을 방지하고 이를 합일적으로 확정할 필요성이 있다. 민사소송법 제81조는 승계인이 독립당사자참가에 관한 제79조에 따라 소송에 참가할 것을 정하는데, 제79조는 제2항에서 필수적 공동소송에 관한 특칙인 제67조를 준용하고 있으므로 제81조는 승계참가에 관하여도 필수적 공동소송에 관한 특별규정을 준용할 근거가 된다고 할 수 있다.
- (4) 이와 같은 승계참가에 관한 민사소송법 규정과 2002년 민사소송법 개정에 따른 다른 다수당사자 소송제도와의 정합성, 앞서 본 승계참가인과 피참가인인 원고의 중첩된 청구를 모순 없이 합일적으로 확정할 필요성 등을 종합적으로 고려하면, 소송이 법원에 계속되어 있는 동안에 제3자가 소송목적인 권리의 전부나 일부를 승계하였다고 주장하며 민사소송법 제81조에 따라 소송에 참가한 경우, 원고가 승계참가인의 승계 여부에 대해 다투지 않으면서도 소송탈퇴, 소 취하 등을 하지 않거나 이에 대하여 피고가 부동의하여 원고가 소송에 남아 있다면 승계로 인해 중첩된 원고와 승계참가인의 청구 사이에는 필수적 공동소송에 관한 민사소송법 제67조가 적용된다고 할 것이다.

  그러므로 2002년 민사소송법 개정 후 피참가인인 원고가 승계참가인의 승계 여부에 대하여 다투지 않고 그 소송절차에서 탈퇴하지도 않은 채 남아 있는 경우 원고의 청구와 승계참가인의 청구가 통상공동소송 관계에 있다는 취지로 판단한 대법원 2004. 7. 9. 선고 2002다16729 판결, 대법원 2009. 12. 24. 선고 2009다65850 판결, 대법원 2014. 10. 30. 선고 2011다113455, 113462 판결을 비롯하여 그와 같은 취지의 판결들은 이 판결의 견해에 배치되는 범위 내에서 이를 모두 변경하기로 한다.

다. **이 사건의 경우**
- (1) 원심판결 이유와 기록에 따르면 다음 사실을 알 수 있다.
    - (가) 이 사건 공사의 수급인인 원고는 도급인인 피고들을 상대로 제1심법원에 이 사건 공사에 관하여 약 11억 9,000만 원의 정산금 청구를 하였다.
    - (나) 승계참가인은 원고의 피고들에 대한 정산금 채권 중 합계 9억 5,000만 원에 관하여 채권압류 및 전부명령을 받은 뒤, 제1심 소송 계속 중 제3채무자인 피고들에 대하여 전부금의 지급을 구하면서 승계참가신청을 하였다. 원고는 승계참가인의 승계 여부에 대해 다투지 않았으나 전부된 부분의 청구를 감축하지도 않았다.

(다) 제1심법원은 인정된 정산금 채권 약 4억 5,000만 원이 채권압류 및 전부명령으로 인하여 모두 승계참가인에게 이전되었음을 이유로, 원고의 청구를 기각하고 승계참가인의 피고들에 대한 청구를 일부 인용하였다.

(라) 승계참가인과 피고들은 제1심판결 중 자신의 패소 부분에 대해 항소하였고 원고는 항소하지 않았다. 그런데 원심은 원고에 대하여 준비서면, 기일통지서 등 서면을 송달하고 변론조서에 원고를 당사자로 기재하였으며 원고가 제출한 준비서면을 변론기일에 진술하도록 하였다. 원심 계속 중 피고들이 승계참가인의 전부명령이 다른 가압류와 경합된 상태에서 발령되어 무효라고 다투자 원고는 부대항소를 제기하였다.

(마) 원심은 승계참가인의 압류 및 전부명령 전에 원고의 하수급인들이 원고의 피고들에 대한 공사대금 채권에 대하여 가압류를 하였고, 위 압류 및 전부명령과 가압류의 각 피압류채권이 성질상 모두 공사대금 채권이므로 승계참가인의 전부명령은 가압류와 경합되어 무효라고 판단하고, 원고의 부대항소를 받아들여 원고의 청구를 일부 인용하고 승계참가인의 청구를 기각하였다.

(바) 한편 원고의 하수급인들이 원고의 피고들에 대한 위 정산금 채권에 관하여 받은 가압류결정이 승계참가인이 전부명령을 받기 전 피고들에게 송달되었고, 위와 같은 가압류결정의 청구금액과 승계참가인이 받은 압류명령의 청구금액을 합한 금액이 원고의 피고들에 대한 위 정산금 채권 액수를 초과한다.

(2) 위와 같은 사실관계를 앞서 본 법리에 비추어 살펴보면, 원고의 피고들에 대한 정산금 청구 소송이 법원에 계속되어 있는 동안 승계참가인이 민사소송법 제81조에 따라 소송목적인 권리의 일부를 승계하였다고 주장하며 참가하였고, 원고와 승계참가인의 청구가 모두 유지되고 있으므로 승계된 부분에 관한 원고와 승계참가인의 청구 사이에는 필수적 공동소송에 관한 민사소송법 제67조가 적용된다. 따라서 제1심판결 중 원고의 청구를 기각한 부분에 대하여 원고가 항소하지 않고 승계참가인의 청구를 일부 인용한 부분에 대하여 승계참가인과 피고들만 그 패소 부분에 대해 항소하였다고 하더라도, 원고 청구 부분을 포함한 제1심판결 전체의 확정이 차단되고 사건 전부에 관하여 이심의 효력이 생긴다. 그러므로 원고가 원심에서 제기한 부대항소는 적법하다.

원심이 원고가 제기한 부대항소가 적법하다고 보고, 제1심판결을 변경하여 원고의 청구를 일부 받아들이고 승계참가인의 청구를 기각하는 판결을 선고한 것은 앞서 본 법리에 따른 것으로 정당하다. 원심의 판단에 상고이유 주장과 같이 승계참가에 따른 소송관계, 부대항소의 적법성에 관한 법리를 오해하여 판결에 영향을 미친 잘못이 없다.

(2) 탈퇴하는 경우

위 (1)의 각 경우 이외의 경우, 즉 소송물의 전부에 대한 승계가 있고 승계에 대한 다툼이 없는 경우 종전 당사자는 당해 소송에 남아있을 필요가 없으므로 소송에서 탈퇴할 수 있다.

(가) 인수참가의 경우

이 경우에는 법 제82조 제3항에서 독립당사자참가에서 탈퇴할 수 있다는 제80조를 준용하고 있으므로 특히 문제가 없다.

(나) 승계참가의 경우

승계참가에서는 독립당사자참가에서의 탈퇴규정을 준용하는 명문규정은 없으나 해석상 탈퇴할 수 있다고 본다.

(다) 탈퇴 후의 소송관계

① 종전 당사자는 그 상대방의 동의를 얻어 탈퇴할 수 있으며, 탈퇴당사자는 원칙적으로 당사자적격이 없어진다. 그러나 탈퇴 이후 판결의 효력은 탈퇴당사자에게 미친다.

② 피참가인의 탈퇴가 이루어진 경우 심판대상은 참가인과 관련된 청구만이 될 것이다.

- 제1심에서 원고가 승소하였으나 항소심에서 원고에 대한 승계참가가 이루어졌음에도 승계참가인의 청구에 대한 판단 없이 단순히 피고의 항소를 기각한 원심판결에는 직권파기사유가 있다고 한 사례(대법원 2004.1.27. 선고 2000다63639 판결)

- 소송계속 중 사망한 갑에게서 소송탈퇴에 관한 특별수권을 받은 소송대리인은, 승계참가인 을이 승계참가신청을 하자 소송탈퇴를 신청하였고 상대방 측 소송대리인이 위 탈퇴에 동의하였는데, 을이 소송물과 관련한 갑의 재산을 단독으로 상속하게 되었다면서 소송수계신청을 하였고 이후 을은 승계참가신청취하서를 제출하여 상대방 측 소송대리인이 위 취하에 동의한 사안에서, 갑의 상속인들과 상대방 사이의 소송관계는 소송탈퇴로 적법하게 종료되었고 을의 소송수계신청은 이미 종료된 소송관계에 관한 것이어서 이유 없음이 명백하고, 을과 상대방 사이의 소송관계도 승계참가신청취하와 상대방의 이에 대한 동의로 적법하게 종료되었다고 한 사례(대법원 2011.4.28. 선고 2010다103048 판결)

제7장 상소

쟁점 77 상소의 요건

1. 의 의

 상소가 적법한 것으로 취급되어 본안심판을 받기 위한 전제요건을 상소요건이라 하며, 직권조사사항으로 상소요건이 흠결된다면 상소는 각하된다.

2. 상소의 일반요건

 (1) 상소의 대상적격

   (가) 재판이 선고되었을 것

   ① 재판 선고가 되기 이전에는 상소권이 발생하지 않으므로 이에 대하여 상소를 할 수는 없다.

   ② 특히, 결정에 대한 상소에 대하여는 다음과 같이 처리한다.

   • 즉, 결정·명령의 원본이 법원사무관등에게 교부되어 성립한 경우라면, 결정·명령이 당사자에게 고지되어 효력이 발생하기 전에도 결정·명령에 불복하여 항고할 수 있으며, 이는 즉시항고라도 마찬가지이다.($^{2014.10.8.\ 2014마667}_{전원합의체\ 결정}$)486)

   (나) 종국적 재판일 것

   상소의 대상은 종국적 재판이어야 하므로, 중간판결이나 중간적 재판은 독립하여 상소를 할 없고 종국판결과 함께 상소하여야 한다.

   ① 따라서 「소송비용 및 가집행에 관한 재판에 대하여는 독립하여 항소를 하지 못한다.($^{제391}_{조}$)」

   ② 또한 「항소심의 **환송판결은 종국판결**이므로 고등법원의 환송판결에 대하여는 대법원에 상고할 수 있다.($^{대법원\ 1981.9.8.\ 선고\ 80}_{다3271\ 전원합의체\ 판결}$)487)」

   (다) 비판결(非判決)과 무효판결의 경우

   비판결은 상소의 대상이 아니다. 무효판결은 상소의 대상이다.(다수설) 다만, **판례는 당사자의 사망을 간과한 판결에 대하여 당연무효판결로 상소의 대상이 아니라 본 바가 있다.**($^{1994.1.11.}_{93누9606}$)

---

486) 이와 달리 결정의 성립 여부와 관계없이 아직 효력이 발생하지 아니한 결정에 대하여는 항고권이 발생하지 아니하고 항고권 발생 전에 한 항고는 부적법한 것으로 각하하여야 한다는 대법원 1983. 3. 29. 자 83스5 결정, 대법원 1983. 3. 31. 자 83그9 결정, 대법원 1983. 4. 12. 자 83스8 결정을 비롯하여 같은 취지의 결정들은 이 결정의 견해에 배치되는 범위 내에서 이를 변경하기로 한다.(대법원 2014.10.8. 자 2014마667 전원합의체 결정)

487) 환송판결은 중간판결로서 상고의 대상이 되지 않는다고 한 종전의 판결은 이를 변경한다.

(라) 상소 이외의 다른 불복방법이 존재하는 경우

판결의 경정(제211조)이나 **재판누락시의 추가판결**(제212조), 조서기재에 대한 이의제도(제164조) 등 상소 이외의 다른 불복방법이 있는 경우 역시 상소의 대상이 되지 않는다.

> **재판누락 시 상소는 부적법 ★★★**
> 판결에는 법원의 판단을 분명하게 하기 위하여 결론을 주문에 기재하도록 하고 있으므로, 비록 판결 이유에서 그 당부를 판단하였더라도 주문에 설시가 없으면 특별한 사정이 없는 한 그에 대한 재판은 누락된 것으로 보아야 하고, 재판의 누락이 있는 경우 그 부분 소송은 여전히 그 심급에 계속 중이어서 적법한 상소의 대상이 되지 아니하므로 그 부분에 대한 상소는 부적법하다.
> - 원고 공동소송적 보조참가인이 제1심법원에 공동소송적 보조참가신청서를 제출하자, 이에 대하여 피고가 참가인의 공동소송적 보조참가가 허용되어서는 아니 된다는 취지의 준비서면을 제출함으로써 이의를 신청하였음에도 1심은 변론기일이나 기일 외에 **참가인의 공동소송적 보조참가를 허가할 것인지 아닌지를 결정하지 아니하였고, 제1심판결의 주문에서도 이에 관하여 아무런 판단을 하지 않았다.** 그리고 피고가 제1심판결에 대하여 항소하자, 항소심은 참가인의 공동소송적 보조참가신청이 부적법하다고 보아 이를 각하하는 판결을 선고하였다면 공동소송적 보조참가인의 참가 허부에 대한 **재판을 누락**하였다고 할 것이므로 이 부분은 **여전히 제1심**에 계속 중이어서 적법한 상소의 대상이 되지 않음에도 항소심이 판단을 한 것이므로 항소심의 위 판결은 위법하다.
> (대법원 2015.10.29. 선고 2014다13044 판결[청구이의][공2015하,1775])

(2) 상소제기의 방식을 준수할 것

상소장은 서면방식에 의하여야 하며, 상소를 제기할 법원은 원심법원이다.(원심법원제출주의)

(3) 상소기간을 준수할 것

항소	제1심 판결정본 송달일로부터 2주 이내
상고	제2심 판결정본 송달일로부터 2주 이내
즉시항고 · 특별항고	재판고지 있은 날로부터 1주 이내
통상항고	재판취소를 구할 이익이 있는 한 언제나 제기 가능

(4) 상소의 이익이 있을 것

(가) 상소이익의 판단기준

상소인이 원재판에 대하여 불복을 할 이익이 있어야 하며, 이를 상소의 이익이라 하는데 어떠한 경우에 상소의 이익이 있는지에 대하여는 견해의 대립이 있다.

통설과 판례는 원심에서의 당사자의 신청과 원심의 재판결과 즉, **주문을 비교**하여 질적이나 양적으로 주문이 신청에 미치지 못하는 경우에 상소의 이익을 인정한다.(**형식적 불복설**) 다만, 기판력이 인정되는 결과 당사자에게 불합리한 결과가 될 수 있는 경우에는 그 예외를 인정하고 있다.(예외를 인정하는 형식적 불복설)[488]

---

[488] 이에 반하여 ① 상급심에서 원재판보다 실체법상 유리한 판결을 받을 가능성이 있다면 상소의 이익을 인정하는 실질적 불복설, ② 원고에 대하여는 형식적 불복설, 피고에게는 실질적 불복을 따르는 절충

> **상소의 이익 판단기준**
> 상소는 자기에게 불이익한 재판에 대하여서만 제기할 수 있는 것이고, 재판이 상소인에게 불이익한 것인지는 재판의 주문을 표준으로 하여 상소제기 당시를 기준으로 판단하여야 한다.(대법원 2015.10.29. 선고 2014다13044 판결)

(나) 구체적인 예
① 전부승소 당사자의 소의 변경 또는 청구취지 확장, 반소 등을 위한 상소
  ㉮ **원 칙** 원칙적으로 상소의 이익이 없다. 따라서 전부승소 원고가 청구취지 확장을 위하여 하는 상소는 부대상소를 제외하고는 인정되지 않으며 전부승소 피고가 반소를 위하여 상소를 하는 경우 역시 인정될 수 없다.
  ㉯ *예외적으로 허용되는 경우 전부승소 당사자라 하여도 예외적으로 기판력을 받게 되기 때문에 이후의 별도의 소송을 제기할 수 없게 되는 관계에 있다면 소의 변경이나 청구취지확장을 위한 상소가 가능하다고 본다.

> ㉠ 묵시적 일부청구에서 전부승소한 원고가 잔부청구를 하기 위한 상소는 허용
> ㉡ 청구이의의 소의 원고가 전부승소한 경우 다른 이의사유 추가를 위한 항소 허용

② 전부승소 당사자의 판결이유 중의 판단에 불복이 있는 경우의 상소
원칙적으로 승소한 당사자는 판결이유 중에 불복이 있어도 상소의 이익이 없다. 다만, **예외적으로 (예비적)상계의 항변이 이유 있다 하여 승소한 피고의 상소도 허용**된다. 상계항변에 대한 판단에 기판력이 발생하므로 이를 상소를 통해 구제해줄 필요가 있기 때문이다.(2002.9.6. 2002다34666) 단, 상계정산합의에 의한 경우는 제외된다.
③ 이혼소송의 경우 승소원고도 상소가능
이혼소송은 패소자뿐만 아니라 승소원고라도 상소가 가능하다고 볼 것이다.[489]
④ 청구의 일부인용에 대한 상소
청구를 일부인용하고 일부기각한 판결에 대해서는 원고, 피고 모두 상소이익이 있다.
⑤ 소각하판결에 대한 상소
소각하판결은 원고·피고 모두가 상소할 수 있다.
⑥ 원고의 예비적 청구에 대한 인용판결에 대한 상소
원고의 예비적 청구를 인용한 경우 주위적 청구는 배척한 것이므로, 원고는 주위적 청구기각에 대하여, 피고는 예비적 청구인용에 대하여 상소할 수 있다.
⑦ 원고의 예비적 공동소송에 대한 상소
원고의 예비적 공동소송에 대하여 주위적 피고에 대한 기각, 예비적 피고에 대

설, ③ 원재판의 유·불리를 원재판의 기판력뿐만 아니라 집행력, 부수적 효력 등의 모든 효력에 의하여 판단하는 신실질적 불복설이 있다.
[489] 김용진, 전게서, 621면. 혼인관계 유지라는 우선적 가치가 있기 때문이다.

한 승소의 판결이 난 경우 원고 및 예비적 피고가 상소의 이익을 가진다.
⑧ 선택적 청구의 어느 하나를 인용한 판결에 대한 상소
선택적 청구의 경우에 하나의 청구를 인용하는 판결이 있으면 원고는 상소할 수 없고 피고만 상소 할 수 있다.
⑨ 제1심판결에 대하여 불복하지 않은 당사자의 항소심판결에 대한 상고
제1심판결에 대하여 항소하지 않은 당사자는 항소심판결이 제1심판결보다 불리하지 않은 경우라면 상고의 이익은 없다. 따라서 제1심에서는 전부승소하였으나 제2심에서는 일부패소한 당사자라면 항소심판결이 제1심판결보다 불리한 경우에 해당하므로 상고가 가능하다.

> 원고 일부 승소의 제1심판결에 대하여 피고는 항소나 부대항소를 하지 않았는데 항소심이 원고의 항소를 일부 인용하여 변경판결을 한 경우, 피고가 제1심에서 패소한 부분에 대하여 상고할 수 있는지 여부(소극)
> 원고의 청구를 일부 인용하는 제1심판결에 대하여 원고는 항소하였으나 피고는 항소나 부대항소를 하지 아니한 경우, 제1심판결의 원고 승소부분은 원고의 항소로 인하여 항소심에 이심은 되었으나, 항소심의 심판대상은 되지 않았다 할 것이고, 따라서 항소심이 원고의 항소를 일부 인용하여 제1심판결의 원고 패소 부분 중 일부를 취소하고 그 부분에 대한 원고의 청구를 인용하였다면, <u>이는 제1심에서의 원고 패소 부분에 한정된 것이며 제1심판결 중 원고 승소부분에 대하여는 항소심이 판결을 한 바 없어 이 부분은 피고의 상고대상이 될 수 없다.</u>(2008.3.14. 2006다2940)

(5) 상소권의 포기나 불상소 합의와 같은 장애사유가 없을 것
　(가) 상소권의 포기

> 제394조(항소권의 포기) 항소권은 포기할 수 있다.
>
> 제395조(항소권의 포기방식)
> ① 항소권의 포기는 항소를 하기 이전에는 제1심법원에, 항소를 한 뒤에는 소송기록이 있는 법원에 서면으로 하여야 한다.
> ② 항소권의 포기에 관한 서면은 상대방에게 송달하여야 한다.
> ③ 항소를 한 뒤의 항소권의 포기는 항소취하의 효력도 가진다.

　① 법적 성질
　　상소권의 포기는 법원에 대한 단독행위에 해당하며 상소요건이므로 직권조사사항에 해당한다. 다만, 양 당사자 사이에 상소권포기계약을 체결하는 것과는 구별된다. 이 계약은 소송계약에 해당하며, 포기계약이 있음에도 상소가 제기된 경우 이는 항변사항일 뿐 직권조사사항은 아니므로 항변이 있어야 상소를 부적법 각하할 수 있다.

② 요 건
  ㉮ 상소권을 포기함에는 상대방의 동의를 요하지 않는다.
  ㉯ 상소권의 포기는 상소제기 전후를 불문한다. 다만, 판결선고 전의 포기가 가능한지에 대하여 견해의 대립은 있으나 통설은 판결선고 이후에야 포기가 가능하다고 본다.[490]
  ㉰ 상소권의 포기는 상소를 하기 이전에는 원심 법원에, 항소를 한 뒤에는 소송기록이 있는 법원에 서면으로 하여야 한다.
③ 송 달
  항소권의 포기에 관한 서면은 상대방에게 송달하여야 한다.
④ 효 과 — 발생한 상소권의 소멸
  상소권 포기는 상소권포기서를 제출한 즉시 효력이 발생하여 상소권은 소멸된다.($^{2006.5.2.}_{2005마933}$) 항소 이후의 항소권의 포기는 항소취하의 효력도 가진다.($^{제395조}_{제3항}$) 따라서 상소권을 포기한 이후 상소를 제기하면 법원은 직권으로 상소를 각하하여야 한다.($^{1969.3.8. 자 68}_{마1622 참조}$) 다만, 「항소권의 포기 등으로 제1심판결이 확정된 후에 항소장이 제출되었음이 분명한 경우도 원심재판장이 항소장 각하명령을 할 수 있는 것으로 봄이 상당하다.($^{대법원 2006.5.2.}_{자 2005마933 결정}$)」고 본 바도 있다.

(나) 불상소의 합의
  미리 상소를 제기하지 않기로 한 소송법상의 계약을 불상소의 합의라 한다. 즉, 사건의 심급을 1심에 한정하기로 한 합의라고 할 수 있다.[491] 불상소의 합의는 항변사항이 아니라 직권조사사항에 해당한다.($^{1980.1.29. 선}_{고 79다2066}$)
  판결선고 전의 불상소합의의 경우 판결은 선고와 동시에 확정되며, 판결선고 후의 불상소합의는 합의성립 시로부터 동시에 확정된다.

---

490) 이시윤, 전게서, 742면. 1966.1.19. 65마1007은 채무자가 항고권포기서를 매각허가결정선고가 있는 그 날에 채권자를 통하여 법원에 제출한 사안이었는데, 이 사건에서 항고권은 유효하게 포기된 것이라고 한 바 있다. 다만, 이 판결로 판결선고 전 상소권 포기를 판례가 인정한 것으로까지 볼 수는 없는 것으로 보인다. 따라서 저명 교과서에서는 이 부분에 대하여 판례의 태도가 어떠한지를 명시하고 있지 않은 것으로 보인다.(이시윤, 전게서, 742면 ; 정동윤·유병현, 전게서, 763면 ; 강현중, 전게서, 733면 ; 호문혁, 전게서, 576면 등)
491) 정동윤·유병현, 전게서, 763면.

쟁점 78 상소의 효력

1. 확정차단의 효력 (제498조)

상소제기로 재판의 확정이 차단되는 것을 확정차단의 효력이라 하며, 재판의 효력인 기판력·집행력·형성력 등이 발생하지 않게 된다. 따라서 가집행선고가 있는 경우를 제외하고는 상소제기로 집행력은 발생하지 않는다.

이러한 확정차단효는 항소·상고, 즉시항고에 의하여 발생하는 것이나, 통상항고에 대하여는 확정차단효는 인정되지 아니하고 집행정지를 위하여는 별도의 집행정지조치가 필요하다. (제448조)

2. 이심의 효력

(1) 의 의

상소의 제기로 소송사건 전체가 원심법원을 떠나 상소심법원으로 옮겨 계속하게 되는 바, 이를 이심의 효력이라고 한다.

(2) 이심의 효력이 생기는 범위

이심은 하급심에서 재판이 있었던 부분에 한하여 발생한다. 따라서 하급심에서 재판이 누락된 경우 그 부분은 하급심에 계속하는 것이므로(제212조) 상소에 의한 이심의 효력이 생기지 않는다.

3. 상소불가분의 원칙

(1) 의 의

확정차단 및 이심의 효력은 상소인의 불복신청의 범위와 상관없이 원재판 전부에 대하여 발생한다. 이를 상소불가분의 원칙이라 한다. 따라서 어느 판결의 일부에 대하여만 상소가 있다 하여도 판결전부에 확정차단 및 이심의 효력이 발생하게 된다.[492]

그러나 상소불가분의 원칙이 인정된다 하여 원판결의 전부가 상소심의 심판대상이 되는 것은 아니다. 상소심의 심판대상은 불복신청의 범위에 국한되므로 **확정차단 및 이심의 범위와 심판의 범위는 일치하지 않을 수 있다.**

(2) 내 용

원칙적으로 상소불가분원칙에 의하여 수 개의 청구에 대하여 하나의 전부판결을 한 경우 그 중 어느 하나의 청구에 대하여만 상소하여도 다른 청구에 상소의 효력이 미치며, 1개 청구에 대하여 1개 판결이 있는 경우에 이 중 일부패소한 부분에 대한 상소

---

[492] 상소불가분원칙은 청구변경과 부대항소를 인정하는 우리의 경우, 나중에 상소인이 불복범위를 확장할 수 있는 기회를 줌과 아울러 피상소인도 부대항소의 기회를 주기 위하여 인정이 된다.

가 있는 경우라도 1개 판결 전부가 확정차단되며 전부 이심된다.

다만, **다음의 경우에는 예외**적으로 일부만 확정이 차단될 수 있다.
① 청구의 일부에 대하여만 **불상소합의나 항소권 내지 부대항소권의 포기**가 있다면 그 부분만이 확정된다.[493]
② *****통상공동소송**에서는 공동소송인 독립의 원칙에 의하여 공동소송인 중 1인의 또는 1인에 대한 상소는 다른 공동소송인에 대한 청구에 상소의 효력이 미치지 않고 그 부분은 확정된다.

(3) 효과 — 항소심에서의 항소취지확장 및 피항소인의 부대항소 가능
① 상소불가분 원칙의 결과, 사건 전부가 상소에 의하여 이심된 경우 항소인은 변론종결시까지는 항소취지의 확장이 가능하며, 즉, 불복신청의 범위를 확장할 수 있고, 피항소인도 부대항소를 제기하여 항소하지 않았던 부분에 이르기까지 심판범위로 삼을 수 있다.
② 나아가 상소불가분원칙에 의하여 사건 전부가 상소로 이심이 되기 때문에 **상소의 일부취하는 인정될 수 없다는 점이 소의 취하와 다르다.**

사안연구 ★★★

대법원 2017. 1. 12. 선고 2016다241249 판결
【사실관계】
① 원고는 주주권확인청구(이하 '제1청구'라고 한다), 주권인도청구(이하 '제2청구'라고 한다) 및 명의개서청구(이하 '제3청구'라고 한다)를 하였다.
② 제1심은 이에 원고의 각 청구를 기각하는 판결을 선고하였고, 이에 원고가 제1심판결 전부에 대하여 항소를 하였다.
③ 이후 항소인 원고는 2015. 10. 30. 위 제2청구 및 제3청구 부분에 대한 항소를 취하하는 내용의 항소취지변경(감축)신청서를 제출하였다.
④ 그 후 원고는 2015. 11. 11. 제2청구 및 제3청구 중 일부의 인용을 구하는 항소취지변경(감축)신청서를 제출하였다.

【원심의 판단】 - 항소각하
원고는 위 2015. 10. 30.자 항소취지변경(감축)신청서에 의하여 제2청구와 제3청구 전부에 대한 항소를 취하하였고, 제1심판결정본을 송달받은 2015. 9. 30.로부터 2주가 경과한 후인 2015. 11. 11.에서야 제2청구와 제3청구 일부에 대하여 다시 항소를 제기한 것이므로 이는 항소기간 경과 후에 제기된 항소로서 부적법하다는 이유로 이 부분 각 **항소를 각하**하였다.

【대법원의 판단】 - 원심파기
[일반론]
항소의 취하는 항소의 전부에 대하여 하여야 하고 **항소의 일부 취하는 효력이 없으므로 병합된 수개의**

---
493) 이시윤, 전게서, 747면.

청구 전부에 대하여 불복한 항소에서 그중 일부 청구에 대한 불복신청을 철회하였다 하더라도 그것은 단지 불복의 범위를 감축하여 심판의 대상을 변경하는 효과를 가져오는 것에 지나지 아니하고, 항소인이 항소심의 변론종결시까지 언제든지 서면 또는 구두진술에 의하여 불복의 범위를 다시 확장할 수 있는 이상 **항소 그 자체의 효력에 아무런 영향이 없다.**

[사건의 적용]

기록에 의하면 원고의 위 2015. 10. 30.자 항소취지변경(감축)신청서의 내용은 항소취지를 기존의 제1, 2, 3청구 전부에서 제1청구 부분만으로 감축함으로써 제2청구와 제3청구 부분을 불복의 범위에서 제외시키는 것이고, 위 2015. 11. 11.자 항소취지변경(감축)신청서의 내용은 다시 제2, 3청구의 일부를 불복의 범위에 포함시키는 것임을 알 수 있다.

이를 앞서 본 법리에 비추어 살펴보면, 2015. 10. 30.자 항소취지변경에 의하여 항소의 일부가 취하되는 효력이 발생한 것이 아니라, 단지 제1심판결의 변경을 구하는 불복의 범위가 항소장보다 좁게 변경된 것에 불과하고, 항소심 변론종결 전인 2015. 11. 11.자 항소취지변경에 의하여 위와 같이 불복 범위에서 제외되었던 일부 청구 부분이 다시 불복의 범위에 포함되었다고 보아야 할 뿐, 취하되었던 항소를 다시 제기한 것으로 볼 수는 없다고 할 것이다. 따라서 **원심법원으로서는 위와 같이 다시 불복의 범위에 포함된 제2, 3청구 중 일부에 대하여 심리에 나아가 이를 판단하였어야 함에도 불구하고 그 판시와 같이 항소가 부적법하다는 이유로 이를 각하하고 말았으니, 이러한 원심의 판단에는 항소의 취하 및 항소취지의 변경에 관한 법리를 오해하여 판결에 영향을 미친 위법이 있다.** 이 점을 지적하는 상고이유 주장은 이유 있다.

쟁점 79 불이익변경금지 원칙

> 제415조(항소를 받아들이는 범위) 제1심판결은 그 불복의 한도안에서 바꿀 수 있다. 다만, 상계에 관한 주장을 인정한 때에는 그러하지 아니하다.

(개) 의 의

항소심은 불복신청의 한도 내에서 심판하며 제1심판결도 그 불복의 한도 안에서 바꿀 수 있으므로 제1심판결 중 누구도 불복신청하지 않은 부분에 대하여는 **이익으로도 불이익으로도** 변경할 수 없다는 것을 불이익변경금지의 원칙이라 하며, 이는 **상소심에서의 처분권주의의 발현**으로 볼 수 있다.

(나) 불이익변경금지의 원칙이 인정되는 상소

불이익변경금지원칙은 상소의 경우라면 항소 및 상고의 모든 경우에 적용이 되며, **재심의 경우에도 마찬가지이다.**

즉, 「재심은 상소와 유사한 성질을 갖는 것으로서 부대재심이 제기되지 않는 한 재심원고에 대하여 원래의 확정판결보다 불이익한 판결을 할 수 없다.(대법원 2003.7.22. 선고 2001다76298 판결)」

(다) 이익·불이익의 판단기준

① 원 칙

항소심판결이 제1심판결보다 이익 또는 불이익하게 변경된 것인지 여부는 **기판력이 미치는 범위를 기준**으로 한다. 즉, 판결의 **주문**을 기준으로 판단하며, 판결의 이유를 변경하는 것은 불이익변경금지의 원칙에 저촉되는 것이 아니다.

② 예 외

㉮ 상계항변이 있는 경우

상계항변이 인정되어 청구기각판결을 받은 원고가 항소하였으나 항소심 판단 결과 상계 이외의 다른 사유에 의하여 원고의 수동채권(소구채권)이 부존재하는 것으로 판명이 된 경우, 법원이 내려야 할 판결	
① 항소인용·1심 취소·청구기각 주문을 낸다면 위법	이는 불이익변경금지원칙에 정면위배된다.
② 「다른 이유」에 의한 「항소기각」판결을 한다면 위법	이 역시 상계에 제공된 피고의 반대채권이 부활하므로 역시 불이익변경금지원칙에 위배된다고 본다.
③ 「같은 이유」에 의한 「항소기각」판결을 한다면 적법	결국, 1심과 같은 이유를 기재하여 항소기각판결을 내려야 한다.

㉯ **동시이행판결의 경우** ⓐ 동시이행의 판결에서 <u>원고가 상소한</u> 경우, 「동시이행의 판결에 있어서는 원고가 그 반대급부를 제공하지 아니하고는 판결에 따른 집행을 할 수 없어 비록 피고의 반대급부이행청구에 관하여 기판력이 생기지 아니하더라도 반대급부의 내용이 원고에게 불리하게 변경된 경우에는 불이익변경금지원칙에 반하게 된다.(대법원 2005.8.19. 선고 2004다8197,8203 판결)」 ⓑ 한편, 동시이행관계가 아니므로 단순이행판결을 했어야 함에도 동시이행의 판결을 하면서 채무자의 이행지체책임도 인정한 판결에 <u>피고만 상소한</u> 경우 이 판결에 위법은 있으나 불이익변경금지원칙상 원심판결을 유지할 수밖에 없어 상소는 기각된다.(대법원 2019.10.31. 선고 2019다247651 판결)494)

⑷ **원 칙**
① 유리(이익)변경의 금지
　항소인이 불복하지 아니한 항소인의 패소부분은 항소인에게 유리한 항소심판결을 할 수 없다. 즉, 항소인의 불복신청의 범위를 넘어 제1심판결 이상의 유

---

494) 원심법원은 판결 주문을 다음과 같이 내었다. 즉, 「피고는 원고로부터 별지 목록 기재 주식을 반환받음과 동시에 원고에게 172,000,000원 및 이에 대하여 2018. 1. 1.부터 2019. 6. 18.까지는 연 5%의, 그 다음 날부터 다 갚는 날까지는 연 15%의 각 비율로 계산한 돈을 지급하라.」 → 이에 대하여 대법원 판단은 다음과 같다.
「가. 원심은, 원고가 투자금 반환채권에 대한 담보로 원심판결 별지 목록 기재 주식을 보유하고 있음을 전제로 피고의 투자금 반환의무와 원고의 주식 반환의무가 동시이행관계에 있다고 보고 피고가 원고로부터 주식을 반환받음과 동시에 투자금 1억 7,200만 원과 이에 대한 지연손해금을 지급할 의무가 있다고 판단하였다.
나. 당사자 쌍방의 채무가 동시이행관계에 있는 경우 일방 채무의 이행기가 도래하더라도 상대방 채무의 이행제공이 있을 때까지는 그 채무를 이행하지 않아도 이행지체의 책임을 지지 않는다.(대법원 1998. 3. 13. 선고 97다54604, 54611 판결 등 참조)
금전채권의 채무자가 채권자에게 담보를 제공한 경우 특별한 사정이 없는 한 채권자는 채무자로부터 채무를 모두 변제받은 다음 담보를 반환하면 될 뿐 채무자의 변제의무와 채권자의 담보 반환의무가 동시이행관계에 있다고 볼 수 없다.(대법원 1969. 9. 30. 선고 69다1173 판결, 대법원 1984. 9. 11. 선고 84다카781 판결 등 참조) 따라서 채권자가 채무자로부터 제공받은 담보를 반환하기 전에도 특별한 사정이 없는 한 채무자는 이행지체 책임을 진다.
다. 위에서 본 법리에 비추어 원심판결 이유를 살펴보면 다음과 같은 결론을 도출할 수 있다.
피고의 투자금 반환의무와 원고의 주식 반환의무가 동시이행관계에 있다면 원고가 자신의 의무에 대한 이행제공을 하지 않는 이상 피고는 투자금 반환의무에 대한 지체책임을 지지 않는다. 그러나 원고가 투자금 반환채권에 대한 담보로 주식을 가지고 있다고 해도 원고는 피고로부터 투자금을 모두 반환받은 다음 담보인 주식을 반환하면 될 뿐이고 쌍방의 의무가 동시이행관계에 있다고 볼 수 없다. 따라서 피고는 위 주식을 반환받기 전에도 원고에게 투자금 반환의무에 대한 지체책임을 진다.
라. 원심으로서는 단순이행 판결을 선고했어야 하고, 피고의 동시이행항변을 받아들여 원고의 주식 반환과 상환으로 투자금의 반환을 명한 것은 동시이행관계의 성립에 관한 법리를 오해한 것이다. 그러나 피고만이 상고한 이 사건에서 불이익변경금지 원칙상 피고에게 불리한 단순이행 판결을 선고할 수 없으므로 원심판결을 그대로 유지할 수밖에 없다. 또한 피고의 의무는 원고의 의무와 동시이행관계에 있지 않으므로, 피고의 이행지체 책임을 인정한 원심의 결론도 결과적으로 정당하여 이 부분 상고이유 주장도 받아들일 수 없다. (대법원 2019. 10. 31. 선고 2019다247651 판결)」

리한 재판을 할 수 없는 것을 이익변경의 금지라 한다.
② 불이익변경의 금지
㉮ 의 의   상대방으로부터 항소나 부대항소가 없는 한 항소인에게 제1심판결보다 더 불리한 판단을 할 수 없다. 결국 항소인으로서는 최악의 경우라 하여도 항소기각의 위험만 받을 뿐 그 이상의 불이익을 받아서는 안된다.[495]

> **원본채권과 지연손해금채권에 있어서의 불이익변경 여부 판단 ★★★**
> 금전채무불이행의 경우에 발생하는 **원본채권과 지연손해금채권은 별개의 소송물이므로, 불이익변경에 해당하는지 여부는 원금과 지연손해금 부분을 각각 따로 비교하여 판단하여야 하는 것이고, 별개의 소송물을 합산한 전체 금액을 기준으로 판단하여서는 아니 된다.**(대법원 2005.4.29. 선고 2004다40160 판결 등 참조) (대법원 2009.6.11. 선고 2009다12399 판결)

㉯ **소각하판결에 대한 항소에서 항소심이 소는 적법하되 청구가 이유 없다는 판단을 한 경우**   소각하의 제1심판결에 대하여 원고만이 항소한 사안에서 항소심의 판단결과 소는 적법하지만 이번에는 청구가 이유 없다는 판단이 드는 경우에 항소법원이 어떠한 판결을 하여야 하는지가 불이익변경금지원칙과 관련하여 문제가 된다.

판례는 이 경우 항소기각판결을 내린다.(1992.11.10. 선고92누374; 1995.7.11. 선고 95다9945; 1996.10.11. 선고 96다3852)

견해로는 ① 환송설,[496] ② 청구기각설,[497] ③ 항소기각설, ④ 1심에서 본안심리를 했거나 당사자가 동의하면 청구기각, 그렇지 않다면 환송하여야 한다는 견해인 절충설[498] 등의 학설이 대립되어 있다.

㉰ 불이익변경금지원칙의 예외

> 【불이익변경금지원칙의 예외】
> (1) 직권탐지주의절차 및 직권조사사항
>   • 불이익변경금지원칙은 처분권주의에 바탕을 둔 것이므로 직권탐지주의절차 및 직권조사사항에는 이 원칙은 적용되지 않는다.
> (2) 소송비용재판 및 가집행선고의 변경
>   • 소송비용의 재판과 가집행선고의 변경은 당사자의 상소 여부에 불문하고 할 수 있다.
>   • 따라서 가집행선고가 붙지 아니한 제1심 판결에 대하여 피고만이 항소한 항소심에서 항소를 기각하면서 가집행선고를 붙였어도 불이익변경금지의 원칙에 위배되는 것은 아니다.(대법원 1998.11.10. 선고 98다42141 판결)
> (3) 형식적 형성의 소
>   • 형식적 형성의 소는 그 실질이 비송이므로 결국 처분권주의 및 불이익변경금지원칙은 그 적용이 없다.

---

495) 이시윤, 전게서, 772면 ; 정동윤·유병현, 전게서, 784면.
496) 송상현
497) 강현중, 정동윤·유병현, 호문혁
498) 이시윤

(4) 독립당사자참가소송이나 필수적공동소송, 예비적·선택적 공동소송의 경우
  - 위 소송들과 같이 합일확정이 요구되는 소송에서는 상소하지 않은 당사자의 원판결이 변경될 수 있다.
(5) 예비적 병합에서 주위적 청구인용판결에 대하여 피고가 항소를 한 경우 또는 선택적 병합에서 어느 하나의 청구만이 인용되어 이에 피고가 항소를 하는 경우
  - 예비적 병합에서 주위적 청구인용판결에 대하여 피고가 항소를 한 바 있어도 예비적 청구를 판단할 수 있으며, 선택적 병합에서 어느 하나의 청구만이 인용되어 피고가 항소를 한 바 있어도 항소심은 다른 청구를 판단할 수 있다.
(6) 부대항소가 있는 경우
  - 항소 당사자가 아닌 상대방이 부대항소를 한 경우, 부대항소에 대한 판단을 하는 것은 부대항소의 제도취지에 비추어 가능하며, 결국 부대항소제도는 불이익변경금지원칙을 배제하려는 취지이다.
(7) 항소심에서 상계항변이 받아들여진 경우(제415조 단서)
  - 예를 들어 원고의 100만원 지급청구에 대하여 피고가 100만원 전부변제의 항변을 하였으나, 이 중 30만원 부분에 대하여만 법원에 의하여 받아들여졌기 때문에 원고가 이에 항소를 한 경우 항소심에서 100만원에 대하여 피고의 상계항변이 받아들여지면 제1심에서 70만원에 대한 인용판결이 있었음에 비하여 더 불리한 원고청구전부기각의 판결을 받을 수도 있으며, 이는 허용된다.
(8) 상고심 파기환송판결이 내려져 환송 후 판결이 환송 전 판결보다 불리하게 나온 경우
  「환송 후 항소심의 소송절차는 환송 전 항소심의 속행이므로 당사자는 원칙적으로 새로운 사실과 증거를 제출할 수 있음은 물론, 소의 변경, 부대항소의 제기 이외에 청구의 확장 등 그 심급에서 허용되는 모든 소송행위를 할 수 있고, 이러한 이유로 또한 민사소송법에는 형사소송법 제368조와 같은 불이익변경의 금지 규정도 없는 이상, 환송 전의 판결보다 상고인에게 불리한 결과가 생기는 것은 불가피하다.(대법원 1991.11.22. 선고 91다18132 판결)」

(바) 불이익변경금지원칙 위반의 효과

불이익변경금지원칙에 저촉되는 판단을 항소심이 내린 경우 이는 법 제415조의 위반, 즉 법령위반이 되므로 상고이유에 해당한다.

(사) 불이익변경금지원칙에 의하여 상소심의 심판대상이 되지 않는 부분의 확정시기 – 일부패소자의 일부불복의 경우(일부상소의 경우)

예를 들어 ① 원고의 금 1천만원의 청구에 대하여 600만원은 승소, 400만원은 패소판결이 난 경우 원고가 400만원의 패소부분에 대하여 상소를 제기하고 피고가 상소나 부대상소를 제기하지 않은 경우 나머지 600만원은 언제 확정되는지, 혹은 ② 수개의 청구를 기각 또는 각하한 판결 중 일부에 대하여만 상소가 제기된 경우 상소하지 않은 나머지 부분은 언제 확정되는지의 문제가 있다.

① 학 설
  ⓐ 상고심판결선고시설(전부확정시설)
    위와 같은 사안이라도 일부불복이 있는 경우 **상소불가분의 원칙**에 의하여 불복하지 않은 나머지 부분도 상소로 전부 이심 및 **전부 확정차단**이 되므로, 불복한 부분이 확정되어야 불복하지 않은 나머지 부분도 함께 확정된다는 견해이다. 최종

적으로는 상고심에까지 이른다면 상고심판결이 선고되어야 함께 확정되는 결과에 이른다.

ⓑ **변론종결시설(부대항소가능시설)**

이견해는 일부불복의 경우라도 상소불가분원칙이 적용되어 판결전부에 대한 형식적 확정력이 차단되는 것이기는 하여도, 상대방의 **부대상소가 허용될 수 없는 시기**에 이르면 불복이 되지 않은 부분은 이 때 확정된다는 견해이다. 구체적으로는 부대상소가 가능한 시점인 ⓐ 항소의 경우에는 항소심의 변론종결시, ⓑ 상고의 경우에는 상고이유서제출기간도과시가 각 확정시라는 견해이다.499)

ⓒ **항소심판결선고시설(변론재개불가능시설)**

기본적으로는 변론종결시설과 유사하지만, 변론종결시설에 의하는 경우 항소심에서 변론이 종결되었다가 다시 **변론이 재개된 경우** 확정된 판결이 다시 미확정이 된다는 **문제가 발생**하므로, 변론재개가 이루어질 수 없는 시점인 판결선고시를 기준으로 확정되어야 한다는 견해이다.

② 판 례

ⓐ 판례의 주류(판결선고시설)

판례는 ⓐ 항소심의 경우에는 변론이 재개되는 경우도 있을 것이므로 항소심 판결선고 시에(1994.12.23. 선고 94다44644), ⓑ 상고심에서는 상고심 판결 선고 시에(1995.3.10. 선고 94다51543) 확정된다고 보고 있다.

> **일부패소시 일부상소를 하는 경우 상소하지 않은 나머지 부분의 확정시기**
> 수개의 청구를 기각 또는 각하한 제1심판결 중 일부의 청구에 대하여만 항소가 제기된 경우, 항소되지 아니한 나머지 부분도 확정이 차단되고 항소심에 이심은 되나, 항소심 변론종결 시까지 항소취지가 확장되지 않은 이상 그 나머지 부분은 항소심의 심판대상이 되지 않고 항소심의 판결선고와 동시에 확정되어 소송이 종료된다.(대법원 2014.12.24. 선고 2012다116864 판결)

ⓑ 주류적 판례와 달리 판단한 예―부대상소가능시설 근접 예

「단순 병합된 2개의 청구를 모두 인용한 가집행선고부 제1심판결에 대하여 피고만이 항소한 상태에서 항소심이 그 중 1개의 청구 부분에 대해서만 제1심판결을 그대로 유지하고 나머지 1개의 청구 부분에 대하여는 원고의 청구를 기각한 사건에서 원고만이 원고 패소 부분에 대하여 상고를 제기한 경우에, 항소심판결 중 원고 승소 부분에 대해서는 원고로서는 상고를 제기하지 아니하였을 뿐만 아니라 상고의 이익 자체가 없는 것인데, 이러한 상황에서 위 원고 승소 부분에 대한 상고를 제기하지 아니한 피고가 더 나아가 부대상고기간을 도과한다든가 부대상소권을 포기하는 등으로 그 부분을 더 이상 다툴 수 없는 상태가 된 경우에는, 위 원고 승소 부분이 분리되어

---

499) 이시윤, 전게서, 551면

확정된 것으로 볼 수 있(다)($^{2006.4.14.\ 자}_{2006카기62}$)」

③ 검토

먼저 ① **상고심판결선고시설은** 상소불가분의 원칙에는 충실하지만, 형식적 확정력은 결국 '불복할 수 없음'을 의미하는데 피고가 실질적으로 더 이상 불복하지 않은 부분에까지 판결이 확정되기를 기다려야 한다는 점에서 **원고에게 지나치게 불리**하고, ② **변론종결시설은** 상고심판결선고시설의 문제를 보완한 점은 평가할 수 있으나, **변론이 재개되는 경우**를 설명하지 못하는 문제가 있으므로, ③ **항소심판결선고시설을 따르는 것이 가장 타당하다**고 보여진다.

사안연구 ★★★

대법원 2020. 3. 26. 선고 2018다22867 판결

【사실관계】
① 甲은 乙을 상대로 5억 원의 손해배상청구를 함
② 1심에서 2억 5,000만 원 및 지연손해금 인용
③ 피고 乙만 항소
④ 항소심은 "제1심 판결 중 피고 乙에 대하여 2억 원 및 지연손해금을 초과하여 지급을 명한 피고 乙 패소 부분을 취소하고 그 취소부분에 해당하는 원고 甲의 청구를 기각한다. 피고 乙의 나머지 항소를 기각한다."고 판결
⑤ 피고 乙만 항소심 판결 중 패소부분에 상고 제기
⑥ 상고심은 피고 乙의 상고를 인용하여 항소심판결 중 피고 乙 패소부분을 파기·환송함

【대법원의 판단】

【주 문】

원심판결의 피고 패소 부분 중 피고에 대하여 300,000,000원 및 이에 대하여 2018. 1. 6.부터 2018. 2. 22.까지는 연 6%, 그 다음 날부터 다 갚는 날까지는 연 15%의 각 비율에 의한 금원의 지급을 명한 부분을 파기한다. 이 부분에 관한 소송 중 250,000,000원 및 그 지연손해금을 구하는 부분은 2015. 8. 13. 환송 전 원심판결이 선고됨으로써, 50,000,000원 및 그 지연손해금을 구하는 부분은 2016. 5. 12. 대법원의 환송판결이 선고됨으로써 각 종료되었다. 원심판결의 피고 패소 부분 중 피고에 대하여 200,000,000원 및 이에 대하여 2018. 1. 6.부터 2018. 2. 22.까지는 연 6%, 그 다음 날부터 다 갚는 날까지는 연 15%의 각 비율에 의한 금원의 지급을 명한 부분을 파기하고, 이 부분 사건을 대구고등법원에 환송한다.

1. 원고가 항소하지 않은 2억 5천만 원 부분
1개의 청구 일부를 기각하는 제1심판결에 대하여 일방 당사자만이 항소한 경우 제1심판결의 심판대상이었던 청구 전부가 불가분적으로 항소심에 이심되나, 항소심의 심판범위는 이심된 부분 가운데 항소인이 불복한 한도로 제한되고, 항소심의 심판대상이 되지 아니한 부분은 항소심판결 선고와 동시에 확정되어 소송이 종료된다.(대법원 2013. 7. 11. 선고 2011다18864 판결 등 참조)

위 법리에 비추어 살펴보면, 제1심이 원고의 손해배상청구에 관하여 2억 5,000만 원 및 지연손해금을 인용하고 피고만 항소하였으므로, 이를 초과하는 원고의 나머지 청구 부분은 환송 전 원심의 심판대상이 아니고, 2015. 8. 13. 환송 전 원심판결 선고와 동시에 확정되어 소송이 종료되었다.

2. 원고가 상고하지 않은 5,000만 원 부분

원고의 청구가 일부 인용된 환송 전 원심판결에 대하여 피고만이 상고하고 상고심이 상고를 받아들여 원심판결 중 피고 패소 부분을 파기·환송하였다면 피고 패소 부분만이 상고되었으므로 위의 상고심에서의 심리대상은 이 부분에 국한되었으며, 환송되는 사건의 범위, 다시 말하자면 환송 후 원심의 심판범위도 환송 전 원심에서 피고가 패소한 부분에 한정되는 것이 원칙이고, 환송 전 원심판결 중 원고 패소 부분은 확정되었다 할 것이므로 환송 후 원심으로서는 이에 대하여 심리할 수 없다.(대법원 2013. 2. 28. 선고 2011다31706 판결 등 참조)

위 법리에 비추어 살펴보면, 환송 전 원심은 제1심이 인용한 부분 중 2억 원 및 지연손해금을 초과하여 지급을 명한 피고 패소 부분을 취소하고 그 부분에 해당하는 원고의 청구를 기각하고 피고만 상고하였으므로, 환송 전 원심에서 추가로 청구가 기각된 부분 역시 대법원의 심판대상이 아니고, 2016. 5. 12. 대법원의 환송판결 선고와 동시에 확정되어 소송이 종료되었다.

쟁점 80　병합소송과 불이익변경금지 원칙

1. 청구병합 일반
   (1) 단순병합의 경우
      (가) 판 결
         단순병합의 경우 병합된 모든 청구에 대하여 판결하여야 하는 것이며, ① 각 청구가 동시에 판결이 가능할 정도로 전부 성숙하였다면 1개의 전부판결을 하고(제198조), ② 어느 일부만 재판이 가능할 정도로 성숙한 경우라면 그 부분에 대하여만 일부판결이 가능하다.(제200조) ③ 만약 어느 하나의 청구에 대하여 재판을 누락하였다면 추가판결의 대상이 된다.(제212조)
      (나) 상소의 효력
         ① 일부판결이 나온 경우
            어느 하나의 청구에 대하여만 일부판결이 나온 경우에 당해 일부판결에 대하여 상소를 하면 상소된 청구에 대하여서만 상소의 효과가 발생한다.
         ② 전부판결이 나온 경우
            단순병합 처리된 사건에서 전부판결이 나온 경우에 당사자가 이 중 어느 하나에 대하여 상소를 제기하였다면 전부에 대하여 상소의 효력인 이심의 효과가 발생한다.(상소불가분의 원칙)
   (2) 선택적 병합의 경우
      (가) **일부판결 불가 · 변론분리 불가 및 심판방법**
         선택적 병합의 경우 법원은 병합된 청구 중 이유 있는 어느 하나의 청구를 선택하여 원고의 청구를 인용하면 족하며 이 경우 다른 청구에 대하여 판단할 필요는 없다. 그러나 원고 패소의 경우에는 모든 청구를 심리하여야 하므로 병합된 청구 전부에 대한 판단을 한 후 모두 기각하여야 한다.
         결국 선택적 병합에서는 일부판결은 불허되며, 원고 청구인용 판결에 대하여 판단되지 않은 나머지 부분이 있다 하여도 이는 하나의 전부판결인 것이지 일부판결이 아니다.
      (나) **누락사건의 처리 - 원고청구기각이지만 하나의 청구에 대한 판단이 없는 경우**
         선택적 병합에서는 어느 하나의 청구가 인정되지 않는다면 다른 청구에 대하여는 판단을 하여야 하는데, 하나의 청구에 대한 기각판단만이 있는 경우 다음과 같이 판단한다.

① 판단누락인지 재판누락인지
　㉮ 판 례 – **판단누락**
　　재판의 누락(탈루)이 아닌 판단누락으로 보아 상소를 할 수 있다고 봄이 판례이다. 따라서 선택적 청구 중 판단되지 않은 청구 부분이 재판의 탈루로서 제1심법원에 그대로 계속되어 있다고 볼 것은 아니다.($^{1998.7.24.}_{96다99}$)
　㉯ 학 설
　　이에 대하여 ⓐ **재판의 누락**에 해당한다는 이유로 추가판결로 정리하여야 한다는 견해,500) ⓑ **재판누락**임에는 틀림이 없으나 위법판결이므로 상소로 구제하여야 한다는 견해501) 및 ⓒ **판단누락**에 해당하므로 상소로 구제하여야 한다는 견해502)의 대립이 있다.

② 상소불가분의 원칙
　이 때 상소에 의하여 선택적 청구 전부가 상소심으로 이심되며 전부가 확정이 차단된다.

③ 상소심의 심판대상 – 불이익변경금지원칙의 적용여부 – 취소자판
　판단누락의 점을 들어 상소가 된 경우 **선택적 병합의 성질상** 선택적 청구 **전부**가 심판대상이 되고(불이익변경금지원칙 배제), 항소심은 1심으로 임의적 환송을 해서는 안되며, 1심판결을 취소하고 사건 전체를 취소하여야 한다.

> 이에 대하여 항소심이 판단누락 부분을 판단하게 되면 당사자의 심급의 이익을 해하게 된다는 이유로 원심판결을 취소하고 원심으로 환송하여야 한다는 **임의적 환송설**도 있다.
> ↔ 다수설 및 판례는 ㉮ 항소심의 속심적 구조로 인하여 취소자판이 원칙이라는 점, ㉯ 우리 민사소송법이 필수적 환송만을 인정하는 태도이어서 임의적 환송은 인정될 수 없다는 점 및 ㉰ 소송경제적 측면에서 보더라도 취소자판을 하는 것이 타당하다는 점을 그 논거로 한다.

④ 판결이 확정된 경우
　만일 상소기간이 도과되었다면 추후보완 또는 재심을 통하여 구제받을 수 있다.

㈐ **통상의 상소사건**
　어느 하나의 청구를 인용하거나 두 청구 모두 배척한 1심판결이 있는 경우에 상소이익 있는 자에 의하여 상소가 이루어진다면 두 청구 전부가 항소심으로 이심되며, 전부가 확정이 차단된다.

---

500) 강현중, 전게서, 367면
501) 호문혁, 전게서, 755면
502) 이시윤, 전게서, 618면

① 원고 청구인용판결의 경우
  ⓐ 심판대상
    선택적으로 병합된 청구 중 어느 하나만을 인용한 판결에 대하여 피고가 불복하여 항소한 경우 원심에서 판단하지 않은 **나머지 청구도 항소심의 심판대상**이 된다.(불이익변경금지원칙 배제)

> 실질적으로 선택적 병합 관계에 있는 두 청구를 당사자가 주위적·예비적으로 순위를 붙여 청구하였고, 제1심법원이 주위적 청구를 기각하고 예비적 청구만을 인용하는 판결을 선고하였는데 피고만이 항소한 경우, 항소심의 심판 범위★★★
>
> 【사실관계】
> ① 원고는 피고에 대하여 1억 원의 대여금 및 이에 대한 지연손해금의 지급을 청구함
> ② 원고는 피고에 대하여 이 사건 청구원인으로 대여를 주장하며 그 지급을 청구하였다가 제1심 변론 과정에서 이를 주위적 청구로 변경하고, 예비적으로 불법행위(사기)를 원인으로 한 손해배상 청구를 추가함
> ③ 제1심은 이 사건 주위적 청구를 기각하는 한편, 이 사건 예비적 청구를 인용하였고, 이에 대하여 피고만이 항소함
> ④ 원심은 피고만이 항소한 이상 심판대상은 이 사건 예비적 청구 부분에 한정된다고 전제한 다음, 피고의 불법행위가 인정되지 않는다는 이유로 피고의 항소를 받아들여 예비적 청구마저 기각함
>
> 【대법원 판단】
> 병합의 형태가 선택적 병합인지 예비적 병합인지는 당사자의 의사가 아닌 병합청구의 성질을 기준으로 판단하여야 하고, 항소심에서의 심판 범위도 그러한 병합청구의 성질을 기준으로 결정하여야 한다. 따라서 실질적으로 선택적 병합 관계에 있는 두 청구에 관하여 당사자가 주위적·예비적으로 순위를 붙여 청구하였고, 그에 대하여 제1심법원이 주위적 청구를 기각하고 예비적 청구만을 인용하는 판결을 선고하여 피고만이 항소를 제기한 경우에도, 항소심으로서는 두 **청구 모두를 심판의 대상으로 삼아 판단하여야 한다.**(대법원 2014.5.29. 선고 2013다96868 판결)

  ⓑ **1심에서 심판하지 않은 다른 청구로 원고의 청구를 기각하는 경우 – 항소인용**
    만일 항소심에서 이번엔 제1심에서 심판하지 않은 다른 청구로 원고의 청구를 인용한다면 '항소인용·원판결취소·청구인용'의 판단을 하여야지, '항소기각'을 해서는 안된다고 봄이 판례이다.

> ↔ 그러나 항소인 입장에서는 결국 원고의 청구를 저지하지 못한 점에 있어서 1심판결과 달라질 바가 없으므로 항소기각을 하여야 한다는 **항소기각설**이 유력하다.[503]

> 1심에서 원고청구인용판결에 대하여 제기된 항소심에서 비로소 선택적으로 병합된 경우 항소심의 재판방법(대법원 1993.10.26. 선고 93다6669 판결; 1992.9.14. 선고 92다7023 판결)

---

503) 강현중, 이시윤, 전병서, 정동윤·유병현.

> 수개의 청구가 제1심에서 처음부터 선택적으로 병합되고 그중 어느 한 개의 청구에 대한 인용판결이 선고되어 피고가 항소를 제기한 경우는 물론, 원고의 청구를 인용한 판결에 대하여 피고가 항소를 제기하여 항소심에 이심된 후 청구가 선택적으로 병합된 경우에 있어서도 항소심은 제1심에서 인용된 청구를 먼저 심리하여 판단할 필요는 없고, 선택적으로 병합된 수개의 청구 중 제1심에서 심판되지 아니한 청구를 임의로 선택하여 심판할 수 있다고 할 것이나, 심리한 결과 그 청구가 이유 있다고 인정되고 그 결론이 제1심판결의 주문과 동일한 경우에도 피고의 항소를 기각하여서는 안되며 제1심 판결을 취소한 다음 새로이 청구를 인용하는 주문을 선고하여야 할 것이다.
>
> **1심에서 원고청구기각판결에 대하여 제기된 항소심에서 비로소 선택적으로 병합된 경우에 있어서의 심리방법과 항소심 판결의 주문**
> 제1심에서 원고의 청구가 기각되어 원고가 항소한 다음 항소심에서 청구를 선택적으로 병합한 경우에는 제1심에서 수개의 청구가 선택적으로 병합되었다가 그 청구가 모두 이유 없다고 인정되어 청구기각 판결이 선고되고 이에 원고가 항소한 경우와 마찬가지로 법원은 병합된 수개의 청구 중 어느 하나의 청구를 선택하여 심리할 수 있고, 제1심에서 기각된 청구를 먼저 심리할 필요는 없으며, 어느 한 개의 청구를 심리한 결과 그 청구가 이유 있다고 인정될 경우에는 원고의 청구를 기각한 제1심 판결을 취소하고 이유 있다고 인정되는 청구를 인용하는 주문을 선고하여야 한다.(대법원 1993.10.26. 선고 93다6669 판결)

② **원고 청구기각판결의 경우 — 두 청구 모두에 대한 상소 시**

원고 청구기각판결에 대하여 원고가 항소한 경우라면 선택적으로 병합된 청구 전부에 대하여 이심이 되며, 청구 전부에 대하여도 심판의 대상이 된다. 항소심으로서는 심리 결과 청구가 이유있다면 제1심판결 취소 후 원고 청구인용의 재판을 하게 될 것이다.

③ **원고 청구기각판결의 경우 — 어느 하나의 청구에 대한 상소 시**

선택적으로 병합된 원고 청구 전부가 기각되었는데 기각된 청구 중 일부에 대하여만 원고가 항소하였다면 항소하지 않은 부분도 항소심으로 이심되지만 심판대상은 되지 않는다.

(3) 예비적 병합의 경우

(가) **일부판결 불가・변론분리 불가 및 심판방법**

① 예비적 병합은 수개의 청구가 불가분적으로 결합되어 있으므로 변론의 분리나 일부판결은 허용되지 않는다.(통설・판례)
② 법원은 주위적 청구가 인용된 경우 예비적 청구는 심판할 필요가 없다.
③ 「주된 청구를 배척하고 예비적 청구를 인용한 때에는, 판결의 주문에 주된 청구를 기각한다는 뜻과 예비적 청구를 인용한다는 뜻을 다같이 표시하지 않으면 안 된다.(대법원 1974.5.28. 선고 73다1942 판결)」

(나) **누락 사건 — 주위적 청구에 대하여 기각판결을 한 후 예비적 청구부분을 판단하지 않거나 주위적 청구를 판단 않고 예비적 청구를 판단한 경우**

① 판단누락인지 재판누락인지
    ㉮ 판 례 – **판단누락**
        판례는 종전에는 이를 재판의 누락으로 보았으나, 이제는 판단누락을 보고 있다. 즉, 예비적 병합에서 주위적 청구를 기각하는 판결을 하고서 예비적 청구부분을 판단하지 않거나 주위적 청구를 판단하지 않고 예비적 청구에 대하여 판단한 경우, 판례는 판단누락으로 보아야 하는 것이지 재판의 누락으로 보아 누락된 예비적 청구 부분이 아직 원심에 계속된 것으로 보면 안된다고 본다.(2000.11.16. 98다22253 전합;/2017.3.30. 2016다253297)504)★
    ㉯ 학 설
        이에 대하여도 선택적 병합의 경우처럼 ⓐ 재판의 누락에 해당한다는 이유로 추가판결로 정리하여야 한다는 견해,505) ⓑ 재판누락임에는 틀림이 없으나 위법판결이므로 상소로 구제하여야 한다는 견해506) 및 ⓒ 판단누락에 해당하므로 상소로 구제하여야 한다는 견해507)의 대립이 있다.
② 상소불가분의 원칙
    이 때 상소에 의하여 주위적·예비적 청구 전부가 상소심으로 이심되며 전부가 확정차단된다.
③ 상소심의 심판대상 – 불이익변경금지원칙의 적용여부
    ㉮ **판단누락으로 상소가 이루어진 경우**
        판단누락의 점을 들어 상소가 된 경우 예비적 병합의 성질상 주위적·예비적 청구 전부가 심판대상이 되고(불이익변경/금지원칙 배제), 항소심은 1심판결을 취소하고 사건 전체를 취소하여야 한다.
    ㉯ **판단누락 상소가 아니라 원고가 주위적 청구 기각 부분에 대하여 상소한 경우**
        만일 주위적 청구 기각 이후 예비적 청구부분을 판단하지 않은 경우 원고가 판단누락을 들어 상소한 것이 아니라 주위적 청구 기각 부분에 대하여 항소를 한 경우라면 주위적·예비적 청구 모두가 상소심으로 이심이 되지만, 예비적 청구부분은 심판대상이 되지 않는다.508)

---

504) ★「원고 패소의 제1심판결에 대하여 원고가 항소한 후 항소심에서 예비적 청구를 추가하면 항소심이 종래의 주위적 청구에 대한 항소가 이유 없다고 판단한 경우에는 예비적 청구에 대하여 제1심으로 판단하여야 한다. 한편 예비적 병합의 경우에는 수개의 청구가 하나의 소송절차에 불가분적으로 결합되어 있기 때문에 주위적 청구를 배척하면서 예비적 청구에 대하여 판단하지 아니한 경우 그 판결에 대한 상소가 제기되면 판단이 누락된 예비적 청구 부분도 상소심으로 이심이 되고 그 부분이 재판의 탈루에 해당하여 원심에 계속 중이라고 볼 것은 아니다.(대법원 2017.3.30. 선고 2016다253297 판결)」
505) 강현중, 전게서, 367면
506) 호문혁, 전게서, 755면
507) 이시윤, 전게서, 618면
508) 정동윤·유병현, 전게서, 864면.

④ 판결이 확정된 경우

만일 상소기간이 도과되었다면 추후보완 또는 재심을 통하여 구제받을 수 있다.

(다) **통상의 상소사건**

예비적 병합사건에서는 아래와 같은 종류의 상소사건이 있을 수 있다. 일단 상소가 이루어졌다면 주위적·예비적 청구 모두가 상소에 의하여 전부 이심이 되며, 전부 확정이 차단된다. 불복의 대상이 되는 심판범위는 아래와 같다.

① **주위적 청구 인용판결**에 대하여 피고가 항소한 경우 — **불변금 배제**

이때에는 불이익변경금지원칙이 배제되어 예비적 청구 부분에 대하여도 항소심의 심판대상이 된다.(통설)

- 이 때, 주위적 청구가 이유 없고, 예비적 청구가 이유 있는 경우 항소심은 항소인용·원심판결취소·주위적 청구기각·예비적 청구인용의 자판을 한다.

② **주위적 청구기각판결·예비적 청구 인용판결**에 대하여 **원고만 항소**한 경우 — **불변금 적용**

- 항소심이 판단한 결과 주위적 청구가 인용되어야 한다면 항소인용·1심 취소·주위적 청구인용의 판결을 내어야 한다.

- 그러나, 예비적 청구인용 부분은 심판대상이 아니므로(불이익변경금지원칙 적용) 주위적 청구뿐만 아니라 예비적 청구마저도 이유 없다고 인정되어도 항소심으로서는 항소기각판결을 하여야 한다.

③ **주위적 청구 기각판결·예비적 청구 인용판결**에 대하여 **피고만 항소**한 경우 — **불변금 적용**

- 이 경우에는 원고의 부대항소가 없는 한[509] 주위적 청구는 심판대상이 되지 않는다.(1995.2.10. 94다31624) 항소심이 판단한 결과 주위적 청구가 이유 있고, 예비적 청구가 이유 없다는 판단이 든다 하여도 항소인용·원심판결 취소·원고청구기각의 자판을 하여야 한다.[510][511]

- 단,「피고가 항소심의 변론에서 원고의 주위적 청구를 인낙하여 그 인낙이 조서에 기재되면 그 조서는 확정판결과 동일한 효력이 있는 것이고, 따라서 그 인낙으로 인하여 주위적 청구의 인용을 해제조건으로 병합심판을 구한 예비적 청구에 관하여는 심판할 필요가 없어 사건이 그대로 종결되는 것이다.(1992.6.9. 선고 92다12032)」주의할 것은 예비적 청구만의 청구인낙은 인정될 수 없음은 이미 본 바와 같다.

---

509) 이때 원고가 주위적 청구취지의 확장서를 제출하면 부대항소로 취급되므로 주위적 청구를 심판대상으로 삼게 할 수도 있을 것이다. 김용진. 실체법을 통하여 본 민사소송법 686면.
510) 다만, 이에 대하여 예비적 병합의 성질상 원판결은 하나의 전부판결이므로 합일확정의 필요성을 고려한다면 항소심의 심판대상으로 삼아야 한다는 견해도 있다.
511) 물론, 주위적 청구도 이심은 되어 있으므로 피고는 주위적 청구를 인낙하여 소송을 종료시킬 수도 있다.

(라) * **항소심에서 불복하지 않은 부분에 대한 상고가 인정되는지 여부**

수개의 청구 중 ① 항소심에서 불복하지 아니한 부분은 **항소심판결선고 시에**(1994.12.23. 선고 94다44644; 2001.4.27. 선고 99다30312), ② 상고심에서 불복하지 아니한 부분은 **상고심판결선고 시에 확정된다**(2001.12.24. 선고 2001다62213) 즉, 항소심으로 전부 이심은 되었으나 항소심 심판범위에 속하지 아니한 부분은 판결선고로 **확정이 되므로** 더 이상 상고를 제기할 수 없다.

> **주위적 청구를 기각하면서 예비적 청구를 일부 인용한 환송 전 항소심판결에 대하여 피고만이 상고하고 원고는 상고도 부대상고도 하지 않은 경우(대법원 2001.12.24. 선고 2001다62213 판결)★★★**
> 원고의 주위적 청구를 기각하면서 예비적 청구를 일부 인용한 환송 전 항소심판결에 대하여 피고만이 상고하고 원고는 상고도 부대상고도 하지 않은 경우에, 주위적 청구에 대한 항소심판단의 적부는 상고심의 조사대상으로 되지 아니하고 환송 전 항소심판결의 예비적 청구 중 피고 패소 부분만이 상고심의 심판대상이 되는 것이므로, 피고의 상고에 이유가 있는 때에는 상고심은 환송 전 항소심판결 중 예비적 청구에 관한 피고 패소 부분만 파기하여야 하고, **파기환송의 대상이 되지 아니한 주위적 청구부분은 예비적 청구에 관한 파기환송판결의 선고와 동시에 확정되며 그 결과 환송 후 원심에서의 심판범위는 예비적 청구 중 피고 패소 부분에 한정된다.**

2. 청구변경과 상소

(1) 항소심에서 추가적 병합된 경우

(가) 항소심에서의 **단순병합**의 형태

① 항소의 직접적 심판대상에 대하여는 판단을 하여야 한다.

② 추가된 병합부분은 사실상 제1심으로 판단하므로, ㉠ 1심판결이 정당하고, 항소심에서의 추가부분이 이유없다면 제1심판결에 대한 항소기각 및 추가부분에 대한 청구기각의 주문을 내며(1966.1.31. 선고 65다1545), ㉡ 1심판결이 정당하고 항소심에서의 추가부분도 이유있다면 제1심판결에 대한 항소기각 및 추가부분에 대한 청구인용의 주문을 낸다.(1972.6.27. 선고 72다546) 또한 ㉢ 원고승소의 제1심판결에 대하여 피고의 항소가 이유 있고 추가부분도 이유없다면 제1심판결 취소 및 제1심청구기각·추가청구기각(원고의 모든 청구의 기각)의 주문을 내야 한다.

(나) 제1심 청구가 기각되어 원고가 한 항소심에서의 **선택적** 청구가 추가된 경우

① 어느 하나의 청구가 이유 있다고 인정하는 경우 — **1심취소**·선택적 병합된 청구 중 어느 하나의 청구인용

「이 경우 법원은 병합된 수개의 청구 중 어느 하나의 청구를 선택하여 심리할 수 있고, 제1심에서 기각된 청구를 먼저 심리할 필요는 없으며, 어느 한 개의 청구를 심리한 결과 그 청구가 이유 있다고 인정될 경우에는 원고의 청구를 기각한 제1심 판결을 취소하고 이유 있다고 인정되는 청구를 인용하는 주문을 선고하여야 한다.(1993.10.26. 선고 93다6669)」

② 제1심의 결론이 부당하고 제1심에서 판단하지 않은 선택적 청구에 대한 판단

을 하는 경우 — **1심취소·선택적 병합청구에 대한 청구인용**

이 경우 사실상 제1심으로서 판단을 하므로 그 결과 결론이 제1심판결의 주문과 동일하다 하여도 피고의 항소를 기각하여서는 안되며, 제1심판결취소 및 새로이 청구를 인용하는 주문을 선고하여야 한다.

⒟ 제1심에서 패소한 원고가 항소 이후 예비적 청구를 추가적으로 병합한 경우로 1심판결이 유지되는 경우 – 항소기각·예비적 청구 인용

이 경우 항소심 심리결과 주위적 청구에 관한 제1심판결이 유지될 경우라면 주문에서는 「**원고의 항소를 기각한다.**」라고 선고하여야 하는 것이지, 예비적 청구가 항소심에서 병합되었다는 이유만으로 제1심판결을 취소 또는 변경하여야 하는 것은 아니다.(1997.8.22.선고 97다13023) 또한 이 경우 추가된 예비적 청구부분에 대하여는 항소심이 사실상 제1심으로서 심리를 하는 것이므로 별도로 그에 대한 인용이나 기각의 주문을 내면 된다.

⒠ 제1심에서 승소한 원고가 항소심에서 예비적 청구를 추가한 경우

제1심에서 전부 승소한 원고가 **피고가 제기한 항소심**에서 **예비적 청구를 추가**한 경우, 항소심 심리결과 제1심에서의 주위적 청구가 이유 없다고 인정된다면, 제1심판결을 취소·주위적 청구기각을 한 이후, 예비적 청구 부분에 관하여 사실상 제1심으로서의 판단을 한다.

⒡ **불법행위에 기한 손해배상청구에서 재산상 청구 전부승소·위자료 일부패소가 된 경우, 원고 항소에 의한 항소심에서 재산상 청구부분의 청구확장의 허용**

「원고가 재산상 손해(소극적 손해)에 대하여는 형식상 전부 승소하였으나 위자료에 대하여는 일부 패소하였고, 이에 대하여 원고가 원고 패소부분에 불복하는 형식으로 항소를 제기하여 사건 전부가 확정이 차단되고 소송물 전부가 항소심에 계속되게 된 경우에는, 더욱이 불법행위로 인한 손해배상에 있어 재산상 손해나 위자료는 단일한 원인에 근거한 것인데 편의상 이를 별개의 소송물로 분류하고 있는 것에 지나지 아니한 것이므로 이를 실질적으로 파악하여, 항소심에서 위자료는 물론이고 재산상 손해(소극적 손해)에 관하여도 청구의 확장을 허용하는 것이 상당하다.(1994.6.28.선고 94다3063)」

⑵ 항소심에서 청구가 교환적으로 변경된 경우

항소심에서 청구가 교환적으로 변경된 경우에는 구 청구는 취하되고 신 청구가 심판의 대상이 되는 것이므로 주문에서 이미 취하된 구 청구를 인용한 제1심 판결을 취소하여서는 안된다. 즉, 원판결취소나 항소기각의 주문을 내어서는 안되고 사실상 신청구를 제1심으로 심판하여 새로운 주문을 내야 한다.(1980.11.11.선고 80다1182; 2009.2.26.선고 2007다83908) 즉, 그 주문에는 「**교환적으로 변경된 원고의 청구를 ○○한다.**」로 기재하여야 한다.

(3) 항소심에서 청구가 감축된 경우

항소심에서의 청구감축에 대하여 심리한 결과 그 잔여부분에 대한 항소가 이유 없는 경우라면 「항소기각」 및 「원판결은 당심에서의 청구 감축에 의하여 다음과 같이 변경되었다. 피고는 원고에게 금○○원을 지급하라」고 기재하는 방식이 가장 많이 사용되며 바람직스럽다.[512]

3. 소변경 간과에 대한 상소

소변경이 적법함에도 이를 간과하여 구청구에 대하여만 심판한다면 일단 이것은 위법하므로 이를 이유로 상소가 가능하다. 다만, 그 이후 항소심이 어떻게 판단하여야 하는지가 문제된다.

(1) **교환적 변경인 경우** — 원판결취소·구청구 소송종료선언 및 원심의 추가판결

제1심판결이 취하되어 소송계속이 소멸된 구청구에 대하여 심판한 것이 되어 처분권주의 위배의 판결이 된다. 따라서 이 경우 항소심은 이를 취소 내지 파기하고 구청구에 대하여는 소송종료선언을 하여야 하고, 신청구에 대하여는 재판을 누락한 것이 되어 원심이 추가판결을 하여야 한다. (2003.1.24. 선고 2002다56987)

(2) **추가적 변경의 경우**

(가) **단순병합청구에 대한 간과** — 항소심은 구청구만 판단·원심은 신청구 추가판결

제1심이 구청구만 판단하고 추가된 신청구에 대하여는 재판누락을 한 것이 되므로 항소심은 구청구에 대한 판단의 당부만 판단하고, 누락된 신청구에 대하여는 제1심법원이 추가판결을 한다.

(나) 제1심 법원이 원고의 청구를 기각하면서 추가적으로 병합된 선택적 청구에 대한 판단을 간과한 경우 — 항소인용·원판결취소·청구인용 또는 청구기각

이 경우 재판의 누락으로 볼 수는 없다. 즉, 「원고가 이와 같이 위법한 제1심판결에 대하여 항소한 이상 원고의 선택적 청구 전부가 항소심으로 이심되었다고 할 것이므로, 선택적 청구 중 판단되지 않은 청구 부분이 재판의 탈루로서 제1심법원에 그대로 계속되어 있다고 볼 것은 아니다.(1998.7.24. 선고 96다99)」 따라서 항소심 법원이 선택적 청구부분에 대하여 판단하여야 한다.

(다) 제1심 법원이 원고의 청구를 기각하면서 추가적 병합된 예비적 청구부분에 대하여 판단을 간과한 경우 — 항소인용·원판결취소·청구인용 또는 청구기각

이 경우는 재판의 누락이 아닌 판단누락에 해당하므로 항소에 의하여 누락된 예비적 청구 부분이 항소심으로 전부 이심되므로 항소심 심판의 대상이 된다. (2000.11.16. 선고 98다22253 전원합의체 판결)

---

512) 법원행정처, 전게서(Ⅱ), 149면.

4. 반소와 상소

(1) 예비적 반소와 상소

1심이 소의 이익이 없음을 들어 **본소와** 본소 인용을 대비한 **반소를 모두 각하**하였고, 그 제1심판결에 대하여 **원고만이 항소**하고 피고는 제1심에서 각하된 반소에 대하여 항소를 하지 아니하였는데 항소심이 원고의 항소를 받아들여 **원고의 본소청구를 인용하는 경우**, 항소심은 피고의 **예비적 반소청구를 심판대상으로 삼아 판단하여야 한다**는 것이 판례이다.(대법원 2006.6.29. 선고 2006다19061 판결)513)

> ↔ 이 판결에 대하여 의문이라는 지적이 있다. 불이익변경금지원칙에 위반된다는 것이다.

> 원고의 본소청구를 배척하면서 피고의 예비적 반소에 대하여도 판단한 제1심판결의 효력 및 그 제1심판결에 대하여 원고만이 항소하고 피고는 제1심에서 각하된 반소에 대하여 항소를 하지 아니하였는데 항소심이 원고의 항소를 받아들여 원고의 본소청구를 인용하는 경우, 항소심은 피고의 예비적 반소청구를 심판대상으로 삼아 판단하여야 하는지 여부(적극)
> 피고의 예비적 반소는 본소청구가 인용될 것을 조건으로 심판을 구하는 것으로서 제1심이 원고의 본소청구를 배척한 이상 피고의 예비적 반소는 제1심의 심판대상이 될 수 없는 것이고, 이와 같이 심판대상이 될 수 없는 소에 대하여 제1심이 판단하였다고 하더라도 그 효력이 없다고 할 것이므로(→ 무효판결; 민일), 피고가 제1심에서 각하된 반소에 대하여 항소를 하지 아니하였다는 사유만으로 이 사건 예비적 반소가 원심의 심판대상으로 될 수 없는 것은 아니라고 할 것이고, 따라서 원심으로서는 원고의 항소를 받아들여 원고의 본소청구를 인용한 이상 피고의 예비적 반소청구를 심판대상으로 삼아 이를 판단하였어야 한다.(대법원 2006.6.29. 선고 2006다19061 판결)

(2) 반소와 상소

① 반소제기가 적법하다면 병합심리를 하여 1개의 전부판결로 한번에 선고하는 것이 원칙이다.(제200조 제2항)
② 1개의 전부판결이 있다 하여도 본소·반소에 대하여 각각 판결주문을 따로 내야하되, 소송비용의 재판은 본소비용과 반소비용을 나누어 판단하지 않고 총비용에 관한 부담을 정하는 것이 일반적이다.514) 다만, 본소·반소를 모두 기각하는 경우에는 본소비용과 반소비용을 구분하여 부담을 정한다.515)
③ 1개의 전부판결을 하는 경우 어느 일방에 대한 상소는 상소불가분원칙이 적용이 되어 전부에 대하여 확정차단 및 이심의 효력이 발생한다.
④ 다만, 본소와 반소를 분리하여 일부판결을 할 수도 있다.

5. 통상공동소송

통상공동소송에서는 공동소송인 독립의 원칙상, 판결 확정기간이나 상소기간, 상소에 의

---

513) 이 판결에 대하여 의문이라는 지적에 이시윤. 불이익변경금지원칙에 위반된다는 것이다.
514) 법원행정처, 전게서(Ⅱ), 134면.
515) 법원행정처, 전게서(Ⅱ), 134면.

한 확정차단 및 이심의 효력 역시 개별적으로 정해진다.516) 즉, 상소불가분원칙마저 적용되지 않고 개별처리된다.

> **통상의 공동소송에 있어서 공동당사자 일부만이 상고를 제기한 때에 피상고인이 상고인 이외의 다른 공동소송인을 상대로 부대상고를 제기할 수 있는지 여부**
> 통상의 공동소송에 있어 공동당사자 일부만이 상고를 제기한 때에는 피상고인은 상고인인 공동소송인 이외의 다른 공동소송인을 상대방으로 하거나 상대방으로 보태어 부대상고를 제기할 수는 없다.(대법원 1994.12.23. 선고 94다40734 판결)

6. 필수적 공동소송과 상소

① **상소제기의 효과** : 「공동소송인 중 일부가 제기한 상소는 다른 공동소송인에게도 그 효력이 미치는 것이므로 공동소송인 전원에 대한 관계에서 판결의 확정이 차단되고 그 소송은 **전체로서 상소심에 이심**되며, 상소심판결의 효력은 상소를 하지 아니한 공동소송인에게 미치므로 상소심으로서는 공동소송인 **전원에 대하여 심리·판단하여야 한다**. (2003.12.12. 선고 2003다44615·44622)」 결국, 상소를 제기하지 않은 나머지 공동소송인들에 대하여도 상소심판결에 있어서 유리하게 변경될 수도 있다.517) 즉, **불이익변경금지원칙의 적용이 배제된다.**

② **상소하지 않은 당사자의 소송법상의 지위** : 이때 상소하지 않은 나머지 공동소송인들의 상소심에서의 지위에 대하여 ⓐ 상소인설, ⓑ 선정자설 및 ⓒ 단순한 상소심당사자설(통설·판례)의 대립이 있다.

③ **단순한 상소심당사자일 경우의 처리** : 위에서 본 바와 같이 상소하지 않은 나머지 당사자들의 지위가 단순한 상소심당사자일 뿐이라는 견해에 의할 경우, 실제 상소한 자만이 ⓐ 상소인지를 붙이며, ⓑ 패소시의 상소비용도 실제 상소자만이 부담하며, ⓒ 상소심의 심판범위의 결정 및 상소의 취하에 대하여도 실제 상소한 자만에 의하여 결정이 된다.

7. 예비적·선택적 공동소송과 상소

(1) 누락사건에 대한 상소

「예비적·선택적 공동소송에서는 모든 공동소송인에 관한 청구에 대하여 판결을 하도록 규정하고 있으므로, 이러한 공동소송에서 일부 공동소송인에 관한 청구에 대하여만 판결을 하는 경우 이는 일부판결이 아닌 흠이 있는 **전부판결**에 해당하여 상소로써 이를 다투어야 하고, 그 판결에서 누락된 공동소송인은 이러한 판단유탈을 시정하기 위하여 상소를 제기할 이익이 있다.(2008.3.27. 2005다49430)」

(2) 일반 상소 사건

공동소송인 중 1인이 상소를 제기하는 경우 **전원**에 대하여 판결확정이 **차단**되고 **전부**

---

516) 정동윤·유병현, 전게서, 898면.
517) 이시윤, 전게서, 658면.

이심된다. 따라서, 다른 공동소송인에 관한 부분도 함께 확정이 차단되고 상소심에 이심되어 **심판대상**이 된다.(2011.2.24. 2009다43355) 결국 **불이익변경금지원칙이 배제**된다.

8. 독립당사자참가와 상소

(1) 독립당사자참가시의 재판 형태

(가) 본안재판의 통일
반드시 1개의 **전부판결**로써 본소청구와 참가인의 청구 모두에 대하여 동시에 재판하여야 하고, 일부판결은 허용되지 않는다. 그럼에도 일부판결이 나온 경우에는 재판누락이 아닌 **판단누락**으로 보아야 하므로, 추가판결이 아니라 상소, 재심 등에 의하여 구제받아야 한다.

(나) 소송비용재판
소송비용재판에 대하여는 법 제103조 즉, 참가소송에서의 소송비용에 관한 규정이 적용되지 않고, 법 제102조에 의하여 다른 두 당사자를 공동소송인에 준하여 처리한다. 패소한 양 당사자 사이에서는 적극적 당사자의 부담으로 한다.[518]

(2) 상 소

(가) **참가각하판결**에 대하여 참가인의 상소는 없는 경우
참가인이 참가각하의 판결을 받았으나 이에 불복하지 않은 경우라면 다른 패소당사자의 상소에 불구하고 **참가인에 대한 판결부분은 분리·확정**된다. 따라서 참가신청이 부적법하다면 설령 참가신청에 대하여 참가인만이 상소를 한 경우라도 원고·피고의 소송은 분리·확정되는 것이지 원고·피고 사이의 소송까지 이심이 되거나 확정이 차단된다고 해서는 안된다.(2007.12.14. 2007다37776·37783)

> 독립당사자참가소송에서 원고의 피고에 대한 청구를 인용하고 참가인의 참가신청을 각하한 제1심판결에 대하여 참가인만이 항소하였는데, 참가인의 항소를 기각하면서 제1심판결 중 피고가 항소하지도 않은 본소 부분을 취소하고 원고의 피고에 대한 청구를 기각한 것은 부적법하다고 한 사례(대법원 2007. 12.14. 선고 2007다37776·37783 판결)
> 민사소송법 제79조 제1항에 따라 원·피고, 독립당사자참가인(이하 '참가인'이라고만 한다)간의 소송에 대하여 본안판결을 할 때에는 위 3당사자를 판결의 명의인으로 하는 하나의 종국판결만을 내려야 하는 것이지 위 당사자의 일부에 관해서만 판결을 하는 것은 허용되지 않고 [대법원 1991.3.22. 선고 90다19329·19336(참가) 판결 참조], 같은 조 제2항에 의하여 제67조가 준용되는 결과 독립당사자참가소송에서 원고승소의 판결이 내려지자 이에 대하여 참가인만이 상소를 한 경우에도 판결 전체의 확정이 차단되고 사건 전부에 관하여 이심의 효력이 생기는 것이지만(대법원 1981.12.8. 선고 80다577 판결 참조), <u>원고승소의 판결에 대하여 참가인만이 상소를 했음에도 상소심에서 원고의 피고에 대한 청구인용 부분을 원고에게 불리하게 변경할 수 있는 것은 참가인의 참가신청이 적법하고 나아가 합일확정의 요청상 필요한 경우에 한한다고 할 것이다.</u>

---

[518] 이시윤, 전게서, 711면.

(나) **본안판결**이 나온 경우

① 이심 및 심판의 범위(세 당사자 중 2인의 패소의 경우 패소당사자 중 1인의 상소시 상소의 효력이 다른 패소자에게 미치는지) – 불이익변경금지원칙의 배제

이 경우에는 상소를 제기하지도 당하지도 않은 자에 대한 판결부분도 전부이심이 되고, 확정이 전부 차단되며, 독립당사자참가의 취지상 모순없는 판결을 위하여는 모두 항소심의 심판대상이 된다. 따라서 항소심으로서는 나머지 부분에 대한 청구에 대하여도 판단하여야 한다.(1991.3.22. 선고 90다19329; 2007.12.14. 선고 2007다37776·37783) 결국, **불이익변경금지원칙은 배제**된다.

↔ 이에 대하여 분리확정설·제한적 이심설의 견해도 있다.

그러나, 「원고승소의 판결에 대하여 참가인만이 상소를 했음에도 상소심에서 원고의 피고에 대한 청구인용 부분을 원고에게 불리하게 변경할 수 있는 것은 참가인의 참가신청이 적법하고 나아가 합일확정의 요청상 필요한 경우에 한한다고 할 것이다.(대법원 2007.12.14. 선고 2007다37776·37783 판결)」

> 독립당사자참가소송의 항소심에서 항소 내지 부대항소를 제기한 바 없는 당사자에게 제1심판결보다 유리한 내용으로 판결을 변경하는 것이 가능한지 여부(한정 적극)
> 「민사소송법 제79조에 의한 독립당사자참가소송은 동일한 권리관계에 관하여 원고, 피고, 참가인이 서로간의 다툼을 하나의 소송절차로 한꺼번에 모순 없이 해결하는 소송형태로서, 독립당사자참가가 적법하다고 인정되어 원고, 피고, 참가인간의 소송에 대하여 본안판결을 할 때에는 위 세 당사자를 판결의 명의인으로 하는 하나의 종국판결을 선고함으로써 위 세 당사자들 사이에서 합일확정적인 결론을 내려야 하고, 이러한 본안판결에 대하여 일방이 항소한 경우에는 제1심판결 전체의 확정이 차단되고 사건 전부에 관하여 이심의 효력이 생긴다. 그리고 이러한 경우 항소심의 심판대상은 실제 항소를 제기한 자의 항소 취지에 나타난 불복범위에 한정하되 위 세 당사자 사이의 결론의 합일확정의 필요성을 고려하여 그 심판의 범위를 판단하여야 하고, 이에 따라 항소심에서 심리·판단을 거쳐 결론을 내림에 있어 위 세 당사자 사이의 결론의 합일확정을 위하여 필요한 경우에는 그 한도 내에서 항소 또는 부대항소를 제기한 바 없는 당사자에게 결과적으로 제1심판결보다 유리한 내용으로 판결이 변경되는 것도 배제할 수는 없다.(대법원 2007.10.26. 선고 2006다86573·86580 판결)」

② ①에서 상소하지 않은 당사자의 지위

이 경우에 대하여 단순한 상소심에서의 당사자로 본다.(단순한 상소심당사자설 : 통설·판례)[519] 즉, 이 자는 상소인이나 피상소인의 표시를 하지 않으며, 상소인지 부담도 없고, 상소비용부담도 없고, 상소취하권도 배제된다.

---

519) 이에 대하여 상소인설, 피상소인설, 상대적 이중지위설의 견해도 있다.

쟁점 81 재 심

Ⅰ. 총 설

1. **재심의 의의**
   ① 재심이란 확정된 종국판결에 대하여 판결절차 또는 소송자료에 중대한 흠이 있음을 들어 당사자가 소의 형식으로 당해 확정판결의 취소를 구함과 함께 소송을 흠 있는 판결 이전의 상태로 복구시켜 다시 변론과 재판을 해 줄 것을 구하는 비상불복신청방법이다.
   ② 재심은 확정판결의 취소를 구한다는 점에서 소송상의 형성의 소의 일종이다.
   ③ 통상의 상소와는 달리 확정차단효나 이심의 효력은 없다.

2. **재심소송의 소송물**
   재심의 소의 소송물은 ① 확정판결의 취소 및 ② 종전 소송의 소송물의 둘이다.(이원설: 통설·판례) 520) 이에 나아가 ③ 구소송물이론에 의하면 재심사유도 별개의 소송물에 해당한다.

Ⅱ. 적법요건

1. **재심대상 판결**

   (1) 확정된 「종국판결」일 것

   (가) 종국판결에 대한 재심사유
   ① 종국판결인 경우에 재심의 대상이 되는 바, 종국판결이라면 전부·일부판결임을 불문하며, 본안판결·소송판결임도 불문한다.
   ② 나아가 확정된 재심판결에 대하여도 재심의 소를 제기할 수 있다.

   > [1] 확정된 재심판결에 대하여 재심의 소를 제기할 수 있는지 여부(적극)
   > [2] 원래의 확정판결을 취소한 재심판결에 대한 재심의 소에서 원래의 확정판결에 대하여 재심사유를 인정한 종전 재심법원의 판단에 재심사유가 있어 종전 재심청구에 관하여 다시 심리한 결과 원래의 확정판결에 재심사유가 인정되지 않을 경우, 법원이 취할 조치 및 그 경우 재심사유가 없는 원래의 확정판결 사건의 본안에 관하여 다시 심리와 재판을 할 수 있는지 여부(소극)
   > [1] 민사소송법 제451조 제1항은 '확정된 종국판결'에 대하여 재심의 소를 제기할 수 있다고 규정하고 있는데, 재심의 소에서 확정된 종국판결도 위 조항에서 말하는 '확정된 종국판결'에 해당하므로 확정된 재심판결에 위 조항에서 정한 재심사유가 있을 때에는 확정된 재심판결에 대하여 재심의 소를 제기할 수 있다.
   > [2] 민사소송법 제454조 제1항은 "재심의 소가 적법한지 여부와 재심사유가 있는지 여부에 관한 심리 및 재판을 본안에 관한 심리 및 재판과 분리하여 먼저 시행할 수 있다."고 규정하고, 민사소송법 제459조 제1항은 "본안의 변론과 재판은 재심청구이유의 범위 안에서 하

---

520) 이에 반하여 종전 소송의 소송물이라는 일원설도 있다.

> 여야 한다."고 규정하고 있는데, 확정된 재심판결에 대한 재심의 소에서 재심판결에 재심사유가 있다고 인정하여 본안에 관하여 심리한다는 것은 재심판결 이전의 상태로 돌아가 전 소송인 종전 재심청구에 관한 변론을 재개하여 속행하는 것을 말한다. 따라서 원래의 확정판결을 취소한 재심판결에 대한 재심의 소에서 원래의 확정판결에 대하여 재심사유를 인정한 종전 재심법원의 판단에 재심사유가 있어 종전 재심청구에 관하여 다시 심리한 결과 원래의 확정판결에 재심사유가 인정되지 않을 경우에는 재심판결을 취소하고 종전 재심청구를 기각하여야 하며, 그 경우 재심사유가 없는 원래의 확정판결 사건의 본안에 관하여 다시 심리와 재판을 할 수는 없다.(대법원 2015.12.23. 선고 2013다17124 판결)

③ 다만, 파기환송판결은 재심의 대상이 되지 않는다고 본다.(대법원 1995.2.14. 선고 93재다27·34 전원합의체 판결)

(나) 중간판결에 재심사유가 있는 경우

> 제452조(기본이 되는 재판의 재심사유) 판결의 기본이 되는 재판에 제451조에 정한 사유가 있을 때에는 그 재판에 대하여 독립된 불복방법이 있는 경우라도 그 사유를 (종국판결에 대한: 필자) 재심의 이유로 삼을 수 있다.

중간판결 등 중간적 재판은 재심의 대상이 되지 않으며, 이에 재심사유가 있으면 당해 종국판결의 재심사유로 삼아서 재심을 제기하면 된다.

역으로 불복할 수 없는 재판이라거나(제392조 단서) 항고로 불복할 수 있는 중간판결의 경우이어서 그 중간판결이 종국판결과 함께 상소심의 판단을 받지 않는다 하여도 종국판결에 대하여 재심의 소를 제기할 수 있다.(제452조)521)

(2) 「확정된」종국판결일 것

(가) 확정판결일 것

미확정 판결의 경우 재심의 대상이 될 수 없다. 따라서 판례는「판결확정 전에 제기한 재심의 소가 부적법하다는 이유로 각하되지 않고 있는 동안에 판결이 확정되었다고 하더라도 위 재심의 소가 적법한 것으로 되는 것이 아니다.(대법원 1980.7.8. 선고 80다1132 판결)」고 본다.

(나) 하급심판결과 상소를 각하 또는 기각한 상급심판결이 모두 확정된 경우

① 원 칙

원칙적으로 각각의 종국판결이 개별적으로 재심의 대상이 된다.

② 항소기각판결의 경우

「항소심에서 사건에 대하여 본안판결을 하였을 때에는 제1심판결에 대하여 재심의 소를 제기하지 못한다.(제451조 제3항)」 즉, 항소심에서 항소기각판결이 나온 경우 사건은 전면적으로 재심판된 것이므로 항소심판결만이 그 대상이 된다.(항소인용판결의 경우 1심판결은 취소되며 항소심판결만 재심사유가 있는지 여부를 따질 것이므로 본조는 특히 항소기각판결에 그 의의가 있다)

---

521) 강현중, 전게서, 780면.

2. 재심의 당사자

(1) 재심의 소의 당사자적격 일반
① 확정판결의 기판력에 의한 불이익을 받는 사람이 재심원고, 이익을 받는 사람이 재심피고가 됨이 원칙이다.
② 구체적으로는 확정판결의 당사자 또는 변론종결 뒤의 승계인, 소송담당소송에서의 피담당자는 재심당사자가 될 수 있다.
③ 대세효 등으로 판결의 효력이 미치는 제3자는 독립당사자참가의 방식에 의하여 본소 당사자를 공동피고로 하여 재심의 소를 제기할 수 있다.[522]
④ 그 외에 타인 간의 재심의 소에 대하여 제3자가 독립당사자참가를 하는 경우는 그 재심사유가 인정되어 본안이 부활될 것으로 조건으로 한 참가로 보아야 한다.

> **제3자가 타인 간의 재심소송에 독립당사자참가를 하였다면, 재심사유가 인정되어 본안소송이 부활되는 단계를 위하여 참가하는 것이라고 할 것인지 여부**
> 확정된 판결에 대한 재심의 소는 확정된 판결의 취소와 본안사건에 관하여 확정된 판결에 갈음한 판결을 구하는 복합적 목적을 가진 것으로서 이론상으로는 **재심의 허부와 재심이 허용됨을 전제로 한 본안심판의 두 단계**로 구성되는 것이라고 할 수 있고, 따라서 재심소송이 가지는 위와 같은 복합적, 단계적인 성질에 비추어 볼 때, 제3자가 타인 간의 재심소송에 민사소송법 제72조에 의하여 당사자참가를 하였다면, 이 경우 제3자는 아직 재심대상판결에 재심사유 있음이 인정되어 본안사건이 부활되기 전에는 원·피고를 상대방으로 하여 소송의 목적의 전부나 일부가 자기의 권리임을 주장하거나 소송의 결과에 의하여 권리의 침해를 받을 것을 주장할 여지가 없는 것이고, 재심사유 있음이 인정되어 본안사건이 부활된 다음에 이르러서 비로소 위와 같은 주장을 할 수 있는 것이므로, 결국 **제3자는 재심대상판결에 재심사유가 있음이 인정되어 본안소송이 부활되는 단계를 위하여 당사자참가를 하는 것**이라고 할 것이다.(대법원 1994.12.27. 선고 92다22473 판결)

(2) 前소송의 보조참가인의 경우
전소송의 보조참가인도 재심의 소를 제기할 수 있으며 보조참가신청과 동시에 재심의 소를 제기할 수 있다.(제72조 제3항)

(3) 필수적 공동소송인의 경우
필수적 공동소송에서는 공동소송인 1인의 재심의 소제기로 다른 공동소송인도 재심당사자가 되나, 공동소송인들을 상대로 재심의 소를 제기하려면 전원을 상대로 제기하여야 한다.

---

522) 이시윤, 전게서, 815면 ; 송상현, 전게서, 752면.

3. 재심기간[523]

(1) 원 칙

> 제456조(재심제기의 기간)
> ① 재심의 소는 당사자가 판결이 확정된 뒤 재심의 사유를 안 날부터 30일 이내에 제기하여야 한다.
> ② 제1항의 기간은 불변기간으로 한다.
> ③ 판결이 확정된 뒤 5년이 지난 때에는 재심의 소를 제기하지 못한다.
> ④ 재심의 사유가 판결이 확정된 뒤에 생긴 때에는 제3항의 기간은 그 사유가 발생한 날부터 계산한다.

① 재심의 소는 당사자가 판결이 확정된 뒤 재심의 사유를 안 날부터 30일 이내에 제기하여야 하며, 이 기간은 불변기간이다.

> **★소송절차 내에서 법인 또는 법인이 아닌 사단의 대표자가 청구의 포기·인낙 또는 화해를 하는 데 필요한 권한을 수여받지 아니한 것에서 더 나아가 자기 또는 제3자의 이익을 도모할 목적으로 권한을 남용하여 법인 등의 이익에 배치되는 청구의 포기·인낙 또는 화해를 하였고, 상대방 당사자가 대표자의 진의를 알았거나 알 수 있었을 경우, 준재심 제기 기간의 기산일인 '법인 등이 준재심의 사유를 안 날'의 의미(=법인 등의 이익을 정당하게 보전할 권한을 가진 다른 임원 등이 준재심의 사유를 안 때)**
> 소송절차 내에서 법인 또는 법인이 아닌 사단(이하 '법인 등'이라고 한다)이 당사자로서 청구의 포기·인낙 또는 화해를 하여 이를 변론조서나 변론준비기일조서에 적은 경우에, 법인 등의 대표자가 청구의 포기·인낙 또는 화해를 하는 데 필요한 권한의 수여에 흠이 있는 때에는 법인 등은 변론조서나 변론준비기일조서에 대하여 준재심의 소를 제기할 수 있고, 준재심의 소는 법인 등이 청구를 포기·인낙 또는 화해를 한 뒤 준재심의 사유를 안 날부터 30일 이내에 제기하여야 한다.(민사소송법 제461조, 제220조, 제451조 제1항 제3호, 제456조, 제64조, 제52조)
> 이때 '법인 등이 준재심의 사유를 안 날'은 특별한 사정이 없는 한 법인 등의 대표자가 준재심의 사유를 안 날로서 그때부터 준재심 제기 기간이 진행되는 것이 원칙이다. 그렇지만 법인 등의 대표자가 준재심의 사유인 청구의 포기·인낙 또는 화해를 하는 데 필요한 권한을 수여받지 아니한 것에서 더 나아가 자기 또는 제3자의 이익을 도모할 목적으로 권한을 남용하여 법인 등의 이익에 배치되는 청구의 포기·인낙 또는 화해를 하였고 또한 상대방 당사자가 대표자의 진의를 알았거나 알 수 있었을 경우에는, 일반적으로 법인 등에 대하여 대표권의 효력이 부인될 수 있는 사유에 해당할 뿐 아니라 준재심의 사유가 된 대표권 행사에 관하여 법인 등과 대표자의 이익이 상반되어 법인 등의 대표자가 준재심 제기 권한을 행사하리라고 기대하기 어려움에 비추어 보면, 단지 대표자가 준재심의 사유를 아는 것만으로는 부족하고 적어도 법인 등의 이익을 정당하게 보전할 권한을 가진 다른 임원 등이 준재심의 사유를 안 때에 비로소 준재심 제기 기간이 진행된다.(대법원 2016. 10. 13. 선고 2014다12348 판결)

② 수개의 재심사유를 주장하여 재심의 소를 제기한 경우에 재심기간은 각각의 재심사유에 따라 이를 안 날부터 기산되고(1990.12.26. 선고 90재다19 판결), 재심의 소를 제기한 이후 재심사유를 변경하는 것은 소의 변경에 해당하는 것이어서 제소기간은 새로운 재심사유가 주장된 때가 기준이 된다.[524]

---

523) 법원행정처, 전게서(Ⅲ), 375면.
524) 법원행정처, 전게서(Ⅲ), 376면. 신소송물이론을 취한다 하여도 마찬가지라고 할 것이라는 것에 이시윤,

③ 판결이 확정된 뒤 5년이 지난 때에도 재심의 소를 제기하지 못하지만, 이 기간은 불변기간이 아니다. 따라서 추후보완은 인정되지 않으며, 재심의 사유가 판결이 확정된 뒤에 생긴 때에는 이 기간은 그 사유가 발생한 날부터 계산한다.

(2) 예 외

① 「대리권의 흠 또는 기판력의 저촉에 규정한 사항을 이유로 들어 제기하는 재심의 소에는 재심제기의 기간의 규정을 적용하지 아니한다.(제457조)」

② 이 때 주의할 것은 제457조가 「제451조 제1항 제3호」라고 표현하지 않고, 「대리권의 흠」이라고 표현하고 있다는 점이다. **「대리권의 흠」**이란 대리권을 갖지 아니한 사람이 당사자나 법정대리인이 모르는 사이에 소송행위를 한 경우만을 뜻하는 것이고, 법 제451조 제1항 제3호 중 **「대리인이 소송행위를 하는 데에 필요한 권한의 수여에 흠이 있는 때」**에 불과한 경우는 포함되지 않는다. (대법원 1994.6.24. 선고 94다4967 판결)

> 소송대리인이 권한의 범위를 넘어 당해 소송물 이외의 권리관계를 포함시켜 소송상 화해를 한 경우 민사소송법 제427조 소정의 "대리권의 흠결"에 해당하지 않으므로 준재심의 제소기간의 제한을 받는다.(대법원 1993.10.12. 선고 93다32354 판결)

Ⅲ. 재심사유

제451조(재심사유)
① 다음 각호 가운데 어느 하나에 해당하면 확정된 종국판결에 대하여 재심의 소를 제기할 수 있다. 다만, 당사자가 상소에 의하여 그 사유를 주장하였거나, 이를 알고도 주장하지 아니한 때에는 그러하지 아니하다.
1. 법률에 따라 판결법원을 구성하지 아니한 때
2. 법률상 그 재판에 관여할 수 없는 법관이 관여한 때
3. 법정대리권·소송대리권 또는 대리인이 소송행위를 하는 데에 필요한 권한의 수여에 흠이 있는 때. 다만, 제60조 또는 제97조의 규정에 따라 추인한 때에는 그러하지 아니하다.
4. 재판에 관여한 법관이 그 사건에 관하여 직무에 관한 죄를 범한 때
5. 형사상 처벌을 받을 다른 사람의 행위로 말미암아 자백을 하였거나 판결에 영향을 미칠 공격 또는 방어방법의 제출에 방해를 받은 때
6. 판결의 증거가 된 문서, 그 밖의 물건이 위조되거나 변조된 것인 때
7. 증인·감정인·통역인의 거짓 진술 또는 당사자신문에 따른 당사자나 법정대리인의 거짓 진술이 판결의 증거가 된 때
8. 판결의 기초가 된 민사나 형사의 판결, 그 밖의 재판 또는 행정처분이 다른 재판이나 행정처분에 따라 바뀐 때
9. 판결에 영향을 미칠 중요한 사항에 관하여 판단을 누락한 때
10. 재심을 제기할 판결이 전에 선고한 확정판결에 어긋나는 때
11. 당사자가 상대방의 주소 또는 거소를 알고 있었음에도 있는 곳을 잘 모른다고 하거나 주소나 거소를 거짓으로 하여 소를 제기한 때
② 제1항 제4호 내지 제7호의 경우에는 처벌받을 행위에 대하여 유죄의 판결이나 과태료부과의 재판이 확정된 때 또는 증거부족 외의 이유로 유죄의 확정판결이나 과태료부과의 확정재판을 할 수 없을 때에만 재심의 소를 제기할 수 있다.
③ 항소심에서 사건에 대하여 본안판결을 하였을 때에는 제1심 판결에 대하여 재심의 소를 제기하지 못한다.

전게서, 817면.

1. 의 의
   ① 재심의 소는 제451조 제1항에 열거된 재심사유가 존재하는 경우에만 허용된다.
   ② 다음과 같은 경우에는 **재심청구를 각하**한다. 즉, ㉠ 재심사유에 대한 **주장**이 없거나, ㉡ 주장된 사유가 재심**사유**가 아니거나, ㉢ 재심의 소에 **보충성**이 인정되지 않는 경우라면 재심청구는 각하한다.
   ③ 위와 달리 주장된 재심사유가 있으나 실제 재심사유가 인정되지 않는 경우는 재심청구를 기각한다.
   ④ 문제는 특히, 제4호 내지 제7호의 경우 유**죄** 판결 등이 필요한데, 이를 결여한 것이 적법요건인가 하는 점이다. 판례는 제451조 제2항의 요건을 결여한 경우에는 재심을 각하한다는 입장이다.

   > **민사소송법 제422조 제2항의 요건을 결한 재심의 소의 적부와 동 조항 소정 요건사실의 입증책임**
   > 민사소송법 제422조 제1항 제4호 내지 제7호 소정의 재심사유에 관하여 같은 법조 제2항의 요건이 불비되어 있는 때에는 재심의 소 자체가 그 부적법한 것이 되므로 재심사유 자체에 대하여 그 유무의 판단에 나아갈 것도 없이 각하되어야 하는 것이고 반면에 위 제2항 소정의 요건에 해당하는 사실이 존재하는 경우에는 당해 요건사실 즉 그 판결들이나 처분 등에 관한 판단내용 자체에 대해서는 그 당부를 따질 것 없이 재심의 소는 적법요건을 갖춘 것으로 보아야 하나, 나아가 위 4호 내지 7호 소정의 재심 사유의 존부에 대해서는 위에서 본 판결이나 처분내용에 밝혀진 판단에 구애받음이 없이 독자적으로 심리판단을 할 수 있는 것이고, 제2항 소정의 적법요건 해당사실은 같은 제1항 제4호 내지 7호 소정의 재심의 소를 제기한 당사자가 증명해야 한다.(대법원 1989.10.24. 선고 88다카29658 판결)

2. 재심의 소의 보충성
   ① 재심의 소는 재심사유를 전(前)소송에서 상소로 주장할 수 없었던 경우에만 보충적으로 제기가 가능한 바, 이를 재심의 소의 보충성이라 하며,[525] 재심의 소의 적법요건이다.
   ② 따라서 다음과 같은 사유로는 재심의 소를 제기할 수 없다.
      ㉮ 당사자가 재심사유를 상소로 주장하였지만 기각된 경우
      ㉯ 재심사유가 있는 것을 알고도 주장하지 아니한 경우
      · 이 때, '재심사유를 알고도 주장하지 아니한 때'는 ⓐ 재심사유가 있는 것을 알았음에도 상소를 제기한 후 상소심에서 그 사유를 주장하지 아니한 경우뿐만 아니라 ⓑ 상소를 제기하지 아니하여 판결이 그대로 확정된 경우도 포함된다. 따라서, 이러한 경우에는 동일한 사유를 내세워 재심의 소를 제기할 수 없다. (제451조 제1항 단서)
      · 특히, 「판단누락과 같은 재심사유는 특별한 사정이 없는 한 당사자가 판결정본의 송달에 의하여 이를 알게 되었다고 볼 수 있다. (2015.10.29. 2014다13044)」
      ㉰ 이는 결국 재심사유가 상고이유가 됨을 전제로 한 것이다.

---
525) 이시윤, 전게서, 818면.

③ 다만, 소액사건이라면 재심사유마저도 상고의 이유가 되지 못하고, 상고이유는 한정되어 있다.

> **민사소송법 제451조 제1항 단서에 따라 당사자가 상소에 의하여 재심사유를 주장하였다고 하기 위한 요건**
> 민사소송법 제451조 제1항 단서에 따라 당사자가 상소에 의하여 재심사유를 주장하였다고 하기 위하여서는 단지 증거인 문서가 위조되었다는 등 제451조 제1항 각 호의 사실만 주장하는 것으로는 부족하고 재심의 대상이 되는 상태, 즉 유죄판결이 확정되었다거나 증거부족 외의 이유로 유죄판결을 할 수 없다는 등 같은 조 제2항의 사실도 아울러 주장하였어야 한다.(대법원 2006.10.12. 선고 2005다72508 판결)

3. 개별적 재심사유

(1) **판결법원 구성의 위법**(제1호)

판결법원의 구성이 법원조직법 및 민사소송법을 따르지 않은 경우를 의미한다. 변론에 관여하지 않은 법관이 판결에 관여한 경우(대법원 1970.2.24. 고 69다2102 판결)라거나 판례변경을 하면서 전원합의체에서 하지 않고 소부(小部)에서 한 것(1982.9.28.81사9; 7.21. 2011재다199 2011.) 등이 여기에 포함된다.

(2) **재판에 관여할 수 없는 법관의 관여**(제2호)

제척원인이 있거나 기피가 이유 있다는 재판을 받은 법관의 관여, 파기환송된 원심판결에 관여한 법관이 관여한 판결이 여기에 해당한다.

(3) **추인되지 않은 대리권의 흠결 등**(제3호)

① 성명모용자에 의한 소송수행(대법원 1964.11.17. 선고 64다328 판결), 본인의 의사에 기하지 않고 선임된 대리인의 대리행위(대법원 1974.5.28. 선고 73다1026 판결), 특별대리인 선임없는 소송수행(대법원 1965.9.7. 선고 65사19 판결), 우체국 집배원의 배달 착오로 소송기록접수통지를 송달받지 못하여 기간 내에 상고이유서를 제출하지 못하여 상고기각판결을 받은 경우, 주주총회결의 없이 대표이사가 제소전 화해를 한 경우(대법원 1980.12.9. 선고 80다584) 등이 이에 해당할 수 있다.

② **참칭피고에게의 송달로 인하여 자백간주가 된 판결의 편취의 경우**에는 판례는 송달 자체가 무효인 것으로 보아 상소를 통하여 구제가 가능하므로 재심사유가 아니라고 보면서도, 피고 종중의 참칭대표자에게 송달된 경우에는 송달무효가 아니고 송달대리권의 흠결로 본호의 재심사유가 된다고 본 바 있다.(대법원 1994.1.11. 선고 92다47632 판결)

> **상대방의 법정대리권 등의 흠결을 재심사유로 삼기 위한 요건**
> 민사소송법에서 법정대리권 등의 흠결을 재심사유로 규정한 취지는 원래 그러한 대표권의 흠결이 있는 당사자측을 보호하려는 데에 있으므로, 그 상대방이 이를 재심사유로 삼기 위하여는 그러한 사유를 주장함으로써 이익을 받을 수 있는 경우에 한하고, 여기서 이익을 받을 수 있는 경우란 위와 같은 대표권 흠결 이외의 사유로도 종전의 판결이 종국적으로 상대방의 이익으로 변경될 수 있는 경우를 가리킨다.
> … 재심대상판결에 원고 종중 대표자의 대표권에 흠결이 있다고 하더라도, 피고로서는 이 사건 부동산에 관한 원고 종중의 소유권이전등기청구를 배척할 만한 사유가 없는 이상, 재심대상인 확정판결의 결과를 좌우할 수 없으므로, 위와 같은 재심사유의 주장만으로써는 어떠한 이익도 받을 수 없다고 하지 않을 수 없다.(대법원 2000.12.22. 선고 2000재다513 판결)

(4) 처벌받을 수 있는 행위(제4호 내지 제7호)
① 아래의 제4호 내지 제7호까지는 처벌받을 행위를 재심사유로 삼고 있는데, 처벌받을 행위에 대하여 유죄의 판결이나 과태료부과의 재판이 확정된 때 또는 증거부족 외의 이유로 유죄의 확정판결이나 과태료부과의 확정재판을 할 수 없을 때에만 재심의 소를 제기할 수 있다.(제451조 제2항)
② 「본조 제2항에서의 (1) 전단의 의미는 유죄의 확정판결이나 과태료의 확정재판의 존재 자체로 재심사유가 되고 그 유죄의 확정판결 등의 내용과 같은 사실이 확실히 있었는지 여부의 실질적 판단은 재심법원이 그 유죄인정판결 등에 구애됨이 없이 자유로 판단할 수 있는 것이고 (2) 후단의 의미는 범죄사실이 있었음은 확실하나 증거가 없다는 이유가 아닌 다른 이유로서 유죄의 확정판결 등을 얻을 수 없는 때에는 재심법원이 독자적으로 증명에 의한 인정을 할 수 있는 것이다.(1965.6.15. 64다1885)」
③ 판결의 증거가 된 문서가 위조된 것이 분명하지만 공소시효의 완성으로 유죄판결을 할 수 없는 경우도「증거부족 외의 이유로 유죄의 확정판결을 할 수 없을 때」에 해당한다.(2006.10.12. 2005다72508)
④ 여기서 가벌적 행위 자체가 재심사유이고, 유죄 확정판결 등은 재심의 소의 적법요건이라는 **분리설이 판례의 태도**이므로, 유죄 확정판결 등이 없다면 재심의 소는 각하된다.

> 이에 반하여 둘 모두를 합하여 재심사유라는 합체설은 유죄확정판결 등이 없다 하여도 재심청구는 각하가 아니라 기각되어야 한다고 본다.

(5) 판결의 기초된 재판이나 행정처분이 이후에 변경된 경우(제8호)
① 「판결의 기초」가 된 경우라 함은 재심대상판결을 한 법원이 그 재판이나 행정처분에 법률적으로 구속된 경우뿐만 아니라 널리 재판이나 행정처분의 판단사실을 원용하여 사실인정을 한 경우를 의미한다.(1989.3.14. 선고 87다카2425)526)
② 또한 재판이나 행정처분의 변경이 확정판결의 사실인정에 영향을 미칠 가능성이 있는 경우라야 한다.(2001.12.14. 선고 2000다12679 등) 따라서 법령이나 판례의 변경 및 법규에 대한 위헌판단은 재심사유가 되지 않는다.

(6) 판결에 영향을 미칠 중요한 사항에 관하여 판단을 누락한 때(제9호)
㈎ 판단누락의 의미
① 판단누락이란 「당사자가 소송상 제출한 공격방어방법으로서 판결에 영향이 있는 것에 대하여 판결 이유 중에 판단을 명시하지 아니한 경우를 말(한다)(대법원 2000.7.6. 선고 2000재다193,209 판결)」

---

526) 이시윤, 전게서, 822면 ; 법원행정처, 전게서(Ⅲ), 380면.

② 당사자의 주장을 배척한 근거를 일일이 설명하지 않았다거나, 그 판단내용에 잘못이 있다거나, 판단근거를 개별적으로 설시하지 않았다는 사정으로는 판단누락이 아니다.(2002.1.25. 선고 99다62838)

③ 당사자가 주장한 사항에 대한 구체적·직접적인 판단이 표시되어 있지 않지만 판결 이유의 전반적인 취지에 비추어 주장의 인용 여부를 알 수 있는 경우 또는 실제로 판단을 하지 않았지만 주장이 배척될 것임이 분명한 경우에는 판단누락이라고 할 수는 없다.(2012.4.26. 2011다87174)

(나) 「당사자가 제출한」 공격방어방법일 것

「민사소송법 제451조 제1항 제9호에 정하여진 '판결에 영향을 미칠 중요한 사항에 관하여 판단을 누락한 때'라고 함은, 직권조사사항에 해당하는지 여부를 불문하고 그 판단 여하에 따라 판결의 결론에 영향을 미치는 사항으로서 당사자가 구술변론에서 주장하거나 또는 법원의 직권조사를 촉구하였음에도 불구하고 판단을 하지 아니한 경우를 말하는 것이므로 당사자가 주장하지 아니하거나 그 조사를 촉구하지 아니한 사항은 이에 해당하지 아니한다.(대법원 2004.9.13. 자 2004마660 결정)」

(다) 상고기각판결과 판단누락

① 심리불속행사유에 해당한다고 보아 심리하지 않고 상고기각판결을 한 경우는 판단누락으로 보지 않는다.(1997.5.7. 96재다479)

② 다만, 적법한 상고이유서를 제출하였음에도 제출하지 않았다고 보아 상고이유에 대한 판단없이 상고기각을 하였다면 판단누락에 해당한다.(1998.3.13. 선고 98재다53)

③ 그 외, 상고기록접수통지서를 송달하기 위하여 송달장소에 갔으나 본인을 만나지 못하자 그와 동거하는 만 8세 9개월 남짓의 아들에게 이를 교부하고 서명을 받은 경우, 상고기록접수통지서의 보충송달이 적법하지 않으므로 기간 내에 상고이유서를 제출하지 않았다는 이유로 상고기각을 하였다면 역시 판단누락이다.(대법원 2013.1.16. 선고 2012재다370 판결)

(라) 소송요건 또는 상소요건에 대한 피고의 항변을 판단하지 않은 경우

소송요건이나 상소요건 중에 **법원의 직권조사사항**인 것은 이에 관한 당사자의 주장은 직권발동을 촉구하는 의미밖에 없으므로 이에 대하여 판단하지 아니하였더라도 판단누락의 상고이유로 삼을 수 없다.

예 **중복제소에의 해당여부에 대한 당사자의 주장을 판단하지 않은 것**은 판단누락이 아님(1990.4.27. 88다카25274 등)

예 **소송대리권의 존재에 관한 당사자의 주장에 대하여 판단하지 않은 것**은 판단누락이 아님(1994.11.8. 94다31549)

예 **항소이익에 관한 당사자의 주장에 대하여 판단하지 않은 것**은 판단누락이 아님(2015.10.29. 2014다13044)

(7) 재심을 제기할 판결이 전에 선고한 확정판결에 어긋나는 때(제10호)
① 「전에 선고한 확정판결」과 「후에 선고된 확정판결」이 있을 때, 재심대상은 「후에 선고된 확정판결」이지 「전에 선고한 확정판결」을 그 대상으로 삼을 수 없다.(1981.7.28. 선고 80다2668)
② 「전에 선고한 확정판결이 재심대상판결과 그 내용이 유사한 사건에 관한 것이라고 하여도 당사자들을 달리하여 그 판결의 기판력이 재심대상자에게 미치지 아니하는 때에는 재심사유에 해당하지 아니한다.(1994.8.26. 94재다383; 2011.7.21. 2011재다199)」
③ 구이론을 따르는 경우 청구원인에 대한 이유 설명이 다르다 하여도 이 재심사유에는 해당하지 않는다.
④ 확정판결과 동일한 효력을 가지는 화해조서, 청구의 포기·인낙조서, 조정조서 등과 저촉되는 경우에도 재심사유가 된다.

(8) 당사자가 상대방의 주소 또는 거소를 알고 있었음에도 있는 곳을 잘 모른다고 하거나 주소나 거소를 거짓으로 하여 소를 제기한 때(제11호)
① 이는 편취판결을 구제하기 위한 재심사유이다. 따라서 상대방이 편취소송이 계속중인 사실을 알고도 아무런 조치를 취하지 않아 판결이 선고된 경우라면 판결의 편취가 있었다고 할 수 없는 것이므로 이에 해당하지 않는다.(1992.10.9. 선고 92다12131)
② 대법원 1978.5.9. 선고 75다634 전원합의체 판결은 본호는 전·후단을 불문하고 공시송달에 의한 판결의 편취의 경우에 적용되는 것으로 하여, 자백간주에 의한 판결의 편취는 어느 때나 항소를 제기할 수 있을 뿐 재심을 제기할 수 없다고 본다.527)

Ⅳ. 재심절차

1. 관할법원

> 제453조(재심관할법원)
> ① 재심은 재심을 제기할 판결을 한 법원의 전속관할로 한다.
> ② 심급을 달리하는 법원이 같은 사건에 대하여 내린 판결에 대한 재심의 소는 상급법원이 관할한다. 다만, 항소심판결과 상고심판결에 각각 독립된 재심사유가 있는 때에는 그러하지 아니하다.

(1) 제1심의 종국판결에 대하여 항소심이 본안판결을 한 경우
① 이 경우에는 제451조 제3항에 의하여 제1심판결의 재심의 대상이 아니고 **항소심판결이 재심의 대상**이 되므로, 이를 대상으로 삼아 항소심에 재심의 소를 제기한다.

---

527) 이에 반해 「당사자가 상대방의 주소 또는 거소를 알고 있었음에도 있는 곳을 잘 모른다.」고 하는 경우는 이른바, 공시송달형 판결편취에 해당하고, 「주소나 거소를 거짓으로 하여 소를 제기한 때」라 함은 상대방의 주소를 허위로 기재하여 상대방에 대한 소장 등을 허위주소로 보내어 상대방 아닌 다른 사람이 이를 받음으로써 법원으로 하여금 피고가 소장부본을 받고도 답변서를 제출하지 않은 것처럼 하여 자백간주에 의한 판결의 편취가 있는 경우를 의미한다고 봄이 일반적이다.

② 만약 이와 달리 제1심판결을 대상으로 제1심에 재심의 소를 제기하였다면 이는 재심의 **소송요건을 결여한 부적합한 소송**이며 **단순히 재심의 관할만을 위반한 소송이라고 볼 수는 없다.**(1984.2.28. 83다카1981전합)

③ 그러나, 당사자가 재심대상판결을 어느 것으로 한 것인지는 재심소장에 기재된 판결의 표시만 가지고 판단할 것은 아니고 주장내용과 당사자의 의사를 **참작하여 판단**하여야 한다.(1984.2.28. 83다카1981전합)

④ 따라서 재심소장에 재심대상판결을 제1심판결로 표시하였어도 재심사유가 항소심 판결에 관한 것으로 인정된다면 이를 각하할 것이 아니라 항소심법원으로 이송하여야 하며, 이 때 재심제기기간 준수여부는 항소심법원에 이송된 때를 기준으로 할 것이 아니라 제1심법원에 제기된 때를 기준으로 하여야 한다.(1984.2.28. 83다카1981전합)

(2) **[1심판결 → 항소각하판결]** 모두에 대한 재심을 주장하는 경우 (예컨대, **제1심판결에 대하여** 증인의 허위진술을 재심사유로 주장하고 있고, **항소를 각하한 제2심판결에 대하여는** 제척사유 있는 법관의 관여를 재심사유를 주장하는 경우)

　(가) 재심의 대상

　　이 경우 각각의 사유가 각각 재심의 소의 소송물이므로 제453조 제1항에 의하여 제1, 2심판결의 각각에 대하여 재심의 소를 제기할 수 있다.

　(나) 재심의 관할

　　㉮ 위의 둘 중 어느 하나의 사유로 재심을 제기하고 이를 배척하는 판결이 확정된 후 다른 재심사유로 재심의 소를 제기하는 경우

　　　각각의 재심사유별로 그 관할법원이 달라진다. 즉, 전자에 대하여는 제1심법원에 재심의 소를 제기하며, 후자의 경우에는 항소심 법원에 재심의 소를 제기한다.

　　㉯ 하나의 재심사유가 주장된 재심의 소 계속 중 다른 재심의 소가 제기된 경우

　　　견해가 대립되지만, 제453조 제2항 본문에 의하여 제2심이 관할한다는 것이 통설의 태도이다.[528]

　　㉰ 동시에 두 개의 재심사유를 들어 재심의 소를 제기하는 경우

　　　이 경우에는 제453조 제2항 본문에 의하여 제2심에 재심의 소의 관할이 생긴다.

(3) **항소심판결과 상고심판결에 독립된 재심사유가 있는 경우**

　제453조 제2항 단서에 의하여 각각의 법원에 재심의 소를 제기하여야 한다. 즉, 병합심판할 수 없다는 의미의 규정이다.

---

[528] 법원행정처, 전게서(Ⅲ), 374면 이하.

2. 재심절차

(1) 일 반

① 「재심의 소송절차에는 각 심급의 소송절차에 관한 규정을 준용한다.(제455조)」
② 따라서 소의 취하, 소송요건의 처리, 관할위반이송, 재심사유의 변경(제459조) 등이 허용되며, 부대재심의 제기도 가능하고, 자신 측의 재심사유에 기한 반소제기도 가능하며, 재심의 소에 독립당사자참가도 허용된다.
③ 다만, **재심청구와 통상의 민사상 청구의 병합을 판례는 인정하지 않는다.**

> 재심 절차에서 중간확인의 소를 제기하였으나 재심사유가 인정되지 않아서 재심청구를 기각하는 경우, 중간확인의 소에 관하여 법원이 취하여야 할 조치(= 판결 주문으로 중간확인의 소를 각하)
> 재심의 소송절차에서 중간확인의 소를 제기하는 것은 재심청구가 인용될 것을 전제로 하여 재심대상소송의 본안청구에 대하여 선결관계에 있는 법률관계의 존부의 확인을 구하는 것이므로, 재심사유가 인정되지 않아서 재심청구를 기각하는 경우에는 중간확인의 소의 심판대상인 선결적 법률관계의 존부에 관하여 나아가 심리할 필요가 없으나, 한편 중간확인의 소는 단순한 공격방어방법이 아니라 독립된 소이므로 이에 대한 판단은 판결의 이유에 기재할 것이 아니라 종국판결의 주문에 기재하여야 할 것이므로 재심사유가 인정되지 않아서 재심청구를 기각하는 경우에는 중간확인의 소를 각하하고 이를 판결 주문에 기재하여야 한다.(대법원 2008.11.27. 선고 2007다69834,69841 판결)

(2) 재심의 소의 제기

> 제458조(재심소장의 필수적 기재사항) 재심소장에는 다음 각호의 사항을 적어야 한다.
> 1. 당사자와 법정대리인
> 2. 재심할 판결의 표시와 그 판결에 대하여 재심을 청구하는 취지
> 3. 재심의 이유

(가) 재심의 소의 제기 방식

재심의 소는 원칙적으로 소장의 제출에 의하며 소액사건이라면 말로 제기할 수도 있다. 재심소장의 필수적 기재사항은 제458조와 같으며, 주장한 재심사유는 재심의 소제기 이후에 변경이 가능하다.(제459조 제2항)

불복의 범위 및 본안사건에 대한 신청은 임의적 기재사항으로, 준비서면에 관한 규정이 준용된다.(제455조, 제408조, 제249조 제2항)

인지는 심급에 따라 소장·항소장·상고장에 첨부하여야 할 인지와 같다.(민사소송등 인지법 제8조)

(나) 재심의 소의 제기의 효과

① 기간준수효

재심소장의 제출로 그 재심사유에 대한 기간준수의 효력이 발생한다.(제265조) 소송 중에 새로운 재심사유를 추가한 경우에는 그 때를 기준으로 기간준수의 효력이 발생한다.

② 집행정지

> **제500조(재심 또는 상소의 추후보완신청으로 말미암은 집행정지)**
> ① 재심 또는 제173조에 따른 상소의 추후보완신청이 있는 경우에 불복하는 이유로 내세운 사유가 법률상 정당한 이유가 있다고 인정되고, 사실에 대한 소명이 있는 때에는 법원은 당사자의 신청에 따라 담보를 제공하게 하거나 담보를 제공하지 아니하게 하고 강제집행을 일시정지하도록 명할 수 있으며, 담보를 제공하게 하고 강제집행을 실시하도록 명하거나 실시한 강제처분을 취소하도록 명할 수 있다.
> ② 담보 없이 하는 강제집행의 정지는 그 집행으로 말미암아 보상할 수 없는 손해가 생기는 것을 소명한 때에만 한다.
> ③ 제1항 및 제2항의 재판은 **변론 없이** 할 수 있으며, 이 재판에 대하여는 **불복할 수 없다.**
> ④ 상소의 추후보완신청의 경우에 소송기록이 원심법원에 있으면 그 법원이 제1항 및 제2항의 재판을 한다.

재심의 소의 제기만으로는 확정된 재심대상판결의 집행이 정지되는 것이 아니므로 제500조의 요건을 갖추어 집행정지를 신청할 수 있다.

(3) 재판장의 재심소장심사 등(제455조)

재판장의 재심소장심사, 보정명령 및 각하명령 등은 통상의 경우와 마찬가지로 처리한다.

(4) 심 리

재심에서는 이미 본 바와 같은 ① 재심소장심사단계 이후로 ② 소의 적법요건, ③ 재심사유의 심리 및 ④ 본래의 사건에 대한 본안재판의 순서로 심리가 이루어지는 것이 보통이다. 다만, ③과 ④의 단계가 형사소송에서처럼 명확히 강제되는 구조인 것은 아니다.

(가) 재심사유에 대한 중간판결

> **제454조(재심사유에 관한 중간판결)**
> ① 법원은 재심의 소가 적법한지 여부와 재심사유가 있는지 여부에 관한 심리 및 재판을 본안에 관한 심리 및 재판과 분리하여 먼저 시행할 수 있다.
> ② 제1항의 경우에 법원은 재심사유가 있다고 인정한 때에는 그 취지의 중간판결을 한 뒤 본안에 관하여 심리·재판한다.

2002년 개정법은 재심사유에 대한 중간판결 규정을 두어 재심의 소가 적법한지 및 재심사유가 있는지에 대한 심리 및 재판을 본안에 관한 심리 및 재판과 분리하여 먼저 시행할 수 있다는 주의적 규정을 신설하였다. **중간판결을 할지는 법원의 재량**에 속한다.

① 소의 적법여부

법원은 일반소송요건과 재심의 적법요건을 심리하여야 하며, 이는 직권조사사항에 속한다.

② 재심사유

당사자가 주장한 재심사유의 존재여부에 대하여는 직권으로 사실탐지를 할 수 있으며, 청구의 포기·인낙이나 자백에 구속되지 않고, 자백간주의 규정도 배제된다.(통설) 심리결과 재심사유가 있다고 판단하면 제454조 제2항에 의하여 중간판결을 내거나 종국판결의 이유 중에 판단하면 되고, 재심사유가 없다면 재심청구기각판결을 낸다.

(나) 재심사유 인정 이후

특히,「어떠한 소송행위에 민사소송법 제451조 제1항 제5호의 재심사유가 있다고 인정되는 경우 그러한 소송행위에 기초한 확정판결의 효력을 배제하기 위한 재심제도 취지상 재심절차에서 해당 소송행위 효력은 당연히 부정될 수밖에 없고, 그에 따라 법원으로서는 위 소송행위가 존재하지 않은 것과 같은 상태를 전제로 재심대상사건의 본안에 나아가 심리·판단하여야 하며 달리 소송행위의 효력을 인정할 여지가 없다.(대법원 2012.6.14. 선고 2010다86112 판결)」

(다) 본안심판

① 변론의 속행 및 갱신

재심의 소의 본안에서는 원판결에 의하여 종결된 전소송에 대하여 다시 심판을 한다. 이 경우 본안에 대하여 하는 변론은 전소송의 변론의 속행으로 본다. 따라서 변론의 갱신절차를 거쳐야 하며(제455조 제204조), 사실심의 경우라면 새로운 공격방어방법도 제출할 수 있으며, 제출하지 않은 경우 재심의 소가 확정된다면 기판력에 의하여 실권된다.

② 변론의 범위

> 제459조(변론과 재판의 범위) ① 본안의 변론과 재판은 재심청구이유의 범위 안에서 하여야 한다.
> ② 재심의 이유는 바꿀 수 있다.

③ 불이익변경의 금지

재심피고에 의한 부대재심이 없다면 재심원고에 대하여 본래의 확정판결보다 불이익한 판결을 할 수는 없다. 이는 불이익변경금지원칙의 적용으로 인함이다.

(5) 종국판결

(가) 원판결이 부당한 경우 — 원판결취소 및 변경판결

심리결과 원판결이 부당하다고 인정하는 경우 원판결을 취소하고 이에 갈음하는 변경판결을 한다.

(나) 원판결이 정당하다고 인정하는 경우 — 재심청구기각

「재심의 사유가 있는 경우라도 판결이 정당하다고 인정한 때에는 법원은 재심

의 청구를 기각하여야 한다.(제460조)」
⑷ **재심의 소에 대한 불복**
　재심의 소에 의한 종국판결은 다시 그 심급에 맞추어 항소나 상고가 인정되나, 상고심판결에 대한 재심의 소에 대하여는 상소를 제기할 수는 없게 된다.

쟁점 82 준재심

1. 의 의

> 제461조(준재심) 제220조의 조서(화해, 청구의 포기·인낙조서) 또는 즉시항고로 불복할 수 있는 결정이나 명령이 확정된 경우에 제451조 제1항에 규정된 사유가 있는 때에는 확정판결에 대한 제451조 내지 제460조의 규정에 준하여 재심을 제기할 수 있다.

2. 대 상

(1) **확정판결과 동일한 효력을 갖는 것**

① 화해, 청구의 포기·인낙조서·재판상 화해(제소전화해·소송상화해)조서·조정조서·조정갈음결정서·화해권고결정서 등의 확정판결과 동일한 효력을 가지는 조서는 준재심의 대상이다.

② 그러나 중재판정은 별도의 중재판정취소의 소가 마련되어 있으므로 준재심의 대상이 아니며, 제권판결 역시 제권판결취소의 소에 의할 것이지 준재심의 대상은 아니다.

③ **이**행권고결정이나 **지**급명령은 확정된다 하여도 기판력이 없으므로 준재심의 대상이 아니다.

(2) **즉시항고로 불복을 신청할 수 있는 결정·명령이 확정된 경우**

① 민사소송법 제461조는 「즉시항고로 불복할 수 있는 결정이나 명령이 확정된 경우」에도 준재심을 제기할 수 있는 것으로 규정하고 있으나, 이는 「종국재판으로서의 성질을 가지는 결정이나 명령」에 대하여도 준재심이 가능하다는 취지이다.

② 따라서 확정된 대법원의 결정이나 명령, 예컨대 재항고기각결정 등도 준재심이 가능하다.[529]

③ 준재심의 대상이 되는 종국재판의 성질을 가지는 결정이나 명령의 종류로는 소장(내지 상소장)각하명령, 과태료의 결정, 소송비용액 확정결정 등을 들 수 있다.

---

[529] 이는 종국재판으로서의 성질을 가지는 결정이나 명령은 소송법상 대부분 즉시항고로 불복할 수 있도록 규정하고 있기 때문에, 사실은 「종국재판으로서의 성질을 가지는 결정이나 명령」이 확정되었다면 역시 재심의 대상이 된다고 규정할 것을 약간 달리 표현한 것에 불과하기 때문이다. 상세는 문정일. 확정된 이행권고결정에 대한 준재심의 소. 대법원판례해설 79 號 (2009 상반기) 364-386 2009 법원도서관 참조.

|저|자|소|개|

민 일

약력

- 고려대학교 법학과
- 고려대학교 대학원 법학 석사

現)
- 이패스노무사 공인노무사 민사소송법 전임강사
- AIFA 금융아카데미 세무사, 가맹거래사 민법, 상법, 행정소송법, 가맹사업법령 전임강사
- 베리타스 법학원 사법시험2차, 법원행시, 변호사시험, 공인노무사 민법 및 민사소송법 강의

前)
- 윌비스고시학원 법원직 민법·민사소송법 전임 강사
- 한빛변리사학원 변리사 시험 민사소송법 강의
- 한림법원 사법시험 민사소송법 강의 및 학점은행제 상법 교수
- 이그잼 고시학원 민법 및 민사소송법 전임 강사
- 이패스코리아 한국소방사관학원 헌법, 민법 전임 강사
- 우리취업아카데미 공기업 법학 전임 강사
- 조이캠퍼스 공기업 법학 및 국정원사관학교 종합법률 강의

저서

- 민일 행정쟁송법 (화산미디어)
- 민일 회사법 (화산미디어)
- 민일 민법총칙 (화산미디어)
- 민일 민사소송법 (화산미디어)
- 민일 민사소송법 (이패스코리아)
- 민사소송법 단문사례연습 (이패스코리아)

민사소송법 단문사례연습

개정1판 1쇄 인쇄 | 2024년 4월 3일
개정1판 1쇄 발행 | 2024년 4월 18일

지 은 이 민 일
발 행 인 이 재 남
발 행 처 (주)이패스코리아
　　　　　[본사] 서울시 영등포구 경인로 775 에이스하이테크시티 2동 1004호
　　　　　[학원] 서울시 종로구 청계천로 35 관정빌딩 6층 이패스노무사
전　　화 02-722-0533,　팩스 070-8956-1148
홈 페 이 지 www.ekorbei.com
이 메 일 cpla@epasskorea.com
등 록 번 호 제318-2003-000119호(2003년 10월 15일)

※ 잘못된 책은 교환해 드립니다.
※ 이 책은 저작권법에 의해 보호를 받는 저작물이므로 무단전재와 복제를 금합니다.
본교재의 저작권은 이패스코리아에 있습니다.